中国财政发展协同创新中心资助出版

十通财经文献注释

王文素 孙翊刚 洪钢 注

校续通考

（第三册）

中国社会科学出版社

图书在版编目（CIP）数据

十通财经文献注释：校续通考．第三册/王文素，孙翊刚，洪钢
注．—北京：中国社会科学出版社，2018.8
　ISBN 978 - 7 - 5203 - 2920 - 0

　Ⅰ.①十…　Ⅱ.①王…②孙…③洪…　Ⅲ.①财政史—史料—
中国—古代　Ⅳ.①F812.92

　中国版本图书馆 CIP 数据核字（2018）第 172962 号

出 版 人　赵剑英
责任编辑　卢小生
责任校对　李　莉
责任印制　王　超

出　　版　中国社会科学出版社
社　　址　北京鼓楼西大街甲 158 号
邮　　编　100720
网　　址　http：//www.csspw.cn
发 行 部　010 - 84083685
门 市 部　010 - 84029450
经　　销　新华书店及其他书店

印　　刷　北京明恒达印务有限公司
装　　订　廊坊市广阳区广增装订厂
版　　次　2018 年 8 月第 1 版
印　　次　2018 年 8 月第 1 次印刷

开　　本　710×1000　1/16
印　　张　49.5
插　　页　2
字　　数　840 千字
定　　价　198.00 元

目　录

钦定《续文献通考》凡例八则

一、书契已来，通史之著者，唐杜佑作《通典》，宋郑樵作《通志》，司马光作《通鉴》。《通鉴》详于理乱兴衰，《典》《志》详于典章经制，尚已。马端临仿杜氏成规，离析其门类，增广其阙略，撰《文献通考》为卷三百四十有八，为门二十有四：曰田赋，曰钱币，曰户口，曰职役，曰征榷，曰市籴，曰土贡，曰国用，曰选举，曰学校，曰职官，曰郊社，曰宗庙，曰王礼，曰乐，曰兵，曰刑，曰经籍，曰帝系，曰封建，曰象纬，曰物异，曰舆地，曰四裔。治天下之道，不外理财用人。王者富教既行，人才既得，则一代之文物声明犁然具举，故其次第节目如此。今奉命续辑，自宋宁宗以后至明庄烈帝以前，贯穿五朝，条分件系，体为门目，自当悉遵其旧。

一、马氏所著，讫其宋之嘉定。明臣王圻起而继作，为《续文献通考》二百五十四卷，门类颇多增扩，然识解乖驳，援引芜杂，往往因类递推，骈枝错出，如"河渠"以作"地险"，原非仅资灌溉，经流通塞，或可自立专门，以附"水利田"之后则舛矣。"封建"，马氏不载异姓。圻书于宋末，泛及异姓、外戚，并李璮、陈日照外国封爵。且以魏了翁、文天祥之空言续马书藩镇，俱不免卖菜求益之诮。若"舆地"考，马氏以九州为纲，原以郡县可迁，山川不易，故以禹迹所统为准，而上下沿溯之。圻书专主明之郡县，系辽、金、元故迹于其下，则纲领倒置矣。至于忠孝、节义、道统、方外之属，各史自有类传，端临所谓毋庸参稽互察，为者增辑尤为冗赘。其书夸多炫博，诸如此类，举无足取，间有一二可从者，亦采掇所不遗，要无悖于马氏原例而已。

一、马考体局完整，未易訾议，而亦有疏略失当者。如："宗庙"考私亲条，以唐之章怀四庙与汉之悼戾定陶并列，一则情笃本生，一则礼隆储嫡，虽彝典略似而尊卑较殊。今于追尊追祔各庙外，别析出太子庙，列诸侯宗庙之前，入"群庙"考，说见下条。体例始协。"帝系"考附载太皇太后、皇太后上尊号册宝，天子纳后册后，册立皇太子，皇太子纳妃，公主受册，公主下嫁各仪，此五礼中之嘉礼也。入之"帝系"门，转为牵混。当循王圻续考之例移入"王礼"。又辽、金事迹实与宋代相终始，当时南北分疆，文献不足，《通考》一书成于宋末元初，咨访多所不逮，故舆图沿革止详宋地，辽乐八部仅存踏锤。今诸史粲然具备，搜讨会通，可以弥缝其阙，较原书益精审焉。

一、本馆前进《皇朝文献通考》稿本，仰蒙圣明指示，以端临"宗庙"考附入"历代帝王及臣下家庙"，于体例未安，当别立"群庙"门。馆臣既遵旨析编，复推绎圣意，以"郊社"考于"郊坛大祀"后，附以八蜡、五祀各小门，其义例亦未为尽善。因析出高禖、八蜡、五祀、先农、先蚕及杂祠、淫祠别为"群祀"考。庶典有专崇，礼无旁溷。今五朝郊社、宗庙亦依此类编，以归画一。

一、马氏作"钱币"考，以铜适用而通行，原以钱为主。有宋中叶，始有交子、会子，嘉定以后复有川引、湖会之法。然钞法启于金，源至元，专用钞而钱几废。明初钞法虽坏，而使用则犹与钱并行。今纂述各朝钱币，自金以下先钞而后钱，以时尚为变通，不必从马书次第。至"象纬"考，祗言占验，不详推步，日月薄食，星辰凌犯，往来皆可推算而得。所谓苟求其故，千岁之日至可坐而致也，较之占验实信而有征。故言天文者必以推步，而后精言人事者亦以推步而加警。今续考不废占验之说，更详推步之法，庶相为表里云。

一、历代设官有因有创，或名同而实异，或职是而称殊。如辽之官号多以国语，裕悦视三公，多啰伦穆腾视礼部，伊勒希巴视刑部。金之光禄寺寄宣徽院。元之都护府即大理寺。明革中书省，而殿阁大学士其后遂为宰辅之职。他若给事中，自唐以来主封驳，金为内侍寄禄之官，则有合于汉少府、将作二监，元则互易其掌。若此之类，因流溯源，无不可详其沿革。其仍仿马氏列目，而以各朝建置分属于下，其增省异同或别类胪陈，如元、明之太医院，明之上林苑，无可附属，则增立其条。或因文移隶，如殿中监、卫尉卿之职已分缀各条，则节省其目。各详加按语，使之灿若列眉。至宦竖执役宫廷，原不得亵溷班联、妄假名器，谨遵前奉续通典圣谕，存内侍省官称以明其职使而以品秩中阶衔则概从删汰。

一、马氏以文献名书，经史百家为文，名臣奏议及先儒评赞为献，盖谓杞宋足征、郯珊有藉。然端临生南宋播迁之末，又未窥金匮石室之藏，见闻终为浅狭。我朝右文稽古，皇上敕儒臣采辑《永乐大典》，并仿求遗佚汇为《四库全书》，琼笈琅函，无美不备。以辽、金、元而论，则正史外如《契丹国志》《金国志》《元典章》诸书均资采录，明则集礼会典而外，一代之实录具存，礼乐、刑政、诏谕、疏奏，无不可按岁而稽，简编之完富，亘古未有。今以四库总目校核端临经籍考，宋代之书其未及著录者尚多，既为一一补辑。而叙述四朝以来，或删并旧目，或更易新名，有稍变马氏原例者，一以《四库全书》为准，其散亡者则不录。

一、自宋以后，诸家经解、史评、奏稿、文集不乏体要之辞，足裨考证之助。我皇上《御批通鉴辑览》，议论正大、洞烛古今，迥非墨守诸儒所能窥见毫末，允足垂万世之法戒。今各门中有关涉圣论者，敬谨节录，以昭彝训而警瞆聋。辽、金、元三史人、地、官名，作史者未谙音译，妄肆诋諆。今各名业邀钦定更正，《续考》悉遵诏改书，仍于卷尾备载旧名，以便寻绎。至王圻所书庙号、年号，漏蹠百出。兹就各卷中年号之初见者冠以某宗字样，余即不书庙号，以省繁复。《续通典》《续通志》仿此。

钦定续文献通考卷一

田赋考

臣等谨案：宋马端临《文献通考·田赋考》载①唐虞以来至宋宁宗历代田赋之制，而附以水利田、屯田、官田，凡七卷。明王圻作《续考》②，于马氏原目外，复增入黄河三卷，太湖三江一卷，河渠三卷。夫河渎江湖，本以作地险通漕输为大，虽实有资于灌溉而美利之，在天下非特田赋已也。王氏以其有关于田赋，遂别增名目，凡经流之境，通塞之故，一切阑入③，按之体例殊为未安。今谨依马氏旧式，自宋宁宗以后，逮于有明，详稽史籍，辑为《续文献通考·田赋考》六卷。王氏所增各卷，有与田赋相涉者则摘载水利目内，其余概行删去，以归简当云。

历代田赋之制

宋宁宗嘉定二年三月，禁两淮官吏私买民田。七月，命两淮转运司给诸州民麦种。十月，命两淮转运司给诸路民稻种。

先是，孝宗乾道七年十月，司马伋请劝民种麦，为来春计。于是诏江东西、湖南北、淮东西路帅、漕官为借种，并谕大姓借贷，依振济格推赏，仍上已种顷亩议赏罚。

---

① 马端临（约 1254—1323 年），饶州乐平（今属江西）人。宋元时期史学家，《文献通考》一书的作者。

② 王圻，上海人，字元翰，嘉靖进士，擢御史，忤时相，谪邛州判官，后乞养归，以著书为事。

③ 阑入，掺杂进去。指不该掺入而掺入者。

淳熙六年十一月,臣僚奏:比令诸路帅、漕督守令劝谕种麦,岁上所增顷亩,然土有宜否。湖南一路唯衡、永等数郡宜麦,余皆文具。望止谕民以时播种,免其岁上增种之数,庶得劝课之实。

七年,复诏两浙、江淮、湖南、京西路帅、漕臣督守令劝民种麦,务要增广,自是每岁如之。

八年十一月,辅臣奏:田世雄言,民有麦田,虽垦无种,若贷与贫民,犹可种春麦。臣僚亦言:江浙旱田虽已耕,亦无麦种。于是诏诸路帅漕常平司以常平麦贷之。至是,复有是诏。

四年四月,以吴曦没官田租代除关外四州旱伤秋税。

时袁甫知衢州,西安、龙游、常山三邑积窖预借①,甫为代输三万五千缗,蠲放四万七千缗。黄畴若知庐陵县州,常以六月督畴零税。畴若念民方艰食,取任内县用钱为民代输。两年后知成都府,为民代输。六年,布估钱计二十万二千四百缗②;又别立库储二十五万三千缗,期于异日接续代输。至理宗端平初,赵以夫知漳州,时丁米钱久为漳、泉、兴化民患③,以夫请以废寺租为民代输,诏可其奏。福建转运判官袁甫并捐三郡岁解本司钱二万七千贯助之。嘉熙三年,杜范知宁国府,始至,仓库多空。未几,米余十万斛,钱亦数万,悉以代输下户粮。宝祐中,吴潜判庆元府,以积钱百四十七万三千八百有奇代民输帛,前后所蠲五百四十九万一千七百有奇。姚希得知庆元府,蠲米一万二千石,旧遗一百万,官库余羡悉以代民输。度宗时,常楙知广德军,故事,郡守秋苗例可得米千石,楙以代属县大农纲欠。

五年十二月,诏:蠲州县横增税额。

至六年,刘甲权四川制置司,以前宣抚副使安丙增多田税,命属吏讨论,一府岁减至百六十万缗,米麦万七千石。七年八月,又诏:罢关外四州所增方田税。

理宗端平元年三月,臣僚奏:乞令户部戒饬诸路漕臣,详具州县二税租额,毋令失陷。其有籍于安边所及拨赐寺观蠲免者,毋得创立名色均

---

① 预借,预征租税。宋代有时成为一种附加租税。

② 布估钱,南宋时期西川征收的一种杂税,从政府和买绢帛转化而成。当时因政府亟须增加财政收入,将民户春季向政府借钱、秋季以绢帛偿还,改为缴纳货币,并利用提高折纳价格,增加收入。

③ 丁米钱,宋代行于南方,且只对丁男(20—60岁)征收的一种税。

敷，仍令改正定额，上之台省。从之。

淳祐初，王遂奏：罢坍塌逃亡田税。

三年，诏：蠲高邮民耕荒田租。

八年六月，命两浙、两淮、江东西等路有耕种失时者，并令杂种。

左司谏黄序奏：雨泽愆期，地多荒白，知余杭县赵师恕请劝民杂种麻、粟、豆、麦之属，盖种稻则费少利多，收成之日，田主欲分，官课责输，则非徒无益。若使从便杂种①，多寡皆为己有，则不劝而勤，民可无饥矣。望下两浙、两淮、江东西等路，凡有耕种失时者，并令杂种，主毋分其地利，官毋取其秋苗，庶几农民得以续食，官免赈救之费。从之。

十年，婺州举行经界②。

初，八年，赵慤夫知婺州，尝行经界，整有伦绪，而慤夫报罢，士民相率请于朝，乃命赵师嵒继之。至是，魏豹文代师嵒为守，行之益力，于是向之上户析为贫下之户，实田隐为逃绝之田者，粲然可考。凡结甲册③、户产簿④、丁口簿⑤、鱼鳞图⑥、类姓簿⑦，二十三万九千有奇，创库匮以藏之，历三年而后上其事于朝。

青田县主簿陈耆卿奏曰：经界，良法也。经界法坏，则所信者簿书耳；并簿书而不足信，则何所取信哉！有田则有赋，役田有多寡，则赋役有重轻。今之世，乃有田愈多而赋役愈轻者，无田而赋役反重者。税之厚薄，当视其物力；物力之高下，当视其产。今田之顷亩，初不见于簿；而物力之贯陌，独载于簿。若是，则其源既失矣。过割用物力簿⑧，起催用二税簿⑨，二者相关，而今初不相知，岁遇攒造，

① 杂种，种植不同种类的作物。
② 经界，古指划分田地的界限。此处指南宋实行的经界法，即由政府主持的清查与核实土地占有状况的措施。
③ 结甲册，宋朝按甲编制的统计丁口的簿册。
④ 户产簿，宋朝按户登记资产、丁口的簿册。
⑤ 丁口簿，宋朝登记男丁、用于摊派徭役的簿册。
⑥ 鱼鳞图，宋朝详列土地面积、地形四至的一种图形册。
⑦ 类姓簿，宋朝按姓氏分类分等登记丁产的簿籍。
⑧ 过割，宋制：凡田宅买卖、典当或赠与，在办理过户、转移财产手续时，赋税与同物力一同过户，叫过割。一县汇总登记民户财产的簿册叫物力簿。
⑨ 二税簿，宋代登记夏税秋粮的簿册，又分为夏税簿和秋苗簿。

不过以往年陈籍转钞而已。升降出没，既莫得详；乡胥里豪，始得株连奸伪，为牢不可破之计。故有一户而化为数十户者，有本无寸产而为富室承抱立户者，有虚为名籍以避科敛、稍久而成乾没者。但见逃绝之家日多，租税之额日减，上下叹愁，莫知其弊之所自。邑令之有意者，思欲厘正之，细民吐气，而大姓则愤然不怿矣。三岁一推排①，此常式也，今或至十年而不讲矣。乞下诸路，戒饬所在官吏，申严推排之法②。其出入规避者，重置宪典，每岁攒造，必选一邑佐之。清强者躬督其事，既成则并旧籍上之郡。郡复委僚属研覆之，有诉不平或得其实，官吏俱从收坐，庶几赋役均一，牒讼稀简，吏称职而民安业，诚非小补也。

十六年八月，诏：州县经界，毋增绍兴税额。

先是，高宗绍兴十二年，命两浙转运副使李椿年措置经界，要在均平，不增税额。至三十年初，令纯州平江民实田输税，亩输米二升四合。至是，乃命毋增绍兴旧额。

十七年闰八月，申严两浙诸州输苗过取之禁。

至理宗宝庆元年七月，又诏：诸路州军受纳苗米不许过数增入，多量斛面，令转运司觉察。时曹叔远知袁州，减秋苗斛面米七千四百余斛。

绍定四年九月，右正言何琮奏：戒饬州县，已蠲阁租赋，不许科督苗米，不许增量。监司察其违戾。许民越诉，甚者以赃私论，必罚无赦。从之。

端平四年八月、嘉熙二年十二月、景定三年七月，并诏申其禁③。

是年，罢泉州包纳上供银。

泉州旧为台、信、建昌、邵武包纳上供银，大为民病。知州宋钧奏：乞各从初赋。从之。

陈耆卿代上殿札子曰：粟帛者，民之所有也；钱者，民之所无也。民

---

① 推排，指核实赋役。宋代查考农民人、物、财力以确定赋税的方法。

② 推排法，宋理宗时颁行的厘正田赋的方法。按《宋史·食货上一》所说："乃若推排之法，不过以县统都，以都统保，选任才行公平者，订田亩税色，载之图册，使民有定产，产有定税，税有定籍而已。"后贾似道主掌，致江南之地，尺寸皆有税，民力凋敝。

③ 绍定（1228—1233）、端平（1234—1236）、嘉熙（1237—1240）、景定（1260—1264），均为宋理宗（1225—1264 年在位）的年号。理宗在位期间，有名为"端平更化"的一些改革活动。

各输粟与帛，而官俾之。输钱固已非矣，至有名曰上供银钱，而其祸酷于二税者。闽之郡八，其最甚曰泉土薄，濒海民多艰食。永春、德化、安溪三邑，介处穷谷，正赋窘无以办，况其他乎！稽诸故常，每岁台、信、建昌、邵武四郡，总纳上供银两一万五千六百，盖为本州衣缣之助，蠲半之后，唯广信仅仅取足，二郡则否。自乾道至开禧已积逋十五万匹，为钱七十五万缗。前此守臣虽闻于朝，然止及三年逋欠之弊，未及本州科敛之弊也。祖例产钱一缗以上合输银钱，无官民之分也。其后祝圣道场及逃绝户得免。其后一命以上咸得免。又其后，士凡荐于天府而籍于太学者咸得免。免者愈众，则科者愈寡，于是以官户、士户合科之赋，尽并于贫弱之家，赀不满百，例行科配，厥价微踊，每两科至二千八百。正钱之外，有头子钱，有带钞发纳钱，有纲脚暗脚等钱，民无所措，则有沦落奔遁、咨怨呼号而已。夫三州之民，民也，泉民亦民也。彼不之输，而此代受其害，何忍乎！开禧初，有旨严趣，逐郡照元定色目应副矣，而积压如旧。今请以三州银额拨回，俾之认纳。而本州衣缣自行措置，纵未能然，亦当为七邑下户痛绝前扰而均之。有品秩者之家，赀不满贯；而科及额外者，必罚无赦，则远民可以息肩矣。

理宗绍定二年，诏：民间二税合输本色①，不许抑令折纳，倍数取赢，令台谏监司觉察。

先是，宝庆元年十一月，干办诸司粮料院赵彦覃进对，奏州县折色病民。帝曰：纤悉如此，殊失爱民之意，宜速处之。

三年四月，赵至道奏：郡县之官，不许势要合纳官物。凡势要之家，不输户内常赋，守倅增数解发②，倍偿折纳。分差巡尉下乡催扰，并论以违制。豪户不即改正，隐寄之产，为人首告，如条科制。从之。至是，乃令台谏监司觉察。至端平元年三月，诏：户部下诸路州县，凡二税折科，令官民户一体施行。

淳祐四年四月，诏：两浙漕司下属部、郡邑今年夏税折帛之半，令民以楮币准钱供输。又以谢奕化折纳苗米价太重，戒饬之。仍贷义仓充军费，以免科籴。

---

① 本色：指官禄发放、赋税征收的品种或种类。折色：(1)《明会典·户部》：凡官员俸给，有本色，有折色。又：以他物代禄米，曰折色。(2)应征之实米，如米粮已足，改以货币或其他物品缴纳，称之为折色。

② 倅，同卒。

度宗咸淳三年九月，诏：郡县折收民田租，厚直取赢者论罪。

五年八月，复申其禁。

七年八月，检正权侍郎刘良贵乞申饬州县，宽折纳之令。令户部遍牒诸路州军遵行。

诏：州县催科必遵常制。县令非才，择佐官可任者委之，仍不许差官复寄居权摄。

时臣僚请诏诸路曹司严察属县丞簿依时过割二税，从实销注版籍，违者按劾。故有是诏。至三年六月，臣僚又奏：乞戒饬郡守痛革税赋之弊。从之。至咸淳七年八月，陈正请厘正催科之害，弓手下乡之扰，亦命依行。

端平三年正月，诏：劝农桑。

自孝宗乾道元年正月，都省言：淮民复业，宜先劝课农桑，令丞植桑三万株至六万株，守倅部内植二十万株以上，并论赏。至是，复有是诏。

嘉熙二年三月，诏：四川帅臣召集流民复业，给种与牛。

至淳祐二年九月，敕曰：四川累经兵火，百姓弃业避难，官以其旷土权耕屯以给军食，及民归业，占据不还。自今凡民有契券明晰者，所在州县屯官随即归还。其有违戾，许民越诉，重罪之。

淳祐五年三月，诏：戒吏预借抑配，重催取赢。

诏曰：时方多事，念未能蠲租减赋。而吏之不良，乃肆贪虐，或有前期预借，或抑配重催，斛面取赢，或厚价抑纳，朘毒吾民，朕深悯焉。其令监司常加觉察，务苏疾苦而销愁叹。傥隐而不闻，必罚无赦。

监察御史陈求鲁奏曰：本朝仁政有余，而王制未备。今之二税，本大历之弊法也。常赋之入，尚为病民，况预借乎！预借一岁未已也，至于再，至于三，至于四五。窃闻之州县有借淳祐十四年者矣。以百亩之家计之，罄其永业，岂足支数年之借乎！操纵出于权宜，官吏得以簸弄，上下为奸，公私俱困。臣谓今日救弊之策，其端有四：宜采夏侯太初并省州郡之义①，俾县令得以直达于朝廷；用宋元嘉六

① 太初（前104年至前101年），西汉武帝刘彻年号。

年为断之法①，俾县令得以究心于抚字；法艺祖出朝绅为令之典②，以重其权；遵光武擢卓茂为三公之意③，以激其气。然后为之，正其经界，明其版籍，约其妄费，裁其横敛，则预借可革，民瘼有瘳矣！

臣等谨按：预借最为民害，虽诏蠲民赋，而惠归吏胥，以民已先期输纳也。嘉熙中，仿汉制，以今年减明年田租，其法甚善。然借至三四年，虽先蠲一年何益哉！

六年，殿中侍御史谢方叔言：豪强兼并之患，请限民田。从之。

方叔言：国朝驻跸钱塘百有二十余年矣④，外之境土日荒，内之生齿日繁，权势之家日盛，兼并之习日滋，百姓日贫，经制日坏，上下煎迫，识者惧焉。夫百万生灵生养之具皆本于谷粟，而谷粟之产皆出于田。今百姓膏腴皆归贵势之家，租米有及百万石者。小民百亩之田，频年差充保役，官吏诛求百端，不得已则献其产于巨室以规免役。小民田日减而保役不休，大家田日增而保役不及，以此兼并寖盛，民无以遂其生，谏官尝以限田为说，朝廷付之悠悠，乞谕二三大臣摭臣僚论奏行之，使经制以定，兼并以塞，天下幸甚。

九年正月，诏：两淮荆湖沿江旷土，军民从便耕种，秋成日官司不得分收，制帅严劝谕觉察。

宋自南渡后，两淮荆湖类多旷土。高宗绍兴二十年四月，置力田科，募民耕两淮田。二十六年四月，通判安丰军王时升言：淮南土皆膏腴，而地未尽辟，民不加多者，缘豪强虚占良田而无遍耕之力，流民襁负至而无开耕之地也。请凡荒闲田许人划佃。户部议：以二年未垦者即如所请。京西路如之。十月，用御史中丞汤鹏举言：授离军添差之人、江淮湖南方田人一项，为世业，所在郡以一岁奉充牛种费，仍免租税十年，丁役二

---

① 元嘉（424—453），南朝宋文帝年号。为断之法，指实行土断法，西晋末年，政治腐败，内战不息，北方人民大量南迁，时称侨人。为便于管理，东晋政府在侨人集中区按其原来所在地名设立同名的侨州、郡、县。由于所置郡县境界不确定，又享受税收优惠，随着时间的延长、土地的开发，国家税收大量流失。晋成帝咸和、咸康年间（326—342）开始实行"土断"（以土著为断），将其户口纳入所在郡县的户籍管理，一起纳税。此后南朝各代亦数次实行土断，以增加财税收入。

② 艺祖，古代称太祖或高祖为艺祖。这里是指宋太祖。

③ 光武，指东汉光武帝刘秀。

④ 宋高宗赵构（1127—1162年在位）迫于金兵的压力，迁都杭州（改名临安），至理宗淳祐六年（1246），已经是120年的时间。驻跸，帝王后妃外出临时小住。

十年。

孝宗乾道四年，诏：楚州给归正人田及牛具①、种粮钱五万缗。时知鄂州李椿奏：荒田请佃者，开垦未几，便起毛税，度田追呼，不任其扰，旋即逃去。今欲召人请射，免租三年，三年之后为世业。三分为率，输苗一分。更三年增一分，又三年全输。归业者别以荒田给之。

七年六月，诏：两淮垦田，毋创增税赋。

九年，淮南安抚使王之奇奏：增定力田赏格。募人开垦荒田，给官告绫纸，以备书填，及官会十万缗充农具等用②。以种粮不足，又诏：淮东总领所借给稻三万石。

淳熙五年，诏：湖北佃户开垦荒田，止输旧税。若包占顷亩未悉开耕，诏下之日期，以二年不能遍耕者拘作营田。其增税划田之令勿行。九年，著作郎袁枢奏：两淮民占田不知其数，二税既免，止输谷帛之课，力不能垦，则废为荒地，他人请佃，则以疆界为词，官无稽考。是以野不加辟，户不加多，而郡县之计益窘。望诏州县画疆立券，占田多而输课少者随亩增之。至是，乃命从便耕种。

十一年，命信、常、饶州、嘉兴府举行经界。

宝祐二年十二月，行自实法③。

殿中侍御史吴燧言：州县财赋版籍不明，近行经界，既已中辍，欲令州郡下属县排定保甲，行自实法，诏先令两浙、江东、湖南州军行之。次年，帝问自实法施行何如。丞相谢方叔等奏：自实即经界遗意，唯当检制吏奸，宽其限期，行以不扰而已。转运副使高斯得曰：按：《史记》秦始皇三十一年令民自实田，主上临御，适三十一年，而异日书之史册，自实之名正与秦同。方叔大愧，即为之罢。

六年五月，劝民耕广西荒田，复其租。

广南制置大使李曾伯言：广西多荒田，民惧增赋不耕。乞许耕者复三年租，后两年减其租之半，守令劝垦辟，多者赏之。诏可。

景定五年，行经界推排法。

---

① 归正人，宋时流落他国后又归回宋朝的人。
② 官会，这里当指南宋政府发行的纸币——会子。最初由商人发行，称"便钱会子"。绍兴三十年（1160），改由临安府发行，后又由户部接办。面额有二百文、三百文、五百文、一贯等数种。三年一届，共发行十八届。
③ 自实法，指人民将自己占有田地的亩数，向官府报告登记的方法（制度）。

始行于平江、绍兴及湖南路，遂命诸路漕帅皆施行焉。至度宗咸淳六年八月，以郡县行推排法，虚加寡弱户田租，害民为甚，令各路监司询访，急除其弊。

八年六月，台臣言：江西推排，结局已久。旧设都官、团长等虚名尚在。占悏常役①，为害无穷。诏罢之。

臣等谨案：《宋史·贾似道传》：似道既行公田，又行推排法，于是江南之地尺寸皆有税，而民力竭矣。推排之法，《纪》《志》不详。时监察御史赵顺孙奏言：自实者，责之人户则散漫而难集；推排者，委之乡都则径捷而易行。所以朱熹主经界而辟自实，是推排即前此经界法也。而司农卿季镛奏，则言经界之法，必多差官吏，必悉集都保，必遍走阡陌，必尽量步亩，必审定等色，必细折计算，奸弊转生，久不讫事。若推排之法，则不过以县统都，以都统保，选任才略公平者厘正田税，载之图册，使民有定产，产有定税，税有定籍而已，是推排又与经界不同。二说互异。大约时方急财赋，故屡变其法，以为箕敛之实，其实扰民生事，不特无益于民，亦且无益于国，其弊与公田等耳。

辽太祖时，分北达宁额为二部，程以树艺②，诸部效之。

初，皇祖伊德实为大德呼勒府额尔奇木③，喜稼穑，善畜牧，相地利以教民耕仲。父苏呼为裕悦④，饬国人树桑麻，习组织。及帝平诸弟之乱，弭兵轻赋，专意农事，以户口滋繁，纠察疏远，乃分二部治之。

太宗会同元年三月，将东幸。三克言：农务方兴⑤，请减辎重，促还期。从之。

二年闰七月，罢南、北府上供及宰相节度诸赋役非旧制者。

十月，以乌尔古部水草丰美，命谔尔昆锡林居之，益以海勒水之善地为农田。

---

① 悏，吝的异体字。意为贪鄙。

② 树艺，指种植。程以树艺，即教民耕种。

③ 此句，《辽史·食货志上》记为"皇祖匀德实为大迭烈府夷离堇"。匀德实，系辽太祖阿保机的祖父。大迭烈府，为辽部落联盟的军事机构。夷离堇，官名，契丹各部族联盟的军事首领。

④ 此句，《辽史·食货志上》记为"仲父述澜为于越"。仲父，指叔父。述澜，阿保机叔父的名字。于越，辽代官名，原是契丹部落联盟首领之一，辽建国后，无实权，仅为授予大功臣的虚衔。

⑤ 克，契丹语，统军官。三克，即三帅。

三年八月,诏:以嘉哩河、胪朐河近地,赐南院鄂津图噜、伊逊巴勒、北院乌纳哈喇三锡林人耕种①。

十一月,诏:有司教民播种纺绩。

九年七月,诏:征诸道兵戒敢有伤禾稼者,以军法论。

圣宗统和六年,徙吉避寨居民三百户于檀、顺、蓟三州,择沃壤给牛种。

时帝尝过薰城,见伊实阿尔威部下妇人达年等,黍过熟未获,遣人助刈。太师韩德让言:兵后,逋民弃业,禾稼栖亩②,宜募民获之,以半给获者。政事令室昉亦言:山西诸州给军兴,民力凋敝,田谷多蹦于边兵③,请复今年租。

八月,以旱饥,诏三司:旧以税钱折粟,估价不实,增以利民。

从大同军节度使耶律穆济请也。又穆济为开远军节度使,故事,州民岁输税,斗粟折钱五,穆济表请折钱六,部民便之。

七年二月,云州租赋请止输本道。从之。

三月,禁刍牧伤禾稼。

十五年十一月,复诏:禁诸军官非时畋牧妨农。

六月,诏:燕乐、密云二县荒地,许民耕种,免赋役十年。

至十三年六月,诏:许昌平、怀柔等县诸人请业荒地。十五年二月,诏:丕勒部旷土令民耕种。三月,募民耕滦州荒地,免其租赋十年。

八年五月,诏:括民田。

九年正月罢之。十三年六月,诏:减前岁括田租赋。

十年八月,观稼。仍遣使分阅苗稼。

至十二年七月甲寅,遣使视诸道禾稼。戊辰观获。又兴宗重熙二年八月,遣使阅诸路禾稼。

十二年十月,定均税法。

十三年正月,增泰州遂城等县赋。诏诸道劝农。

至十五年正月,又诏诸道劝民种树。太平八年正月,又诏州县长吏劝农。

十四年十二月,以南京道新定税法太重,减之。

① 南院、北院,又名南大王院、北大王院,都是辽代的官署名,分掌各部族军民之政事。
② 栖亩,意即庄稼还在地里,无人收割。
③ 蹦,踩蹦,指在战争中遭人马践踏。

开泰元年，诏：田园芜废者，给牛种以助之。

兴宗重熙二年，通检民田。

诏曰：朕于早岁习知稼穑，力办者广务耕耘，罕闻输纳；家食者全亏种植，多至流亡。宜通检括，普为均平。时马人望为南京三司度支判官，检括未两旬而毕。同知留守萧保先怪而问之，人望曰：民产若括之无遗，他日必长厚敛之弊，大率十得六七足矣。保先谢曰：公虑远，吾不及也。

道宗清宁二年七月，遣使分道平赋税，劝农桑。

太康六年十二月①，减民赋。

时西北雨谷三十里，春州斗粟六钱②。马人望迁中京度支使，视事半岁，积粟十五万斛。辽之农谷至是为盛。

十年二月，禁南京民决水种粳稻。

至咸雍四年三月，诏：南京除军行地，余皆得种稻。

大安四年五月，禁挟私引水犯田。

《辽史·食货志》曰：辽自太祖任韩廷徽始制国用。太宗籍五京户口以定赋税。圣宗以后，沿边各置屯田，易田积谷③，以给军粮。在官斛粟不得擅贷，在屯者力耕公田，不输税赋，此公田之制也。余民应募，或治闲田，或治私田，则计亩出粟，以赋公上。募民耕滦河旷地，十年始租，此在官闲田制也。又诏：山前后未纳税户，并于密云、燕乐两县，占田置业入税，此私田制也。各部大臣从征，俘掠人户，自置郛郭④，为头下军州。凡市井之赋，各归头下，唯酒税赴纳上京，此分头下军州赋为二等也。辽地半沙碛，三时多寒，春秋耕获。及其时，黍稷高下因其地⑤，盖不得与中土同矣。然自初年农谷充羡，赈饥恤难，用不少斩，旁及邻国，沛然有余。此无他，劝课得人，规措有法故也。

臣等谨案：《辽史》文简略，农田、租赋所纪寥寥，故官田、水利、田事俱不及详焉。然观统和免赋十年之诏，太康南京决水之禁，

---

① 太（大）康（1075—1084），辽道宗耶律洪基（1055—1101 年在位）年号。

② 雨谷三十里，指该地天降谷如雨。春州，州名，辽置金废，故地在今内蒙古突泉县。

③ 易田，芟治草木，治理田地。

④ 郛郭，指城。郛，外城；郭，城外加筑的围墙。

⑤ 黍，黄粟，俗名黍子。

则知当时官地除屯军外，大概与民共之，而堤防水道严决引，亦以慎蓄泄也。因载述止一二事，遂不复别为类云。

金租税法：官地输租，私田输税。

租之制不传。大率分田之等为九，而差次之。夏税亩取三合，秋税亩取五升，又纳秸一束，束十有五斤。夏税六月，止八月。秋税十月，止十二月。为初、中、末三限。州三百里外纾其期一月。

章宗泰和五年，以十月民获未毕，不可遽令纳税。改秋税限十一月为初。中都、西京、北京、上京、辽东、临潢、陕西地寒①，稼穑迟熟，夏税限以七月为初。凡输送粟麦，三百里外石减五升；以上，每三百里递减五升。粟折秸，百称者百里内减三称，二百里减五称，不及三百里减八称，三百里及输本色藁草各减十称。墓田、学田租税皆免。诸路雨雪及禾稼收获之数，月以健步申户部。

凡请射荒地者，以最下第五等减半定租，八年始征之。作己业者，以第七等减半为税，七年始征之。自首冒比邻地者，输官租三分之二。佃黄河退滩者，次年纳租。至泰和八年八月，户部尚书高汝砺言：旧制，人户请佃荒地，宽以征纳之年，小民不为久计，至纳租之时多巧为避匿，或复告退，盖由元限太远，请佃之初，无人保识故耳。今请佃者可免三年，作己业者免一年。自首冒佃并请退滩地，并令当年输租，以邻首保识为常制。

臣等谨案：金之官田租制虽不传，以泰和元年学田之数考之，生员给民佃官田六十亩，岁支粟三十石，则亩征五斗矣。虽地之高下肥瘠不同，租宜有别，然视民田五升三合、草一束之数，必倍蓰过之，是亦官田租重之一征也。

太祖收国二年五月，诏：东京州县及南路降者，除辽法省税赋。
天辅七年正月，诏：诸州部族归附日浅，民心未宁，今农事将兴，可

① 中都，金完颜亮于天德五年（1153）改燕京为中都。西京，辽定云州大同府为西京，至金末改，地在今山西大同。北京，天眷元年（1138），改辽上京临潢府（今内蒙古巴林左旗南）为北京，天德二年（1150）撤销其名号。上京，金初沿袭辽制，仍称临潢府（今内蒙古巴林左旗南）为上京。天眷元年，改以京师会宁府为上京，地在今黑龙江阿城市南白城。

分谕典兵之官，无纵军士动扰人民，以废农业。

太宗天会元年，敕有司轻徭赋，劝稼穑。

至四年十二月，诏曰：朕唯国家四境虽远，而兵革未息；田野虽广，而畎亩未辟；百工略备，而禄秩未均；方贡仅修，而宾馆未赡，是皆出于民力，苟不务本业而抑游手，欲上下皆足，其可得乎！其令所在长吏敦劝农功。

三年十月，定牛具税，一耒赋粟一石，每穆昆别为一廪贮之。

牛具税，即牛头税，明安穆昆女直户所输之税也①。其制：每耒牛三头为一具，限民口二十五受田四顷四亩有奇，岁输粟不过一石。官民占田无过四十具。时以岁稔，官无储积，无以备饥馑，故有是诏。至四年九月，诏：内地诸路每牛一具，赋粟五斗为定制。

世宗大定元年，诏：诸明安不经迁移者征牛具税粟，就命穆昆监其仓，亏损则坐之。

十二年，尚书省奏：唐古部民旧同明安穆昆定税，其后改同州县，履亩立税，颇以为重，命从旧制。

九年五月，遣使诸路劝农。

至海陵贞元四年正月，言者请遣官劝农。至秋成，考其绩以甄赏。宰臣言：民恃农以生，初不待劝，但宽其力，勿夺其时而已。遣官不过督州县，计顷亩，严期会，吏卒因为奸利是乃妨农，何名为劝？遂不遣。

世宗大定三年三月，诏：户部侍郎魏子平等九人，分诣诸路明安穆昆劝农。

其后五年十二月，以京畿两明安民户不自耕垦，及伐桑枣为薪鬻之，命大兴少尹完颜让巡察。

九年四月，遣翰林修撰富察乌古、监察御史完颜和硕分诣河北西路、大名、河南、山东等路，劝明安穆昆农。

十三年，敕有司：每岁遣官劝明安穆昆农事，恐有烦扰。自今止令各管职官劝督，弛慢者，举劾以闻。

二十一年正月，帝谓宰臣曰：山东、大名等路明安穆昆之民骄纵，不亲稼穑，不令家人农作，尽令汉人佃莳，取租而已。富家尽服纨绮，酒食

---

① 明安，《金史·食货一》作猛安。猛安谋克，指女真族在氏族社会末期的部落联盟组织。以100—300户组成一个谋克，设百夫长一人；每十个谋克组成一个猛安，设千夫长一人。

游宴；贫者争慕效之，欲望家给人足，难矣！近已禁买奴婢，约其吉凶之礼，更当委官阅实户数，计口授地，必令自耕，力不赡者方许佃于人。仍禁其农时饮酒。六月谕：明安穆昆人惰农饮酒者，劝农穆昆及本管明安穆昆并都管，各以等第科罪，收获数多者亦以等第迁赏。

二十二年，以附都明安户不自种，悉租与民，有一家百口陇无一苗者。从大兴少尹王翛所奏，不种者杖六十，穆昆四十，受租百姓无罪。

二十五年五月，遣使临潢泰州劝农。至章宗明昌四年正月，遣户部侍郎李献可等分路劝农事。五年正月，尚书省言：遣官劝农之扰，命提刑司禁止之。

五年十一月，立诸路通检地土等第税法①。

先是，二年五月有言，以用度不足，奏预借河北东西路、中都租税。帝以国用虽乏，民力尤艰，不允。至是立通检法。帝又问参知政事魏子平曰：古者税什一而民足，今百一而民不足，何也？子平对曰：什一取其公田之入，今无公田而税其私田，为法不同。古有一易再易之田，中田一年荒而不种，下田二年荒而不种，今乃一切与上田均税之，此民所以困也。

至宣宗时，平章政事珠格高琪又欲从言事者岁阅民田征租。参知政事高汝砺言：国朝自大定通检后，十年一推物力。唯其贵简静而重劳民耳！今言者请如河北岁括实种之田，计数征敛。即是常时通检，毋乃骇人视听，使之不安乎。且河南、河北事体不同，河北累经劫掠，户口亡匿，田畴荒废，差调难依原额，故为此权宜之计。盖军储不加多，且地少易见也。河南自车驾巡幸以来，百姓辏集，凡有闲田及逃户所弃耕垦殆遍，各承原户输租，其所征敛皆准通推之额，虽军马益多未尝阙误，讵宜一概动扰。若恐豪右蔽匿，而逭征赋，则有司检括亦岂尽实。但严立赏罚，许其自首，及听人告，捕犯者以盗军储坐之，地付告者，自足使人知惧，而赋悉入官，何必为是纷纷也。抑又有大不可者三：如每岁检括，则夏田春量，秋田夏量，中间杂种，亦且随时量之，一岁中略无休息，民将厌避，耕种失时，或止耕膏腴而弃其余，则所收仍旧而所输益少，一不可也；检括之时，县官不能家至户到，里胥得以暗通货赂，上下其手，虚为文具，转失其真，二不可也；民田与军田犬牙相错，彼或阴结军人以相冒乱，而

---

① 通检，即调查。通检地土等级，是金代调查民户物力以定赋役的办法。如《金史·食货一》所说："通检，即《周礼》大司徒三年一大比，各登其乡之众寡、六畜、车辇，辨物行征之制也。"

朝廷止凭有司之籍，傥或临时少于元额，则资储阙误必矣，三不可也。夫朝廷举事务在必行。既行而复中止焉，岂善计哉！议遂寝。

六年五月，诏：将幸银山，诸扈从军士赐钱五百贯，有损苗稼者并偿之。

又八年七月，秋猎，谕点检司曰：沿路禾稼甚佳，扈从人少，有蹂践则当汝罪。

二十五年六月，猎近山，见田垄不治，命笞田者。

十三年十月，敕州县官不尽力督赋致逋悬者，止其俸，俟征足然后给之。

二十年三月，以户部尚书曹望之言，减鄜延及河东南路税五十二万余石，增河北西路税八万八千石。

诏：诸税非关边要地者，除当储数外，听民从便折纳。

旧制，夏秋税纳麦粟草三色，户部以各处所须之物不一，令以诸所用物折纳。至大定二十九年，上封事者言其不可。户部谓：如此则诸路所须之物要当和市①，转扰民矣。遂命太府监应折纳之物，令所属计置，而罢他应折纳者。

二十三年七月，命推排上京诸路牛具数②。

先是，二十年，定功授世袭穆昆，许以亲族从行，当给以地者，除牛九具以下全给，十具以上四十具以下者，则于官豪之家量拨地六具与之。

二十一年，帝谓宰臣曰：前时一岁所收可支三年，比闻今岁山西丰稔，所获可支三年。此间地一岁所获不能支半岁，而又牛头岁粟，每牛一头止令各输三斗，又多逋悬，此皆递互隐匿所致，当令尽实输之。至是年③，有司奏其事，帝谓左丞完颜襄曰：卿家旧止七具，今定为四十具。始令卿等议此，而卿皆不欲，盖各顾其私尔。是后限民口二十五，算牛一具。至是月，尚书省复奏其事。帝虑版籍岁久，贫富不同，明安穆昆又皆年少，不练时事，一旦军兴，按籍征之，必有不均之患。乃令验实推排，阅其户口、畜产之数，以上京二十二路来上。至八月，尚书省奏推排定明

---

① 和市，又称和买，宋祥符初年王旭为颍州知府，因官府钱贷给百姓约定蚕熟后，以"一千一缣"还官。初为便民之政，但后来官府定价越来越低，实属重利盘剥。

② 牛具，对女真户征收田赋的对象。其制："每耒牛三头为一具，限民口二十五，授田四顷四亩有奇。"每牛一具赋粟五斗，为定制。（《金史·食货二》）

③ 至是年，《金史·食货二》记为二十三年。

安穆昆田亩、牛具之数①：明安二百二，穆昆千八百七十八，田一百六十九万三百八十顷有奇，牛具三十八万四千七百七十一。在都宗室将军司田三千六百八十三顷七十五亩有奇，牛具三百四。达喇、唐古二部五纠②，田四万六千二十四顷一十七亩，牛具五千六十六。

二十九年七月，时章宗已即位，减民地税十之一。河东南北路十之二，下田十之三。

尚书省奏：两路田多峻坂，硗瘠者往往再岁一易③。若不以地等级蠲除，则有不均。遂敕以敕书，特免一分外，中田复减一分，下田减二分。至明昌元年四月，上封事者乞薄民之租税，恐仓廪积久腐败。省臣奏曰：臣等议，大定十八年，户部尚书曹望之奏，河东及鄜延两路税颇重，遂减五十二万余石。去年敕十之一，而河东瘠地又减之。今岁入度支所余无几，万一有水旱之灾，既蠲其所入，复出粟以振之，非有备不可。若复欲减，何以待之？如虑腐败，令诸路以时曝晾，毋令致坏，违者问如律。制可。

四年十月，谕尚书省曰：海壖石城等县，地瘠民困，所种唯黍稗而已④。及赋于官，必易粟输之，或令止输所产，或依河东路减税，定议以闻。

臣等谨按：明昌元年事，《志》作大定二十九年。据省臣奏云：去年敕十之一，敕在二十九年，则乞薄税事在改元后，无疑《志》误也。

章宗明昌元年六月，诏：劝谕民户栽桑果。

金制：凡桑枣，民户以多植为勤，少者必植其地十之三。明安穆昆户少者必课种其地十之一，除枯补新，使之不缺。至是，尚书省奏：近制以明安穆昆户不务栽植桑果，已令每十亩须栽一亩。今乞再下各路提刑及所

---

① 《金史·食货二》作"推排定猛安谋克户口、田亩、牛具之数"。
② 达喇，《金史·食货二》作迭剌。纠（jiǔ），纠军。辽金时，将边地少数民族按部落组成的一种军队。
③ 峻坂，陡峭的山坡。硗瘠，这里当指土质瘠薄的山田。"再岁一易"，指要休耕两年才能种植一次。
④ 稗，害草之一。

属州县，劝谕民户，如有不栽及栽不及十之三者，并以事忽慢轻重罪科之。诏可。

至五年，谕尚书省：辽东等路女直、汉儿百姓，并令量力为蚕桑。

泰和元年六月，用尚书省言，申明旧制：明安穆昆户每田四十亩，树桑一亩。毁树木者有禁，鬻地土者有刑。

二年二月，敕：自今民有诉水旱灾伤者，即委官按视其实，申所属州府，移报提刑司同所属检毕，始令翻耕。

四年五月，谕左司遍谕诸路：令月具雨泽田禾分数以闻。

泰和二年六月，复谕尚书省：诸路禾稼及雨多寡，令州县以闻。

五年二月，定长吏劝农殿最。

能劝农田者，每年穆昆赏银绢十两匹，明安倍之，县官于本等升五人。三年不怠者，明安穆昆迁一官，县官升一等。田荒及十之一者，笞三十；分数加至，徒一年；三年皆荒者，明安穆昆追一官，县官以升等法降之。为永格。

承安二年十二月，遣户部侍郎上官瑜体究西京逃亡，劝率沿边军民耕种。郎中李敬义规措临潢农务。

泰和元年六月，用尚书省言，明安穆昆户田多污莱①，人户阙乏，并坐所临长吏，按察司以时劝督，有故慢者，量决罚之。

六年正月，罢陕西括地。

又陕西提刑司言：本路户民安水磨、油椻②，所占步数，在私地有税，官地则有租，若更输水利钱银，是重并也，乞除之。省臣奏：水利钱银以辅本路之用，未可除。宜视实占地数，除租③。命他路视此为法。

承安元年四月，初行区田法。

区田之法④，见嵇康养生论，历代未有用者。明昌三年三月，宰执论其法于帝前。帝曰：所言甚善，但恐农民不达此法。如可行，当遍谕之。四年四月，上复与宰执言：参知政事胥特国曰，今日方之大定间，户口既

---

① 污莱，指下地潴水，高地长草。
② 油椻，即油坊。
③ 《金史·食货一》记为"除租税"。
④ 区田法，也叫区种法。指把作物种在带状低畦浅穴内，深耕细作，集中施肥、灌溉、除草的一种耕作方法，在干旱地区有利于保墒。战国时行畎种法，西汉赵过发展为代田法，后来发展为区田法。

多，费用亦厚，若区种之法行，良多利益。今已令试种于城南之地，委官监督。民见收成之利，当不率而自效矣。参知政事瓜尔佳衡以为，若有其利，古已行矣。且用功多而所种少，恐废田功。帝曰：姑试行之。五年正月，遂敕谕农民使区种。从陈言人武陟高翌所上法，验人丁地土多少定数。令农田百亩以上，如濒河易得水之地，须区种三十余亩，多种者听。无水之地，则从民便。仍委各千户穆昆县官依法劝率。至是，令男年十五以上，六十以下，有土田者丁种一亩。丁多者五亩。止五月，观稼于近郊，因阅区田。次年二月，九路提刑马百禄奏：地肥瘠不同，乞不限亩数。制可。

泰和四年九月，尚书省奏：区田之法，本欲利民，或天旱始用之。仓卒施功，未必有益。且五方地肥瘠不同，使皆可以区种，农民见利自当勉以效之，不然督责虽严，亦徒劳耳。遂敕所在长官及按察司，随宜劝谕，亦竟不能行。

　　徐光启《农政全书》曰：旧说区田，地一亩，阔一十五步，每步五尺，计七十五尺；每行占地一尺五寸，该分五十行，长一十六步，计八十尺；该分五十三行，长阔相接，通二千六百五十。区空一行，种一行，又于所种行内隔一区，种一区；除隔空外，可种六百六十二区。每区深一尺，用熟粪一升，与区土相和布谷，均覆以手按实，令土种相着。苗出看稀稠存留，锄不厌烦，旱则浇灌，结子时锄土，深壅其根，以防大风摇摆。古人依此布种，每区收谷一斗，每亩可收六十石。今人学种，可减半计，虽山陵倾阪及田邱城上皆可为之。

　　臣等谨案：区田虽传之自古，然非可立为常制。设果可行，安有收十倍之利而农家不竞趋之者乎！考古者不习农事，而唯喜新奇，遂以是为神术，何异慕导引之轻身、服饵之却疾，而谓神仙可成邪！

泰和元年六月，从尚书省言，减牛头税三之一。
四年，以州郡旱，播种失期，劝行畦种法。
时自春至夏，诸郡少雨，御史中丞孟铸奏：今岁愆阳，已近五月，比至得雨，恐失播种之期，可依种麻菜法，择地形稍下处，拨畦种谷，穿土作井，随宜灌溉。从之。

七年，河南旱蝗，至七月雨。诏行省左右司郎中王维翰曰：雨虽沾足，秋种过时，使多种蔬菜，犹愈于荒莱也①。蝗蝻遗子如何可绝，旧有蝗处，来岁宜蓻麦，谕百姓使知之。

至宣宗兴定元年四月，单州雨雹伤稼，遣官劝谕，改蒔秋田②，官给其种。武原县雨雹，亦如之。

四年，河南水灾，命唐、邓、裕、蔡、息、寿、颍、亳及归德府被水田，已燥者布种③，未渗者种稻。复业之户免本租及一切差发。能代耕者如之。有司擅科者，以违制论。阙牛及食者，率富者就贷。

四月，河东按察司张行信奏：徐、邳地下宜麦，税粟者许纳麦以便民。命议行之。

七年三月，初定虫蝻生发地主及邻主首不申之罪。

至六月，遣使捕蝗。次年四月，诏谕有司：苗稼方兴，速遣官分道巡行农事以备虫蝻。七月，更定虫蝗生发坐罪法。又颁捕蝗图于中外。

宣宗贞祐三年十月，从御史田迥秀请，军需征调先期告民。

迥秀言：方今军国所需，一切责之河南，有司不恤民力，征调太急，促其期限，痛其捶楚，民既罄其所有而不足，遂使奔走，旁求于他境，力竭财殚，相继散亡，禁之不能止也。乞自今凡科征必先期告之，不及者皆罢，庶民力宽而逋者可复。诏可。

兴定三年正月，税民种地亩，议行均输。

尚书右丞领三司事侯挚言：河南军民田总一百九十七万顷有奇，见耕种者九十六万余顷。上田可收一石二斗，中田一石，下田八斗，十一取之，岁得九百六十万石，自可优给岁支，且使贫富均，大小各得其所。在东平尝试行二三年，民不疲而军用足。诏有司议行之。

时刘从益为叶县令，自兵兴，户减三之一，田不毛者万七千亩有奇，其岁入七万石，如故从益请于大司农为减一万，流亡归者四千余家。

八月，谕三司行部官劝民种麦④，无种粒者贷之。

至五年十月，谕宰臣曰：比欲民多种麦，故令所在官贷易麦种。今闻实不贷与而虚立案簿，反收其数以补不足之租。其遣使究治。

---

① 荒莱，指田废生草。
② 蒔，移栽。
③ 燥，意即洪水退去，土已干燥。
④ 三司，金中央官署名，职掌劝农、盐铁、度支。贞祐时废。

四年十二月，镇南军节度使温特赫思敬请民输税者，止输本郡。

思敬言：今民输税，其法大抵有三：上户输远仓，中户次之，下户最近。然近者不下百里，远者数百里，道路之费倍于所输。而雨雪有稽违之责，遇贼有死伤之患，不若止输本郡，令有司检算仓之所积，称屯兵之数，使就食之。若有不足，则增敛于民，民计所敛，不及道里之费，将忻然从之矣。

元光元年，诏：有司不俟麦熟征租者，罪之。

时有司征租急，民多不待熟，刈之以应限。是年，麦将熟，乃谕州县，有犯者以慢军储治罪。至九月，南京司农卿李蹊言，按《齐民要术》：麦晚种则粒小而不实，故必八月种之。今南路当输秋税百四十余万石，草四百五十余万束，皆以八月为终限。若输远仓及泥淖，往返不下二十日，使民不暇趋时，是妨来岁之食也。乞宽征敛之限，使先尽力于二麦。不从。

哀宗正大四年三月，征夏税二倍。

元之取民，大率以唐为法。其取于内郡者曰丁税①，曰地税，仿唐之租庸调也。取于江南者曰秋税，曰夏税，仿唐之两税也。

丁税、地税之法，自太宗始行之。丁税少而地税多者纳地税，地税少而丁税多者纳丁税。工匠僧道验地，官吏商贾验丁，虚配不实者杖七十，徒二年。仍命岁书其数于册，由课税所申省以闻。违者各杖一百。世祖申明旧制，于是输纳之期，收受之式，关防之禁，会计之法，莫不备焉。

至元三年，诏：窎户种田他所者②，其丁税，于附籍之郡验丁而科；地税，于种田之所验地而取。漫散之户，逃于河南等路者，依见居民户纳税。秋税、夏税之法，行于江南。初，世祖平宋时，除江东、浙西，其余独征秋税而已。

至元十九年，用姚元之请，命江南税粮依宋旧制，折输绵绢杂物。是年二月，又用左丞耿仁言，令输米三之一，余并入钞以折焉。以七百万锭为率，岁得美钞十四万锭。其输米者止用宋斗斛，盖以宋一石当元七斗故也。至成宗元贞二年，乃定其制。

粮税岁入总数：

① 丁税，又叫丁赋、丁银、身丁钱，一般是对男丁征收，有代役性质。
② 窎户，指住在边远地区的人户。窎（diào），深远。

天下岁入粮数，总计一千二百一十一万四千七百七石。内：腹里①，二百二十七万一千四百四十九石。行省②，九百八十四万三千二百五十八石。辽阳省七万二千六十六石。河南省二百五十九万一千二百六十九石。陕西省二十二万九千七百二十三石。四川省一十一万六千五百七十四石。甘肃省六万五百八十六石。云南省二十七万七千七百一十九石。江浙省四百四十九万四千七百八十三石。江西省一百一十五万七千四百四十八石。湖广省八十四万三千七百八十七石。江南三省文宗天历元年夏税钞数，总计中统钞一十四万九千二百七十三锭三十三贯。江浙省五万七千八百三十锭四十贯。江西省五万二千八百九十五锭一十一贯。湖广省一万九千三百七十八锭二贯。

　　臣等谨案：《食货志》载秋粮，则记其数而不详时代。夏税则独详天历，而江浙等三省之数又与总数不合。行省下细数亦比总数少五石。姑存以俟考。

太祖十年，始以军牛给近县农民。

时中都田野久荒，而兵后无牛可耕，从宣抚使王楫议，差官于卢沟桥索军回所驱牛，十取其一以给农民。从之。得数千头，分给近县。至太宗二年，南伐，道平阳，见田野不治，以问知府事李守贤，对曰：民贫窘乏耕具致然。诏给牛万头。仍徙关中生口，垦地河东。

太宗六年七月，定天下地税。

中田每亩二升有半，上田三升，下田二升，水田每亩五升。时既定常赋，朝议以为太轻。中书令耶律楚材曰：作法于凉，其敝犹贪，后将有以利进者，则今已重矣。

八年，定科征丁税。

初，每户科粟二石，后又以兵食不足，增为四石。至八年，乃定科征之法。今诸路验民户成丁之数，每丁岁科粟一石，驱丁五升。疑当作五斗。新户丁、驱各半之。老幼不与。间有耕种者，或验其牛具之数，或验其土地之等征焉。

世祖中统二年四月，命宣抚司官劝农桑，抑游惰。立劝农司。

---

① 腹里，元代称中书省直辖地区叫腹里。包括今山东、山西、河北等地区。
② 行省，元代除京师周边地区直隶于中书省外，于河南、江浙、湖广、云南、甘肃、辽阳等处设一个行中书省，简称行省。并设丞相、平章等官管理其辖区内的政务。

帝即位之初，即颁《农桑辑要》①之书于民，命各路宣抚司择通晓农事者充随处劝农官，至是立劝农司。

是年定远近仓输纳例。

远仓之粮，止于沿河近仓输纳，每石带收脚钱中统钞三钱；或民户赴河仓输纳者，每石折输轻赍中统钞七钱②。

三年正月，禁诸道戍兵及势家纵畜牧犯桑枣禾稼者。

次年七月，又戒蒙古军不得以民田为牧地。

四年九月，谕高丽上京等处：毋重科敛民。

至至元十一年三月，又以劝课农桑，谕高丽国王王禃：仍命安抚高丽军民，总管洪茶邱提点农事。

五年，诏僧、道、尹啰勒昆、达实密、儒人③：凡种田者，白地每亩输税三升，水地每亩五升，军、站户除地四顷免税④，余悉征之。

嗣是至元三年五月敕：凡良田为僧所据者，听蒙古人分垦。

七年九月，定河西田税。

八年八月，复申军站户输租。诏定西夏中兴路、西宁州、乌梁海三处之税，其数与僧道同。十三年六月，敕：西京僧、道、伊啰勒昆⑤、达实密等有室家者，与民一体输赋。

十六年五月，命畏吾界内计亩输税。

十九年十月，敕：河西僧、道、伊啰勒昆有妻室者，同民输税。

二十九年八月，敕：礼乐户仍与军站、民户均输税。成宗元贞元年六月，诏：河西僧纳租税。武宗至大二年六月，宣政院奏免江南江浙省僧、道、伊啰勒昆、达实密租税。中书省议：田有租，商有税，乃祖宗成法。今一体奏免，非制命。依旧制征之。

仁宗延祐元年六月，蠲河西僧免输租赋玺书。

至元元年八月，陕西行省奏：宋新附民，宜拨土地衣粮，给其牛种。

---

① 我国现存的官修农书，成书于至元十年（1273），用以指导农事。

② 轻赍，指税粮、漕粮和马草等粮物折收银两的部分。

③ 僧、道、尹啰勒昆、达实密、儒人，《元史·食货一》作僧、道、也里可温、答失蛮、儒人。尹啰勒昆（也里可温），蒙语，意即"有福禄的人"，是元代对在中国内地传教的基督教士的称呼。达实密，指伊斯兰教士。儒人，指儒生、术士。

④ 军户，士兵及其家属的户籍属于军府，故称军户。站户，元代指专充站赤（古代的驿站）之户。军户和站户均不与民户相混。

⑤ 伊啰勒昆，前作"尹啰勒昆"。

从之。

至二十三年十二月，遣蒲昌赤贫民垦甘肃闲田，官给牛、种、农具。二十八年十月，诏：给蒙古人内附者及开元南京硕达勒达等三万人牛畜田器。二十九年二月，从枢密院臣安巴等请，就襄阳给和塔拉察逊哈喇娄六百三十七户田器种粟，俾耕而食。又敕：畸零巴图尔三百四十七户，佃益都闲田，给牛、种、农具，官为屋居之。九月，沙州、瓜州民徙甘州，诏：于甘肃两界画地使耕，无力者给以牛具、农器。成宗大德元年正月，以实保齐等为叛寇所掠，仰食于官，赐以农具、牛、种，俾耕种自给。又给昆种田户耕牛。

四年二月，始括民田。

时括西夏民田，征其租。至八年十二月，复括西夏田。十七年五月，括沙州户丁，定常赋。其富户余田，令所戍汉军耕种。

十九年十月，籍京师隐漏田，履亩收税。

二十年四月，免京畿所括豪势田旧税三之二，新税三之一。十一月，诏：大都田土并令输租。甘州新括田土，亩输租三升。

二十二年正月，诏：括京师荒地，令宿卫士耕种。

二十五年九月，命呼图克民户履亩输税。

三十年，燕公楠复为大司农，得藏匿公私田六万九千八百六十二顷，岁出粟十五万一千一百斛，钞二千六百贯，帛千五百匹，麻丝二千七百斤。

七年二月，立司农司，设四道巡行劝农司。十二月，改司农司为大司农司，添设巡行劝农使、副各四员。

大司农之设，专掌农桑水利，仍分布劝农官，及能知水利者巡行郡邑，察举勤惰，所在牧民长官提点农事，岁终第其成否，申转司农司及户部，秩满之日，注于解由，户部照之以为殿最。又命提刑按察司加体察焉。至九年，命劝农官举察勤惰。于是，高唐州达噜噶齐、呼图克鼐尔州尹张廷瑞、同知陈思济以勤升职；陕县尹王仔以惰降职，自是每岁申明其制。十四年，罢大司农司，以按察司兼领，劝农事。十八年，改立农政院。二十年，又改立务农司。是年，又改司农司。二十三年，复为大司农司。二十四年二月，立行大司农司及营田司于江南。二十四年志作二十五年，今从纪。又纪云：设劝农营田司六，使副各二。隶行大司农司。二十八年，以江南长吏劝课扰民，罢其亲行之制。命止移文谕之。二十九年，以劝课司并入各道肃政廉访司，增佥事二员，兼察农事。八月，命提调农桑官账册有差者，验数罚俸。

陆深《玉堂漫笔》曰：虞集云，元有中原，置十道劝农使，总于大司农。皆慎择老成重厚之士，亲历原野，安辑而教训之。功成，省归宪司，宪司以耕桑之事上大司农，天下守令皆以劝农系衔，郡县大门两壁皆画耕织图，立法周密如此。

颁农桑制十四条。

县邑所属村疃，凡五十家立一社，择高年晓农事者为之长；增至百家者，别设长一员，不及五十家者与近村合为一社。地远人稀，不能相合，各自为社者听。其合为社者，仍择数村之中立社长官司长以教督农桑为事。凡种田者，立牌橛于田侧，书某社某人于其上，社长以时点视、劝戒；不率教者籍其姓名，以授提点官责之；其有不敬父兄及凶恶者亦然。仍大书其所犯姓名于门，俟其改过自新乃毁。如终岁不改，罚代充本社夫役。社中有疾病凶丧之家不能耕种者，众为合力助之。一社之中，灾病者多，两社助之。凡为长者，复其身。郡县官不得以社长与科差事。农桑之术，以备旱暵为先，凡河渠之利，委本处正官一员，以时浚治；或民力不足者，提举河渠官相其轻重，官为导之。地高水不能上者，命造水车；贫不能造者，官具材木给之。秋成之后，验使水之家，俾均输其直。田无水者凿井，井深不能得水者，听种区田。其有水田者，不必区种，仍以区田之法散之。农民种植之制，每丁岁种桑枣二十株，土性不宜者听种榆柳等，其数亦如之。种杂果者，每丁十株，皆以生成为数。愿多种者听。其无地及有疾者不与。所在官司申报不实者罪之。仍令各社布种苜蓿，以防饥年。近水之家，又许凿池养鱼并鹅鸭，及莳莲藕、菱芡、蒲苇等以助衣食。凡荒闲之地悉以付民，先给贫者，次及余户。每年十月，令州县正官一员，巡视境内，有蝗蝻遗子者，设法除之。至二十八年，复颁农桑杂令。泰定帝致和元年正月，复诏：颁十四条于天下。顺帝至正八年四月，又诏：守令选立社长，专一劝课农桑。

十年十一月，诏：毋禁畿内秋耕。

大司农言：中书移文，以畿内秋稼始收，请禁民覆耕，恐妨刍牧。帝以农事有益，诏：勿禁。至二十八年，又弛畿内秋耕之禁。

十三年十二月，诏：凡军将校及宋官吏有以势力夺民田庐产业者，各还本主。无主则以给附近之无生产者。

至十五年八月，诏谕军民官：毋得占据民产。十七年十二月，敕：擅据江南逃亡民田者有罪。十九年四月，敕：核阿哈玛特占据民田，给还其主。所庇富强户输赋。其家者仍输之官。二十年二月，敕：权贵所占田土，量给各户之外，余悉以与怯薛带等耕之。

十五年七月，诏：江南浙西等处，毋非理征科扰民。

十七年，命户部重定诸科征例：

全科户丁税，每丁粟三石，驱丁粟一石①，地税每亩粟三升。减半科户丁税，每丁粟一石。新收交参户②，第一年五斗，第二年一石③，第三年一石二斗五升，第四年一石五斗，第五年一石七斗五升，第六年入丁税。协济户丁税④，每丁粟一石，地税每亩粟三升。随路近仓输粟，远仓每粟一石，折纳轻赍钞二两。富户输远仓，下户输近仓，郡县各差正官一员部之。每石带纳鼠耗三升，分例四升⑤。凡粮到仓，以时收受，出给朱钱。权势之徒结揽税石者罪之，仍令倍输其数。仓官、攒典、斗脚人等飞钞作弊者，并置诸法。输纳之期，分为三限：初限十月，中限十一月，末限十二月。违者，初犯笞四十，再犯杖八十。互见户口门。至成宗大德六年，申明税粮条例，复定上都、河间输纳之期：上都，初限次年五月，中限六月，末限七月；河间，初限九月，中限十月，末限十一月。

二十三年六月，命云南、陕西二行省籍定建都税赋。

二十四年十二月，减扬州省岁额米十五万石，以盐引五十万易粮。

二十五年正月，募民能耕江南旷土及公田者，免差役三年，其输租免三分之一。

至二十八年七月，募民耕江南旷土，户不过五顷，官授之券，俾为永业，三年后征税。其后，成宗大德四年，又以地广人稀，更优一年，令第

---

① 驱丁，指蒙古军在战争中俘虏的汉族和其他民族人丁。当其归属某贵族后，除为其主人提供贡纳外，还需向国家交纳赋税，服徭役。其地位类似于农奴。

② 新收交参户，新纳入国家正式户籍并向国家纳税的民户。

③ 《元史·食货一》中没有第二年的丁税数字。道光本《续通考》第二年的丁税数也与此不同。

④ 协济户，元代纳税民户的一种。指不能同普通纳税户一样负担赋税，只能略供科差的贫弱户。

⑤ 分例，指手续费。

四年纳租。

九月，置征理司，专治合追钱谷。十月，以省院台官十二人，理算江淮、江西、福建、四川、甘肃、安西六省钱谷①。

先是，中统四年九月，遣使征诸路赋税钱帛。至元五年十一月，御史台追理侵欺粮粟近三十万石，钱物称是。十年二月，遣断事官麦肖句校川陕行省钱谷②。十三年十二月，检核江淮诸路钱谷。二十二年十月，参政郭佑言：自平江南，十年之间，凡钱粮事八经理算，今又复钩考③，宜即罢去。不从。二十三年四月，遣要束木钩考荆湖钱谷。十二月，遣图卜沁钩考湖广钱谷。是年四月，右丞相僧格言：自至元丙子置应昌和籴所，其间必多盗诈，宜加钩考。扈从之臣，种地极多，宜依军站例，四项之外，验亩征租。从之。至是月，以尚书省钩考诸司，先摘委六部官任，犹不专，遂置征理司以主之。时僧格以理算为事，司钱谷者无不破产。及当更代，人皆弃家避之。又言湖广钱谷已责偿平章要束木，他省欺盗者必多，请以参政忻都等十二人，理算江淮等六省耗失之数，给兵以卫其行。诏从之。至二十六年十月，钩考大同钱谷。二十七年九月，钩考行教坊司所总江南乐工钱谷。二十八年二月，命江淮行省钩考沙不丁所总詹事院钱谷。

二十八年二月，罢征理司。

初，行台侍御史程文海入朝言：宰相不以进贤为急，而唯以货殖为心。尚书钩考钱谷以割剥生民，所委任者率皆贪饕邀利之人。江南盗贼窃发，良以此也。僧格怒，奏请杀之者六。帝皆不允。至是，僧格以罪罢。二月，遂罢征理司。诏下之日，百姓相庆。既而各路钩考犹未尽罢，于是御史台臣奏：钩考钱谷，自中统初至今，余三十年，更阿哈玛特、僧格当国，设法已极，而其余党，公取贿赂，民不堪命，不如罢之。十二月，"遂诏罢钩考钱谷，昔年逋负文卷，聚置一室，非上命而视之者有罪"。仍遣使布告中外。

二十九年九月，以宁夏户口繁多，而田土半艺红花④，诏：尽种谷麦，以补民食。

至元时诸路垦田义粮等总数：

① 理算，类似今之审计。
② 句校，即钩稽，考察审校。
③ 钩考，即考核。
④ 艺，意即种植。红花，植物名，可制胭脂及染料。

二十三年，大司农司上诸路储义粮九万五百三十五石，植桑枣杂果诸树三千三百九万四千六百七十二株。

二十五年，大司农言：耕旷地三千五百七十顷，积义粮三十一万五千五百余石。

二十八年，司农司上诸路垦地千九百八十三顷有奇，植桑枣诸树二千二百五十二万七千七百余株，义粮九万九千九百六十石。

东平布衣赵天麟上《太平金镜策》，略曰：今王公大人之家，或占民田近于千顷，不耕不稼，谓之草场，专放孳畜。又江南豪家广占农地，驱役佃户，无爵邑而有封君之贵，无印节而有官府之权，恣纵妄为，靡所不至。贫家乐岁终身苦，凶年不免于死亡，荆楚之域，至有雇妻鬻子者。衣食不足，由豪富兼并故也。方今之务，莫如复井田。尚恐骤然骚动天下，宜限田以渐复之。凡宗室王公之家，限几百顷；巨族官民之家，限几十顷。凡限外退田者，赐其家长以空名告身。每田几顷，官阶一级，不使之居实职也。凡限田之外，蔽欺田亩者坐以重罪。凡限外之田，有佃户者，就令佃户为主；凡未尝垦辟者，令无田之民占而辟之。第一年全免租税，次年减半，第三年依例科征。凡占田不可过限。凡无田之民不欲占田者听。凡以后有卖田者，买田亦不可过限。私田既定，乃定公田。公田之制，有九等：一品者二十顷，二品者十六顷，三品者十五顷，四品者十二顷，以下俱以二顷为差，至九品，但二顷而已。庶乎民获恒产，官足养廉，如是行之五十年后，井田可复兴矣。

成宗元贞元年五月，诏：以农桑水利谕中外。

至大德元年，罢妨农之役。十一年，申扰民之禁。力田者有赏，游惰者有罚，纵畜牧损禾稼桑枣者，责其偿而后罪之。

二年七月，括巴延、阿珠、阿尔哈雅等所据江南田及权豪隐匿者，令输租。

其后六年正月，帝语台臣曰：朕闻江南富户侵占民田，以致贫者流离转徙。台臣曰：富民多乞护持玺书，依倚以欺贫民。官府不能诘治，宜悉追收为便。命即行之，毋越三日。仍命整治江南影占税民地土者。至武宗至大二年十月，平章约苏言：江南平垂四十年，其民止输地税、商税，余皆无与。其民有蔽占王民奴使之者，动踰百千家，有多至万家者，其力可知。乞自今有岁收粮五万石以上者，令石输二升于官，仍质一子而军之。其所输之粮，移其半入京师，以养御士；半留以备凶年。命如其言。行之。

始定征江南秋夏税之制：

秋税止命输租，夏税则输以木棉、布、绢、丝、绵等物。其所输之数，视粮以为差。一石或输钞三贯、二贯、一贯，或一贯五百文、一贯七百文。输三贯者，若江浙省婺州等路，江西省龙兴等路；输一贯者，若福建省泉州等五路；输一贯五百文者，若浙江省绍兴路、福建省漳州等五路，皆因地利之宜，人民之众，酌中数取之。其所输之物，各随时估高下以为直，独湖广则异。是初，行省右丞阿尔哈雅克湖广时，罢宋夏税，依中原例，改科门摊，每户一贯二钱，视夏税增钞五万余锭。至大德二年，宣慰张国纪又请科夏税，于是湖湘重罹其害，俄诏罢之。三年，又改门摊为夏税而并征之，每石计三贯四钱之上，视江浙等为尤重云。

大德元年九月，罢括两淮民田。

其后，九年十月，复括两淮地为豪民所占者，令输租赋。仁宗皇庆元年二月，敕两淮民种荒田者，如例输税。延祐元年十月，遣官括淮民所佃闲田不输税者。泰定帝泰定元年，平章政事张珪等言：国家经费皆取于民。世祖时，淮北内地唯输丁税。特们德尔为相，专务聚敛，遣使括勘两淮、河南田土，重并科粮。又以两淮、荆襄沙碛作熟征收，徽名兴利，农民流徙，宜如旧制，止征丁税。其括勘重并之粮及沙碛不可田亩之税，悉除之。帝不能从。

十一月，禁诸王驸马并权豪毋夺民田，其献田者有刑。

至二年正月，又禁诸王公主驸马受诸人呈献公私田地及擅招户者。武宗至大元年七月，皇子和实拉请立总管府，领提举司四。括河南、归德、汝宁境内濒河荒地六万余顷，岁收其租。中书省言：濒河之地，出没无常，遇有退滩则为之主。近有伊玛噶者妄称省委括地，蚕食其民，以有主之田指为荒地，所至骚动，方议其罪，遇赦获免，今乃献地皇子。河南连岁水灾，人方阙食①，若从其请，设立官府，为害非细，遂止。仁宗皇庆元年七月，敕诸王锡锡部归晋宁路襄垣县民田。

————————

① 阙，古代用作"缺"字。

吴肃公《读书论世》曰①：言利之臣巧立察荒之名，以逢上之欲，又有皇子为之内主，而中书省能直斥其奸，武宗能遂从之，可谓朝政清明，而民受其赐矣。

十二月，诏：诸军户卖田者，由所隶官给文券。

二年二月，诏：诸郡凡民播种怠惰及有司劝课不至者，命各道廉访司治之。

至仁宗皇庆二年七月，敕守令劝课农桑，勤者升迁，怠者黜降，着为令。泰定帝致和元年正月，又诏：励有司察勤惰。文宗天历二年，各道廉访司所察：勤官，内邱何主簿等凡六人；惰官，濮阳裴县尹等凡四人。

七年正月，罢归德府括田。

八年正月，诏：江南佃户私租太重，以十分为率，减二分，永为定例。

是后，顺帝至正十四年，又诏：民间私租，十分普减二分。

武宗至大二年，淮西廉访佥事苗好谦献莳桑法，行之。

分农民为三等，上户地一十亩，中户五亩，下户三亩或一亩，皆筑垣墙围之，以时收采桑椹，依法种植，其法出《齐民要术》等书。至仁宗延祐三年，以好谦所至，植桑皆有成效，于是风示诸道，命以为式。是年十一月，令各社出地，共莳桑苗，以社长领之，分给各社。四年，又以社桑分给不便，令民各畦种之法。虽屡变，而有司不能悉遵上意，大率视为具文而已。

三年，诏：大司农除牧养地，听民秋耕。

至仁宗皇庆二年，复申秋耕之令。唯大都等五路许耕其半，盖秋耕之利，掩阳气于地中，蝗蝻遗种皆为日所曝死，次年所种必盛于常禾也。

仁宗延祐元年闰三月，遣人视大都至上都驻跸之地，有侵民田者计亩给直。

十月，遣官经理江南田粮②。十一月，诏：检核浙西、江东、江西田税。

———————————

① 吴肃公，明末清初宣州人，知名学者，著有《读书论世》十六卷。
② 经理，旧指国家对土地占有者面积及周边四至的核查和确定。

江淮漕臣言：江南殷富，盖由多匿腴田，若行检核法，当益田亩累万计。吴元珪拜江浙行省左丞入见，言：江南平几四十年，户有定籍。田有定亩，一有摇动，其害不细，固争月余不能止。至是，平章张律言：经理大事，世祖已尝行之。但其间欺隐尚多未实，以熟田为荒地者有之，惧差而析户者有之①，富民买贫民田，仍其旧名输税者亦有之，由是岁入不增，小民告病。若行经理之法，俾有田之家及各卫下寺观、学校、财赋等田一切从实自首，庶几岁入无隐，差徭亦均。元珪复奏：昔世祖限田四百亩以给军需，余田悉供赋税。今经理江淮田土第以增多为能，加以有司头会箕敛②，俾元元之民困苦日甚，恐变生不测，非国之福。帝不能用，遂遣官经理。以张律等往江浙，尚书鼐智密鼎往江西，左丞陈士英等往河南，仍命行御史台分台镇遏③。枢密院以军防护焉。先期揭榜示民，限四十日以其家所有田自实于官，或以熟为荒，以田为荡，或隐占逃亡之产，或盗官田为民田，指民田为官田，及僧道以田作弊者，并许诸人首告。十亩以下，田主及管干田户皆杖七十七；二十亩以下加一等，一百亩以下、一百七亩以上流窜北边，所隐田没官。郡县正官不为查勘，致有脱漏者，量事论罪，重者除名。时期限猝迫，贪刻用事，富民黠吏并缘为奸，中书右丞特们德尔犹以为未实，复下令括田增税。鼐智密鼎在江西酷虐尤甚，新丰一县，撤民庐千九百区，至夷墓扬骨，以为所增顷亩。次年八月，遂有赣民蔡九五之乱。张律在江浙以括田迫民有至死者，御史台累言其害，汴梁路总管塔海亦言其弊。乃诏罢之，并免三省自实田租二年。河南自实田自延祐五年始止科其半。汴梁一路，凡减虚增之数二十余万石。至泰定、天历之初，又尽革虚增之数，民始获安。总计河南省官民荒熟田一百一十八万七百六十九顷，江西省官民荒熟田四十七万四千六百九十三顷，江浙省官民荒熟田九十九万五千八十一顷。

七年四月，时英宗已即位，增两淮、荆湖、江南东西道田赋，斗加二升。
泰定帝泰定初，行助役法。
助役粮者，其法：命江南民户有田一顷之上者，于所输税外，每顷量出助役之田，具书于册，里正以次掌之，岁收其入以助充役之费。凡寺观田，除宋旧额，其余亦验其多寡，令出田助役。民赖以不困。

① 析户，指分家立户。
② 头会箕敛，指按人头计征税，用畚箕收取所征得的谷物。
③ 御史台，国家监察机构。行御史台是御史台的派出机构。

二年十二月，右丞赵简请行区田法于内地。以宋董煨所编《救荒活民书》颁州县。

文宗至顺元年十一月，征河南行省民间自实田土粮税，不通舟楫之处，得以钞代输。

顺帝元统初，罢富民承佃江淮田。

从江浙行省王克敬请也。时松江大姓有岁漕米万石献京师者，其人既死，子孙贫且行乞，有司仍岁征，弗足，则杂置松江田赋中，令民包纳。克敬曰：匹夫妄献米徼名爵，今身死家破，又已夺其爵，不可使一郡之人均受其害，国用宁乏此邪！具论免之。

至正十二年正月，遣官分道巡视农桑。

中书省臣言：河南、陕西、腹里诸路，供给繁重，调兵讨贼，正当春首耕作之时，恐农民不能安于田亩，守令有失劝课，宜委通晓农事官员，分道巡视，督勒守令亲诣乡都，省谕农民，依时播种，务人尽其力，地尽其利。其曾经盗贼、水患、供给之处，贫民不能自备牛种者，所在有司给之。仍令总兵官禁止屯驻军马毋得践踏，以致农事废弛。从之。

钦定续文献通考卷二

田赋考

历代田赋之制

明太祖即位之初，定天下田赋。田有二：曰官田，曰民田。赋有二：曰夏税，曰秋粮。其额数则具于黄册，总于户部。其征输期限则责之布政司、州、县。夏税曰米麦，曰钱钞，曰绢，无过八月；秋粮曰米，曰钱钞，曰绢，无过明年二月。

至孝宗弘治时，会计之数，夏税：曰大小米麦，曰麦荍①，曰丝绵并荒丝，曰税丝，曰丝绵折绢，曰税绵折绢，曰本色丝，曰农桑丝折绢，曰农桑零丝，曰人丁丝折绢，曰改科绢，曰绵花折布，曰苎布，曰土苎，曰红花，曰麻布，曰钞，曰租钞，曰税钞，曰原额小绢，曰币帛绢，曰本色绢，曰绢，曰折色丝；秋粮：曰米，曰租钞，曰赁钞，曰山租钞，曰租丝，曰租绢，曰租粗麻花，曰课程绵布，曰租苎布，曰牛租米谷，曰地亩绵花绒，曰枣子易米，曰枣株课米，曰课程苎麻折米，曰绵布，曰鱼课米，曰改科丝折米。神宗万历时，小有增损，大略以米麦为主，而丝绢与钞次之。夏税之米唯江西、湖广、广东、广西，麦荍唯贵州。农桑丝遍天下，唯不及川广云贵，余各视其地产。

　　臣等谨按：自古布缕有征。明初二税，但有绢而无布。考之《实录》，洪武三年九月，户部奏：赏军用布甚多，请于浙西四府秋粮内收布三十万匹。帝曰：松江乃产布之地，止令一府输纳，余征米

---

① 荍，qiáo，荞的异体字，指荞麦。

如故。是当时输布者唯松江一郡。其后虽有折布之令，以非通制，故不偏举耳①。

又光禄寺牺牲所、御马监、象马牛羊房草料，俱于民间照田粮征解纳，官军草料亦如之。

洪武二十五年，以百姓艰于供给，令北平卫所官军不支草料，自采野草备用。成祖永乐九年，遂有秋青草事例。宣宗后，通命中外军卫有司，量派军采纳与民纳草兼支，法亦不一。其黄黑豆即于税粮内折征焉。

臣等谨按：马草为明正赋，与夏税秋粮并征，《明史》不详其制。考《会典》弘治后始有征收之数，唯及南直隶十三府四州，北直隶八府二州，并浙江、山东、山西、河南、陕西五省，其支给之例，始见于永乐时。大率马一匹，日支草一束，束重十五斤，豆则三四升上下不等。其后有折支者，或以钞，或以布，或以银。有限月支折者，或岁给其半，或给以强半，或给以少半，因夏秋草盛而价贱，有牧放樵采之利；冬春专赖刍藁，每有不足，故视时值之贵贱差用之劳逸而为之制。唯常令在京坊场，岁有一百五十万束之积以备用。隆庆三年制。此支折所以不同，而秋草与谷草又必兼收而交济也。此外又有纳草赎罪例，纳草中盐例，召商纳草豆例，商贩纳草入关例，凡此虽非正赋，而借以佐正赋所不及，亦时事之不得不然耳。

洪武元年正月，遣周铸等百六十四人核浙西田亩，定赋税。

八月，诏：输赋道远者，官为转运。灾荒以实闻。

三年三月，命计民授田。

郑州知州苏琦言：自辛卯河南起兵，天下骚然。兼以元政衰微②，将帅凌暴，十年之间，耕桑变为草莽，若不设法招徕耕种，以实中原，恐日久国用虚竭。为今之计，莫若计复业之民垦田外，其余荒芜土田，宜责之守令，召诱流移。未入籍之民，官给牛种，及时播种。除官种外，与之置仓，中分收受。守令正官召诱户口，增开田有成者，从巡历御史申举。若

① 偏举，此处当指遍举。
② 元政衰微，指元末王朝对政权、军政各方面的控制力衰微。

田不加辟，民不加多，则核其罪。帝是其言，遂命省臣议。计民授田，设司农司，开治河南，掌其事。六月谕中书省曰：苏、松、嘉、湖、杭五郡，地狭民众，无田以耕，往往逐末利而食不给。临濠，朕故乡也。田多未辟，土有遗利，宜令五郡民无田者往开种，就以所种田为己业，给资粮牛种，复三年，验其丁力，计田给之，毋许兼并。又北方近城，地多不治，召民耕，人给十五亩，蔬地二亩，免租三年。有余力者，不限顷亩。自是每中书省奏天下垦田数，少者亩以千计，多者至二十余万。官给牛及农具者，乃收其税；额外垦荒者，永不起科。

四年九月，设粮长①。

帝以郡县吏征收赋税，辄侵渔百姓，乃命户部令有司料民土田，以万石为率，田多者为粮长，督其乡赋税。岁七月，州县委官偕诣京师，领勘合以行。粮万石，长、副各一人。至十五年革罢。十八年，复设。三十年，更定每区正、副二名轮充。至成祖永乐十九年，令暂于南京户部宣谕给勘合，后遂为例。宣宗宣德间，复永充，科敛横溢，民受其害。或私卖官粮以牟利，其罢者亏损公赋，事觉至陨身丧家。景帝时，革粮长。未几，又复。自官军兑运，粮长不复输京师，而州里间颇滋害。世宗嘉靖时，谕德顾鼎臣条上钱粮积弊四事②：其一，曰催征岁办钱粮。成弘以前，里甲催征，粮户上纳，粮长收解，州县监收。粮长不敢多收斛面，粮户不敢挽杂水谷糠秕，兑粮官军不敢阻难多索，公私两便。近者有司不复比较经催、里甲负粮人户，但立限敲扑粮长，令下乡追征；豪强者则大斛倍收，多方索取，所至鸡犬为空；孱弱者为势豪所凌，耽延欺赖，不免变产补纳，至或旧役侵欠责偿，新佥一人逋负，株连亲属，无辜之民死于棰楚、囹圄者几数百人。且往时每区粮长不过正副二名，近多至十人以上。其实收掌管粮之数少，而科敛打点使用年例之数多。州县一年之间，辄破中人百家之产，害莫大焉。宜令户部议定事例，转行所司审编，粮长务遵旧规，如州县官多佥粮长，纵容下乡，及不委里甲催办，辄酷刑限比粮长者，罪之；致人命多死者，以故勘论。

① 粮长，明初设置的专门负责征收和解运税粮的基层职官。由乡里中的大户担任，后又增加编制图册、申报灾害、检举逃税等职责。随着赋役的日益加重，农户多逃亡，粮长因此赔累而破产。

② 谕德，官名。唐置太子左右谕德，明有左庶子、右谕德，各一人。掌侍从赞谕（教谕道德）。盖取《文王世子》教之以事，而谕诸德之义。条上，即条书上奏。

五年六月，遣使度四川田。

以蜀始平故也。

十二月，诏：以农桑课有司。

有司秩满赴京者，必书农桑之绩，违者降罚。

七年四月，从福建按察司金事卢公茂奏：令漳、泉二府，田崩陷溪海者，除其税。新旧垦辟者，征其租。

九年三月，令天下税粮，以银钞钱绢代输。

户部奏：银一两，钱千文，钞十贯，皆折输米一石，小麦则减直十之二；棉苎一匹，折米六斗，麦七斗；麻布一匹，折米四斗，麦五斗。丝绢等各以轻重为损益，愿入粟者听。帝曰：折纳，正欲便民，务减其价，勿泥时直，可也①。

十三年三月，减苏、松、嘉、湖重赋十之二。

初，帝定天下官民田赋。凡官田，亩税五升三合五勺，民田减二升，租田八升五合五勺，芦地五合三勺四抄，草塌地三合一勺，没官田一斗二升。唯苏、松、嘉、湖，怒其为张士诚守②，乃籍诸豪族及富民田以为官田，按私租簿为税额。而司农卿杨宪又以浙西地膏腴，增其赋，亩加二倍，故浙西官、民田视他方倍蓰③，亩税有二三石者。大抵苏松最重，嘉湖次之，杭又次之。七年五月，命减苏、松、嘉、湖极重田租，如亩税七斗五升者除其半。至是，复命户部裁其额，亩科七斗五升至四斗四升者，减十之二；四斗三升至三斗六升者，俱止征三斗五升。其以下者，仍旧。

　　臣等谨按：是时浙西赋极重，而浙东赋有极轻者。《实录》云：洪武元年，有司奏定处州七县田赋，亩税一升。帝以刘基故，命青田县止征其半。《基行状》④ 帝曰：使伯温乡里子孙，世世为美谈也。据此则不但青田之赋极轻，其余六县亦仅比民田三分之一。

---

　　① 泥，拘泥、不善变化。
　　② 张士诚（1321—1367年），元末泰州白驹场（今江苏大丰西南）人。元至正十三年（1353），与其弟率盐丁起兵，攻下高邮等地，次年称诚王，国号周。十六年，定都平江（今江苏苏州），次年降元。至正二十三年，杀红巾军领袖刘福通，自称吴王。后屡被朱元璋击败。二十七年，平江城破被俘，至金陵自杀。
　　③ 倍蓰，意即数倍。
　　④ 《基行状》，即《诚意伯刘公基行状》，明初人黄伯生所撰。"行状"：记录死者家世、生平、事迹的文章。

诏：陕西、河南、山东、北平及凤阳、淮安、扬州、庐州田，许民尽力开垦，有司毋得起科。

自元年八月，令州郡人民，先因兵燹遗下田土，他人垦成熟者听为己业。业主已还，有司于辅近荒田，如数给与。其余荒田，亦许民垦辟为己业，免徭役三年。五年五月，诏：令四方流民各归田里，其间有丁少田多者，不许依前占据他人之业；若有丁多田少者，有司于辅近荒田，验丁拨付。至是，乃有是诏。又令山东、河南开荒田者，永不起科。

顾炎武《日知录》曰：明初，承元末大乱之后，山东、河南多是无人之地。洪武中，诏：有能开垦者，即为己业，永不起科。至正统中，流民聚居，诏令占籍①。景泰六年，户部尚书张凤等奏：山东、河南、北直隶并顺天府无额田地，甲方开荒耕种，乙即告其不纳税粮，若不起科，争竞之涂终难杜塞。今后但告争者，宜依本部所奏，减轻起科则例，每亩科米三升三合，每粮一石，料草二束，不唯永绝争竞之端，抑且少助仓廪之积。从之。户科都给事中成章等劾凤等不守祖制，不恤民怨。帝不听。然自古无永不起科之地，国初，但以招徕垦民。立法之过，反以起后日之争端。而彼此告讦，投献王府、勋戚及西天佛子，无怪乎经界之不正，赋税之不均也。

十七年，令云南以金、银、贝布、漆、丹砂、水银代秋租。

于是以米麦为本色，诸折纳税粮谓之折色。

二十年十二月，鱼鳞册成。

帝既定天下，核实天下土田，而两浙富民畏避徭役，大率以田产寄他户，谓之贴脚诡寄。是年，命国子生武淳等分行州县，随粮定区，区设粮长，量度田亩方圆，次以字号，悉书主名及田之丈尺，编类为册，状如鱼鳞，号曰鱼鳞图册。先是，诏：天下编黄册，以户为主，详具旧管、新收、开除、实在之数为四柱式。而鱼鳞图册以土田为主，诸原坂、坟衍、下湿、沃瘠、沙卤之别毕具②。鱼鳞册为经，土田之讼质焉③。黄册为纬，

---

① 占，自署。籍，指民籍，户口簿。占籍，即将自己家庭成员申报登记到户籍册上。

② 原坂，原，指广平之地；坂，坡地。坟衍，指水旁的高地和低平之地。下湿，指低湿之地。沃瘠，指肥沃和贫瘠之地。沙卤，指碱性沙地。这是指各种性质的土地。

③ 质，这里是指质证，证据。

赋役之法定焉。凡质卖田土，备书税粮科则，官为籍记之。

二十一年八月，徙泽、潞民垦河南、北田。

户部郎中刘九皋言：古者令狭乡之民得迁于宽乡，盖欲地不失利，民有恒产也。今河北诸处，兵后田荒，居民鲜少，宜徙山东、西之民往就耕种。帝曰：山东地广，民不必迁。迁山西泽、潞民无田者往业之。免其赋役三年，仍户给钞二十锭，以备农具。至明年四月，又命湖、杭、温、台、苏、松诸郡无田之民，往耕淮河迤南滁、和等处闲田，仍蠲赋三年，给钞备农具。

二十六年，核天下土田，总八百五十万七千六百二十三顷六十八亩有奇。

夏税：米麦四百七十一万二千九百石，钱钞三万九千八百锭，绢二十八万八千四百八十七匹；秋粮：米二千四百七十二万九千四百五十石，钱钞五千七百三十锭，绢五十九匹。

凡田，以近郭为上地，迤远为中地、下地。时仍元里社制①。河北诸州县土著者，以社分里甲；迁民分屯者，以屯分里甲。社民先占亩广，屯民新占亩狭，故屯地谓之小亩；社地谓之广亩。至宣宗时，垦荒田永不起科及洿下斥卤无粮者，皆核入赋额，数溢于旧。有司乃以大亩当小亩，以符旧额，有数亩当一亩者。贵州田无顷亩，尺籍悉征之土官。而诸处土田日久颇淆乱，于黄册不符。

> 《日知录》曰：以近郭为上地，远之为中地、下地。盖自金元之末，城邑邱墟，人民稀少，先耕者近郭。近郭，洪武之册田也②。后垦者远郊。远郊，继代之新科也。故轻重殊也。
>
> 又曰：地有小大之分者，以二百四十步为亩，自古以来，未之有改也。由国初有奉旨开垦，永不起科者；有因洿下鶒薄，而无粮者；一概量出作数，是以原额地少而丈出之地反多，有司恐亩数增多，取骇于上，而贻害于民，乃以大亩。该小亩取合原额之数，自是上行造报，则用大地以投黄册，下行征派则用小亩，以取均平。各县大地有以小地一亩八分折一亩，递增之，至八亩以上折一亩。既因其地之高

① 元，指元朝。里社制，元朝基层的村民组织制度。
② 册田，这里指已经登记在国家土地册籍内、需要向国家纳税的土田。

下而为之差等，又皆合一县之丈地，投一县之原额以敷一县之粮科，而赋役由之以出。此后人一时之权宜耳。然井地不均，赋税不平，固三百年于此矣。

二十七年三月，课民树、桑、枣、木棉。

帝初立国即下令，凡民田五亩至十亩者，栽桑、麻、木棉各半亩；十亩以上倍之。麻，亩征八两；木棉，亩四两。栽桑，以四年起科。不种桑，出绢一匹；不种麻及木棉，出麻布、棉布各一匹。此农桑丝绢所由起也。至是，令每里百户种秧二亩，始同力运柴草烧地，已乃耕，三烧三耕。已乃种秧，高三尺，分植之。五尺为垄，每百户初年课二百株，次年四百株，三年六百株，具如目报，违者戍边。又以湖广长、永、宝、衡，地宜桑，而种者少，命取淮、徐桑种给之。次年十二月，又命河南、山东桑枣毋征税。

二十八年，诏：户部百户为里。春秋耕获之时，一家无力者，百家代之。

又命天下乡置一鼓，遇农月晨鸣鼓，众皆会及时服田，其惰者里老督劝之，不率者罚。里老惰不督劝，亦罚。

三十年，谕户部：天下逋租，许任土产折收米、绢、棉花、金银等物，着为令。

先是十九年，令户部侍郎杨靖，会计天下仓储存粮二年外，并收折色。唯北方诸布政司需粮饷边，仍使输粟。至是。复谕户部：天下逋租，咸许任土产折收。户部乃定钞一锭，折米一石；金一两，十石；银一两，二石；绢一匹，石有二斗；绵布一匹，一石；苎布一匹，七斗；绵花一斤，二斗。帝命金银每两折米加一倍，钞止二贯五百文折一石，余从所议。至成祖永乐十一年，令各处折征粮金，每两准米三十石，阔白绵布每匹准米一石五斗。宣宗宣德四年，令顺天、苏、松并浙江属县，远年拖欠税粮，每绢一匹，准米一石二斗；绵布一匹，丝一斤，钞五十贯，各准一石；苎布一匹，准七斗；绵花一斤，准二斗。五年，令自三年以前拖欠耗粮，以十分为率，三分折布，三分折绢，四分折钞。其布绢不拘长阔，俱准照时价折收。

三十一年正月，遣使之山东、河南，课耕。

惠帝建文二年二月，均江浙田赋。

诏曰：江浙赋独重，而苏、松准私租起科，特以惩一时顽民，岂可为定则以重困一方。宜悉与减免，亩不得过一斗。至永乐时，尽革建文政。浙西之赋复重。

成祖永乐元年五月，除天下荒田未垦者额税。

八月，发流罪以下垦北京田。

九月，命宝源局铸农器，给山东被兵穷民。

五年六月，始置交阯布政使①，命以绢、漆、苏木、翠羽、纸扇、沈速、安息诸香代租赋。广东琼州黎人、肇庆瑶人内附，输租比内地。

至十七年十二月，又命工部侍郎刘仲廉核实交阯户口、田赋。

> 臣等谨按：是时，广东田亦多不科税者。顾岕海《槎余录》云：海南之田，凡三等。有沿山而更得泉水，曰泉源田。有靠江而以竹桶装成天车，不用人力，日夜自车水灌田者，曰近江田。此二等为上，栽稻二熟。又一等不得泉，不靠江，旱涝随时，曰远江田。止种一熟，为下等。大概土山多平陂，一望无际，咸不科税。

二十年十月，分遣中官及朝臣八十人，核天下仓粮出纳之数。

时宇内富庶，赋入盈羡，天下本色税粮三千余万石，丝钞等二千余万，计米粟自输京师数百万石外，府县仓廪蓄积甚丰，至红腐不可食。岁歉，有司往往先发粟赈贷，然后以闻。

二十二年十月，时仁宗已即位，令天下奏雨泽至即以闻。

通政司请以四方雨泽章奏送给事中收贮。帝曰：祖宗令天下奏雨泽，欲知水旱，以施恤民之政，积之通政司，既失之矣。今又令收贮，是欲上之人终不知也。自今奏至即以闻。

宣宗宣德五年二月，诏：旧额官田租亩一斗至四斗者，各减十之二；四斗一升至一石以上者，减十之三。着为令。

先是，广西布政使周幹巡视苏、常、嘉、湖诸府，还言：诸府民多逃亡，询之耆老，皆云重赋所致。如吴江、昆山民田租旧亩五升，小民佃种富民田，亩输私租一石。后因事故入官，辄如私租例，尽取之，以致民多

---

① 交阯，古省名，治交州府（今越南河内），辖境相当于今越南中部、北部。交阯布政使司，明永乐五年（1407）置，宣德二年（1427）废。

冻馁逃亡。仁和、海宁、昆山海水陷官民田千九百余顷，逮今十余年犹征其租。田没于海，租无从出，请将没官田及公侯还官田租俱视彼处官田起科，亩税六斗，海水沦陷田悉除其税，则田无荒芜之患，而细民获安生矣。命部议行之。是年，又有是诏。至九月，又命周忱巡抚江南诸府，总督税粮。苏府官民田租共二百七十七万石，而官田之租乃至二百六十二万石，民不能堪。帝既屡下诏减官田租。忱乃与知府况钟曲算累月，减至七十二万余石。他府亦以次减，民始少苏。忱又请令松江官田依民田起科，户部劾以变乱成法。帝虽不罪，亦不能从。而朝廷数下诏书蠲除租赋，持筹者辄私戒有司，勿以诏书为辞。帝与尚书胡濙言：计臣壅遏膏泽①，然不深罪也。

　　时天下财赋多不理，而江南为甚。苏州一郡，积逋至八百万石。忱始至，召父老问逋税故，皆言豪富不肯加耗，并征之细民，民贫逃亡，而税额益缺。忱乃创为平米法②，令出耗必均。又以支拨余米贮之仓，曰济农。耕者借贷，必验中下事力及田多寡给之，秋与粮并赋③。虽与民为期约，至时多不追取。每岁征收毕，踰正月中旬辄下檄放粮，曰：此百姓纳与朝廷剩数今还百姓用之，努力种田，秋间又纳朝廷，税也。于是，两税无逋，公私饶足。又民间马草，岁运两京，劳费不赀。忱请每束折银三分，南京则轻赍④，即地买纳。又言丹徒、丹阳二县，田没入江者，赋尚未除。国初蠲租之家，其田多并于富室，宜征其租；没于江者，除之，则额不亏而贫富均。无锡官田赋白米太重，请改征租米，悉报可。至景帝时，户部括所积余米为正赋，储备萧然。其后吴大饥，道馑相望，课逋如故矣。

　　其后穆宗隆庆元年十二月，户部奏：各省粮额俱以夏税、秋粮、马草为正赋，差徭编增为杂派，唯苏、松诸郡，不分正杂而混征之，名曰平米。其中如马役料价、义役，原非户部之加增；如轻赍脚米、户口盐钞，亦非粮额之正数，杂派渐多，常赋反累。宜令清查旧额所增之数，造册送

---

① 计臣，指掌管财计之臣。

② 周忱（1381—1453），明江西吉水人。永乐进士。宣德五年（1430），出任工部右侍郎，巡抚江南，创平米法。对科则重的田土派发轻粮，使其交纳折色、轻赍；科则轻的派以重粮，使其交纳本色，负担予以增重，使赋税负担轻重悬殊问题得到改善。

③ 这里是指秋收缴纳当年田赋时一并还贷。

④ 轻赍，明朝中期后，田赋征粮、漕粮和马草等折收银两部分，叫轻赍。

部裁减。从之。

杜宗桓上巡抚、侍郎周忱书曰：五季钱氏税两浙之田①，每亩三斗。宋时均两浙田，每亩一斗。顾炎武云：宋淳祐元年，鲍廉作《琴川志》，曰：国初尽削钱氏白配之目，遣右补阙王永高象先各乘递马，均定税数，只作中、下二等。中田一亩夏税钱四文四分，秋米八升；下田一亩钱三文三分，米七升四合。取于民者不过如此。自熙丰更法，崇观多事，靖炎军兴，随时增益，然则宋初之额，尚未至一斗也。元入中国，定天下田税：上田每亩税三升，中田二升半，下田二升；水田五升。至于太祖受命之初，天下田税亦不过三升五升，而其最下有三合五合者，于是天下之民咸得其所。独苏、松二府之民粮重，去处每里有逃去一半上下者。请言其故，国初籍没土豪田租，有因为张氏义兵而籍没者，有因虐民得罪而籍没者，有司辄将没入田地一依租额起粮，每亩四五斗、七八斗至一石以上。田未没入之时，小民于土豪处还租，朝往暮回而已；后变私租为官粮，乃于各仓送纳，运涉江湖，动经岁月，有二三石纳一石者，有四五石纳一石者，有遇风波盗贼者，以致累年拖欠不足。按宋华亭一县，即今松江一府，当绍熙时秋苗止十一万二千三百余石，景定中贾似道买民田以为公田，益粮一十五万八千三百余石；宋末官民田地税粮共四十二万二千八百余石，量加圆斛。元初田税比宋尤轻，然至大德间，没入朱清、张瑄田后，至元间又没入朱国珍、管明等田，一府税粮至八十万石。迨至季年，张士诚又并诸拨属财赋府与夫营、围、沙、职、僧、道、站役等田。至洪武以来，一府税粮共一百二十余万石，租既太重，民不能堪。于是朝廷怜民重困，屡降德音，将天下系官田地粮额，递减三分二分外，即宣德五年二月诏书，松江一府税粮，尚不下一百二万九千余石。历观往古自有田税以来，未有若是之重者也。以农夫蚕妇，冻而织，馁而耕，供税不足，则卖儿鬻女；又不足，然后不得已而逃，以至田地荒芜，钱粮年年拖欠。向蒙恩赦，自永乐十三年至十九年七年之间，所免税粮不下数百万石。永乐二十年至宣德三年，又复七年拖欠，折收轻赍，亦不下数百万石。

---

① 五季，指后梁、后唐、后晋、后汉、后周五代。季，指世之末。钱氏，指吴越钱镠创立的政权。

折收之后，两奉诏书，敕谕自宣德七年以前拖欠粮草、盐、粮、屯种、子粒、税丝、门摊课钞，悉皆停征，前后一十八年间，蠲免、折收、停征至不可算。由此观之，徒有重税之名，殊无征税之实。愿阁下转达朝廷，稽古税法，斟酌取舍，以宜于今者而税之，轻其重额，使民如期输纳，则国家有轻税之名，又有征税之实矣。

英宗正统元年闰六月，再减浙江、直隶、苏松等处官田税。

帝即位，诏：民间有事故人户，抛荒田土，从实开报，除豁税粮，另召承佃。如系官田，即照民田例起科。五月，户部言：浙江、苏松有全家远戍及户绝抛荒，官民田俱准民田起科，及古额官田照例减除，共减税粮二百七十七万余石，请加复核。帝以核实必增额为民患，不许。至是，户部又奏减除税粮，数多不实，盖缘各司府县官唯知掠美沽名，不念朝廷供给，请令各巡抚用心核实。其官田准民田起科，每亩秋粮四斗一升至二石以上者，减作二斗七升；二斗一升以上至四斗者，减作二斗；一斗一升至二斗者，减作一斗。务循至公，不得欺官损民以招罪谴。

邱濬《大学衍义补》曰：韩愈谓"赋出天下而江南居十九"。以今观之，浙东西又居江南十九，而苏、松、常、嘉、湖又居两浙十九也。考洪武中，天下夏税秋粮，以石计者，总二千九百四十三万余，而浙江布政司二百七十五万二千余，苏州府二百八十万九千余，松江府一百二十万九千余，常州府五十五万二千余，是此一藩三府之地，其田租比天下为重，其粮额比天下为多。今国家都燕，岁漕江南米四百余万石以实京师，而此五府者，几居江西、湖广①、南直隶②之半。窃以苏州一府计之，以准其余。苏州一府七县，时未立太仓州。其垦田九万六千五百六顷，居天下八百四十九万六千余顷田数之中。与前洪武二十六年顷亩小异。而出二百八十万九千石税粮，于天下二千九百四十余万石岁额之内，其科征之重、民力之竭，可知也已。

《日知录》曰：官田，自汉以来有之。《宋史》：建炎元年，籍蔡

<hr>

① 湖广，指明朝湖广承宣布政使司所辖区域，相当于今湖北、湖南两省。
② 南直隶，明朝直属于南京管辖的地区，约相当于今江苏、安徽两省和上海市。

京、王黼等庄以为官田。开禧三年，诛韩侂胄①，明年置安边所②，凡侂胄与其他权幸没入之田，及围田、湖田之在官者皆隶焉。输米七十二万一千七百斛有奇，钱一百三十一万五千缗有奇而已。景定四年，殿中侍御史陈尧道等言：乞依祖宗限田议，自两浙、江东西官民户，逾限之田，抽三分之一买充公田。丞相贾似道主其议行之，始于浙西六郡。凡田亩起租满石者，予二百贯，以次递减。有司以买田多为功，皆谬以七八斗为石。其后，田少与硗瘠亏租，与佃人负租而逃者，率取偿田主，六郡之民，多破家矣。而平江之田独多。元之有天下也，此田皆别领于官。《松江府志》言：元时苗税公田外，复有江淮财赋都总管府，领故宋后妃田以供太后；江浙财赋府，领籍没朱清、张瑄田以供中官；稻田提领所，领籍没朱国珍、管明田，以赐丞相脱脱；拨赐庄，领宋亲王及新籍明庆、妙行二寺等田，以赐影堂寺院；诸王近臣，又有括入白云宗僧田，皆不系州县原额。而《元史》所记赐田，大臣如拜珠雅克特穆尔等③，诸王如鲁王多阿克巴拉、剡王齐齐克图等④，公主如鲁国大长公主，寺院如集庆、万寿二寺，无不以平江田，而平江之官田又多，至张士诚据吴之日，其所署平章太尉等官，皆出于负贩小人，无不志在良田美宅。一时买献之产遍于平江，而一入版图，亦按其租簿没入之。已而富民沈万三等又多以事被籍，于是改平江曰苏州。而苏州之官田，多而益多，故宣德七年六月，知府况锺所奏之数，长洲等七县秋粮二百七十七万九千余石，其中民粮止一十五万三千一百七十余石，官粮二百六十二万五千九百三十余石，是一府之地土无虑皆官田，而民田不过十五分之一也。且夫民田仅以五升起科，而官田之一石者，奉诏减其什之三，而犹为七斗，是则民间之田一入于官，而一亩之粮化而为十四亩矣。《实录》：

---

① 韩侂胄（1152—1207），南宋大臣，字节夫，相州安阳人。韩琦曾孙。以定策立宁宗有功，官居高位，任平章军国事，执政十三年。兴兵攻金，输家财二十万助军。北伐失败，遣使请和。因金人索要过苛，复锐意用兵，宁宗开禧三年十一月，礼部侍郎史弥远与杨皇后合谋，以密旨诛韩侂胄于玉津园。

② 《宋史·宁宗纪》：宁宗嘉定元年"闰月辛未，置拘榷安边钱物所"。《后村先生大全集》《黄公神道碑》作"安边所事"。

③ 拜珠雅克特穆尔，顾炎武《日知录》作"拜住燕帖木儿"。

④ 鲁王多阿克巴拉、剡王齐齐克图，顾炎武《日知录》作"鲁王瑚阿不剌，剡王彻彻秃"。

宣德七年七月己未，行在户部奏：直隶松江府没官田，宜准民田制起科。上从之。命各处没官田粮，俱准此例。此固其极重难返之势。始于景定，迄于洪武，而征科之额十倍于绍熙以前者也。于是，巡抚周忱有均耗之法，有改派金花官布之法，以宽官田，而租额之重则一定而不可改。若夫官田之农具、车牛，其始皆给于官，而岁输其税，浸久不可问，而其税复派之于田。然而官田，官之田也，国家之所有，而耕者犹人家之佃户也。民田，民自有之田也。各为一册而征之，而未尝并也。相沿日久，版籍讹脱，疆界莫寻，村鄙之氓，未尝见册，买卖过割之际，往往以官作民，而里胥之飞洒移换者，又百出而不可究，所谓官田，非昔之官田矣！乃至讼端无穷而赋不理。于是，景泰二年，从浙江布政司右布政使杨瓒之言，将湖州府官田重租，分派民田轻租之家，承纳及归并则例。四年，诏：巡抚直隶侍郎李敏均定应天等府州县官民田。先是，正统中，户部会官议：令江南小户官田改为民田起科，而量改大户民田为官田，以备其数。既又因御史徐郁奏：令所司均配扣算，务使民田量带官田办粮，以苏贫困，俱行巡抚侍郎周忱清理。然民田多系官豪估据①，莫能究竟，其弊仍旧。至是郁复以为言，户部请从其议，命敏均定搭派，敢有恃强阻滞者，执治其罪。从之。嘉靖二十六年，嘉兴知府赵瀛创议：田不分官民，税不分等则，一切以三斗起征。苏、松、常三府从而效之。自官田之七斗、六斗下至民田之五升，通为一则。而州县之额，各视其所有官田之多少轻重为准。多者长洲，至亩科三斗七升；少者太仓，亩科二斗九升矣。国家失累代之公田，而小民乃代官佃纳无涯之租赋。事之不平，莫甚于此。然而为此说者，亦穷于势之无可奈何。而当日之士大夫亦皆帖然而无异论，亦以治如乱丝，不得守二三百年纸上之虚科，而使斯人之害如水益深，而不可救也。且景定之君臣，其买田者不过予以告牒、会子虚名不售之物，逼而夺之，以致蓄出民愁而自亡其国，四百余年之后，推本重赋之由，则犹其遗祸也。而况于没入之田，本无其直者乎！今欲一切改从民田，以复五升之额，或势有所不能，谓宜遣使按行吴中，逐县清丈，定其肥瘠高下为三等：上田科二斗，中田一斗五升，下田一斗，山塘、涂荡以升以合计者，附于册后。而概谓之曰民田。唯学田、屯田乃谓之官田，则民

---

① 估据，顾炎武《日知录·苏松二府田赋之重》作"占据"。

乐业而赋易完，视之绍熙以前，犹五六倍也。

始折征金花银①。

先是，京师百官月俸，皆持帖赴领。南京米贱时，俸帖七八石仅易银一两。江南巡抚周忱请减重额官田，极贫下户两税准折金花银，每两当米四石，解京充俸。至是，副都御史周铨言：行在各官俸支米，南京道远费多，辄以米易货，贵买贱售，十不及一，朝廷虚縻廪禄，各官不得实惠，请于南畿、浙江、江西、湖广不通舟楫地，折收布绢、白金解京充俸。江西巡抚赵新亦以为言。户部尚书黄福复条以请，帝以问行在户部尚书胡溁，溁对以太祖尝折纳税粮于陕西、浙江，民以为便。遂仿其制，米麦一石，折银二钱五分；南畿、浙江、江西、湖广、福建、广东、广西米麦共四百余万石，折银百万余两，入内承运库，谓之金花银。

至宪宗成化十三年，李敏巡抚大同，见山东、河南转饷至者，道远耗费，乃会计岁支外，悉令输银。民轻赍易达，而将士得以其赢治军装，交便之。二十三年本传作二十一年，此从七卿表敏为户部尚书，并请畿辅、山西、陕西州县岁输粮各边者，每粮一石，征银一两，以十九输边，依时直折军饷，有余，则召籴以备军兴。从之。自是诸方赋入皆折银，而仓廪之积渐少矣。

至穆宗隆庆元年十二月，户部又奏：两京各官俸银，南京水陆四通，米谷饶余，便于改折。若概施之，北地如或运道告阻，何以为谋，请止将南京官吏月粮及向来积欠京储尽行改折，每石七钱；在北者，量折十分之二，每石一两。米价昂则仍征本色。从之。

臣等谨按：田赋输银，始见于宋神宗熙宁十年，时夏税有银三万一千九百四十两，秋税有银二万八千一百九十七万。见马端临《通考》。金元以来无行之者。明洪武九年，虽有听民以银准米之令，永乐时岁贡银有三十万两，亦不过任土便民，与折麻、苎、香、漆之属等耳。自正统初以金花银入内库，而折征之例定，自是遂以银为正赋矣。唐德宗作两税而以钱代输，明英宗折金花而以银充赋，皆古今农政中更

---

① 金花银，明代指田赋税银。农民在缴纳税银时，具系散碎银两，官府在运解京师前，必须销熔成锭，这时的白银成色已略有变化，俗称金花银。

制之大端也。然正统时，以银一两当米四石。成化时一两止当一石。行法未几，而民之苦乐，前后又复顿殊。议事者其亦毋轻更制哉！

四年，命江浙等省丈量坍涨田。

江西、浙江、福建并直隶苏、松诸府，凡官民田有因水坍涨之处，令所在有司丈量，涨者给附近民承种，照民田起科；坍没者悉除其赋。

五年二月，给凤阳诸府贫民耕牛。

行在兵部尚书王骥等奏：太仆寺孳生牛计三万二千九百有奇，俱直隶凤阳诸府民牧养，间有亏损，如例买偿。夫孳牧牛马，本为兵农之资，今马岁给军操，唯牛他无所用。而概令倍偿，官无益，而民有损。比年凤阳诸府，岁歉民贫，乞命委官取勘无牛小民，选取一万头给与收牧耕种。从之。

景帝景泰二年二月，诏：畿内及山东巡抚官举廉能吏，专司劝农，授民荒田，贷牛种。

四年十月，诏：天下镇守巡抚官督课农桑。

英宗天顺初，令镇守浙江尚书孙原贞等，定杭、嘉、湖官民田平米则例。

官田亩科一石以下、民田七斗以下者，每石岁征平米一石三斗；官民田四斗以下者，每石岁征平米一石五斗；官田二斗以下、民田二斗七升以下者，每石岁征平米一石七斗；官田八升以下、民田七升以下者，每石岁征平米二石七斗。凡起科重者征米少，起科轻者征米多，欲使科则适均，而亩科一石之税，未尝减云。

三年，令军民新开田及佃种荒地者，照减轻则例起科。

每亩粮三升三合，草一斤，即于所在仓场交收，不许坐派远运。至宪宗成化二十一年，令辽东军舍人等有垦荒非屯田者，上田百亩纳谷一石，豆一石；中田谷一石，豆五斗。世宗嘉靖六年，令各板荒、积荒、抛荒田所遗税粮，派民赔纳者，有司召募垦种，给帖为永业，三年后亩征官租：瘠田二斗，肥田三斗，永免加耗差役。八年，令分陕西抛荒田为三等：第一等召募垦种，免税三年；第二等三年后纳轻粮；第三等召民自种，不征税粮，若水崩沙压，不堪耕种者，即与除豁。十三年，令各召垦荒地，免税三年，官给牛种，毋许科扰。如地主见其成熟，复业争种者，许鸣之官，量拨还三分之一，各照亩纳粮。

宪宗即位，申收粮加耗之令。

旧制收粮，令纳户平准石加耗不得过五升。至是，仓吏多侵害，故申禁焉。后加耗至八升，久之复溢，屡禁不能止也。

成化十六年六月，禁势家侵占民田。

先是，十年，定西侯蒋琬上言：大同宣府诸塞下腴田无虑数十万，悉为豪右所占；畿内八府良田，半属势家，细民失业，脱边关有警，内郡何资？运道或梗，京师安给？遣给事、御史按核塞下田，定其科额。畿内民田严戢豪右，毋得侵夺，庶兵民足食，而内外有备。章下所司，至是复诏禁焉。

孝宗弘治二年，令应天、太平、镇江、宁国、广德等府州各属官田粮，每石减耗米自三斗至二斗，民田每亩劝出米自二升至一升，各有差。

十五年，核天下土田总四百二十二万八千五十八顷，官田视民田得七之一。

夏税米麦四百六十二万五千五百九十余石，比洪武原额减八万七千三百五石有奇。钞五万六千三百八十余锭，比洪武原额增一万六千五百八十锭有奇。绢二十万二千五十余匹，比洪武原额减八万六千四百六十余匹。秋粮米二千二百一十六万六千六百六十余石，比洪武原额减二百五十六万二千七百八余石。钞二万一千九百二十余锭，比洪武原额增一万六千一百九十余锭。马草二千五百九十四万八千二百六十四束零。

> 臣等谨按：弘治土田之数，《万历会计录》云：六百二十二万八千五十八顷八十一亩零，比洪武原额减二百二十七万九千五百六十四顷八十七亩。万历时，通行丈量后，总计田七百一万三千九百七十六顷，比弘治增七十八万五千九百一十七顷三十六亩零。考世宗时，霍韬疏云：洪武十四年，天下土田八百四十九万六千顷有奇，弘治十五年存额四百二十二万八千顷有奇，失额四百二十六万八千顷有奇，是宇内额田存者半，失者半，而湖广、河南、广东失额尤多，非拨给于藩府，则欺隐于猾民、委弃于寇贼矣。据此，则由洪武迄弘治百四十年间，天下额田已减强半，不仅二百余万也。

武宗正德十四年五月，诏：山东、山西、陕西、湖南、湖广流民归业者，官给廪食、庐舍、牛种，复五年。

世宗嘉靖三年，令内官监收受白粮①，不许多加耗米。

初，太祖洪武时，内府所用白熟粳、糯米及芝麻、黄豆等并各官吏俸米，皆于苏、松、常、嘉、湖五府秋粮内派纳。武宗正德时，骤增内使五千人，粮亦加十三万石。世宗嘉靖元年，从户部侍郎李充嗣言，减从故额，时凡输运内府白熟粳糯米十七万四十余石，内折色八千余石；各府部糙粳米四万四千余石，内折色八千八百余石，谓之白粮。收受之际，每多加耗，颇为民累。至是，命正粮一石，交耗一斗，不许分外多收。

十五年，诏：除各处水塌沙压田地税。

二十年，户部奏：潼关以西、凤翔以东，黄河退滩堪以耕种地二百九十余顷，令居民照旧领种，每亩起科三升，夏、秋中半上纳。

十八年，议行履亩丈量。

先是，二年，御史黎贯言：国初，夏秋二税：麦四百七十余万石，今少九万；米二千四百七十余万石，今少二百五十余万。赋入日少，而支费日加。请核祖宗赋额及经费多寡之数，一一区画。既而谕德顾鼎臣，条上钱粮积弊四事：其一，曰察理田粮旧额，请责州县官于农隙时，令里甲等仿洪武、正统间鱼鳞风旗之式，编造图册，细列元额、田粮、字圩、则号、条段、坍荒、成熟步口数目，官为覆勘，分别界址，履亩检踏丈量，具开垦、改政、豁除之数，刊刻成书，收贮官库，给散里中，永为稽考。仍斟酌先年巡抚周忱、王恕简便可行事例，立为定规。取每岁实征、起运、存留、加耗、本色、折色，并处补暂征、带征、停征等件数目，会计已定，张榜晓谕庶吏胥，不得售其奸欺，而小民免赔累科扰之患。未几，御史郭弘化等亦请通行丈量，以杜包赔兼并之弊。帝恐纷扰，不从。给事中徐俊民言：今之田赋，有受地于官、岁供租税者，谓之官田；有江水泛溢、沟塍淹没者，谓之坍江；有流移亡绝、田弃粮存者，谓之事故官田。贫民佃种，亩入租三斗或五六斗，或石以上者有之，坍江事故虚粮，里甲赔纳或数十石，或百余石者有之。夫民田之价，十倍官田。贫民既不能置，而官田粮重，每病取盈，益以坍江事故虚粮，又令摊纳，追呼敲扑，岁无宁日。而奸富猾胥，方且诡寄、那移，并轻分重此，小民疾苦，闾阎凋瘵，所以日益而日增也。请定均粮限田之制，坍江事故悉与蠲免，而合

---

① 白粮，明代在江南五府征收漕运京师的税粮。明宫廷用的白熟粳、糯米及各府部官员用的糙粳米皆征自苏州、松江、常州、嘉兴和湖州五府，由粮长解运京师，运费和损耗，由纳粮户均摊。

官民田为一，定上中下三则起科以均粮，富人不得过千亩，听以百亩自给，其美者则加输边税，如此则多寡有节，轻重适宜，贫富相安，公私俱足矣。部议：疆土民俗各异，令所司熟计其便，不行。越数年，乃从应天巡抚侯位奏，免苏州坍海田粮九万余石，然那移、飞洒之弊相沿不改①。至十八年，鼎臣为大学士，复言苏、松、常、镇、嘉、湖、杭七府，供输甲天下，而里胥豪右蠹弊特甚。宜将欺隐及坍荒田土，一一检核改正。于是应天巡抚欧阳铎检荒田二千余顷，计租十一万石有奇，以所欺隐田粮六万余石补之，余请豁免。户部终持不下。时嘉兴知府赵瀛建议：田不分官民，税不分等则，一切以三斗起征。铎乃与苏州知府王仪，尽括官民田衰益之，履亩清丈，定为等则，所造经赋册以八事定税粮：曰元额稽始、曰事故除虚、曰分项别异、曰归总正实、曰坐派起运、曰运余拨存、曰存余考积、曰征一定额。征一者，总征银米之凡，而计亩均输之。其科则最重与最轻者，稍以耗损益推移，重者不能尽损，唯递减耗米，派轻赍折除之，阴予以轻；轻者不能加益，为征本色，递增耗米加乘之，阴予以重。时豪右多梗其议。鼎臣独以为善，曰：是法行，吾家益千石输，然贫民减千石矣，不可易也。顾其时上不能损赋额，长民者仅以己意变通而已。

　　《明史·食货志》曰：丈量之议，起于嘉靖八年。霍韬奉命修《会典》，言天下额田减半，司国计者不可不究心。时桂萼等先后疏请核实田亩，而顾鼎臣请履亩丈量。江西安福、河南裕州首行之。而法未详具，人多疑惮。其后福建诸州县为经纬二册，其法颇详。率以地为主，田多者犹得上下其手。神宗初，建昌知府许孚远为归户册，以田从人，其法始简而密矣。

　　孙承泽《春明梦余录》曰：鱼鳞册岁久漫漶至不可问，而田得买卖，粮得过都，图赋役册独以田从户，而田所在不复可辨，于是飞洒、诡寄②，买卖推收，其为虚伪至不可原诘。求其言之痛快可行，莫如嘉靖中江西巡按唐龙一疏言，国初计亩成赋，县有定额，岁有常

_____

①　那移飞洒，即挪移飞洒。明代豪强地主逃避赋役的方法之一。豪强地主勾结当地吏胥，将田地和赋税化整为零，分别记在贫弱户、逃亡灭绝户名下，这叫挪移飞洒。

②　诡寄，亦称"铁（贴）脚诡寄"，是粮户诡称田地属于别人，以逃避赋役的方法。明代规定，仕宦和绅衿可免徭役，因此，那些田多又无特权的粮户，就将田地寄在乡宦、举监、生员、里长等名下，叫诡寄。

征。近置买田产，遇造册时，贿里书，飞洒见在人户，名为活洒；有暗栽绝户内名为死寄；有花分子户不落户眼者，有留卖户不过割、及过割一二名为包纳者，有过割不归本户，有推无收，有总无撒名为悬挂挑回者，有暗袭官绅脚色、捏作寄庄者，以致派粮编差无所归着，俱小民赔偿，小户逃绝，责之里长，里长逃绝，粮长负累，由是户口日耗，贼盗日炽，告讦日滋。乞令巡守二道，分诣地方，督州县将飞洒、诡寄弊源重者，随田丈量，轻者随户清理，究首尾之因，度广狭之则，定高下之科，分肥瘠硗沃之等，均崩滩开垦之数，各将原粮填入原户，归之原田，而图总都、总县，总造流水册十本甲各收藏，县因造册为大造，为册四，上府州县，上南京后湖收架。俾因户推田，因粮编户，户与田有一定之则，为便求其综核田亩之法，莫如裕州知州安如山为善。裕州故阻险，然四冲野多坡坂，地硗确，土杂砂石，不皆可田种，如山白于上。为丈量，命耆老董其役，命区长验区畛，命量人步阡陌，命算人制亩分，精核版籍，因区定亩，因亩准税。区为纲，亩为目，纲以丽目则无漏亩；亩为母，税为子，母以权子则无逋税。平衍原隰膏腴之田一而当一，平石冈田二而当一，山石冈田三而当一，山石陡陂之田①，四而当一，陂池、林麓、廨宇②、铺舍、廛市之税蠲之。田溢税则从增，税溢田则从减。咨询遍，故人无遁情；版籍明，故上有定征；疆土别，故下有定输，此皆可为天下取法者也。

三十年，始加派。

自武宗正德九年建乾清宫，加赋百万，至帝初年，天下财赋，岁入太仓库者二百万两有奇。旧制以七分经费，而存积三分备兵歉，以为常。中年，边供费繁，加以土木、祷祀，月无虚日，帑藏匮竭。二十九年，俺答犯京师③，增兵设戍，饷额过倍。三十年，京边岁用至五百九十万石，户部尚书孙应奎蒿目无策④，乃议于南畿、浙江等州县，增赋百二十万，加

① 山石陡陂之田，当指山上之冷浸田。山陡，土质贫瘠，产量低。
② 廨宇，指官衙。
③ 俺答，即俺答汗，也称阿拉坦汗。16世纪后期，蒙古土默特部重要首领，屡次侵犯明朝边疆。嘉靖二十九年竟进犯北京。
④ 蒿目无策，意即面对困境而拿不出对策来。

派于是始。嗣后京边岁用多者过五百万，少者亦三百余万，岁入不能充岁出之半。由是度支为一切之法，其箕敛财贿，题增派，括赃赎，算税契，折民壮，提编均徭，推广事例兴焉①。诸例既兴，初亦赖以济匮，久之，诸所灌输益少。又四方多事，有司往往为其地奏留或请免：浙直以备倭，川贵以采木；山、陕、宣、大以兵荒，不唯停格军兴所征发，即岁额二百万，且亏其三之一。而内廷之赏给，斋殿之经营，宫中夜半出片纸②，吏虽急，无敢延顷刻者。三十七年，大同右卫告警，赋入太仓者仅七万，帑储大较不及十万。户部尚书方钝等忧惧不知所出，乃乘间具陈帑藏空虚状，因条上便宜七事以请。既又令群臣各条理财之策。议行者凡二十九事，益琐细，非国体。而累年以前积逋无不追征，南方本色逋赋亦皆追征折色矣。

　　《明史·食货志》曰：提编者，加派之名也。其法：以银力差排编十甲，如一甲不足，则提下甲补之。时东南被倭，南畿、浙、闽皆有额外提编，江南至四十万。及倭患平，应天巡抚周如斗乞减加派。给事中何煃亦具陈南畿困敝，言：军门养兵，工部料价，操江募兵③，兵备道壮丁，府州县乡兵，率为民累，甚者指一科十，请禁革之。命如煃议，而提编之额仍不能减。

　　穆宗隆庆元年，颁国计簿式于天下。
　　户部尚书葛守礼奏：畿辅、山东流移日众，以有司变法乱常，起科太重，征派不均，且河南北、山东西土地硗瘠，正供尚不能给，复重之徭役，工匠及富商大贾皆以无田免役，而农夫独受其困，此所谓舛也。乞正田赋之规，罢科差之法，诏举行之。于是，奏定国计簿式颁行天下。自嘉靖三十六年以后，完欠起解追征之数，及贫民不能输纳，备录簿中。自府州县达布政送户部稽考，以清隐漏那移侵欺之弊。
　　神宗万历六年四月，诏户部岁增金花银二十万两。

---

　　① 箕敛财贿，指苛敛民财；题增派，指奏请增加税收、加多摊派；括赃赎，指搜括赃款、赃物和赎罪银两；算税契，征收契税；折民壮，对被征为兵者可纳银代役；提编均徭，指将徭役折纳银两，几年通用；推广事例，指推行卖官诸事。
　　② 片纸，这里是指皇帝下的手谕。
　　③ 操江，即提督操江。操江御史负责长江防务及水军操练事宜。募兵，指招募江防兵。

户科给事中石应岳奏：金花银实小民唯正之供。先朝量入度出，定为一百万两，额派解进，仅有此数，原无剩余，今若添进，必借之太仓。夫太仓之储，各边粮饷、城筑、召募调遣诸费之所待用也。况今各处添兵增筑，抚赏日增，加以连年河淮横溢，工费动请百万，何者不仰给于此。上供岁多二十万之进，则边储岁少二十万之积。推之十年，所少不知其几。愿思祖宗成宪之当，遵念国家生财之不易。百凡费用，止取足于百万两之中，而太仓所储专以备军国重大之费，实经邦垂裕之至计也。疏入，不从。

七月，诏：江北诸府民年十五以上无田者，官给牛一头，田五十亩，开垦三年后起科。九月，诏：苏州诸府开垦荒田，六年后起科。

时陈幼学宰确山，垦莱田八百余顷，给贫民牛五百余头，核黄河退地百三十余顷以赋民。里妇不能纺者授纺车八百余辆，栽桑榆诸树三万八千余株。其调中牟也，县南荒地多茂草，根深难垦，令民投牒者必入草十斤。未几，草尽，得沃田数百顷，悉以畀民。

是年，核天下土田总七百一万三千九百七十六顷二十八亩有奇。

夏税：米麦四百六十万五千二百四十余石，起运百九十三千余石，余悉存留。钞五万七千九百余锭，绢二十万六千余匹；秋粮：米二千二百三万三千一百七十余石，起运千三百三十六万三千余石，余悉存留。钞二万三千六百余锭，马草折银三十五万三千余两。此但计起运者。

时用大学士张居正议，天下田亩通行丈量，限三岁竣事。用开方法，以径围乘除，畸零截补。于是豪猾不得欺隐，里甲免赔累，而小民无虚粮。总计田数，视弘治时赢三百万顷。然居正尚综核颇以溢额为功。有司争改小弓以求田多，或掊克见田以充虚额。北直隶、湖广、大同、宣府遂先后按溢额田增赋。时命州县各署上中下壤，息县知县鹿久征曰：度田以纾民，乃病民乎！独以下田报。

九年，通行一条鞭法。

一条鞭法者，总括一州县之赋役，量地计丁，丁粮毕输于官。一岁之役，官为佥募，力差①，则计其工食之费，量为增减；银差②，则计其交

---

① 力差，指平民需亲自服役的劳役。
② 银差，指可纳银替代的差役，如车、船等。

纳之费，加以赠耗。凡额办、派办、京库岁需与存留、供亿诸费①，以及土贡方物，悉并为一条，皆计亩征银，折办于官。立法颇为简便。嘉靖间，数行数止。迨隆、万之世，提编增额既如故，又多无艺之征，逋粮愈多，规避亦益巧。已解而愆限或至十余年，未征而报收，一县有至十万者。逋欠之多，县各数十万。赖行此法，无他科扰，民力不大绌。其后庄烈帝崇祯元年七月，户部纂修《赋役全书》，尚书毕自严上议曰：《赋役全书》肇自行条鞭法，始距今已四十五年。查赋役初定钱粮数目，自有定则，唯是地方因事加派，司道每年增定，吏胥受贿，任意那移，有一州县而此多彼少者，其弊为涸派，州县奉行而不敢问，司道偶增不过千百中十一，而有司不肖者一听奸胥之暗洒派分。如每两因加一分而即加二分者，其弊为花派小民遵行而不为怪，二者乃宇内通弊，牢不可破者也。欲清其弊，全在抚按先为裁定，今当亟为申饬。

　　《食货志》曰：先是又有纲银、一串铃诸法。纲银者，举民间应役岁费，丁四粮六总征之，易知之而不繁，犹网之有纲也。一串铃则伙收分解法也。自是民间输纳，止收本色及折色银矣。

四十六年九月，加天下田赋。

前此接踵三大征②，颇有加派，事毕旋已。至四十一年，凤阳巡抚陈荐以倭警需饷，急请加派银十五万两有奇，从之。至是，骤增辽饷三百万③，时内帑充积，帝靳不肯发④，户部尚书李汝华乃援征倭、播例，亩加三厘五毫，天下之赋增二百万有奇。明年复加三厘五毫。四十八年，以兵、工二部请，复加二厘，通前后九厘，增赋五百二十万，遂为岁额。所

---

　　① 额办，指国家行政一年所需资财，由户部分配到各地，由有关民户缴纳；派办，指官府临时需要的物品，分派各州县即时征缴；京库岁需，指京师部库每年需要的财物；供亿，指州县每年供应官员来往所发生的费用。

　　② 三大征，即万历三大征。指明朝万历年间三次大的征战。万历二十年（1592），日本丰田秀吉率兵大举进攻朝鲜，攻陷王京，占平壤，明王朝派兵救援，收复平壤；万历二十五年，日本再次进攻朝鲜，明王朝再次派兵援助，给日军以沉重打击；二十六年，明军在海面与日决战，日军几被全歼。

　　③ 辽饷，指万历四十六年（1618），建州卫左都督努尔哈赤建立后金政权，并对明王朝大举进攻、骚扰，明王朝军费骤增，而明神宗又不肯动用内帑，户部只好向农民加派税粮，以供军饷。史称辽饷。

　　④ 靳，吝惜。

不加者，畿内八府及贵州而已①。以贵州地硗，兼有苗变故也。至熹宗天启元年，给事中甄淑言：辽饷加派，易致不均。盖天下户口有户口之银，人丁有人丁之银，田土有田土之银，有司征收，总曰银额，按银加派，则其数不漏，且小民所最苦者，无田之粮，无米之丁，田鬻富室，产去粮存，而犹输丁赋。宜取额丁、额米两衡而定其数，米若干即带丁若干，买田者收米便收丁，则县册不失丁额，贫民不致赔累，有司亦免逋赋之患。

熹宗天启二年九月，复增田赋。

时又设州县兵按亩供饷，从御史冯英请也。

庄烈帝崇祯三年十二月，复增田赋充饷。

先是二年九月，顺天府尹刘宗周疏言：司农告匮一时，所讲求者皆掊克聚敛之政。正供不足，继以杂派；科罚不足，加以火耗。水旱灾荒，一切不问，小民至卖妻鬻子以应。有司以掊克为循良，而抚字之政绝；上官以催征为考课，而黜陟之法亡。欲求国家有府库之财，不可得矣。帝以为迂阔而叹其忠。至是军兴，兵部尚书梁廷栋又请增田赋，户部尚书毕自严不能止。乃于九厘外，亩复征三厘，唯顺天永平以新被兵无所加，余六府亩征六厘，得他省之半，共增赋百六十五万有奇，合旧所增凡六百八十余万，海内咨怨。

六年正月，遣使分督直省逋赋。

至六月，太监张彝宪又请催逋赋一千七百余万。给事中范淑泰谏，不听。至八年十月，户部尚书侯恂遂请征新旧逋赋。从之。十年二月，复遣使督逋赋。巡抚江西解学龙言：臣所部州县七十八，而坐逋赋降罚者至九十人，由数岁之逋责于一岁，数人之逋责于一人，则终无及额之日也。请别新旧、酌多寡，立带征之法。诏可。

七年二月，命抚按实心董率农事。

给事中范淑泰请劝农贵粟，以销寇患。帝曰：开垦荒芜，驱逐游惰，屡有谕旨，未睹奉行。着抚按实心董率，如有成效，不吝褒赏。至十二年，李邦华为南京兵部尚书，请大垦当涂闲田数万顷。章下所司。

《春明梦余录》载：户部疏曰：查北直、河南、山、陕等处，抛

---

① "所不加者，畿内八府"，按《明史·李汝华传》和《神宗实录》所记，都并无"畿内八府"不加的记载。

荒田土最多，然有额内者，原属军民；有额外者，原属旷土。以额外言之，沙砾斥卤，其中不无可耕。民间自愿开垦，垦之或未毕，力耕之或未获利，官府随而起科，此科一起，便无脱理。将来水旱芜治，尚不可知，目前小获，永远包赔。民虽至愚，谁肯自贻。伊戚明知其利而弃之，额外难垦，全在于此。有如洪武十三年，诏陕西、河南、山东、北平等布政司及凤阳、淮安、扬州、庐州等府民间土田，许尽力开辟，有司无得起科；又令山东、河南开荒田地，永不起科，以此募民，民未有不应者。此田原系额外、不必起科，但使地无不耕，民能藏富，朝廷之利已多。以额内言之，非军则民；或逃徙他乡，或现在无力，田久荒芜而人不敢耕，即有司募民给帖，耕种成熟，未几而本主至矣。所在告讦，不夺不休，甚或已无本主，而本户争之已无本户，而本管里长，总旗争之。又或垦出膏腴，大收花利，则本地毫势无不人人争之，而开垦者莫必其命，招徕者反受其谤，往往有之，额内难垦，又全在此。有如洪武初，令各处人民，先因兵燹，遗下田土，他人开垦成熟者，听为己业。业主已还，有司于附近荒田拨补。又令复业人民见今丁少，而旧田多者不许依前占护，止许尽力开垦为业，见今丁多而旧田少者，有司于辅近荒田验丁拨付，以此募民，民未有不应者。此项原系额内，不畏起科，但使人知衡产，竭力耕耘，官府之粮自办，此二者所当急行者也。

八年，征助饷银。

总督卢象升请加宦户田赋十之一，民粮十两以上同之。即而概征，每两一钱，谓助饷。

臣等谨按：《明史·王家彦传》，时军兴饷绌，总督卢象升有因粮加派之议，户部尚书侯恂请于未被寇之地，士大夫家赋银一两者加二钱；民间五两以上者两加一钱。家彦时为户科都给事中，言民赋五两以上者，率百十家成一户，非富民不可朘削[1]。帝采纳焉。然当时概征每两一钱，则不特家彦所言不能用，即侯恂所请亦未之从也。

---

① 朘削，即搜刮、剥削。

十年，行均输法。

是年三月，起杨嗣昌为兵部尚书，议大举平贼。分各省官军为四正六隅，谓之十面之网。因议增兵十二万，增饷二百八十万。措饷之策有四：一曰因粮因旧额，量加亩输六合，石折银八钱，伤地不予，岁得银百九十二万九千有奇；一曰溢地土，田溢原额者，核实输赋，岁得银四十万六千有奇；一曰事例，富民输资为监生；一曰驿递，前此邮驿裁省之银，以二十万充饷。议上，帝下诏曰：暂累吾民一年，除此心腹大患。遂改因粮为均输，布告天下。

十二年六月，加征练饷。

廷臣多请练边兵。帝命杨嗣昌定议，边镇及畿辅、山东、河北凡四总督、十七总兵官，各抽练额兵总七十三万有奇。又汰郡县佐贰，设练备、练总，专练民兵。于是，有练饷之议。初，嗣昌增剿饷，期一年而止。后饷尽而贼未平，诏征其半。至是督饷侍郎张伯鲸请全征。帝虑失信，嗣昌曰：无伤也。加赋出于土田，土田尽归有力家，百亩征银三四钱，稍抑兼并尔。大学士薛国观、程国祥皆赞之。于是，剿饷外复亩加练饷银一分，共增七百三十万。盖自神宗末增赋五百二十万，崇祯初再增百四十万，总名辽饷。至是复增剿饷、练饷，先后增赋千六百七十万，民不聊生，益起为盗矣。于是御史卫周嗣言嗣昌流毒天下，剿、练之饷，多至七百万，民怨何极！御史郝晋亦言：万历末年，合九边饷[①]，止二百八十万，今加派辽饷至九百万，剿饷三百三十万，业已停罢。旋加练饷七百三十余万，自古有一年而括二千万以输京师，又括京师二千万以输边者乎！疏语虽切直，而时事危急，不能从也。

时剿饷即有停罢之议，给事中左懋第言：明年正月，剿饷罢征，请马上速行，恐远方吏不知，先以征，民不沾实惠。帝采纳之。至十三年，又因三月大风霾，言练饷之加，原非得已，乃明旨减兵以省饷，天下共知之。而饷犹未省，何也？请自今因兵征饷，预使天下知；应加之数，官吏无所呈其奸以信朝廷之明诏，于是令州县上灾者，新旧练三饷并停。中灾者止征练饷，下灾者秋成督征。至十四年，懋第督催漕运，驰疏言：臣有事河干一载，每进父老，问疾苦，皆言练饷之害。三年来，农怨于野，商

---

① 九边，明朝对北方九个军事重镇的合称。明王朝为防御中国北部境内游牧部落的侵扰，从鸭绿江开始，西到嘉峪关为止，设立辽东、宣府、大同、延绥（榆林）、宁夏、甘肃和蓟州七镇，又以太原和固原近边亦称二镇，合称九边。分命大将统兵守御。

叹于途，如此重派，所练何兵？兵在何所？奈何使众心瓦解一至此极乎！山东米石二十两，河南乃至百五十两，漕储多逋。朝议不收折色，需本色，今淮凤间麦大熟，如收两地折色，易麦转输，岂不大利！即命议行。五十五年后，诸边仕马报户部者，浮兵部过半，耗粮居多，而屯田、盐引、民运，每镇至数十百万，一听之边臣。天津海道输蓟、辽岁米豆三百万，唯仓场督臣及天津抚臣出入，部中皆不稽核，且所练之兵，实未尝练，徒增饷七百万，为民累耳。帝乃命户部并三饷为一，州县追比，仍是三饷。

　　崇祯时，天下土田总七百八十三万七千五百二十四亩零。

　　　　王士性《广志绎》曰：天下赋税，有土地肥瘠不甚相远，而征科乃至悬绝者，当是国初草草，未定划一之制，而其后相沿，不敢议耳。如真定辖五州二十七县，苏州辖一州七县，广轮之数①，真定当苏之五，而苏之粮二百三万八十石，真定止一十六万六千石，然南北异也。若同一北方也，河间繁富，一州十六县；登州贫寡，一州七县，而河间粮止六万一千，登州乃二十三万六千，然犹直隶、山东异也。若在同省，汉中二州十四县之殷庶，视临洮二州三县之冲疲易知也。而汉中粮止三万，临洮乃四万四千，然犹各道异也。若在同道，顺庆不大于保宁，其辖二州八县均也，而顺庆粮七万五千，保宁止二万，然犹两郡异也。若在一邑，则同一西南充也，而负郭十里，田以步计，赋以田起；二十里外，则田以絙量不步矣②；五十里外田以约计不絙矣。官赋无定额，私价亦无定估，何其悬绝也，唯是承平日久，累世相传，民皆安之以为固然，不自觉耳。夫王者制邑居民，则壤成赋，岂有大小轻重不同若此之甚哉！然则审形势以制统辖，则土田以起征科，乃平天下之先务，不可以虑始之艰而废万年之利者矣。

　　　　顾炎武《钱粮论》曰：自古以来，有国者之取于民，不闻有火耗之说。火耗之所由名，其起于征银之代乎！原夫耗之所生，以州县之赋，户户而收之，铢铢而纳之，不可以琐细而上诸司府，是不得不资于火，有火则必有耗，所谓耗者，特百之一二而已。此法相传，官

---

① 广轮之数，广轮，意即广袤，指土地面积。
② 以絙量，指以绳作工具丈量。絙，粗绳。

重一官，代增一代，于是官取其赢十二三，而民以十三输国之十；里
胥之辈又取其赢十一二，而民以十五输国之十。其取则薄于两，而厚
于铢。凡征收之数：两者，必其地多而豪有力，可以持吾之短长者
也；铢者，必其穷下户也，虽多取之不敢言也。于是，两之加焉十二
三，而铢之加焉十五六矣。薄于正赋而厚于杂赋。正赋，耳目之所先
也；杂赋，其所后也，于是正赋之加焉十二三，而杂赋之加焉或至于
十七八矣。解之藩司，谓之羡余，贡诸节使，谓之常例，责之以不得
不为，护之以不可破，而生民之困甚矣。

　　臣等谨按：明末征收①，又有充见年之累。天启时，仁和令周宗
建论见年之弊，略曰：见年每一年一轮，一里有十甲里长，十甲里长
又有十甲散户。甲首少则三四百户，多则五七百户。一轮见年各种钱
粮尽皆见年一人身上追比②，县令以为执简御繁之法，不知十甲之欠
户最多，一身之力量有限，以一人而欲遍十甲催纳，力不能周；以一
人而欲代一里应完，财不能给，一临比卯，只有就地受责一法，实为
可怜，不得不尽力以供差人之欲。差人可以雇人代责，雇钱与值月
钱、班里钱、差歇书手候卯酒食钱，非三四金不能过一卯，十卯则三
四十两矣。盖额头如欠四十两，即完三四两不免于责，不得不间用以
救。目前故一里之中，钱粮不过一二百两，而一年之间，间费反有不
止于此者。今年不完，明年又比一年钱粮，比至二十年不完，必望赦
而后已。此设立见年之积弊，不可不破也。

---

① 明未，当为"明末"。
② 追比，指旧社会地方官吏令胥吏在规定时间内征役收税，过期将受杖责。

钦定续文献通考卷三

田赋考

水利田

宋宁宗嘉定二年十一月，诏：浙江监司募饥民修水利。

初，孝宗乾道二年六月，知秀州孙大雅代还，言："州有柘湖、淀山湖、当湖、陈湖，支港相贯，西北可入于江，东南可达于海。傍海农家作坝以却咸潮，虽利及一方，而水患实害邻郡；设疏导之，则又害及傍海之田。若于诸港浦置闸启闭，不唯可以泄水，而旱亦获利。然工力稍大，欲率大姓出钱，下户出力，于农隙修治之。"于是，命两浙转运副使姜诜与守臣视之，诜寻与秀常州、平江府、江阴军条上利便。诏："秀州华亭县张泾闸并淀山东北通陂塘港浅处，俟今年十一月兴修；江阴军、常州蔡泾闸及申港，明年春兴修，利港俟休役一年兴修；平江府姑缓之。"三年三月，诜使还，奏："开浚毕功，通泄积水，久浸民田露出塍岸，已谕民趋时耕种。恐下户阙本，良田复荒。望令浙西常平司贷给种粮。"又奏：措置、总督、监修等官①，知江阴军徐藏等减磨勘年②有差。六年十二月，监进奏院李结献治田三议：一曰务本，二曰协力，三曰因时。大略谓浙江低田，恃堤为固，若堤岸高厚，则水不能入。乞于苏、湖、常、秀诸州水田、塘浦要处，官以钱米贷田主，乘此农隙作堰，增令高阔则堤成而水不为患。方此饥馑，俾食其力，因其所利而利之。秋冬旱涸，泾浜断流，车畎修筑尤为省力。诏令胡坚常相度以闻。其后，户部以三议切当，但工力

---

① 总督，《宋史·食货上一》作"提督"。
② 磨勘，古代政府通过勘察官员政绩，任命和使用官员的一种考核方式。磨勘有一定年限，减磨勘年，就是缩短原定考察年限，可以加快官员提升速度。

浩瀚，欲晓有田之家，各依乡原亩步出钱米，与租田之人更相修筑，庶官无所费，民不告劳。从之。淳熙二年，两浙转运判官陈岘言：昨奉诏遍走平江府、常州、江阴军，谕民并力开浚利港诸处，并已毕功，始欲官给钱米，岁不下数万。今皆百姓相率效力而成。诏：常熟知县刘颖特增一秩，余论赏有差。光宗绍熙二年，诏：守令到任半年后，具水源湮塞，合开修处以闻；任满日以兴修水利图进，择其劳效，着明者赏之。至是，复有是诏。

三年七月，申严围田增广之禁。

先是，孝宗隆兴二年，诏：江浙水利，久不讲修，势家围田堙塞流水。诸州守臣按视以闻。于是，湖、宣、秀、常诸州并乞开围田，浚沟渎。诏：各委官措置。淳熙十年，大理寺丞张抑言：陂泽湖塘，水则资之潴泄，旱则资之灌溉。近者，浙西豪宗每遇旱岁，占湖为田，筑为长堤，中植榆柳，外捍茭芦，于是旧为田者始隔水之出入。苏、湖、常、秀昔有水患，今多旱灾，盖由于此，乞责县令毋给据，有围裹者以违制论。既而漕臣钱冲之请每围立石以识之，共一千四百八十九所，令诸郡遵守焉。至帝庆元二年，户部尚书袁说友等言：浙西围田相望，皆千百亩，陂塘溇渎悉为田畴，有水则无地可潴，旱则无水可庤，不严禁之，后将益甚无复稔岁矣。嘉泰元年，以大理寺直刘佑贤、宗正寺主簿李澄措置，自淳熙十一年立石之后，凡官民围裹者尽开之。开禧二年，以淮农流移，无田可耕，诏：两浙州县已开围田，许原主复围，专召淮农租种。至是臣僚言：豪民巨室并缘为奸，加倍围裹，又影射包占水荡，有妨农民灌溉，于是复诏浙西提举司，俟农隙开掘。至八年九月，又申严两浙围田之禁焉。

御史中丞签书枢密院事卫泾奏曰：国家承平之时，京师漕粟多出东南，而江浙居其大半。中兴以来，浙西遂为畿甸尤所仰给，岁获丰穰，沾及旁路，盖平畴沃壤，绵亘阡陌，有江湖潴泄之利焉。大抵二浙地势高下相类，湖高于田，田又高于江海，水少则汲湖水以溉田，水多则泄田水由江而入海，唯潴泄两得其便，故无水旱之忧。自绍兴末年，因军中侵夺，濒湖水荡，工力易办，创置堤埂，号为坝田，民田已被其害，而犹未至甚者，潴水之地尚多也。隆兴、乾道之后，豪宗大姓相继迭出，广包强占，无岁无之；陂湖之利，日朘月削。以臣耳目所接，三十年间，昔之曰江、曰湖、曰草荡者，今皆田也；形势之家，其语言气力足以凌驾官府，而在位者每重举事而乐因循，上下相蒙，恬不知怪。议者又曰：围田既广，则增租亦多，其于邦计不为无补，殊不知缘江并湖，民间良田何啻数千百顷，皆异时之无水旱者。围田一兴，修筑塍岸，水所由出入之路，顿至隔绝，稍觉旱干则占据上流，独擅灌溉之利，民田坐视无从取水，逮至水溢，则顺流疏决，复以民田为壑。围田侥幸一稔，增租有几，而岁岁倍收之田，小有水旱反为荒土，常赋所损可胜计哉！所谓增租又不系省额，州县得以移用，徒资贪黩之吏耳！此其轻重得失，又不待智者而后辨也。祖宗成宪，凡诸潴水之地，众共溉田，辄许人请佃承买及令佃买者以违制论。立法之意，可谓明白。前者，臣僚累常奏请，朝廷非不施行，臣姑疏其一二：如诸路有承买潴水地者，悉皆改正，此绍兴二十八年指挥也；凡系积水草荡，今后并不许请佃，虽陈乞拨赐，亦许守臣执奏，此乾道五年九月指挥也；诏两浙漕臣及提举常平官，并逐州守臣，常加觉察，如官民户及寺观围筑田亩，填塞水道，具名以闻，此淳熙三年六月指挥也；诏州县辄敢给据与官民户及寺观买佃江湖草荡，许人户越诉，重置典宪，仍委监司纠劾，此又淳熙三年八月指挥也；诏浙西诸郡一应官民户田旧来围田去处，明立标记，给榜晓谕，不得于标记外再有围裹，此淳熙十一年八月指挥也。其它条约未易悉数。夫以陈说之众多，立法之详备，是宜围田之害悉绝，而潴泄之利尽复。然历年寖久陂湖之田不止，民田之被害者滋甚。其已围者，牵于姑息，固不复论；标记之外，增创围裹者有之，寺观僧道尤无忌惮，是岂果不可禁戢哉！吏治苟简而法令不行之过也。臣伏见乾道间，孝宗宣谕辅臣曰：闻浙西自有围田即有水患，屡有人理会多为权势所梗，已而令漕臣王炎相视，有张子盖围田九千余亩，湮塞水势，立命开掘，仍戒饬不得再犯。淳熙中，因姚述尧言：寺僧请佃明州定海县凤浦、沈窖两湖八百亩，可溉田二万六千余亩，即令仍废为湖。英断如此，谁不悚惧。乞下户部检坐条法及累降指挥，申严约束，断自今以后，凡陂湖草荡，并不许官民户及寺观请佃围裹，如辄敢干求陈诉者，具名闻奏，置之于罪。本路监司州县常切遵守，或有违戾，委御史台弹治，此亦固根本之一说也。

《日知录》曰：古先王之治地也，无弃地，而亦不尽地。田间之涂九轨，有余道矣。遗山泽之分，秋水多得有所休息。有余水矣，是以功易立而难坏。年计不足，而世计有余，后之人一以急迫之心为之。商鞅决裂阡陌，而中原之疆理荡然。宋政和以后，围湖占江，而东南之水利亦塞。于是，十年之中，荒恒六七，而较其所得，反不及于前人矣。

十七年，禁侵占水利。

臣僚言：越之鉴湖溉田，几半会稽。兴化之木兰陂，民田万顷，岁饮其泽。今官豪侵占，填淤益狭。宜戒有司每岁省视，厚其潴蓄，去其壅塞，毋容侵占以妨灌溉。命皆次第行之。

时汪纲知高邮军，兴化民田滨海，昔时范仲淹筑堰以障泻卤、毛泽①，民置石磋函管以疏运河水势，岁久皆坏，纲增修之。后知绍兴府，属邑诸县濒海，而诸暨十六乡濒湖荡泺，灌溉之利甚溥。势家巨室，率私植埂岸，围以成田，湖流既东，水不得去，雨稍多则溢入邑居，田间瀁荡，濒海藉塘为固；堤岸易弛，咸卤害稼，岁损动数十万亩，蠲租亦万计。以纲言，诏提举常平司发田围②，奇援巧请，一切峻却，而湖田始复，郡备缗钱三万，专备修筑，而海田始固。漳州倅郑焕浚渠溉田，郡人立石刻曰"郑公渠"。赵师缙为漳浦令，凿西湖筑岸，创立水门。时其蓄泄，以溉民田，周围五百一十五丈。赵善嵩知连江县，讯知南墰水利可以溉田，遂琢石为斗门，其泽甚远，民歌谣之。

青田县主簿陈耆卿疏曰：天灾流行，国家代有。于泛滥则见其害，于旱暵则见其利，因泛滥而不为旱暵备，犹因噎而废食耳。十雨五风，未见其害也。猝有旱暵，龟拆立见。上之人，乃始皇皇于祈祷；逮其无年，则皇皇于赈恤亦已晚矣。臣愚欲乞播告外台，遴选官吏，遍行根括其芜没不治，或为大姓所雄据者，极力疏导，俾还其初。至于陂泽未成，而可经营沾溉者，亦必广为浚凿，以济焦槁，毋苛扰，毋具文，脱遇岁旱，民有倚赖，纵不能转歉为丰，而利泽亦过半矣。

① 毛泽，《宋史》卷167《汪纲传》作"宋毛泽"。
② 发田围，《宋史》卷167《汪纲传》作"发田园"。按文意，当指打开富豪巨室擅自围湖所造之田。

理宗宝庆元年，除嘉泰年间已开围田租钱。

以税额尚存，迫民白纳。右谏议大夫朱端常奏除之。

三年，诏：有司兴水利。

绍定元年正月，禁江淮州郡妄征芦场沙产官租。

初，高宗绍兴二十九年，既尽罢所增沙田芦场租。孝宗乾道元年，臣僚言：浙西淮东江东路沙田芦场，宜立租税，补助军食。诏复令梁俊彦等措置。二年，辅臣奏：俊彦所上沙田芦场税，或十取其一，或取其二三，皆不分主、客，朝廷疑之。六年，以俊彦所括八百二十余万亩，其间或已充已业起租，及包占未起租者，并估卖立租。八年，诏提领官田所、所催三路沙田芦场租钱，并归户部。绍兴二十八年，置提领官田所，领沙田芦场，不隶户部。复遣官实江淮沙田芦场顷亩，悉追正之。至是，以赵至道奏，下宪司严戢其弊。其后嘉熙二年，淮东总领吴潜言：真、徐、丰、濠四郡沙土芦场田，可得二十余万亩，卖之以赡流民，以佐砦兵。从之。开庆元年，诏给还浙西提举常平司岁收上亭户沙地租二百万，永勿复征。

罗大经《鹤林玉露》曰[1]：孝宗时，近习梁俊彦请税两淮沙田以助军饷，上大喜，付外施行。叶子昂为相，奏曰：沙田者，乃江滨出没之地，水激于东，则沙涨于西；水激于西，则沙复涨于东。百姓如沙涨之东西而田焉，未可以为常也。且辛巳兵兴，两淮之田租并复，至今未征，况沙田乎！帝大悟，即诏罢之。子昂退至中书，令人逮俊彦，至，叱责曰：汝言利求进，万一淮民怨咨，为国生事，虽斩汝万段，岂足塞责。俊彦惶汗免冠谢久，乃释之。

二年，诏浙西提举司下所部州县：将修复围田，减纳苗米，毋收斛面。

至端平二年，又诏浙西、临安、平江、嘉兴、镇江、常州、安吉守臣：将未修复围田，许官民户承佃经理。宝祐元年，史馆校勘黄国，面对围田，自淳熙十一年识石者当存之，复围者合权其利害轻重而为之存毁，其租或归总所，或隶安边所，或分隶诸郡。帝曰：安边所田近已拨归本

---

① 罗大经（1196—1252 后），南宋吉水人。宝庆二年进士，历任地方官，后以事免职。罗氏不满偏安江左，长于著述。《鹤林玉露》，罗大经所撰笔记文集。此书分甲、乙、丙三编，共18卷。大部分篇幅评述前代及宋代诗文，记述宋代文人逸事，论及政事，也颇有见地。

所。国又奏：自丁未以来，创围之田始因殿司献草荡，任事者欲因以为利，凡旱干处悉围之，利少害多，宜开掘以通水道。帝然之。

淳祐十二年正月，诏：宰执议立方田，开沟浍，自近圻始。

是时，能兴水利者：淳祐二年参政程伯大，命知长溪县黄恪截流骈木，复修筑营田陂，长溪一县皆借其水之灌溉。六年，制帅颜颐仲，浚定海西市抵鄞桃花渡边六十里，故河尽复，广五丈，深一丈二尺，灌溉田畴，民蒙其利，名曰"颜公渠"；又宁德县民以县东山高水急，请于部作堤约水灌田，县令李泽民躬率僚佐，鸠工筑之①，凡百丈，周围九百七十五步，由是田无旱潦之虞，邑人德之，号曰"李公堤"；景定中，蔡抗知苏州，滨江湖田苦风潮害，抗筑长堤，自府城属昆山，亘八十里，民得立塍，大以为利；又松溪县人凤仪之，以柯屯之田高仰，凿山为圩，通胡坑之水溉田，乡人德之，因名"凤公圩"；至度宗时，海盐岁为咸害稼，转运使常楸请于朝，修筑新塘三千六百二十五长，名"海晏塘"。是岁风涛大作，民得奠居，岁复大稔。

知安庆黄幹代抚州守，上奏曰：陂塘之利，所以灌注田亩，今江西之田瘠而多涸，比年以来，饥旱荐臻，大抵皆陂塘不修之故。若申严旧法，在州委通判，在县委县丞，先于每乡籍记陂塘之广狭深浅，方水泉涸缩之时，农事空闲之际，责都保聚民浚深其下，而培筑其上，积水既多，则虽有旱暵，而未始枯竭。巡行台察，课其勤惰而为之赏罚。其始，虽若劳而其终，乃所以利民，如此则天灾不能为害，丰登可以常保，而不至于上勤朝廷赈恤之劳矣。

金章宗明昌五年闰十月，诏：郡县有河者皆开引以溉田。

既而八路提刑司虽有河者皆言不可溉，唯中都路言安肃、定兴二县，可引河溉田四千余亩。诏行之。先是马讽为雄州，归信令境有河，曰八尺口，每秋潦涨溢，害民田，讽疏决之，其患遂息。傅慎微权陕西诸路转运使，复修三白、龙首等渠以溉田，募民屯种，贷牛及种子以济之。是时，卢庸为定平令，治旧堰，引泾水灌田，民赖其利。

六年十一月，初定县官增水田升除制。

---

① 鸠工，召集人工。鸠，通"勼"，聚集。

县官任内，有能兴水利田及百顷以上者，升本等首注除。穆昆所管屯田，能创增三十顷以上，赏银绢二十两足，其租税止从陆田。

承安二年，敕放白莲潭东闸水，与百姓溉田。

三年，命勿毁高梁河闸，从民灌溉。

泰和三年六月，遣官行视中都田禾水泽分数。

八年七月，诏诸路按察司规画水田。

部官谓水田之利甚大，沿河通作渠，如平阳掘井种田，俱可灌溉。比年，邳沂近河，布种豆麦，无水则凿井灌之，计六百余顷，比之陆田所收数倍，以此较之他境，无不可行者。遂令转运司及诸路按察司，因劝农，可按问开河，或掘井，如何为便，规画具申，以俟兴作。

宣宗贞祐三年三月，谕尚书省：岁旱，议弛诸处碾碨①，以其水溉民田。

七月，又禁随朝职官夺民碾碨以自营利。

四年八月，募人佃砀山诸县陂湖。

言事者程渊言：砀山诸县陂湖，水至则畦为稻田，水退种麦，所收倍于陆地。宜募人佃之，官取三之一，岁可得十万石。从之。

兴定五年十一月，募民兴河南等处水田。

是年五月，南阳令李国瑞创开水田四百余顷，诏升职二等，仍录其最状②，遍谕诸道。至冬，遂议兴水田。省臣奏：河南郡县，多古所开水田之地，收获多于陆地数倍，敕令分治。户部按行州郡，有可开者，诱民赴功，其租止从陆田，不复添征。仍以官赏给之。陕西除三白渠设官外，亦宜视例施行。

> 臣等谨按：《金史·宣宗纪》云：是年十一月，募民兴南阳水田。以《食货志》考之，南阳水田，李国瑞已于五月创开升职，不应至冬始募民兴役也。盖时方遍行诸道，皆以南阳例之，纪遂专指为南阳耳。今从志。

元光元年正月，遣户部郎中杨大有等，诣京东西南三路开水田。

---

① 弛，停止。碾碨，以水流为动力的石磨。
② 最状，政绩和军功的上等记录。

元制：内立都水监，外设各处河渠司，以兴举水利，修理河堤为务。太宗十二年，修三白渠①。

京兆②旧有三白渠，自元伐金以来，渠堰缺坏，陕人虽欲种莳，不获水利，赋税不足，军兴乏用。梁泰奏请修成渠堰，比之旱地，其收数倍，所得粮米，可以供军。遂令泰充宣差规措三白渠，使郭时中副之，置河渠司于云阳县。

世祖中统二年六月，凿沁河。渠成，溉田四百六十余所。

先是，元年，怀孟路岁旱，总管谭澄令民凿塘造渠，引沁水以溉田，教之种植，地无遗利。至是提举王允中等奉诏开渠，计六百七十七里，经济源、河内、河阳、温、武陟五县，渠成，甚益于民，名曰"广济"。次年八月，广济渠司言：沁水渠成，已验工分水，恐久远权豪侵夺，乃下诏依本司所定水分，以后诸人毋得侵夺。

三年八月，郭守敬③请开玉泉诸水以通漕运。广济河渠司王允中请开邢、洺等处漳、滏、澧河、达泉，以溉民田。并从之。

时左丞张文谦荐守敬习水利；帝召见。守敬陈水利六事：其一，中都旧漕河，东至通州，引玉泉水以通舟，岁可省僦车钱六万缗；其二，顺德达泉引入城中，分为三渠，灌城东地；其三，顺德澧河东至古任城失其故道，没民田千三百余顷，此水开修成河，其田即可耕种；其四，磁、相东北，滏、漳二水合流处，引水由滏阳、邯郸、洺州、永年、鸡泽合入澧河，可灌田三千余顷；其五，怀孟沁河虽浇灌，犹有漏堰余水，东与丹河余水相合，引东流至武陟县，北合入御河，灌田二千余顷；其六，黄河自孟州西开引，少分一渠，经由新旧孟州中间，顺河古岸下至温县，南复入大河，其间亦可灌田二千余顷。乃授守敬提举诸路河渠。而王允中亦请开漳、滏诸河，遂皆从之。守敬又言：金时自燕京之西麻谷村，分引卢沟一支东流，穿西山而出，是谓金口，其水自金口以东、燕京以北，溉田若干

---

① 三白渠，唐代形成的关中引泾灌溉工程。其前身是汉代所修的白渠，唐时因灌溉需要一分为三，分别为太白渠、中白渠、南白渠，故名三白渠。元代在其上游又新修建。

② 京兆，本处指长安及其周边地区，因汉代在长安设有京兆尹，为首都的地方政权，元朝在陕西行省设京兆府。

③ 郭守敬（1231—1316），元代水利专家、天文学家、数学家。曾任都水监、太史令兼提调通惠河三曹西事、修治多条河渠。在他建议下引玉泉山水通大运河，解决了漕粮从通州水路入中都（后改称大都）的问题。他和王询、许衡等编制了《授时历》，创新和改进了多种观测、演示天象的仪器，在全国设立观测站，在水利和天象观测上做出了重要贡献。

顷，其利不可胜计。兵兴以来，典守者惧有所失，因以大石塞之，今若按视故迹，使水得通流，则上可以致西山之利，下可以广京畿之漕。又言：当于金口西预开减水口，西南还大河，令其深广以防涨水突入之患。帝善之。

臣等谨按：郭守敬议引金口水溉田，而即预开减水口者，盖浑河水性湍急，夏秋霖潦多涨溢之患也。后顺帝至正二年，丞相托克托用参议博啰特穆尔等议，开西山金口，导浑河踰京城达通州，以通漕运，役丁夫数万，卒无成功。时左丞许有壬争之甚力，谓大德二年，浑河水发为民害，大都路都水监将金口下闭闸板。五年，浑河水势浩大，郭太史又将金口以上河身用沙石杂土，尽行堵闭。观此，则浑河之水固未易资以为利，而守敬虑患之智过后人远矣。

至元元年五月，遣苏尔托音、郭守敬视西夏河渠，俾具图来上。

守敬以河渠副使从张文谦行省西夏。先是，古渠在中兴者一名唐来，其长四百里；一名汉延，长二百五十里。它州正渠十，皆长二百里；支渠大小六十，灌田九万余顷。兵兴以来，废坏淤浅，守敬更立闸堰，皆复其旧。

七年二月，立司农司，专掌农桑水利。仍分布劝农官及知水利者，巡行郡邑。

九年二月，诏诸路开浚水利。

是年五月，敕巴图军于吉鲁尔之地开渠耕田。十四年十二月，导任河，复民田三千余顷。十五年十二月，导肥河入于鄮，淤陂尽为良田。十八年二月，发肃州等处军民凿渠溉田。二十五年正月，诏中兴西凉，无得沮坏河渠。四月，浚齐喇河以溉衮诺尔黄土山民田。二十六年七月，开安山渠成。二十八年，都水监郭守敬疏凿通州至都河，改引浑水灌田。三十年五月，以浙西大水冒田，令富家募佃人疏决水道。

臣等谨按：元世祖加意农田，开浚之功甚溥。其时能兴水利者，自郭守敬外，如西夏行省郎中董文用，始开唐来、汉延、秦家等渠，垦中兴、西凉、甘肃、瓜沙等州之土为水田；平阳路总管郑鼎，导汾水溉民田千余顷；荆南行省廉希宪，决江陵城外蓄水，得良田数万亩

为贫民业；长葛令赵志，以地卑湿使为水田，旱则决瀵水灌之；清苑
令耶律伯坚，毁世家水硙以溉民田，以余月堰水置硙，事闻省部，着
为定制；大理等处巡行劝农使张立道，以昆明池环五百余里，夏潦暴
至，必冒城郭，役丁夫二千人治之，泄其水，得良田万余顷；卫辉守
王昌龄因清水出辉县山阳镇入卫河，创浚沟浍，溉田数百余顷；至成
宗时，判温州皮元重建阴均斗门，溉田四十余万亩；雷州守乌古孙泽
教民浚故河，得良田数千顷，濒海广泻，并为膏土。皆因地制宜，民
获其利者也。

二十一年八月，时成宗已即位。令军士复浚浙西太湖、淀山湖沟港。

平章铁哥奏：太湖、淀山湖，世祖时尝役民夫二十万疏掘，今诸河日
受雨潮，渐致沙涨，乞即以淀山湖田粮二万石，就募民夫四千，调军士四
千，依旧宋例屯守，立都水防田使司修治河渠围田。从之。至大德三年十
一月，又浚焉。

成宗大德二年二月，立浙西都水庸田司，专主水利。

次年十一月，置浙西平江湖渠闸堰凡七十八所。五年七月，浙西积雨
泛溢，大伤民田，诏役民夫二千人，疏导河道，俾复其旧。

后泰定帝二年六月，立都水庸田使司，浚吴、淞二江。三年正月，置
于松江，掌江南河渠水利。顺帝至正十二年，添立于汴梁，掌种植稻
田事。

六年正月，筑浑河堤八十里。禁豪家毋侵旧河，令屯田军及民耕种。

至武宗至大二年十月，浑河水决没左右二翊及后卫屯田麦，委官督工
治之。仁宗皇庆元年二月、延佑元年六月，并因水没田禾，更加修筑。泰
定帝泰定三年六月，涨没大兴县诸乡桑枣田园。次年四月，发七卫屯田军
修治焉。

武宗至大初，江浙行省督治田围。

行省以去岁水旱为灾，百姓艰食，农作将兴，各处田围高下不等，陂
塘围岸、沟渠须依法修治。遇旱则车水灌救，遇潦则泄水通流。修浚之
际，田主出粮，佃户出力。系官围田无力修浚者，官为借贷，收成日如数
还官。劝农官有成效者升赏，失误者治罪。其抛荒积水之田，租额无人承
佃者，劝谕富户自备工本，修筑塍围，听令佃种；抛荒官田，止纳原租，
初年免征，三年后依民田输税，诸人不得争夺。并照前庸田司五等围岸体

式，以水为平田，与水平者为第一等；围岸高七尺五寸，底阔一丈，面阔五尺，田高一尺者，为第二等；围岸高六尺五寸，底阔九尺，面阔四尺五寸，田高二尺者，为第三等；围岸高五尺五寸，底阔八尺，面阔四尺，田高三尺者，为第四等；围岸高四尺五寸，底阔七尺，面阔三尺五寸，田高四尺者，为第五等。止添备水围：屏高三尺，底阔六尺，面阔三尺，若迫近诸湖之处，自愿增高者听。

臣等谨按：围岸体式，总以去水七尺五寸为主。田低则围岸必高，田高则围岸必低。第一等田与水平，故岸高七尺五寸；二等田高于水一尺，故岸高六尺五寸，合之则岸高于水仍是七尺五寸也。三等、四等亦然。唯五等岸高于水仅七尺，盖田既有四尺之高，水患自少，不妨少缩其制耳。

右丞相哈喇哈斯行省和林浚古渠，溉田数千顷。

仁宗延祐六年九月，浚镇江练湖。

至英宗至治三年十二月，泰定帝即位，复命浚之。

泰定帝元年十二月，浚吴淞二江。

浙西诸山之水，受之太湖，下为吴、淞江，东汇淀山湖以入海。而潮汐来往逆涌，浊沙上湮河口，宋时设撩洗军专掌修治。元既平宋，军士罢散，有司不以为务，势豪租占为荡、为田，以致湮塞不通，公私失利。成宗大德八年五月，省臣言：吴江淞江实海口故道，潮水久淤，凡湮塞良田百余里，况海运亦由是而出。宜于租户役万五千人浚治，岁免租，人十五石。仍设行都水监以董其役。从之。英宗至治三年，以省臣奏，就委官体究。还言应开浚者：常熟州九处，昆山州十一处，嘉定州三十五处，华亭县九处，上海县十四处。其通海大江旧有河港，联络官民田土之间借以灌溉者，亦须疏通，以利耕种。至是，省臣复以为请，遂于是冬浚涤，仍立闸以节水势。

臣等谨按：至元间，海道千夫长任仁发上言：吴淞治水之法，须识潮水之背顺，地形之高低，沙泥之聚散，临口之缓急，寻源溯流，各得其当，庶不徒劳民力而享无穷之利。又引宋范仲淹开浚太湖法，新导之河，必设诸闸，常时局之。始令潮至沙不能塞，每春理其闸外之沙工，减开浚数倍云云。后大德间，都水庸田使玛哈穆特嘉集议拯治吴淞江方略，皆从仁发之议。又谕民于嘉定、松江通海潮等河港口，筑坝置槽，名曰"水窦"。潮来闭窦，潮退起窦，使沙不停而水常泄，亦置闸之遗意。泰定三年，仁发分派诸州县所造闸：嘉定州二，上海县一，崇阴海盐州合造闸一，嘉兴县一，华亭县一，计工至二十六万有余。天历元年，以无实效，罢其役。然是时于吴淞水利亦可谓勤矣。其时知水利人，自仁发外，又有张桂荣、朱天祥、何珍、徐铸诸人，皆与谋议，而都水书吏吴执中亦得上言：浙西水患，元代上下之情相达如此。

三年七月，修滦河。

先是，二年三月，永平路屯田总管府言：国家经费，咸出于民。民之所生，无过农作。本屯辟田收粮，以供内府之用，不为不重。在昔有司于马城东北筑堤，以防滦水西南连清水河至公安桥，去岁霖雨水溢，冲荡皆尽，田苗终岁无收。方今农隙，若不预修，必致为害。工部移文都水监，委官相视，至是发军千二百人治之。

文宗天历二年三月，修洪口渠。

洪口渠引泾水入白渠，自泾阳至临潼五县，分流灌田七万余顷。验田出夫，自唐宋以来，每年八月一日修堰，至十月放水溉田，分三限，以为年例。北限入三原、栎阳、云阳，中限入高陵，南限入泾阳。武宗至大三年，从陕西行台御史王承德请，展修石渠。至是以奉元岁旱，河渠司郭嘉议请令泾阳近限水利户添差修筑。命行之。

三年三月，重修广济渠。

怀庆路同知阿哈玛特言：天久亢旱，夏麦枯槁，秋谷种不入土，民匮于食。中统间，尝开广济渠，置河渠司，遇旱则官为验工多寡，分水灌济源、河内、河阳、温、武陟五县民田三千余顷，后因豪家截河，起堰立碾磨，壅遏水势。又经霖雨坏渠，河渠司寻罢。今五十余年，旧迹可考，若将旧渠开浚，禁安磨碾，设立闸堰，旱则放闸浇田，涝则闭闸退水，公私俱利。从之。

顺帝至正十三年正月，兴京师水田利。

泰定帝时，翰林学士虞集兼国子祭酒，尝因讲罢。言京师之东，濒海数千里，北极辽海，南滨青齐，海潮日至，淤为沃壤。用浙人法筑堤水为田，听富民欲得官者，合其众分授以田官，定其畔以为限。能以万夫耕者，授以万夫之田，为万夫之长；千夫、百夫亦如之。察其惰者而易之。三年，视其成，以地之高下定额，以次渐征之。五年，有积蓄，命以官，就所储给以禄。十年，佩之符印。后以传子孙，如军官之法，则东面民兵数万，可以近卫京师，外御岛夷，远宽东南海运以纾疲民。时说者以为一有此制，则执事者必以贿成，而不可为矣，事遂寝。至是以右丞相托克托言：京畿近水地利，召江南人耕种，岁可收粟麦百万余石。不烦海运，而京师足食。于是，立分司农司，以左丞乌古孙良桢、右丞悟良哈台兼大司农卿，而托克托领大司农事。西自西山，南至保定、河间，北至檀、顺州，东至迁民镇。凡系官地及元管各处屯田，悉从分司农司引水立法佃种，给钞五百万锭以供工价、牛具、农器、谷种之用。又以武卫所管盐台屯田、荒闲之地及各衙门系官田地、宗仁等卫屯田、礼部所辖掌薪司地土，并付分司农司播种。又取勘徐州、汝宁、南阳、邓州等处荒田，并户绝籍没入官者，立司牧署，掌分司农司耕牛。中书省又议于江浙、淮东召募能种水田及修筑围堰之人各一千名，为农师，教民播种。降空名添设职事故牒一十二道，遣使赍往其地。有能募农民一百名者，授正九品；二百名者，正八品；三百名者，从七品。即书填流官职名给之。就领管所募农夫，人给钞十锭，期年散归。从之。是岁大稔。

十五年十二月，诏：凡有水田处，设大兵农司，招集人夫，有警乘机进讨，无事栽植播种。凡置保定、河间、武清、景蓟四处。

二十年，陕西行省修治泾渠。

宋时，泾阳仲山旁开凿石渠，名"丰利渠"。世祖至元间，立屯田万户府督治之。成宗大德以后，岁时葺理。仁宗延祐元年，从西台御史王琚言，更开石渠五十一丈。至是，左丞相特哩特穆尔复遣官修治，溉农田四万五千余顷。

明太祖初立国，设营田司专掌水利。

戊戌二月，迁元帅康茂才为都水营田使。谕之曰：比因兵乱，堤防颓圮，民废耕耨，故设营田司以修筑堤防，专掌水利。春作方兴，虑旱涝不时，其分巡各处，务在蓄泄得宜，毋负付任之意。

诏所在有司，民以水利条上者即陈奏。

臣等谨按：此诏以通民隐而开利源，即宋神宗令吏民能知土地种植之法、陂塘圩埠堤堰沟洫之利害者，皆得自言之遗意也。自永乐至正统，如当涂民请修慈湖和州民请修铜城闸之类，史不绝书。迨景泰之世，国事倥偬，英宗复辟，后事遂不见于史册矣。

洪武元年，修和州铜城堰闸，周围二百余里。

至成祖永乐初，既修含山崇义堰。和州民请修铜城闸，上抵巢湖，下通扬子江，圩岸七十余处。其吏目张良兴又言水涤、麻澧二湖，田五万余顷，宜筑圩埂，起桃花桥，讫含山界，三十里。从之。宣宗宣德八年又修之。

四年，修兴安灵渠。

渠水发海阳山，秦时凿，溉田万顷。马援葺之，后圮，至是始复。为陡渠者三十六，中有分水塘，横筑石堤，分南北渠，堤上迭石如鳞，以防冲溢。二十九年，以军兴，命御史严震直烧凿陡涧之石以通饷道，撒石增堤，水迫无所泄，尽趋北渠；南渠浅涩，而民失其利。至成祖永乐二年乃修复如旧。

八年，命长兴侯耿炳文浚泾阳洪渠堰，溉泾阳、三原、醴泉、高陵、临潼田二百余里。

至三十一年，堰圮。复命炳文修治之，且浚渠十万三千余丈。其后宣德二年，归安知县华嵩言：泾阳洪渠堰，溉五县田八千四百余顷，炳文前后所修已坏。永乐间，老人徐龄言于朝，遣官修筑，会营造不果，乞专命大臣，起军夫协治。从之。

十七年，决荆州岳山坝以灌民田。

二十四年，浚定海、鄞二县东钱湖，灌田数万顷。

二十七年八月，遣国子监生分行天下，督吏民修水利。

时谕工部，陂塘湖堰可蓄泄以备旱涝者，皆因地势修治之。乃分遣国子生及人材遍诣天下，督修水利。凡开塘堰四万九百八十七处。

《明史·河渠志》曰：嗣后有所兴筑，或役本境，或资邻封，或支官料，或采山场，或农隙鸠工，或随时集事，或遣大臣董成，终明世，水政屡修。

成祖永乐元年四月，命户部尚书夏原吉治苏、松、嘉、湖水患。

原吉上奏：浙西诸郡，苏州、松江最居下流，嘉、湖、常三郡，土田下者少，高者多，环以太湖，绵亘五百余里，纳杭、湖、宣、歙诸州之水，散注淀山等湖，以入三泖顷浦港，埋塞汇流涨溢，伤害苗稼。拯治之法，要在浚涤吴淞诸浦，泄其壅遏。嘉定之刘家港，常熟之白茆港，皆系大川，水流峻急，宜浚吴淞、江南北两岸安亭等浦港，引太湖诸水入刘家、白茆二港，使直注江海。又松江之大盈浦，大盈浦，《河渠志》作大黄浦。乃通吴淞要冲。今下流壅塞，难即疏浚。旁有范家浜至黄浦口、跄浦口，黄浦口，跄浦口，《河渠志》作南仓浦口。可径达海，宜浚。令深阔上接大盈浦以达泖湖之水，此皆"禹贡"三江入海之迹，候既开通，相度地势，各置石闸，以时启闭，每岁水涸之时修筑圩岸，以御暴流。帝从其言。明年九月毕功，农田大利。至十三年，从吴江县丞李升言：又浚太湖近湖河道，修蔡泾等闸。宣宗宣德六年，教谕唐敏言：常熟耿泾塘，南接梅里，通昆承湖，北达大江。洪武中，浚以溉田。今壅阻，请疏导。从之。七年九月，苏州知府况钟上言：苏、松、嘉、湖之地，其湖有六：曰太湖，曰庞山，曰阳城，曰昆承，曰沙湖，曰尚湖。联属广袤凡三千余里。永乐初，原吉疏浚，年久淤塞，一遇久雨，遂成巨浸，田皆没溺。乞仍遣大臣督各官于农隙时发民疏浚，一方永赖。帝命巡抚周忱与钟计工力多寡难易以闻。

忱久任江南，事无不举，常诣松江相视水利，见嘉定、上海间，沿江生茂草，多淤流，乃浚其上流，使昆山顾浦诸所水迅流驶下，壅遂尽涤，暇时以匹马往来江上，见者不知其为巡抚也。又言吴淞江畔有沙涂、柴场百五十顷，水草茂盛，蛊蝱多生其中，请募民开垦，可以足国课，消虫灾。又言：应天、镇江、太平、宁国诸府，旧有石臼等湖，其中沟港岁办鱼课。其外平圩浅滩，听民放牧孳畜，采掘菱藕，不许种耕，故山溪水涨有所宣泄。近者富豪筑圩田，遏湖水，每遇泛溢，害即及民。宜悉禁革。又言溧水永丰圩，周围八十余里，旧筑埂坝，农甚利。今颓败，请葺治。时并从之。

至宪宗成化十四年，都御史牟俸言：直隶、苏、松与浙西各府，频年旱涝，缘周环太湖乃东南最洼地，而苏、松尤最下之冲，故每逢积雨，众水奔溃，湖泖涨漫，滃没无际。按太湖即古震泽，上纳嘉、湖、宣、歙诸州之水，下通娄、东、吴淞三江之流。东江今不复见，娄淞入海，故迹具存。其地势与常熟、福山、白茆二塘，俱能导太湖入江海，使民无垫溺，而土可耕种，历代开浚，具有成法。本朝亦常命官修治，不得其要。而滨湖豪家，尽将淤滩栽莳为利，治水官不悉利害，率于泄处置石梁壅土为道，或虑盗船往来，则钉木为栅，以致水道堙塞，公私交病，请择大臣深知水利者专理之。设提督水利分司一员，随时修理，则水势疏通，东南厚利也。诏俸兼领水利，听所修筑，功成乃专设分司。

是年，命修潜山、怀宁等陂堰。

又修高要、青岐、罗婆圩、平遥、广济渠，筑和州保大等圩百二十余里，蓄水陡门九，浚昌邑河渠五所。

二年，谕工部：安徽、苏松、浙江、江西、湖广，凡湖泊卑下，圩岸倾颓，亟督有司治之。

是年，又修泰兴沿江圩岸、六合瓜步等屯，黄岩混水等十五闸，六陡门、香山、竹径水陂。又以当涂民言：慈湖濒江，上通宣歙，东抵丹阳湖，西接芜湖，久雨浸淫，潮涨伤农，宜遣勘修筑。遂从其请，降是谕。至四年，修筑宣城十九圩，丰城穆湖圩岸，溧水决圩，怀宁斗潭河，彭滩圩岸，吉永刘家塘云陂，江都刘家圩港，新建石头冈圩岸。五年，又筑高要、银冈、金山等溃堤，溉田五百余顷。八年，修丹阳练湖塘、南陵野塘圩、蚌荡坝。九年，修安福丁陂等塘堰，安仁饶家陂寿光堤、安陆京山景陵圩、长洲至嘉兴泄水洞百三十一处；监利车水堤四千四百余丈，高安华陂、屯陂堤，筑仁和、黄濠塘岸三百余丈，孙家围塘二十余里；浚滩县于丹河定襄故渠六十三里，引滹沱水灌田六百余顷。又修丽水县通济渠堤堰，上中下三源流四十八派，溉田二千余顷。十年，筑新会圩岸二千余丈。十一年，修芜湖陶辛、政和二圩，应天新河圩岸、天长福胜戚家庄二塘。十二年，修凤阳安丰塘水门十六座。十三年，修南京羽林右卫刁家圩屯田堤。十七年浚萧山境内河渠四十五里，溉田万顷。二十一年，修嘉定抵松江潮圮圩岸五千余丈。又修文水常稳渠灌田。

宣宗宣德三年，诏天下：凡水利当兴者，有司即举行，毋缓视。

是年，既修灌县都江等堰四十四。又临海民言：胡巉诸闸潴水灌田，近年闸坏，而金鳌大浦湖、涞举屿等河，遂皆壅阻，乞为开筑。帝曰：水利急务，使民自诉于朝，此守令不得人尔。命工部即饬郡县秋收起工。且诏天下：凡水利，有司皆即兴举。时巡按江西御史许胜又言：南昌瑞河两岸低洼，多良田，洪武间修筑圩岸，水不为患。永乐间改修，近皆圮坏，乞敕有司募夫修理。又中书舍人陆伯伦言：常熟七浦塘东西百里，灌常熟、昆山田，岁租二十余万石，乞听民自浚之。皆诏可。至四年，以潜江民言：蚌湖、阳湖，皆临襄河，水涨岸决，害荆州三卫、荆门、江陵诸州县官民屯田无算，发军民筑治之。福清民言：光贤里官民田百余顷，障海堤坏，田久荒。永乐中，尝命修治，迄今未举，民不得耕。帝责有司亟治。而谕尚书吴中严饬郡邑，陂池堤堰，及时修浚，慢者治以罪。六年，修浏阳、广济诸县堤堰。七年，修眉州新津通济堰，分十六渠，溉田二万五千余亩。八年，葺湖广偏桥卫高陂石洞。修安阳、广惠等渠；磁州、滏阳河五瓜济民渠。

九年，毁苏、松民私筑堤堰。

> 臣等谨按：宣宗一从唐敏之言，再纳况钟之策，苏、松水利靡弗修举，而独于私筑之堤堰毅然毁之者，盖苏、松当众流之冲，水方趋下，一有壅遏，则泛滥四出，故田围圩岸之置，非其所者，皆足以妨水道也。不然，周忱抚苏于兹四载矣，苟非灼见其害，亦安忍去民之利乎！

英宗正统五年正月，令天下有司秋成时修筑圩岸，疏浚陂塘，以便农作。仍具数缴报，俟考满以凭黜陟。

先是，三年疏，泰兴顺德乡三渠，引湖溉田，通潞州永禄等渠二十八道于漳河。四年，宁夏巡抚金濂言：镇有五渠，资以行溉。今鸣沙洲七星、汉伯、石灰三渠久塞，请用夫四万疏浚，溉芜田一千三百余顷。从之。至是又命天下具报修筑疏浚等数。至六年，筑芜湖陶辛圩新堙。又浚高邮子婴沟减水阴洞，以济旱涝。八年，修弋阳官陂三所。九年，浚无锡里谷诸河，东南接苏州苑山湖塘，北通扬子江，西接新兴河，引水灌田。都御史陈镒言：朝邑多沙碛难耕，县治洛河与渭水通，请穿渠灌之。诏可。又开海阳县隆津等沟，引长溪水溉田，浚长乐之严湖及张塘等涵港，以备旱溢。十二年，以绍兴东小江、南通、诸暨七十二湖，西通钱塘江，久雨水溢害田，发丁夫疏之。十三年，以云南邓川州民田与大理卫屯田接壤，湖畔积雨壅沙，禾苗淤没，命州卫军民疏治。十四年，浚和州姥镇河、张家沟，并建闸以溉降福等七十余圩及南京诸卫屯田。时范衷知寿昌县，辟荒田二千六百亩，兴水利三百四十六区。

严讷论水利圩图，略曰：今天下以垦田当司农巨供者，苏、松为最。苏、松介在湖海，厥土涂泥，利害以水圩岸者，所以堤水而田，即《周礼》稻人匠人所掌涂防是也。田甚下湿，岸则陡立如城，而河流犹出其上，或罅隙莫御，而田且没矣。其田或最高，去水远而不及溉者，则又终古舄卤，唯在上下壤之间，土厚水深，则号膏腴，以其得水蓄泄，可为旱涝备，而所谓能蓄泄者，以有圩岸耳！岁苦旱，则河之水续，桔槔而上，以入于田，河不龟坼，田不乏溉，岁涝则庤水出于河，而岸障之。自三江道湮，疏浚失宜，恒雨注积，而无从尾闾也。水裹于岸寸许，而膏腴汩为巨浸，不能与下湿者论。良瘠唯修筑之，卑令高，缺令补，废令兴，薄令培而厚，浮令杵而坚，斯得圩岸之利矣！

景帝景泰四年，云南滇池造石闸。

总兵官沐璘言：城东有水南流，源发邵甸，会九十九泉为一，抵松花坝分为二支，一绕金马山麓，入滇池；一从黑窑村流至云泽桥，亦入滇池。旧于下流筑堰，溉军民田数十万顷。霖潦无所泄，请令受利之家，自造石闸，启闭以时。报可。至英宗天顺十八年，又浚云南东西二沟。自松华坝、黑龙潭，抵西南柳坝南村，灌田数万顷。

五年，疏灵宝黎园庄渠，通鸿泸涧，溉田万顷。

七年，浚杭州西湖。

尚书孙原贞言：西湖旧有二闸，近皆倾圮，湖遂淤塞，民田无灌溉资。乞敕有司兴浚，禁势豪侵占，以利军民。从之。至宪宗成化十一年，又浚钱塘门故渠左属涌金门，建桥闸以蓄湖水。二十年，杨瑄为浙江按察使，西湖旧可溉诸县田四十六万顷，时湮塞过半，瑄请浚之，功未竟而卒。孝宗弘治十八年，又浚之。

英宗天顺二年，修彭县万工堰，灌田千余顷。

七年十月，浚泾阳县郑白故渠。

先是，五年，金事李观言：泾水出泾阳仲山谷，道高陵至栎阳入渭，袤二百里，汉开渠溉田。宋元俱设官主之。今虽有瓠口、郑白二渠，而堤堰摧决，沟洫壅潴，民弗蒙利。是年，乃命有司浚之。至八年，都御史项忠言：瓠口郑、白二渠，引泾水溉田数万顷，至元犹溉八千顷，日久渠浅，利因以废。宣德初，遣官修凿，亩收三四石，无何复塞，渠旁之田遇旱为赤地，泾阳、醴泉、三原、高陵皆患苦之。昨请于泾水上源、龙潭左侧疏浚讫，旧渠口寻以照例停止，今宜毕其役。西安城西井泉咸苦，饮者辄病。龙首渠引水七十里，修筑不易，且利止及城东，西南皂河去城一舍许，可凿令引水，与龙首渠会，则居民尽利。从之。

宪宗成化十年，廷臣会议，江浦北城圩古沟，北通滁河浦子口；城东黑水泉古沟，南入大江，二沟相望，冈垄中截宜凿通成河，旱引涝泄。从之。

十二年，诏：河西屯田官兼理十五卫水利。

至孝宗弘治七年，浚南京、天潮二河，备军卫屯田水利。正德十五年，又浚滁和六合诸水，以利江北屯田。

二十年，修嘉兴等六府海田堤岸。

是时，张瑄为广东布政使，修陂塘圩岸四千六百里。雍泰知吴县，太湖涨，没田千顷，作堤为民利，称"雍公堤"。至武宗正德时，蔡德佑为山东副使，分巡辽阳，辟滨海圩田数万顷，称"蔡公田"云。

孝宗弘治元年，许以新佃芦洲补旧额课。

奏准：沿江一带芦洲，有曾告承佃，而旧额洲荡坍塌者，即将新佃柴课，依数凑补本处旧额。或有新生别洲，许令拨补附近坍塌不敷之数。嘉靖二十七年，令一应芦洲，除洪武永乐时赐功臣僧道者不动外，余悉委官丈量，召民承佃。

《春明梦余录》载计曹条议曰：议者欲清南京太仆寺所隶草场地六十万顷，出佃，价一两，可得银六千万，此事之不能者也。自马草均泒①于田亩，民间已忘其事，故江北尚有名目，而其田本贱，值不过数钱，岂能顿增一两。江南田贵易增，而竟莫可辨析，苟欲增其价，必致摊泒，是教之乱也。愚以芦洲一项，可以此意行之。今沿江一带，田之利微，洲之利重，故洲必归于豪势，两豪相争，累年不止，祗以不烦佃价，办课轻微，而影射易滋，故不惜身命而争之耳。今得为之令，曰某处某洲若干亩，每亩纳价若干，不论业主他户，能纳者听。既纳后，永为主世业，旧业主不得争。民纵出佃价，其利尚

---

① 泒，水名，源于山西，流至天津入海。此字本无他解，但俗用作"派"。《康熙字典》释此字曰："俗混入派字，非。"此处当为"派"字之误。

浮于田，必争先而纳。旧业主家能办者，唯恐失其利，亦必竞纳，不烦催督而可以得无限之资。计芦政分司所辖，见为亩三百三万三千九百二十四，如往年少试于如皋等处，每亩纳四五钱不等，民无不乐从，则分等量入，亦不下六七十万。若能命一干官严为丈量，度其隐蔽，不啻一倍上，而川蜀亦可仿行，数百万之利，在一使者得人耳。事集民乐，又何患焉。

七年七月，命工部侍郎徐贯经理苏杭水利。

明年四月告成。贯上言：东南财赋所出，而水患为多。永乐初，命夏原吉浚治，以吴淞江淹沙浮荡，未克施工，逮今九十余年。港浦愈塞，臣督官行视，浚吴江长桥，导太湖散入淀山、阳城、昆承等湖泖。复开吴淞江并大石、赵屯等浦，泄淀山湖水，由吴淞江以达于海；开白茆港、白鱼洪、鲇鱼口泄昆承湖水，由白茆港以注于江；开斜堰、七铺、盐铁等塘，泄阳城湖水，由七丫港以达于海。下流疏通，不复壅塞，乃开湖州之娄泾泄西湖。天目、安吉诸山之水，自西南入太湖；开常州之百渎，泄溧阳、镇江练湖之水，自西北入太湖。又开诸陡门，泄漕河之水，由江阴以入于大江。上流亦通，不复埋滞。是役，凡修浚河、泾、港、渎、湖、塘、陡门、堤岸百十五道，役夫二十余万，东南水患少息。至世宗嘉靖元年，苏松水道复为势家所据，巡抚李充嗣复浚之。穿新渠巨浦支流，罔不灌注。诏嘉其劳，赉以银币。二十四年，吕光洵按吴，复奏苏松水利五事：一曰广疏浚，以备潴泄。三吴泽国，西南受太湖诸泽水势尤卑，东北际海；冈陇之地，视西南特高，高苦旱，卑苦涝，昔人于下流疏为塘浦，导诸湖水北入江东入海；又引江潮流衍于冈陇外，潴泄有法，水旱无患。比来纵浦横塘多埋不治，唯黄浦、刘河二江颇通。然太湖之水源多势盛，二江不足以泄之，冈陇支河又多壅绝，无以资灌溉，于是高下俱病，岁常告灾，宜先度要害于淀山等茭芦地，导太湖水散入阳城、昆承、三泖等湖；又开吴淞江及大石赵屯等浦，泄淀山之水以达于海；浚白茆、鲇鱼诸口，泄昆承之水以注于江；开七浦盐铁等塘，泄阳城之水以达于江；又导田间之水，悉入小浦，以纳大浦，使流者皆有所归，潴者皆有所泄，则下流之地治而涝无所忧矣！乃浚艾祁通波以溉青浦，浚顾浦、吴塘以溉嘉定，浚大瓦等浦以溉昆山之东，浚许浦等塘以溉常熟之北，浚臧材等港以溉金坛，浚澡港等河以溉武进。凡冈陇支河埋塞不治者，皆浚之。深广使复其旧，则上流之地亦治，而旱无所忧矣。此三吴水利之经也。一曰修圩岸以固横流。苏松常镇东南下流而苏松，又常镇下流易潴难泄，虽导河浚浦，引注江海，而秋霖泛涨，风涛相薄，则河浦之水逆行田间，冲啮为患。宋转运使王纯臣尝令苏湖作田塍御水，民甚便之。司农丞郏亶亦云：治河以治田为本。故老皆云：前二三十年，民间足食，因余力治圩岸，田益完美。近皆空乏，无暇修缮，故田圩渐坏，岁多水灾。合敕所在官司，专治圩岸。岸高则田自固，虽有霖潦不能为害，且足制诸湖之水，咸归河浦中，则不待决泄，自然湍流，而冈陇之地亦因江水稍高，又得亩引以资灌溉，不特利于低田而已。一曰复板闸以防淤淀。河浦之水，皆自平原流入江海，水漫潮急，以故沙随浪涌，其势易淤。昔人权其便宜，去江海十里许，夹流为闸，随潮启闭，以御淤沙。岁旱则长闭以蓄其流，岁涝则长启以宣其溢，所谓置闸有三利，盖谓此也。近多埋塞，唯常熟福山闸尚存，故老以为河浦入海之地，诚皆置闸，自可历久不壅。诏悉如议。三十八年，巡抚翁大立又请造吴江白茆、七浦等闸。从之。四十二年，又从给事中张宪臣言，浚苏、松、常、嘉、湖五郡支河。四十五年，参政凌云翼请专设御史督苏松水利，诏巡盐御史兼之。穆宗隆庆三年，巡抚海瑞又浚吴淞江诸处。神宗万历四年，巡抚宋仪望又请设水利佥事。部议遣御史董之。六年，又浚长桥黄浦等处。八年，设水利副使。至万历末，给事中归子顾言，宋时吴淞江阔九里，元末淤塞。正统间，周忱立表江心，疏而浚之。崔恭、徐贯、李充嗣、海瑞相继浚者凡五，迄今四十余年，废而不讲。宜使江阔水驶塘浦支河，分流四达。疏入留中。巡按薛贞复请行之，下部议而未允。至熹宗天启中，巡抚周启元复请浚吴淞白茆。庄烈帝崇祯初，员外郎蔡懋德、巡抚李待问皆以为请。久之，巡抚张国维请疏吴江长桥七十二碛①及九里石塘诸洞。御史李谟复请浚吴淞白茆。俱下部议，未能行也。

冯应京《经世实用编》曰：潘凤梧有言：水利微妙，通知者少。自非殚思熟见，鲜能究其源委。试举嘉湖，余可类推。湖州之圩低，其港常阔，人惮于增外，仅修其内，故水益阔易冲；而湖州多淹崇桐之土，高其港常窄，人惮于开外，日为填出，故水益窄易涸，而崇桐多干。此言盖与光洵议互相发云。

————————

① 碛，深沟、大谷。

开灵州金积山河口渠灌田,给军民佃种。

从巡抚王珣请也。珣又言:宁夏古渠三道,东汉、中唐并通,唯西一渠,汉、唐旧迹俱埋,宜发卒浚凿,亦从之。时两畿及山东、河南、浙江民饥,兵科给事中吴世忠请兴水利。命议行之。其后世忠为湖广参议,复上言:臣任给事中时,具言水利为农田急务,幸准覆行。及备员湖藩,而所属陂塘池堰,埋塞如故,为豪家填占,迷失者在在有之。有塘宽千百余亩,无勺水可资,召里老咨问,云:往时朝廷重农,州县以水利为急,差官清理,岁有修筑,于时豪强不敢填占,民以实保结,故虽亢旱,而农田有救,百姓有所赖。迩年州县官唯勾摄词讼为急,其余塘堰册报类非核实,豪强填占又置不问,虽奉勘合行视,特科索里户供应而去,曷尝一至郊野,见所谓堤塘渠堰为何若哉!及亢旱无收,有旨蠲免,则已先期督征入官,民未沾惠,而国用不足,往往又额外科征之,此讼狱所以日繁而盗贼滋有也。

《经世实用编》曰:洪武时,未尝特为农事设专官,人尽农官也。以农桑责之郡县,以屯种责之卫所,非农事修举不得注上考,盖设官分职,原以为民,舍此更何事哉!嗣后增设府州县劝农,佐贰设屯田水利,枭臣又或特遣重臣。诸牧民之长,其贤者抑或体上爱养之意,不然者且见以为既有专官而已,可以弛其担也。古者天子巡狩,入其疆土,地辟田野治,则有庆;荒芜不治则有让。近世设按察司察此务也,分巡御史巡此务也。今则徒为具文而已。旌举守令,何曾称某守某令兴过若干水利,劝过若干农桑哉!此吴世忠所以痛切言之,而霍韬又请以责之巡按御史也。

世宗嘉靖二十五年,甘肃巡抚杨博凿龙首诸渠。

至三十八年,博总督宣大,又请通宣大荒田水利,薄其租。

时又有张岳知廉州府,督民垦弃地,教以桔槔运水。汤绍恩知绍兴府,山阴、会稽、萧山三邑之水,汇三江口入海,潮汐日至,良田尽为巨浸。绍恩建闸三十有八,筑石堤四百余丈,刻水则石间,以时启闭,自是方数百里无水患。徐九思治张秋河道,漕河与盐河近而不相接,漕水溢则泛滥为田患。九思筑减水桥于沙湾,俾二水相通,漕水溢有所泄而不侵田;少则有所限,而不至于涸,工成遂为永利。庞嵩为应天治中,江宁县葛仙、永丰二乡，频遭水患，居民止存七户，嵩为治堤筑防，得田三千六百亩，立惠民庄四，召贫民佃之。瞿晟知广平府，凿长渠三百里，引水为四闸，得田数十万亩。至神宗万历时，陈邦瞻为河南布政使，开水田千顷。陈幼学为中牟令，县有大泽，积水占膏腴地二十余里，幼学疏为河者五十七，为渠者百三十九，俱引入小清河，民大获利。大庄诸里多水，为筑堤十三道障之。

二十六年，给事中陈斐请仿江南水田法，开江北沟以祛水患，益岁收。报可。

穆宗隆庆四年，左都御史葛守礼请畿内浚治沟洫，以备旱涝。从之。

先是，世宗嘉靖三年，大理卿郑岳言：臣勘视陕西道，经畿内河南，见太行西倚潼关，东绕怀卫，北及燕冀，水皆东注，南入于海。卢、易、滹沱、琉璃、漳、洺、卫、沁、洛、澧其大也，宜令濒水开田、筑堤、凿渠，平畴无水者，量浚畎浍，或为陂塘，下通水泉，上蓄雨潦，数年之后，皆为沃壤，此经国至计也。又汪铉奏兴水利，请敕各巡抚、都御史访求古人已行水利遗迹，严督司府州县卫所官随宜兴修，必使山川原野间有沟以导水，无壅遏之患；有防以止水，无决坏之忧；有潴以蓄水，无散逸之虞，则旱不能为灾，涝不能为虐。昔唐虞三代时，皆建都西北，未尝仰给东南。而春秋之世，如山东、山西、陕西、河南，皆为列国之地，当其时，干戈倥扰，一国之赋自足以供一国之用，未尝取给于他邦，良以沟洫之制尚存，故旱涝有备耳。至是守礼以畿辅内地势洼下、河道埋塞，遇潦则千里为壑，请仿古井田之制浚治沟洫，使旱涝有备，章下有司。

神宗万历十三年三月，以尚宝司少卿徐贞明督治京畿水田。

贞明为给事中时，上水利议：谓神京雄据上游，兵食宜取之畿甸。今皆仰给东南，军船夫役之费，常以数石致一石，东南之力竭矣。又河流多变，运道多梗，窃有隐忧。闻陕西、河南故渠废堰在在有之，山东诸泉引之率可成田，而畿辅诸郡或支河所经，或涧泉自出，皆足以资灌溉；北人未习水利，唯苦水害，不知水害未除，正由水利未兴也。盖水聚之则为害，散之则为利。今顺天、真定、河间诸郡，桑麻之区半为沮洳，由上流十五河之水，唯泄于猫儿一湾，欲其不泛滥而壅塞，势不能也。今诚于上流疏渠浚沟，引之灌田，以杀水势；下流多开支河，以泄横流。其淀之最下者，留以潴水；稍高者，皆如南人筑圩之制，则水利兴，水患亦除矣。至于永平、滦州抵沧州庆云地，皆萑苇土实膏腴。元虞集欲于京东滨海地筑塘捍水，以成稻田。若仿集意招徕南人，俾之耕艺，北起辽海，南滨青齐，皆良田也。俟有成绩，次及河南、山东、陕西，庶东南转漕可减，西北储蓄常充，国计永无绌矣。事下所司，朝议以水田劳民，请俟异日，事遂寝。既而贞明以事谪官，著《潞水客谭》一书论水利，当兴者十四条。至是，顺天巡抚张国彦、副使顾养谦行之蓟州、永平、丰润、玉田，皆有效。于是给事中王敬民荐贞明，乃进少卿，赐敕勘水利。贞明因疏请郡县有司以垦田勤惰为殿最，地宜稻者以渐劝；率宜黍、宜粟者，如故不遽责其成。召募南人，给衣食、农具，俾以一教十能，垦田百亩以上即为世业，子弟得寄籍入学，其卓有明效者，仿古孝弟力田科，量授乡遂都鄙之长；垦荒无力者，贷以谷，秋成还官。旱涝则免郡县民壮役，止三月，使疏河芟草，而垦田则募专工。帝悉从之。乃先治京东州邑，命兼监察御史领垦田使。有司挠者劾治，自九月至明年二月，已垦至三万九千余亩。又遍历诸河，穷源竟委，将大行疏浚，而奄人①、勋戚之占闲田为业者，恐水利兴而已失其利，为蜚语闻于帝。御史王之栋，畿辅人也，遂言水利必不可行，且陈开滹沱不便者十二。帝入其言，欲罪诸建议者。大学士申时行言：垦田兴利而反谓之害民，为此说者其故有二：北方民游惰好闲，惮于力作，水田有耕耨之劳，胼胝之苦，不便一也；贵势有力家侵占甚多，不待耕作，坐收芦苇薪刍之利，若开垦成田，归于业户，隶于有司，则已利尽失，不便二也。然以国家大计较之，不便者小，而便者大，唯在斟酌地势，体察人情，沙碛不必尽开，黍麦无烦改作，应用夫役必官募之，不拂民情，不失地利，乃谋国长策耳。于是贞明得无罪，而水田事终罢。

　　《大学衍义补》曰：国家都于燕，京师之东皆濒大海，尝闻闽浙人言：大凡濒海之地多咸卤，必得河水以荡涤之，然后可以成田，故为海田者，必筑堤岸，以阑咸水之入；疏沟渠以导淡水之来，然后田可耕也。臣于京东一带，海涯虽未及行，而尝泛漳御而下，由白河以至潞渚，观其入海之水，最大之处无如直沽，然其直深入海，灌溉不多，请于将尽之地，依"禹贡"逆河法截断河流，横开长河一带，收其流而分其水，然后于沮洳尽处筑为长堤，随处各为水门以司启闭，外以截咸水，俾其不得入；内以泄淡水，俾其不至漫，如此则田

①　奄人，指太监。奄，古通阉。阉人，被阉割过的人。

可成矣。于凡有淡水入海所在，皆依此法行之，则沿海数千里无非良田，非独民资其食，而官亦赖其用，如此则国家坐享富盛，远近皆有所资，其为利益夫岂细哉。

徐贞明《潞水客谈》略曰：西北之地，旱则赤地千里，涝则洪流万顷，唯雨旸时若，庶乐岁无饥，此可常恃哉！唯水利兴而后旱涝有备，利一；中人治生必有常稔之田，以国家之全盛独待哺于东南，岂计之得哉！水利兴则余粮栖亩皆仓庾之积，利二；东南转输，其费数倍，若西北有一石之入，则东南省数石之输，久则蠲租之诏可下，东南民力庶几稍苏，利三；西北无沟洫，故河水横流，而民居多没，修复水田，则可分河流，杀水患，利四；西北地平旷，寇骑得以长驱，若沟洫尽举，则田野皆金汤，利五；游民轻去乡土，易于为乱，水利兴，则业农者依田里，而游民有所归，利六；招南人以耕西北之田，则民均而田亦均，利七；东南多漏役之民，西北罹重徭之苦，以南赋繁而役减，北赋省而徭重也，使田垦而民聚，则赋增而北徭可减，利八；沿边诸镇有积贮，转输不烦，利九；天下浮户，依富豪为佃客者何限，募之为农，而简之为兵，屯政无不举矣，利十；塞上之卒，土著者少，屯政举则兵自足，可以省远募之费，苏班戍之劳，停摄勾之苦，利十一；宗禄浩繁，势将难继，今自中尉以下，量禄之田，使自食其土，为长子孙计，则宗禄可减，利十二；修复水利，则仿古井田，可限民名田，而自昔养民之政，渐可举行，利十三；民与地均，可仿古比闾族党之制，而教化渐兴，风俗自美，利十四也。

三十年，保定巡抚汪应蛟请大兴水利田。

初，应蛟巡抚天津，见葛沽、白塘诸田尽为污莱①，询之土人，咸言斥卤不可耕。应蛟念地无水则咸，得水则润，若营作水田，当必有利。乃募民垦田五十亩，为水田者十之四，亩收至四五石，田利大兴。至是移保定，又疏请广兴水利，言：臣境内诸川，易水可以溉金台，滹水可以溉恒山，滱水可以溉中山，滏水可以溉襄国，漳水来自邺下，西门豹尝用之，瀛海当诸河下流，视江南泽国不异，其它山下之泉，地中之水，所在而有咸，得引以溉田，请通渠筑防，量发军夫，一准南方水田之法，行之所部

_____

① 污莱，指低处储水、高外长草，不能耕种之地。

六府，可得田数万顷，岁益谷千万石，畿民从此饶裕，无旱涝之患，即不幸漕河有梗，亦可改折于南，取籴于北。工部尚书杨一魁亟称其议，报可。

时御史左光斗出理屯田，亦言北人不知水利，一年而地荒，二年而民徙，三年而地与民尽矣。今欲使旱不为灾，涝不为害，唯有兴水利一法，因条上三因十四议，曰：因天之时，因地之利，因人之情；曰议浚川，议疏渠，议引流，议设坝，议建闸，议设陂，议相地，议筑塘，议招徕，议择人，议择将，议屯兵，议力田设科，议富民拜爵，其法昭然具备。诏悉允行。水利大行，北人始知艺稻。

庄烈帝崇祯二年，兵部侍郎申用懋言：永平滦河诸水，逶迤宽衍，可疏渠以防旱潦。山陂隙地，便栽种，宜令有司相地察源，为民兴利。从之。

钦定续文献通考卷四

田赋考

屯田

宋宁宗嘉定三年五月，经理两淮屯田。

国子司业刘熸接伴金使于盱眙军还，言：两淮之地，藩蔽江南，干戈盗贼之后，宜加经理，必于招集流散之中，就为足食足兵之计。淮东地平博膏腴，有陂泽水泉之利，而荒芜实多，其民劲悍勇敢，习边鄙战斗之事，而安集者少。诚能经画郊野，招集散亡，约顷亩以授田，使毋广占抛荒之患；列沟洫以储水，且备戎马驰突之虞。为之具田器，贷种粮，相其险易，聚为室庐，使相保护，联以什伍，教以击刺，使相纠率。或乡为一团，里为一队。平居则耕，有警则守，有余力则战。帝嘉纳之。后又奏：使沿边之民，各自什伍，教阅于乡，有急则相救援，无事则耕稼自若，军政隐然寓于田里之间，此非一时之利也。

七年，以京西屯田，募人耕种。

十三年，措置四川屯田。

初，奉宁保定军节度使吴玠平蜀，以军储不继，治褒城堰为屯田，民谓不便。因漕臣郭大中言：约中其数，使民自耕，而岁入多于屯田。

孝宗乾道五年三月，四川宣抚使郑刚中拨军耕种，以岁收租米对减成都路对籴米一十二万石赡军①。然兵民杂处村疃，为扰百端；数百里外差民保甲教耕，有二三年不代者②，民甚苦之。知兴元府晁公武欲以三年所

---

① 对籴，宋代政府向纳税人征购粮食的措施，其征购量，与纳税人应缴纳的赋税等额。
② 保甲教耕，官府差遣农民到军屯处教士兵耕田，因路途遥远，更代误期，成为农民的劳役负担。

收最高一年为额，等第均数召佃，放兵及保甲以护边。从之。

淳熙中，游仲鸿知中江县。时关外营田凡万四千顷，亩仅输七升。仲鸿建议请以兵之当汰者授之田，存赤籍①，迟以数年，汰者众，耕者多，则横敛一切之赋，可次第以减，为大将吴挺所沮而止。至是，宣抚安丙、总领任处厚言：绍兴十五年，诸州共垦田二千六百五十余顷，夏秋输租一十四万一千余石，饷所屯将兵，罢民和籴，为利甚溥。

乾道四年以后，屯兵归军教阅，营田付诸州募佃，遂致租利陷失，骄将豪民乘时占据，弊不可悉。今豪强移徙，田土荒闲。正当拘种之秋，宜命总领所与宣抚司措置。其逃绝之田，关内外亦多有之，为数不赀，其利不在营田之下，乞并括。从之。

其后理宗端平元年十月，知大宁监邵潜言：昔郑刚中尝于蜀关隘杂兵民屯田，岁收粟二十余万石。是后屯田之利既废，粮运之费益增，宜诏帅臣纵兵民耕之，所收之粟计值以偿，则总所无转输之苦，边关有储峙之丰，战有余勇，守有余备矣。亦从之。

臣等谨案：《宋史·吴玠传》：玠与敌对垒十年，常苦远饷劳民，益治屯田，岁收至十万斛。又调戍兵治褒城废堰，民知灌溉可恃，愿归业者数万家，若然，则玠之屯田，民固甚便之矣。志所云与传异。

十五年七月，诏：江淮、荆襄、四川制置监司，条画营田来上。

先是，孝宗隆兴二年，江淮都督府参赞陈俊卿言：欲以不披带人，择官荒地，标旗立砦，多买牛犁纵耕其中。官不收租，人自乐从。数年之后，垦田必多，谷必贱。所在有屯，则村落无盗贼之忧；军食既足，则馈饷无转运之劳。此诚经久守淮之策。诏从之。淳熙十年，鄂州副都统制郭杲言：枣阳屯田，兴置二十余年，未能大有益于边计，非田之不良，盖人力之有所未至。今边陲无事，正宜修举，为实边之计。本司有荒熟田七百五十顷，乞降钱三万缗，收买耕牛农具，便可施功。如将来更有余力，可括荒田接续开垦。亦从所请。至帝庆元时，流民来归，权直学士院庄夏言：荆襄、两淮多不耕之田，计口授地，贷以屋庐牛具，吾乘其始至，可以得其欲，彼幸其不死，可以忘其劳，兵民可合，屯田可成，此万世一时

① 赤籍，即军籍。

也。至是，复有是诏。

　　司封郎中魏了翁奏曰：四川制置司措置利州路营屯田，见已置局经理。凡在边鄙，莫不踊跃。但西边自罹寇以来，原堡多隳，地利悉弃，以故流人久不复业，谷粟自贵，兵民交敝。今若遽行屯田，则宜葺边堡，宜用兵耕，而边堡则诸将虑事谨审，欲及冬时，伺乘机便，乃可修筑。兵耕则自顷年累减军额以来，以之坐守，尚多阙数，矧今久戍之余，难复再加役使。臣窃谓：有屯田，有垦田，二者相近而不同。垦田者何，大兵之后，田多荒莱，如诸路有闲田，寺观有常住，皆当广行招诱，使人开垦，因可复业，则耕获之实效往往①多于屯田，唯毋责屯田之虚名，而先究垦田之实利，则庶几矣。今日所当垦之田，如利之西路，则皂郊之内湫池诸谷，水关之内崖石诸镇；利之东路，则洋川之内青座华阳，凤集之内盘车诸岭，大率昔为膏腴，今成荒弃。至于金川近裹，亦多有之。其田去边或百里，或二三百里，有高山大陵之险可据，有原堡兵戍之援可恃，亦有敌骑从来所不曾至之处，若更得土豪之助，则指日可成。今闻三路土豪有愿自备费用，自用土人者，有愿略资官司给助者，若听其施功，略计所耕可数十顷，则明年此时，便收地利，纵官未立额，或量行输租，潜裕兵民，使渐食贱粟，比之顷岁人苦斛贵，官苦籴贵，其利害岂不万万相绝乎！况耕田之民，又皆可用之兵，不数年间，边食既丰，兵丁亦足，家自为守，人自为战，比于仓卒遣兵戍守，亦万不侔。若是，则虽无屯田之名，而有屯田之实，无养兵之费，而又可儳制骄蹇之兵，保蜀之策，无大于此！

　　《宋史·汪纲传》曰：纲提举淮东常平，有献言制司，广买荒田，开垦以为营田。纲以为荒瘠之地不难变②，而工力水利非久不可，弃产欺官，良田终不可得。耗费公帑，开垦难就，曷若劝民尽耕闲田，甽浍湮塞，则官为之助，变瘠为沃，使民有余蓄。晁错入粟之

――――――――――

① 往，古通"往"。
② 不难变，《宋史·汪纲传》作"不难办"。

议，本朝便籴之法在其中矣①。制司知其无益，乃止。

十七年正月，复命淮东西、湖北路转运司提督营、屯田。

理宗端平元年正月，命王旻守随州，王安国守枣阳，蒋成守光化，杨恢守均并益兵饬备，经理唐、邓屯田。

时金初亡，还师信阳，故有是命。至八月，又以臣僚言：屯五万人于淮之南北，且田且守。置屯田判官一员经纪其事。暇则教以骑射，初弛田租三年，又三年，则取其半。九月，又诏南京留守赵葵：措置河南、京东营田边备，西京留守全子才措置唐、邓、息州营田边备。

嘉熙四年二月，以孟珙为四川宣抚使，大兴屯田。

初，绍定元年，珙为忠顺军统制，白制置司创平堰于枣阳，自城至军西十八里，由八垒河经渐水侧，水跨九阜，建通天槽八十三丈，溉田十万顷，立十庄三辖，使军民分屯，岁收十五万石。至是宣抚四川兼屯田大使，军无宿储，遂大兴屯田，调夫筑堰，募农给种。首秭归，尾汉口，为屯二十，为庄百七十，为顷十八万八千二百八十。上屯田始末与所减券食之数，降诏奖谕。

是年，令流民屯田。

于边江七十里内分田以耕，遇警则用以守江。于边城三五十里内，亦分田以耕，遇警则用以守城，在砦者则耕四野之田而用以守砦。田在官者，免其租；在民者，以所收十之一二归其主，俟三年事定，则各还元业。

淳祐十二年十月，诏：襄樊已复，措置屯田，修渠堰。

至宝祐三年二月，诏：拨封桩库十八界会十万，银二千两，付李梦庚措置襄阳屯田。

宝祐二年四月，诏：边兵贫困可悯，闲田甚多，择其近便者分给耕种，制司守臣治之。

元年七月，诏四川安抚制置使余玠：以兴元归附之兵，分隶本路诸州都统，务抚存之。仍各给良田，制司济以钱粟。至是，复有是诏。

---

① 便籴，宋代政府采购粮食的方式之一。具体办法是政府向商人购买粮草后，先付给钞引，商人持钞引到京师或指定的其他地区，兑换钱币或者茶盐香药等禁榷物资。采用此办法，政府可以节约运费，商人也有利可图。

《宋史·余玠传》曰：玠入蜀筑青居、大获、钓鱼、云顶、天生凡十余城，皆因山为垒，碁布星分；为诸郡治所屯兵聚粮计，又属嘉定俞兴，开屯田于成都，蜀以富实。

三年三月，诏：沿边耕屯课入登羡，管屯田官推赏。荆襄、两淮及山砦如之。

先是，宝庆二年三月，以荆湖制置使陈晐经理屯田有绪，诏奖之。绍定元年，以通判襄阳府史嵩之经理屯田，襄阳积谷六十八万，加其官。三年，又以经理枣阳军屯田成，转两官。至是，课入登羡者，管干官并推赏。后景定三年五月，诏：广西、静江屯田，小试有效，其邕、钦、宜、融、柳、象、浔诸州守臣能任责，措置、经略、安抚、提领，课以殿最，仍条具来上。

度宗咸淳三年，诏：除淮蜀湖襄屯田旧欠。

诏曰：淮蜀湖襄之民所种屯田，既困重额，又困苛取，流离之余，口体不充，及遇水旱，收租不及，而催输急于星火，民何以堪。其日前旧欠悉除之。复催者以违制论。

次年四月，右正言黄镛言：今守边急务，非兵农合一不可。一曰屯田，二曰民兵。川蜀屯田为先，民兵次之；淮襄民兵为先，屯田次之。此足食足兵之良策也。不报。

辽制，凡在屯者力耕公田，不输赋税。

太宗会同五年正月，诏以契丹分屯南边。

圣宗统和十二年十二月，赐南京统军司贫户耕牛。

时西北路招讨使萧达林，以边事问于耶律昭，昭以书答曰：西北诸郡，每当农时，一夫侦候，一夫治公田，二夫给纠官之役。大率四丁无一室处。刍牧之事，仰给妻孥，一遭寇掠，贫穷立至。春夏赈恤，吏多杂以糠秕，重以掊克，不过数月，又复告困。且畜牧者，富国之本。有司防其隐没，聚之一所，不得各就水草便地，兼以逋亡戍卒，随时补调，不习风土，故日瘠月损，驯至耗竭。为今之计，莫若赈穷薄赋，给以牛种，使遂耕获；置游兵以防盗掠，颁俘获以助伏腊；散畜牧以就善地，期以数年，富强可望。达林然之。

太平七年六月，禁屯田不得擅贷官粟。

兴宗初，命耶律唐古劝督耕稼，以给西军。

时西番来侵，诏议守御计，命唐古率众田胪朐河侧。是岁上熟，明年移屯镇州，凡十四稔，积粟数十万斛，斗米数钱。

　　按唐古本传，统和二十四年补小将军，历豪州刺史，唐古部详衮。重熙间，改乌延党项部节度使，四年，致仕。其屯田胪朐河及移屯镇州，事俱在重熙前，而《食货志》则云道宗初年，时唐古致仕已二十年，两文互异，当以传为是。

重熙十三年四月，诏：选南北府兵，富者援山西路，余屯田于天德军。

至道宗太安末，太子洗马刘辉上言：四边诸番为患，士卒远戍，中国之民困于飞挽，非长久之策。为今之计，莫若城盐泺，实以汉户，使耕田聚粮，以为西北之费。言虽不行，识者韪之。

金制：屯田户，佃官地者，有司移明安穆昆督之。

太祖收国元年正月，以伐辽所得耕具数千给诸军。

辽人本欲屯田，且战且守，故并其耕具获之。

天辅五年二月，分诸路明安穆昆之民万户屯泰州，赐耕牛五十。

时伐辽取泰州，徙辽降人居之，命千户穆昆宗雄按视泰州地土。宗雄包其土来奏曰：其土如此可种植也。由是徙万余家屯田泰州，以博勒和为都统。又以孟格城之地，分赐乌库哩、达勒达二部及契丹人，其未垦者听任力占射①。

太宗天会九年四月，诏：新徙戍边户乏耕牛者，给以官牛，别委官劝督力作，其续迁戍户在中路者姑止之，即其地种艺，俟毕获而行，及来春农时至戍所。

熙宗天眷三年十二月，始置屯田军于中原。

时既取江南，犹虑中原士民怀贰，始创屯田军。凡女直、奚、契丹之人，皆自本部徙居中州，与百姓杂处，计其户口，授以官田，使自播种，春秋量给其衣，遇出师始给钱米。凡屯田之所，自燕南至淮陇之北俱有之，皆筑垒于村落间。

世宗大定三年，以正隆兵兴，农桑失业，明安穆昆屯田多不如法，遣

---

① 任力占射，指根据自己的力量，指认所愿开垦的荒地。

户部侍郎魏子平等分道劝农。

其后，又以山东路所括民田分给女直屯田人户。二十一年，黄河移故道，梁山泺水退，甚广，遣使安置屯田民。又帝意不欲明安穆昆与民户杂居，凡山东两路屯田与民田互相犬牙者，皆以官田对易之。又御史中丞张九思言：屯田明安人为盗征偿家贫，辄卖所种屯地。凡家贫不能征偿者，止令事主以其地招佃，收其租入估价与征偿相当，即以其地还之。临洮尹完颜让亦论屯田贫人征偿卖田，乞用九思议。诏可。

二十二年，令山东屯田户相聚屯种。

以山东屯田户邻于边鄙，命聚之一处，俾协力蚕种。右丞相谔格楞元忠曰：彼方之人，以所得之地为家，虽兄弟不同处，故贫者众。参政钮祜禄额特垺曰：旧时兄弟，虽析犹相聚种，今则不然，宜令约束之。

章宗明昌元年八月，敕随处系官闲地，百姓已请佃者仍旧，未佃者付明安穆昆屯田。

承安五年九月，命枢密使内族宗浩、礼部尚书贾铉，佩金符行省山东等路，括地给军。

时中都、山东、河北，屯驻军人地土不赡，官田多为民所冒占。主兵者言：比岁征伐军多败衄，盖由屯田地寡，不免饥寒，故无斗志。愿括民田之冒税者分给之，则士气自倍。朝议已定。平章政事张万公独上书，言其不可者五：大略以为，军旅之后，疮痍未复，百姓拊摩之不暇，何可重扰，一也；通检未久，田有定籍，括之必不能尽适，足增猾吏之弊，长告讦之风，二也；浮费侈用不可胜计，推之以养军，可敛不及民，而无待于夺民之田，三也；兵丁失于选择，强弱不别，而使同田共食，振厉者无以尽其力，疲劣者得以容其奸，四也；夺民而与军，得军心而失天下心，其祸有不可胜言者，五也。必不得已，乞以冒地之；已括者召民莳之，以所入赡军，则军有坐获之利，而民无被夺之怨矣。书奏不报。遂命宗浩等括之，凡得地三十余万顷。顺天军节度使张行简上言：比者括官田给军，既一定矣，有告欲别给者，辄从其告，至今未已。名曰官田，实取之民以与之。臣所管，已拨深泽县地三百余顷，复告水占沙碛者三之一，若悉从之，何时可定？臣谓当限以月日，不许再告为便。下尚书省议，奏请如寔有水占河塌，不可耕种，按视覆同，然后改拨。若沙碛瘠薄，当准已拨为定制。曰可。

泰和四年九月，定屯田户自种及租佃法。

旧令军人所授之地，不得租赁与人，违者苗付地主。至明昌元年三月
敕，力不足者许人承佃，随地所产纳租，其自欲折钱输纳者，从民所欲；
不愿承佃者，毋强。至是定制，所拨地止十里内，自种之，每丁四十亩，
续进丁同此，余者许令便宜租赁，及两和分种，违者业钱还主。至五年二
月，帝又闻六路括地时，其间屯田军户多冒名增口，以请官地，及包取民
田，而民有空输税赋、虚抱物力者，应诏陈言，人多论之，遣官分往，追
照案凭。尚书省奏：遣官徒滋讼言，乃令虚抱税石，已输送入官者，于税
内每岁续扣之。

宣宗贞祐三年七月，议括官田及牧马地，以赡河北军户之徙河南者，
既而罢之。

时方南迁，既徙河北军户于河南，议所以处之者，宰臣言：当指官田
及牧地分界。已为民佃者，则俟秋获后，仍日给米一升，折以分钞。太
常丞舒穆噜世绩曰：荒田牧地，耕辟费力，夺民素垦，则民失所，况军户
率无牛。宜令军户，分人归守本业，至春复还，为固守计，帝卒从宰臣
议。侍御史刘元规乃上言：向者河北山东已为此举。民之茔墓井灶悉为军
有，怨嗟争讼，至今未绝。若复行之，将大失众心。荒田不可耕，徒有得
地之名，而无享利之实；纵得熟土，不能亲耕，而复令民佃之，所得几
何，而使纷纷交病哉！帝大悟，罢之。

十月，复遣使授军户荒田及牧马地。

先是括地既罢，至八月，北方侵及河南，由是尽起诸路军户南来，共
图保守。复议得军粮之术，或益赋，或与军田二者孰便。参政高汝砺言：
河南官民地相半，又多全佃官地之家，一旦夺之，何以自活！小民易动难
安，一时避赋，遂有舍田之言，及与人又复悔，悔则怨生矣。如山东拨地
时，腴地尽入富家，瘠者乃付贫户，无益于军而民有损。唯当倍益官租以
给军食，复以系官荒田、牧地量数与之，令其自耕，则民不失业，官不厉
民矣。从之。至是汝砺又言：河北军户徙居河南者几万口，疑当作百万口。
人日给粟一升，岁费三百六十万石；半以给直，犹支三百万，疑当作二百
万。河南租地计二十四万顷，岁租才一百五十六万，乞于经费之外倍征以
给之。帝命右司谏冯开等五人，分诸郡就授以荒官田及牧地可耕者，人三
十亩。十一月，又以括荒田及牧马地给军事，命汝砺总之。汝砺还奏：今
顷亩之数，较之旧籍甚少，复多瘠恶、不可耕又僻远之处，必徙居以就
之。彼皆不能自耕，必以与人，又当取租于数百里之外，况今农田且不能

尽辟，岂有余力以耕丛薄交固、草根纠结之荒地哉！询诸军户，皆曰得半粮犹足自养，得田不能耕，复罢其廪，将何所赖。臣知初籍地之时，未尝按阅其实，所以不如其数，不得其处也。若复考计州县，必各妄承风旨，追呼究讦以应命；不足其数，则妄指民田以充之，所在又骚然矣。今民之赋役三倍平时，飞挽转输，日不暇给。而复为此举，何以堪之！且军户蹔迁，行有还期，何为以此病民。病民而军获利犹不可，为况无所利乎！唯陛下加察。遂诏罢给田，但半给粮、半给实直焉！

四年，命河南民能开牧地及官荒地者，半为永业，半给军户。

时复遣官括河南牧马地。既籍其数，帝命省院议所以给军者。宰臣曰：今军户当给粮者四十四万八千余口，计当口占六亩有奇。继来者不与焉。相去数百里者，岂能以六亩之故而远来哉！兼月支口粮不可遽罢，臣等窃谓：军户愿佃者即当计口给之，其余僻远不愿者，宜准近制。系官荒地，许军民耕辟例，令军民得占莳之。院官曰：牧马地少，且久荒难耕，军户复乏农器，不给之则彼自支粮外更无从得食，非蓄锐待敌之计；给之则亦未能遽减其粮，若得迟以岁月，俟颇成伦次，亦渐可省官廪。今夺于有力者，即以授其无力者，恐无以耕，乞令司县官劝率民户，借牛破荒，至来春然后给之。司县官能率民户以助耕，而无骚动者，量加官赏，庶几有所激劝。宰臣复曰：若如所言，则司县官贪慕官赏，必将抑配以扰民，况民家之牛量地而畜之。比年以来，农工甫毕，并力转输，犹恐不及，岂有暇耕他人之田！唯如前奏为便。诏再议之。乃议民有能开牧马地及官荒地作熟田者，以半给之，为永业；半给军户。奏可。省臣又奏：自古用兵，且耕且战，是以兵食交足。今诸帅分兵不啻百万，一充军伍，咸仰于官。至于妇子居家，安坐待哺，盖不知屯田为经久之计也。愿下明诏，令诸帅府各以其军耕耨，亦以逸待劳之策。诏从之。

兴定二年二月，命诸军遍授屯田。

谕枢密院曰：中京、商、虢诸州，军人愿耕屯田，比已括地授之。闻徐、宿军独不愿受，意谓予田必绝其廪给也。朕肯尔耶！其以朕意晓之。

三年七月，籍邳、海等州义军及胁从归国而充军者，人给地三十亩；有力者五十亩，仍蠲差税，日支粮二升。

先是，二年九月，邳州行省侯挚言：东平以东，屡经残毁；邳、海之间，贫民失业者甚众，日食野菜，无所依倚，恐因而啸聚以益敌，乞募选为兵，自十月给粮，使充戍役，至二月罢之；人授地三十亩，贷之种粒，而验所收获量数取之，逮秋复隶兵伍，且战且耕，公私俱利。亦望被俘之民易于招集也。至是，诏施行之。至四年十月，移剌不言：军户自徙于河南，数岁尚未给田，兼以移徙不常，莫得安居，故贫者甚众，请括诸屯处官田，人给三十亩，仍不移屯它所，如此，则军户可以得所，官粮可以渐省。宰臣奏：前此亦有言授地者，枢密院以谓俟事缓而行之。今河南罹水灾，流亡者众，所种麦不及五万顷，殆减往年大半，岁入不能足。若拨授之为永业，俟有获即罢其家粮，亦省费之一端也。从之。五年正月，京南行三司舒穆噜鄂啰言：京南、东、西三路屯军，老幼四十万口，岁费粮百四十余万石，皆坐食民租，甚非善计。宜括逋户旧耕田，南京一路，旧垦田三十九万八千五百余顷，内官田民耕者九万九千顷有奇，今饥民流离者大半东西南路，计亦如之。朝廷虽招使复业，民恐既复之后，生计未定，而赋敛随之，往往匿而不出。若分给军户，人三十亩，使之自耕，或召人佃种，可数岁之后，蓄积渐饶，官粮可罢。令省臣议之，仍不行。

　　臣等谨按：金自南迁后，国计窘迫，无岁不议括田。考其时，民庶流离，概无乐土，外困于南北之争战，内困于旦暮之转输，所赖永业尚存，暂可延活，而官又夺之，名曰牧地、荒地，其实多民地耳。既而授之诸军，人非习耕之人，地非易耕之地，或与之而不受，或受之而不耕，授田之诏虽屡见于纪中，俱托之空言，未见实用，卒之口粮廪给，仍不可省，农具牛种反有所增，谋国者至此亦可谓拙甚矣。而当时，若宣抚副使田琢奏：方且远引赵充国、诸葛亮、黄霸、虞诩诸故事，欲公私交利，贫富相资，以成家给人足、国富兵强之上治。噫，亦何其迂远而不切于时势也。

元太祖十六年，舒穆噜、拜达勒屯田于霸州。

　　拜达勒为霸州等路元帅，镇守固安水寨，令军士屯田，且耕且战，披荆棘，立庐舍，数年之间，城市悉完为燕京外蔽。

宪宗二年，立经略司于汴，屯田唐、邓等州。

　　时有宋兵，世祖言之于帝，立经略司，以孟克、史天泽等为使，授之兵牛，敌至则御敌，去则耕，仍置屯田万户于邓完城以备之。至世祖中统四年，张晋亨戍宿州，首言汴堤南北沃壤闲旷，宜屯田以资军食。乃分兵列营，以时种艺，选千夫长督劝之。期年，皆获其利。

三年正月，汪特格修治利州，且屯田。

七月屯田凤翔。

亦从世祖奏也。至世祖中统二年十月，诏：凤翔府种田户隶平阳兵籍，毋令出征，务耕屯以给军饷。

世祖中统三年三月，始立左右等卫屯田。

调枢密院二千人，于东安州南永清县东荒土及本卫元占牧地，立屯开耕，为左卫屯田；又调本卫军二千人，于永清益津等处开耕，为右卫屯田。

又至元元年正月，以益都武卫军屯田燕京，官给牛种。至十八年，发迤南军于涿州、霸州、保定、定兴等处，分设广备、万益等六屯，是为武卫屯田。

又至元四年，于武清、香河等县，置中卫屯田。十一年迁于河西务等处。

又至元十五年九月，以各省军入备侍卫者于霸州、保定、涿州荒地，立前卫屯田。又后卫屯田亦是时置，后以永清等处田亩低下，迁昌平县之太平庄。

又至元二十四年，发钦察卫军分置左右手屯田千户所及钦察屯田千户所，于清州诸处为左右钦察卫屯田。

又至元十八年九月，大都立蒙古站屯田，编户岁输包银者，及真定等路阑遗户，并令屯田。其在真定者与免皮货。至二十年四月，枢密院言：蒙古侍卫军于新城等处屯田，沙砾不可耕，乞改拨良田。二十三年二月，枢密院奏：前遣蒙古军万人屯田所获，除岁费之外，可粜钞三千锭，乞分廪诸翼军士之贫乏者。并从之。至二十六年二月，罢蒙古侍卫军从人之屯田者，别以鄂端、巴实伯里回还汉军，及大名、卫辉两翼新附军，与前、后二卫迤东还戍士卒，合并屯田于大都路霸州及河间等处，是为左翼屯田万户府。又右翼屯田万户府，置立岁月与左翼同。至成宗大德元年十一月，发真定军人于武清县崔黄口，增置屯田。

又至元二十九年十一月，命各万户府摘大同、隆兴、太原、平阳等军，于音扎噶奇勒地及红城周回立屯开耕，仍命西京宣慰司领其事。后改立大同等处屯储万户府以领之。成宗以后，改置不一。至英宗至治元年，始改为忠翊侍卫屯田。

臣等谨按：以上皆枢密院所辖。又有左卫率府宗仁卫宣忠扈卫屯田，亦隶枢密院。见武宗、英宗、文宗朝。

至元二年五月，诏西川、山东、南京等路戍边军屯田。

五年九月，立河南屯田。

先是，二年正月，以河南北荒田，分给蒙古军耕种。诏：孟州之东、黄河之北，南至徐州等处，凡荒闲地土，令都元帅阿珠、阿娄军等领士卒并摘各万户汉军立屯耕种。至六年，以攻襄樊，军饷不足，发南京、河南、归德诸路编民，于唐、邓、申、裕等处立屯为南阳府民屯。八年正月，中书省言：河南等处屯田人户，皆内地中产之民，远徙失业，宜还之本籍。其南京、南阳、归德等民赋，自今悉折输米粮，贮于便近地，以给襄阳军食。前所屯田，宜令州郡募民耕佃。从之。九年七月，河南省臣言：往岁徙民实边屯耕，以贫苦悉散还家。今唐、邓、蔡、息、徐、邳之民，爱其田庐，仍守故屯，愿以丝银准折输粮；而内地州县转粟饷军者，反厌苦之。宜令沿边州郡仍旧输粮，内地州郡验户折钞，就沿边和籴。制可。至成宗大德元年十二月，又徙襄阳屯田哈喇娄军于南阳，户受田百五十亩，给牛种田具。仁宗皇庆元年三月，遣户部尚书玛勒经理河南屯田。

又至元十八年十月，以各翼汉军及各路新附军，分置十屯，于德安等处立屯田万户府。三十一年，改总管府。

又至元二十一年二月，江淮行省言：安丰之芍陂池，可溉田万顷，乞置三万人立屯。中书省议：发军士二千，姑试行之。后屯户至一万四千八百有奇，是为芍陂屯田万户府。

又至元二十三年，以江淮新附汉军，立洪泽、南、北三屯，设万户府以统之。三十一年，罢三屯万户，止立洪泽屯田万户府。其屯地在淮安路之白水塘、黄家疃等处。至仁宗延佑元年六月，发军增垦河南、芍陂等处屯田。顺帝至元元年三月，命屯储御军于河南芍陂、洪泽、德安三处屯种。

七年，创立高丽屯田。

时东征日本，欲积粮饷为进取计，遂以高丽户及发中卫等军，立屯田于王京东宁府、凤州等十一处。

臣等谨按：高丽屯田无所辖，因东征暂置而已，殊方荒徼，亦资其地利以充军储，故《元史·地理志》谓高丽守东藩，执臣礼唯谨，为古所未见也。

十年十月，以西川编民东川义士军屯田，饷潼川青居戍兵。

四川屯田凡二十九处。至十一年，佥潼川府编民及义士军立屯，是为潼川府民屯。

又十一年，佥长宁军等处编民，立叙州宣抚司民屯；又佥夔路等处编民，置夔路总管府及重庆路两处民屯。

又十二年，佥顺庆等处编民，置顺庆路及成都路两处民屯。

又十三年，从利路元帅言：广元实东、西两川要冲，以褒州无主人口，置广元路民屯。

又十九年，佥绍庆路等处编民，置绍庆嘉定两路民屯。

又二十一年，摘蒙古汉军及嘉定新附军于崇庆州青城等处，置嘉定万户府军屯。

又二十一年，从四川行省议，除沿边重地分军镇守，余军于成都诸处，择膏腴地立屯开种。凡创立十四屯：一曰夔路万户府军屯；一曰成都等路万户府军屯，置于崇庆州义兴乡楠木园；一曰河东、陕西等路万户府军屯，置于灌州之青城、陶坝及崇庆州之大册头等处；一曰广安等处万户府军屯，置于崇庆州之七宝坝；一曰保宁万户府军屯，置于崇庆州晋源县之金马；一曰叙州万户府军屯，置于灌州之青城；一曰五路万户府军屯，置于崇庆州之大栅镇孝感乡及灌州青城县之怀仁乡；一曰兴元金州等处万户府军屯，置于崇庆州晋源县孝感乡；一曰随路八都万户府军屯，置于灌州青城温江县；一曰旧附等军万户府军屯，置于灌州青城县崇庆州等处；一曰炮手万户府军屯，置于灌州青城县龙池乡；一曰顺庆军屯，置于晋源县义兴乡、江源县将军桥；一曰平阳军屯，置于灌州青城、崇庆州大栅头；一曰遂宁州军屯。

又二十六年，发军于沿江下流汉初等处，置顺庆等处万户府军屯。

又二十六年，保宁府言：本管军人，一户或二丁、三丁，父兄子弟应役，实为重并。若又迁于成都屯种，去家隔远，逃匿必多。乞令本府在营士卒及夔路守镇军人，止于保宁沿江屯种。从之。置保宁万户府军屯。

又二十七年，拨广安旧附汉军于新明等处，置广安等处万户府军屯。

臣等谨按：以上皆四川行省所辖。又有叙州等处、重庆五路两军屯，见成宗、仁宗朝。

十一年正月，立陕西屯田。

以安西王所管编民，立于栎阳、泾阳、终南、渭南。十九年，又以拘收军站齐哩克昆户立于安西平凉。二十九年又立凤翔、镇原、彭原民屯，寻改为军屯。三十年，更为民屯同隶陕西屯田总管府。

又陕西等处万户府屯田。十九年二月，以盩厔南系官荒地发归附军，立孝子林张马村军屯。二十年，以南山巡哨军户立于盩厔之杏园、庄宁州之大昌原。二十一年，发文安新附军，立屯于亚柏镇，复以燕京戌守新附军，立屯于德顺州之威戎。

又桂齐延安总管府屯。十九年以拘收放良布呼齐及漏籍户，立屯于延安路特默齐草地。

臣等谨按：以上皆陕西等处行中书省所辖。
《元史·李德辉传》曰：至元时，德辉为皇子安西王相。至则视濒泾营牧故地，可得数千顷。起庐舍，疏沟浍，假牛种、田具与贫民，二千家屯田其中，岁得粟、麦、刍藁万计。

是年，立甘肃等处屯田。

先是八年正月，金发随州、鄂州降人住中兴，至是编为屯户，置宁夏营田司屯田。二十三年十月，徙甘州新附军千人屯田中兴，千人屯田伊里哈。

又十一年，从安抚司请，以招收放良人民。置宁夏路，放良官屯田。

又十六年正月，立河西屯田，给耕具，遣官领之。十八年正月，命肃州、沙州、瓜州置管军万户府，屯田于甘州黑山子、满峪、泉水渠、鸭子翅等处。二十四年七月，河西瓜、沙等处立色辰屯田。十二月，发河西甘肃等处富民千人往色辰地，与汉军、新附军杂居耕植。至成宗大德七年六月，御史台言：瓜、沙二州，自昔为边镇重地，今大军屯驻甘州，使官民反居边外，非宜，乞以蒙古军万人分镇险隘，立屯田以供军实。从之。

又至元十八年，以太原新附军之在甘州者充屯田军。二十二年七月，迁甘州新附军往屯亦集乃①，凿合即渠开种。二十五年四月，又命甘肃行省，发新附军三百人屯田亦集乃，陕西省督巩昌兵屯田六盘山。

又十九年三月，发迤南新附军往屯宁夏等处。二十一年，又遣塔塔尔千户所管军往屯，是为宁夏等处新附军万户府屯田。

> 臣等谨按：以上皆甘肃等处行中书省所辖。
>
> 《元史·多尔济传》曰：多尔济，西夏宁州人，年十五，通古注《论语》《孟子》《尚书》，世祖以西夏子弟多俊逸，欲试用之。召见于香阁奏对称旨。帝问欲何仕，对曰：西夏营田，实占正军，傥有调用，则又妨耕作，土瘠野旷，十未垦一，南军屯聚以来，子弟蕃息稍众，若以其成丁者别编入籍，以实屯力，则地利多而兵有余矣。请为总管以尽措画。帝可之。乃授中兴路新民总管。至官录其子弟之壮者垦田。塞黄河九口，开其三流，凡三载，赋额增倍。

七月，徙生券军屯田和林。

至二十年，令西京宣慰司，送牛一千，赴和林屯田。二十一年六月，从噶达苏请，移阿拉克岱和林屯田军，与其所部相合，屯田五条河。三十年，命戍和林，汉军四百留百人，余令耕屯杭爱。杭爱疑即青海之讹。成宗元贞元年，摘六卫汉军千名，赴青海屯田。大德元年正月，摘和林汉军置屯于五条河。三年，以五条河军悉并入青海。仁宗延祐三年，罢青海屯田，复立屯于五条河。六年，分拣蒙古军五千人复屯田青海。七年，命依世祖旧制，青海、五条河俱设屯田。英宗时，立万户府，是为岭北行省屯田。

又至元十七年十二月，从阿尔娄官人言：于玛纳齐等处，旧置驿所，设立屯田。至二十八年，发虎贲亲军二千人入屯。二十九年，增一千，凡立三十四屯于上都，是为虎贲亲军都指挥使司屯田。

> 臣等谨按：以上皆腹里所辖。又有大同等处屯储总管府屯田，亦属腹里。见成宗朝。

---

① 亦集乃，路名。本西夏黑水镇燕监军司。元至元二十三年（1286），改置，设总管府。治所在亦集乃城（今内蒙古阿拉善盟额济纳旗哈拉浩特古城）。为交通枢纽，西北至漠北，过黑水可至甘州。隶陕西行省。明初废。

十二年五月，命三卫新附生券军，赴巴达克山屯田。是年，始立云南屯田。

于大理、金齿等处所辖州县，拘刷漏籍人户，置立屯田。十四年，益以本府编民。十八年，续金永昌府民增入。二十六年至二十八年，于爨僰军[1]内金立大理军屯，是为大理、金齿等处宣慰司都元帅府军民屯。

又十二年，金鹤庆路编民，立民屯。二十七年，金爨僰军立军屯，是为鹤庆路军民屯田。

又十二年，以漏籍人户立中庆民屯。二十七年，以爨僰军立军屯，是为中庆路军民屯田。

又十二年，以漏籍人户立曲靖路及澄江仁德府民屯。二十六年，以爨僰军立军屯，是为曲靖等处宣慰司兼管军万户府军民屯田。

又十二年，以漏籍人户立临安屯二处。二十七年，立爨僰军屯，是为临安宣慰司兼管军万户府军民屯田。

又十五年，于威楚提举盐使司拘刷漏籍人户，立威楚提举屯田。又拘刷本路漏籍，立民屯。二十七年，以爨僰军立军屯为威楚路军民屯田。

又十六年，以各路编民立建昌、会川路、德昌路三处民屯。二十年，以爨僰军立德昌军屯。二十三年，以爨僰军立建昌军屯。至二十七年，以爨僰土军立会通民屯。总为罗罗斯宣慰司，兼管军万户府军民屯田。

又二十七年，以云南戍军粮饷不足，于和曲、禄劝二州金爨僰军立屯，是为武定路总管府军屯。

又二十七年，以爨僰军立乌撒路军屯及东川路民屯，是为乌撒宣慰司军民屯田。

又三十年，梁王遣使诣云南行省，言：以汉军置立屯田，次年屯于乌蒙，后迁新兴州，是为梁千户翼军屯。

　　臣等谨按：以上皆云南行省所辖，又有乌蒙等处军屯。见仁宗朝。

十六年三月，给千户玛纳部下巴图军及土浑川军屯田牛具。

五月，诏：涟、海等州募民屯田，置总管府及提举司领之。

――――――――――

① 爨僰军，由云南爨氏部落民组成的军队。元朝统一云南，将之编入元军。

时募民开耕涟、海州荒地，官给禾种，自备牛具，所得子粒，官得十之四，民得十之六，仍免屯户徭役。十八年六月，命中书省会计涟、海屯田，官给之资与岁入之数，便则行之，否则罢去。十月，募民屯田淮西。二十五年正月，以平江盐兵屯田于淮东、西。又江淮行省言：两淮土旷民寡，兼并之家皆不输税；又管内七十余城，止屯田两所，宜增置淮东、西两道劝农营田司，督使耕之。制可。二十七年，以所辖提举司一十九处并为十二，其后再并为八，俱隶淮东、淮西屯田打捕总管府。

又十六年，以大都属邑编民于宝坻县立宝坻屯田。

又二十二年，于丰润县立丰润署屯田。

又二十三年，于兖州立尚珍署屯田。

臣等谨按：以上皆宣徽院所辖。

十八年，以福建调军粮储费用，依腹里例置汀、漳屯田。

发年老镇守士卒。又募南安等县居民立屯耕作。至成宗元贞三年，又摘戍军于南诏、黎、畲各立屯田。大德元年二月，以新附军屯田漳州。二年正月，置汀州屯田。

臣等谨按：以上江浙等处，行中书省所辖。

二十年八月，敕大名、真定、北京、卫辉四路屯驻新附军于东京屯田。

至二十一年五月，发新附军于根敦札卜置立屯田。二十六年，又分京师应役新附军屯田哈斯罕关东荒地。三十年，又并伊噜特穆尔、塔斯哈雅两万户新附军入金复州立屯耕作，是为金复州万户府屯田。二十三年，又以大宁、辽阳、平泺诸路拘刷漏籍改良布呼齐人户及僧道之还俗者，立屯于瑞州之西，濒海荒地开耕，设打捕屯田总管府。成宗大德四年罢之，止立大宁路、海阳等处打捕屯田所。

又二十九年十月，以蛮军女直户为咸平府立浦峪路屯田万户府。三十年，于楚勒罕、拉林等处立屯。成宗大德二年，拨蛮军户属肇州蒙古万户府，止存女直户依旧立屯。

臣等谨按：以上皆辽阳等处行中书省所辖。又有肇州蒙古屯田万户府，见成宗朝。

二十一年十一月，以江淮间自襄阳至于东海，多荒田，命司农司立屯田法，募人开耕，免其六年租税并一切杂役。

二十二年正月，迁广济署屯田于清、沧。

以崔黄口空城屯田，岁涝不收，故迁之，后以尚珍署旧领屯夫及迁济南、河间、平滦、真定、保定各路屯夫并入。

又二十四年八月，以北京采取材木，百姓立永平屯田总管府于滦州。

又营田提举司不详其建置之始，以军民布呼齐等户立于大都漷州之武清县。

臣等谨按：以上皆大农司所辖。

二十五年，立衡州等处屯田。

调德安屯田军士分置衡州之清化、永州之乌符、武冈之白仓，立屯田。二十七年，募衡阳县无产民增入，是为湖南道宣慰司衡州等处屯田。

又三十年募召民户，并发新附士卒于海南、海北置立屯田。至成宗元贞元年，以其地多瘴疠，纵屯军二千人还，各翼留二千人，与民屯种。大德三年，悉令还役，止令民户屯种，是为海北、海南道宣慰司都元帅府民屯。

臣等谨按：以上皆湖广等处行中书省所辖。又有所辖广西、两江道宣慰司都元帅猼兵屯田。见仁宗朝。

又按《兵志》所载，世祖时，各省屯田唯湖广置立。最后考《本纪》至元十二年五月，遣高达安抚湖南，诏谕曰：昔我国家出征所获城邑，即委而去之，未尝置兵戍守，以此连年征伐不息。夫争国家者，取其土地人民而已，今欲保守新附城壁，使百姓安业力农，蒙古人未之知也。湖南州郡皆汝旧部曲未归附者，何以招怀生民，何以安业，听汝为之。是初平湖广时，即为戍守农田之计矣。

二十七年正月，给塔齐尔回回屯田三千户牛种。

三月，立江南营田提举司。

至三十年正月，河南江北行省言：扬州蒙古台所立屯田四万余顷，官种外宜听民耕垦。从之。复命旧隶纳颜实纳塔拉女直户四百，屯田扬州。

成宗元贞二年七月，肇州万户府立屯田，给以农具种食。《兵志》作元年，今从纪。

以纳颜布拉噶齐及打鱼硕达勒达女直等户，于肇州旁近地开种。

是年，改立叙州军屯。

迁遂宁屯军于叙州宣化县嘓口上下荒地开种。

大德二年正月，屯田赣州。

以赣州路所辖信丰、会昌、龙南、安远等处为贼所出没，发寨兵及宋旧役弓手与钞数漏籍，立屯耕守，以镇遏之。

　　臣等谨按：是为赣州路南安寨兵万户府屯田江西等处，行中书省所辖。

是年，立广西两江道獞兵屯田。

募牧兰等处及融庆溪洞猺、獞①民丁，于上浪、忠州诸处开屯耕种。十年，续置藤州屯田。

　　臣等谨按：广西开屯，《元史·兵志》云始于大德，其实世祖已肇行之。至元时，邕管徼外蛮数为寇。二十九年，广西两江道宣慰副使乌克逊泽循行，并徼得院塞处，募民优健者四千六百余户，置十屯，列营堡以守之；陂水垦田，筑八堨以节潴泄，得稻田若干亩，岁收粟若干石，为军储边民赖之。次年，有旨发湖湘富民万家，屯田广西，以图交阯。湖广行省平章哈喇哈斯奏：往年远征无功，疮痍未复，今又徙民瘴乡，必将怨叛，遂报罢。民皆感悦。及广西元帅府请募南丹五千户屯田，事上行省。哈喇哈斯曰：此土著之民诚为便之，内足以实空地，外足以制交阯之寇，可不烦士卒，而馈饷有余。即命度地立为五屯，给牛种、农具。详见哈喇哈斯传。至是，则又以土寇逃之交阯，遗有水田，从部民言，募民屯种。至十年，则又以平大任

　　① 猺、獞，封建王朝对两个少数民族的侮辱性称呼，今作瑶族、壮族。

洞贼，以其所遗田土，续置屯田，取本路之地授之。本地之民，仍祖哈喇哈斯之遗意也。

四年二月，于西京黄华岭立屯田。黄华岭纪作太和岭。

大同黄华岭等处，田土颇广，命立屯开耕。所属山阴、雁门、马邑、郑阳、洪济、金城、宁武，凡七屯。六年十月，置大同黄华岭屯田，罢军储所立屯储军民总管万户府。十年四月，枢密院言：太和岭屯田，旧置屯储总管府，专督其程，人给地五十亩，岁输粮三十石或他役，不及耕作者，悉如数征，人致重困，乞令军官统治，以宣慰使总其事，视军民所收多寡以为赏罚。从之。十一年，放罢汉军，还红城屯所，止存民夫在屯。仁宗时，改万户府为总管府。

武宗至大元年六月，置左卫率府屯田。

命置于大都路漷州武清县及保定路新城县。至英宗至治元年，以武卫与左卫率府屯地隔绝，不便耕作，以两卫田互易之，分置三翼屯田千户所。

十一月，核天下屯田。

中书省言：天下屯田百二十余所，由所用非人，以至废弛。除四川、甘肃、应昌府、云南，为地绝远，其余当选习农务者往，与行省宣慰司亲履其地，可兴者兴，可废者废，各具籍以闻。从之。

二年二月，令各卫屯田官，三年一易。

四月，摘汉军五千，给田十万顷，于直沽海口屯种。又益以康里军二千，立镇守海口屯储亲军都指挥使司。

仁宗延祐元年十二月，敕经界诸卫屯田。

三年，立乌蒙军屯。

云南行省言：乌蒙乃云南咽喉之地，别无屯戍军马，其地广阔、土脉膏腴者，皆有古昔屯田之迹，乞发畏吾儿及新附汉军屯田镇遏。从之。

七年，发军于重庆路三堆、中嶍、赵市等处屯耕。

英宗至治二年八月，立宗仁卫屯田。

发五卫汉军于大宁等处，创立屯田，分置两翼屯田千户所。

文宗至顺元年十二月，立宣忠扈卫屯田。

命收聚讫一万俄罗斯，给地一百顷，立宣忠扈卫亲军万户府屯田。依宗仁卫例。

顺帝元统二年十月，立湖广黎兵屯田一十三所。

每所兵千人，屯户五百，皆土人为之。官给田土、牛种、农具，免其差徭。

至正十六年十二月，命大司农司屯种雄、霸二州，以给京师，号京粮。

十七年四月，监察御史五十九①请选军官兼路府州县之职，以劝农事，从之。

五十九言：武备莫重于兵，而养兵莫先于食。今朝廷拨降钞锭，措置农具，命总兵官于河南克复州郡，且耕且战，甚合寓兵于农之意。为今之计，权命总兵官从宜于军官内，选委能抚字军民者兼路府州县之职，务要农事有成，军民得所，则扰民之害以除，而匮乏之忧亦释矣。帝嘉纳焉②。

十八年二月，于莱州立三百六十屯田。

每屯相去三十里，造大车百辆挽运粮储，官民田十，止收二分；冬则陆运，夏则水运。

元各处屯田数：

枢密院所辖：左卫屯田一千三百一十顷六十五亩，右卫田数同；中卫一千三十七顷八十二亩；前卫一千顷；后卫一千四百二十八顷一十四亩；武卫一千八百四顷四十五亩；左翼万户府一千三百九十九顷五十二亩；右翼万户府六百九十九顷五十亩；忠翊侍卫二千顷；左右钦察卫左手千户所一百三十七顷五十亩；右手千户所二百一十八顷五十亩；钦察千户所三百顷；左卫率府一千五百顷；宗仁卫二千顷；宣忠扈卫一百顷。

大农司所辖：永平总管府田一万一千六百一十四顷四十九亩；营田提举司三千五百二顷九十三亩；广济署一万二千六百顷三十八亩。

宣徽院所辖：淮东、淮西屯田打捕总管府田一万五千一百九十三顷三十九亩；丰润署三百四十九顷；宝坻屯四百五十顷；尚珍署九千七百一十九顷七十二亩。

腹里所辖：大同等处屯储总管府田五千顷；虎贲亲军都指挥使司四千二百二顷七十九亩；岭北行省六千四百余顷。

---

① 五十九，人名。
② 嘉纳，嘉许、采纳。

辽阳等处行中书省所辖：大宁路海阳等处打捕所田二百三十顷五十亩；浦峪路万户府四百顷；金复州万户府二千六百二十三顷；肇州蒙古万户府田数未详。

河南行省所辖：南阳府民屯田二万六百六十二顷七亩；洪泽万户府三万五千三百一十二顷二十一亩；芍陂万户府田数未详；德安等处军民总管府八千八百七十九顷九十六亩。

陕西等处行中书省所辖：陕西等处总管府凤翔田九十顷一十二亩；镇原田四百二十六顷八十五亩；栎阳田一千二十顷九十九亩；泾阳田一千二十顷九十九亩；彭原田五百四十五顷六十八亩；安西田四百六十七顷七十八亩；平凉田一百一十五顷二十亩，终南田九百四十三顷七十六亩；渭南田一千二百二十二顷三十一亩；陕西等处万户府孝子林田二十三顷八十亩；张马村田七十三顷八十亩；杏园庄田一百一十八顷三十亩；大昌原田一百五十八顷七十九亩；亚柏镇田二百六十八顷五十九亩；威戎田一百六十四顷八十亩；贵赤延安总管府田四百八十六亩。

甘肃等处行中书省所辖：宁夏等处新附军万户府田一千四百九十八顷三十三亩；管军万户府一千一百六十六顷六十四亩；宁夏营田司一千八百顷；宁夏路放良官屯四百四十六顷五十亩；亦集乃九十一顷五十亩。

江西等处行中书省所辖：赣州路南安寨兵万户府田五百二十四顷六十八亩。

江浙等处行中书省所辖：汀州田二百五十二顷；漳州田二百五十顷。

高丽国田数未详。

四川行省所辖：广元路民屯田九顷六十亩；叙州宣抚司民屯、绍庆路民屯、嘉定路民屯、顺庆路民屯、潼川府民屯、夔庆路总管府民屯、重庆路民屯、成都路民屯，田数俱未详；保宁万户府军屯一百一十八顷二十七亩；叙州等处万户府军屯四十一顷八十三亩；重庆五路守镇万户府军屯四百二十顷；夔路万户府军屯五十六顷七十亩；成都等路万户府军屯四十二顷七十亩；河东陕西等路万户府军屯二百八顷七亩；广安等处万户府军屯二十六顷二十五亩；保宁府万户府军屯七十五顷九十五亩；叙州万户府军屯三十八顷六十七亩；五路万户府军屯二百三顷一十七亩；兴元金州等处万户府军屯五十六顷；五路八都万户府军屯一百六十二顷五十七亩；旧附等军万户府军屯一百二十九顷五十亩；炮手万户府军屯一十六顷八十亩；顺庆军屯九十八顷八十七亩；平阳军屯六十九顷六十五亩；遂宁州军屯三百五十顷；嘉定万户府军屯二顷二十七亩；顺庆等处万户府军屯一百一十四顷八十亩；广安等处万户府军屯二十顷六十五亩。

云南行省所辖：其制与中原不同，凡田四亩为一双。威楚提举司田二百六十五双；大理金齿等处宣慰司都元帅府军民屯二万二千一百五双；鹤庆路军民屯军屯田六百八双，民屯田四百双，俱己业；武定路总管府军屯七百四十八双；威楚路军民屯民屯官给荒田四千三百三十双，自备己业田一千一百七十五双；军屯官给荒田六十双，自备己业一千五百三十六双；中庆路军民屯民屯官给田一万七千二十二双，自备己业二千六百二双；军屯官给田二百三十四双，自备己业田二千六百双；曲靖路等处宣慰司兼管军万户府军民屯曲靖路民屯官给田一千四百八十双，自备己业田三千双；澄江军民屯田数未详；仁德府民屯官给田一百六十双，军屯己业田四百双；乌撒宣慰司军民屯田数未详，皆自备己业；临安宣慰司兼管军万户府军民屯民屯二处，共四千双；军屯一千一百五十二双；梁千户翼军屯三千七百八十九双；罗罗斯宣慰司兼管军万户府军民屯田数未详；乌蒙等处总管府军屯一千二百五十双。

湖广等处行中书省所辖：海北、海南道宣慰司都元帅府民屯，琼州路田二百九十二顷九十八亩，雷州路一百六十五顷五十一亩，高州路四十五顷，化州路五十五顷二十四亩，廉州路四顷八十八亩；广西两江道宣慰司都元帅獐兵屯田：水田五百四十五顷七亩，续增田二百八顷一十九亩；湖南道宣慰司衡州等处屯田：清化田一百二十顷一十九亩，乌符一百三顷五十亩，白仓八十六顷九十二亩。

《元史·兵志》曰：元初用兵征讨，遇坚城大敌，必屯田以守之。海内既一，于是内而各卫，外而行省，皆立屯田以资军饷。或因古之制，或以地之宜，大抵芍陂、洪泽、甘肃、瓜、沙，因昔人之制，其地利盖不减于旧；和林、陕西、四川等地，则因地之宜而肇为之，亦未尝遗其利。至于云南、八番、海南、海北，虽非屯田之所，而为蛮夷腹心之地，则又因制兵屯旅以控扼之。由是天下无不可屯之兵，无不可耕之地矣。

钦定续文献通考卷五

田赋考

屯田

明太祖戊戌十一月，立民兵万户府，寓兵于农。又令诸将分军于龙江诸处屯田。

至癸卯二月，诸处屯田，唯都水营田使康茂才屯积充牣，诸将皆不及。乃下令申谕曰：兴国之本，在于强兵足食。自兵兴以来，民无宁居，连年饥馑，田地荒芜，若兵食尽资于民，则民力重困，故令将士屯田，且耕且战。今各将帅已有分定城镇，然随处地利未能尽垦，数年未见功绪，唯康茂才所屯得谷一万五千余石以给军饷，尚余七千石，以此较彼，地力均而入有多寡，盖人力有勤惰故耳。自今诸将，宜督军士及时开垦，以收地利。

洪武初，于两京各省直建设卫所，置屯田，以都司统摄之。洪武元年八月，诏：以金陵为南京，大梁为北京。

三年九月，中书省请税太原、朔州等卫屯田，官给牛种者十税五，自备者税其四。帝曰：边军劳苦，能自给足矣，犹欲取其税乎！命勿征。明年十一月，又言：河南、山东、北平、陕西、山西及直隶、淮安诸府屯田，凡官给牛种者十税五，自备者十税三，仍诏勿征。俟三年后，亩收租一斗。其制：移民就宽乡，或召募、或罪徙者为民屯，皆领之有司，而军屯则领之卫所，每军受田五十亩为一分，又或百亩、七十亩、三十亩、二十亩不等，皆以土地肥瘠为差。给牛、农具，教树植，复租赋，时遣官劝谕焉。

桂彦良《太平治要》曰：中原为天下腹心，号膏腴之地，因人力不至，久致荒芜。近虽令诸郡屯种，垦辟未广，莫若于四方地瘠民贫、户口众多之处，令有司募民开耕，愿应募者资以物力，宽其徭赋，使之乐于趋事。及犯罪者亦谪之屯田，使荒闲之地无不农桑。三五年间，中州富庶矣。

又募盐商于各边开中①，谓之商屯。

三年六月，以大同粮储自陵县运至太和岭，路远费重，从山西行省言：令商人于大同仓入米一石，太原仓入米一石三斗者，给淮盐一小引，以省运费而充边储，谓之开中。其后各行省边境，多召商中盐，输米诸仓，以为军储，计道里远近，自五石至一石有差，先后增减则例不一，率视时缓急，米直高下，中纳者利否，道远地险则减而轻之。迨孝宗弘治中，户部尚书叶淇变法，而开中始坏。诸淮商悉撤业归，西北商亦多徙家于淮，边地为墟，米石值银五两，而边储枵然矣！世宗嘉靖时，陕西巡抚杨一清复请召商开中。又请仿古募民实塞下之意，招徕陇右、关西民以屯边。其后，周泽、王崇古、林富、陈世辅、王畿、王朝用、唐顺之、吴桂芳等争言屯政，而庞尚鹏总理江北盐屯，寻移九边，与总督王崇古先后区画屯政甚详，然是时因循日久，卒鲜实效。

王圻曰：屯田乃足食足兵之要道，而通商中盐，则又所以维持屯田于不坏者也。洪、永间，纯任此法，所以边围富强，不烦转运，而蠲租之诏无岁无之，后来屯田、盐法，渐非其旧，而边饷不足，军民俱困矣。

四年三月，徙山后民万七千余户屯北平。

从中书右丞相徐达请也。时又令于山北口外东胜、蔚、朔、安丰、云、应等州极边沙漠之地，各设千百户，收抚边民，无事则耕，有事则战，就以所储草给之。至六月，达又以沙漠遗民三万二千余户，屯田北

---

① 开中，即开中法。明代鼓励商人运送米粮等物到边塞而给予食盐运销权的制度。此制始于洪武三年，仿照宋代折中法，招商人运米麦等粮食物资到边塞或边远缺粮地区，政府按规定给予相应的盐引，商人凭此赴产地支盐，到指定地区贩卖以获取利润。对于充实边饷、开垦荒地（商屯）、运销食盐等具有一定的作用。

平，凡置屯二百五十四，开田一千三百四十三顷。至七年正月，都督佥事王荫、王诚、平章李伯升屯田河南、山东、北平。八年正月，卫国公邓愈、中山侯汤和等十三人，屯戍北平、陕西、河南。十三年九月，景州侯曹震、荥阳侯杨璟、永城侯薛显屯田北平。十五年八月，延安侯唐胜宗、长兴侯耿炳文屯田陕西。

五年正月，诏：罪当戍两广者，悉发临濠屯田。

至八年二月，宥杂犯①以下及官犯私罪者，谪凤阳输作屯种赎罪。九年十一月，徙山西及真定民无产者屯田凤阳。十三年五月，释在京及临濠屯田输作者。

六年四月，诏：屯田宁夏、四川等境。

太仆丞梁埜仙特穆尔言：黄河迤北、宁夏境内及四川西南至船城，东北至塔滩，相去八百里，土田膏沃，舟楫通行，宜招集流亡屯田，兼行中盐之法。从之。其后又命四川建昌卫附近田土，先尽军人，次与小旗、总旗、百户、千户指挥，屯种自给。陕西、临洮、岷州、宁夏、洮州、西宁、甘州、庄浪、河州、甘肃、山丹、永昌、凉州等卫屯田，岁谷种外余粮，以十分之二上仓给守城军士。

十五年五月，命辽左屯田。

时士卒馈运渡海有溺死者，因议辽左屯田之法。至三十年正月，命左都督杨文屯田辽东。

十九年九月，屯田云南。

时云南既平，诸蛮未附，命西平侯沐英镇之。英奏：云南土地甚广，而荒芜居多，宜置屯田，令军士开耕，以备储蓄。乃谕户部曰：屯田可以纾民力，足兵食。边方之计，莫善于此。然边地久荒，榛莽蔽翳，用力实难，宜缓其岁输，使乐耕作，数年之后征之可也。英奉诏自永宁至大理，六十里设一堡，留军屯田。至二十年八月，景川侯曹震屯田云南品甸。十一月，普定侯陈桓、靖宁侯叶升，屯田定边、姚安、毕节诸卫。

《明史·沐英传》曰：英在滇百务具举，简守令，课农桑，岁较屯田增损以为赏罚，垦田至百万余亩。子春复大修屯政，辟田三十余万亩；凿铁池河灌宜良涠田数万亩，民复业者五千余户。

① 杂犯，古代指各专类罪名以外的其他罪名。

二十一年九月，敕天下卫所屯田。

敕五军都督府曰：养兵而不病于农者，莫若屯田。今海宇宁谧，边境无虞，若使兵坐食于农，农必受敝，非长治久安之术。其令天下卫所督兵屯种，庶几兵农兼务，国用以舒，自是岁得粮五百余万石。至二十四年四月，又谓后军都督沐春曰：今塞外清宁，已置大宁都司及广宁诸卫，足以守边。其守关士卒已命撤之，而山海关犹循故事，其七站军士，虽名守关，实废屯田养马，自今一片石等关，每处止存军士十余人讥察逋逃，余悉令屯田。

二十三年正月，延安侯唐胜宗督贵州各卫屯田。

二十五年二月，诏：天下卫所军以十之七屯田。

至成祖永乐二年，更定屯守之数。临边险要，守多于屯，地僻及输粮艰者屯多于守，屯兵百名委百户，三百名委千户，五百名以上指挥督之，不及百名者，不拘顷亩，任其开垦自收，不许比较。

　　臣等谨按：《明史·食货志》：洪武时，边地，三分守城，七分屯种；内地，二分守城，八分屯种。故《会典》又有二八、四六、一九、中半等例，皆以地之冲缓为差者，盖通洪、永而言之也。《实录》云：洪武初，置内外卫所。凡一卫统十千户，一千户统十百户，百户领总旗二，总旗领小旗五，小旗领军十，皆有实数。至七年八月重定，其制大率以五千六百人为一卫，以三七之数核之，则当时每卫屯田者应有三千九百二十人，余可递推。

八月，宋国公冯胜、颍国公傅友德，帅开国公常升等分行山西，籍民为军，屯田于大同东胜，立十六卫。

二十八年正月，周王橚、晋王㭎率河南、山西诸卫军，出塞筑城屯田；燕王棣帅总兵官周兴出辽东塞。

时帝念边防甚，且欲诸子习兵事，诸王封并塞居者，皆预军务。而晋燕二王尤被重寄，数命将兵出塞，及筑城屯田。

惠帝建文四年，始定屯田科则。

每军田一分，正粮十二石，收贮屯仓，听本军支用；余粮十二石，给本卫官库俸粮。每卫以指挥一员、每所以千户一员提督，都司不时委官督查。年终，将上仓并给过子粒之数造册，赴京比较。

令直隶屯田，差御史比较；各都司屯田，巡按御史比较。

至成祖永乐五年，各省按察司俱增佥事，浙江、江西、湖广、广西、广东、河南、云南、四川各一员，陕西、福建、山东、山西各二员，盘查屯田。自后屡有添设。宣宗宣德五年，各处屯田，令都、布、按三司提督①；在京并直隶卫所，从巡按御史提督。若有总兵官镇守处，亦令提督。十年，令巡按陕西御史兼理屯田。英宗正统六年，添设贵州按察司副使。后又添设于湖广、陕西、山西。又添设湖广布政司参政，皆提督屯田。八年，令各处按察司原无提督屯田官者，各添设佥事一员。十一年，添设山东按察司佥事一员，提督北直隶屯田。景帝景泰四年，添设山东按察司副使一员，兼理永平等处屯田。天顺元年，差户部郎中四员，兼理宣府、大同、蓟州、永平、山海等处屯田。宪宗成化九年，令都察院差御史一员，巡视南京卫所屯田。南京巡屯御史始此。十九年，令云南按察司银场佥事兼理屯田。二十三年，革山东佥事，以巡察海道副使兼理。武宗正德三年，定岁差御史一员，督理北京直隶屯种。北京巡屯御史始此。世宗嘉靖八年，定巡屯御史。三年为满，其屯田佥事革。九年，令清军御史带管各省屯田事宜。该管屯田等官，悉听节制。三十八年，设宣大同知一员，专管屯政。

成祖永乐元年十月，命靖安侯王忠往北京整理屯田。

十二月，工部尚书黄福奏：陕西行都司所属屯田，多缺耕牛、耕具，合准北京例，官市牛给之；耕具于陕西布政司所属铸造。悉从之。

二年，令湖广诸卫收粮，以米为准。

户部尚书郁新言：湖广诸卫屯田收粮不一种，请皆以米为准。凡粟谷糜黍大麦荞穄二石、稻谷蜀秫二石五斗、穄稗三石，皆准米一石。小麦麻豆与米等。从之。着为令。

十一月，命军官各种样田，以岁收之数相考较。

时定每军屯田，岁食米十二石外，余六石为率，多者赏钞，缺者罚俸。又以田肥瘠不同，法宜有别。乃命给各都司官军牛种，视其岁收之数考较，谓之样田。太原左卫千户陈淮所种样田，每军余粮二十三石，命重赏之。三年正月，以宁夏积谷尤多，总兵何福赐敕褒美。户部尚书郁新以

---

① 都、布、按三司，指都指挥使司、布政使司、按察使司。三司分掌地方军政、行政、刑狱。

士卒劳苦，奏减屯田岁收不如额者十之四五。至仁宗洪熙元年六月，宣宗已即位。大同总兵郑亨上去年屯田子粒数，因谕尚书夏原吉曰：边军屯田可省转输之劳，宜遣人核实，所积果多，如例赏之。

三年二月，令太仆寺给山东屯牛。

至二十二年，欲广辽东屯田，命索耕牛于朝鲜，送至万头。敕辽东都司分给屯田。

> 臣等谨按：洪、永时，屯牛皆官给，岁报孳生之数。宣德后定制：牛死，责令买补。计天下屯牛共二十五万五千六百六十四头。至弘治时，见报册者止七万九千八百二十六头。其时南京、广洋等卫，洪、永间俵散屯牛已无存者，以每年造报虚册，科害屯军，令豁除之。夫给牛以养屯，卒意至厚也。自责偿之令下，而虚报之害日深，不数十年，而在册者已损十分之七。然则向之所谓孳生者果安在哉！掌六牲而阜蕃其物，此周官所以重牧人也。

是年设屯田则例红牌。

屯设红牌，列则例于上，年六十与残疾及幼者耕以自食，不限于例。屯军以公事妨农务者，免征子粒，且禁卫所差拨。于时东自辽左，北抵宣大，西至甘肃，南尽滇蜀，极于交址，中原则大河南北，在在兴屯矣。

二十二年十一月，时仁宗已即位，禁所司擅役屯田军士。

谕户部尚书夏原吉曰：先帝立屯种，用心甚至。迨后，所司多征，徭之既违农时，遂鲜收获，以致储蓄不充，未免转运。其令天下卫所，自今有擅差军士妨农务者，处以重法。

宣宗宣德四年五月，遣官经理各省屯田。

先是，元进士范济以广信知府谪戍兴州，帝即位时，济年八十余矣。诣阙上书八事：其一，言：洪武中，令军士七分屯田，三分守城，最为善策。比者调度日繁，兴造日广，虚有屯种之名，田多荒芜，兼养马、采草、伐薪、烧炭、杂役、旁午，兵力焉得不疲，农业焉得不废。愿敕边将，课卒垦荒，限以顷亩，官给牛种，稽其勤惰，明赏罚以示劝惩，则塞下田可尽垦，转饷益纾，诸边富实，计无便于此者。至是，兵科给事中戴弁奏：自山海至蓟州，守关军万人，列营二十二所，操练之外，无他差遣。若稍屯种，亦可实边，请取勘营所附近荒田，斟酌分给，且屯且守。

帝命户部、兵部，各遣官与都督陈景先经理。至五年八月，工部尚书黄福言：永乐间，虽营建北京，南讨交址，北征沙漠，资用未尝乏，比国无大费，而岁用仅给，即不幸有水旱征调，将何以济！请设操备营缮军士十万人于济宁以北，卫辉、真定以东，缘河屯种，初年自食，次年人收五石，三年收倍之，既省京仓口粮六十万石，又省本卫月粮百二十万石，岁可得二百八十万石。帝善之，下户、兵二部议。部奏：缘河屯田实便，请先以五万顷为率，发附近居民五万人垦之。但山东近年旱饥，流徙初复，卫卒多力役，宜先遣官行视田，以俟开垦。遂令吏部郎中赵新等经理，福总其事。既而有言：军民各有常业，若复分田，役益劳扰，事竟不行。六年二月，又遣侍郎罗汝敬督陕西屯田。四月，侍郎柴车经理山西屯田。十二月，遣御史巡视宁夏、甘州屯田水利。至七年，帝从户部议，令他卫军戍宣府者，悉遣还屯种。左都督谭广上言：臣所守边一千四百余里，敌人窥伺窃发无时，脱有警，征兵数百里外，势岂能及。屯种之议，臣愚未见其可。帝以边卒戍守有余，但命永乐中调戍者勿遣。时又屡核各屯以征戍罢耕及官豪势要占匿者，减余粮之半；迤北来归就屯之人，给车牛、农器。分辽东各卫屯军为三等：丁牛兼者为上，丁牛有一为中，俱无者为下。

　　王圻曰：黄福之言，不但可以屯种杂粮，虽江南之秔稻亦可植也。山东通济、沁、泗、沂诸水，河南凿汝、蔡、洹、息诸渠，陕西浚泾、渭、漆、沮诸流，则西北之田皆秔稻矣！奈何经画疆理，既无西门豹、郑国之徒，而筑舍道旁，竟使军国之赋尽仰给于东南哉！

英宗正统元年正月，发禁军三万人屯田畿辅。

　　其后天顺元年，令京城附近、直隶八府及山东、河南荒闲地及有人佃种无粮差者，拨与所在卫所军，余屯种纳粮。

　　二年，免军田正粮归仓，止征余粮六石。

　　初，成祖永乐二十年，诏各都司，卫所：屯军艰苦，子粒不敷，除自用十二石外，余粮免半，止征六石。仁宗洪熙元年，令共正粮十八石上仓。至是始定科则，而正粮遂不上仓矣。三年，令四川都司卫所屯种水田者纳米，陆地者纳豆，无豆者抵斗折米。四年，令宣大、辽东、陕西沿边空地，许官军库下人丁耕种，免纳子粒。七年，令屯田自垦荒地，每亩岁纳粮五升三合五勺。减延绥等处屯田子粒，每百亩岁纳六石者止纳四石；

陕西行都司屯田子粒，每百亩岁纳十石；延绥等处每百亩岁纳八石；又减陕西行都司屯田子粒，岁纳八石；十二年，开平卫屯军余粮六石，减免二石。

《明史·罗亨信传》曰：正统十年，亨信巡抚宣府、大同时，遣官度二镇军田，一军八十亩外，悉征税五升。亨信上言：永乐时诏，边军尽力垦田，毋征税。陛下复申命之，今奈何复为此举？塞下诸军，防边劳苦，无他生业，唯事田作，每岁自冬徂春，迎送瓦剌使臣，三月始得就田，七月又复刈草，八月以后修治关塞，计一岁中曾无休暇。况边地硗瘠，霜早收薄，若更征税，则民不复耕，必致窜逸。计臣但务积粟，不知人心不固，虽有粟，将谁与守？帝纳其言而止。《春明梦余录》载万历策衡曰：屯法之坏，一坏于余粮之免半。洪熙行宽大之政，命免余粮六石，是捐其半也。是时，大臣违道干誉，不能为经远之计。夫举天下之军，籍食于屯，一旦失其半，何以足军国之需！再坏于正粮之免盘。宣德十年，始下此令。正统二年，率土行之，不知正粮纳官，以时给之，可以免贫军之花费，可以平四时之市价，可以操予夺之大柄，今免其交盘，则正粮为应得之物，屯产亦遂为固有之私，典卖迭出，顽钝丛生，不可收拾，端在于此。屯粮日亏，征发日甚，不取之此必取之彼，易欺者民，则倍征而不以为苛；难制者军，遂弃置而不敢问。非法之平也。

景帝景泰时，令边兵分为两番，六日操守，六日耕种。

时以边方多事，故更其制。

又，先是，英宗正统时，镇将多私垦之田，河南、山西巡抚于谦尽夺之为官屯，以资边用。至帝景泰三年四月，学士商辂言：边外田地极广，先因在京功臣等将附近各城堡膏腴之产占作庄田，其余闲田又为镇守总兵参将等占为己业，以致军士无田可耕。夫且耕且守，如汉赵充国、诸葛亮、晋羊祜皆有明效。今日守边之要，莫善于此。下所司议行。五年，兵部尚书镇守福建孙原贞言：四方屯军，率以营缮、转输诸役，妨耕作，宜简精锐实伍，余悉归之农。若增万人屯，即岁省仓粮十二万石，且积余粮六万石，兵食岂有不足哉！时不能用。

二年六月，诏：贵州各卫修举屯田。

宪宗成化元年十月，敕宣府守臣以屯粮买官马。

初，景帝时，边城多空地，而守臣诸役外，复有闲旷军余。宣府总督李秉请量支宣府官银一万两，买牛给军耕种，收余粮易银，给贫军买马。英宗天顺初，有言劳军不便者，下行都督杨能等会议，称耕种便。至是，宣府巡抚叶盛又以余粮买官牛千八百，并置农具，遣军屯粮，收粮易银，以补官马耗损。户部奏：官府不烦督责军士，不致赔偿，立法甚善，乞敕守臣遵守。从之。

又六年三月，令陕西延绥等处屯田，每军百亩，征草二束。九年，令榆林以南召募军民屯田，每一百亩于邻堡上纳子粒六石。

《明史·食货志》曰：自正统后，屯政稍弛，而屯粮犹存三之二。其后屯田多为内监军官占夺，法尽坏。宪宗之世，颇议厘复，而视旧所入不能什一矣。至弘治时，屯粮愈轻，有亩止三升者。

孝宗弘治时，定各省屯粮折银之数。

二年，令成都右等卫屯田每粮一石折银三钱六分，听支军粮。八年，令福建行都司所属、建宁、延、邵三卫都司所属福州左等卫屯田，每石折征银二钱五分，解京济边。十一年，洪川、顺圣川每项征粮三石；每二项五十亩，征草十束，愿折银者听。十五年，令京卫新增地亩，每粮一石，折银二钱，放支官军月粮。十六年，浙江除昌国卫田亩数多、温州卫田地膏腴外，其余各卫所屯军，全纳子粒。六石者，每年本折中半，每石征银二钱五分。十七年，以成都右等卫所屯地，山冈瘠薄，难纳本色，每石折银三钱。至穆宗隆庆元年，山西巡抚周咏奏：阳和高山二卫，雨雹害稼，请蠲田租。户部议：各边屯田，原无蠲租之诏，宜将灾重者每石折银二钱五分。报可。

六年，定屯官征粮违限之罚。

年终不完者，都司及卫所管屯并有屯粮官员家，截日住俸①；一年之上不完者，都司卫所掌印并按察司管屯官一体住俸。至世宗嘉靖三十一年，令比较屯田官，见征子粒不完，三分者住俸，五分以上者参问②，一

---

① 住俸，中国封建王朝官员处罚制度用语，即停发俸禄。

② 参问，中国封建王朝官员处罚制度用语，即参报皇帝并追责。

年之上不完者，革任①；侵欺者五分以上降二级，以下降一级。神宗万历元年，令各卫所屯粮，通限当年完足，如未完二分以上，管屯官住俸；四分以上，管屯官降俸二级，掌印官住俸。督催六分以上，管屯官降二级，革任差操②；掌印官降俸二级，戴罪管事；八分以上屯官降二级，调边卫；系边卫者，调极边带俸差操；掌印官降二级，革任差操；都司、掌印、管屯官，总计所属卫所完欠分数，一体查参。九年，通敕各抚按，以后卫所掌印、管屯各官，查果屯军消乏、屯地荒芜不能完粮者，始准递减降罚。

十三年，定强占屯田禁。

凡用强占种屯田者，官调边卫带俸差操，旗军军丁戍边，民发口外；管屯官不清查者治罪。如侵种非系用强或不及五十亩者，依侵占官田例发落。

十四年，开固原各边屯。

户部尚书秦纮总制三边，见固原迤北，延袤千里，闲田数十万顷，旷野近边无城堡可依，议于花马池迤西至小盐池二百里，每二十里筑一堡。堡周四十八丈，役军五百人。固原迤北诸处，亦各筑屯堡，募人屯种，每顷岁赋米五石，可得五十万石。下诏行之。

十五年，令管屯官造屯田册送后湖，以顷亩之数刻记碑阴。

自正统十一年，令各卫所类造屯田坐落、地方、四至、顷亩、子粒数目文册二本，一缴上司，一发州县。至是因后湖并南京户部及各卫所俱无屯册可稽，故有是令。

武宗正德四年八月，遣使核各边屯田。

时司礼监太监刘瑾，止各边年例银，又不令商人在边输纳盐课，边储大匮。乃分遣御史往各边丈量屯田，以清出地亩数多及追完积逋者为能，否则罪之。其增数悉令出租。时辽东屯田较永乐间田赢万八千余顷，而粮乃缩四万六千余石。永乐时，屯田米常溢三之一，常操军十九万以屯军四万供之，而受供者又得自耕，边外军无月粮，以是边饷恒足。及是屯军多逃死，常操军止八万，皆仰给于仓，而边外数扰，弃不耕，希瑾意者伪增田数，搜括惨毒。户部侍郎韩福尤急刻，辽卒不堪，胁众为乱，抚之乃

---

① 革任，中国封建王朝官员处罚制度用语，即革除职务。
② 差操，差遣、使用。

定。周东在宁夏与都御史安唯学比较尤严，刑及军官妻子，人心愤怨。指挥何锦等遂与安化王置鐇起兵，以诛瑾为名，杀唯学等。

　　王圻曰：按盐法，旧令商人上纳本色，则商人佃种边地不致荒芜，盐课有资，屯粮自办，苟不复盐法，止清屯田，则边人无力耕种，子粒仍无从出，适扰贫军，以酿乱耳。

世宗嘉靖六年，定领种军田之限。

　　先是英宗正统八年，令广西桂林等所屯田，每军加给一十亩，如有余剩，即令军舍及勾补军、旗，如数拨给，照例纳粮。九年，令浙江等处屯军遗田尽见军拨种，余验官军户下丁及官、旗军民，愿承种者一体给拨；其积久抛荒者，三年成熟后，照例征收子粒，就近交纳，俟有军之日，拨军屯种。至孝宗弘治四年，令四川管屯佥事将官舍占种田地，拨与无田军余耕种，愿认粮者，亦查明分数，照例征收。武宗正德十五年，又令湖广所新增田地，以十分为率，减三分，其七分拨军舍承种纳粮。至是，乃诏：凡官舍军余占种年久，故军之田仍与领种，代纳粮草，如军见存而无田者，即令退还本军为业；所领种故军之田，一人止许一分，一户止许二分，余俱令退出。

　　时辽东巡抚李承勋招逋逃三千二百人，开屯田千五百顷。佥都御史刘天和督甘肃屯政，请以肃州丁壮及山陕流民，于近边耕牧，且推行于诸边。奏当兴革者十事，田利大兴。至二十一年，总督宣大兼督河南、山东军务翟鹏，浚濠筑垣，修边墙三百九十余里，得地万四千九百余顷，募军千五百人，人给五十亩，省仓储无算。二十三年，大同巡抚詹荣以近边弘赐诸堡三十一所，延亘五百余里，辟治之，皆膏腴田，可数十万顷。乃奏请召军佃作，复其租徭，移大同一岁市马费市牛赋之，秋冬则聚而御寇。帝立从焉。

　　穆宗隆庆时，复令屯粮，亩税一斗。

　　屯粮之轻，至弘治、正德而极。嘉靖中，粮额渐增，至是复亩收一斗，然屯丁逃亡者益多。管粮郎中不问屯田有无，月粮止半给，沿边屯地或变为斥卤、沙碛，粮额不得减。屯田御史又于额外增本折，屯军益不堪命。

　　时给事中郑大经言：蓟屯当量地利而定其则，辽屯当改营田而足其额，此兴复屯政之大较也。御史李叔和言：辽东屯田半废，近行营田之法，拨军耕种，致行伍空虚，且岁收田租止备修边工费，而各军支饷如故，有损无益，盖此法止可行于河西人少之处，若河东则当广召种之，令授田征税，悉抵岁饷以省内输。简回壮勇以实行伍，仍特敕官董之，如内地屯田之制。从之。

二年春，命都御史分督九边屯田。

先是，世宗嘉靖二十九年，令选风力重臣二员，督理北直隶、山西、宣大屯政。至是朝议兴九边屯盐。命副都御史邹应龙、唐继禄、佥都御史庞尚鹏，一往河北，兼山东、河南；一往江南，兼浙、湖、云、贵；一往河东，兼四川。时户科给事中魏时亮奏天下三大患：其一曰边饷莫要于屯盐，近遣庞尚鹏、邹应龙、凌儒往理事，权虽重，顾往河东者兼理四川，往江北者兼理山东、河南，往江南者兼理浙、湖、云、贵，重内地而轻塞下，非初旨也。且一人领数道，旷远难周，请在内地者专责巡抚，令尚鹏等三人分任塞下屯事，久任责成，有功待以不次①，则利兴而边储自裕。其秋，应龙等召还，命尚鹏兼领九边，列上屯政便宜。江北者四，蓟镇者九，辽东、宣大者各十一，宁夏者四，甘肃者七。奏辄报可。诸御史督盐政者，以事权见夺，欲攻去之。河东巡盐郜永劾尚鹏行事乖违，中官复激帝怒，遂落尚鹏职，而汰屯盐都御史官。

> 臣等谨按：都御史三人之名，庞尚鹏本传谓尚鹏与邹应龙、唐继禄，而《魏时亮传》则以唐继禄为凌儒，岂初命者一人，既事者复一人，故各从所见而言之耶？

给宣大屯官养廉田②。

宣大开垦田已成业，令每十顷内给将官五十亩为养廉之资，若副将开种不及百顷，守备以下不及一十顷，参论戒饬。四年，诏：各边自垦田永不起科。如岁增粟十万、五万石，自垦至百顷、千顷者，重加升赏。

神宗万历五年正月，诏：凤阳、淮安力举营田。

时山东巡抚郑汝璧请开登州、海北、长山诸岛田，福建巡抚许孚远垦

---

① 不次，破格提拔之意。

② 养廉田，明朝政府拨给官员定额的土地，以此收入，以"养廉"。此制始于宋《宋史·职官志》："诸路职官，各有职田，所以养廉也。"

闽海、檀山，田成复请开南日山、澎湖，又言浙江滨海诸山，若陈钱、金塘、补陀、玉环、南麂，皆可经理。或留中不下，或不久辄废。

《食货志》曰：万历时，计天下屯田之数六十四万四千余顷，视洪武时亏二十四万九千余顷。田日减而粮日增矣。

给事中郝敬请抽畿辅屯牧兵屯田辽左。

时方征倭寇，济阳卫舍余李大用等请以万人自备资粮随行。敬乃上疏曰：臣阅李大用等奏，畿辅附近，济阳等卫屯牧额兵共四十八万，愿以万人随行征倭，众军自贴粮饷。臣访其故，自永乐时靖难功成，剩精兵四十八万，内一十二万选入十二团营，余三十六万，给赐屯田、牧地种纳子粒马价，分置七十八卫于顺天府所属州县，俱属三千营统辖听调征剿，今二百余年，生齿繁衍，与民混杂，有司派以马户撑船、运米等役，众军脱卸无计。昨者宁夏之役，各余丁议自备粮随行征剿，求免前差。未几，宁夏平，议遂寝。兹缘倭奴告警，重复申奏。盖彼以三十六万之众止出万人，是三十六人中抽一丁耳。以三十六万众共饷万人，是三十六家共赡一军耳！又得概免民差，图此便利。今东征师可勿复用此。唯是辽左空虚，宜因群情为转移之计，即于各卫原籍中十名抽一，据三十六万原数，除六万作耗外，可得壮丁三万人，择廉干官数员统领，赴辽东开种屯田。于存留三十万人，每十名帮贴屯兵一名牛种、庐舍之费，令概免前差。开垦田成，即给本兵为永业。大率每兵一名，垦田二十五亩，内除五亩为官田，每亩量收子粒五六升，则三万人可垦田七十五万亩，一岁收官田子粒可八千余石，以备缓急之需。因愿赴之人心蹶不急之徭役，一呼而得胜兵三万，坐收兵食两利之效。备门庭之警，扶肘腋之危，何惮而久不为此！

《春明梦余录》曰：明初宿重兵于畿辅，至四五十万，不费一粒一勺。及中叶而后，犹有万人自备糗粮，愿效力行。间者后何不振乃尔耶！昔人言：祖宗之法，唯祖宗能行之，岂不信然。

熹宗天启二年，以太仆卿《志》作太常少卿董应举经理天津至山海屯务。

先是，神宗万历时，御史左光斗出理屯田，于河间、天津设屯，学试骑射为武生，给田百亩，命管河通判卢观象大兴水田之利，保定巡抚汪应蛟亦请兴天津屯田，得旨允行。至天启初，御史张慎言出督畿辅屯田，言天津、静海、兴济间，沃野万顷，可垦为田。近同知卢观象垦田三千余亩，其沟洫庐舍之制，种植疏浚之方，犁然具备，可仿而行，因列上官种、佃种、民种、军种、屯种五法。又言广宁失守，辽人转徙入关者不下百万，宜招集津门，以无家之众，垦不耕之田，便诏从之。及是应举踵而行之。分处辽人万三千余户于顺天、永平、河间、保定，用公帑六千，买民田十二万余亩，合闲田凡十八万亩，广募耕者，畀工廪田器牛种，浚渠筑防，教之艺稻，农舍仓廥场圃舟车毕具，费二万六千，而所收黍麦谷五万五千余石。天津、葛沽，故有水陆兵二千，应举奏令屯田，以所入充岁饷，屯利益兴。嗣后李继贞巡抚天津，亦力于屯务。然仍岁旱蝗，弗克底成效也。

    汪应蛟海滨屯田有效，疏曰：天津、葛沽一带地，从来斥卤，不耕种。臣谓地无水则碱，得水则润，以闽浙治地之法行之，未必不可为稻田。今春买牛制器，开渠筑堤葛沽、白塘二处，耕种五千余亩，内水稻亩收四五石；种蓊苴者，得水灌溉，亦亩收一二石。唯旱稻以碱立槁，始信闽浙之法可行于北海，而斥卤可变为膏腴也。天津为神京膇户，开府设镇，其地益重，见在水陆两营兵四千人，岁费饷六万四千余两，俱加派民间，天津荒田奚啻^①六七千顷。若尽依今法，为之开渠以通蓄泄，筑堤以防水涝，每千顷各致谷三十万石；以七千顷计之，可得谷二百万余石，非独天津之饷取给，而省司农之转馈无不可者，且地在三垒河外，海潮上溢取以灌溉，于河无妨。白塘以下地无粮差，白塘以上为静海县，或五亩十亩而折一亩，粮差每亩不过一分八厘，民愿卖则给价，不愿则给种，于民情无拂，请以防海官军，用之于海滨垦地，每岁开渠筑堤，可成田数百顷。一面召募居民承种，数年之后，荒田渐辟，各军兵且屯且守，民间可省养兵之费，重地永资保障之安矣。

五年，议行贵州屯田。

---

①　奚啻，何止，岂但。

　　自二年水西土目安邦彦叛，土寇蜂起，巡抚蔡复一请敕巡按傅宗龙专理军务。至是年复一、宗龙讨诸叛苗，大破平越，毁其砦百七十，贼党渐孤，宗龙乃条上屯守策，言蜀以屯为守，黔当以守为屯。屯之策有二：一曰清卫所原田，一曰割逆贼故壤，而以卫所之法行之。盖黔不患无田，患无人，客兵聚散不常，不能久驻，莫若仿祖制，尽举屯田，以授有功，因功大小为官高下，自指挥至总小旗，畀以应得田为世业，而禁其私买卖，不待招徕户口自实。臣所谓以守为屯者如此。部议从之。

　　庄烈帝崇祯七年二月，御史叶绍颙疏请兴屯以足军饷。令所司议行。

　　《春明梦余录》载：是年户部议修屯政。疏曰：清查隐占屯地，宜首正疆界，巡行阡陌，按地画图，从某至某，有田若干，属某卫所，系某旗军管种，只以见在着业为主。方一里刻一石，记其界址，分其弓口，录其户名，通编各处，如此清查，而屯之实地、实籍举在于此，不必问簿书也。比至夏秋成熟，又复巡行，按图履亩，此某某之屯，果成熟者曾否纳粮，完则已，否则立追。果荒芜者有无水旱，灾则已，否则必究，通遍各处如此复核，而屯之实成、实亏举在于此。亦不必问簿书也。如此清查复核。果系着业而耕种，勤纳粮早者，量行奖赏，且奖赏其卫所之官，名在籍中；而无力耕种，虚占抛荒者，勒令退出，另召军民给帖开垦，永为己业。且罚治其卫所之官，则隐占未有不清，荒芜未有不垦者矣。不然，屯在阡陌而求之于簿书，屯在山谷而了之于衙署，钞誊册籍，积习相蒙，何时而破。且才有更端，告讦因之而起，奸豪肆骗良善，人人自危，甚则激变者有之矣。又查万历七年，山东巡抚郑汝璧请拨登州军兵渡海北长山诸岛，划亩耕种，收获粮食，运至郡治抵充军饷。三十三年，长芦巡盐御史徐元正，议山东岛田开垦成熟已计万余，今长芦各草场，沿海一望无际，乞责成天津道专委分司，遍历各场，不拘祖地、无主荒地，召募尽力开垦，每顷每年止纳课盐四引有奇，给与印帖，永为己业。又令垦地之家，抽壮为兵，联以保伍，训以武事，无事兼捕盗贼，有事驱之戎行。俱经覆准施行。此则登津往例，今应查责两处司道，照此处置。兵屯听其自耕自食，如不能行，则此兵无一可用，断乎当撤，毋令两地虚糜新饷，岁至二十余万也。

九年九月，总督宣大山西军务卢象升大兴屯政，积粟二十余万。谕九边皆式之。

十年，陕西巡抚孙傅庭，厘正西安三卫屯粮。

傅庭疏言：博考故牒，洪武时，每军额地一顷，岁征正粮十二石，余粮十二石，尽行收贮屯仓。以正粮按月支给本军，以余粮支给官，军粮俸饷不烦转输，而仓廪充实，兵不烦召募而士卒精强，法至善也。至永乐二十年，奉诏减免余粮六石。然正余一十八石，犹然交仓，按支法尚未坏也。至正统二年，以正粮十二石兑给本军充饷，免纳免支，止征余粮六石入仓，而屯法大坏矣。至后不知何时复将余粮六石改为正粮，一并兑军免纳，而屯粮既不入仓，屯地几为私产，莫可究诘矣。陕西省下旧四卫，因檄行西安府推官王鼎镇清查，除右护卫名隶秦府外，先将左前后三卫各地查明推清定法，按地起课，即责办于见今承种之人，每上地一顷，征粮十八石；中地量免三石；下地又免三石；每石折银七钱，总计三卫共该起课地三千二十七顷零，征银三万五千余两，宽平易从，无不翕然相安，不呼吁以窘大农，不加派以厉孑遗。疏上，帝褒嘉之。

《食货志》曰：给事中管怀理言：屯田不兴，其弊有四：疆场戒严，一也；牛种不给，二也；丁壮亡徙，三也；田在敌外，四也。如是而管屯者犹欲按籍增赋，非扣月粮即按丁赔补耳。

御史金光辰疏曰：军田有比较，有升科，有新增，有辽饷，四者犹曰输之朝廷，而军官杂派更甚。以臣所见闻，有见面，有酱麦新米，有支应房饭，一入乡村，系缧相接，烟火皆稀；且纳粮宜以收票为据，若辈唯知征入在手，遂不知为朝廷物矣。至于假名丈量审丁，为害尤甚，凡田各有畔，或七十亩、五十亩、三十亩不等，国初业有分授，迄后清查升科，并勘出还官余地，固已毫无遗土。天下新垦田地原少，岂既起科之田复令起科乎！至于军丁原有定额，其中逃故不无迁改。臣查《会典》开载，凡内外军人，或有死亡户绝、升调起发等项，行移卫所，保勘明白，许令除豁，即于多余军内拨补。夫有军则有田，正军逃故则余军拨补，军随田转，钱粮逐年挨顶亦皆注有定期，奈何恣行扰害，使富者赇，全贫者被累，弁役饱腹，闾井吞声，卒于朝廷无补也。为今日计，除有山坡开荒，水堤荡洗，各方地土规则不一外，概宜禁止混报丈量，以苏残喘。至审丁，则遵照嘉靖元年奏，准每五年一次攒造。编军文册亦定五年一审，合宜厘饬，尽杜纷嚣。又查嘉靖十二年议准，各抚按官选委指挥千百户督催屯粮，其掌印巡捕操领等官，不许朦胧，营管侵盗。仍选有司佐贰官一员协同收支，互相觉察。今宜师此意，每季卫官征粮完日，缮定二册，一留备查，一送有司用印，以便稽考。如违坐罪。

明各处屯田数：

在京锦衣等五十四卫并后军都督府：原额屯田共六千三百二十八顷五十一亩零。嘉靖四十一年额五千五十二顷八十五亩零，粮二万八千二石六斗零；万历七年新增并勘出还官首地银二万一千七百九十一两二钱零，钞五万六千九百四十贯。

南京锦衣等四十二卫：屯田共九千三百六十八顷七十九亩零，见额屯田二万二千六百九十六顷六十六亩，粮一十五万一千五百二十五石七斗，银一万二百六十六两四钱。

中都留守司并所属卫所及皇陵卫：屯田共七千九百五十三顷七十八亩零。

北直隶卫所：原额屯田共一万六十四顷二十五亩零；嘉靖中额四万三千六百七十八顷四十六亩零，粮二十一万九千七百八十一石五斗零；万历中额新增并勘出首地银四万四百六十二两七钱零，秋青草二十二万一千四百五十三束，谷草一百八十七束。

南直隶卫所：屯田共二万七千四十一顷四亩零；嘉靖中额四万八千八百一十八顷三十六亩零，粮四十二万七千四百三十七石五斗零，银六两三钱零。

大宁都司卫所：屯田共二千一百二十六顷七十六亩零。

万全都司卫所：原额屯田一万九千六十五顷七十二亩零；嘉靖中额宣府屯田四万七千八百九十二顷四十七亩，粮一十九万八千六十一石六斗零。

浙江：原额屯田共二千二百七十四顷一十九亩零；嘉靖中额二千三百九十顷六十亩零，粮六万八千二百九十六石零。

湖广：原额屯田共一万一千三百一十五顷二十五亩；嘉靖中额五万七百四十九顷七十二亩零，粮三十八万七千五百四十五石。

河南：原额屯田共三万六千三百九十顷一十七亩零；嘉靖中额五万五

千五百九十八项二十三亩零，粮三十三万三千五百八十九石。

江西：原额屯田共五千六百二十三项四十一亩零；嘉靖中额五千四百七十一项三十八亩零，粮二万一千五百四十六石零。

陕西：原额屯田共四万二千四百五十六项七十二亩零；嘉靖中额一十六万八千四百四项四亩零，粮八十二万三千二百四石六斗零，草折粮一千九百七十二石五斗零，抛荒粮草折银一百一十九两五钱零，草二百三十七万八千五十二束，草价银二百五十八两五钱零，地亩粮二千四百六十二石零，地亩银一万七百七十九两四钱零。

广西：原额屯田共五百一十三项四十亩；嘉靖中额四千六百一十项三十四亩零，粮五万五千五十四石零，内除民里征收及荒划停征实在田二千九百一十三项三十七亩，粮三万四千六百九十五石零。

山东：原额屯田共二千六十项；嘉靖中额一万八千四百八十七项四十九亩零，粮八万三百四十八石零。

辽东：原额屯田共一万二千三百八十六项；嘉靖中额二万九千一百五十八项六十六亩零，粮二十五万三千二百一石。

山西：原额屯田一万二千九百六十三项八亩零；嘉靖中额三万三千七百一十四项八十八亩，粮一十万一千九十八石零，租银一千二十七两八钱零，草一千二百四十束，折银一十六两二钱。

山西行都司：屯田一万一百一十八项二十亩零；嘉靖中额大同镇屯田二万八千五百九十项三十四亩零，粮一十二万二千四百三十八石零，牛具地一万二千九百六十六项二十九亩零，征银八千三百二十二两五钱零。

广东：原额屯田共七十二项三十三亩零；嘉靖中额六千三百三十八项七十九亩零，粮一十五万一百二十九石零。

四川都司及行都司：屯田六十五万九千五百四十五项二十六亩零；嘉靖中额四万八千八百四项一十亩零，花园仓基一千九百三十八所，粮二十九万四千三百三十九石零。

福建：原额屯田共三千七百七十四项，又福建行都司并所属卫所屯田共一千六百七项三十七亩；嘉靖中额二项共八千六百九十三项二十二亩零，粮一十五万一千八百四石零。

云南：原额屯田一万八百七十七项四十三亩零；嘉靖中额一百一十万七千一百五十四亩零，粮三十八万九千九百九十二石零。

贵州：屯田九千三百三十九项二十九亩零；嘉靖中额三十九万二千一

百一十一亩零，粮九万三千八百一十一石零。

　　王圻曰：按汉之屯田，止于数郡。宋之屯田，止于数路。唐虽有九百九十二所，亦无实效，唯我太祖加意于此，视古最详。考其迹，则卫所有闲地即分军以立屯，非若历代于军伍之外，分兵置司者也。考其制：则三分守城，七分屯种。以言其数，则外而辽东一万二千二百七十四顷一十九亩零，推之于南北二京卫所，陕西、山西诸省尤极备焉。则其于所谓数郡数路九百九十二所者，又岂足以比之哉！

　　永乐中，令各处卫所凡屯军一百以上，委百户一员提督之，其有余人自愿耕种者，不拘顷亩，任其开垦。三四五年之间，又有红牌一面等例，牛具、农器则总于屯漕，细粮子粒则司于户部。至于宣德、正统，每有添设屯田副使佥事之诏。景泰、天顺，亦有监督兼理之令。成化十一年、十三年、二十一年、弘治十三年，又令管屯等官用心清查，莫非拳拳于此。然岁久弊生，利偏害出。尝闻礼部尚书刘定之曰：有屯田之名，无屯田之实。耕种之际，卤莽灭裂；收贮之后，侵欺移用。以管屯为职者，率优游于城市，何尝有阡陌之巡？以典屯而来者，亦凭信于簿书，何能校仓库之实！斯弊也，盖至今犹未息也。

钦定续文献通考卷六

田赋考

官田

宋宁宗嘉定二年，罢漳、泉、福三州，兴化军卖废寺田。

初，闽以福建八郡之田分三等，膏腴给僧寺道院，中下者给土著流寓。高宗绍兴二年，始令民请买，民甚便之。至是复罢。

理宗淳祐九年正月，诏以官田三百亩给表忠观①，旌钱氏功德。仍禁止樵采。

> 臣等谨按：周密《癸辛杂识》曰：穆陵念史弥远拥立之功，思以政地处其子宅之②。然思不立奇功，无以压人望，会殿步司狱芦荡以为可以开为闲田裨国饷。时宅之为都司，遂创括地之议。一应天下河田、围田、圩田、没官田等，并行拨隶本所，名田事所，仍辟官分往江浙诸郡打量。时淳祐丁未，郑清之当国时也，以宅之为提领官，右司赵与𬯎为参详官，计院汪之埊为检阅，赵与訔、谢献子并为主管文字，诸郡又各差朝士，分任其事，怨嗟满道，死于非命者甚众。行之期年，有扰无补，宅之除副枢，于是刘垣、赵汝腾、黄自然力陈不可，皆以罪去。后一年，宅之终于位遂，并官田归安边所，令都司提领焉。考丁未淳祐七年也，是年四月，以郑清之为太傅、右丞相兼枢密院使，时史嵩之已罪废，故理宗欲以宅之处政地再报拥立之德，然

---

① 表忠观，宋五朝认为，五代十国时吴越国统治者钱氏家族保境安民，治绩炳然，后顺应时势向宋人朝纳贡，完成统一。因其有大功于社稷，故北宋朝廷建祠庙表忠观以铭其绩。

② 宅之，即史宅之，南宋丞相史弥远之子。

括地之事，纪志俱失载，宅之亦不立传。至九年二月，以史宅之同知枢密院事，则见于纪文，与《杂识》合，安边所置于宁宗开禧三年，详见正考。

景定元年十二月，诏：华亭奉宸庄隶外廷，以助军饷。

以漕司拘催骚扰，拨隶外廷。至三年又诏：昨赐公主田，以秀丰庄二万九千有奇充影堂祭祀，余悉拨隶淮东总所，以助军饷。

四年二月，置官田所。十月，命浙西六郡置公田庄。

丞相贾似道以国计困于造楮，富民困于和籴，思有以变法，而未得其说。知临安府刘良贵、浙西转运使吴势卿献公田之策。似道乃命殿中侍御史陈尧道等请行祖宗限田之制，以官品计顷，以品格计数，下两浙、江东西①和籴去处，先行归并诡析，后将官户田产逾限之数，抽三分之一回买，以充公田，但得一千万亩之田，则岁有六七万石之入，其余军饷，沛然有余，可免和籴，可以饷军，可以住造楮币，可平物价，可安富室，一事行而五利兴矣。从之。乃诏买公田，命会子课日增印五十万贯充买，置官田所，以刘良贵、提领陈訔为检阅，先于平江、江阴、安吉、嘉兴、常州、镇江六郡行之。亩起租满石者偿二百贯，九斗者一百八十贯，以下以次递减。五千亩以上，以银半分、官告②五分、度牒③二分、会子二分半；五千亩以下，以银半分、官告三分、度牒二分、会子三分半；千亩以下，度牒会子各半；五百亩至三百亩全以会子。是岁，田事成，每石官给止四十贯，而半是告牒，民失产而得虚告，持之而不得售，六郡骚然。所遣刘良贵等又恣为操切，廖邦杰之在常州害民尤甚，至有本无田而以归并抑买自经者。分置庄官催租，州县督收，及时运发，由是六郡买田三百五十余万亩。浙西安抚魏克愚言：取四路民田立限回买，所以免和籴而益邦储，议者非不自以为公且忠也。然未见其利，而适见其害。近给事中徐经孙奏记丞相，言江西买田之弊甚详，若浙西之弊则尤甚于经孙所言者，因历述

---

① 两浙、江东西，指南宋的两浙东路、两浙西路、江南东路、江南西路。路是宋朝的一级行政区划，辖府、州、军。

② 官告，即告身。唐宋时期授官凭证，类似后世的委任状。这里指空白告身，供地方政府卖官后，临时填给买官人之用，属于增加财政收入的一种手段。

③ 度牒，官府颁发的僧道身份证明。因僧道有免税权，故宋代地方政府通过买卖度牒来增加收入。

其为害者八事。疏奏不省。

五年三月，选官充官田所分司。

贾似道言：公田已成，若复以州县总之，恐害不除，而利不可久。请以江阴、平江隶浙西宪司，安吉、嘉兴隶两浙运司，常州、镇江隶总所，每岁输租，官仓时减二分，水旱别议。仍立四分司以主管公田，系衔平江、嘉兴、安吉各一员，常州、江阴、镇江共一员，每乡置官庄一所。民为官耕者曰官佃，为官督者曰庄官，庄官以富饶者充。应两岁一更，每租一石，明减二斗，不许多收。毗陵、澄江一时迎合，止欲买数之多，凡六七斗皆作一石，及收租之际，元额有亏，则取足于田主，或田有饶瘠，及租田顽恶之处，又从而责换于田主，其祸尤惨。

是岁七月，彗见于东方，下诏求言：京学生萧规、叶李等三学六馆皆上封章，及前秘书监高斯得亦驰骏上封事，谢枋得校文①江东、方山京校文天府，亦皆陈买田之失，未几皆被谴。

度宗咸淳四年六月，诏罢浙西诸州公田庄官。

以差置庄官弊甚，罢之。令诸郡公租以三千石为一庄，听民于分司承佃。盗易者以盗卖官田论。其租于先减二分上，更减一分。至五年三月，又诏浙西六郡公田，设官督租有差。

十年十一月时恭帝已即位，括邸第、戚畹及御前寺观田，令输租。

侍御史陈坚、殿中侍御史陈过等奏：今东南之民力竭，西北之边患棘，而邸第、戚畹、御前寺观田连阡陌，亡虑数千万计，皆巧立名色，尽蠲二税，不可不加厘正。望与二三大臣亟议行之。十二月，诏：边费浩繁，吾民重困，贵戚释道田连阡陌，安居暇食，有司核其租税收之。

恭帝德祐元年三月，诏：公田为民害十有余年，自今并给田主，令率其租户为兵。

《宋史·食货志》曰：宋南渡后，水田之利富于中原，故水利大兴，而诸籍没田募民耕者，皆仍私租。旧额每失之重，输纳之际，公私事例迥殊，私租额重而纳轻，承佃犹可；公租额重而纳重，则佃不堪命。州县胥吏与仓库百执事之人，皆得侵渔于耕者。季世，金人乍

---

① 校文，校勘文章。

战乍和，战则军需浩繁，和则岁币①重大，国用常苦不继。于是，因民苦官租之重，命有司括卖官田以给用。其初，弛其力役以诱之，其终不免于抑配，此官田之弊也。嘉定以后，又有所谓安边所田，乃籍没权幸者，而围田、湖田之在官者皆隶焉，收其租以助岁币。至其将亡，又限民名田，买其限外所有，谓之公田。初议欲省和籴以纾民力，而其弊极多，其租尤重。宋亡，遗患犹不息也。

金制：凡官地，明安穆昆及贫民请射②者，宽乡一丁百亩，狭乡十亩，中男半之。

熙宗天眷元年二月，诏：罢来流水、混同江护逻地，与民耕牧。

三月，又以禁苑隙地分给百姓。皇统七年正月，以西京鹿囿为民田。

海陵贞元元年七月，赐朝官京城隙地，征钱有差。

正隆元年二月，括官地授明安穆昆户。

遣刑部尚书赫舍哩罗索等十一人，分行大兴府、山东、真定府，拘括系官或荒闲牧地，及官民占射逃绝户地，戍兵占佃宫籍监、外路官本业外增置土田，及大兴府平州路僧尼、道士、女冠等地，以授所迁之明安穆昆户，令民请射而官得其租。

世宗大定十年四月，禁侵耕围场地。

至十一年正月，谓宰臣曰：往岁清暑，山西因近路，禾稼甚广，无畜牧之地，命五里外乃得耕垦。今闻民间去之他所③，甚可矜悯。其令依旧耕种。二十年四月，又以行幸道隘，扈从人不便，诏户部：沿路顿舍侧近官地，勿租与民耕种。五月，谕有司曰：白石门至野狐岭，其间淀泺多为民耕植者，而官民杂畜往来，无牧放之所。可差官括元荒地及冒佃之数。

十七年六月，命拘籍官田④。

邢州男子赵迪简言：随路不附籍官地及河滩地，皆为豪强所占，而贫民土瘠税重，乞遣官拘籍冒佃者，定立租课，复量减人户税数，庶得轻重均平。诏付有司，将行而止。寻以近都明安穆昆所给官地，率皆薄瘠，豪

---

① 岁币，宋朝为换取和平，每年按规定送纳给辽、金的金银绢帛，宋王朝为顾全面子，称作岁币。

② 请射，有特定目的物的请求。

③ 今闻民间去之他所，《金史·世祖纪》作："今闻民皆去之他所。"

④ 拘籍，原意是按户籍传唤，此处指按户籍逐户落实。

民租佃官田，岁久往往冒为己业，令拘籍之。又谓省臣曰：官地非民谁种，然女直人户，自乡土三四千里移来，尽得薄地，若不拘刷良田给之，久必贫乏，其遣官察之。又谓参知政事张汝弼曰：先尝遣问女直土地，皆云良田，及朕出猎问之，则谓自起移至此，不能种莳，斫芦为席，或斩刍以自给，卿等其议之。省臣奏：官地所以人多蔽匿盗耕者，由罪轻故也。乃更条约立限，令人自陈，过限则人能告者有赏，遣同知中都路转运使张九思往拘籍之。至十九年十二月，谓宰臣：亡辽时所拨地与本朝元帅府，已曾拘籍矣，民或指射为无主地，其间播种岁久，若遽夺之，恐民失业。因诏括地官张九思戒之。复谓宰臣曰：朕闻括地事所行极不当，如皇后庄、太子务及秦汉以来长城、燕子城之类，止以名称便为官地，此田百姓为己业不知几百年矣，所执凭验一切不问，其相邻冒占官地复有幸免者，能使军户稍给，民不失业，乃朕之心也。至二十一年十月，帝与张仲愈论冒占田事，又令俟丰年括籍官地。二十二年，省臣复以为奏，帝曰：本为新徙，四明安贫，须刷官田与之，若张仲愈等所拟条约太刻，恐民苦之。可为酬直，且先令明安穆昆人户随宜分处，计其丁壮、牛具，合得土田，实数给之，不足，则以前所刷地二万余顷补之；复不足，则续。当议时，有落兀者与婆萨等争懿州地六万顷，以皆无据验，遂没入官。

二十一年三月，诏：山后冒占官地十顷以上者，皆籍入官，均给贫民。

先是，二十年四月，诏：大定初，赐故太保阿里中都路田百顷，及前所赐山东路地百四十顷，拘收入官。十月，又以山后之地，皆为亲王、公主、权势之家所占，转租于民，命宰臣察之。至是陈言者言：豪强之家多占夺田者。帝曰：前参政纳合椿年占地八百顷，又闻山西田亦多为权要所占，有一家一口至三十顷者，以致小民无田可耕，徙居阴山恶地，何以自存！其各占官地十顷以上者，皆括籍入官，均赐贫民。省臣又奏：椿年明安三合①，故太师撦碗温敦思忠孙长寿等亲属七十余家，所占地三千余顷。帝曰：至秋除牛头地外，仍各给十顷，余皆拘入官。山后招讨司所括者，亦当同此。二十二年八月，以赵王永中等四王府冒占官田，罪其长史府，掾安次、新城、宛平、昌平、永清、怀柔六县官皆罚赎有差。

七月，命宗室户徙河间者回纳旧地。

---

① 椿年明安三合，《金史·食货志》作"椿年子猛安参谋合"。

谓宰臣曰：前徙宗室户于河间，拨地处之，而不回纳旧地，岂有两地皆占之理！自今当以一处赐之。至次年九月，又诏：河间宗室未徙者，令尽徙于平州。无力者官津发之，土薄者易以良田。

二十二年，命招复梁山泺流民，官给以田。

先是，二十一年三月，帝谓宰臣曰：山东路所括民田，已分给女直屯田人户，复有籍官闲地，依元数还民，仍免租税。八月，尚书省奏山东所刷地数。帝曰：黄河已移故道，梁山泺水退地甚广，民昔尝恣意种之。今官籍其地，而民惧征租，逃者甚众。若征其租，而以冒佃不首罪之固宜，然遽取之，恐致失所。可免其征，赦其罪，别以官地给之。至是乃有是命。时御史台奏：大名济州因刷梁山泺官地，或有以民地被刷者。帝谓宰臣曰：虽曾经通检纳税而无明验者，仍当刷问，有公据者付本人。时又有人户执契据指坟陇为验，而亦拘在官者，委官验实，亦偿以官田。

二十七年，命有司拘刷随处官豪家多占官地与贫难无地者，每丁授五十亩，余佃不尽者方许豪家验丁租佃。

二十九年五月，时章宗已即位。再定告请承佃官地限。

时有司以贫民请佃官地，过期、数足，请再立限，限外告者，宜却之，止付元佃。兼平阳一路，地狭人稠，官地当尽数拘籍，验丁以给贫民。帝曰：限外指告多佃官地者，当却之。如无主不愿承佃，方许诸人告请。其平阳路宜计丁限田，如一家三丁，己业止三十亩，则更许存所佃官地一顷二十亩，余者拘籍，给付贫民。七月，谕尚书省曰：唐、邓、颍、蔡、宿、泗等处水陆膏腴之地，若验等级，量立岁租，宽其征纳之限，募民佃之，公私有益。今河南沿边地多为豪民冒占，若民或流移至彼，就募令耕，不唯贫民有赡，亦增美官租。其给丁壮者田及耕具，而免其租税。八月，尚书省奏：河东地狭，稍凶荒则流亡相继，窃谓河南地广人稀，若令招集他路流民，量给闲田，则河东饥民减少，河南且无旷地矣。命从所请。九月又奏：在制诸人请佃官闲地者，免五年租课。今乞免八年，则或多垦。从之。十一月，又奏：民验丁佃河南荒闲官地者，如愿作官地，则免税八年。愿为己业，则免租三年，并不许典卖。若豪强及公吏辈有冒佃者，限两月自首，免罪。而全给之，其税则视其邻地定之，以三分为率，减一分。限外许诸人告指给之。制可。

章宗明昌元年二月，谕：濒水民地，已种莳而为水浸者，以所近官田对给之。

三年六月，命民户己业中有官地者，许验数对易。

尚书省奏：旧牧马地久不分拨，以致军民起讼，差官往各路定之。南京六万三千五百二十余顷；陕西三万五千六百八十余顷。凡民户有凭验，己业及宅井坟园已改正给付，而其中复有官地者，亦验数对易。

四年正月，谕点检司：行宫外地及围猎之处，悉与民耕，虽禁地亦听民持农器出入。

先是，复州合厮罕关地方七百里，因围猎，禁民樵捕。同知复州军事内族齐言：其地肥衍，请赋民开种。世宗为弛禁田，收其利，至是有是谕。至六年二月，又敕有司，行宫侧及猎，所有农者勿禁。承安四年二月，诏：自蒲河至长河及细河以东，常所经行地，官为和买①，令百姓耕之，仍免其租税。泰和四年八月，幸太极宫，弛围场远地禁，纵民耕捕樵采。八年二月，谕有司：方农作时，虽在禁地，亦令耕种。

泰和元年九月，以官地给国子生。

时更定赡学养士法，生员给民佃官田六十亩，岁支粟三十石，国子生人百八亩，岁给以所入，官为掌其数。

哀宗至大六年十二月，罢附京猎地百里，听民耕稼。

元制，凡官田不科夏税。

世祖中统二年七月，谕河南管军官：于近城地量存牧场，余听民耕。又敕：怀孟牧地，听民耕垦。

其后，至元元年四月，御苑官请广牧地，诏：牧地分给农之无田者。四年七月，申严京畿牧地之禁。

至元七年六月，立籍田大都东南郊。

十四年，江南行台御史大夫相威奏请召佃公田，仍减其租。从之。

二十年十一月，立司农司，掌官田及邸舍人民。

二十一年十二月，中书省言：江南官田为权豪寺观欺隐者多，宜免其积年收入，限以日期，听人首实。逾限为人所告者征之，以其半给告者。从之。

至三十三年七月，复以江南隶官之田，多为强豪所据，立营田总管府，其所据田仍履亩计之。

---

① 和买，宋代官府预购农民财物的一种方式。宋太宗时，春季将库钱出贷给农民，至夏秋时令民以绢偿还，名为"预买"。至仁宗时，给价逐渐减少；至南宋初期，折帛收钱，和买成了田赋附加税。

二十二年二月，用右丞卢世荣言，回买江南土田。

二十三年二月，诏：江南诸路学田，昔皆隶官，复给本学，以便教养。

时江浙行省算钱谷甚急，鬻所在学田，输其直于官利用。监臣彻里使江南见之，谓曰：学有田以供祭祀，育贤才，安可鬻邪？遂奏罢之。次年闰二月，诏：设江南各路儒学提举司，以钩考江西学田所入，羡余贮之集贤院，以给有才艺之士。二十七年正月，立兴文署，掌经籍板及江南学田钱谷。二十九年正月，诏：江南州县学田，其岁入听其自掌。春秋释奠外，以廪师生及士之无告者。贡士庄田则令覆数入官。

臣等谨按：元太宗始得中原，用中书令耶律楚材言，以科举选士。世祖既定天下，国子祭酒许衡请自都邑至州县，皆设学校。资善大夫王鹗奏立十道提举学校官。仁宗延祐间，复斟酌旧制行之，故其时有学田，有贡士庄田，凡为养士计者，意甚盛也。然世祖至元中，权臣屡欲毁法，诸生廪食或不继。迨顺帝至元元年十一月，彻尔特穆尔复入中书，首议罢科举及学校庄田。御史吕思诚等及参政许有壬争之不可得，于是敕以所在儒学贡士庄田，租给宿卫衣粮，并罢科举矣。

二十八年，命江淮寺观田，宋旧有者免租，续置者输税。

六月，宣谕江淮民，恃总统嘉木揭喇勒智力不输租者，依旧征输。

自是之后，累朝申禁不一，凡寺观田非宋旧有，及先朝所赐者，并令输租。又成宗元贞二年二月，诏：江南道士贸易田者，输田商税。大德七年七月，罢江南白云宗摄所，其田令依例输租。九年二月，免天下道士赋税。十年正月，以南台御史言，江南寺观田亩，历年诏免租赋，上亏公额，下侵民利，其所录民户或罹饥寒，为其徒者，坐视不恤，乞于秋成之时，验其顷亩，减半征之，以备凶岁。推振其民，庶几利害稍均，不加费于官府也。乃罢江南白云宗都僧录司①，汰其民归州县，僧归各寺，田悉输租。武宗至大四年十月时仁宗已即位，禁诸僧寺毋得冒侵民田。泰定帝泰定四年九月，禁僧道买民田，违者坐罪，没其直。

---

① 白云宗，佛教华严宗的一支。元时势力一度膨胀，明朝被禁。

初，帝用嘉木揭喇勒智为江南释教总统。二十三年正月，以江南废寺田土为人占据者，悉付嘉木揭喇勒智修寺，因重赂宰臣僧格，擅发宋陵，攘夺田二万三千亩，私庇平民不输公赋者二万三千户，至是始有此谕。至二十九年三月，僧格既诛，省台臣乞并嘉木揭喇勒智正典刑，帝犹贷其死，而给还其人口土田。至成宗大德三年七月，中书省言：江南诸寺佃户五十余万，本皆编民，自嘉木揭喇勒智冒入寺籍，宜加厘正。从之。仁宗时，又有白云宗总摄沈明仁，强夺民田二万顷，诳诱愚俗十万人，私赂近侍。延祐六年十月，中书省请汰其徒，还所夺民田。七年二月时英宗已即位，明仁坐罪，诏籍江南冒为白云僧者为民。

成宗即位，诏曲阜林、庙，天下郡县庙学、书院田及贡士庄，供祭祀修庙宇。

时集贤学士阎复上疏，言曲阜守冢户，昨有司并入民籍，宜复之。其后，诏赐孔林洒埽二十八户，祀田五千亩，皆复之请也。

元贞元年十一月，诏江浙行省括隐漏官田。

大德三年，凡在官之田，许民佃种输租。

六月，罢大名路所献黄河故道田输租。

十二月，理荆湖公田租。

时公田为民害，而荆湖尤甚。部内实无田，随民所输租取之，户无大小，皆出公田租，虽水旱不免。宣慰使立智理威上其事于朝，集贤学士阎复亦言公田租重，宜减以贷贫民。于是遣使理之，凡官无公田者，始随俸给之，民力少苏。

七年正月，以伊都诸处牧马地为民所垦者，亩输租一斗，太重，减为四升。

十二月，命江南浙西官田，奉特赐者许中书省回奏。

十一年九月时武宗已即位，令诸赐田悉还官。

时诸王公主驸马及诸人赐田，悉令还官。唯太师伊彻察喇，自世祖积有勋劳，以前后所赐合百顷与之。至武宗至大三年九月，台臣复言：比者近幸为人奏请赐江南田千二百三十顷，为租五十万石，乞拘还官。从之。泰定帝泰定元年，平章政事张珪上言：天下官田，岁入所以赡卫士，给戍卒。自至元三十一年以后，累朝以是田分赐诸王、公主、驸马及百官、宦者、寺观之属，遂令中书酬直海漕，虚耗国储。其受田之家，各任土著奸吏赃官、催甲斗级，巧名多取；又且驱迫邮传，征求饩廪，折辱州县，偿补遗负，至仓之日，变鬻以归。官司交忿，农民窘窘。臣等议：唯诸王、公主、驸马、寺观如所与公主僧格剌吉及普安三寺之制输之公廪，计月值折支以钞，令有司兼领，输之省部，给之大都；其所赐百官者之田，悉拘还官，着为令。时不能从。三年十月，中书省言：养给军民，必借地利。世祖建大宣文、宏教等寺，赐永业，当时已号虚费。而成宗复构天寿、万宁寺，较之世祖，用增倍半。若武宗之崇恩、福元，仁宗之承华、普庆，租榷所入，益又甚焉。英宗凿山开寺，损兵伤农，而卒无益夫土地。祖宗所有子孙，当共惜之。臣恐兹后借为口实，妄兴工役，徼福利以逞私欲，唯陛下察之。帝嘉纳焉。后文宗天历二年十月，诏：诸王、公主、官府、寺观拨赐田租，除鲁国大长公主听遣人征收外，其余悉输于官，给钞酬其直。

　　臣等谨按：元时多以官田分赐臣下，《纪》、《传》所载有：世祖中统二年八月，赐窦默等田为永业；四年八月，赐刘整田二十顷；至元十六年正月，赐沓顺田；十八年，赐郑温常州田三十顷；二十一年，赐相威近郊田二千亩；二十二年，赐李昶、徐世隆田各十顷；时安南国王陈益稷来归，赐汉阳田五百顷；又赐王积翁田八十顷；二十五年，赐叶李平江田四千亩；二十九年，赐高典大都田千亩；武宗至大二年，赐特尔格江州稻田五千亩；英宗至治三年，赐拜珠平江田万亩；时巴延有旧赐河南田五千顷，以二千顷奉帝师祝厘，八百顷助给宿卫自取，不及其半；文宗天历元年，拨赐雅克特穆尔太平王江东道太平路地五百顷；至顺二年，又赐龙庆州水碨土田及平江、松江、江阴、芦场、荡山沙涂沙田，因请以圩田五百顷有奇，粮七千七百石，愿增为万石入官，所得余米赡其弟；顺帝至元元年二月，以蓟州宝坻田赐巴延；三年三月，以苏州田二百顷赐刬王齐齐克图；至正四年六月，赐托克托松江田，为立稻田提领所以领之；十三年七月，又赐托克托东泥河田一十二顷。其赐公主者：则武宗至大二年，赐鲁国大长公主平江稻田一千五百顷；文宗至顺元年，赐鲁国大长公主平江田五百顷；顺帝至正九年七月，赐公主不答昔儞平江田五十顷。至于寺观赐田尤为侈滥：世祖中统二年六月，赐僧子聪怀孟邢州田各五十顷；八月，赐庆寿、海云二寺陆地五百顷；成宗大德五年二月，赐昭应官兴教寺地各百顷，上都乾元寺九十顷，万安寺六百顷，南寺百二十顷；仁宗初，赐大普庆寺田八万亩；延祐三年正月，赐上都开元寺江浙田二百顷，华严寺百顷；七月，赐普庆寺益都田百二十顷；泰定帝泰定三年十月，赐太天源延圣寺吉安临江田千顷；文宗天历二年十一月，赐集庆、万寿两寺平江田百五十顷；至顺元年四月，以所籍张珪诸子田四百顷赐护圣寺；顺帝至正七年十一月，拨山东地土十六万二千余顷属护圣寺；又《文宗纪》至顺元年四月，亦有括伊都般阳宁海闲田十六万二千九十顷赐护圣寺事。恐两朝赐予不应若是之多且同，或者已赐复还而后复赐也。续纲目止载至正朝事。

武宗至大二年六月，从皇太子言：禁诸赐田者驰驿征租扰民。

至仁宗皇庆二年四月，台臣言：诸王驸马寺观臣僚土田，每岁征租，极为扰民，请革其弊。制曰：可。延祐元年五月，禁诸王支属径取分地租税扰民。

仁宗延祐七年二月时英宗已即位，括勘崇祥院地，其冒以官地献者，追其直；民地献者，归其主。

泰定帝泰定三年正月，以山东、湖广官田赐民耕垦，人三顷，仍给牛具。

顺帝至正十六年三月，台臣言：系官牧马草地俱为权豪所占，今后除规运总管府见种外，余尽取勘，令大司农召募耕垦，岁收租课，以资国用。从之。

明初官田，皆宋元时入官田地，厥后有还官田、没官田、断入官田、学田、皇庄、牧马草场、城壖苜蓿地、牲地、园陵坟地、公占隙地、诸王公主勋戚大臣内监寺观赐乞庄田、百官职田、边臣养廉田、军民商屯田，通谓之官田。

臣等谨按：《明史·食货志》所列官田之目如此。其云没官田、断入官田者，盖多指苏、松、嘉、湖言之。名为官田，实民田耳。东南财赋重地，沃壤厚敛，皆出于此，未可与皇庄牧地诸在官之田并论也。今以入田赋总制，余屯田详屯田类，职田详职官考。唯学田、皇庄等载于此云。

太祖洪武二年二月，耕籍于南郊。

御史寻适请耕籍田,享先农以劝天下,遂建坛于南门外。坛南为籍田,北为神仓。成祖永乐时,建坛北京,一如其制。田在观耕台南,护坛地六百亩,供黍稷及荐新品物。又地九十四亩有奇,额税四石七斗,收贮神仓以备旱涝。又令坛官种一百九十亩,坛户种二百六十六亩七分。

七年,减圣庙田租。

衍圣公孔希学言:先世田兵后多芜,而征赋如故,乞减免。从之。其后,孝宗弘治十八年,衢州知府沈杰言:衢州圣庙祭田,洪武初轻则起科,后改征重税,请仍改轻以供祀费。诏可。又景帝景泰二年,命给还颜、孟二庙祭田六十顷,复增给二十顷。佃户各十家。庄烈帝崇祯十六年,赐先贤仲子之后田六十余顷,庙户三十一,以奉祭祀。

十年十月,赐百官公田。

时赐勋臣公侯丞相以下庄田,多者百顷。亲王庄田千顷。又赐公侯暨武臣公田,又赐百官公田,以其租入充禄。指挥没于阵者,皆赐公田。勋臣庄佃多倚威扦禁,帝召诸臣戒谕之。其后给赐之例:各王府有庄田,在京王府有养赡及香火地,公主郡主及夫人有赐地,公侯伯有给爵及护坟地。有特赐者,有世守者,有退出者,制亦不一。

十四年二月,核天下官田。

十五年四月,定天下学田之制。

时天下郡县并建庙学。帝谕礼部尚书刘仲质曰:凡府州县学田租,入官者悉归于学,以供祭祀及师生俸廪。仲质奏:前代学田,多寡不同,宜一其制。乃诏定为三等:府学一千石,州学八百石,县学六百石,应天府学一千六百石。各设吏一人,以司出纳。师生月给廪膳米一石。

二十四年八月,给公侯岁禄,归赐田于官。

成祖永乐三年,令开垦官湖作官田,每亩夏税麦二升,秋粮三斗。

英宗正统五年十月,核诸王刍牧侵地还之民。

明时,官田为民厉者,皇庄之外,莫如诸王、勋戚、中官庄田为甚。太祖洪武初,令民间赋税有常额,诸人不得于诸王、驸马、功勋大臣、及各衙门妄献田土山场窑冶,遗害于民,违者治罪。至仁宣之世,乞请渐广,大臣亦得请没官庄舍,然宣德三年,宁王权请灌城为庶子耕牧地,赐书援祖制拒之。至是命行在户部,检视各王刍牧地具、顷亩、方向及原据人民庄宅田地共三千余顷,列图以闻。遂以一百八十八顷给郿王祁钰,余拨神机三千等营刍牧,所侵夺民地悉给还之。其后八年,庆成王美埕请民田十二顷为妃茔神道，亦以违制病民却其奏。九年定制，顺天府所属地土有限，今后公侯驸马伯等官，不许奏讨田地。天顺二年，敕皇亲公侯伯文武大臣：不许占官民田地，违者坐以重罪，其家人及投托者悉发边外，永远充军。

《明史·食货志》曰：英宗时，诸王、外戚、中官，所在占官私田，或反诬民占请案治，比案问得实，帝命还之民者非一。乃下诏禁夺民田及奏请畿内地，然权贵宗室庄田坟茔，或赐或请，不可胜计。复辟后，御马太监刘顺进蓟州草场，进献由此始矣。

臣等谨案：《英宗实录》载，正统六年三月，故太监刘顺有庄田、塌房、果园、草场二十六所，生时尝进蓟州草场十所，计地四百六十八顷，是刘顺进草场在正统六年以前，非复辟后事。

十三年，命有司勘寺观田给民耕。

初，太祖洪武十四年十一月，核天下废寺田没入官。十五年，令天下僧道常住田土不许典卖。至是令诸寺观田除洪武时置者，悉令州县查勘还民。废寺观所遗之产，令拨给招还无业及丁多田少之民，户二十亩，三丁以上者三十亩，亩科正粮一斗，俱为官田。户绝仍拨给贫民，毋许私售。至景帝景泰三年，令各寺观田量存六十亩为业，余拨小民佃种纳粮。宪宗成化十六年，令福建僧寺田除征粮及百亩以下，余给无田民承种。世宗嘉靖八年，废寺观田，召人承买。九年，各寺观庄田亦立庄头收解，州县给领，不许僧道自行收租。

天顺八年时宪宗已即位，始立宫中庄田。

自仁宗洪熙时有仁寿宫庄，其后又有清宁未央宫庄，至帝天顺三年，以诸王未出阁，供用浩繁，立东宫德王、秀王庄田。二王之藩地仍归官。至是以没入曹吉祥地为宫中庄田，皇庄之名由此始。其后庄田遍郡县。给事中齐庄言：天子以四海为家，何必置立庄田，与贫民较利？弗听。宪宗成化十三年，仁寿太后庄户与民争田，帝欲徙民塞外。大学士商辂奏止之。

宪宗成化四年三月，诏：中外势家毋得擅请田土。

时虽有是诏，然仍多请乞者。太后弟锦衣指挥周彧，奏乞武强、武邑民田不及赋额者，籍为闲田，命刑部郎中彭韶偕御史季琮核勘。韶等周视径归上疏，自劾曰：真定田自祖宗时许民垦种，即为恒产，除租赋，以劝力农。功臣戚里家与国咸休，岂当与民争尺寸地，臣诚不忍夺小民衣食，附益贵戚，请伏奉使无状罪。疏入，诏以田归民，而责韶等邀名。方命复诏下狱，言官论救得释。给事中李森等亦奏：先朝敕，皇亲强占军民田者罪无赦，投献者戍边，一时贵戚莫敢犯比。给事中邱宏奏：绝权贵请乞，亦既俯从。乃外戚周彧求武强武邑田六百余顷，翊圣夫人刘氏求通州武清地三百余顷，诏皆许之。何与前敕悖也？彼溪壑难厌，而畿内膏腴有限，小民衣食皆出于此，一旦夺之，何以为生。且本朝百年来户口日滋，安得尚有闲田不耕不稼，名为奏求，实豪夺而已。帝善其言，而赐者仍不同。至六年五月，巡视河南，户部侍郎原杰奏：黄河迁决不常，彼陷则此淤，军民就淤垦种。今奸徒指为园场屯地，献王府邀赏，王府辄据而有之。请自今献者谪戍，并罪受献者。从之。孝宗弘治三年闰九月，复申禁，凡皇亲并权势家奏乞土地，一切不行，仍究主谋之人。并榜谕军民及旗校管庄人，妄将民田投献者，照天顺、成化时例科罪。六年，敕王府及功臣家赐田，令佃户照原定则例，将应纳子粒，每亩银三分送州县转领，不许自受。

　　臣等谨按：周彧请田事，《彭韶传》谓以田归民，《李森传》谓赐者，仍不问二说不同。然既以韶为邀名，方命而诏下狱，则田亦未必归民也。森传似得其实。

十七年，令军民承佃官田。
　　各处军民有愿佃空闲官地、荒田及山场水洲者，城市官田每阔一丈、长三丈，岁纳米一石；附近城郭好地，每阔二丈岁，纳米一石；山场水洲俱照旧例起科。

　　臣等谨按：明制，五尺为步，步二百四十为亩；以阔一丈、长三丈计之，才得十二步而纳米一石，如积十二步之二十而成亩，则应税二十石矣。近郭减半，犹十石。地之所产安得有此疑讹。

二十二年四月，清畿内勋戚庄田。
孝宗弘治二年正月，收已故内臣赐田给百姓。

时又令顺天等六府入官田土，俱拨与附近无田民耕种起科，人不过三十亩。

是年，命戒饬庄户，罢仁寿宫庄，还之草场。凡侵牧地者悉还其旧。

户部尚书李敏等以灾异上言：畿内皇庄有五，共地一万二千八百余顷。勋戚、中官庄田三百三十有二，共地三万三千余顷。管庄官校招集群小，称庄头伴当，占地土，敛财物，稍与分辩，辄被诬奏，民心伤痛入骨，乞革去管庄之人，付小民耕种，亩征银三分，充各宫用度。帝命戒饬之。又因御史言：还草场及侵牧地。时蓟州民田多为牧马草场所侵，又侵御马监及神机营草场、皇庄，贫民失业，草场亦亏，故额屡遣。给事中周旋、侍郎顾佐、熊翀等往勘，皆不能决。因命大理少卿张泰偕锦衣官会巡抚周季麟复勘。泰密求得永乐间旧籍，参互稽考，田当归民者九百三十余顷，而京营及御马监牧地咸不失故额。奏入，驳议者再。尚书韩文力持之。留中未下。及武宗即位，文再请，始出泰奏，流亡者咸得复业。至世宗嘉靖时，户部侍郎王辄核九门首蓿地，以余地归之民。勘御马监草场厘地二万余顷，募民以佃。房山民以牧马地献中官，辄厘归之官。其后神宗惑中贵言，将察畿辅牧地。大学士沈鲤言：近年以来，百利之源尽笼于朝廷，常恐势极生变，况此牧地岂真有豪右隐占，新垦未科者，奸民所传，未足深信。遂止。

敕诸王辅导官导王请地者罪之。

定制，献地王府者戍边。时奉御赵瑄献雄县地为东宫庄，户部尚书周经劾其违制，下瑄诏狱，故有是命。既而复从镇司言，遣官勘实，经等复争之。曰：太祖、太宗定制，闲田任民开垦，若因奸人言而籍之官，是土田予夺尽出奸人口，小民无以为生矣。既而勘者，及巡抚高铨言，闲田止七十顷，悉与民田错，于是从经言，仍赋之民，治瑄罪。时又有崇王见泽，乞河南退滩地二十余里。经言不宜予。又兴王佑杭前后乞赤马诸河泊所及近河地千三百余顷，经三疏争之，竟不许。既而帝又以肃宁诸县地四百余顷，赐寿宁侯张鹤龄其家人，因侵民地三倍，且殴民至死，下巡抚高铨勘报。铨言，可耕者无几，请仍赋民。不许。时王府勋戚庄田例亩征银三分，独鹤龄奏加征二分，且概加之沙碱地，经抗章执奏，命侍郎许进偕太监朱秀复核，经言地已再勘，今复遣使，徒滋烦扰。昔太祖以刘基故，减青田赋，征米五合，欲使基乡里子孙世世颂基。今兴济笃生皇后，正宜恤民减赋，俾世世戴德，何乃使小民衔怨无已也。顷之，进等还言，此地乃宪庙皇亲柏权及民恒产，不可夺。帝竟与鹤龄，如其请，加税，而命偿权直除民租额。经等乃复谏曰：东宫亲王庄田征税自有例，鹤龄不宜独优。权先朝妃家亦戚畹也，名虽偿直，实乃夺之，天下将谓陛下唯厚椒房亲，不念先朝外戚。帝终不纳。自是奏献不绝，乞请亦愈繁。徽兴岐衡四王田多至七千余顷，会昌、建昌、庆云三侯争田，帝辄赐之。

十八年十月时武宗已即位，建皇庄七。

其后增至二十余处。诸王外戚求请及夺民田者无算。

武宗正德十六年时世宗已即位，遣官勘诸皇庄，罢之。

先是，外戚邵喜乞庄田，户部左侍郎秦金述祖制，请按治。帝宥喜，命都察院禁如制。至是，金言：西汉盛时，以苑囿赐贫民。今奈何剥民以益上，乞勘正德以来额外侵占者，悉归其主，而尽撤管庄之人。帝称善，即从其议。给事中底蕴复言：奸民妄指军民田为闲田，投献权幸，奏建皇庄，或奏讨为庄田，管庄官校，倚势侵夺害民之弊。遂命兵科给事中夏言、御史樊继祖、户部主事张希尹，往顺天各府查勘各庄土田共二十万九百一十九顷二十八亩外，旧侵民业二万二百二十九顷。言因极陈皇庄为民厉。自是正德以来投献侵牟之地，颇有给还民者。而宦戚辈复中挠之。户部尚书孙交造皇庄新册，额减于旧，帝命核先年顷亩数以闻。改称官地，不复名皇庄，诏所司征银解部。然多为宦寺中饱，积逋至数十万以为常。

夏言疏云：各官庄田，祖宗以来未之有也。唯天顺八年，以顺义县安乐里板桥村太监曹吉祥抄没地一处，拨为宫中庄田，其地原额一十顷一十三亩。初，吉祥占过军民田二十四顷八十七亩，共三十五顷立庄。今次查勘，又占过民田四十顷，见在共七十五顷。此则官闱庄田之始。而数年间侵占之数，过于原额已十倍矣。举此一处，其他可知。至成化间，唯增宝坻县王甫营庄田一处，原系会州卫草场；弘治间止增丰润、新城、雄县庄田三处；至弘治十八年十月，先帝践祚之初，一月之间建立皇庄七处：曰大兴县十里铺皇庄，曰大王庄皇庄，曰深沟儿皇庄，曰高密店皇庄，曰婆婆营皇庄，曰六里屯皇庄，曰土城皇庄。自此之后，设立渐多，而皇庄之名始著。其在昌平州则有苏家口皇庄；在三河县则有白塔皇庄；在真定府宁晋县则有铺头村皇庄、大刘村皇庄；在隆平县则有大灰窑皇庄；在新河县则有仙汪庄皇庄；在南宫县则有皇庄村皇庄，此皆正德元年之所设也。又东安县则有南葛里皇庄，宝坻县则有李子沽皇庄，通州则有神树皇庄，武清县则有灰蜗口皇庄、王庆陀皇庄，静海县则有四当口皇庄，此皆正德二年之所设也。至正德四年，则立大兴县三里河皇庄二处；五年则立六里屯皇庄一处；七年则立武清县尹儿湾大直沽皇庄二处；八年则立昌平州楼子村皇庄，静海县卫河两岸皇庄，青县孙儿庄皇庄，保定府安州骟马庙皇庄，清苑县阎庄社皇庄；九年则又立安肃县龙花社皇庄。数年之间，设立皇庄如此之伙，共计占地三万七千五百九十五顷四十六亩。皇庄既立，则有管理之太监，有奏讨之旗校，有跟随之名色，每处至三四十人。其初管庄人员出入及装运租税，俱自备车辆、夫马，不干有司。正德元年以来，权奸用事，朝廷大坏，于是有符验之请，关文之给，经过州县，有廪饩之供，有车辆之取，有夫马之索，其分外生事，巧取财物，又有言之不能尽者。及抵所辖庄田处所，则不免擅作威福，肆行武断，其甚不靖者，则起盖房屋，架搭桥梁，擅立关隘，出给票帖，私刻关防，凡民间撑驾舟车、牧放牛马、采捕鱼鰕螺蚌茭蒲之利，靡不括取。而邻近地土，则展转移筑封堆，包打界址，见亩征银。本土豪猾之民，投为庄头，拨置生事，帮助为虐，多方掊克，获利不赀；输之官闱者曾无十之一二，而私入囊橐者，盖不啻十八九矣。此可为太息流涕者。今读敕旨，犹有曰系皇庄者解部类进，臣等窃有疑焉。盖谓今四海九州之赋，贡山林川泽之物产，凡所以纳之司农，输之内帑，何者非所以奉一人者乎！孟子曰：尊亲之至莫大乎以天下养，又何者非所以奉重闱慈闱四宫乎！祖宗以来，宫闱一切供用，自有成规，顾可屈万乘之尊，下同匹夫以侵畎亩之业，辱宫壸之贵，杂于闾阎以争升斗之利，其何以示天下，训后世也哉！且皇之一字加于帝后之上，为至尊莫大之称。今奸佞之徒，假之以侵夺民田，则名其庄曰皇庄；假之以罔求市利，则名其店曰皇店；又其甚者，假以阻坏盐法，则以所贩之盐名曰皇盐。即此三言足以传笑天下，贻讥后世，仰唯陛下一切埽除，敕该部大臣，查照臣等勘报文册，将在京附郭大兴县等地方各宫庄田，原不系占夺民田，不满数十顷者，请改为各宫亲蚕厂公桑园名额，令有司种植桑柘，以备宫中蚕事，其余一应庄田，尽弛以利民。或勒归户部，造入版籍，令民照旧输粮，以为在官地土；仍榜示中外，尽削皇庄及各宫庄田之名，则一洗四朝之弊，永垂百代之休矣。

禁勋戚奏讨、奸民投献①者。又革王府所请山场湖陂。

德王请齐、汉二庶人所遗东昌兖州间田，又请白云等湖。山东巡抚邵锡按新令却之，语甚切直。帝从部议，但存藩封初请庄田。其后有奏请者不听。又定凡公主、国公庄田，世远者存什之三。

时户部侍郎王轮出核勋戚庄田，请如周制，计品秩，别亲疏，以定多寡，非诏赐而隐占者俱追断。尚书梁材因采其言，奏：成周班禄有土田、禄由田出，非常禄外复有土田。今勋戚禄已逾分，而陈乞动千万，请申禁之。自特赐外，量存三之一，以供祀事。帝命并清已赐者，额外侵据，悉还之民。势豪家乃不敢妄请乞。

世宗嘉靖六年，武定侯郭勋奏征草场租。从之。

初，太祖设草场于大江南北，牧放官马。洪武三十年，又置北平、辽东、山西、陕西、甘肃诸草场。成祖永乐中，又置草场于畿甸及顺圣川等处。宣宗宣德以后，庄田日增，草场日削，至是，勋以边警为词，奏免诸场牧放，悉征租以充公费，余贮太仆买马。至八年，准户部奏：正阳等九门外苜蓿草场地，除种苜蓿外，余地召佃，每亩上则征银五分，中则四分，下则三分；御马草场等处，每亩征银三分。穆宗隆庆六年，定陕西苑马寺牧地，每顷川地征银六钱，坡地四钱，山地三钱。自是营马皆专仰秣司农，岁费至十八万，而草场益废。议者争以租佃取赢浸淫。至神宗时，敝坏极矣。

　　臣等谨按：草场地乃马政所最重。考诸《会典》及《兵志》，以陕西一省计之，明初土田三十一万五千顷有奇，而草场至十三万三千顷有奇。弘治时，土田止二十六万顷有奇，其时草场已不及原额之半，而副都御史杨一清核之，犹得十二万八千顷有奇，此刍牧赖以不乏，而马政得益修也。自召佃之说起，谋国者但知广耕以尽地利，不知荒地之租所得有几，而牧马无所不得，不别为筹策。于是养马、裱马诸秕政行，民既病而国亦耗矣。故知召佃征租，鲰生一隅之见，非通识也。

---

　　① 投献，应纳税者将田产托寄于权贵名下，以逃避赋税。

三十九年，遣御史沈阳清夺隐冒庄田一万六千余顷。

时承天六庄二湖地八千三百余顷，领以中官，又听校舍兼并，增八百八十顷，分为十二庄。至穆宗时始领之有司，兼并者还民。

臣等谨按：《魏时亮传》十二庄作三十六庄，又领之有司。兼并还民者，以中官张尧请乃不果。时亮极谏不纳，与《食货志》互异。

神宗万历十九年十二月，诏：定戚臣庄田。《会典》作九年。

自穆宗隆庆二年，从御史王廷瞻言，复定勋戚田世次递减之限。勋臣五世，限田二百顷；戚畹七百顷至七十顷有差；世绝爵除者，悉追夺还官。又着令宗室买田不输役者没官。皇亲田俱令有司征之，如勋臣例。虽请乞不乏，而赐额有定，征收有制，民害少衰止。至是，复更定庄田五服递减法。勋臣五世止二百顷如旧。戚臣以见在官品为始，见留地数为准，系二世者分三次递减，系三世者分二次递减，至五世止留一百顷，为世业。如世绝爵除，仍留五顷给守坟者，其制视旧稍宽。然其后议减者，辄奉诏姑留，不能革也。是时，帝赉予过侈，求无不获。潞王寿阳公主恩最渥，而福王分封括河南、山东、湖广田为王庄至四万顷，群臣力争乃减其半。王府官及诸阉丈地征税，旁午于道；扈养厮役，廪养以万计，渔敛惨毒不忍。闻驾帖捕民，格杀庄佃，所在骚然，给事中官应震、姚宗文等屡疏谏，皆不报。

熹宗天启元年正月，御史王心一请罢奉圣夫人客氏香火土田，不报。

至六年十月，加赐太监魏忠贤从子良卿庄田一千顷。时桂、惠、瑞三王及遂平、宁国二公主庄田，动以万计。而忠贤一门，横赐尤甚。

庄烈帝崇祯十二年，兵部郎张若麒请收兵残遗产为官庄，分上中下，亩纳租八斗至二三斗有差。

《日知录》曰：明末官田所存者，唯卫所屯田、学田、勋戚钦赐庄田，三者犹是官田。南京各衙门所管草场田地，佃户亦转相典卖，不异民田。苏州一府，唯吴县山不曾均为一则，至今有官山、私山之名。官山每亩科五升，私山每亩科一升五勺。

钦定续文献通考卷七

钱币考

　　臣等谨按：马端临作《钱币考》，自太昊、神农迄于宋代，其因时制宜，所以谨轻重之权，通贫富之用者，考据至为详尽。宋自嘉定而后，铜冶大衰，国用日匮，意在废钱用楮。于是会子、关子及川引湖会迭兴，法制繁多，寝以亡国。辽之先代，以土产多铜，已造钱币。太祖以后，代有开铸。其时给戍赏征，赐予亿万，不行楮币，而国用充殷者，盖旧储新造，并听民用故也。金初用辽、宋旧钱。正隆而降，始议鼓铸。后改铸大钱，济以铁钱，钱不能充，权以交钞；钞至不行，权以银货，而钱之受绌愈甚。元世祖中统、至元间，立钞法。以至元宝为母，中统交为子，子母相权而行。至正间别立至正交钞，卒之财货匮乏，楮币不足以权变百货，遂涩而不行。明自洪武年间钞法已渐坏，盖废坚刚可久之质，而持软熟易败之物，宜其弗顺于人情，必不能易代而常行也。至于明之钱法，始属工部宝源局，继增设户部宝泉局，其后以军兴费重，唯讲求鼓铸之利，不知民间食用唯谷与货。谷货不能日增，而但恃开铸，岂知本之论乎！

　　今自宋辽以下，详考史志，以次胪载。在钱币固当以钱为主，乃钞法启于金，源至元，而钱几废；则钱、钞之先后，不能不客主易位矣。明代钞不胜钱，而行使则有次第，故亦先钞于钱。若累朝立制之变通与用法之轻重，皆得以参考焉。

宋

钱

宁宗嘉定七年十二月，复罢同安监铸铁钱。

自孝宗乾道六年复置舒州同安监铸铁钱，至帝嘉泰三年罢，开禧三年复之，至是复罢。

十六年八月，申严海舶漏泄铜钱之禁。

先是，孝宗乾道七年三月，立沿海州军私赍铜钱下海船法。淳熙九年，诏广、泉、明、秀诸州漏泄铜钱，坐其守臣。至帝嘉定五年七月，禁高丽、日本商人博易铜钱。至是，申严其禁。

> 青田县主簿陈耆卿奏曰：有钱而后有楮，楮滞则称提之说兴焉①，而未有言及钱者。楮日多，钱日少，禁楮之折阅者日严②，而禁钱之漏泄者日宽，非果宽也，宽于大而严于小也。闉阇之间③，有腰百金以出者，吏卒已目送之，至数百，则捃摭之、鞭笞之矣。高檣巨舳出没江海，有豪家窟穴其中，则人不敢仰视，间能损毫末以饵逻卒，则如履康庄矣。豪家之弊犹可言也，富商之弊不可言也。豪家泄之于近，富商泄之于远，泄于近犹在中国，泄于远则转及外国而不可复返矣。钱既日耗，则其命遂归于楮，其弊遂积于楮。上下之间遂一切并力于楮，不知楮所以难行者，不独以楮之多，正以钱之少也。存者既少，藏者愈牢，虽以重法欲散出之，彼将曰吾之钱吾所自有也。彼以中国所有，散之外国，上不之禁，而何以咎我。故臣以为今日之务，不专在称提楮币，又在于称提铜钱也。今铜钱之法，大率犯者罚轻，而捕者赏轻。犯者罚轻，则人易为奸；捕者赏轻，则吏不尽力。望申饬攸司，严漏泄之宪，优掩获之典，其捕至若干者特与附类，获盗改秩，以风厉之诚，使钱不甚荒，则楮不偏胜，此称提本务也。

江西提举袁燮陈钱法诸弊。

> 江西提举袁燮上便民疏曰：臣闻楮币之用，至今而穷，立法而称提之，所以济其穷也。然今日所谓称提者，果能有济乎？始以法令从

---

① 称提，宋代货币学术语，指政府要控制楮币的发行量，稳定纸币币值，以权衡市场钱物之间的关系。

② 折阅，降价出售。

③ 闉阇，指城外瓮城的重门。

事，兑不以省陌者①，必罚无赦，未几，从民之便，又未几，有三分、七分之说，而卒归于铜钱、楮币之相半，是复其旧也，是犹未始称提也。经久可行之策，顾不在兹乎。今议者急于丰财，欲用铁钱与铜钱并行，当不足之时，倏焉有余，宁不可喜？而其实有不然者。往时楮币多，故铜钱少，今益以铁钱，不愈少乎？往时楮币多，故物价贵，今益以铁钱，不愈贵乎？铜铁之价，固不相若，铸以为钱，孰贵孰贱，兼用之于市，而实得铜钱之直，得无徒费铁钱乎！两淮虚耗甚矣。运铁钱于江南，贸易而归，固将裕之也。然江南之楮币易淮甸之铁钱，厥价三倍，奸巧之民，争先取之，此盈而彼虚矣。铁钱日以朘削，铜钱禁不得往，淮人将安所用哉！名曰裕之，其实蹙之。且夫铁钱之易就，非若铜钱之难成，盗铸如云而起，楮之轻也滋甚，内不足以权楮，外不足以裕淮，将何便于此哉！且今日楮币之轻，得非以铜钱之寡与。海舶之泄，未始无法也。而检空之委得于情恩，纳其私赇，纵其私载，则连樯而去，奸民相结，贮钱小舟，潜往海洋，纳诸巨舶，稇载而归，此钱之所由少也，独不可申严其禁乎！销钱为器未始无法，而获利十倍，所在公行。句容、天台、四明、池阳、临川之所铸者，以精巧名，人皆贵之。此钱之所以销也，独不可痛惩其奸乎。鼓铸之司，令甲至严也，每岁增之，何可胜用。自黠吏既渔其利，而场户复济其奸，惮取铜之难，销钱以输之，幸其精炼，无复致诘，钱安得而不耗，独不可坚明其约束乎。若夫守法之地，人所观瞻，而先自废法，罪莫大焉！铜楮相半之制，其来旧矣，乃创为新例，输楮于官者必令贴纳，是利其赢也，是弛相半之法，而置钱于无用之地也。奸民乘之，逞其私欲，毁之匿之者不胜其众，是孰为之倡哉。窃观当今州郡，大抵兼行楮币。所在填委，而钱常不足。间有纯用铜钱，不杂他币者，钱每有余，以是知楮唯能害铜，非能济铜之不及也。加之以贴纳，岂货泉之利哉！朝廷深惩往事，革三分、七分之弊，而复二者均平之法，此乾道、淳熙之美意也。人情翕然，佥曰至当，守法之便，昭晰如此。然则守铜楮相半之法，悠久不变，而异时谋利挠法之蠹，荡涤无余，尚何忧铜钱之寡，而楮币之轻乎。此当今

---

① 省陌，古代百钱为一陌。规定不足百钱为一陌，叫作"省陌"。宋王应麟《困学纪闻·考史》："唐末以八十为陌，汉隐帝时，王章又减三钱，始有省陌之名。"

之急务也。

理宗宝庆元年，行大宋元宝钱。

四年，改元绍定，铸钱曰绍定通宝。

绍定六年，右谏议大夫赵至道，奏乞戒饬冶司岁纳新钱，依额起解，毋许诸郡截钱纳券。

诏出内帑缗钱二十万，令临安府措置兑易，日下住罢铜钱局。

至宝祐四年十月，又出封桩库新钱兑使，以济民用。

七年，改元端平，铸钱曰端平通宝。

端平元年五月，以胆铜所铸钱不耐久，旧钱之精致者，泄于海舶。申严下海之禁。

审计司章谦亨进对，奏浸铜事，帝曰：实铁耳。谦亨奏：绍圣间，以铅山胆泉浸铁为之，令泉司鼓铸，和以三分真铜，所以钱不耐久。又奏：旧钱精致，泄于海舶。帝曰：不可不禁。至淳祐四年，右谏议大夫刘晋之言：巨家停积，犹可以发泄；铜器钲销，犹可以止过。唯一入海舟，往而不返。于是复申漏泄之禁。

> 臣等谨按：浸铜之法，以生铁锻成薄片，排置胆水槽中，浸积数日，铁片为胆水所薄，上生赤煤，取刮铁煤，入炉三炼成铜。大率用铁二斤四两，得铜一斤。饶州兴利场、信州铅山场各有岁额，所谓胆铜也。

六月禁毁铜钱。

至淳祐八年，监察御史陈求鲁疏曰：议者谓钱废于蛰藏，至喉盗贼以窥人之闾奥，峻刑法以发人之窖藏，不思患在于钱之荒，而不在钱之积也。蕃舶巨艘，形若山岳；乘风驾浪，深入遐陬，贩于中国者，皆浮靡无用之异物。而泄于外国者，乃国家富贵之操柄，所得几何，所失不可胜计矣。京城之销金，衢信之镴器，醴泉之乐具，皆出于钱。临川、隆兴、桂林之铜工尤多于诸郡。姑以长沙一郡言之，乌山铜炉之所六十有四，麻潭①鹅羊山铜户数百余家。钱之不坏于器物者无几，今京邑镕铜器用之

---

① 麻潭，《宋史·食货志》作"麻潭"。

类，鬻卖公行，于都市畿甸之近，一绳以法，由内及外，观听聿新，则钰销之奸知畏矣。香药象犀之类，异物之玩珍奇，可悦者本无适用之实，服御之间，昭示俭德，自上化下，风俗丕变，则漏泄之弊少息矣。此端本澄源之道也。有旨从之。九年九月，又诏临安府诸路提刑司：严奸民销凿见钱，私铸铜器之禁。仍下殿步司一体施行。

四年，改元嘉熙，铸钱曰嘉熙通宝、嘉熙重宝。

《食货志》曰：新钱当二，并小平钱，并以嘉熙通宝为文；当三钱，以嘉熙重宝为文。

臣等谨按：端平中，尝铸大钱，一当五。辇下置监铸，不及千缗而费用万缗，不一月罢。此事，《宋史·食货志》不载，见张端义《贵耳集》。

嘉熙五年，改元淳祐，铸钱曰淳祐通宝、淳祐元宝。

臣等谨按：淳祐元宝大钱，背文有当百字，钱质厚重，过于诸大钱数倍。而史无明文。

淳祐十二年，申严钰销之禁及伪造之法。

先是十年二月，都省言：铜钱泄漏，伪会充斥，奸民无所惩畏。诏令沿海州县，山隩海岳结为保甲，互相纠察。如有犯者及停藏家，许告，推赏；不告连坐。至是复申其禁。至景定四年，又谕辅臣曰：陈尧道言，钰销伪造，当严加禁戢。贾似道奏：不禁钰销则见镪愈少，不禁伪造则楮币愈多。臣等仰遵圣训。

宝祐元年八月，行皇宋元宝钱。

宝祐七年改元，开庆铸钱，曰开庆通宝。

开庆二年，改元景定，铸钱曰景定元宝。

度宗咸淳元年，行咸淳元宝钱。

七月，督州县严钱法。复申钰销漏泄之禁。

臣等谨按：孔行素《至正》杂记曰：宋季钱牌长三寸有奇，阔二寸，大小不同；背铸临安府行用，面铸贯文云壹百之类。额有小窍，贯以致远，此则制沿古币而用等钞法，《宋史》不载，附录于此。明末蒋臣请用铜钞，殆欲仿此制也。

会子

宁宗嘉定四年十二月，以会子折阅不行，遣官体访江浙诸州。

时提举司令民以田高下藏新会子，不如令者籍其赀。福建路安抚使蔡幼学曰：罔民而利，吾忍之乎！唯有去而已。因言钱币未均，称提无术，力求罢去。

袁说友疏曰：今官会日轻，铜钱日少，欲重官会，而民间兑易不能及所兑之数，官会何由而可重；欲易铜钱，而民间见钱收拾日难，不能为称提之用，铜钱何由而可易。朝廷救弊之策亦间举矣。既降指挥官司上供、民间输纳，并令钱、会中半；又降指挥民间以会子输纳，不得勒令贴纳见钱；又令户部支拨见钱，下临安府置场以实数兑使；又令封桩库日出见钱数千缗，下临安府兑使；又令诸州拨见钱于本州置场兑使。此皆欲重官会也。是数策者不可谓不能救弊矣，然大抵今日弊革，而明日复弊，每不能称提于久远尔。今累月来都下官会又复亏折，一千官会虽得七百，二三十见钱而砂毛，《宋史·食货志》作尾误。减轻钱一千，内率有二三十，是实得七百以下也，零会则折阅又甚矣，然未至如外郡之尤弊也。今近在辅郡，如浙西之湖、秀，浙东之婺、越，盖兑一千，而得六百，七八十而砂毛，减轻亦在焉。稍远而衢、信，又远而建、剑，远而江东、西，则一千止得六百以下矣。愈远则愈轻，愈轻则愈不用，官会之弊，至此甚矣。若更不求其策，则公私俱不可行，岂不为寒心哉！今若止为都下官，会计固可以一说论，独外郡地既不同，其说各异，难以一概之说救之，望下臣此奏于江浙东西、福建五路守臣①，令各随本州事宜，详考的确具申，尚书省下检正都司，同户刑部看详，掇其策画之最善者，再行熟计，申省取旨施行，庶参酌众论，各随其宜，或能救弊于久远也。

理宗绍定三年，置会子库监官一员，专掌堂差，以有举选人充。

---

① 江浙东西、福建五路，指两浙东路、两浙西路、江南东路、江南西路和福建路。

四年五月，诏：会子库造第十四、十五界共二十万缗，令封桩下库，充边郡科降。

端平二年，诏：封桩库支拨度牒五万道，四色官资付身三千道①，紫衣师号二千道，封赠敕诰一千道，副尉减年公据一千道，发下诸路监司州郡，广收十六、十七两界会子。

以都省言：会价日损，物价日昂，若非措置收减，无由增长故也。至淳祐十年，又给度牒千道，下临安府易民间两界破会。宝祐三年二月，又拨官诰、祠牒、新会、香盐付临安府守臣马光祖，收换两界旧敝会子。九月，右丞相董槐奏：以临安府酒税，专收破会，解发朝廷，旋即焚毁。从之。景定四年十二月，诏：舶务出售榷货，以收敝楮。仍禁乞取。五年正月，出奉宸库珠、香、犀、象等货，下务场货易，助收敝楮。

五月，监察御史李宗勉陈楮弊。

宗勉言：两界会子，亟易劳费，特甚行之，既久折阅如故，不若节用而省，退官吏内外营缮，支费浮泛，悉从节约，岁省十万，则十万之楮可损；岁省百万，则百万之楮可损也。行之既久，损之益多，钱楮相当，所至流转，则操我赢缩之柄，不在楮矣。其监司帅守既无苞苴，馈运之费尽可撙节，以为称提之助。从之。

八月，臣僚请预造十八界新会。

帝言：若行新会，又恐民间惶惑。奏云：非欲更造一界会子行使，止欲预造桩积为变通之用，帝然之。至淳祐三年，臣僚言：十五、十六两界会子，尽用川纸，物料既精，工制不苟，民欲为伪，尚或难之。迨十七界之更印，已杂用川杜之纸，至十八界则全用杜纸矣。纸既可以自造，价且五倍于前，故昔之为伪者难，今之为伪者易。臣愚以为，钞撩之际，增添纸料，宽假工程，务极精致，使人不能为伪者，上也。禁捕之法，厚为之劝，厉为之防，使人不敢为伪者，次也。

九月，以两界会子数多，监司郡守奉行称提不虔②，令诸路州县有官之家、簪缨之后，及寺观僧道，并按版籍，每亩输十六界会子一贯，愿纳十七界者，并从各州截角③，类解付封桩库交纳。其勋贵及寺观曾被指挥

---

① 付身，宋代由吏部发给官员随身携带的身份证明。
② 不虔，不谨。
③ 截角，宋代开始实行的官方批验纸币和引票的方法。

特免科役者，毋得夤缘规免。仍不许敷及佃户，违者许越诉。

是年，始令收藏旧会。

先是，绍定五年，两界会子已及三亿二千九百余万。至是，臣僚言：两界会子，远者曾未数载，近者甫及期年，非有破坏涂污之弊。今当以所收之会，付封桩库贮之。脱有缓急，或可济事。从之。

　　臣等谨按：旧制，收到旧会或毁抹重造，或竟烧毁不复收存也。今藏以待乏，毋乃尚欲用之乎！夫新旧错出，民志惑而奸伪滋，此楮币之所以乱也。董槐谓：官司既可通融，民间自然减落。宝祐三年九月奏。其源有自来矣。

三年十二月，诏：措置会子，务在必行。尚虑监司守令奉行不力，令两监察御史觉察弹奏。

嘉熙二年，遣江浙东西闽五路宪臣，于朝以称提楮弊而出也。

　　许衡代人拟奏札曰：臣谓楮弊之折阅，断无可称提之理，直一切罢而不行用耳。讲称提之策者，今三四十年矣，卒无能为朝廷毫发之助，但见称提之令每下，百姓每受其害，而贯陌益落。嘉定以一易二，是负民一半之货也；端平以五易一，是负民四倍之货也；今不若以实货收虚券，犹足救前日之过，而无愧百姓，实货者何监是也。

四年九月，令措置十八界会子，收换十六界，将十七界以五准十八界一券行用，如民间辄行减落，或官司自有违戾，许径赴台省越诉。

　　兵部侍郎袁甫论会子，疏曰：仰唯圣上以会子极弊为忧，大臣鉴前事之误，悉意经画。自去岁遣官置局，随所在州军，任责撩纸，今端绪已见，岂容轻易施行，而至于再误乎！臣请先将白札子所言别白言之①，然后臣得毕陈其说。目今十六、十七两界会子，五十千万数，日伙价日低，救弊之策，幸有十八界新会一着，若不善用之，则适以滋弊。今白札子遽欲以十八界会子，旋印旋支，其说谓一新之

――――――――――
① 白札子，已经拟定但尚未用玺的诏旨。

直，可当旧之五六，故欲停旧造新。然新者当造，而不当遽用。盖十八界未出，则人之望朝廷区处，唯两界旧会耳。十八界既出，则新旧三界杂然并行，区处愈费力矣。据白札子虽云以新会照时价买旧会，而暗毁之，然当此用度窘迫，既曰不必顿造新会，则安能每月以三分之一而买旧会，必至三界并行，愈多愈贱，且见钱、会子子母相权。白札子云：不必措置见钱；又云：宜放都城会价，与城外相等，意欲以重楮轻钱之术神之。而人心终轻楮重钱，官司虽严刑重罚，勒令新会从官价，旧会从民价，然三界并行，民听易惑，新旧会之价不一，新必为旧所牵而倒矣。又三总户部岁支见钱，白札子拟于朝廷桩积钱内支拨。照得端平初元，因换会子，遂出累朝所积金银轻弃之，至今帑藏楛虚，言之哀痛。今仅有升润所积，见镪六七百万，及行都所积三四百万，视为根本。若又扫而空之，犯端平之大失，岂不重可虑哉！会子立界、分定年限，其法始于蜀中，当换界之时，差内外两场官吏，辨验真伪，方与交收。外场验到一贯伪会，追赏至七十贯；内场验到一贯伪会，追赏倍之。民间知将来换会时，难逃两场辨验，自然伪会不至通行。今白札子乃欲新会不立界限，是未知立法防奸之深意也。凡此皆事理之当审者，若夫区处之策，亦非有新奇之论，唯在立定规模，善用新撩之纸为一，顿换易之计，则庶乎其可矣。今朝廷纽旧会之陌，换易新会，大率以五旧易一新，计必得十千万新会，则旧会可以尽易，其要在作急办纸，而已办纸固不可缓，印造尤所当急，须并力趱趣，务在速办，然后一朝尽行换易，举五十千万之旧会，悉易以十千万之新会，使来夏以后，更无旧会一券行于世间，独有一色新会，则民间自然贵重矣。臣愿陛下力持四戒：一曰戒新会三界并用；二曰戒轻变，钱会中半；三曰戒空竭，升润桩积；四曰戒新会不立界限，更乞断以圣意，勿以来夏为赊，勿以顿造为惮，爱惜寸阴，力救积弊，天下幸甚。

又曰：窃详白札子所陈，不欲明换，而欲暗销者，盖恐一新易五旧，非民所乐，故只令纽价输赋，神而化之耳。然比来物价翔踊，正缘旧会数多，民方苦之，如能五分销去其四，使新会顿复官陌，则凡物十千之价者，只两千可得米石绢匹，色色如之，岂非众所愿，欲虑其不乐者过也。况既以时值准会输赋，民间折阅，与以一易五则同，虽避其名，民不可愚也。与其暗销，不若明白收换之为愈。照得绍兴间，四川钱引价低，固尝以一易四，人无异论，亦非今日创行也。

又曰：指挥内一条，人户所纳官会，各州军截凿一角，发解朝廷。臣谓令各州军截凿，不若令人户自凿，赍赴官司。何则，官司截凿，彼直谓空言给我，将来仍并出行用，且有怨愤之心矣。如许其自凿以纳官，则目前虽有输财之苦，亦知会少价增，异日可以获利，庶几不怨，或谓人户凿纳，必有夹杂伪会之弊，不知此虽有之，亦自有限。况只凿一角，真伪自可稽考。或又谓我但真行截凿足矣，何恤人言。不知目今用度窘急，州县揣知此意，必有密献不必尽凿之说者，朝廷处匮乏之际，万一惑于其言，纵使不为所惑，然人之疑心，难以家至户晓。臣之意，只是一信字，使天下晓然，无疑而已。又指挥内一条，令各州军拘人户纳官会，分为六限，每限半月，计三月可足。窃计将来人户输纳不时，州郡必至，申请展限，恐限内先纳者，皆是畏谨，及贫弱之人违限不纳者，却是顽梗，及巨力之户，臣欲反此说用之。令州郡先催形势有力之家，立定期限，不许申展。一则顿改，收买会价必然骤长；二则势家不敢希望展限，以求幸免；三则贫小者心服，彼大家事力有余，限内责其必纳，更复何辞。待大家纳足之日，然后催及中户；中户力虽稍薄，然皆自爱，必能依限输官；末后视所收多寡如何，酌催贫小之户。或已纳数多，则朝廷施行宽恩，可使贫小者沾被！

张端义《贵耳集》曰：辛未，嘉定四年，以二易一。当时议者必曰贻害于后，今以五易一，倍于二易一矣。十七界不及六十七文行用，殊不知十九界后出，又将十八界以十易一矣，此一项利害难以虚言，胜愚民之术，至此而穷。学士大夫强出新奇，欲行称提之法，愈称提则愈折阅矣。

闰十二月，诏：民间赋输，仍用钱，会中半。其会半以十八界直纳半，以十七界纽纳。

至淳祐十二年，监察御史刘元龙言：楮币积轻，宜因各路时值，令州县折纳纯用楮。从之。后公私交病，明年仍用钱、会中半。景定三年，都省言：诸路州县税租，见钱用时价折纳会子，以重楮也。州县间有故行违戾者，诏诸路提刑躬视所部，违者劾之。

淳祐元年七月，诏：敕令所修伪造新会、揩改旧会、盗卖会底之令。

二年三月，诏：在外诸军，请给楮币，权以十八界三分增给。

明年，又以制臣李曾伯言：命淮东西总所饷军券钱，并给楮四分，皆以楮贱故也。

七年二月，诏：十七、十八两界会子，更不立限，永远行用。

先是，二年，按《宋史·食货志》载，韩祥奏作淳熙二年，熙字误刻，应作祐。宗正丞韩祥奏：坏楮币者只缘变更，救楮币者无如收减。自去年至今，楮价粗定，不至折阅者不变更之力也。今已罢诸造纸局及诸州科买楮皮，更多方收减，则楮价有可增之理。帝曰：善。至是，乃有是诏。明年，左司赵汝塈请更造十九界会子，黄洪请不用会子。皆以狂言惑众，诏各免所居官。

十一年，以会价增减课其官吏。

先是，端平二年，知衢州蔡节以本郡会价低，减削二秩。嘉熙元年，知应天府赵与等各以称提会子进一秩。淳祐八年四月，臣僚言：两界会子既永行用，宜立殿最之法，以为称提之助。从之。至是，乃着此令。

宝祐六年，诏：京城敝楮不堪行用，于封桩库支拨两界好会，尽数收换。

至景定五年十月，诏十七界会浸轻，并以十八界会易之，限一月止。

景定四年，诏：更减造会子。

都省言：中外支用粗足，已行减造会子。今置公田，免籴本，又合减造，诏：每日更减五万。寻以收买逾限之田，复日增印会子一十五万贯。

川引

宁宗嘉定十一年四月，命四川增印钱引五百万以给军费。

理宗嘉熙二年十二月，出祠牒会子共七百万纸给四川制司，为三年生券。

至宝祐三年，又拨封桩库十八界会二百万，专充四川行使。

淳祐九年九月，四川制置使余玠，请交引以十年为界。从之。

玠言：川引每界旧例，三年一易。自开禧军兴后，用度不给。展年收兑，遂至两界、三界通使。然率以三年界满方出，令展界以致，民听惶惑。今欲以十年为一界，着为定令，则民旅不复怀疑。从之。

度宗咸淳五年，川引仍听自造。

先是，理宗宝祐四年，台臣奏：川引、银会之弊，皆因自印、自用，有出无收，今当拘印造之权，归之朝廷，仿十八界会子，造四川会子，视淳祐之令，作七百七十陌，于四川州县，公私行使。两料川引并毁。见在银会姑存。旧引既清，新会有限，则楮价不损，物价自平矣。从之。至是，复以会板发下成都运司掌之，从制司钞纸发往运司印造毕，发回制司，用总所印行，使岁以五百万为额。

湖会

宁宗嘉定十七年，造湖广第六界会子二百万。

理宗嘉熙二年，拨第七界湖广会九百万付督视参政行府。

宝祐二年，拨第八界湖广会三百万贯付湖广总所，易两界破会。自后因仍用之。

关子

理宗景定四年十二月，令会子库造三色零百钱关二十万，便民旅交易。

五年十二月，时度宗已即位。行铜钱关子。

诏：物贵原于楮轻，楮轻原于楮多。今以见钱关子，复中兴旧法，每百七十七足陌以准十八楮三千，革钱楮亏折之弊。其官吏诸军券，请并以见钱关子全给。时丞相贾似道以楮钱作银关，以一准十八界会之三，自制其印文，如贾字状。及帝崩，矫诏废十七界会子行关子，将作监簿吕沆力言非便。不从。银关行，物价益踊，楮益贱。

王圻曰：关子之制，上一黑印如西字，中三红印相连如目字，下两旁各一小长黑印，宛然一贾字也。

臣等谨按：关子起于高宗绍兴元年，故借口中兴旧法。

度宗咸淳四年，以近颁见钱关子贯作七百七十文足，十八界每道作二百五十七文足，三道准关子一贯，同见钱，转使公私擅减者，官以赃论，吏则配籍。

五年，复申严关子减落之禁。

七年，以行在纸局所造关子纸不精，命四川制司钞造输送，每岁以二千万作四纲。

辽

钱

太祖铸天赞通宝钱。

初，太祖父德祖萨勒题为额尔奇木，以土产多铜，始造钱币。太祖袭而用之，遂致富强，以开帝业。

　　洪遵《泉志》曰：契丹主安巴坚天赞钱，径九分，重三铢六参。

太宗置五冶。太师以总四方钱铁。
会同二年正月，晋遣使谢免沿边四川钱币。

　　臣等谨按：是时，晋输岁币于辽，并献沿边所积钱以备军实。是年，辽特免之。故遣使来谢耳。则大得中国之钱以资用可知。

穆宗铸应历重宝钱。
景宗铸乾亨重宝钱。

　　《食货志》曰：景宗以旧钱不足于用，始铸新钱，钱用流布。
　　赵至忠《杂记》曰：景宗朝置铸钱院，年额五百贯。

圣宗铸太平元宝钱，又铸太平兴宝钱。
先是，统和十四年，凿大安山取刘守光所藏钱，散诸五计司。至是，兼铸太平钱，新旧互用。
兴宗铸重熙通宝钱。

　　《泉志》① 曰：重熙钱径九分，重三铢。
　　《宋史·食货志》曰：庆历间，当辽兴宗时。契丹亦铸铁钱，易并边铜钱。又郑价使契丹还言其给舆箱者，钱皆中国所铸。乃增严三路阑出之法。

重熙二十二年闰七月，长春州置钱帛司。
以诸坑冶多在国东，故东京置户部司，长春州置钱帛司。时钱不胜

---

　　① 《泉志》，书名。宋朝洪遵（1120—1174）著，共十五卷，为探讨宋以前中国货币的专著。

多，故东京所铸，至清宁中方用。

道宗清宁二年闰三月，始行东京所铸钱。

九年正月，禁民鬻铜。

《辽史·二国外纪》曰：清宁九年正月，禁民鬻铜于夏。又《食货志》曰：是时诏禁诸路不得货铜铁，以防私铸。又禁铜铁卖入回鹘，法益严矣。

太康十年六月，禁毁铜钱为器。

大安三年五月，海云寺进济民钱千万。

《食货志》曰：道宗末年，经费浩穰，鼓铸仍旧。国用不给，故虽以海云佛寺千万之助，受而不拒。

四年七月，禁钱出境。

《辽史·刑法志》曰：先是，南京三司销钱作器皿三斤，持钱出南京，十贯者处死。至兴宗重熙元年，铜逾三斤、持钱二十贯以上处死。

又《食货志》曰：道宗之世，钱有四等：曰咸雍，曰太康，曰大安，曰寿隆。皆因改元易名，其肉好、铢数无所考。

《泉志》曰：道宗清宁钱，径九分，重三铢，文曰清宁通宝。又太康钱有二品，并径九分，重二铢四参，以太康通宝、太康元宝为文。又大安钱，径八分，重二铢八参，文曰大安元宝。又寿昌钱，径九分，重二铢四参，文曰寿昌元宝。

臣等谨按：《辽史》道宗钱四等：一曰咸雍，而不及清宁，盖偶遗之；洪志之寿昌，乃寿隆之讹。至《辽史》谓肉好、铢数无考，而《泉志》乃详言之。则史家疏也。

天祚帝铸乾统元宝钱，又铸天庆元宝钱。

《泉志》曰：乾统钱径寸，重三铢二参；天庆钱，径九分，重二铢四参。又曰：自天赞以下九品，皆契丹年号。又千秋钱，径三分，文曰千秋万岁。董逌曰：辽国钱也。

《食货志》曰：天祚之世，更铸乾统、天庆二等新钱，而上下穷困，府库无余积矣。

西辽寿昌元宝钱。

臣等谨按：李季兴，东北诸蕃，枢要曰：契丹天祐年号寿昌。据《辽史·天祚帝纪》，百官册立耶律达实为帝，上尊号曰天祐皇帝，改元延庆。无寿昌纪元之语，或正史遗之，而枢要别有所据。

西辽感天元宝钱。

天祐帝在位二十年，遗命皇后权国称制，号感天皇后，此钱盖其时所铸。

钦定续文献通考卷八

钱币考

金

<u>钱</u>

太宗天会十一年八月，黄龙府置钱帛司。

金初用辽宋旧钱。天会末，虽刘豫阜昌元宝①、阜昌重宝亦用之。

海陵正隆二年十月，初铸铜钱。

自贞元二年迁都后，制交钞，与钱并用。至是，始议鼓铸。禁铜越外界，悬罪赏格。括民间铜鍮器。陕西、南京者输京兆，他路悉输中都。明年二月，都城及京兆置钱监，中都置监二：东曰宝源，西曰宝丰。京兆置监一，曰利用。三监铸钱文曰正隆通宝，轻重如宋小平钱，而肉好字文峻整过之，与旧钱通用。

世宗大定元年，命陕西路参用宋旧铁钱。

至四年，浸不行，诏罢之。十九年八月，又以代州所铸新钱未行，令以宋大观钱作当五用之。

八年，禁民间铸钱。

民有犯铜禁者。帝以销钱作铜，旧有禁令。然民间犹有铸镜者。非销钱而何？遂并禁之。至十一年二月，申禁私铸铜镜。旧有铜器悉送官，给其直之半。唯神像、钟、磬、钹、钴、腰束带、鱼袋之属存之②。二十六年十一月，又以民私造腰带及镜，托为旧物市之，敕加禁约。又定制，民

---

① 刘豫（1073—1143），宋景州阜城人。曾任殿中侍御史、河北提刑等职。后降金，金册封他为"齐帝"。

② 鱼袋，唐宋官员随身佩带的证明身份、区别等级的标志。袋内装有鱼符，供出入宫掖时查验，袋上有金或银饰物，以区别官员等级。

间应许存留铜鍮器物，若申卖入官，每斤给钱二百文，其弃藏应禁器物，首纳者每斤给钱百文，非器物铜货一百五十文，不及斤者计给之。在都官局及外路造卖铜器，令运司佐贰检校定价，各有差。章宗明昌二年十月，又敕减卖镜价，防私铸销钱也。

十年，以官钱积而不散，令市金银诸物，其诸路酤榷之货，亦令以物平折输之。

时显宗为太子，有使者自山东还，太子问民间何所苦，曰：钱难最苦。官库钱满，有露积者；而民间无钱。太子因奏：钱在库府，何异铜矿在野，乞流转，使公私俱利。帝嘉纳之。诏有司议行。既而奉行不善，帝责户部曰：先以官钱率多，令诸处贸易以图流转，今知乃有以抑配[①]，反害百姓者，岂朕意哉！

十二年正月，以铜少，命尚书省遣使诸路规措铜货。

帝与宰臣议，鼓铸或以工费数倍，欲求金银坑冶。帝曰：金银、山泽之利，当以与民，唯钱不当私铸。若流布四方，与在官何异！所费虽多，俱在民间，而新钱日增，其谁能吏经营之。因问左丞石琚曰：古亦有民自铸钱者乎？对曰：民若自铸，则小人图利，钱益薄恶，此古所以禁也。

十三年，命非屯兵州府，以钱市易金帛，运至京师，使钱币流通，以济民用。

至二十六年，帝以京师积钱止五百万贯，外路所有终亦无用，诸路官钱，非屯兵处，可尽运至京师。丞相图克坦克宁曰：民间钱已艰得，若尽归京师，民益艰得矣！不若起其半至都，余半变折轻赍，则中外皆便。从之。二十八年，又谕宰臣曰：外路见钱闻有六千余万贯，皆在僻处积贮，既不流散，与无等耳。今中都岁费三百万贯，支用不继，不若致之京师，纵有挽运之费，亦唯散在民耳。

臣等谨按：十三年之举，在京师固无需外来之钱，特为流转计耳。至二十八年，则以支用不继，而欲取给于外矣！经费渐增，度支渐诎，虽平世不免，何必多事之日乎！大定间，非有靡耗之端可指，而末年邦计殊减，于前则息之，不胜消也，必有其渐矣。

①　抑配，强行分派。

十八年，代州立监铸钱。

先是，十五年，谕宰臣议增铸新钱。至是，命震威军节度使李天吉、知保德军事高季孙往监之，所铸斑驳黑涩不可用，诏各削两阶、解职，更命工部郎中张大节、吏部员外郎麻珪监铸，文曰大定通宝，字文肉好，又胜正隆之制，世传其钱料微用银云。明年铸新钱至万六千余贯。二十年，诏：先以新钱五千进呈，乃命与旧钱并用。十一月，名代州监曰阜通，设监一员，以州节度兼领副监一员，以州同知兼领丞一员，以观察判官兼领设句当官二员，给银牌，命副监及丞更驰驿经理之。二十二年十月，又以参知政事钮祜禄噶达尔提控阜通监。二十三年，帝以阜通监鼓铸岁久，钱不加多，盖以代州长贰厅幕兼领，夺于州务，不得专意综理故也，遂设副监、监丞为正员，而以节度领监事。二十七年二月，曲阳县别置钱监，赐名利通，设副监监丞给驿，更出经营铜事。

《金史·张大节传》曰：阜通监铸钱法弊，大节与麻珪莅其事，积铜皆窳恶，或欲征民，先所给直。大节曰：此有司受纳之过，民何与焉。以其事闻，卒得免征。

二十年二月，制钱以八十为陌。

时民间以八十为陌，谓之短钱；官用足陌，谓之长钱。帝始闻上京修内所，市民物用短钱，责宰臣不察。既而大名男子斡喇布者上言：谓官司所用钱，皆当以八十为陌，遂为定制。

二十八年十月，京府及节度州增置流泉务，凡二十八所。

至章宗明昌元年八月罢。宣宗兴定元年六月，复置南京流泉务。十月罢。

二十九年十二月，时章宗已即位。诏罢铸钱。

雁门五台民刘完等诉：自立监铸钱以来，有铜矿之地虽曰官运，其顾直不足，则令民共偿，乞与本州司县均为差配。遂命甄官署丞丁用楫，往审其利病。还言：所运铜矿，民以物力科差济之，非所愿也。其顾直既低，又有刻剥之弊，而相视苗脉工匠，妄指人垣屋及寺观谓当开采，因以取贿。又随冶夫匠，日办净铜四两多，不及数，复销铜器及旧钱送官以足之。今阜通、利用两监，岁铸钱十四万余贯，而岁费乃至八十余万贯，病民而多费，未见其利，遂罢代州、曲阳二监。

章宗明昌三年四月，罢天山北界外采铜。

旧尝以夫匠逾天山北界外采铜，至是御史李炳言：闻在官铜数可支十年，若复岁令夫匠过界远采，不唯多费，兼恐生衅，即支用将尽，亦止可于界内采炼。帝是其言，遂不许出界。至五年三月，令凡使高丽还者，所得铜器尽买之。

四年，令有司收籍铁钱。

谕宰臣曰：随处有无用官物，可为计置，如铁钱之类是也。参知政事胥持国曰：江南用铜钱，江北淮南用铁钱，盖以隔阂，铜钱不令过界耳。如陕西市易亦有用银布姜麻，旧有铁钱，宜姑收贮，以备缓急。遂令有司籍铁钱之数，贮于库。

五年三月，定限钱禁。

宰臣奏：民间艰于得钱，以豪家多积故也。请依唐元和行限钱法。帝令参酌定制，官民之家，以品从物力限见钱，多不过二万贯；明安穆昆则以牛具为差①，不得过万贯。凡有所余，尽易诸物收贮。有能告数外留钱者，奴婢免为良，佣者出离，以十之一为赏，余皆没入。而人多不遵，乃令御史台及提刑司察之。至承安三年十月，更定官民存留见钱法，减元限之数，三分为率，亲王公主品官许留一分，余皆半之；其赢余之数，期五十日内尽易诸物，违者以违制论，以钱赏告者。泰和四年七月，乃罢限钱法，从户部尚书上官瑜请也。七年七月，复行限钱法。品官及民家存留见钱，比旧更减其数。详后钞考。八年十二月，宰臣奏：限钱过数，虽许奴婢以告，乃有所属黠令其主藏匿，不以实首者，可令按察司察之。若旧限已满，当更展五十日，许再行变易钞引诸物。

臣等谨按：元和行限钱法，虽有赏告之文，未闻招诱其奴婢也。马氏犹讥其开告讦之门，重为烦扰。今乃明悬奴告主之律，复恐其容隐，而令法司察之。为货弊通塞之计，则滋乱之道矣。

承安三年正月，禁钱越境。

省奏随处榷场，若许见钱越境，即与销毁无异。遂立制：以钱与外方

---

① 牛具，金朝猛安谋克之民的计税依据，以一耒三牛为一具。

人使及交易者，徒五年；三斤以上死。驵侩同罪①。捕告人之赏，官先代给钱五百贯。其逮及与接引、馆伴、先排、通引、书表等，以次坐罪。仍令均偿。

泰和四年，命议足铜之术，遂铸大钱。

先是，帝谓宰臣，大定间，钱至足，今民间钱少，而又不在官，何耶？其集问百官，必有能知之者。至是欲增铸钱，命百官集议。中丞孟铸谓，销钱作铜及盗用出境者不止，宜罪其官及邻。太府监梁瑾等请采铜拘器以铸。宰臣谓鼓铸未可速行。其铜冶，听民煎炼，官为买之。凡寺观不及十人不许畜法器，民间鍮铜器，期以两月送官给价，匿者以私法坐。限外人告者，以知而不纠，坐其官；寺观许童行告者赏，俟铜多别具以闻。后遂铸大钱一直十，篆文曰泰和重宝，与钞参行。

张端义《贵耳集》曰：大钱非治世所当铸。大观、泰和可以监也。

八月，定从便易钱法。

听人输纳于京师，而于山东、河北、大名、河东等路，依数支取。

宣宗贞祐三年四月，禁用见钱。

河东宣抚胥鼎言：今市易多用见钱，而钞每贯仅直一钱，曾不及工墨之费，宜权禁见钱。从之。时权西安军节度使乌凌阿与言：怀州旧铸钱巨万，今既无用，愿贯为甲，以给战士。

《金史·食货志》曰：自是钱货不用。富家内困藏镪之限，外弊交钞屡变，皆至窘败，谓之坐化。商人往往舟运贸易于江淮，钱多入于宋，宋人以为善，而金人不禁也。议者惜其既不能重无用之楮，而又弃自古流行之宝焉。

四年五月，以河北州府官钱散失多在民间，命尚书省经画之。

兴定四年十二月，镇南军节度使温特赫思敬上书言钱币事。

思敬言：大定之世，民间钱多而钞少，故贵而易行。军兴以来，在官

---

① 驵侩，原来特指马匹交易的经纪人，后泛指交易经纪人。

殊少，民亦无几，军旅调度悉仰于钞，日出动以万计，能无轻乎！不若弛限钱之禁，许民自采铜铸钱，而官制模范。薄恶不如法者，令民不得用，则钱必日多；钞可少出，少出则贵而易行矣。今有司欲重钞而不得其法，乃至计官吏之俸，验百姓之物力以敛之，而卒不能增重，曾不知钱少之弊也。宜令民铸钱而当敛钞者，亦听输银，因以银铸钱为数等，文曰兴定元宝，定直以备军赏，亦救弊之一法也。朝廷不从。

钞附会、银

海陵贞元二年五月，始置交钞库，设使、副、员。七月初，设印造钞引库使副。

户部尚书蔡松年请行钞引法。遂设印造钞引库及交钞库，皆设使、副、判各一员，都监二员，而交钞库副则专主书押、搭印、合同之事。印一贯、二贯、三贯、五贯、十贯五等，谓之大钞；一百、二百、三百、五百、七百五等，谓之小钞。与钱并行。以七年为限，纳旧易新，循宋张咏四川交子之法，而纾其期，盖以铜少权制之法也。

正隆五年八月，命印造钞引库起赴南京。

世宗大定十三年三月，东巡，以运钱劳费，行会法。

时车驾东巡，费用百出，自辽以东，钱货甚少，计司欲辇运以支调度。户部尚书张亨谓：上京距都四千里，若挽钱而行，率三而致一，枉费国用，重劳民力，不若行会法便，使行旅便于囊橐，国家无转输之劳，而用自足。从之。

二十九年十二月，时章宗已即位。更定换钞法。

时有欲罢钞法者，有司言商旅利于致远，往往以钱买钞，盖公私俱便之事，岂可罢去。止因有厘革年限，不能无疑。乞削七年厘革之限，令民得常用。若岁久字文磨灭，许于所在官库，纳旧换新，或听便支钱。从之。

交钞之制，外为阑，作花纹；其上衡书贯例，左曰某字料，右曰某字号；料号外篆书曰"伪造交钞者斩，告捕者赏钱三百贯"；料号衡阑下曰：中都交钞库准尚书户部符承都堂札付，户部覆点勘令史姓名、押字；又曰：圣旨印造，逐路交钞于某处库纳钱换钞，更许于某处库纳钞换钱，官私同见钱流转，其钞不限年月行用，如字文故暗，钞纸擦磨，许于所属库司纳旧换新；若到库支钱或倒换新钞，每贯克工墨钱若干文。库掐、攒司、库副、副使俱各押字，年月日印造钞引库库子、库司、副使，各押字。上至尚书、户部官，亦押字。其搭印支钱处合同余用印，依常例。

《食货志》曰：交钞字昏方换，法自此始。而收敛无术，出多入少，民浸轻之。厥后其法屡更，而不能革，弊亦始于此焉。

臣等谨按：此所载交钞之制，乃章宗初年更定之文，非海陵旧制也。海陵时钞文，见范成大《揽辔录》，马氏已附录正考。而《金史·食货志》不载。

章宗明昌三年五月，敕尚书省：民间流转交钞当限其数，毋令多于见钱。

至四年八月，提刑司言：陕西交钞多于见钱，艰于流转。遂令本路榷税及诸名色钱折交钞，官兵俸许钱绢银钞各半。若钱银数少，即全给交钞。

承安二年十月，更定换钞工墨钱数。

宰臣奏：旧例以故钞易新者，每贯取工墨钱十五文。至大定二十三年，不拘贯例，每张收八文。既无益于官，亦妨钞法，宜从旧制便。帝令每贯收十二文。至泰和五年，帝欲罢工墨钱，复以印时常费，遂命贯收六文。七年七月，又用高汝砺议，每张止收二文。

十一月，铸承安宝货。

尚书省议：官俸、军需皆以银钞兼给。旧例，银每锭五十两，其直百贯，民间或有截凿者，其价亦随低昂，遂改铸银名承安宝货，一两至十两，分五等，每两折钱二贯，公私同见钱，用以代钞本，仍定销铸及接受稽留罪赏格。后私铸者多，杂以铜锡，浸不能行。五年十二月罢之。

臣等谨按：元宝每锭五十两之数，始见于此。其名则元初所命也。

三年十月，设回易务。更立行用钞法。

先是，交钞所出数多，民间成贯例者，艰于流转。诏：以西北二京、辽东路从宜给小钞，且许于官库换钱，与他路通行后，又以钞滞命西京、北京、临潢、辽东等路，一贯以上俱用银钞宝货，不许用钱。一贯以下听民便。既而民间尽以一贯以下交钞，易钱用之。至是，乃于两行部各置回易务，以绵绢物段易银钞。亦许于本务纳银钞，赴榷场出盐引；纳钞于山东、河北、河东等路，从便易钱。各降补官及德号，空敕三百、度牒一千，从两行部指定处，限四月进纳补换。又更造一百例小钞，并许官库易钱一贯、二贯例，并支小钞三贯例，则支银一两，小钞一贯。若五贯、十贯例，则四分支小钞，六分支银。欲得宝货者听。有阻滞及辄减价者罪之。至四年三月，又以银钞阻滞，乃权止山东诸路以银钞与绵绢盐引从便易钱之制。令院务诸科名钱，除京师、河南、陕西银钞从便，余路并许收银钞各半，仍于钞四分之一，许纳其本路。随路所收交钞，除本路者不复支发，余通行者，并循环用之。榷货所鬻盐引收宝货，与钞相半，银每两止折钞两贯者，许人依旧诣库纳钞，随路漕司所收，除额外羡余者亦如之。所支官钱，亦以银钞相兼。银已零截者，令交钞库不复支。若宝货数少，可浸增铸。银钞既通，物价自平，虽有禁法，亦安所施，遂除阻滞银钞罪制。后又以户部言：命在都官钱，榷货务盐引并听收宝货。附近盐司贴钱数，亦许带纳，以民间宝货有所归，自然通行，不至销毁也。

泰和元年六月，许铺马①、河夫、军须等钱折纳银一半，愿纳钱钞者听。

通州刺史卢构言，钞已流行，独银价未平，官定每锭十万，市肆才直八万，盖出多入少故也。若令诸税以钱银钞三分均纳，庶革其弊。下省议。宰臣谓：顷令院务收钞七分，亦渐流通，若与银均纳，则彼增此减，理必偏胜，至碍钞法，必欲银价之平，宜令诸路各铺马、军须等钱许纳银半，无者听便。

二年闰十二月，户部尚书孙铎请废三合同钞。

先是，尝行三合同交钞，后止行于民间，而官不收敛，朝廷虑其病民，遂令诸税各带纳一分，虽止系本路者，亦许不限路分通纳；户部见征累年铺马钱，亦听收其半。至是，帝以交钞事召铎与户部侍郎张复亨议，铎请废三合同钞不用。

《食货志》曰：自是而后，国虚民贫，经用不足，专以交钞愚百姓，而法又不常。世宗之业衰焉。

———————

① 铺马，驿站所备、用于传递公文的马匹。

六年四月，陕西交钞不行，以见钱十万贯为钞本，与钞相易。复以小钞十万贯相参用之。

十一月，诸路复行小钞。

先是，四年，户部言：向设四库印小钞，以代钞本，令人便赍小钞赴库换钱，即与见钱无异。今更不须印造，俟其换尽可罢。四库但以大钞验钱数支易见钱。从之。至是，复许诸路各行小钞，中都路则于中都及保州，南京路则于南京、归德、河南府，山东东路则于益都，济南府西路则于东平、大名府，河北东路则于河间府，冀州西路则于真定、彰德府，河东南路则于平阳，北路则于太原、汾州，辽东则于上京、咸平，西京则于西京、抚州，北京则于临潢府官库易钱。令户部印小钞五等付各路，同见钱用。

七年五月，以户部尚书高汝砺立钞法条约，添印大小钞。增钞库副使一员。

至七月，帝谕汝砺曰：今后毋谓钞多不加重，而辄易之，重之加于钱可也。乃敕民间交易、典质一贯以上，并用交钞，毋得用钱。须立契者，三分之一用诸物。六盘、山西、辽河东，以五分之一用钞，东鄙屯田户以六分之一用钞；不须立契者，唯辽东钱钞从便。犯者徒二年，告者赏有差。监临犯者杖，且解职。县官能奉行流通者升除，否者降罚。集众阻法者，以违制论。商旅赍见钱不得过十贯。所司籍辨钞人以防伪冒，品官及民家存留见钱比旧减其数，若旧有见钱多者，许送官易钞。十贯以上不得出京。汝砺又言：府州县镇辨钞人宜给以条印，听与人辨验，随贯量给二钱，贯例虽多，六钱即止。每朝官出使，令体究通滞以闻。榷盐许用银绢，余市易及俸并用交钞，其奇数以小钞足之。应支银绢而不足者，亦以钞给之。

以宋会子同见钱用。

民间旧有宋会子，亦准行用，十贯以上不许持行。亦从高汝砺请也。

十月，定昏钞赴都更换法。

杨序言：故钞虽令赴库易新，然外路无设定库司，欲易无所；远者直须赴都。帝以问高汝砺，对曰：随处州府库内，各有辨钞库子，钞虽弊不伪，亦可收纳。去都远之城邑，既有设置合同换钱，客旅经之皆可相易；更虑无合同之地，难有易者，可令官库，凡纳昏钞者，受而不支，于钞背印记官吏姓名，积半岁赴都易新钞。

十一月，令诸路州县，移库于市肆要处，以便支换。

高汝砺言：诸处置库，多在公廨内，小民出入颇难。宜令州县委官及库典于市肆要处，置库支换。以出首之钱为钞本，十万户以上州县，府给三万贯，以次为差。易钱者人不得过二贯，以所得工墨钱充库典食直。仍令州府佐贰及转运司官一员提控。从之。明年十月，参知政事孙铎言：比来州县抑配市肆买钞，徒增骚扰，遂罢诸处创设局，令止赴省库换易。

敕捕获伪造交钞者，皆以交钞为赏。

时民以货弊屡变，往往怨嗟聚语，亦令许人捕告，赏钱三百贯。

复更钞法。

从高汝砺言，命在官大钞，更不许出，听民以五贯、十贯例者，赴库易小钞。欲得钱者，五贯内与一缗，十贯内与两缗。唯辽东从便。他行钞诸路院务税及诸科名钱，并以三分为率：一分纳十贯例者，二分五贯例者，余并收见钱。明年正月，遂收毁大钞，行小钞。

八年正月，以京师钞滞，定所司赏罚格。

自七年七月定制，按察司以钞法流通为称职。而河北按察使希卜苏巡按所给券应得钞一贯，以难支用，命取见钱。御史以沮坏钞法劾之。帝以纠察之官，乃先坏法，杖黜之。谕尚书省：于州府司县官给由内，明书所犯之数，但犯钞法者，虽监察御史举其能干，亦不准用。自是按察司及州县官例以钞通滞为升降。至是，京师定赏罚格，遂命监察御史赏罚同外道按察司，大兴府警巡院官同外路州县官。

八月，更定辽东行使钞法。

从辽东按察使杨云翼言，以咸平、东京两路，商旅所集，遂从都南例，一贯以上皆用交钞，不得用钱。

十月，令课税广收交钞、小钞，不限路分通行。

参知政事孙铎言：民间钞多，正宜收敛，院务税诸名钱，可尽收钞。秋夏税纳本色外，亦令收钞，不拘贯例。农民知之，则渐重钞，可以流通。又小钞各限路分，亦甚未便，可令通用。从之。

十二月，更定俸钞给钱足数法。禁买旧钞换钱兴贩者。

宰臣奏：旧制，内外官、兵俸皆给钞，其必用钱以足数者，可以十分为率，军兵给三分，官员承应人给二分；多不过十贯。民间旧钞，许赴库易新。若官吏势要之家有贱买故钞，而于院务换钱兴贩者，以违制论。复遣官分路巡察。

宣宗贞祐二年二月，更造交钞，重至千贯。

先是，交钞日轻，卫绍王大安二年①，溃河之役，至以八十四车为军赏，兵衄国残，不遑救弊。至是思有以重之，乃更作二十贯至百贯例。又造二百贯至千贯例。

> 《食货志》曰：自泰和以来，凡更交钞，初虽重，不数年即轻而不行，至是则愈更愈滞矣。南迁之后，国蹙民困，军旅不息，供亿无度，轻又甚焉。

三年五月，陕西请降板就造交钞。

节度使乌凌阿与言：关陕军多，供亿不足，所仰交钞，则取于京师，徒成烦费。乞降板就造便。

七月，改交钞名为贞祐宝券，仍立沮格罪②。

至明年正月，又定捕获伪造宝券官赏。九月，御史台言：交钞之价浸减，近用贞祐宝券以革其弊，又虑既多而民轻，与旧钞无异也。乃令民间市易，悉从时估。严立罪赏，遂使商旅不行，物价日贵。且时估月再定之，而民间价旦暮不一，今有司强之，而市肆尽闭。复议搜括隐匿，必令如估鬻之，则京师之物指日尽，而百姓重困矣。臣等谓唯官和买计赃之类，可用时估，余宜从便。制可。

四年正月，监察御史田迥秀，请酌宝券支收法。

迥秀言：国家调度，皆资宝券。行才数月，又复壅滞，其患总在出多入少耳。若随时裁损所支而增其所收，庶乎可也。因条五事：其一，酒税及纳粟补官，皆用宝券。诏酒税从大定之旧，余皆不从。

三月，复置回易务。

翰林侍讲学士赵秉文言：比者宝券滞塞，盖朝廷将议更张，而已妄传不用，因之抑遏，渐至废绝。自迁汴以来，废回易务。臣愚谓当复置，令职官通市道者掌之，给银钞粟麦缣帛之类，权其低昂而出纳之。仍自选良监当官营为之，若半年无过及券法流通，则听所指任便差遣。诏议行之。

四月，复许贞祐宝券不限路分行用。

---

① 卫绍王，即完颜永济，金朝第七位皇帝，1208—1213 年在位。其人庸懦守成，被叛将所杀，夺去帝号，追贬为侯。至金宣宗复追封为卫王，谥曰绍。
② 沮格，阻挠。

宝券初行，民甚重之。自河北陕西诸路，所支既多，人遂轻之。商贾争收，入京市买，物价顿昂。三年十二月，乃令宝券路各殊制河北者不许入河南，至是河东行省胥鼎请量民力征敛宝券，以裨军用。因言河北宝券以不许行于河南，由是愈滞。宰臣谓：鼎欲征军须钱，宜从所请。至河北宝券，昨以商旅赍贩南渡，致物价翔踊，乃权限路分行用，今亦宜因鼎言罢之。

兴定元年二月，造贞祐通宝。

上年八月，平章珠格高琪奏：宝券浸轻，千钱之券仅直数钱，随造随尽，工物日增，宜更造新券，与旧券权子母行之，庶工物省而用不乏。濮王守纯以下皆惮改，奏曰：向朝廷以小钞殊轻，权更宝券，而复禁用钱，小民虑楮弊易坏，不若钱可久，于是得钱则珍藏，而券则亟用，唯恐破裂而至于废也。今朝廷知支而不知收，所以钱日贵而券日轻。不若量其所支，复敛于民，出入循环，则彼知为必用之物而爱重矣。今徒患轻而即欲更造，不唯信令不行，且恐新券之轻复同旧券也。既而陇州防御使完颜㝢及陕西行省令史惠吉继言：券法之弊，㝢请姑罢印造，以见在者流通之。若滞塞则验丁口多寡、物力高下征之。吉言：莫若更造，以贞祐通宝为名，自百至三千等之为十，听各路转运司印造，仍不得过五千贯，与旧券参用之。诏集百官议，纷纷不决。帝厌之。乃诏如旧而纾其征敛之期。至是竟用惠吉言，造贞祐通宝用之。凡一贯当贞祐宝券千贯，增重伪造阻格罪及捕获之赏。

五月，征桑皮故纸钱。

制钞之桑皮故纸，皆取于民，至是甚艰得。遂令计价征宝券通宝名桑皮故纸钱。高汝砺言：河南调发繁重，今省部以岁收通宝不充所用，乃敛桑皮故纸钱七千万贯以补之。近以通宝稍滞，又增两倍。河南人户农居三之二，今租税尚多未足，而复令出此，若不粜，当纳之租，则必卖所食之粟以应之。民既悉力以奉军而不足，而又加征，若是彼不能给，唯有逃亡。民逃田秽，兵食不给，是军储钞法两废矣。窃以钞滞物贵之害轻，民去军饥之害重，乞特命有司减免。不从。至四年八月乃诏：自今岁九月始，停周岁桑皮故纸折输。

五年闰十二月，造兴定宝泉。

宰臣奏：宝券既弊，乃造通宝以救之，今其弊复如宝券之末。初，通宝四贯为银一两，今八百余贯矣。宜更造兴定宝泉，子母相权，与通宝兼行，每贯当通宝四百贯，以二贯为银一两，随处置库，许人以通宝易之。县官能使民流通者，进官一阶，升职一等；或姑息以致壅滞则追降的决为差①，州府官以所属司县定罪赏。命监察御史及诸路行部官察之，定挠法失纠举法，失举则御史降决，行部官降罚，集众妄议难行者徒二年，告捕者赏钱三百贯。元光元年二月，始诏行之。

元光二年五月，造元光重宝，又造元光珍货，同银行用。

更造元光重宝，每贯当通宝五十。又以绫印制元光珍货，同银钞及余钞行之。行之未久，银价日贵，宝泉日贱，民但以银论价，宝泉几于不用。乃定法银一两，不得过宝泉三百贯。凡物可直银三两以下者，不许用银；以上者，三分为率：一分用银，二分用宝泉及重宝珍货，京师及州郡置平准务，以宝泉银相易。其私易及违法而能告者罪赏有差。是令既下，市肆昼闭，商旅不行。七月壬子，乃除市易用银及银宝泉私相易之法。然上有限用之名，下无从令之实，有司虽知莫能制矣。至哀宗正大间，民间但以银市易。

顾炎武《日知录》曰：此今日上下用银之始。

哀宗天兴二年十月，印天兴宝会于蔡州。

自一钱至四钱四等，同见银流转。不数月，国亡。

《食货志》曰：金初用辽、宋旧钱。正隆而降，始议鼓铸。民间禁铜，甚至铜不给用，渐兴窑冶。凡产铜地脉，遣吏境内访察无遗，且及外界；而民用铜器不可阙者，皆造于官鬻之，既而官不胜烦，民不胜病，乃听民冶铜造器，而官为立价以售，此铜法之变也。若钱法之变，则鼓铸未广，敛散无方，已见壅滞。初恐官库多积，钱不及民，立法广布；继恐民多匿钱，乃设存留之限，开告讦之路，犯者绳以重罚，卒莫能禁。州县钱艰，民间自铸，私钱苦恶特甚，乃以官钱五百易其一千，其策愈下；及改铸大钱，所准加重，百计流通，卒莫获效；济以铁钱，铁不可用；权以交钞，钱重钞轻，相去悬绝，物价腾涌，钞至不行；权以银货，银弊又滋，救亦无策；遂罢铜钱，专用

---

① 的决，原意为按照判决执行，也泛指判罪。

交钞、银货，然二者之弊，乃甚于钱。在官利用大钞，而大钞出多，民益见轻。在私利得小钞，而小钞入多，国亦无补，于是禁官不得用大钞，已而恐民用银而不用钞，则又责民以钞纳官，以示必用。先造二十贯至百贯例，后造二百贯至千贯例。先后轻重不伦，民益眩惑，及不得已则限以年数，限以地方，公私受纳，限以分数。由是民疑日深，其间易交钞为宝券，宝券未久，更作通宝，准银并用。通宝未久，复作宝泉；宝泉未久，织绫印钞，名曰珍宝。珍宝未久，复作宝会。汔无定制，而金祚讫矣。

钦定续文献通考卷九

钱币考

元

钞　附银

　　臣等谨按：钱币自当以钱为主，而会、引、关、钞等制附焉。自钞法盛于金，源至元，而钱几废，则钱钞之先后，不能不客主易位矣。明代钞不胜钱，而行使自有次第，故亦先钞于钱云。

太宗八年正月，诏：印造交钞行之。
　　有于元者奏行交钞。中书令耶律楚材曰：金章宗时，初行交钞，与钱通行，有司以出钞为利，收钞为讳，谓之老钞。至以万贯唯易一饼，民力困竭，国用匮乏，当为鉴戒。今印造交钞，宜不过万锭。从之。

　　臣等谨按：先是，钞法未行，亦尝暂用会子。当太祖末年，何实行元帅府事于博州，值兵火后，货物不通，实以丝数印置会子，权行一方，民获贸迁之利。

宪宗三年夏，立交钞提举司，印钞以佐经用。
　　时各道以楮币相贸易，不得出境。二三岁辄易，钞本日耗，商旅不通。真定兵马都总管史楫请立银钞相权法①，人以为便。

———————

　　① 银钞相权，指银钞流通关系。根据市场流通需要，两种货币同时流通，以一种为基础，确定对另一种货币的兑换率。

臣等谨按：《元史·百官志》曰：国初，户部兼领交钞公事，世祖至元始设交钞提举司，与此互异。

世祖中统元年十月，行中统宝钞。

帝擢王文统为平章政事，委以更张庶务。乃诏行中书省造中统元宝交钞。是年冬，初行中统交钞，自十文至二贯文，凡十等，不限年月，诸路通行，税赋并听收受。诸路领钞，以金银为本，本至乃降新钞。

《元史·刘肃传》曰：肃为真定宣抚使。时中统新钞行，罢银钞不用。真定以银钞交通于外者凡八千余贯，公私嚣然，莫知所措。肃建三策：一曰仍用旧钞，二曰新旧兼用，三曰官以新钞，如数易旧钞。中书从其第三策，遂降钞五十万贯。

三年七月，敕私市金银，应支钱物，止以钞为准。

四年三月，诸路包银以钞输纳，其丝料入本色，非产丝之地，亦听以钞输入。

至至元十七年十一月，中书省议流通钞法．凡赏赐宜多给币帛，课程宜多收钞。从之。

五月，诏：立燕京平准库，均平物价，通利钞法。

寻命各路立平准行用库，选部民富有力者为副。后有贾胡，忤制国用使阿哈玛特，欲贸交钞本，私平准之利，以增岁课为辞。帝以问户部尚书马亨，对曰：交钞可权万货者，法使然也。法者，主上之柄，使一贾擅之，何以令天下。事遂寝。

至元三年，始铸元宝。

诸路交钞都提举杨湜上钞法便宜事，谓平准行用库，白金出入有偷盗之弊，请以五十两铸为锭，文以元宝，用之便。从之。

陶宗仪《辍耕录》曰：银锭上字号，扬州元宝，乃至元十三年平宋，回至扬州，丞相巴延令搜检将士行李，所得撒花银子销铸作锭，每重五十两，归朝献纳。世祖宴会，从而颁赐，或用货买，所以民间有此锭也。后朝廷亦自铸。至元十四年者重四十九两，十五年者重四十八两。辽阳元宝乃至元二十三四年征辽东所得银子铸者。

十三年正月，云南行交会贴子。

云南民以贝代钱。时初行钞法，民不便之。行省赛音谔德齐言：云南不谙钞法，莫若以交会贴子公私通行为便。从之。至十九年九月，定云南税赋用金为则，以贝子折纳。每金一钱，直贝子二十索。成宗大德九年十一月，乃以钞万锭给云南行省，命与贝参用。其贝非出本土者，同伪钞论。

> 王圻曰：云南贴以一为庄，四庄为手，四手为苗，四苗为橐。
> 朱国祯《涌幢小品》曰：南人用贝，一枚曰庄，四庄曰手，四手为苗，五苗曰索。贝之为索，犹钱之为缗也。
> 臣等谨按：《元史》曰贴子，《明史》曰海𧵣，𧵣与贴同，皆贝之俗名，即《尔雅》之蚆也。而字书二字俱不载。又《元史》《明史》言贝俱以索计，王圻作橐，或系误刻。

闰三月，置宣慰司于济宁路，掌印造交钞，供给江南军储。六月，置行户部于大名府，掌印造交钞，通江南贸易。

明年七月俱罢之。从御史中丞张文谦言也。

十四年十一月，诏：伪造宝钞，同情者并处死，分用者减死，杖之。具为令。

中统三年五月，真定路巴雅尔哈雅擅杀造伪钞者三人，诏诘其违制之罪。至元三年十二月，敕伪造钞者送京师审核，至是乃申明其禁。至十六年十一月，中书平章政事阿哈玛特言[1]：有盗以旧钞易官库新钞百四十锭，罪不应死。然盗者之父执役臣家，不论如法，亦当自畏。诏处死。

十七年三月，立辉和尔境内交钞提举司。

先是，六年八月，以沙、肃州钞法未行，降诏谕之。九年五月，立和林转运司兼提举交钞。至是，辉和尔亦置交钞提举司。至二十年三月，立辉和尔交钞库。十月，立和林平准库，盖钞法通行西北边矣。

六月，江淮等处颁行钞法。

自十二年巴延伐宋报捷，帝即命中书平章政事阿哈玛特等议行钞法于

---

① 阿哈玛特，即元初权臣阿合马（？—1282），回回人，元世祖时曾主持财政十余年。

江南。姚枢谓江南交会不行，必致小民失所。图克坦公履谓：巴延已尝榜谕交会不换，今亟行之，失信于民。张文谦谓：可行与否，当询巴延。陈汉归、杨诚皆言：以中统钞易其交会，何难之有。帝谓阿哈玛特曰：枢与公履不识事机，宋交会速宜更换，可定议行之。至是，遂颁行钞法于江淮等处，废宋铜钱。至二十四年八月，置江南四省交钞提举司。成宗元贞元年七月，诏江南地税输钞。

二十一年十一月，敕中书省整治钞法。

时总制院使僧格荐卢世荣有才术①，谓能救钞法，增课额。召对称旨，遂以为中书右丞，即日奉旨中书，整治钞法，遍行中外，官吏奉法不虔者罪之。明年正月，世荣奏：天下岁课钞九十三万二千六百锭之外，臣更经画，不取于民，裁抑权势所侵，可增三百万锭。请依古榷酤法，立四品提举司领天下岁课，可得钞千四百四十锭。且请制绫券，与钞参行，因以所织绫券上之。帝命速行。二月，又请立规措所经营钱谷，所用官吏，以善贾为之，勿限白身人。从之。三月，御史陈天祥劾世荣罪恶，言其苛克诛求，为国敛怨，始言能令钞法如旧，弊今愈甚；始言课程增至三百万锭，不取于民，今迫胁诸路，勒令如数虚认而已。帝悟，遂诛世荣。

《元史·董文用传》曰：卢世荣奉诏理钞法，自谓用其法当财倍增，而民不扰。文用谓曰：此钱取于右丞，则吾不知；若取于民，则有说矣。牧羊者岁尝两剪其毛，今牧人日剪以献主者，固悦其得毛多，然羊无以避寒热，既死且尽毛又可得乎！民财有限，右丞将尽取之，得无有日剪其毛之患乎！世荣不能对。

二十二年正月，诏：民间买卖金银，弛其禁。

先是，定金银价，禁私自回易。至是，诏曰：金银系民间通行之物，自立平准库，禁百姓私相买卖，今后听民间从便交易。

二十三年十一月，以张瑄、朱清并为海道运粮万户，赐钞印。

———————

① 僧格，即元初权臣桑哥，曾任尚书右丞相，曾变革钞法，清理地方赋税，主持专卖事宜，后被劾下狱死。卢世荣，元世祖年间（1284）曾主持财政，提出一系列改革措施，多被世祖接受，但他执政时间不长，很快被弹劾下狱。

叶子奇《草木子》曰①：元海运自朱瑄、张璧始。朝廷以二人之功，立海运万户府，以官之赐钞印，听其自印钞，色比官造加黑，印朱加红，富既埒国，虑其为变，以法诛之。

臣等谨按：《元史》皆作张瑄、朱清，叶氏作朱瑄、张璧。查《元史·罗璧传》：初通海运，立运粮万户三，以璧与朱清、张瑄为之。叶氏殆因此误记。

二十四年三月，更行至元宝钞。

以僧格为尚书省平章政事，更定钞法，颁行至元宝钞，中统钞通行如故。以至元宝钞一贯文，当中统交钞五贯文，子母相权，要在新者无冗，旧者无废。凡岁赐周乏，饷军，皆以中统钞为准。帝谓僧格：朕以叶、李言，更至元钞。所用者法，所贵者信，汝无以楮视之，其本不可失也。僧格寻检出中书省亏欠钞四千七百七十锭，昏钞一千三百四十五锭。平章敏珠尔丹等皆获罪。明年五月，僧格遂言：中统钞行垂三十年，省官皆不知其数，今已更用至元钞，宜差官分道置局，钩考中统钞本。从之。

《元史·许楫传》曰：楫为徽州总管，僧格会计天下钱粮。户部尚书王巨济倚势刻剥，遣吏征徽州民钞，多输二千锭。巨济怒其少，欲更益千锭。楫曰：公欲百姓死耶，生耶？如欲其死，虽万锭可征也。巨济怒解，徽州赖以免。

又《赵孟頫传》曰：时诏集百官于刑部议法，众欲计至元钞二百贯赃满者死。孟頫曰：始造钞时，以银为本，虚实相权。今二十年间，轻重相去数十倍，故改中统为至元，又二十年后，至元必复如中统，使民计钞抵法，疑于太重。古者以米绢，民生所须，谓之二实；银钱与二物相权，谓之二虚；四者为直，虽升降有时，终不相远，以绢计赃，最为适中。今乃欲以钞断人死命，似不足深取也。或以孟頫讥国法不便，责之曰：汝欲沮格至元钞耶！孟頫曰：议法有重轻，则人不得其死。奉诏与议，不敢不言。今中统钞虚，故改至元钞，谓至元钞终无虚时，岂有是理。公不揆于理，欲以势相陵，可乎！其人有

———————————

① 《草木子》，元朝人叶子奇所著笔记，其中记载了许多时政得失、兵荒灾乱以及自然界的现象。

愧色。

陶宗仪《辍耕录》曰①：叶李归附后，入京献至元钞样。此样在宋时尝进呈，请以代关子，朝廷不能用。今别改年号而复献之，世祖嘉纳，使用铸板。

又曰：至元钞分一十一料：二贯、一贯、伍百文、三百文、二百文、一百文、五十文、三十文、二十文、一十文、五文。

叶子奇《草木子》曰：至元钞凡十等：一十文为半钱，二十文为一钱，三十文为一钱半，五十文为二钱半，一百文为五钱，二百文为一贯，三百文为一贯五钱，五百文为二贯五钱，一贯为五两，二贯为十两，五个一贯为半锭，五个二贯为锭。

臣等谨按：《元史·食货志》云：至元钞十一等，自二贯至五文。陶氏所记与《志》合。叶氏作十等，则缺五文一等。据《志》载，五文，别系厘钞。方行中统钞时，添造在先，寻又停罢。后改造至元钞，乃复有之。叶氏将以曾经停罢，故尔失记，抑以厘钞，又当别论耶。又按《续通鉴纲目》云：至元钞十有一等，自一贯至五十贯。与《志》更不合。

二十五年正月，毁中统钞板。

二十六年六月，大都增设倒钞库三所。

十月，令税赋并输至元钞。

僧格言：初改至元钞，欲尽收中统钞。故令天下盐课以中统、至元钞相半输官。今中统钞尚未可急敛，宜令赋税并输至元钞。商贩有中统钞料听易至元钞以行，然后中统钞可尽。从之。

二十八年，罢大都烧钞库。各路昏钞，令行省官监烧。

自元年始置昏钞库，置监烧昏钞官。二十四年，分立烧钞东西二库，各置官属，至是罢之。

二十九年正月，禁商贾私以金银航海。

至成宗元贞二年八月，又禁舶商毋以金银过海。武宗至大二年九月，更定钞法。又诏：海舶兴贩金银绵丝布帛下海者禁之。

---

① 《辍耕录》，即元末明初人陶宗仪所著《南村辍耕录》，其中记载了许多元代社会的掌故、典章、文物。

三十一年八月，时成宗已即位。诏：诸路平准交钞库所贮九十三万六千九百五十两，除留十九万二千四百五十两为钞母，余悉运至京师。

　　臣等谨按：银悉敛而归之上，而徒欲借钞为流转之资，此罔利愚民之隐痼。钞所以日虚日轻，法所以屡变而不胜其弊也。

成宗元贞元年五月，增重挑补钞人罪，告捕者仍优其赏，令犯人给之。

至大德七年正月，又定诸改补钞罪例，为首者杖一百有七，从者减二等；再犯，从者，杖与首同，为首者流。

大德二年二月，中书省奏每岁金银钞币出入数。

帝问省臣：每岁天下金银钞币所入几何？赐与营建所出几何？丞相鄂尔哲言：岁入之数金一万九千两，银十万两，钞三百六十万锭，然犹不足于用，又于至元钞本中借二十万锭。自今敢以节用为请。帝嘉纳焉。

　　臣等谨按：史云：帝因是罢中外土木之役，世称元之治，以至元、大德为首者。以此自后，国用浸广，凡课入日增月益，至天历之际，视至元大德增二十倍，而朝廷未尝有一日之蓄，则以不能量入为出之故也。

武宗至大元年二月，中书省请权支钞本七百一十余万锭以周急用。

自上年九月，帝初即位，省臣言：常赋岁钞四百万锭，各省备用之外，入京师者二百八十万锭，常年所支止二百七十余万锭。自陛下即位以来，已支四百二十万锭；又应求而未支者一百万锭，窃虑财用不给。十二月又言，帑藏已乏，用及钞母，非宜。至是，言：军粮营缮及一切供亿合用钞八百二十余万锭，乞权支钞本七百一十余万锭以周急用，不急之费姑后之。帝是其言。

　　臣等谨按：三年十一月，尚书省言：今岁已印至大钞本一百万锭，乞增二十万锭及铜钱兼行，以备侍御及鹰坊急有所需。然则不急之费固自若也。

二年九月，颁行至大银钞。

先是，七月，约苏请更钞法，图新式以进。又与巴拜请复立尚书省。帝并从之。至是，诏曰：昔世祖始造中统交钞，以便民用。后更造至元宝钞，逮今二十三年，物重钞轻，不能无弊。乃循旧典，改造至大银钞，颁行天下。至大银钞一两，准至元钞五贯。视中统一当二十五，白银一两，赤金一钱。随路立平准行用库买卖金银，倒换昏钞，或民间丝绵布帛，赴库回易，依验时估给价，金银私相买卖者禁之。中统交钞，诏书到日，限一百日尽数赴库倒换。诸色课程，如收至大银钞，以一当五。颁行至大银钞二两至一厘定为一十三等，以便民用。

顾炎武《日知录》曰：《元史》：至大银钞一两，准至元钞五贯，白银一两，赤金一钱，是金价十倍于银也。《明会典》：洪武八年，钞一贯，折银一两；四贯，易赤金一两，是金一两当银四两也。十八年，令金每两准粮米十石，银每两准二石，是金一两当银五两也。三十年，令银每两准米四石。而永乐十一年，令金每两准米三十石，则当银七两五钱也。幼时见万历中，赤金亦止七八换，崇祯中十换，江左至十三换矣。

是月，尚书省请罢中统钞。

省臣言：国用需中统钞五百万锭，前尝借支钞本千六十万三千一百余锭，今乞罢中统钞，以至大钞为母，至元钞为子，仍拨至元钞本百万锭，以给国用。

三年二月，毁至元钞板。

尚书省言：昔至元钞初行，即以中统钞本供亿，仍销其板；今既行至大钞，乞以至元钞输万亿库，销毁其板，止以至大钞与铜钱相权通行为便。从之。

四年四月，时仁宗已即位。罢至大钱钞。

是年正月，罢尚书省。以约苏等乱政害民，诛之。至是，遂罢至大钱钞。诏曰：世祖立中统、至元钞法，公私蒙利，五十年于兹矣！比尚书省不究利病，辄意变更，既创至大银钞，又铸大元至大铜钱钞，以倍数太多，轻重失宜，钱以鼓铸弗给，新旧溷用，曾未再期，其弊滋甚，今宜变通以复旧制。其罢资国院及各处泉货监提举司买卖铜器，听民自便。应尚书省已发各处至大钞本及至大铜钱，截日封贮，民间行使者，赴行用库倒换。至十月，诏收至大银钞。十二月，遣官监视焚至大钞。

《元史·王约传》曰：约为河南行省右丞，会诏更钞法，令天下税尽收至大钞。约度河南岁用钞七万锭，必至上供不给，乃下诸州，收至大、至元钞相半，众虑方诏命，约言：岁终诸事不集，责亦匪轻。遣使白中书，遂许遍行天下。

文宗天历元年九月壬申即位，诏：印造伪钞不赦。

宁宗登极，诏同。

十一月，毁上都钞板。

时上都既平，御史言：钞法，岁会其数，易故以新，不出其数。迩者都尔苏构乱，上都以经费不足，命有司刻板印钞。今事既定，宜急收毁。从之。明年二月，更铸钞板，仍毁其刓者。

至顺二年十月，烧在京积年还倒昏钞二百七十余万锭。

臣等谨按：昏钞例应焚毁，然亦有未烧而借以救急者。天历二年，关中饥，贫民乏钞以籴，平章奈曼取官库未毁昏钞五百万缗，识以省印，给民行用，俟官给赈饥钞，如数易之。又民自持钞出籴，稍昏即不用，诣库换易，则豪猾党蔽易十与五，累日不可得。中丞张养浩检库中未毁昏钞，文可验者得千万余缗，悉以印记，其背又刻十贯、五贯为券，给散贫乏，命米商视印记出粜，诣库验数易之，此皆权以济事，化无用为有用也。至昏钞存留滋弊，故遣官监视焚毁，乃又有因此害人者。韩若愚为中书左司都事，时监烧昏钞者，欲取能名，概以所烧钞为伪钞，使管库者诬服，狱既具，若愚知其冤，覆之得免死者十余人。又江南行台御史许有壬，行部至江西，会廉访使苗好谦监烧昏钞，检视钞者，日百余人。好谦恐其有弊，痛鞭之，人畏罪，率剔真为伪，以迎其意，管库吏榜掠无全肤，讫莫能偿。有壬覆视，率真物也，遂释之。盖苛刻之吏，分外吹求，则以除弊之事，而反致展转生弊如此。

顺帝至正元年十二月，以在库至元中统钞可支二年，住造明年钞本。

十年十一月，更行至正交钞。

丞相托克托欲更钞法，会省院等官共议。先是，四月，左司都事武祺建言：钞法，自世祖时除拨支料本，倒易昏钞外，有合支名目，于宝钞总库料钞转拨，所以钞法疏通。比年不与转拨，故民间流转者少，致伪钞滋多，遂准其言。凡合支名目，并于总库转支。十月，吏部尚书偰哲笃复请更钞法。至是，托克托言：更钞法，以楮弊一贯文省权铜钱一千文。钞为母，而钱为子。众欲迎合托克托意，皆唯唯。唯国子祭酒吕思诚曰：中统、至元，自有母子。上料为母，下料为子，岂有以故纸为母而立铜为子者。且钱钞用法，以虚换实，其致一也。今历代钱及至正钱、中统钞及至元钞，交钞分为五项，恐下民藏其实而弃其虚，非国之利。偰哲笃武祺曰：至元钞多伪，故更之。思诚曰：至元钞非伪，人为伪耳。交钞若出，亦有伪者矣。且至元钞人皆识之，交钞人未识，其伪滋多。武祺又欲钱钞兼行，思诚曰：钱钞兼行，轻重不伦，何者为母，何者为子。偰哲笃曰：然则公有何策？思诚曰：我有三字策。曰：行不得。托克托见其言直，犹豫未决。御史大夫额森额穆尔讽御史劾思诚，狂妄谪外。遂定更钞之议，下诏详见钱考。以中统交钞一贯文省权铜钱一千文，准至元宝钞二贯。至元宝钞通行如故。印造交钞，令民间通用行之。未久，物价腾涌，值海内大乱，军储赏犒，每日印造不可数计，交料散满人间。京师料钞，十锭易斗粟不可得，所在郡县皆以物货相贸易，公私所积之钞，遂俱不行，人视之若弊楮，国用由是大乏。

叶子奇《草木子》曰：元世祖中统至元间立钞法，以至元宝为母，中统交为子，子母相权而行。中统二贯准至元二百文，一贯准至元一百文，行之四五十年，中统以费工本多，寻不印行，独至元钞法通行，用以权百货轻重，民甚便之。至正间，丞相托克托入邪臣贾鲁之说，别立至正交钞，料既窳恶易败，难以倒换，遂涩滞不行。及兵乱，国用不足，多印钞以赏兵，钞贱物贵，无所于授，其法遂废。盖尝考之，非法之不善也，由变通不得其术也。元之钞法，即宋之交会，金之交钞，当其盛时，皆用钞以权钱；及当衰叔，财货不足，止广造楮币以为费；楮币不足以权变，百货遂涩而不行，职此之由也。必也欲立钞法，须使钱货为之本，如茶、盐之有引，引至则茶盐立得，钞法如此，乌有不行之患哉！当年变法，宜于府县各立钱库，贮钱若干，置钞准钱引之制，如张咏四川行交子之比，使富室主之，引至钱出，引出钱入，以钱为母，以引为子，子母相权，以制天下百货。出之于货轻之时，收之于货重之日，权衡轻重，与时宜之，未有不可行之理也。譬之池水所入之沟，与所出之沟相等，则一池之水，动荡流通，而血脉常活，使所入之沟虽通，所出之沟既塞，则水死而不通，唯有涨满浸淫之患矣。当时不知，徒加严刑，驱穷民以必行，刑愈严而钞愈不行，元所以卒于无术而亡也。

陆深《续停骖录》曰①：元至正庚寅十年间，参议贾鲁以当承平之时，无所垂名，欲立事功于世，首劝托克托开河垦田，所费不赀。又劝造至正交钞，物货腾滞。孙承泽《春明梦余录》曰：元世祖造中统交钞，以银为率，名曰银钞。一贯文省，准钱一千文，值银一两，故五十贯为一锭，盖是银五十两也。后造至元钞大行，以一当五，名曰金钞子。至顺帝至正中，中统以废，改造至正，印造中统交钞，名曰新钞，二贯准旧钞十贯，以至料钞十锭易斗粟不得。

臣等谨按：《元史·托克托传》云：偰哲笃建言：更造至正交钞。叶氏亦云：别立至正交钞。而《志》载：偰哲笃语无明文，纪于更制时，仍云中统交钞，殊不了了。孙氏乃云：改造至正，印造中统交钞，文虽累，而义则详。盖臣民皆称至正交钞，而朝廷仍称中统交钞，钞名之仍中统，犹年号之袭。至元无其实，而有其名。其治乱通塞，固自判然矣。

十七年四月，京师立便民六库，倒易昏钞。

至明年，又命诸路拨降钞本，畀平准行用库倒易昏币，布于民间。

十八年二月，陕西置局印钞。

中书省奏：陕西军旅事殷，去京道远，供费艰难，请就本省造钞为便。遂分户部宝钞库等官，置局印钞。

《元史·食货志》曰：元初有行用钞，其制无文籍可考。世祖中统元年，始造交钞，以丝为本，每银五十两易丝钞一千两。诸物之直，并从丝例。是年十月，又造中统元宝钞，其文以十计者四：曰一十文，二十文，三十文，五十文；以百计者三：曰一百文，二百文，五百文；以贯计者二：曰一贯文，二贯文。按《王文统传》云：中统交钞，自十文至二贯文凡十等，此所载止九等，首尾虽合，中间当有脱误。《文统传》及《续通鉴纲目》俱不详列，俟别考。每一贯同交钞一两，两贯同白

---

① 陆深，弘治进士，嘉靖中为太常寺卿，官至詹事府詹事。深著有《停骖录摘抄》，又有《停骖录摘抄续》一卷，多记明朝典章制度、赋税事宜，也记载了一些前朝事迹。

银一两。又以文绫织为中统银货，其等有五：曰一两，二两，三两，五两，十两，每一两同白银一两，而银货盖未及行。五年，设各路平准库，主平物价，使相依准，不至低昂。仍给钞一万二千绽为钞本。至元十二年，添造厘钞。其例有三：曰二文、三文、五文。初，钞印用木为板。十三年，铸铜易之。十五年，以厘钞不便于民，复命罢印。然元宝交钞行之既久，物重钞轻。二十四年，遂改造至元钞，自二贯至五文凡十有一等，与中统钞通行，每一贯文当中统钞五贯文。依中统之初，随路设立官库，贸易金银，平准钞法：每花银一两，入库其价至元钞二贯，出库二贯五文；赤金一两，入库二十贯，出库二十贯五百文。伪造者处死，首告者赏钞五锭，仍以犯人家产给之。其法为最善。至大二年，武宗复以物重钞轻，改造至大银钞，自二两至二厘，按《武宗本纪》作一厘，此云二厘，当系误刻。观志又云：至大通宝钱一文，准至大银钞一厘，可见定为一十三等，每一两准至元钞五贯，白银一两，赤金一钱。元之钞法，至是盖三变矣。大抵至元钞五倍于中统，至大钞又五倍于至元，未及期年，仁宗即位，以倍数太多，轻重失宜，遂有罢银钞之诏，而中统、至元二钞，终元世常行焉。凡钞之昏烂者，至元二年，委官就交钞库以新钞倒换，除工墨三十文；三年，减为二十文。二十二年，复增如故。其贯百分明，微有破损者，并令行用，违者罪之。所倒之钞，每季各路就令纳课，正官解赴省部焚毁。隶行省者就焚之。大德二年，户部定昏钞为二十五样。泰定四年，又定焚毁之所，皆以廉访司官监临。隶行省者，行省官同监。其制之大略如此。

范济曰：元时造钞，子母相权，官民通用，务在新者，无冗旧者，无废其法，日造万锭，计官吏俸给、内府供用、各王岁赐出支若干，天下日收税课若干，各银场窑冶日该课程若干，计民间所存贮者，万无百焉。以此愈久，新旧行之无厌，由计虑之，得其宜也。洎辛卯兵起，天下瓜分，而楮币无所施矣。

钱

世祖至元十四年四月，禁江南行用铜钱。

臣等谨按：是时，将行钞法于江南故也。至十七年，遂命废宋

<u>铜钱。</u>

是年，日本遣商人持金来易铜钱，许之。

至十九年，又用左丞耿仁言，以钞易铜钱，令市舶司以钱易海外金珠货物，仍听舶户通贩，抽分。二十三年，乃禁海外博易者毋用铜钱。武宗至大二年九月，诏：海舶兴贩铜钱下海者禁之。

二十二年正月，中书右丞卢世荣请铸铜钱。

先是，中统元年，监察御史多尔济巴勒请铸钱币。至是，世荣亦言：钞法虚弊，宜括铜铸至元钱，与钞参行。帝然之。既而不果。

二月，拘收天下铜钱。

先是，十七年正月，诏：括江淮铜及铜钱、铜器。至是，用卢世荣言，诏天下拘收铜钱。至九月，又敕但拘收铜钱，余铜器听民仍用。

二十三年十二月，议更钞用钱。

吏部尚书刘宣议曰：钞法稍有滞碍，即须用见钱。今必欲创造新钞，用权旧钞，只是改换名目，无金银作本称提，军国支用，不复抑损，三数年后，亦如元宝谓中统钞矣！宋金之弊，足为殷鉴。铸造铜钱，又当详究秦汉隋唐金宋利病。国朝废钱已久，一旦行之，恐工费不赀。大抵利民权物，其要自不妄用，始若欲济丘壑之用，非唯铸造不数，抑亦不久自弊矣。属僧格谋立，尚书省以专国柄，钱议遂罢。

武宗至大三年正月，初行钱法。

先是，成宗大德十一年十一月，时武帝已即位。库尔巴雅尔请更用银钞、铜钱，集议不行。及约苏等更钞法，并议铸钱。至大二年九月，大都立资国院，山东、河东、辽阳、江淮、湖广、川汉立泉货监六，产铜之地立提举司。十九十月，以行铜钱法，诏天下御史言：至大银钞始行，品目烦碎，民犹未悟，而又兼行铜钱，虑有相仿。又民间拘铜器甚急弗便，有旨与省臣议之。至是，遂铸钱二等：曰至大通宝者一文，准至大银钞一厘；曰大元通宝者一文，准至大通宝钱一十文。历代铜钱，悉依古例，与至大钱通用。其当五、当三、折二，并以旧数用之。至八月，又以行用铜钱，诏谕中外。

<u>臣等谨按：武宗钱，凡二品：以至大通宝为文者，楷书；以大元通宝为文者，西番篆书。</u>

四年四月，时仁宗已即位。罢至大钱。详见钞考。

时约苏既诛，遂罢至大银钞，并钱罢之。礼部尚书杨多尔济曰：法有便否，不当视立法之人为废置。银钞固当废，铜钱与楮币相权而行，古之道也，何可遽废耶！言虽不用，时论是之。

《元史·食货志》曰：元之交钞宝钞，虽皆以钱为文，而钱则弗之铸也。武宗至大三年，初行钱法。立资国院泉货监以领之。明年，仁宗复下诏以鼓铸弗给，新旧恣用，其弊滋甚，与银钞皆废不行，所立院监亦皆罢革，而专用至元中统钞云。

顺帝至正十年十月，置诸路宝泉都提举司于京城。

明年十月，又立宝泉提举司于河南行省及济南冀宁等路，凡九江、浙江西、湖广行省等处凡三。

十一月，铸至正通宝钱。

先是，三年，翰林侍讲学士揭傒斯请兼行新旧铜钱，以救钞法之弊。不行。至是更定钞法，并令铸钱。下诏曰：我世祖颁行中统交钞，以钱为文，虽鼓铸之规未遑，而钱币兼行之意已具，后造至元宝钞，以一当五，名曰子母相权，而钱实未用。今钞法偏虚，民用匮乏，爰谋拯弊，必合更张，仍铸至正通宝钱，与历代铜钱并用，以实钞法，子母相权，新旧相济，上副世祖立法之初意。

十四年十二月，罢宝泉司。

陶宗仪《辍耕录》曰：世祖尝以钱币问太保刘秉忠，对曰：钱用于阳，楮用于阴。华夏阳明之区，沙漠幽阴之域，今陛下龙兴沙漠，君临中夏，宜用楮币，俾子孙世守之。若用钱，四海且将不靖，遂绝不用钱。迨武宗颇用之。不久辄罢。

叶子奇《草木子》曰：元朝止行钞法，而不铸钱。独至大官里行至大二等钱，当五以蒙古字书；小钱以楷书。及至正，官里托克托为相，立宝泉提举司，铸至正钱，值世道变，寻亦罢铸。

十六年二月，禁销毁贩卖铜钱。

钦定续文献通考卷十

钱币考

明

钞附银

太祖洪武八年三月，立钞法。

帝初令置局铸钱，有司责民出铜，民毁器皿输官，颇以为苦。又鼓铸甚劳，奸民多盗铸，而商贾转易，钱重道远，颇不便。帝以宋有交会，元亦用钞，其法省便，易于流转，可以去鼓铸之害。七年九月，乃设宝钞提举司，所属有钞纸、印钞二局，宝钞、行用二库。至是，诏中书省造大明宝钞，命民间通行。以桑穰为料，其制：方高一尺，广六寸许，质青色，外为龙，《明史·食货志》作横，误。文花栏横题其额曰大明通行宝钞。其内上两旁复为篆文八字，曰大明宝钞，天下通行。中图钱贯状，十串为一贯。其下楷书曰：中书省奏准印造，大明宝钞与铜钱通行使用，伪造者斩，告捕者赏银二十五两。《洪武实录》作二百五十两，与《食货志》异。仍给犯人财产。《实录》：洪武二十一年五月，令丁口亦同赀产入官。若五百文则画钱文为五串，余如其制而递减之。其等凡六：曰一贯，曰五百文，四百文、三百文、二百文、一百文。每钞一贯，准钱千文，银一两；四贯，准黄金一两。禁民间不得以金银物货交易，违者罪之，告发者就以其物给赏。以金银易钞者听。凡商税课程钱钞，兼收钱三钞七。一百文以下则止用铜钱。至十三年乃罢中书①，升六部。五月，准户部奏，改钞文中书省为户部，令民间无分中书、户部，一体行使。二十六年定例，凡印造宝钞，每岁于

① 十三年乃罢中书，洪武十三年，明太祖处死擅权的丞相胡惟庸，并废除中书省，自己直接处理六部政务。

三月内兴工，十月内住工，所造钞锭，宝钞提举司解送内库收贮备用。其合用桑穰数目，户部每岁预行浙江、山东、河南、北平及直隶、淮安等府出产去处，给价收买，解京申部，札付提举司交收取实收①，回部备照。

陆容《菽园杂记》曰②：金元钞，皆不详其尺寸之制。今之钞，竖长一官尺，横八寸。闻洪熙、宣德间，犹有百文钞。今成弘时但有一贯文者。

袁黄《群书备考》曰③：楮币，前代皆用纸为之，而印文书于其上。金元以桑皮就造为钞，而印以字文。我朝则用诸生课薰印造。

臣等谨按：明朝造钞，以桑穰同废纸捣成，或云兼用桦皮。袁说盖未尽也。

九年四月，令天下税粮以银钞钱绢代输。

银一两，钱千文，钞一《明史·食货志》及史薰俱误作十，据《明实录》改。贯，皆折米一石，绵苎丝绢等各以轻重为损益。

顾炎武《日知录》曰：洪武八年三月，禁民间不得以金银交易，违者治罪，告者就以其物给之。立法若是之严也。九年四月，许民以银钞钱绢代输租税。十九年三月，诏：岁解税课钱钞，有道里险远难致者，许易金银以进。五月，诏户部：以今年秋粮及在仓所储，通会其数，除存留外，悉折收金银布绢钞锭输京师。此其折变之法虽暂行，而交易之禁亦少弛矣。

七月，立倒钞法。

中书省奏：宝钞行久昏烂，宜设法收换，以便行使。乃令所在置行用库，每昏烂钞一贯，收工墨直三十文；五百文以下递减之。仍于钞面贯百文下，用墨印昏钞二字封收入库，按季送部。若以贯百分明而倒易者，同

① 札，古指下行的公文书。札付，明、清中央部门或地方长官委派属员办事的文书。
② 《菽园杂记》，明陆蓉撰，书中除太仓一带的风俗掌故外，也涉及赋税、盐运和郑和下西洋等事，史料价值较高。
③ 《群书备考》，是袁黄于万历间编纂的一部类书。前人以为"是书文词尔雅，注解详实"，但刊刻后遭清廷禁毁。袁黄，字坤仪，一字了凡，明吴江人。

沮坏钞法论，混以伪钞者，究其罪。后民多缘法为奸，每以堪用之钞，辄来易换。十三年五月，申明倒钞法。令自今钞虽破软而贯百分明，非挑描剜补者，民间贸易及官收课程，并听行使。果系贯百昏烂，方许入库易换。在京一季，在外半年，送部覆视，有伪妄欺币者，罪如律。仍追钞偿官。凡军民倒钞，军分卫所，民分坊厢，轮日收换。乡民商旅，各以户帖、路引为验。然细民利新钞非昏软者，亦揉烂以易新。十一月，遂罢在京行用库，自此至永乐朝，罢置不常。仁宗即位，罢。

　　臣等谨按：《明史·食货志》及《史稿》并以倒钞法起于十三年。据《明实录》及《大政记》则九年已行此法，十三年特申明之耳。

　　十五年十一月，命外卫军士月盐皆给钞，每盐一斤，折钞一百文。各盐场给工本钞。

　　十六《志》作十五，据《实录》改。年五月，置宝钞广源库、广惠库，职掌出纳楮币，入则广源掌之，出则广惠掌之。

　　十八年十二月，天下禄米皆给钞，以钞二贯五百文准米一石。

　　二十二年四月，更造小钞，自一十文至五十文，以便民用。

　　二十四年八月，命户部申明钞法。

　　时民间昏烂钞，商贾贸易多高其值以折抑之，比新钞加倍。又诸处税务，皆收新钞，及输库乃易以昏烂者，由是钞法益滞不行。帝谓户部曰：钞虽昏烂，然均为一贯，何得抑折不行，使民损赍失望。乃令申明其禁。榜谕各处商税衙门、河泊所官吏，每遇收办课程，不许勒要料钞，但有字贯，可辨真伪者，不问破烂，油污水迹纸补，即与收受解京。若官吏巡拦习蹬不收，及因而以不堪辨验真伪钞解者，官俱罪之。且以钞之弊者揭示于税务、河泊所，令视之为法，以收税课，有故沮者，罪之。

　　十二月，工匠役内府者皆给钞。

　　二十七年八月，禁行钱，专用钞。

　　时民重钱轻钞，多行折。使初以钞一贯，折钱五十文，后折百六十文。浙闽江广诸处皆然。由是物价踊贵，钞《志》作钱，误。法益坏，不行。帝乃谕户部：令有司悉收民间钱归官，依数换钞，不许更用铜钱。限半月内，凡军民商贾所有铜钱，悉送赴官，敢有私自行使及埋藏弃毁者，罪之。

三十一年四月，户部奏：改铸造钞铜板，自二十文至五十文，共六十三板，并印钞，正背铜印。

惠帝建文四年十一月，时成祖已即位，称洪武三十五年。户部请改钞板年号，命仍旧。

户部尚书夏原吉言：钞板岁久，篆文销乏，且皆洪武年号。明年改元永乐，宜并更之。帝曰：板当易则易，不必改为永乐。朕遵太祖成宪，虽永用洪武可也。自后终明世皆用洪武年号。

成祖永乐元年四月，以钞法不通，严交易用金银之禁。

令犯者以奸恶论。能首捕者，以所交易金银充赏，两相交易。而一人自首者，免坐，赏与首捕同。唯置造首饰、器血不在禁例①。明年二月，诏：犯者免死，徙家戍兴州。至九年四月，守聚宝门千户奏：有民入城，检其行李，得金镯及银数锭。帝问刑部尚书刘观：此在何法？对曰：法不得以银交易，百姓不得用金首饰。帝曰：禁民交易服用，何尝禁其藏蓄，特命还之。仍戒谕千户不许越职厉民。

　　顾炎武《日知录》曰：议者但言洪武间钞法通行，考之《实录》，二十七年八月，禁用铜钱矣。三十年三月，禁用金银矣。三十五年十二月，命俸米折支钱者，每石增五贯矣。是国初造钞后不过数年，其法已渐坏不行，于是有奸恶之条，充赏之格，而卒亦不能行也。盖昏烂倒换出入之弊，必至于此，乃以钞之不利而并钱禁之，废坚刚可久之货，而行软熟易败之物，宜其弗顺于人情，而卒至于滞阁，后世兴利之臣，慎无言此可矣。

　　又曰：自钞法行而狱讼滋多，于是有江夏县民父死，以银营葬具而坐以徙边者矣。帝以迫于治葬，非玩法，特矜宥之。见《实录》永乐二年三月。有给事中丁环《史稿》亦作环。《实录》《大政纪》俱作炎。奉使四川，遣亲吏以银诱民交易而执之者矣。帝命罪炎②，亦见《实录》永乐二年三月。舍烹鲜之理，就扬怫之威，去冬日之温，用秋荼之密，天子亦知其拂于人情而为之戒饬。然其不达于天听，不登于史书者，又不

---

① 器血，血字为刊刻之误，应为"器皿"。
② 帝命罪炎，炎，应指上文所言丁环。

知凡几也。孟子曰：焉有仁人在位，罔民而可为也。若钞法者，其不为罔民之一事乎！

二年八月，议收钞。行户口食盐法。

都御史陈瑛言：钞法不通，皆缘出钞太多，收敛无法，以致物重钞轻，莫若暂行户口食盐法，令天下军民计口纳钞食盐，可收五千余万锭。户部议准：大口月食盐一斤，纳钞一贯；小口半之。至英宗正统四年六月，以逐年钞法通行，民纳盐钞如旧，盐课司无盐支给，民人纳钞艰难，令减半以苏民力。宪宗成化元年十一月，南京户部待郎陈翌言[1]：盐钞洪、永间征纳虽多，不分软烂；正统四年虽恩免一半，俱用生钞，民间难得，多以米易换纳官，以致逼民逃窜。乞更加减免，以苏民困。命所司详议以闻。

何孟春《余冬序录》曰[2]：国朝班户口食盐于天下，而岁收其钞，盖以盐课钞也。今盐不班已数世，而民岁出折银钱、户口钞如故，天下咸病，然无一人言于上者。祖宗之良法美意不得推行，而末流之弊又不得停止，良可叹已。

五年三月，令各处税粮课程赃罚，俱准折钞。

米每石三十贯，大绢每匹五十贯，小绢三十贯；金每两四百贯，银八十贯；盐每大引一百贯，麦豆丝布等各有定数。其该载不尽之物，俱照时价折收。至宣宗宣德元年十月，户部言：钞法滞阻，由出多入少，请自今官员军民人等赦后倒死亏欠马驼等畜，及各处所欠鱼鳔等物，并赃罚金银诸物，俱令纳钞。于是官绢每匹加至五百贯，小绢二百五十贯，金每两八千贯，银二千贯。下至鸡鸭，亦每只三十贯。其该载不尽者，各加时价五倍纳钞，不分新旧昏软悉收。

七年四月，设北京宝钞提举司、钞纸印钞局，官制如南京。

八年，令内外税课衙门，应收课钞，不问一十文至五十文，一百文至五百文，皆照旧收。其买卖行使，亦不许阻滞。

---

[1] 户部待郎，"待"字为刊刻之误，应为侍郎。

[2] 何孟春（1474—1536），字子之，号燕泉，郴州人。弘治六年（1493）进士，授兵部主事。后出理陕西马政。其所著《余冬序录》对人物、君道、事物多有评论。

九年六月，云南溪处甸长官司岁纳海𧵅，请折输银钞，除之。

土官自恩言：本司岁纳海𧵅七万九千八百索，非本土所产，每岁于临安府买纳。乞准钞银为便。户部以定额难准折输，帝以远夷当恤，命除之。

臣等谨按：此特一土司，以海𧵅不便而请纳银钞耳。实则云南习用海𧵅，未尝遍用钞也。观正统二年十月，户部奏：云南官俸，除折钞外，宜给与海𧵅等物。今南京库海𧵅数多，若本司缺支，宜令具奏关领。十年十月，又奏：云南俸米兼收海𧵅。旧时每石折海𧵅七十索，今米贵宜增三十索。成化十七年十二月，云南户口商税课以乏钞，请折收海𧵅。户部定拟十分为率：三分本色七分海𧵅，则钞法之不能通行可知矣。

九月，玛尔戬国王来朝辞归，赐钞四十万贯。

自后十八年八月，苏禄国遣使入贡，赐钞币遣还。二十二年四月，玛尔戬王再朝，赐钞三万余锭，盖自此钞行于域外矣。至英宗天顺八年正月，时宪宗巳即位。礼部奏：皇上嗣登大宝，夷人朝集者，旧制有钞锭之赐，臣等议，得钞锭非夷人之便，请量赐缎匹绢布。从之。

臣等谨按：费信《星槎胜览》①曰：暹罗国以海𧵅代钱，每一万个准中统钞二十贯，则元时钞法已通行外洋矣。又陈侃《使琉球录》曰②：琉球谓钞为支石。

二十年九月，禁拣用新钞，犯者坐以大辟，家仍罚钞、徙边。如有倚法强市人物者，治罪不宥。

二十二年九月，时仁宗巳即位。以钞法不通，定用钞中盐则例。

先是，二十年，许军民等于京库报纳旧钞，填给勘合，赴河东、山东、福建、长芦四运司并广东盐课提举司，不拘资次支盐。至是，帝与户部尚书夏原吉议敛钞之道。原吉请令有钞之家中盐，帝令宽为则例。遂定

---

① 费信，郑和下西洋时曾任副使，前后20余年，以所见所闻撰成《星槎胜览》一书。
② 陈侃，字应和，号思斋，明朝浙江鄞县姜山镇人，嘉靖年间曾出使琉球，依所见闻撰成《使琉球录》。

各处中盐例俱减旧十四，输钞不问新旧，支盐不拘资次。至宣宗宣德元年六月，户部以旧制中盐，本纳粮以供边储。自许中钞，遂无输米赴边者。奏停中钞之例。

十月，令私宰牛者，十倍时直追钞，仍治私宰罪。

时钞法滞，故权为此令。至景帝景泰元年十月，遂令犯者于常律外，罚钞五千贯，本管及乡里不首及买食者，各罚钞三千贯。

十一月，发南京抽分场积薪、龙江提举司竹木，鬻之军民，收其钞。命应天等府岁办芦柴征钞，十之八悉收昏软旧钞。念民贫及钞法未通故也。

仁宗洪熙元年正月，权增市肆门摊课程收钞。

时钞法不通，民间交易率用金银布帛。夏原吉请于市肆各色门摊内量加课程，课钞入官，官取其昏软甚者，悉毁之。自今官钞亦宜少出。民间得钞难，则自然重矣。乃下令曰：所增门摊课程，钞法通即复旧额，毋为常例。其以金银布帛交易者，亦暂禁止。然是时民卒轻钞。至宣德四年，遂加五倍收课焉。

宣宗宣德元年七月，令：客商以金银交易及藏匿货物、高增价值者，皆罚钞。

时米一石用钞四五十贯者有之，六七十贯者有之。户部奏：民间交易，唯用金银，钞滞不行，请严禁约。乃命揭榜禁之。至三年六月，益严阻滞之罚，有不用钞一贯者，罚纳千贯；亲邻里老旗甲知情不首，依犯人，一贯罚百贯；能首者免之。其关闭铺店潜自贸易及抬高物价之人，罚钞万贯；亲邻里老旗甲知而不首者，罚千贯。若强市人物者，量其物价，每一贯罚千贯；里老旗甲不严戒约者，俱治以罪。寻又严禁使银，凡交易银一钱者，买者、卖者皆罚钞一千贯，一两者罚钞一万贯，仍各追免罪钞一万贯；官吏受赃者，若受钞，则仍追钞；受货物者，估其直，皆十倍罚钞；受银者，每两罚钞一万贯，仍追免罪钞一万贯。十一月，副都御史顾佐奏：犯人追免罪钞一万贯，缘犯有轻重，罪有不同，难一概追罚，宜免追。从之。

三年六月，停造新钞。

帝以钞法不通，乃令停造新钞。在库者亦弗支，拣旧钞堪用者备赏赉，不堪者烧毁。于是，造钞工匠皆令休息，提举司官吏不动。各处买办桑穰，已起解者送京收贮，未解者停止。其各处解纳钞如旧收受，不许选拣，待入库后，选拣支用。

孙承泽《春明梦余录》曰：元末料钞，十锭易斗粟不得。洪武循元制，宝钞立法甚严。令官民通用，欲其流行甚于刀泉，后竟壅格不行，但以供颁赐虚名耳，不但不可易斗粟也。

四年正月，增两京并直隶、苏州等处门摊课钞五倍。

户部以钞法不通，由客商积货不税，与市肆鬻卖者沮挠所致，奏准依洪武中增税事例，凡顺天、应天、苏、松、镇江、淮安、常州、扬州、仪真，浙江杭州、嘉兴、湖州，福建福州、建宁，湖广武昌、荆州，江西南昌、吉安、临江、清江，广东广州，河南开封，山东济南、济宁、德州、临清，广西桂林，山西太原、平阳、蒲州，四川成都、重庆、泸州，共三十三府州县商贾所集之处，市镇店肆门摊税课增旧五倍，俟钞法通复旧。

六月，定塌房等项纳钞例。八月，初设各处钞关。

以钞法不行，乃令两京官民菜果园种鬻取利者及塌房车《明史·食货志》作库。房店舍停塌商货者，不分给赐、自置，俱令交纳旧钞。如恃势藏匿不报，及不纳钞者，地亩树株房舍没官，犯人治罪。又令驴骡牛车装货者俱纳钞。又令舟船受雇装载者，计所载料多寡、路近远纳钞。钞关之设自此始。又令表背、铺车、院店、油房、磨房俱纳钞。又令各都司军卫等官家下开垦田土菜地果树俱纳钞。后以钞法渐通，乃次第轻减。正统中，颇有蠲免者。景帝摄政，乃令罢各处收禾船钞。登极，乃诏内外门摊商税课程，先因钞法增添者，今后止依洪武旧额收受。景泰二年二月，乃令自宣德年间因钞法不通，取勘民间铺面住房作塌房名色纳钞，即今烧毁倒塌者，官司取勘除免钞贯。

顾炎武《日知录》曰：《大明会典》：国初止有商税，至宣德间始设钞关。夫钞关之设，本借以收钞而通钞法也。钞既停，则关宜罢矣。如果园菜园之征皆未久而罢，乃犹以为利国之一孔而因仍不革，岂非戴盈之所谓以待来年者乎。

臣等谨按：宣德六年二月，侍郎曹宏奏：有司令里老开报塌房，凡街市人户俱作停货店舍，每月纳钞五百贯，而实无货停蓄。民贫无钞，有鬻子女、产业输官者乞减省。帝令即与勘实蠲除，乃景泰二年二月，又令取勘除免云云。宣德十年正月，英宗即位，诏天下一应课程及门摊等项，俱照洪武旧额征收，不许以钞法为由，妄自增添，违者罪之。乃正统十四年九月，景帝登基，又令止依洪武旧额云云，则是前此虽令除减，而横敛自若也。夫课钞之增也，始自门摊，其后乃无所不取；始曰量加，其后乃顿益五倍；始曰权增，其后虽减免有之，而钞关竟为永制，泛滥于宣德，权舆于洪熙，而赞成之者原吉。此皆明之贤主良臣，其意固欲通钞法，以裕国便民，非有他也。而实则徒为民害，是犹拙于奕者①，数着失势，不知舍去别图，而辗转穿穴，卒之败者不可救，而所伤倍多也。承元之敝不革而因，则又开国者之失计矣。立法之始，可不慎哉！

五年六月，核各处仓粮，多者尽许折钞。

福建长汀教谕陈敬宗建言：如此则粮不腐而钞可通。命户部议行。

十月，令各处诸色课程钞俱存留本处支放，不必解京。

户部奏：各处课钞，除云贵、四川存留本处，其直隶府州、两广、福建，俱解赴京师。京师钞所从出，而天下所收者又归于京师，愈益阻滞。况闽广距京万里，起运甚难，今后唯近京御史所收者送纳内府，其余于所在官司收贮。凡官俸物价，酌量所收多寡分派，就彼放支，庶钞法疏通，官民两便。从之。至英宗正统四年四月，户部又请以沿河船料及两京各司钞送纳内府，其在外诸司所收，悉听本处支用，岁终具报本部，以所余剩解京。

九月，令所司收钞，不许拣退。有伪钞及破碎无贯百者皆毁之。

先是，五年六月，户部奏：贵州布政司言：本库见贮钞一千余万，欲以准折官吏旗军俸粮，请令拣选，将有字贯成片者折俸，不堪用者收贮听候。从之。仍命各处俱循是例。其有御史收钞之处，就令拣选，不堪者毁之。至是，令两京各库及各处税课船钞衙门所收钞，不分破烂污损，但有一贯两字可辨真伪者，俱不拣退。若有挑描伪钞，无一贯、十、百字样，不成张片者，年终本库类奏烧毁；在各司府州县者，奏报，差官烧毁。至正统九年五月，山西巡按吉庆奏：司库官钞六十余万朽烂成灰，乞差官查理追究。帝就令巡抚于谦整理。明年正月，谦奏：所贮钞，自洪武间积聚到今，以致毁坏，经收官吏多亡故，唯近时布政使马嶙等失于点视，当论

---

① 奕，当为"弈"。

以法。帝令如例烧毁，嶙等姑宥之。

　　臣等谨按：不许拣退之说，至是已申令再三矣。乃至成化十六年七月，户部尚以旧例各处解京钞，必四角完全、字画分明者，始为中度，今取于民者，率倍其利，而纳于官者皆不中度。请令所司，如法征收，于解到时，送部抽验，有不堪者，分别坐罪。见《实录》。然则不许拣退徒虚语耳，旧钞安得不壅滞耶！

　　十年正月壬午，英宗即位。诏：各处课程旧折收金银者，今后俱照例折钞。

　　英宗正统元年三月，少保黄福请出银收钞。

　　福言：洪武间，银一两，当钞三五贯。今银一两，当钞千余贯。钞法之坏，莫甚于此。宜量出官银，差人于两京各省人烟凑集处，照彼时值倒换旧钞，年终解京，俟旧钞既少，然后量出新钞，换银解京。奏下户部，不行。

　　七月，改定钞匠罚工例。

　　户部奏：内府天财库钞匠有连逮者，例发他所工役。以致钞匠不敷，请自今犯流罪以下者，俱的决发木库罚工为便。从之。

　　二年正月，令各处课钞印封解部。

　　司钥库奏：各处上纳课钞，多被奸民贸易，宜令所司包裹严密，用印封号，解户部转送该库，庶革前弊。从之。

　　二月，省海印寺收钞官属。

　　御史李匡奏：在京九门及诸处收钞，已有内官同御史主事、锦衣卫、五城兵马司官并铺户人等收受，送赴海印寺。又有太监御史等官、监生、校尉、库子、铺户共三百余人磨算，送赴内府天财库。又有内官、御史、给事中、主事并铺户三百五十人收检。一事经历三所，不无重复，请令九门及诸处收钞官属，以所收钞径送天财库收受，省海印寺官员人等。从之。

　　九年四月，命云南布政司以库银折钞赏军。

　　先是，七年六月，济南府奏：所属粮多钞少，运辽赏军，钞无从出办。请将存留粮米，每石折钞一百贯备用。八年，河南、山西巡抚于谦奏：二省用钞不敷，请各以夏税盐粮一半，折钞备用。至是，云南布政司奏：官军赏钞不给，而库有银。故有是命。

十一年正月，减各处夏税小麦折钞之数。

户部奏：今钞法流通，往年银一钱，买钞百贯。今止卖四五十贯。请将今年各处夏税小麦应折钞者，每石征八十贯。从之。至六月，又减二十贯。

十三年五月，禁行使铜钱阻坏钞法。

时钞既通行，而市廛亦仍以钱交易，每钞一贯，折钱二文。御史蔡愈济请出榜禁约，令锦衣卫五城巡视，有以钱交易者，掠治其罪，十倍罚之。在外按察司及巡按一体禁约。既又申阻滞钞法之禁，犯者追钞一万贯，全家戍边。天顺中，始弛其禁。

景帝景泰元年五月，令钞匠四季更役，停减月粮。

户部奏：宝钞局造钞已停，每年止造草纸若干，工匠六百余名，应令四季分番更代，除上工之日支粮，其余截日住支①。从之。至孝宗弘治十五年八月，御史余敬言：南京宝钞停造，宜将钞纸匠二百七十七名悉遣当差。章下所司。

三年七月，命京官俸钞俱准时值给银。

每五百贯给一两。以钞法不通，故欲少出以贵之也。至七年二月，户部奏：京官应支景泰六年俸钞，请暂给银，每两折钞七百贯。

五年七月，令两京塌房、店舍等仍按月纳钞。

先是，正统十二年三月，御史闻人黉请停征塌房、舟车等钞。命户部议行。至是，户部又以钞法阻滞，奏请比宣德间例，令两京塌房、店舍、菜果园并各色铺行，俱仍减轻纳钞有差。从之。八月，给事中陈嘉猷等奏：比闻户部将两京塌房、店舍、菜果园及街市各色铺行，定立则例，按月输钞。而军民人等畏惧纳钞艰难，有将铺面关闭不敢买卖者，有将园蔬拔弃而平为空地者，有将果树砍伐而减少株数者，原其所以，盖由开铺面者已纳门摊钞贯，种园圃者亦有夏税差徭。况其间或借人赀本以贸易，或赁人房舍以开张，或因计利多寡而开闭之不常，或因天时水旱而栽种之弗遂。今若通行编册，按月输钞，则嗟怨载途，民实不堪。伏望将各色应纳钞贯暂且停止，俟丰稔然后举行。若犹虑钞法不行，乞敕部出榜晓谕，务令钞与钱相兼行使，违者重罪。如此，则国用不亏，下民不扰，诚为两便。诏菜果园及小铺行暂免。

---

① 住支，停止支发官员俸薪、军饷银两。

七年正月，减九门收钞铺户。

先是，九门每季各役铺户五六人收钞。六年十二月，宛平知县王纪请裁减。至是，乃令每门止役三人。至宪宗成化六年三月，御史又为请免。诏仍旧，但不许人承揽勒索。明年九月，户部议覆宛平县老人曹鸿等所奏：一、九门金点检钞夫四十四名，每名一季雇人用银十两，一年通计一千六七百两。其银俱于大小铺户征敛。后虽裁减，每门止留三名，然敛钱之弊尚在。今夫役势难再减，宜选金殷实铺户正身应役，不许敛钱雇倩，违者罪之。一、天财库先因烧毁敝钞，大、宛二县共起夫一百二十名，一年敛括夫钱银二千余两。今各处解到钞贯，本部先已检验，到库烧毁数少，其人夫宜止留八十名。诏悉从之。

宪宗成化二年三月，减京官折俸钞。

先是，禄米一石，折钞二十五贯，后省为十五贯，至是又省五贯。时钞法久不行，新钞一贯时估不过十钱，旧钞仅一二钱，甚至积之市肆，过者不顾，以十贯钞折俸一石，则斗米一钱也。

　　陆容《菽园杂记》曰：国初惩元之弊。用重典以新天下，故令行禁止，若风草然。然有面从于一时，而心违于身后者数事，如大明宝钞、大诰洪武韵是已。宝钞今唯官府行之，然一贯仅值银三厘，钱二文，民间得之，置之无用。

　　臣等谨按：明初禄米折钞，固以钞一贯可值钱一千，银一两，故以抵米一石也。至一贯止值一二文，而徒以一石十贯之虚名，使受禄者遭斗米一钱之折阅，此非诏禄之常经，亦非用钞之本意也。夫加增课钞，犹可日期以通行吾法，非有所利而为之也。受禄者何辜，以此阴夺其俸，毋乃靳惜米麦银钱有用之物，而姑以无用之散楮委之乎！陆容谓，宴赏路费，皆给钞贯，而各处课程，或专收银两，或兼收钱钞，只此一事，有利者皆归官府，无用者皆及下人，见《实录》弘治元年十一月。长国家者闻之，亦可为深愧矣。

十三年正月，严依势卖钞之禁。

指挥周广奏：钞法不行，每钞千贯止值银四五钱。在京势要富家，往往载往各司府州县，公行嘱托，每钞千贯，征银五两，其利十倍，乞通行禁约。乃令今后依势卖钞，并有司听从者，重罪不宥。巡按纠举以闻。至二十一年正月，又诏：勋戚势家，不许贩卖钞贯，违者巡城、巡按并该地方官捉拿参奏。孝宗弘治二年，令势家卖钞事觉，依律论罪，钞没官。官吏听从者，以枉法论。

臣等谨按：正德时，钱宁遣人鬻钞于浙，钞散价重，皆抑配于民。布政使方良永上疏，请正其罪。宁初欲散钞遍天下，先行之浙江、山东，而良永首发其奸，山东亦为巡抚赵璜所格，宁自是不敢鬻钞，而阴欲中良永以危法。良永乞致仕去观，此则倚势卖钞之禁，正德时已弛也。

九月，令两淮引钞折银。

旧例，淮商照引纳纸，解南京刷引。寻以纸有余，改纳钞。解户于商人纳钞，百计需索，巡盐御史杨澄，奏准改钞二贯收银一分。

二十三年十一月，时孝宗已即位。监生杨玺请通钞法。

玺言八事，一通钞法。谓国初钞法，凡商税户口折赎，皆与铜钱兼行。近来一切征银，钞之在官而散于民者，一贯不能值钱一文；而征于官者，一贯乃收银二分五厘。乞令仍遵旧制，钱钞兼行，不许别征银货等物。章下所司。

孝宗弘治元年二月，令钞关及户口食盐俱折收银。

先是，成化十六年正月，户部奏准：扬州、苏杭、九江等处船料，每钞二贯，折收银一分。四月，又以内库乏钞，奏令内外税课及天下户口盐钞仍征本色一年。至是奏准：凡课程，除崇文门、上新河、张家湾及天下税课司局仍旧钱钞兼收外，余钞关税课司局，天下户口食盐，每钞一贯，折收银三厘；每钱七文，折收银一分，类解本部，其存留准折俸粮者，照在京例，每银一两，折钞七百贯。至七年二月，复命弘治六七年户口盐钞仍折银解京，以备承运库支用。自八年以后，则如旧例，钱钞兼收，以备司钥库支用。武宗正德元年五月，户部奏准：将明年应征旧欠户口食盐钱钞，及崇文门分司商税钱钞，俱令折银。十四年九月，又令各处钞关并户口食盐钱钞俱折收银。十六年十二月，时世宗已即位。以太仓钱钞缺乏，奏准：将嘉靖元年分户口食盐复征本色钱钞。嘉靖八年九月，直隶巡按魏有本奏：国初关税，全征钞贯，后改令钱钞兼收。迩来钞法不通，钱法亦弊，而关税仍收钱钞，无益于国，有损于民。以收钞言之，每钞一张为一贯，每千张为一块。时价每块值银八钱，官价每块准银三两。是官以三两之银反易八钱之钞，此则上损国用。以收钱言之，各处低钱盛行，好钱难得，官价银一钱值好钱七十文，时价每银一钱买好钱不过三十文，是船户费银二钱以上充一钱之数，此则下损民财。每岁收银约计一万二千两，内六千两收钞，该钞二千块，计用大柜五百个；又六千两收钱，该钱四千串，计用小柜四百个。中间水陆脚价，进纳使费尤难计算。乞自今俱许折银。户部覆议，从之。

邱浚《大学衍义补》曰：自宋人为交会，金、元承之以为钞。所费之直不过三五钱，而以售人千钱之物。民初受其欺，继畏其威，不得已而勉从之。行之既久，天定人胜终莫之行，非徒不得千钱之息，并与其三五钱之本而失之。且因以失人心，亏国用，而致乱亡之祸如元人者，可鉴。已然则钞法终不可行哉！曰何不可行，其不可行者以用之者无权耳！本朝制铜钱宝钞，相兼行使，日久弊生。钱之弊在于伪，钞之弊在于多。将以通行钞法，请稽古三币之法，以银为上币，钞为中币，钱为下币，以中下二币为公私通用之具，而一准上币以权之。盖自国初以来有银禁，恐其或阏钱钞也。而钱之用不出于闽广。宣德正统以后，钱始用于西北。自天顺、成化以来，钞之用益微矣。必欲如宝钞属镪之形，每贯准钱一千，银一两，以复旧制，非用严刑不可，而严刑非世所宜有也。今日制用之法，莫若以银与钱钞相权而行，每银一分，易钱十文。新制之钞，每贯易钱十文，四角完全未中折者，每贯易钱五文；中折者三文，昏烂而有一贯字者一文。通诏天下，以为定制。严立擅自加减之罪。定制之后，钱多则出钞以收钱，钞多则出钱以收钞。银之用，非十两以上禁不许交易；银之成色，以火试，白者为币。钱钞通行，上下而一，权之以银，足国便民之法，盖亦庶几焉①。

傅维鳞《明书》曰②：太祖时，赐钞千贯则为银千两，金二百五十两。永乐中，千贯犹作银十二两，金止二两五钱矣。及弘治时，赐

---

① 庶几，意为或许可以，有希望和推测之意。

② 傅维鳞（1608—1666），灵寿（今属河北）人。明末清初历史学家。明崇祯举人，清顺治进士。历任翰林院编修、东昌兵备道、左副都御史、户部右侍郎、工部尚书。以翰林院编修，得分修明史，在广搜各种遗书基础上，纂成《明书》。《明书》为一百七十一卷，纪传体明代史。

钞三千贯，仅银四两余矣。钞愈难行。于是议者请仿古三币之法云云。即邱浚之说。帝不听。

四年十一月，崇文门税课兼收五等钞。

以钞一千贯为率，内新好钞为一等，次折腰舒开者为二等，次折腰磨动者为三等，次磨动微损者为四等，次损角者为五等，各得二百。

武宗正德二年七月，令关税解内库者，钱钞银两分年收解。

旧制：各处榷收钱钞入内供应者，俱收本色钞贯。成化间钱钞中半兼收。弘治间，折收银两输承运库。是年五月，司钥库太监庞琛奏：钱钞缺乏，请如旧制，仍收本色。从之。至是，承运库太监李时奏：九江等七处钞关，旧收银两，近为司钥库所请，改收钱钞。比者银两正乏，乞仍旧收银。户部奏准：诸关自正德四年以前，俱收钱钞，送司钥库；以后仍收银，送承运库。至七年十月，户部奏：司钥库题称钱钞缺乏，除扬州钞关银两专备织造，宜令河西务、临清、淮安、苏杭五钞关俱收钱钞，解司钥库；九江钞关仍旧收银，解承运库。从之。世宗嘉靖二十年二月，司钥库太监王满又奏：钱钞缺乏，乞敕各钞关俱收本色。户部执奏：钱钞折银，官民两便，行之已久，不可轻变。即有不足，但当发各关解到价银，召商办纳，足用而止。二十一年正月，满复奏请。帝卒从之。三十一年七月，户部议覆给事中黄国祯条奏：请行各钞关征银解部济边，俟边警少宁，仍征钱钞，本折输解。得旨：钞关本折，仍输解。

臣等谨按：全用钞者，一变而钱钞中半，再变而全令折银。此与时消息，返虚为实，事莫便于此也。乃宦官各顾己私，交争屡渎，部臣依违其间，务为两解，朝三暮四，民无适从。官吏之揸勒侵渔①，奸豪之居积射利，自此益滋矣！然宦官之得所借口者，亦自有说，其病总在钞不行，而仍有必须用钞之处也。诚使废钞不用，而悉以银钱折支，则天下本无事矣。吝惜见财，而国亦不见其利，然则行钞本以愚民，适以自愚也夫。

世宗嘉靖六年正月，户部奏：定钞价。

---

① 揸勒，勒索、刁难。

户部言：各处征收钞价不一，独山东准太仓折银例：块征六两，他处或征至十两。请定令块征四两。奏可。

是岁，减各处解京户口盐钞折银之数。

弘治初，户口盐钞，每贯折银三厘。至是，诏：减为一厘一毫四丝三忽。

八年二月，令解京银两，皆倾销成锭。

户部尚书李瓒奏：各处解到库银，率多细碎，易起盗端。乞行各府州县，今后务将成锭起解，并记年月及官吏银匠姓名。至神宗万历十年六月，户部议准给事中傅来鹏等条奏，州县起解银两，将官吏银匠姓名凿于每锭之上。

穆宗隆庆元年八月，令南京新旧课钞分别折银。

先是，嘉靖二十七年六月，户部议覆给事中郑维诚等条奏：自钞法不行，国家匪颁之用，皆市诸京师积钞之家，辗转收纳，烦费不资。宜改用折色，岁可增储积数十万。帝令量兼折色收之。至是，从南京户部尚书马森等奏，乃命应天府属诸税课衙门，嘉靖四十五年以前课钞，每贯折银二毫，先行上纳。隆庆元年以后者，每贯折银六毫，不用本色。

　　王鸿绪《明史藁·食货志》曰①：穆宗时，宝钞不用，垂百年课程亦鲜收钞者，唯俸粮支钞如故。库钞不足，则召商办纳，或市之京师，缺则停止，累数十万。神宗时，始折银支放，以偿缺俸云。

庄烈帝崇祯十六年，复行钞法。设内宝钞局，寻罢。

钞法自弘治间废，熹宗时，给事中惠世扬复请造行。崇祯八年四月，给事中何楷亦以为请。至是，有蒋臣者申其说，擢为户部司务。倪元璐方掌部事，与侍郎王鳌永力主之。帝锐意举行。御史白抱一疏谏，阁臣蒋德璟力言不可，自九月执奏至明年二月，乃得旨罢之。

　　孙承泽《春明梦余录》曰：崇祯十六年，桐城生员蒋臣言：钞法可行，且云岁造三千万贯，一贯值一金，岁可得金三千万两。户部

---

　　① 王鸿绪（1645—1723）清代官员、学者、书法家。初名度心，中进士后改名鸿绪。藁，通"稿"。

侍郎王鳌永专管钱钞，亦以钞为必可行，且言：初年造三千万贯，可代加派二千余万，以赡穷民。此后岁造五千万贯，可得五千万金。除免加派外，每省直发百万贯，分给地方官以佐养廉。其言甚美，然实不可行也。帝特设内宝钞局，昼夜督造，募商发卖，贯拟鬻一金，无肯应者。鳌永请每贯止鬻九钱七分，京商骚然，绸缎各铺皆卷箧而去。内阁言：民虽愚，谁肯以一金买一张纸。帝曰：高皇帝时如何偏行得。内阁对：皇帝似亦以神道设教，当时只赏赐及折俸用钞，其余兵饷亦不曾用也。帝曰：只要法严。阁臣对：徒法亦难行。因言民困已极，且宜安静。其语颇多，然帝已决意行之。及内宝钞局言：造钞宜用桑穰二百万斤，旧例采取北直、山东、河南、浙江诸处。乃分遣各珰催督。内浙江杭、嘉、湖三府桑穰价银，户部请以北新关税银二万抵之。阁臣拟旨，采取扰累，且关税例当解京，不准留。又五城御史言：钞匠除现在五百人外，尚欠二千五百人。各城句摄多未学习，议于畿内八府州县多方句解。阁臣亦拟不许。帝不怿。俱发改票，后竟以阁臣蒋德璟执奏而止。某氏谈往曰：有保举生员蒋臣盛言钱钞，因召对中左门，奏行铜钞，每重半斤，准银一两。帝以为费，及决意用纸钞。时有省臣条议纸钞有十七便之说。圣旨喜允，立刻造钞，押令工部领取仪制司所藏乡会朱墨卷与直省学政岁科解部试牍为钞质之资本，限日搭厂，拨官选匠计工，如有阻其事者，法同十恶罪款。工部查二祖时故则，造钞工料，纸六皮四，皮者桦皮也，产于辽东。有纸无皮，无从起工。乃令工部召商，工部仍以库洗为辞。正拟议间，忽报流贼欲犯京师，已之。崇祯十六年十二月中事也。

顾炎武《日知录》曰：钞法之兴，因前代。未以银为币，而患钱之重，乃立此法。今日上下皆银，轻装易致，楮币自无所用。故洪武初，欲行钞法，至禁民间行使金银，以奸恶论，而卒不能行。及乎后代，银日盛而钞日微，势不两行，灼然易见。乃崇祯之末，倪公元璐掌户部，必欲行之，其亦未察乎古今之变矣。

钦定续文献通考卷十一

钱币考

明

钱

太祖洪武元年三月，命户部及各行省铸洪武通宝钱。

先是，辛丑岁，元至正二十一年，太祖方称吴国公。二月，置宝源局于应天府，铸大中通宝钱，与历代钱兼行。以四百文为一贯，四十文为一两，四文为一钱。设官专管。甲辰岁，元至正二十四年太祖称吴王。江汉既平，乃命江西行省置货泉局，颁大中通宝大小五等钱式，使铸之。至是，遂令户部及各省铸洪武通宝钱。其制凡五等：当十钱重一两，当五重五钱，当三、当二重皆如其当之数，小钱重一钱。各行省皆设宝泉局与宝源局并铸，而严私铸之禁。

《明会典》曰：洪武间铸钱则例，当十钱一千个，铸钱连火耗用生铜六十六斤六两五钱；当五钱二千个，铜斤同前；当三钱三千三百三十三个，铜六十五斤九两二钱五分，折二钱五千个，小钱一万个，铜斤并同当十每千之数，每铜一斤，外增火耗一两。铸小钱一百六十文，当十钱一十六个，当五钱三十二个，当三钱五十四个，折二钱八十个，各折小钱一百六十文。铸匠每名一日铸当十钱一百二十六个，当五钱一百六十二个，当三钱二百三十四个，折二钱三百二十四个，小钱六百三十个。

臣等谨按：《洪武实录》，置宝源局铸大中钱，乃太祖未即位建元时事。盖明祖将建国号，意在大中，既而祈天，乃得大明。故当时钱文有大中之号也。《明会典》及《万历会计录》皆以为洪武初王圻

《续通考》亦袭其误，今据《实录》订正。

四年二月，改铸大钱为小钱。

宝源局所铸大中通宝大钱，皆铸京字于背，后多不铸，民间以二等大钱无京字者不行，故改为小钱以便之。

六年十一月，令私钱作废铜送官，偿以官钱。

应天府言：私铸有碍钱法。乃诏：自今遇有私铸钱，许作废铜送官，每斤给官钱一百九十文偿之。诸税课内如有私钱，亦为更铸。

八年三月，罢宝源局铸钱。

先是，元年七月，命户部及各行省罢铸。未几复开。至是，行用宝钞，遂罢宝源局铸钱。明年六月，并罢各省宝源局。十年五月，复命各省设宝泉局，铸小钱与钞兼行。百文以下止用钱。二十年又令停铸。

臣等谨按：明初设立钱局，在京曰宝源，在外曰宝泉，始名货泉，后改。然在外亦称宝源局。《会典》曰：洪武九年，罢各布政司宝源局。《大政记》曰①：洪武二十二年，并置各省宝源局是也。厥后在京亦有宝泉局。《春明梦余录》曰：国初鼓铸专属工部宝源局，天启二年始增设宝泉局，属户部是也。

十年八月，置宝泉库。

二十二年六月，收废铜铸钱，更定钱式，置各省宝源局。

工部尚书秦逵言：铸钱本与钞兼行，不宜停罢，请收废铜铸造，以便民用。从之。且诏更定钱样，乃定制：生铜一斤，铸五等钱各若干文。详前《会典》。明年十月，复定钱制，每小钱一文，用铜一钱《实录》《会典》俱无此二字。二分，余四等钱依小钱制递增。至二十六年七月，以铸钱扰民，复罢。各布政司宝源局在京则仍旧鼓铸。

臣等谨按：《会典》载，是年令造小钱一十文至五十文，以便民用。每生铜一斤，铸小钱一百六十云云。《万历会计录》《名山藏》

---

① 《大政记》，朱国桢（明万历年间进士，官至文渊阁大学士）所撰，该书记载洪武至隆庆年间的史事。

《泳化类编》《春明梦余录》所载并同。夫钞有几十文至百文者，钱无论大小，一文自一文耳，而曰一十文至五十文，此何说耶！查《实录》则是年四月造小钞，以便民用，一十文至五十文。六月，更定钱样，乃有生铜一斤，铸小钱一百六十云云。截然两事。《会典》直并为一，诸书亦遂习而不察也。又是年定制，生铜一斤，铸小钱一百六十，是每文重一钱也。明年复令小钱一文，用铜一钱二分，盖比旧加重，故云余四等钱依小钱制递增也。然王圻《续通考》与傅维鳞《明书·食货志》皆有一钱二字，而《实录》《会典》俱直云用铜二分，不容顿减至此。查《会典》洪武间则例，小钱一万个铸钱，连火耗用生铜六十六斤六两五钱，则每文总应重一钱有零，于每文用铜二分之说不合，当有脱误。

二十六年，定在京、在外铸钱例。

凡在京铸钱，行移宝源局委官于内府置局，每季计算人匠数目，合用铜炭油麻等料，行下丁字库等放支，铸完收贮奏闻。差官类进司钥库交纳。在外各布政司一体鼓铸，工部类行各司，行下宝源局委官监督，人匠照在京则例铸就，于彼处官库收贮听用。各处炉座钱数：北平二十一座，每岁铸钱一千二百八十三万四百文；广西一十五座半，每岁铸钱九百三万九千六百文；陕西三十九座半，每岁铸钱二千三百三万六千四百文；广东一十九座半，每岁铸钱一千一百三十七万二千四百文；四川一十座，每岁铸钱五百八十三万二千文；山东二十二座半，每岁铸钱一千二百一十二万二千文；山西四十座，每岁铸钱二千三百三十二万八千文；河南二十二座半，每岁铸钱一千三百一十二万二千文；浙江二十一座，每岁铸钱一千一百六十六万四千文；江西一百一十五座，每岁铸钱六千七百六万八千文。

　　傅维鳞《明书·食货志》曰：洪武时，天下共开钱炉三百二十五座，岁铸钱一万八千九百四十一万四千八百文。后多盈缩，不可得而考云。

　　臣等谨按：炉座钱数，详载诸司职掌，唯不开云贵、湖广、福建四处。至弘治十六年，始照浙江等处定例，俱行开铸。至《明书》所载炉座总数，与诸司职掌微有不合。

成祖永乐六年，铸永乐通宝钱。

至九年，又差官于浙江、江西、广东、福建四布政司铸永乐通宝钱。

宣宗宣德八年十月，令工部及浙江、江西、福建、广东四布政司铸宣德通宝钱。

十年十二月，时英宗已即位。弛用钱之禁。

自洪武二十七年以钞法阻滞，严禁用钱，至是，梧州知府李本奏：《律》载宝钞与钱兼行，今两广交易用钱，即问违禁，民多不便，乞照律听其兼行。从之。景帝时，以钞法不通，复申钱禁。旋听民相兼行使。

景帝景泰七年，以内外私铸者多，通行禁约。

中兵马司指挥胡朝鉴奏：在京买卖唯用永乐钱，苏松等处多伪造来京货卖，其钱俱杂锡铁。在京军匠人等亦私铸造。乞通行禁约。从之。至宪宗成化十三年六月，刑部奏：市用新钱，多苏、松、常、镇、杭州、临清人铸造，四方商贩收买，奸弊日滋，宜移文各处抚按禁约。自后事发，即以为首并工匠依律问罪，其为从及知情买使者，枷示一月，并家属、编成军民，分别问遣。职官有犯，奏请处治。从之。

英宗天顺三年三月，琉球国王请将货价给赐铜钱。不许。

先是，洪武时，禁金银铜钱等物不许出番。沿海军民私用与外番交易及官司纵容者，悉治以罪。永乐中，屡用以颁赐外番，永乐十九年四月，侍讲邹缉言：朝廷岁令天下有司铸铜钱，遣内官赍往外番及西北买马收货，所出常数千万，而所取曾不及其一二。且钱出外国，自昔有禁，今乃竭天下之所有以与之，可谓失其宜矣。宣德因之。自是外番利中国之钱，遂有借端勒索及公行请乞者。正统四年八月，福建巡抚成规奏：琉球使臣于廪给外，茶盐酰酱等勒折铜钱，辄肆詈殴，礼部请治通事之罪。帝令戒谕之。景泰四年十二月，礼部奏：日本国附进物例应给直。考宣德八年赐例，今所进物增数十倍，难如前例给直，计其贡物时直甚廉，请估时直给之。于是，除银钞绢布外给钱五万余贯。五年正月，日本使臣允澎奏：蒙赐附进物件价值，比宣德间十分之一，乞照旧给赏。帝命加铜钱一万贯，允澎犹以为少，更加绢布给之。至是礼部言：琉球国王尚泰久奏，请将附搭物货照永乐、宣德间例给赐铜钱。铜钱系中国所用，难以准给，宜照旧折支绢布等物。从之。至成化五年二月，日本使臣元树奏：乞赐铜钱五千贯。礼部执奏不与。帝特准与五百贯。十年四月，琉球使臣沈满志等朝贡，仍以钞绢酬其自贡物直。满志乞如旧制折给铜钱，不许。

马欢《瀛涯胜览》曰①：爪哇国通用中国历代铜钱，旧港国亦使用中国铜钱。锡兰国尤喜中国铜钱，每将珠宝换易。

臣等谨按：外国既贪得中国铜钱，亦有自铸中国年号钱用之者。朱国桢《涌幢小品》云②：日本亦用铜钱，只铸洪武通宝、永乐通宝，若自铸其国年号钱则不能成。

四年，准兼用古钱制钱，禁民挑选。

令民间除假钱锡钱外，凡历代并洪武、永乐、宣德钱及折二、当三，依数准使，不许挑拣。至成化十六年十二月，大兴县民何通上言：前京师钱价，每银一钱，仅易八十文，钱贵米贱，军民安业。比因伪钱盛行，银一钱增至一百三十文，钱贱米贵，而又拣选太甚，小民所得佣值不能养赡。乞出榜禁约。户部奏准：九门税课衙门收钱，除破碎伪造外，其余不拘年代，但系圆图钱即便使行，不许习难挑拣。仍出榜禁约，令两厂五城缉访究治。

宪宗成化元年《会典》作三年。据《实录》改。七月，诏：通钱法，凡商税课程钱钞，中半兼收。

每钞一贯，折钱四文。至六年，令各处船料钞每贯折钱二文。十年四月，准巡视江西侍郎原杰奏：户口食盐，兼收钱钞，每钞一贯，折钱二文。

三年四月，申命文武官军折色俸饷，钱钞兼支。

先是，户部以钱法不通，请令天下诸司，凡征收支给，钱钞兼用，至是有沮之者。户部遂奏请申明是令。至明年，乃令京官折俸，钞三钱七。每钱二文，折钞一贯。

十七年二月，严禁私铸私贩。

令京城内外买卖交易，止许行使历代及洪武、永乐、宣德旧钱，每钱八十文，折银一钱，不许将私铸搀和，如违及贩卖并私造之人，依律究治。告捕者赏，知情不首者事发连坐。仍行各处行钱地方，通为禁约。

孝宗弘治三年六月，命天下诸司发所贮洪武、永乐、宣德钱，与历代

---

① 《瀛涯胜览》，马欢所著的笔记。马欢，回族通事（翻译官），曾三次随郑和下西洋，该书记载了途中所见航路、海潮、地理、政治、风土、人文、语言、文字、气候、工艺、物产等。

② 《涌幢小品》，明朝朱国桢撰，内容丰富而翔实可靠，举凡当时的政治、经济、军事、外交、文化诸领域，都广为涉及，有些内容可补正史不足。

钱兼行。

自二年九月，户部言：洪武、永乐、宣德钱皆积不用，宜疏通之，请以充官吏折俸。其折收商税户口钱，令半收历代钱，半收洪武等钱，如无洪武等钱者，以二当一。得旨，准拟。至是，乃令发库贮洪武等钱，与历代钱相兼行使。至十六年《会典》作十八年。二月，又令尽发两京并各处库贮洪武等钱，同弘治通宝支给官俸物价。武宗正德二年八月，南京户部奏：近来税课钱解部，必历代钱与洪武等钱中半，但洪武等钱贮库虽多，给领尚少，况弘治通宝鼓铸未完，市未行使，解户措办不及，官府收受亦难。若令折纳旧钱二文，愈见负累，请自今不拘中半之数，新旧俱暂收受，俟弘治通宝铸完日，照例中半兼收。从之。六年《会典》《会计录》俱作五年。二月，给事中李铎奏：钱法弊于私铸。请将新铸低钱倒好皮棍等项名色，尽革不用。将洪武、永乐、洪熙二字疑衍。洪熙短祚，未曾开铸，至嘉靖始补铸之。宣德、弘治通宝及历代真正大样旧钱，相兼行使，不许以二折一。有仍踵前弊者，各罪如律。从之。七年正月，司礼监张永奏：洪武等钱暨历代钱，例得兼行。但内无关给，外无征收，致令民间以二折一，物价腾贵，乞将内外库贮见钱，敕户部议处，关给征收，庶官民两便。户部覆准榜谕军民人等：不分年代远近，钱样大小，但系囫囵铜钱，每七文作银一分，不许以二折一。仍请将职官折色俸给，以十分为率，一分折钱，九分关银。在京九门税课，在外各钞关并官府，买办估价，里甲收受钱粮，俱收历代旧钱，与国朝钱相兼使用。仍行内府天财库，将收积洪武等钱与近铸弘治通宝查出，会计关支。

臣等谨按：弘治初，即令发各处所贮洪武等钱，与历代钱兼行，至张永请发库钱时，已历二十余年，而永奏：直云内无关给，外无征收，然则前此云云皆具文也。夫欲钱之通利，则发尤急于收，顾发之者屡矣，而卒艰于发者，中官靳之也。观弘治、正德间大学士刘健等屡奏司钥库铜钱，该部奏请支用，内官展转推延，至今不发，是其明证矣！然则张永非内官乎！何以独请发日争利相倾，往往而有司钥库太监忌承运库之擅利而请收钱，承运库太监忌司钥库之擅利而请收银，俱正德二年事，如此者不一而足也。京师之病，内官为梗矣。外省谁实为之！曰辇毂之下，虽令不从，外省尤鞭长不及，自皆泄泄从事，而诏命多废格矣。

十六年二月，铸弘治通宝钱。

先是，二年九月，户部请令宝源局并各省开局鼓铸弘治通宝，帝以各处开铸，未免纷扰，唯宝源局铸钱，令工部看详以闻。工部言：今民间洪武等钱俱不用。陆容《菽园杂记》曰：洪武钱民间全不行。余幼时常见有之，今不复见一文。倘铸弘治通宝而更不行，徒费无益，乃止。至是，又令议铸钱。户部乃议令两京各省，照诸司职掌所载多寡之数，详洪武二十六年。稍损益之，北京照初年北平旧数；南京地广，宜增一倍；山东、山西、河南、浙江、江西、广西、陕西、广东、四川，俱照旧数；湖广视浙江，福建视广东，云贵视四川，每岁陆续铸造。得旨准行。三月，给事中张文陈铸钱事宜，谓户部言：旧未行钱地方，务要设法举行。臣以为：自来钱法不通之处，势难骤变，且诸司职掌不开云贵闽广四处，宣德年亦止行浙江等四处，必有深意。宜先将两京样钱发前地暂一行之，势能渐革，开铸未晚。若习俗难变，姑听顺之。又户部言：山陕贵州，俱系兵荒之处，合量减铸。查去年天下水旱灾伤共二百七十余处，莫如一切量减，待岁丰民安，别议所宜。奏入，令仍照原议行。明年六月，南京吏部侍郎杨守址奏：南京宝源局当铸弘治通宝二千五百六十六万，所费不少。见今灾伤特甚，乞暂停铸造，命量减原数三分之一。十八年五月，帝令户部查弘治通宝已未铸数目。户部言：各处所铸才十之一二。帝以铸造已久，何止有此数，令工部仍再看详，并查费过工料之数奏闻。六月，时武宗已即位。给事中许天锡等陈鼓铸事宜十条：其一，处铸匠顷所取山东盗铸充军金山等到局，适在赦，原乞暂留铸造，待教成各匠乃遣；其一，考铸法铸钱须兼用锡，则其液流速而易成，乞每铜一斤，量加好锡二两，有将铅锡抵铜以盗论；其一，计物料金山等铸法，只用生铜，少加锡镴，以石炭代木炭，以松香代桐油，及少用黄蜡、硫黄、稻草数束而已，如牛蹄、磁末、沥青、焰硝等项，悉令减革；其一，惜浪耗每文削下铜屑至二三分，漫弃可惜，乞敕委官置淘沙之器，将灰土铜末淘出作正支用。工部复议，金山等除豁军役，暂留教习，如或逃逸，仍依原拟谪戍，余如议行。后又题准铸弘治通宝，每文重一钱二分。至正德二年，弘治通宝尚未铸完。四年，御史段冢奏：陕西被灾，乞暂停鼓铸。工部议复：各省灾伤，铸钱宜一概停止。四月，乃令各处暂停铸钱。七月，乃诏行洪武、永乐、宣德、弘治通宝等钱。

臣等谨按：《实录》，洪武三年十二月，潭州民艾立五等以私铸

钱论死。帝特命免死，杖发宝源局充工。后成化十四年八月，亦曾特
赦私铸人死罪，以父母年老故也。至正德初，则以盗铸充军。金山等
铸法利便，遂除豁军役，留局教习矣。

世宗嘉靖六年，铸嘉靖通宝钱。

奏准铸造嘉靖通宝一千八百八十三万四百文。南京宝源局铸造二千二
百六十六万八百文，每文重一钱三分。又令工部照永乐宣德间例，差官于
直隶、河南、闽广铸钱，解司钥库备用。每钱七百文，准银一两。至十八
年十月，补铸嘉靖制钱未足之数。户部议：分派南北工部监造。十九年八
月，工部复议：铜锡等料俱出南京，且工巧而物贱，遂俱命南京工部铸
造。二十年五月，工部奏：铸造制钱，得不偿失，请暂停止。从之。二十
三年正月，复命工部铸嘉靖通宝钱，依洪武折二、当三、当五、当十式各
三万文。三十二年十一月，谕工部：铸洪武至正德纪元九号钱，每号一百
万锭。嘉靖纪元号一千万锭，每一锭五千文，内工部六分，南京工部四
分，各分铸。十二月，以户工二部言，铸钱工本不敷，准将嘉靖通宝每年
陆续造进。是年定例，令黄铜照例行。户部买办锡麻等料，行甲字等库关
支，炸炭工食等项工部料价支给，以本部侍郎提督，本司员外郎监造。四
十二年题准，每钱一千文，旧重七斤八两，今重八斤，每铜五万斤、锡五
千斤，铸钱六百万文，共重四万八千斤。除耗四千斤，仍扣剩铜锡三千
斤。凡进钱，务秤足数，方许运进司钥库交收。后盗铸日滋，死罪日报，
终不能止。帝患之，问大学士徐阶，阶陈五害，请暂停止铸钱。应给钱
者，悉与银。四十三年十一月，帝乃鞫治宝源局匠役侵料减工罪，令该局
铸造暂行停止。

《明会典》曰：嘉靖中铸钱则例，通宝钱六百万文，合用二火黄
铜四万七千二百七十二斤①，水锡四千七百二十八斤，铸匠工食每钱
百文，给银三分八厘。

范守己《肃皇外史》曰：嘉靖初从廷议，命宝源局及南京、云
南铸造嘉靖制钱，发民间贸易。既而所铸不一：有金背、火漆、镟边
等名，民颇通行。久之，言官建言：铸镟艰难，工匠劳费，请革去镟

---

① 二火黄铜，为黄铜的名称之一。二火指的是配制黄铜时，以炉甘石点化的次数。

车，以镴锡代，从之。于是铸工竞杂铅锡，图便锉治，而轮郭粗粝，色泽惨暗，与前大不侔矣。奸徒仿效盗铸，滥恶日滋，贸易不通，闾阎大困。其盗铸日报死罪终不能止，遂停止宝源局铸造。

　　臣等谨按：嘉靖时，补铸先朝九号钱，乃洪武、永乐、洪熙、宣德、正统、天顺、成化、弘治、正德九年号也，其建文、景泰两朝，未经补铸，内唯洪武、永乐、宣德、弘治四朝原有旧铸之钱。若洪熙、正统、天顺、成化、正德时，史不言铸钱，其流传后世者，当由嘉靖时所补铸。

十二月，以私铸阻碍官钱，谕户部区处钱法。

私铸之弊，岁久难变。正德间，至有以四折一、恶烂不堪者，曰倒四后又有倒三、倒五、折六、折七等名。见嘉靖十二年四月孙锦奏，亦盛行焉。嘉靖三年四月，诏旧铸好钱，每七十文当银一钱，其私铸伪钱重论无贷。至是，帝谕户部：闻市中俱用私铸前代旧钱，及我朝通宝，俱沮格不行，其速议区处禁约。于是户部条具五事：一、遵用制钱，一、严禁私铸，一、严禁私贩，一、体顺民情，一、督收官铸。帝以钱禁私贩，唯禁私铸之伪恶者，余不必禁。所议中钱一百四十抵好钱七十，奸弊终难禁革，自今令市中唯用好钱，以七十文抵银一钱，与制钱相兼通用，督收官铸。若令私铸，地方开铸，则奸弊愈滋。令查累朝未铸钱，俱为补铸，与嘉靖通宝兼用。有敢阻抑不行者，缉捕重治。于是议准内外税课等项，俱令兼收新旧制钱；买办物料，照例支给；民间交易，一体遵行。敢有把持行市，不遵行使者，以违例治罪。又令晓谕京城内外商贾铺行，但有收积新钱，限一月内尽数赴官出首，照铜价给与价银，免其私贩之罪。例后敢有隐藏者，事发，照私铸为从例发遣，仍前盗买贩卖者，一体究治。收过新钱，即与销化贮库，候铸造大明通宝取用。又令晓谕京城内外行户，除私铸新破铅铁等项，首官易买不用外，但系团图中样旧钱，每一百四十文准银一钱，与洪武等钱随便行使。至十五年九月，巡城御史阎邻等言，国朝所用钱币有二：曰制钱，曰旧钱，百六十年来，二钱并用，虽有伪造，于原制犹不相远。迩者京师之钱，轻裂薄小，触手可碎，字文虽存，而点画莫辨，甚则不用铜而用铅铁，不以铸而以剪裁，每三百文才直银一钱，制钱旧钱反为壅遏。乞敕都察院榜示五城，许以旧制二钱通行，其伪造私藏者，限半月自营销毁，犯者捕，论如律。又言：嘉靖八年，尝申禁例，而奸党私相结约，各闭钱市，以致物货翔踊，其禁遂弛。今必蹱而袭之，请密刺其首事者，置之罪奸乃可戢也。因以所获伪钱进呈，帝亦恶其诡滥，命亟行禁约，敢有仍铸造使用及阻抑者，缉捕重治。三十二年十月，计处钱法，令凡系嘉靖制式，以七文易银一分；洪武等式及前代杂钱加倍，违者科罪。十一月，大学士严嵩言：去岁禁止铅锡薄钱，止许用本朝制钱，税课衙门遂专收嘉靖钱，以致钱法不通。闻内库贮积本朝制钱甚多，其前代杂字旧钱大板儿等项，亦恐年久泯烂，请敕该库查发百千万支，给在京官军俸粮，则可省数十万之银，而钱自流通矣。帝乃令出库贮新旧钱八千一百万文，折给俸粮。先是，民间行用滥恶钱，率以三四十文当银一分，其后加至六七十文。狡伪者或翦楮夹其中，狡不可辨。三十三年，乃诏：公私用钱，凡嘉靖钱以七文准银一分；洪武等钱与前代杂钱，上品者俱如嘉靖钱例，其余视钱高下，或十文，或十四文，或二十一文，准银一分。一切私造，悉行禁止。时小钱行用久，骤革之，民颇不便。俄又出内库钱给官俸，不论新旧美恶，悉以七文折算。由是诸以俸钱市易者，亦悉以七文抑勒予民，民益骚然。御史何廷钰因请许民用小钱，以六十文当银一分；其库贮旧钱，折给官俸者宜如前诏，分高下等差，不宜俱比嘉靖钱为准。疏下户部，覆称：滥钱法所当禁。若官为令用之，是开私铸之门。其内库所发钱，由门摊税课而入，原以七文折收，故不宜增数给俸。廷钰愤其议见格，乃疏讦户部郎中刘尔牧专已自用，不念百姓之急，且以谤毁激帝怒。三月，尔牧杜黜。遂采廷钰议，令钱法且从民便，以嘉靖钱七文，洪武等钱十文，前代钱三十文，当银一分。行之十年再议。然诸滥恶小钱，以初禁之严，虽奉旨开《志》作间。行，竟不复用。民间乃竞私铸，嘉靖通宝与官钱并行焉。

七年十二月，诏：赐京官节钱，勿用钞。

内阁及一品赐钱二百文，余各有差。朝觐官吏，钱钞各半。凡钞一贯，折钱二十一文。时礼部言：旧制，钞一贯折钱千文，似太重。弘治中，每贯折钱十二文有奇，又太轻，请更定则例，故有是命。

三十二年，严销毁之禁。

题准：，凡有销镕旧钱及今铸钱造作铜像铜器等项者，比盗铸例科断。

三十四年四月，令云南开铸。

给事中殷正茂言：两京铸钱，以铜价太高，得不偿费，可采云南铜，自四川运至岳州府城陵矶开铸。户部覆言：城陵矶五方杂沓，恐奸宄易

兴，云南地僻事简，即山鼓铸为便，宜敕云南抚臣，每年扣留盐课银二万
两为铸本，岁铸嘉靖通宝钱三千三百一万二千文，令参政一员专理，每年
十月内铸完，差官解贮太仓库备用。从之。至三十七年七月，云南巡抚王
昺奏乞罢之。不听。四十四年，云南巡按王诤复言：铸钱利少费多，不若
征银解部。部覆准行。五月，遂罢云南铸钱。神宗万历四年三月，云南巡
按郭廷梧言：滇中产铜，不行鼓铸，而反以重价远购海䏡，孰利孰害。户
部覆准复令开局铸钱。八年，题准：云南既不用钱，不必铸造。其在库
钱，着贵州差人搬取充饷。熹宗天启五年七月，云南复开鼓铸。七年四
月，准云南巡按朱泰祯奏，颁给京师钱式，令照样鼓铸，并给副使孙同伦
专理钱法敕书。

四十年四月，内库乏钱，命取云南新钱进用。以户部尚书高耀执奏
而止。

耀奏：云南钱原备京边饷粮，非进内藏数也。帝乃止。仍令两京发银
二万两，工部铸造进用。至四十三年十一月，以停止工部铸钱，命户部每
年将南京、云南及税课司解收好钱一千万文送司钥库备用。万历七年四
月，又以内库缺钱，欲令该部铸造进用。张居正言：先朝铸钱，原以便民
用，存一代之制，铸成量进呈样，非以供上用也。万历二年铸造之初，止
进样钱一千万文。后以一半进用，已非本意。今若以赏用缺钱，径行铸造
进用，则是以外府之储，取充内库，大失旧制矣。诸无益之费，一切裁
省，庶国用可充，不然，以有限之财，供无穷之用，将来必有大可忧者。
奏入，嘉纳之。二十年十一月，工部奏：铸造制钱九万锭。旧规以六分为
率，一分进司钥库，五分进太仓，计每年应铸送内库钱一万五千锭。昨奉
旨再送五千锭。给事中刘弘宝执奏：内供赏赍，非加于昔，而军兴取给太
仓者万倍于昔，奈何欲减太仓之额以增内供？且内库进钱铺垫银岁费一千
一百有奇，炉商困苦不堪，乞谕铸进如例。从之。

臣等谨按：国家外府之储，动有考核，而内库之积，每难清厘。
实则用于外者皆经费所不可缺，而用于内者多浮费之可省者也。在外
易于觉察，故觊觎者常少，即人主亦动有节度。在内易于浮冒，则恩
幸既多，请乞怂恿人主亦乐其便，而不知节也。于是费愈繁，而势愈
觉其不足，常欲分在外之蓄贮以供在内之取携，盖其始取之无禁，而
其后用之必竭，弊有固然。故损外益内，实国计赢绌之一大关键也。

如高耀之奏，分别欵项而已；居正格君，乃畅其旨焉。顾臣下能守法以争者少，节用以裕邦储，是在人主之以道制欲哉！

四十二年九月，复令崇文门宣课司商税收钱。

先是，从主事花燧议，每钱七文折收银一分。行之半年，而民间所积旧钱皆壅滞不行，钱法遂坏。于是给事中孙枝请复收钱之旧。从之。至穆宗隆庆元年三月，令崇文门课钞三两以上者收银，其三两以下及九门各城房号行户俱令收钱。神宗万历五年十一月，令崇文门收税，二两以上者银钱中半，其二两以下及各门税课、五城房号等项尽数收钱。明年十二月，复令崇文门税银自三两以下尽数收钱，三两以上银钱中半。

臣等谨按：嘉靖末年，税课征银而不征钱，钱法不行，故自隆万以来，收钱之例申令再三。乃万历十八年六月，御史冯应凤等议通钱法，犹以公私不相流布为言。谓：官给之民则银钱参用，民输之官则尽去其钱。宜通行内外官司，一切收支征解，银钱相兼云云。然则前此收钱之令屡下，而折银者固自若也。

穆宗隆庆四年三月，铸隆庆通宝钱。

自二年五月，南京户部以铸钱所费不赀，题准停铸。三年七月，蓟辽总督谭纶奏：今之议钱法者，皆曰铸钱之费与银相当，朝廷何利。臣谓岁铸钱一万金，则国家增一万金之钱，流布海内。铸钱愈多，增银亦愈多，此藏富之术也。又谓：钱虽铸，民不可强，夫今之钱，唯欲布于下而不欲输于上，故其权恒在市井，而不在朝廷耳。且识以年号，亦不免有壅而不通之患。请朝廷岁出工本银一百二十万分，发两京、各省所在开铸，钱制必轻重适均，每钱十文，直银一分，不足则稍重其制。铸钱五文，直银一分，俱以大明通宝为识，后直隶巡抚杨家相亦请用此制。俱不行。期可行之万世。从前嘉靖等钱及历代钱，或行或否，悉听民便。布钱之日，令民得以钱输官，则百姓皆以行钱为便矣。至是年二月，山西巡抚靳学颜奏：钱与银异质而同用，今用银而废钱，钱益废则银益独行，银独行则豪右之藏益深，而银益贵；银贵则货益贱，而折色之办益难，而豪右又乘其贱而收之，时其贵而出之，银之积在豪右者愈厚，而行于天下者愈少，再逾数年，不知又何如矣！今议者谓钱法之难有二：一曰利不酬本，一曰民不愿行。此皆非也。夫朝廷以山海之产为用，以亿兆之力为工，果何本何利哉！诚令民得以铜炭赎罪，而转运则水陆并济，匠役则取之营军，何患无本至不愿行钱者，独奸豪耳！若行法，自朝廷贵近始一切事例，罚赎、征税、赐予、俸饷之类，俱以银钱并行，上以是施，下以是纳，何忧咻民。章俱下所司。至是，乃令铸隆庆通宝钱，每文重一钱三分。明年十一月，户部进隆庆制钱二百万文。

令以新铸隆庆通宝，量放京官折俸。

至六年议准：在京文职官员折俸，以十分为率，九分支银，一分支钱。金背钱六厘，每八文折银一分；火漆钱二厘。嘉靖镟边钱二厘。俱每十文折银一分。万历四年十二月，给事中孙训言：银库贮钱累千百万，壅积何益。宜令百官俸给四分支银，六分支钱。章下所司。

四月，令行钱听从民便，不必纷扰。

先是，京城内外钱法不通，户部谓：由税课征银，而不征钱。又民间止用制钱，不用古钱，私铸者多，真伪混杂，而讹言摇惑，谓制钱且罢，遂格不行也。仍请禁滥恶伪钱勿用，其制钱旧钱俱听相兼行，使税课房号行户等银，俱令收钱；民间交易，一钱以下止许用钱。如伪造及阻挠低昂价值者，重罪之。诏从其议。至是，大学士高拱言：钱法不通，由指点多端，事体不一所致。盖钱有定用乃可通行，今旦议夕更，迄无成说，小民恐今日得钱而明日不用，是以愈变更愈纷乱，愈禁约愈惊疑。臣唯钱法之行，当从民便。试观当年未议钱法而钱行，近年议之而反不行，其理可知也。愿特降圣谕，行钱但从民便，不许更为多言，乱民耳目，则人心自定，钱法自通。帝曰：钱法委宜听从民便，不必立法纷扰。自是钱法复稍稍通矣。

神宗万历四年二月，铸万历通宝钱。

谕户工二部：万历通宝制钱，照嘉靖式铸二万锭，每文重一钱二分五厘，内七分金背，三分火漆，与嘉靖、隆庆等钱兼行。仍以一千万文进内库，两部照旧四分铸。工部请分八千锭，行南京铸造。从之。至四月，工部言：铸钱宜以五铢钱为准，用四火黄铜铸金背，二火黄铜铸火漆，务求铜质精美。其粗恶者罪之。大约铸钱一万文，用银一十四两八钱九分零，费多利少，私铸自息。帝令再议。乃议铜价各减十分之一，报可。十一月，工部进铸完新钱三百万，内金背二百万，火漆一百万。十三年，又铸万历通宝钱十五万锭，内南京工部分铸六万锭。二十七年四月，以国用不足，命宝源局多铸济用。二十八年三月，户部议：广设钱局，通行钱法。奉旨着南、北宝源局加工添炉，渐次增铸。仍申明法例，一应税赎倖饷商价等项，俱银钱均搭收放，有盗铸及阻挠者，访拿重治，以防壅滞。

《明会典》曰：万历中铸钱则例，金背钱一万文，合用四火黄铜八十五斤八两六钱一分三厘一毫，水锡五斤一十一两二钱四分八毫八丝，铸匠工食三两六钱五分，火漆钱一万文，合用二火黄铜、水锡斤两及铸匠工食并同前。

四月，诏：各省一体开铸。

给事中周良寅条奏钱法。户部覆定四款：一、专监铸之官，两京隶工部，外省则主以右布政，直隶各府则府同知悉，听各抚按查核计处；一、申废铜之令，军民家有废铜愿卖者听，无铜者不许搜括，亦毋转相首告；一、定折易之数，宝源局铸钱已久，不能尽变，各省直止铸镟边，每十文准银一分，其行使旧钱地俱从民便；一、权简散之法，内外各官，四品以上二分支钱，八品以上三分，九品以下四分。在官各役，银钱均半。凡存留钱粮、春夏纸赎各不拘银钱兼纳。从之。诏通行各省直开铸，每府发镟边样钱一百文。直隶州五十文，每文重一钱三分，令照式铸造，铸完呈样，与本地旧钱相兼行使。自是各省抚按竞陈鼓铸事宜。五年二月，江西巡抚潘季驯奏疏通钱法七事：其一，定责成，各府同知入省铸钱，旷废职务，止令每季将银铜解司，兑换新钱；其一，计工料，铸钱一千一百文，计工费银一两；其一，议旧钱，收买低假旧钱，改铸新钱；其一，议收发，本省王府禄粮，银钱兼发，部覆旧钱相兼行，使听民间折算。王府禄粮，愿领钱者听，余如议。报可。闰八月，福建抚按庞尚鹏、商为正条议钱法十四事：其一，计算工料，每钱一千文，费银九钱八分零；其一，兼用旧钱，照原定文数折易，但必须古钱无杂，低假亦止许行之民间，若钱粮赎罪，俱用制钱；其一，劝导愚民，闽省钱法久废，卒然行之，民或疑惧，议将铺行诚实有身家者，听其愿领铸钱，存留官银以为资本，即照原定折易之数，以钱还官。在官散银与铺行以易钱，在铺行纳钱于官以抵银，则人知钱与银并贵，而铺行与民兼利矣。十一月，山西巡抚高文荐上钱法十议：其一，增钱局，除太原已经开局，其平阳、潞安二府乃产铜出工之所，宜各开局分铸；其一，计工料铜价，每百斤银七两，加以工匠杂费，通共九两二钱，约铸钱一万余文，母子相权，赢银十分之一。六年七月，湖广巡抚陈瑞条上钱法四事：其一，增置钱局，除省城开局外，再于荆、衡二府各开一局分铸；其一，酌地供钱，该省地理险远，解运艰难，钱当就近分发，除省城钱局照数领钱外，以后武、汉、黄、德、岳五府属解布政司；承天、郧、襄、辰、常五府属解荆州府；永、长、宝、郴、靖五府州属解衡州府，庶解运易而脚价可省。皆报可。十二月，户部奏：各省铸钱经今二年，未见奏报。得旨申饬①。八年四月，给事中万象春以内外钱法不行，疏请将金背、火漆、镟边三样名色，酌量归一通行，省直铸造。帝以三样铸钱，京师行使已久，听从民便，不必改铸归一。十年，诏：各处铸局，暂行停止。如钱法流通，愿仍前鼓铸者听。

　　张学颜《万历会计录》曰：顷以钱法不行，乃命自京师达藩省，官为鼓铸以便民。然钱顾未尽流布者，则以私铸盛而豪民阻挠，市价为之梗也。故于二者厉为之禁，而收诸杂钱。在官尽销而更铸之，与用低假者有罚，斯法立而钱不滞矣。今京师常禄，皆一分支钱，九分支银，此外无有以钱为俸者。诚令诸藩郡县皆仿京师分数行之，以为民率，而常赋所入，计其必宜用银者，则征之如故。其夫马公费所供亿，务令皆取诸钱，即赎金亦兼输之，行之久而钱不通者，未之有也。昔嘉靖中，以内帑不足，间发铜钱以抵年例。今若一仿而行之，亦疏通之术也。

　　张溥《国朝经济录》曰：万历初，从科臣议行，天下省直，一体开铸，与在所旧钱兼行。降钱式每百文重十三两，每文重一钱三分，必轮郭周正，字文明洁，以铜质厚即易为全美也。盖仿古不爱铜惜工之意，使私铸者无利，不禁而自止。诸省皆鼓舞称便。以镵②白金而用之，固不如行之为便也。顾开铸之初，许借官帑银于州县，收买黄铜鼓铸。其红铜煠点成黄而用之。而吏责民输铜，销器毁成，不尽给其直。责铜急而铜价腾跃，非产铜之地尤甚，则是未得钱之利而已被铜之害也。弊一。及既开局，工作之费，物料之需，诸翻砂看火提罐之人，锉眼穿条熏色之匠，与煠铜质雕钱模之工，又多费不

---

① 饬，告诫。《国语·齐》："以饬其子弟。"
② 镵，此字作掺字解。《说文通训定声》：镵，亦作掺。

赀。比钱始流，民乐奉令，则铜已告乏，鼓铸不给，是患不在于钱之不行，而在于钱之不继；不在于钱之不继，而在于铜之不广。钱不继而欲其如流泉之不穷者否也。弊二。无何私铸盛行，滥恶满市，而私铸之法明峻而不申，听其兼使。收买之科姑息而不立重以留难，则是不患于真钱之不行，而患于伪钱之错行；伪钱错行而欲真钱通行而不壅者，否也。弊三。及既行，使诸解京贡赋之入固必精良白金，即藩省禄给存留盐税薪俸工食之类，又辄以钱不便行而不收。所为张示告诘责之必行，而罪其不行者，非先之卖菜之佣，则责之荷担①之子，虽设行铺户，名为倒换，责恣留难，见钱之出而不见其入，则是壅抑之于上，而责其必行于下，勒收受于彼，而不开倒换于此也，而谁与行之。民愚相扇，闭匿观望，而奸豪右族依托城社者，又从而簧鼓之以济其私，一日而下令，二日而闭匿，不三四日而中阻矣。弊四。诚原本初议于国家产铜之处开局鼓铸，特设风宪大臣②监督之，以开其源而灌输之各省，各省具如今部司议，凡课程之征，赃赎之镪，举钱之收，上而朝廷赉予之典，宗室之禄，百官之俸，皆准银钱兼给；又立行户，令以白金倒换而称提之，则敛于上而复散于下；又严低钱行使之禁，以峻防之，废铜收之入于官，而诸用银贝之地，各从其故而不强其所不便。庶四弊去而钱法其可行乎！

五年十一月，令各项商价银八钱二兼行。

至三十九年十月，给事中周永春等奏：据商人刘仲智等告称，万历二十七年，户部议商价搭钱支给，以五十文作银一钱，搭钱三分之一，使官以五十文支给，市亦以五十文行使，上下通行可也。今市价每银一钱易钱六十六文，官仍以五十文给商，每搭钱一万两，商折银三千两，窃见官吏俸粮搭钱俱照时价给散，望敕下户部，将未领价值及自四十年以后俱免搭钱，如以钱制不宜阻挠，应照时价算给。不报。

六年十二月，更定制钱、旧钱价值。

先是，隆庆元年二月，令国朝制钱及先代旧钱，俱以八文折银一分。至是，给事中石应岳疏论钱法不通，户部覆定钱价，乃令嘉靖、隆庆、万

---

① 荷担，用肩挑物，挑担。
② 风宪大臣，不负责一般行政事务，专司向皇帝报告官员违纪贪渎线索，掌管监察和惩办违法官吏的大臣，所谓风闻奏事执掌法度之官，即御史。

历制钱，每金背八文，准银一分；火漆、镟边各十文，准银一分；洪武等项，与前代旧钱各十二文，准银一分，相兼行使。至十三年八月，户部言：今万历金背，每银一分五文，嘉靖金背银一分四文。查初铸时，皆一分十文，火漆镟边亦如之。今轻重不同如此，安可不亟为区处，宜以术散之，将库贮万历金背，俟各商领价给十之二，以八文准一分；其库贮隆庆金背，亦酌量通给官俸商价，阻挠者究治。报可。十五年六月，户部奏：嘉靖金背每五文折银一分，万历金背每八文折银一分，遵行已久。近将嘉靖金背悉置不用，专用万历金背，由商贾设谋网利，欲贵卖其所积，以图目前之饶，则偏重行之；欲贱收其所弃，以规日后之利，则惑众阻之。宜严行禁止。得旨，缉拿重治。

九年十月，曲江王府镇国将军勤諆以私铸降为庶人，闲宅禁锢，余降禄墩锁有差。

臣等谨按：此后，二十二年四月，御史张蒲复言钱法之壅，由王府私造，官法难加，请严禁王府，责成长史等官，则虽正勤諆之罪终不足以禁绝之也。

二十六年，给事中郝敬条议钱法。

敬条议十四事：其一，责专官。宜责成司道官，赐敕使董钱法，选廉干属官分理监铸，每年差督钱御史一员巡视，以钱法行滞注各官能否；其一，定规则。有司征税，除起运照旧收银外，其余存留支放者，银钱中半，不许一概收银。纳户赴各铸局换钱，每纹银一钱，限换与八十五文；该纳银一钱者，止征钱八十三文，官给钱与铺户变卖，亦照八十三文；铺户卖与小民，限八十一文；小民自相交易，限八十文。如此，则民有微息，无不悦从矣。一切俸薪工食，俱银钱中半支给，赃罚纸赎，亦银钱兼收，或全收钱，敢有勒要全银，希图收耗者，巡按参究。其一，广铸局。大府一府一局，量州县之数为炉之多寡；小府则一道通设一局，每钱一文，定制一钱二分；每铜连加锡一斤，铸钱一百三十文有奇。三年后，钱多足用量，议减局。其一，采矿铜。云南、陕西、四川、广东各有铜矿，宜选廉干官为钱运使，专理铜课，禁缉私贩。各省差官前往关领官铜回省，转给各府铸造，其各省支铜量，各矿近便者坐派；每岁支铜多寡，即以地方银钱中半兼支之数起例，如应支钱一万三千三百文者，坐派铜一百斤。铜须和锡，钱始光润，即于该省出锡地方，每岁征锡若干，解钱运司收贮，于各省领铜时照数派搭给领。其一，处工本。查该府各属存留银两，先一年十二月预借征四分之一，权充铸本，钱成尽先给还，每两照例算钱八百三十文，该属领回兼银支放，或即以准小民初年纳钱之数，大约银一两，可铸钱一千二百文，还抵之外，余三百七十文。若因铜于矿所费更少，即此推之，天下那借子息已不下百万矣。其一，算岁息。查每年运司给过某省铜锡若干，即依铜一斤，铸钱一百三十文起算，比对本省该年应铸过钱若干，又依每钱八十五文卖银一钱起算，比对本省额银一半收钱之数，即知各局一年该换过银若干。如一省该存留支给银十万两，即该一半换钱计四千二百五十万文，该领过运司铜锡三十二万四千四百九十斤有奇，该变卖过银五万两解京，此其大约也。其一，听贩卖圜钱。贩卖有禁，盖恐钱少贩多，民不足用，今既广开铸局，则贩卖者多，钱愈疏通正宜听之。帝善其言而不行。

二十八年三月，发宝源局样钱令湖广如式铸造。

百户[①]李鏊奏：请于湖广开采鼓铸。得旨，着税监陈奉兼管。给与宝源局样钱，务采四火黄铜，依样铸造。其颁行地方，务依该部题准。凡存留等项，俱令银钱相兼收，使严禁私铸，不许因而扰害地方。至熹宗天启元年七月，给事中赵时用奏：前议置官泸州聚铜，若铸则以荆州为便，两处皆当置官专董其事。命所司酌议速行。三年闰十月，御史吴之仁言：铜产于蜀，而荆州则商贩必经之路。户部宜专差司官于荆州，开局鼓铸，买铜于蜀，商人贩铜者以五分或四分赴该司上纳，照时估领价，其余给票听卖。铜斤无官票者，私盐之律，请着为令。铜价计省京师十分之七，炭价、工价计省十分之五。铜钱解京，即顺搭湖广粮船，量予以值，限一年全解。得旨，该部酌议。五年四月，乃命副都御史董应举为工部右侍郎，专理铸钱，建局荆州，统率荆西道，催攒铜料工程。鼓铸司官亦着工部选差。再于产铜处建一二局，委贤能府佐官员鼓铸。寻议，给两淮盐课四十八万为铸本。御史陈世峻疏言：部臣不兼宪衔[②]，则控制无权，当照工部右侍郎总督天下鼓铸钱法事务，兼以都察院右佥都御史之衔；荆西道亦须加以管理通省钱法之衔，重其专敕。而一方鼓铸，又不若各省直各自鼓

---

① 百户，金朝始设，为世袭的军职。明代军队组织实行卫所制，在千户所之下设百户所，官长称百户，统兵百人。

② 宪衔，监察官员的职衔。

铸，而总其成于部院。凡直省各择一监司加以管钱法，敕衔各府清军官亦加钱法二字，悉听钱法部院管辖，凡行钱处所府道州县，悉听节制。凡铸钱行钱疏通阻滞钱法官，悉听部院。年终举劾，必如是而职掌始明，体统始正，事权始一，血脉始通。得旨，鼓铸大臣准兼宪职，商人买钱只许在官炉处所，如有私相贩买者，照私盐律治罪。

三十三年七月，贵州议开铸。

巡抚毕三才奏请行布政使司鼓铸制用。户部覆言：立法贵乎因俗，今举黔地从来未有之物，一旦责以必行，恐民俗不无少梗。况各省铸钱不能通行，旋即议罢。恐黔省复蹈前辙，合咨本省抚按转行所属酌夺，如果可以行钱，依式鼓铸，每铜一斤，铸钱百四十文；每钱百文，当银一钱。街市贸易俱令银钱并用，一应粮税纳赎等项，以十分为率，银七钱三，其该给俸粮工食等亦如之。敢有阻滞及盗铸者，问以违例之罪。倘彼中民情土俗，果有万分掣肘，不妨再议。从之。

> 臣等谨按：万历八年，以云南钱法不行，而贵州见用制钱，着搬取充饷。不得云黔地从来未有之物，而虑民俗之必梗也。夫创制以前，民用何一不从未有而至于有。苟可以利民，即民所诧为未有者，要必导利而布之，况泉货大利，本易通行者乎！大抵明自中叶以来，议法不必尽当法立，又不必尽行，不自悟其不能行，而但觉天下事多不可行，则虽以钱法之必不可不通行者，而常戛戛乎难之矣。贵州不足道，以云南而不能大收鼓铸之利，天地之宝其亦有待而发欤！

三十八年十月，令各官缉获私铸，附入考成。

工部奏准：严禁私铸，仍行连坐之法。其各官获过私铸起数，附入考成报部，甄核纪录。至四十三年九月，保定巡抚王纪疏言：铸钱一节，或市铜于聚铜之地，或监铸于产铜之山，或多设坑冶以导其源，或兼收银钱以通其滞，勿以铅锡耗钱之色泽，勿以轻薄损钱之体制，不出数年，太仓充裕，不此之务，日据考成之法以督责，恐有司无计措手，赤子安所逃命，天下之乱必自此始矣。

四十六年十月，委官支领库银，发商买铜。

先是，四十三年十二月，给事中姜性等奏：召商买铜，每每为奸徒侵欺，莫若金报在京土著殷实人户，户部给批，令其垫本赴产铜处收买，到淮查验后，量给价银，余候到京镕净补给。此外，有京师富商，外省富民，愿自备赀本办铜者，亦准充商。四十四年七月，给事中归子顾又陈宝源局差官买铜五便。至是，户部乃请发银十万五千两，给委督运主事，听其发商买铜，依工部价每斤一钱五厘，共买真正四火黄铜一百万斤，刻期解京鼓铸。从之。至天启六年十月，户部奏：商人领银侵欺者，多限于半年内解铜到京，如有稽迟，提家属保人究追。得旨依议。七年九月，时庄烈帝已即位。又从户部奏：买运铜斤，责之铜务监督，不必给发官商，一切商人给批兑本，尽为报罢。

光宗泰昌元年十二月，时熹宗已即位。议铸泰昌通宝钱。

南京监督铸钱主事荆之琦疏言：先帝虽在位未久，而泰昌年号已播告天下，宜从此至天启元年，两京各省俱铸泰昌通宝，次年方以天启通宝接铸。从之。明年，乃补铸泰昌钱。

熹宗天启元年二月，颁天启钱式。

至明年三月，工部进铸成天启钱一百万文。

<u>陈悰天启官词注曰：司钥库检得天启钱数枚，古色斑驳，进至御前，帝问昔年拟年号者谁，左右以内阁及翰林官对。帝怫然。</u>

<u>臣等谨按：天启年号，魏元法僧、梁永嘉王萧、唐南诏王晟丰佑皆尝用之，然皆不应有钱。</u>

八月，铸大钱。

万历中，郝敬尝请铸大钱，或当十，或当三十，或当五十，文曰大明通宝，王本作万历元宝。旁铸当十等字样，与小钱三七或四六兼行，背文曰私铸者斩，四邻籍没；告者赏银一百两，诬告者反坐。其说不行。至是，蓟辽总督王象乾请于两京各省设局鼓铸，所铸钱定以六百为一两，兼铸当十、当百、当千三等大钱，尽用龙文，略仿白金三品之制。当十者重二倍，每百兼用四文；当百者重五倍，每千兼用四文；当千者重十倍，每万兼用四文。至明年七月，户部进新铸大钱，令缉访私铸阻挠者重治之。后有言大钱之弊者。五年十月，命两京停铸大钱，专铸如式小钱，以便行使。十二月，令大钱照旧行使，不许讹传阻挠。六年五月，钱法侍郎靳于中以大钱民不愿行，陈所以不行之故四条，请晓谕禁约。从之。寻谕工部：发银一万两，差官收买大钱，改铸小钱。又令近畿各地方，一切赋税等项及在京房号税课，俱用大钱，勒限收完改铸。崇祯末年，复令铸当五钱。不及铸而国亡。

是年，始设户部宝泉局。

孙承泽《春明梦余录》曰：明初钱法，专属工部宝源局，虞衡司员外郎监督其事。至天启二年，始增设户部宝泉局，以右侍郎督理之，名钱法堂，加炉铸造，以济军兴，其政属于户部。而工部之所铸微矣。

臣等谨按：《梦余录》以此为二年事，所载侯恂条议内则云元年事。今两存之。

二年二月，命铸南京户部督理钱法关防。

万历四十六年五月，给事中官应震言：京师铜炭米价皆贵于南，故留都钱用十二文为一分，京师用钱六文为一分。若委官留都立局铸造，附进鲜船漕船载入京师，则脚价不费而获倍利。天启元年十月，从钱法侍郎王德完议，区画铸本十万有奇，付南京铸钱。至是，乃命铸给关防。至三年九月，御史游凤翔言：留都鼓铸，其旧弊有三，新弊有四：有出马之弊，铸用本银五千两，铸出利钱一千两，当出钱时，司官先取钱八十万以入私囊，余者方除本利以还朝廷，下而铸钱大使及炉头工匠各役无不染指，此出马之弊也。又有补秤之弊，如铜一百斤，兑出及铸成，兑入只九十斤，所少十斤，不以铜补，而以钱补。每铜一两，补小钱七文；每文重七分，共重四钱九分，计已窃铜十之五矣。由两而上，可以类推，此补秤之弊也；又有对赏之弊，钱有磋磨则有铜末，分毫皆公家赏，乃巧立名色，令工匠搜括得铜末百斤，则以半入官、以半给赏工匠，乘机作弊，偷铜置之他处，混充铜末，官佯为不知，与工匠均分，此对赏之弊也。三弊其来已久，今又新添四弊：南中每钱十二文，准银一分。今借口铜贵，搭放军粮只十一文，是取之军者一也。搭放商人只十文，是取之商者二也。给匠工食另铸一种细钱，十不当七，是取之匠者三也。旧制铜七铅三，今且铜铅对参，故钱色不黄，而白又减去斤两，致钱千文，只重五斤四两，是取之铜与铅者又不知若干文矣。此四者皆新添之弊也。欲救今日之钱法，当究今日之钱官。因劾户部主事马士英等，请分别究处。章下所司。

六月，陕西开铸。

巡抚吕兆熊议开铸，请以募兵节省银，借资开局，部覆准行。至五年十二月，巡抚乔应甲奏：本省铸钱有五便，请于关中设局鼓铸。从之。六年十月，户部奏：陕西解到铸息仅以万计。查天启二年，曾以节省银一万五千两为该省铸本，今经五年，利应数倍，该省从无报部，理合清查。得旨，依议。崇祯时，巡抚练国事疏报开铸。十年，动过本银一万二千有奇，获息银十万七千有奇。详后侯恂条议。

三年正月，四川巡按温皋谟条议蜀中钱法。

皋谟条安蜀八议：一、钱法宜通，谓蜀与滇邻，铜所聚也，向所铸钱，缘不肖有司，克铜添铅，低假难用。且钱粮征纳，不肯收钱，或收十放八，出入不一，钱故不行。请依京铸钱式，务加精美，每每十文准银一分，上下通行，不得增减。凡征解给散等项，与民间交易田产，俱银钱各半，其零星贸易，一切用钱。有司或侵克阻挠，以误军兴参处。疏下所司。至五年七月，敕给四川按察司佥事魏良佐，专督钱务关防。

十月，给事中解学龙请于江淮铸钱。

学龙言：吕纯如在闽铸钱备赈，而地方赖之；汤道衡在江右设法鼓铸，遂抵加派之大半。今请于江淮各以一府佐领铸钱事，必然有效。盖舟楫络绎，铜不难致也。商贾杂沓，钱不难散也。鸡犬相闻，私铸之弊不难禁也。得旨议行。

五年五月，给事中解学龙请搜括库贮废铜铸钱。

学龙巡视厂库言：节慎库旧贮废铜二万余斤，以之铸钱，可得制钱近三百万。得旨准行。至十月，遣工部主事徐伯征搜铸南京旧铜。十二月，司礼监李永贞奏：搜取现在之铜，专官催解。得旨，南京废铜，六分解京，留四分供铸。六年九月，工部侍郎徐大化请领内廷余铜十万斤，付宝源局，亲自督铸。即以子钱上供，而钱母仍留该局，易银买铜。从之。七年三月，工部言：铜斤不敷，乞查搜节慎库及太常寺库所贮旧铜器物，并各衙门所有者，皆资鼓铸。报可。

臣等谨按：学龙原奏，以无用为有用，未为不可。然搜括之说起，而永贞辈拾其唾余，一时之骚扰可知矣。至崇祯更化，户部员外王守履言，崔呈秀罪状可杀者四：一、借铸钱之说，敢于毁太常之彝鼎，是毁皇上之宗器云云。见《崇祯长编》天启七年十一月。夫彝鼎几何，即悉以供鼓铸，无裨于太仓之一粟，而弃宗祀，蔑典常，小人之无忌惮信，亡国之乱政也。

七年十二月，时庄烈帝已即位。户工二部进崇祯新钱式。

帝令每钱一文，重一钱三分，务令宝色精彩，不必刊户工字样。后又定钱式，每文重一钱，每千直银一两。南都钱轻薄，屡旨严饬。乃定每文重八分。

顾炎武《日知录》曰：自古铸钱，若汉五铢，唐开元，宋以后各年号钱，皆一面有字，一面无字。近年乃有别铸字于漫处者。天启大钱，始铸一两字，崇祯钱有户工等字，钱品益杂，而天下亦乱。

臣等谨按：古钱固未尝别铸字于漫处，然古今来，无事不由质而文，由简而繁，钱文特其一端，无足异也。钱有不祥之兆，唯诡异如四出①，及滥恶至风飘水浮，诚非治世所宜有耳。若式样得中，铸造精好，虽识官署，分两于背，亦复何害，唐钱即背识地名。本朝亦用此制，而天下和平，未尝有所嫌忌也。明末之乱，不关钱法。钱法之弊，自在滥恶，不在背字多铸一二也。谓钱品杂而天下乱，此与不应铸年号之说，同属一偏之见也。

庄烈帝崇祯元年六月，给事中黄承昊请销古钱。

自神宗初，从金都御史庞尚鹏议，古钱止许行民间，输税赎罪俱用制钱。天启时广铸钱，始括古钱以充废铜，民间市易亦摈不用。至是，帝御平台召对。承昊疏中有销古钱不用语。大学士刘鸿训奏：今河南、山东、山西皆用古钱，若骤废之，于民不便，此乃书生见。帝是之。既而以御史王燮言，收销旧钱，但行新钱，于是古钱销毁顿尽。

顾炎武《日知录》曰：太祖铸大中通宝钱，与历代钱相兼行使。至嘉靖所铸之钱最为精工，隆庆、万历加重半铢，而前代之钱通行不废。予幼时见市钱多南宋年号，后至北方，见多汴宋年号，真、行、草字体皆备，间有一二唐钱。自天启、崇祯广置钱局，括古钱以充废

① 四出，指东汉晚期所铸的"四出五铢钱"。因钱的内郭有四条线连接外郭，故名四出。时人认为不祥，是民四散而亡的征兆。

铜，于是市人皆摈古钱不用，而新铸之钱，弥多弥恶，旋铸旋销，宝源、宝泉二局，只为奸蠹之窟，故尝论古来之钱凡两大变：隋时尽销古钱一大变，天启以来一大变也。

又曰：汉自五铢以来，为历代通行之货，金《志》谓之自古通行之宝。未有废古而专用今者，唯王莽一行之耳。《宋史》言，自五代以来，相承用唐旧钱。金世宗大定十九年，则以宋大观钱一当五，用昔之贵，古钱如此。近年听炉头之说，官吏工徒无一不衣食其中，而古钱销尽，新钱愈杂；地既爱宝，火常克金，遂有乏铜之患，自非如隋文别铸五铢，尽变天下之钱，古制不可得而复矣！

臣等谨按：边省奥区有至今尚杂用古钱者，听从民便。或以助制钱之所不及，则谓古钱不必销可也。必欲如隋文别铸五铢，亦是不欲用年号。以复古制，则泥古而偏矣。

七月，工部报南京钱息。

先是，天启六年十月，户部言：今开局遍省直而铸息解到者，止陕西、河南二处，仅以万计。密云七千有余，浙江、苏州、山西则止千计，福建且止百计，湖广虽报有息，并未解分文。得旨，省直抚按，各将铸息多寡查明报解。七年九月，时庄烈帝已即位。山东巡抚李精白奏言：山东额定铸息四万两，自天启七年六月止，共得息银八千七百五十九两零，未及部议二十分之一，其难有四：一曰买铜之难，二曰差官之难，三曰鼓铸之难，四曰乐用钱之难。请停止。章下所司，至是工部疏报：本部差往南京铸钱郎中徐伯征，领过铸本七万九千二百五十两，三运铸过钱六千万零五百一十万文，照定例五十五文作银一钱，值银一十一万八千三百六十二两零，除铸本得利银三万九千一百一十三两六钱三分。至九月，户部疏报：铸钱本息，自崇祯元年正月起至九月十五日止，铸过钱一万二千九百四十九千九百八十四文，得息银二万六千四百五十三两二钱四分有奇。八年，给事中王家彦言：初设钱局，原为借钱息济军兴，唯天启二三年，督臣李宗延陈于廷，相继受事，用过铜本二十万九千五十四两，获息十二万八千六百六两八钱零。四年，旧督臣郑三俊用过铜本银一十四万三千四百四十一两四钱，获息一十二万八千九百三十二两，计得利七分八分不等，为十余年所仅见。夫鼓铸非无利也，利归胥役、炉匠与官，而上不得受也。炉头、工匠，或隐屏两部，或朋合诸伙，册上莫辨其名，或埋铜窖中，或递钱出局，夜间莫识其气，私铸不已，继必夹铸。邹漪《启祯野乘》曰①：吕维祺为南户部侍郎，谓铸钱速则利在官，迟则夹铸多，而利在下，旧三十日一铸，乃改十五日一铸，连放盐米共十八日，凡两月三铸停炉之日，必尽放匠役出之。铸速而私钱少。私铸则乘官司之不觉，至夹铸则每炉加铜数十斤，官实与匠瓜分。此弊盛于南厂，而北亦然，廉其人而用之，并久任以专责成，弊乃可得而厘。至于屏局舍约炉座以便省，试削人数，核出入，严干掫②，以防夹带，十日领铜，五日一交钱，炉如流水，使之工无旁及，皆需其人而后行者也。

《明史·食货志》曰：天启时，开局遍天下，重课钱息。崇祯元年，南京铸本七万九千余两，获息银三万九千有奇。户部铸钱获息银二万六千有奇，其所铸钱皆以五十五文当银一钱计息取盈。工匠之赔补，行使之折阅，不堪命矣。

十月，谕五城二县：凡出纳俱以钱二分支收，每钱六十五文当银一钱。

三年，令各省开铸采铜。

御史饶京言：铸钱开局，本通行天下。今乃苦于无息，旋开旋罢。自南北两局外，仅存湖广、陕西、四川、云南及宣、密二镇，而所铸之息，不尽归朝廷。复苦无铸本，盖以买铜而非采铜也。乞遵洪武初及永乐九年、嘉靖六年例，遣官各省铸钱，采铜于产铜之地，置官吏驻兵，仿银矿法十取其三。铜山之利，朝廷擅之。小民所采，仍予直以市。从之。是时，铸厂并开用铜益多，铜至益少，南京户部尚书郑三俊请专官买铜。户部议：元籍产铜之人，驻镇远、荆、常铜铅会集处，所谓采铜于产铜之地也。帝亦从之。既又采绛、孟、垣、曲、闻喜诸州县铜铅，荆州抽分主事朱大受言：荆州上接黔蜀，下联江广，商贩铜铅毕集，一年可以四铸，四铸之息两倍于南，三倍于北，因陈便宜四事，即命大受专督之。

时国用匮乏，益讲鼓铸之利，廷臣先后疏论钱法。御史赵洪范言：臣令楚时，见布政使颁发天启新钱，大都铜止二三，铅砂七八，其脆薄则捯

① 《启祯野乘》，清邹漪著，为记载明朝天启、崇祯两朝历史的纪传体史书。
② 掫：巡夜打更。《左传·昭二十年》："宾将掫，主人辞。"此处指加强夜间巡逻。

地可碎也，其轻小则百文不盈寸也。一处如此，他处可知。其弊在鼓铸之时，官不加严，任凭炉头恣意插和，私杂铅砂，则铜价已强半润私囊矣。窃去铜料，盗铸私钱，插入官钱混发，则余利又尽饱奸蠹矣。应严行禁约，不许插和铅砂，鼓铸既精，行使自利。钱法侍郎刘重庆陈钱法五条：其一，议敕通行以浚利源。京铸通宝，唯东过关宁，北过沿边，南不越德州，西阻于山东。山东一省，或行或不行。河以北则纯用杂假钱，河以南则纯用古钱。民之敢于违制，由有司奉行不力也。请悉令州县收纳折色，钱粮每一钱，征钱七银三，百姓未有不乐趋者矣。其一，分新旧，以疏钱壅。小民遵崇祯通宝为时王之制，而万历旧钱或用或不用。请遵万历初年之政，立新旧分用一法，每新钱一文，当银二厘；旧钱一文，当银一厘。其一，清炉役，以防奸弊。炉头自昔年澄汰以来，止存九十八名，细查年貌籍贯，尚不无一家占冒多役，一名挂搭多人，合再清查一家，止充一炉，不许兄弟并列；一身止充一役，不许引类呼朋。当令人无庞杂，则弊不乘于多指；局不旁侵，则穴不借于神丛矣。户部尚书候恂陈鼓铸事宜八条：其一，议省铸局。天启元年，以辽饷匮乏，增置户部宝泉局。又令各省开铸，每年坐定铸息共八十二万两，徒存虚额无一践者。诸局炉亦相继报罢，止存湖广、陕西、四川、云南、密云、宣大、辽东等处。崇祯二年，以私钱渍杂通行，禁止。唯秦、楚、蜀、滇四省，系产铜地方，未议概停。后江西复请开局。南京兵部操江及应天府亦各纷纷铸钱。然皆自铸自用，又大小不一其制，于是滞镪愈多，铜铅愈窘，不独户部不得其尺寸之用，而宝泉局亦已成眢井①矣。唯局省则铜源裕，而钱制一则弊绝，较诸广局之利，虚实得失孰多也。其一，议禁私贩。官价估有定例，其价必平，私买乘隙暗投，其价多侈；官买或有别费，而给发不无稍缓；私买并无破冒，而交兑略不逾时，其流弊必至铜尽归于私铸，而官买束手矣。今宜着为厉禁。凡商人收买铜铅，必告官给批，方许运发。除两京及滇、蜀、秦、楚四省听从便往卖，报官收买；如无批及阑出他省，事发依盗掘铜铅律人论罪，货没官。至私铸关头，尤在点造，请饬天下，凡私设点炉者，罪即比于私铸。知而不举连坐。其一，议垂定制。嘉靖钱重一钱三分，崇祯元年改为一钱二分五厘。至其铸法，每钱一文，令用黄铜二钱，锉磨之余，只存一钱二分五厘，如此而后，可革减铜多铸之弊。盖局中每

---

① 眢井，干枯的井。眢，枯竭。

有减铜多铸而创为补秤之说者，实明许商匠之私铸，而阴收其利。今若着为定数，按期报完，则奸弊无所容矣。其收钱每五千文为一锭，上用行牌，写炉头匠头及细钱人姓名，各堆一处，听督铸官照炉抽验，遇有漏风缺边缩字等样，细钱人重责；钱轻色淡者，责匠头；沙眼多者，责翻沙匠；边粗糙者，责滚锉匠；磨不亮者，责磨洗匠；灰不净者，责刷灰匠；选退钱捶碎回火，如犯前弊多者，责炉头，仍发看钱人挑选；通同容隐，看钱人重责。如是，则钱制既精，清杂自难。若当五当十等钱，镕造似易，工本较省，然私铸者竞为捷趋，识微者谓非久道不铸可也。其一，议计本息。泉局之钱，原定六十五文估银一钱，买红铜与窝铅配搭，供铸定价，红铜每斤一钱四分三厘，窝铅每斤七分七厘，计配成黄铜一百斤，该价银十二两，给炉头鼓铸应交钱一万一千一百一十一文，其行使以六百五十文估银一两，计共估银一十七两零九分四厘，除各项支给二千二百九十五文，估银二两五钱三分二厘零，并除铜本外，实存息银一两五钱六分一厘零，计仅浮本银十分之一耳。近据陕西抚臣练国事疏报：自天启二年开铸起，至崇祯四年止，动过本银一万二千四百余两，获息十万七千八十两零，则每年所得几与本银相准。又查南部钱厂所得，加五有奇，盖铜铅出产辏[1]集地方，获息原自不赀，今秦、楚、蜀、滇四局，现在议开姑未预画成数，但令自行认报，最少亦当以加五为率也。至议者多谓万历中曾以钱五十五文作银一钱，欲于六十五文内稍缩其数，行之窃虑取利较奢，则盗铸将如云而起耳。

　　傅维鳞《明书·食货志》曰：崇祯中，内帑大竭，命各镇有兵马处皆开铸以资军饷，而钱式不一，盗铸孔繁。末年，每银一两，易钱五六千文。钱有煞儿大眼贼短命官诸号，因兆李自成之乱。
　　臣等谨按：启、祯时，滥恶伪钱，尚有宽边大版金灯，见天启六年九月薛凤翔疏。胖头歪脖尖脚见崇祯五年四月刘重庆疏。等号，屡见章奏。请严行禁绝，而竟不能信乎！开铸时，但以钱少为患，而其后又患钱之庞杂恶滥，虽多而益贱也。

十一年九月，工部侍郎张慎言论开采鼓铸无益。

---

① 辏，车轮的辐条向毂集中，亦泛指聚集，集合。《周髀算经》："如辐辏毂。"

慎言疏言：近以司农水衡告匮，争议开采鼓铸，臣以为，果如诸臣之言，国家获倍称之息，亦无补于得失之数，何也？三十年前，斗米有不及百钱者。近年斗小而直踊，以原斗较，且将四百，是今日金钱四万，止抵前日一万之数也。今不讲生粟之法，而专恃开铸之术，复何益乎！且今日非钱少之患，政钱多之患，盖谷生则万物皆生，谷贵则万物皆贵，货少而日益贵，货贵而钱日益贱也。当年佣力者日得钱三十上下而可以饱妻子，今倍于是而不能。推此类具言之，则边兵一日之饷三倍于往日而尚不足，国家安得如许金钱饷之也。况在民则不农而为盗，在兵则日噪而叛，剿饷之费，再募之费，尤不可纪极。兵民尽为潢池之弄①，百姓因而不得耕而苦于加派征调者，又无论矣。若使兵不噪，民尽归农，百谷皆生现在之金钱，臣以为足用。若百姓不农，且迫而为盗，虽钱如江河之流，臣以为不足。且不止于钱之不足已，计万历年，京师制钱以六百抵银一两，今则增至八百且有奇零。河南、山西有至一千四五百不等者，此何故，则钱多与私铸之为患也。今无法使谷与货日多，而钱日贵，乃专讲生钱之法，子母不相权，本末不相称，恐金钱无单行之理，末重而尾不掉也。

十六年十月，令收买低钱销毁。

帝谕内阁：近闻低钱甚多，着司钥库及五城亲行收买。该城动用房号银两，该库动用新钱，随收随碎，类解该局鼓铸，将收过数目，一月一奏，仍以收钱多寡为诸御史殿最。至十一月，又谕内阁：近闻钱滥愈甚，皆由经管官通未遵行，姑再行申饬五城御史，仍遵旨收买，勒限十日内一奏。其京城所有钱桌钱市，着厂卫五城严行禁饬巡缉。仍将获过起数，一月一奏。内阁奏：收之尚苦无本。近各官捐资助铸，请即动用收买。从之。

某氏谈往曰：明朝京师钱价，纹银一两，买钱六百，其贵贱在零几与十之间。自崇祯践阼，与日俱迁，至十六年癸未，竟卖至二千矣。夏秋间，二千几百矣。宣问由来，云私钱搀入过多，乃于九门特点御史严察，督理街坊钱桌，有私钱一文，笞三十；二文，徒一年；三文，遣戍；四文，斩首。其价额，遵隆万以来旧例，多一文亦斩。

---

① 潢池之弄，潢池，积水形成的小水潭。弄，指舞弄兵器。意为不成气候的小打小闹，有轻蔑之意。一般是站在正统王朝的立场上，指称人民起义或军队哗变。

复敕工部，设石臼铁杵一，见私钱不暇入炉镕化，即刻捣碎。九门搜简有挟入城者必斩。小民贸易存剩，敕令送入御史台奖奖之。令至严也！臼设于门，杵悬于臼，官坐吏守，自朝至暮，半月来小民无舍钱之侠肠，贩商无触网之痴棍，清对无聊，乃出已橐①买私钱捣之，辰出午饭，必欲班役持钱四五千捣碓两番，将碎钱铜末积于杵臼之间，为人观看。匝月后，各举报命云：私钱收尽，额外一文不敢增，民皆遵制矣。然皆塞责之词，民间之钱价下趋更甚也。凡卖换钱铺，对面现付，必如钦限，如一两应买二千四百，其一千八百则于桌下私授，或少转再取，以厂卫多人，曾有照常交易，擒去枭首，故耳。

王逋《蚓庵琐语》曰：明朝制钱，有京省之异。京钱曰黄钱，每文约重一钱六分，七十文值银一钱；外省钱曰皮钱，每文约重一钱，百文值银一钱。自崇祯六七年后，其价渐轻。至亡国时，京钱百文值银五分，皮钱百文值银四分。甚至崇祯通宝，民间绝不行使。

本朝顺治四五年间，崇祯钱百文止值银一分，每钱重一斤，值银二分五厘。又崇祯末，钱背有马形者，颇重易使。江南卒亡于马士英。

---

① 橐：（一）袋子。《史记·田敬仲完世家》：“〔田乞〕发橐，出阳生。”（二）用袋装，藏。《吕氏春秋·悔过》：“橐甲束兵。”（三）冶炼时鼓风用的工具。《墨子·备穴》：“灶用四橐。”（四）象声词。《诗·斯干》：“椓之橐橐。”

钦定续文献通考卷十二

户口考

　　臣等谨按：马端临作《户口考》，备叙户口丁中赋役，而附以奴婢。自夏、周以迄于宋，国运之强弱，征于民数之繁减，自古勤民之主未有不以休养民生为亟者也。马氏所载宋时户口，南渡以后莫盛于宁宗嘉定时，乃至景定间，而所损过半，岂非岁有敌兵败降相继之。故耶辽时，户口大率以两丁为一户，有隶于五京者，有隶于官府者，史志或详或阙，金制，户有数等，泰和年间，版籍称极盛，其后不胜调发，相继逃亡。元初屡行括户之令，至世祖定户籍之制，始有元管、交参诸目。明初即定人户以籍为断，每十年一造黄册。然史志所载，或当承平之时，而户口反减，际兵燹①之后，而户口反增，则由有司之编册未能核实故也。今于宋末及辽金元明各朝户口之可考者，以次类叙，而即民之盈耗，可以见世之盛衰。为国之要，在于得民，不信然欤。

户口丁中

宋宁宗庆元元年正月，诏：两浙、淮南、江东路荒歉诸州收养遗弃小儿。互见赈恤门。

至开禧元年三月，严民间生子弃杀之禁。嘉定二年七月，诏：荒歉州县七岁以下男女，听异姓收养，着为令。

---

　　① 兵燹：战火。《风筝误·凯宴》："境无烽燹。"

《宋史·儒林传》曰：黄震提举常平仓。初，常平有慈幼局，为贫而弃子者设，而名存实亡。震谓收哺于既弃之后，不若先其未弃而保全之。乃损益旧法，凡当免而贫者，许里胥请于官而赡之，弃者许人收养，官出粟给所收家。成活者众。

五月，诏：诸路提举司修胎养令。互见赈恤门。

开禧三年正月，令两淮帅守招集流民。

嘉定二年五月，诏：两淮荆襄守令以户口多寡为殿最。

理宗绍定二年五月，诏：户绝者许立嗣，毋妄籍没。

景定五年，时度宗已即位。两浙、江东西、湖南北、广东西、福建、成都、京西、潼川、夔利路户五百六十九万六千九百八十九，口一千三百二万六千五百三十二。

臣等谨按：《理宗本纪》宝庆元年，止载两浙路户一百九十七万五千九百九十六，口二百八十二万二千三十三；福建路户一百七十万四千一百八十六，口二百五十五万三千七十九，余俱阙漏不尽，以兵战之故也。

辽建五京，幅员万里。其户丁之可见者，有五京乡丁，诸宫卫户丁。

五京乡丁者，临潢为上京①，丁一十六万七千二百；辽阳为东京②，丁四万一千四百；辽西为中京③，丁籍莫考。可见者，高州三韩一县，丁一万。蕃汉转户为多。以上三道，应丁二十一万八千六百。《兵卫志》则云二十二万六千一百，与细数不同。析津为南京④，丁五十六万六千；大同为西京⑤，丁三十二万二千七百。以上二道，应共丁八十八万八千七百。《兵卫志》则云八十万六千七百，与细数不符。契丹本户多隶宫帐部族，其余蕃汉户丁分隶者，皆不与焉。大约五京民丁可见者一百一十万七千三百，以细数考之，应为一百一十万二千三百，当有小误。为乡兵。

诸宫卫户丁者，辽国之法，天子践位则置宫卫，分州县，析部族，设官府，籍户

① 临潢，指临潢府，辽之上京。地在今内蒙古自治区巴林左旗东南。
② 辽阳，指辽阳府，辽时先称南京，后改为东京，地在今辽宁省辽阳市。
③ 辽西，指辽中京，地在今内蒙古自治区宁城县。
④ 析津，指析津府，辽之南京，地在今北京市区西南部广安门一带。
⑤ 大同，指大同府，辽之西京，地在今山西大同市。

口，备兵马。太祖曰弘义宫，正户八千，转户七千。正丁一万六千，转户一万四千。太宗曰永兴宫，正户三千，转户七千；正丁六千，转丁一万四千。世宗曰积庆宫，正户五千，转户◇◇；◇丁一万，转丁一万六千。应天皇太后曰长宁宫，正户七千，转户六千；正丁一万四千，转丁一万二千。穆宗曰延昌宫，正户一千，转户三千；正丁二千，转丁六千。景宗曰彰愍宫，正户八千，转户一万；正丁一万六千，转丁二万。承天太后曰崇德宫，正户六千，转户一万；正丁一万二千，转丁二万。圣宗曰兴圣宫，正户一万，转户二万；正丁二万，转丁四万。兴宗曰延庆宫，正户七千，转户一万；正丁一万四千，转丁二万。道宗曰太和宫，正户一万，转户二万；正丁二万，转丁四万。天祚帝曰永昌宫，正户七千，转户一万；正丁一万四千，转丁二万。孝文皇太弟曰敦睦宫，正户三千，转户五千；正丁六千，转丁一万。文忠王府，正户五千，转户八千；正丁一万，转丁一万六千。凡十二宫一府，为正户八万，蕃汉转户十二万四千，共二十万四千户；为正丁十六万，蕃汉转丁二十四万八千。凡诸宫卫人丁四十万八千。互见兵考。

> 臣等谨按：辽时户口，史无明文。《地理志》虽载有户，然各郡县户总计之不过五十五万有奇。而或详或阙，或云分隶于官府而无其数。今以《营卫志》户数，参校《兵卫志》丁数，大率以两丁为一户。正户八万者，其丁即为十六万，蕃汉转户十二万四千者，其丁即为二十四万八千。至五京民丁有隶官府者，有不隶于官府者，然每户亦不过两丁。因五京民丁之可见者，止一百一十万七千三百，故五京之户亦止五十五万有奇也。盖有丁数见于《兵志》者，《地理志》始载其户，无丁者举阙之耳。如《兵志》云：上京临潢县丁七千，地志即云户三千五百；长泰县丁八千，《地志》即云户四千；渤海、兴仁二县无丁，《地志》即不言户数。其余四京类然。不然，中京道统县九，辖军府州城二十三，岂有独载三韩一县户丁之理。叶隆礼《契丹国志》谓东京户口三十万，其说似为近之，余俱不可考矣。

太祖壬戌岁唐天复二年七月。攻下河东、河北九郡，获生口九万五千。癸亥岁春，伐女直，获其户三百。

乙丑岁十月，以兵助唐河东节度使李克用击刘仁恭，拔数州，尽徙其民以归。

五年正月，东西奚五部尽入版籍。

先是，德祖俘奚七千部①，徙饶乐之清河、哈陶津汗，时创为奚德勒部，分十三县。至太祖即位后，亲征西部奚，下之，复分兵平东部奚，于是尽有奚霫②之地，东际海南，暨白檀，西逾松漠，北抵潢水，凡五部，咸入版籍。

神册元年七月，平突厥、吐浑、党项、小蕃、沙陀诸部，俘其户万五千六百。

至八月，拔朔州。十一月，攻蔚、新、武、妫、儒五州，俘获不可胜计。自代北至河曲，逾阴山，尽有其地。

四年二月，修辽阳故城，以汉民渤海户实之。

时帝初得韩延徽，命参军事。延徽请树城郭，分市里，以居汉人之降者。又为定配偶，教树艺以生养之，以故逃亡者少。

十月，破乌尔古部，俘获生口万四千二百。举部来附。

臣等谨按：《兵卫志》载，是年亲征裕库呼国，俘获之数与此正同，盖即一事也。

五年十月，徙晋天德军之民于阴山南。

至六年十一月，略檀、顺、安远、三河、良乡、望都、潞、满城、遂城等十余城，俘其民徙内地。十二月，徙晋新州防御使王郁所部于潢水之南，徙檀、顺民于东平、沺州。

天赞元年十月，以户口滋繁，乣③辖疏远，分北达宁额为二部，立两节度以统之。

三年五月，徙蓟州民实辽州地。

十月，尽取西鄙诸部有其众。

初，神册五年，党项诸部叛，帝亲征，俘生口二千六百。至是，复大征吐浑、党项、准卜等部，击索欢纳山东部族，破之。遣骑攻准卜，略地西南，又破呼穆苏山诸蕃部。又遣兵逾流沙拔浮图城，西鄙诸部悉为辽有。

天显元年正月，拔渤海扶余城，议括户口，太子倍谏止之。

---

① 七千部，《辽史·太祖纪》作"七千户"。
② 奚霫：古代东北少数民族名。《旧唐书·霫传》："霫，匈奴之别种也。"
③ 乣，同纠。指辽、金时期北方边地部落居民。

时欲括户口，倍谏曰：今始得地而料民，民必不安。从之。既平渤海，地方五千里，五京十五府六十二州尽有其众，国境益大。

太宗时，籍五京户丁以定赋税。

　　臣等谨按：圣宗统和二十五年，建中京。兴宗重熙十三年，升云州为西京，而五京之称始备，此时尚未有也。与前天显元年称五京同误。

天显三年，太宗即位不改元。十二月，遣耶律羽之迁东丹民以实东平①。

初，天显元年，渤海平。立皇太子倍为东丹王，以羽之为中台省右次，相帝即位。羽之上表曰：渤海昔畏南朝阻险，自卫居辉罕城，今去上京辽邈，既不为用，又不罢戍，果何为哉！先帝因彼离心，不战而克，天授人与彼一时也。遗种浸②以蕃息。今居远境，恐为后患；梁水之地，乃其故乡，地衍土沃，有木、铁、盐、鱼之利，乘其微弱，徙还其民，万世长策也。彼得故乡，又获美利，必安居乐业，然后选徒以翼吾左，突厥、党项、室韦，夹辅吾右，可以坐制南邦，混一天下。表奏，帝嘉纳之。是岁，诏：徙东丹国民于梁水，其民或亡入新罗、女直。诏：困乏不能迁者，许上国富民给赡而隶属之。

　　臣等谨按：义宗传曰，倍既让位于太宗，太宗见疑，以东平为南京，徙倍居之，尽迁其民。又置卫士阴伺动静，是东平之徙，实欲制倍耳！非仅为渤海遗民计也。

四年二月，阅约尼氏户籍。

会同元年十一月，晋主以幽、蓟、瀛、莫、涿、檀、顺、妫、儒、新、武、云、应、朔、寰、蔚十六州并图籍来献③。

二年十月，以乌尔古部水草肥美，诏：南北院徙三锡林户居之。

---

①　东丹，即东丹国，是辽朝灭亡渤海国后在其地设立的一个属国，亦称东辽。存在时间为926—952年。

②　浸，渐渐。《汉书·艺文志》："是以五经乖析，儒学浸衰。"

③　晋主，指后晋高祖石敬瑭。其为与后唐争夺统治权，竟将幽云十六州献给契丹。

九年三月，吐谷浑遣使献生口千户。

大同元年四月，得晋归顺州七十六处，户一百九万一百一十八。

臣等谨按：五代史石氏入立，献十有六州于契丹，而得蜀金州，又增置之州一，合一百九州以为晋。刘氏之初，秦、凤、阶、成复入于蜀，隐帝时增置之州一，合一百六州以为汉。是晋亡后除四州外，其地尽归于汉。此所得七十六处之户，第就归顺时纪其数耳，实未尝为辽有也。

景宗保宁三年十一月，胪朐河裕悦杨尼哩等率户四百来附，乞隶宫籍。诏：留其户，分隶敦睦、积庆、永兴三宫。

圣宗统和元年二月，南京统军使耶律善补奏，宋边七十余村来附。诏抚存之。

五月，善补又招亡入宋者，得千余户归国。诏令抚慰。

三年八月，令干、显二州上所部里社之数。

四年正月，讨女直，获生口十余万。

太平六年二月，东京留守巴格奏：黄翩得女直降户二百七十。诏奖谕之。至兴宗重熙九年十二月，以所获女直户置肃州。

十月，命巡检西山四州人民。

政事令室昉奏：西山四州，自宋兵后，人民转徙，盗贼充斥，乞下有司禁止。命新州节度使选人分道巡检。

七年正月，破宋易州，迁易州军民于燕京道。涿州刺史护送易州降人八百，还隶本贯。

时宋鸡壁寨守将郭荣率众来降，寨民二百户徙居檀、顺、蓟三州，复分八户隶飞狐。

八年七月，诏：并省东京路州县，以其民分隶他郡。

时置定霸、保和、宣化、洪理、广义、长庆、安德七县，省州十县八。

九年七月，通括户口。

至十五年三月，通括宫分人户。二十一年十一月，通括南院部民。

十三年四月，诏：诸道民户，应历以来胁从为部曲者，仍籍州县。

至兴宗重熙十年二月，诏博啰满达部，归哈斯罕之没入者，使复业。

十四年三月，诏安集朔州流民。

十五年二月，徙梁门、遂城、泰州、北平民于内地。

至二十五年，城中京，实以汉户。开泰八年五月，迁宁州渤海户于辽、土二河之间。至兴宗重熙时，诏徙富民以实春、泰二州。权中京副留守刘伸以为不可，奏罢之。

开泰二年四月，诏：以韩斌所括瞻国、达鲁河、奉、豪等州户二万五千四百有奇，置长霸、兴仁、保和等十县。

　　臣等谨按：上统和八年七月置七县，内已有保和，《地理志》亦云统和八年置，则此文疑误。

四年四月，徙伊济等部众于胪朐河。

时伊济既平，议内徙其众，伊济安土重迁，遂叛，乃诱其众并达鲁特所获萨木实部民城胪朐河，上以居之。

兴宗重熙八年六月，诏括户口。

时以天下无事，户口蕃息，遂有南伐之志。北院枢密使萧孝穆谏，不报。

十二年六月，诏：汉人宫分户绝，恒产以亲族继之。

道宗大康九年六月，诏：诸路检括脱户，罪至死者原之。

先是，朝廷遣使括三京隐户不得，以东京留守耶律音济代之，得四千余户。至是，复有是诏。

　　《能吏传》曰：马人望为三司度支判官，会检括户口，未两旬而毕，同知留守萧保先怪而问之，人望曰：民户若括之无遗，他日必长厚敛之弊，大率十得六七足矣。保先谢曰：君虑远，吾不及也。

大安三年二月，以岁荐饥，民多流散，除安泊逃户征偿法。

十年六月，禁边民与蕃部为婚。

嘉隆四年正月，徙准卜等贫民于山前。

天祚帝天庆三年三月，籍诸道户徙达里库山围场地居民于别土。

金制：户有数等，有课役户、不课役户、本户、杂户户、正户、监户、官户、奴婢户、二税户。

有物力者为课役户，无者为不课役户；女直为本户，汉人及契丹为杂户。明安穆昆之奴婢免为良者止隶本部为正户，没入官良人隶宫籍监者为监户，没入官奴婢隶太府监者为官户。户以五家为保，户主推其长充。男女二岁以下为黄，十五以下为小，十六为中，十七为丁，六十为老，无夫为寡，妻妾诸废笃疾不为丁。凡户口计帐，三年一籍。自正月初，州县以里正主首，明安穆昆则以寨使诣编户家责手实，其男女老幼年与姓名，生者增之，死者除之。正月二十日，以实数报县。二月二十日申州，以十日内达上司，无远近皆以四月二十日到部呈省。凡汉人、渤海人不得充明安穆昆户。

太祖天辅二年六月，以善地分处降附新民。

时辽通、祺、双、辽等州八百余户来归，命分置诸部，择膏腴之地处之。七月，辽户二百来归，处之泰州。又诏达噜噶部贝勒色垌：凡降附新民，善为存抚，来者各令从便安居，给以官粮，毋辄动扰。六年，又命耶律佛宁以兵护送诸降人，于浑河路以皇弟昂监之，从便以居。七年，以山西诸部族近西北二边，且辽主未获，恐阴相结诱，复命皇弟昂与贝勒搠欢等以兵四千护送，处之岭东，唯西京民安堵如故。且命昂镇守上京路。既而闻昂已过上京，而降人复苦其侵扰多叛亡者，遂命贝勒绰尔多往戒谕之。比至而诸部已叛去。又以明安详衮留住所，领归附之民还东京，命有司常抚慰，且贷一岁之粮，其亲属被虏者，皆令聚居。

七月，命稽必鲁水路等户登耗之数。

诏：必鲁水路完颜卓哩布渤海大嘉努等六穆昆贫乏之民，昔尝给以官粮，置之渔猎之地，今历日已久，不知登耗，可具其数以闻。至三年五月，诏咸州路都司曰：兵兴以前，哈斯罕辉发里与系辽籍不系辽籍女直户民，有犯罪流窜边境或亡入于辽者，本皆吾民，远在异地，朕甚悯之。今既议和，当行理索。可明谕诸路千户穆昆，遍与询访其官称名氏地里，具录以闻。

臣等谨按：《本纪》：金初，千户多以降将领之。收国二年，汉人李孝功、渤海二哥率众来降，命各以所部为千户。辽懿州节度使刘宏以户三千来降，以为千户是也。又其时有万户之名，详见《兵制》。

五年，以境土既拓，旧部多瘠卤，移其民于泰州。

先遣皇弟昱及族子宗雄按视其地，昱等苴其土以进，言可种植，遂摘诸明安穆昆中民户万余，使宗人博勒和统之。

六年，既定山西诸州。以上京为内地，移其民实之。

至世宗大定二十五年四月，诏于率宾呼尔哈两路，选三十穆昆为三明安，移置于刷达巴罕之地，以实上京。

七年二月，取燕京路，尽徙六州氏族富强工技之民于内地。

诏按班贝勒郡县：今皆抚定，有逃散未降者，已释其罪，更宜招谕之。前后起迁民户，去乡未久，岂无怀土之心！今所在有司深加存恤，毋辄有骚动。衣食不足者，官赈贷之。

太宗天会元年十一月，徙迁、润、来、隰四州之民于沸州。

后世宗大定二十一年六月，徙银山侧民于临潢。

臣等谨按：《食货志》云：太宗天会元年，以旧徙润、隰等四州之民于沸州之地，新迁之户，艰苦不能自存。诏：民乏食鬻子者，听以丁力等者赎之。是四州民之徙沸州，乃天会元年以前事，与纪异。

六年三月，命南路军帅实古讷籍节度使完颜慎思所领诸部，及未置明安穆昆户来上。

世宗大定三年八月，罢契丹明安穆昆，以其户分隶女直明安穆昆。

《金史·曹望之传》曰：大定中，望之同知西京留守事，上书论便宜事。其一，论山东、河北明安穆昆与百姓杂处，民多失业。陈、蔡、汝、颍之间，土广人稀，宜徙百姓以实其处，复数年之赋，以安辑之。百姓亡命及避役军中者，阅实其人，使还本贯；或编近县以为客户，或留为佃户者，亦籍其姓名、州县，与明安事干涉者，无相党匿，庶几军民协和①，盗贼弭息。书奏，多见采纳。

十二月，诏：流民未复业者，增限招诱。

十七年五月，厘正伊勒敦部猎户。

---

① 庶几，或许可以。意在表示推测和希望。

省臣奏：咸平府路一千五百余户，自陈皆长白山锡馨察逊河女直人，辽时金为猎户，移居于此，号伊勒敦部，遂附契丹籍。本朝义兵之兴，首诣军降，仍居本部，今乞厘正。诏从之。

二十年，令明安穆昆人户与汉人错居。

帝谓宰臣曰：明安穆昆人户，兄弟亲属，若各随所分土，与汉人错居，每四五十户结为保聚，农作时令相助济，此亦劝相之道也。至章宗明昌二年四月，以齐民与屯田户往往不睦，从尚书省奏，许民户与屯田户递相婚姻。

二十一年六月，命避役之户举家逃于他所者，元贯及所寓司县官同罪，为定制。

至章宗泰和七年六月，敕中物力户有役则多逃避，有司令以次户代之，事毕则复业，以致大损不逃之户。令省臣详议。宰臣奏：旧制太轻，遂命课役。全户逃者徒二年，赏告者钱五万。先逃者，以百日内自首免罪；如实销乏者，内从御史台、外从按察司体究免之。

二十二年，命括明安穆昆户口以实籍之。

初，太祖即位之二年，以三百户为穆昆；穆昆十为明安。又尝用辽人额哩页以北部百三十户为一穆昆，汉人王六儿以诸州汉人六十五户为一穆昆，王伯龙高从佑并领所部为一明安。熙宗皇统五年，又分明安穆昆为上中下三等。海陵天德二年，削其名，但称为诸明安穆昆。至帝大定十五年十月，遣官十人，分行天下，再定明安穆昆户。每穆昆户不过三百，七穆昆至十穆昆置一明安。及是，以明安穆昆旧籍不明，遇签军与诸差役及赈济，增减不以实，故有是命。

二十三年七月，明安穆昆户口之数。

明安二百二，穆昆千八百七十八，户六十一万五千六百二十四，口六百一十五万八千六百三十六，内正口四百八十一万二千六百六十九，奴婢口一百三十四万五千九百六十七。在都宗室将军司户一百七十口二万八千七百九十，内正口九百八十二，奴婢口二万七千八百八。德呼勒唐古二部五纥户五千五百八十五，口十二万七千五百四十四。内正口十万九千四百六十三，奴婢口一万八千八十一。

二十五年，命宰臣禁有禄人一子及农民避课役为僧道者。

至明昌元年正月，又以上封事者言，禁自披剃为僧道者。

二十七年，天下户口之数：

大定初，天下户才三百余万，至是户六百七十八万九千四百四十九，口四千四百七十万五千八十六。

章宗明昌元年，天下户口之数：

户六百九十三万九千，口四千五百四十四万七千九百。至六年十二月，天下女直、契丹、汉户七百二十二万三千四百，口四千八百四十九万四百。物力钱二百六十万四千七百四十二贯。

泰和五年五月，诏定辽东邑社人数。

六月，制镇防军逃亡，致边事失错、陷败户口者罪。

七年十二月，天下户口之数：

户七百六十八万四千四百三十八，口四千五百八十一万六千七十九。户增于大定二十七年一百六十二万三千七百一十五，口增八百八十二万七千六十五。此金版籍之极盛也。至宣宗兴定末，河壖为疆，烽鞞屡警，故集庆军节度使温特赫达言：亳州户旧六万，自南迁以来不胜调发，相继逃去，所存者曾无十一。砀山下邑，野无居民矣。

宣宗贞祐三年四月，诏有司：勿拒河北避兵之民，所至加存恤。

至元光元年十月，以京兆官民避兵南山者，多至百万，诏兼同知府事完颜霆等安抚其众。哀宗天兴元年正月，起近京诸邑军家属五十万口入京，以避元兵也。

兴定元年十二月，招逃户复业。

自卫绍王之时，军旅不息，宣宗立而南迁，死徙之余，所在为虚，户口日耗，军费日急，赋敛繁重，皆仰给于河南。民不堪命，率弃庐田，相继亡去。乃屡降诏，复业者免其岁之租。然以国用之竭，逃者之租皆令居者代出，以故多不敢还。至是，帝欲悬赏募人捕亡，已而复虑骚动，遂命依已降诏书，已免债逋更招一月，违而不来者，然后捕获治罪，而以所遗地赐人。至四年，省臣奏：河南以岁饥而赋役不息，所亡户令有司招之，至明年三月不复业者，论如律。

金十九路民户之数：

上京路：会宁府，户三万一千二百七十；肇州，户五千三百七十五；隆州，户一万一百八十；信州，户七千三百五十九。

咸平路：咸平府，户五万六千四百四；韩州，户一万五千四百一十二。

东京路：辽阳府，户四万六百四；澄州，户一万一千九百三十五；沸州，户三万六千八百九十二；贵德州，户二万八百九十六；盖州，户一万八千四百五十六；复州，户一万三千九百五十。

北京路：大定府，户六万四千四十七；利州，户二万一千二百九十六；义州，户三万二百三十三；锦州，户三万九千一百二十三；瑞州，户一万九千九百五十三；广宁府，户四万三千一百六十一；懿州，户四万二千三百五十一；兴中府，户四万九百二十七；建州，户一万一千四百三十九；全州，户九千三百一十九；临潢府，户六万七千九百七；庆州，户二千七；兴州，户一万五千九百七十；泰州，户三千五百四。

西京路：大同府，户九万八千四百四十四；丰州，户二万二千六百八十三；宏州，户二万二千二；净州，户五千九百三十八；桓州，户五百七十八；抚州，户一万一千三百八十；德兴府，户八万八千八百六十八；昌州，户一千二百四十一；宣德州，户三万二千一百四十七；朔州，户四万四千八百九十；武州，户一万三千八百五十一；应州，户三万二千九百七十七；蔚州，户五万六千六百七十四；云内州，户二万四千八百六十八；宁边州，户六千七十二；东胜州，户三千五百三十一。

中都路：大兴府，户二十二万五千五百九十二；通州，户三万五千九十九；蓟州，户六万九千一十五；易州，户四万一千五百七十七；涿州，户一十一万四千九百一十二；顺州，户三万三千四百三十三；平州，户四万一千七百四十八；滦州，户六万九千八百六；雄州，户二万四百一十一；霸州，户四万一千二百七十六；保州，户九万三千二十一；安州，户三万五百三十二；遂州，户一万一千一百七十四；安肃州，户一万二千九百八十。

南京路：开封府，户百七十四万六千二百一十；睢州，户四万六千三百六十；归德府，户七万六千三百八十九；单州，户六万五千五百四十五；寿州，户八千六百七十七；陕州，户四万一千一十；邓州，户二万四千九百八十九；唐州，户一万一千三十一；裕州，户八千三百；河南府，户五万五千六百三十五；嵩州，户二万六千六百四十九；汝州，户三万五千二百五十四；许州，户四万五千五百八十七；钧州，户一万八千五百一十一；亳州，户六万五百三十五；陈州，户二万六千一百四十五；蔡州，户三万六千九十三；息州，户九千六百八十五；郑州，户四万五千六百五十七；颍州，户一万六千七百一十四；宿州，户五万五千五十八；泗州，户八千九十二。

河北东路：河间府，户三万一千六百九十一；蠡州，户二万九千七百九十七；莫州，户二万二千九百三十三；献州，户五万六百三十二；冀州，户三千六百七十；深州，户五万六千三百四十；清州，户四万七千八百七十五；沧州，户一十四万四千七百七十四；景州，户六万五千八百二十八。

河北西路：真定府，户十三万七千一百三十七；威州，户八千三百一十；沃州，户三万八千一百八十五；邢州，户八万二百九十二；洺州，户七万三千七十；彰德府，户七万七千二百七十六；磁州，户六万三千四百一十七；中山府，户八万三千四百九十；祁州，户二万三千三百八十二；浚州，户二万九千三百一十九；卫州，户九万一百一十二；滑州，户二万二千五百七十。

山东东路：益都府，户一十一万八千七百一十八；潍州，户三万九百八十九；滨州，户一十一万八千五百八十九；沂州，户二万四千三十五；密州，户一万一千八十二；海州，户三万六百九十一；莒州，户四万五千二百四十；棣州，户八万二千三百三；济南府，户三十万八千四百六十九；淄州，户一十二万八千六百二十二；莱州，户八万六千六百七十五；登州，户五万五千九百一十三；宁海州，户六万一千九百三十三。

山东西路：东平府，户一十一万八千四十六；济州，户四万四百八十四；徐州，户四万四千六百八十九；邳州，户二万七千二百三十三；滕州，户四万九千九；博州，户八万八千四十六；兖州，户五万九千九十九；泰安州，户三万一千四百三十五；德州，户一万五千五十三；曹州，户一万二千六百七十七。

大名府路：大名府，户三十万八千五百一十一；恩州，户九万九千一百一十九；濮州，户五万二千九百四十八；开州，户三万三千八百三十六；

河东北路：太原府，户一十六万五千八百六十二；祈州，户三万二千三百四十一；平定州，户一万八千三百九十六；汾州，户八万七千二百二十七；石州，户三万六千五百二十八；葭州，户八万八百六十四；代州，户五万七千六百九十；隩州，户七千五百九十二；宁化州，户六千一百；岚州，户一万七千五百五十七；岢岚州，户五千八百五十一；保德州，户三千一百九十一；管州，户五千八百八十一。

河东南路：平阳府，户一十二万六千九百三十六；隰州，户二万五千四百四十五；吉州，户一万三千三百二十四；河中府，户十万六千五百三十九；绛州，户一十三万一千五百一十；解州，户七万一千二百三十二；泽州，户五万九千四百一十六；潞州，户七万九千二百三十二；辽州，户一万五千八百五十；沁州，户一万八千五十九；怀州户八万六千七百五十六；孟州，户四万一千六百四十九。

京兆府路：京兆府，户九万八千一百七十七；商州，户三千九百九十九；虢州，户一万二十二；干州，户二万六千八百五十六；同州，户三万五千五百六十一；耀州，户五万二百一十二；华州，户五万三千八百。

凤翔路：凤翔府，户六万二千三百二；德顺州，户三万五千四百四十九；平凉府，户三万一千三十三；镇戎州，户一万四百四十七；秦州，户四万四百四十八；陇州，户一万六千四百四十二；

鄜延路：延安府，户八万八千九百九十四；丹州，户一万三千七十八；保安州，户七千三百四十；绥德州，户一万二千七百二十；鄜州，户六万二千九百三十一；坊州，户二万七百四十六。

庆原路：庆阳府，户四万六千一百七十一；环州，户九千五百四；宁州，户三万四千七百五十七；邠州，户四万七千二百九十一；原州，户一万七千八百；泾州，户二万六千二百九十。

　　临洮路：临洮府，户一万九千七百二十一；积石州，户五千一百八十五；洮州，户一万一千三百三十七；兰州，户一万一千三百六十；巩州，户三万六千三百一；会州，户八千九百一十八；河州，户一万四千九百四十二。

　　臣等谨按：以上《金史·地理志》所载：十九路户数，约共九百九十三万九千有奇，较前《食货志》泰和极盛时，数尚多二百二十五万五千余户，两志互异，故并存之。

钦定续文献通考卷十三

户口考

户口丁中

元初，算赋之制，中原以户，西域以丁，蒙古以马牛羊。至世祖定户籍之制，则有元管户，交参户，漏籍户，协济户；于诸户之中，又有丝银全科户，减半科户，止纳丝户，止纳钞户；又有摊丝户，储伊苏岱尔所管纳丝户，复业户，并渐成丁户。详见职役考。

太宗五年八月，括中州户，得户七十三万余。

至八年六月，复括中州户口，计得续户一百一十余万。

臣等谨按：此金故地所得户数也。《地理志》谓：是时，自燕京顺天等三十六路，户八十七万三千七百八十一，与此不同。考之《兵志》，太宗十三年八月，谕总管万户刘黑马，据色埒点奏，呼图克等元籍诸路民户一百万四千六百五十六户，除逃户外，有七十二万三千九百一十户；随路总金军一十万五千四百七十一名，点数过九万七千余外，近因蝗旱，民力艰难，往往在逃，观此是本纪所书者括籍时实数也。《地理志》所载者，除逃户外之实数也。至《耶律楚材传》谓呼图克所括户一百四万，亦与《兵志》小异，则各就一时闻见者言之耳。

八年，初定中原户赋。

元初唯时进取，所降之户，因以与将士，自一社之民各有所主，不相统摄。至是，诏括户口，以大臣呼图克领之，民始隶州县。时群臣共欲以丁为户①，中书令耶律楚材曰：不可。丁逃则赋无所出，以户定之，众皆曰：我朝及西域诸国，莫不以丁为户，岂可舍大朝之法，而从亡国之政耶！楚材曰：自古有中原者，未尝以丁为户，若果行之，可输一年之赋，随即逃散矣。帝从楚材之议。

七月，诏以真定民户奉太后汤沐。中原诸州民户分赐诸王贵戚。

定宗二年十月，括人户。

宪宗元年，敕诸王不得擅招民户。

二年，籍汉地民户。

《元史·良吏传》曰：谭澄为交城令，宪宗二年，大籍其民，澄尽削交城之不土著者，赋以时集。《董文炳传》曰：时朝廷初料民，令敢隐实者诛，籍其家。文炳为藁城令，使民聚口而居，少为户数，由是赋敛大减。

立儒人免丁之令。

时料民丁夫，额讷格尔、赞卜只儿断事，官事中原，凡业儒者，试通一经，则不同编户，着为令。儒人免丁，自额讷格尔始。

三年正月，括乌鲁斯户口。

至八年二月，括兴元户口。

世祖中统元年，立十路宣抚司，定户籍。

凡元管、交参等户籍，皆于是时定。

《李昶传》曰：世祖初即位，召昶至开平，访以国事。时征需烦重，行中书省科征税赋，虽逋户不贷。昶移书时相曰：侧闻欲据丁巳户籍科征租税，比之见户或加多十六七，止验见户应输犹恐不逮，复令包补逃②故必致艰难。苟不以抚字安集为心，惟事供亿则诸人皆能之，岂圣上擢贤更化之意哉！于是省府为蠲逋户之赋。

三年六月，括漏籍老幼等户，协济编户赋税。

---

① 以丁为户，即以丁为征税对象，而不是按户征税。
② 包补逃，即令未逃人户包交已逃亡人户的赋税。

是月，又罢舞阳姜户、藤花户，还之有司。七月，诸王昌通括江南漏籍户五百，命付之有司。四年十二月，敕驸马阿尔布哈，葡萄户依民例输赋。

八月，核实新增户口，措置诸路转输法。

是月，命刘整招怀庆、葵府、嘉定等民户。

三年五月，诏：核实逃户户口。增者赏之，隐匿者罪之。

其后数年，西蜀四川行省平章政事赛音谔德齐沙木斯鼎，莅官三年，增户九千五百六十五，诏：赏银五千两。太原路总管伊埒蒙古岱坐匿户，罢职为民。

至元三年七月，诏令西夏之民还本籍。成都新民为豪家所庇者，归之州县。

六年二月，免单丁贫乏军士一千九百余户为民。

六月，免益都新佥军单丁者千六百二十一人为民。十五年七月，复上都守城军二千人为民。九月，分拣诸路所括军，验事力乏绝者为民。又减至元九年所括三万军，半以为民。十六年九月，女直硕达勒达军不出征者，令隶民籍输赋。十七年三月，敕军户贫乏者还民籍。

七年五月，括天下户。

是岁，新括协济合并户，为数凡二十万五千一百八十。七月，阅实诸路炮手户。其后九年七月，拘括开元东京等路诸漏籍户，及诏分阅大都京兆等处特默齐奴户名籍。十二年四月，括诸寺阑遗人户。十六年六月，拘括河西西番阑遗户。十一月，诏四川宣慰司括军民户数。十二月，括甘州户。十七年五月，括沙州户丁，定常赋。二十一年闰五月，括四川民户。二十六年闰十月，复籍之。二十七年二月，括河间实保齐户口。

八年三月，命尚书省阅实天户口。颁条画谕天下。

十二年正月，徙襄阳新民七百户于河北。

三月，于中兴路置怀宁、灵武二县，分处新民四千八百户。

诸蕃户始内附。

是年三月，侧布蕃官税昔、罐州蕃官庄寮男车甲等，率四十三族，户五千一百六十诣四川行枢密院来附。十四年四月，宋特磨道将军农士贵等以所属州县溪洞百四十七户二十五万六千来附。五月，西番长阿立丁宁占等三十一族来附，得户四万七百。十五年十一月，攻漳州，得山寨百五十户百万。一十六年六月，招忙木巨木秃等寨三百，籍户十一万二百。七月，西南八番罗氏等国来附，洞寨凡千六百二十有六，户凡十万一千一百六十有八。二十六年三月，金齿人塞完以其民二十万一千户有奇来归。六月，西南夷中下烂土等处洞长忽带等以洞三百、寨百一十来归，得户三千余。七月，四川山齐蛮民四塞五百五十户内附。闰十月，西南夷生番心楼等八族，计千二百六十户内附。二十九年二月，乌鲁斯招附桑州生苗罗甸国古州等峒酋长三十一，所部民十二万九千三百二十六户，诣阙贡献。

　　臣等谨按：山泽溪洞之民，虽不在版籍之内，然当时混一区宇，威震百蛮，不赞不臣之人①，咸思内向，亦开国时盛事也。因采《世祖纪》文以存其略。至成武以后，则未暇详焉。

十三年，平宋，通得江淮、浙东、西湖南北等路户九百三十七万四百七十二，口一千九百七十二万一千一十五。

十二月，诏谕浙东西、江东西、淮南北、湖南北府州军县官吏军民，昔以万户、千户渔夺其民，致令逃散。今悉以人民归之原籍，州县凡管军将校及宋官吏，有以势力夺民产业者，俾各归其主，无主则以给附近人民之无生产者。

十八年闰八月，以江南民户分赐诸王贵戚功臣。

时先后受赐者：诸王十六人，后妃公主九人，勋臣三十六人，凡先朝勋戚亦加赐。诸王自一二万户以上，有多至十万户者；勋臣自四万户以下，至数千数百数十户不等。

　　臣等谨案：此以江南民户赐诸臣，令食其户钞也。详见《职役考》。

十九年二月，籍福建户数。

二十九年正月，江西行省左丞高兴言：江西、福建、汀漳诸路，连岁盗起，百姓入山以避，乞招谕复业。诏从之。

九月，籍云南新附民。

自乌梁海镇云南，凡八籍民户，四籍民田，民以为病。至是，令已籍

---

① 不赞不臣之人，指不在政府户籍管辖之内、从未缴纳贡赋的山泽溪洞之人。

者弗动，新附者籍之。其后二十九年正月，播州洞蛮因籍户怀疑窜匿，降诏招集之。五月，诏谕思州民因阅户惊逃者，各使安业。

二十年正月，拨呼兰及塔尔巴噶等四千户隶皇太子位下。

二十九年二月，伊实布招无籍民千四百三十六户，请隶东宫，诏命之耕田。

《元史·裕宗传》曰：世祖时，参政刘思敬遣其弟思恭，以新民百六十户来献太子。问民所从来，对曰：思敬征重庆时所俘获者。太子蹙然曰：归语汝兄，此属宜随所在放遣为民，毋重失人心。

招内地民户之流移江南者，使复业。

刑部尚书崔彧言：江南既定，中原之民相率南迁以避徭役者十八九，数年之间，亡失十五六万余户，去家就旅，岂人之情，赋重政烦驱之至此。乞特降诏旨，招集复业，量免科役，蠲除积欠①，给还事产，郡县长吏满替以户口增耗为黜陟，其徙江南不还者，与本土之人一例差役，庶几流亡自归，田野日辟。诏下廷臣议行之。

十一月，徙甘肃沙州民户复业。

二十一年五月，纵江南匠户无艺业者为民。

阿尔呼木言：曩于江南民户之中，拨匠户三十万。其无艺业者多，今已选定诸色人匠，余十九万九百余户，宜纵令为民。从之。

二十二年二月，定京城民居。

时修完大都城，诏旧城居民之迁京城者，以资高及居职者为先，仍定制，以地八亩为一分，其或地过八亩，及力不能作室者，皆不得冒据，听民作室。

二十五年二月，料简江南站户。

二十六年二月、十月，再籍江南户口。凡北方诸色人寓居者，亦就籍之。

二十七年四月，江淮行省言：近朝廷遣使，议令发兼并户偕宋宗族赴京，人心必致动摇。江南之民，方患增课料民括马之苦，宜俟他日行之。从之。

----

① 蠲，免除。

二十七年正月，遣所籍高丽民户还其国。

九年十二月，诸王呼喇珠尝拘括逃民高丽界中，高丽达噜噶齐上其事。诏：高丽之民，犹未安集，禁罢之。至是，高丽国王王晙言：臣昔宿卫京师，遭林衍之叛，国内大乱，高丽民居大同者皆籍之。臣愿复以还高丽为民。从之。

二十九年八月，敕礼乐户仍与军站民户均输赋。

世祖时，天下户口数：

中统二年，天下户一百四十一万八千四百九十九；至元十二年，天下户四百七十六万四千七十七；二十八年，户部上天下户数：内郡百九十九万九千四百四十四；江淮、四川一千一百四十三万八百七十八，口五千九百八十四万八千九百六十四；游食者四十二万九千一百一十八；僧尼二十一万三千一百四十八人。

《元史·地理志》曰：初，太宗六年甲午，得金中原州郡。七年乙未下诏，籍民自燕京顺天等三十六路，户八十七万三千七百八十一，口四百七十五万四千九百七十五；宪宗二年壬子又籍之，增户三十余万。世祖至元七年又籍之，又增三十余万。十三年，平宋，全有版图。二十七年，又籍之，得户一千一百八十四万八百有奇。于是南北之户总书于策者一千三百一十九万六千二百有六，口五千八百八十三万四千七百一十有一，而山泽溪洞之民不与焉。

臣等谨按：以上《世祖纪》至元二十八年合计得户一千三百四十三万三百二十二，较《地理志》二十七年多二十万。当兵革之余，流移未定，阅一年而数加于前，亦理势之常也。但地志载文宗至顺元年一千三百四十万六百九十九户，谓视前又增二十万有奇，是至元二十八年不应已有此数。若据此数而论，则至顺之视至元少三万户耳，何云增耶！二说不同，存之以备参考。

成宗大德三年七月，放江南僧寺佃户五十万为编民。

时江南编民五十余万，悉为杨琏真伽冒入寺籍为佃户。中书省臣言：宜加厘正。从之。后武宗至大元年五月，禁白莲社，毁其寺宇，以其民还隶民籍。仁宗延祐六年十月，省臣言：白云宗总摄沈明仁，诳诱愚俗十万人，请汰其徒①。从之。

先是，世祖至元七年九月，敕僧道伊罗勒昆有室家不持戒律者，占籍为民，累朝屡申其禁，至英宗至治二年十一月，括江南僧有妻者为民。泰定帝泰定元年六月，平章政事张珪言：僧道出家，屏绝妻孥，盖欲超出世表，是以国家优视，无所徭役，且处之官寺，宜清净绝俗，诵经祝寿。比年僧道往往畜妻子，无异常人，如蔡道泰、班讲主之徒，伤人逞欲，坏教干刑者何可胜数！俾奉祠典，岂不亵天渎神！臣等议僧道之有妻子者，宜罪以旧制，罢遣为民。疏入，不能从。

十一年十一月，时武宗已即位。禁军站鹰坊控鹤等户，冒占编氓。

武宗至大元年三月，罢括诸王散失人户。

中书省言：鄃王哲古讷人户散失，诏有司括索。臣等议：昔阿济格括索所失人户，成宗虑其为例，不许。今若括索，未免扰民。且诸王必多援例，乞寝其事。从之。又庄圣皇后及诸王胡上克图人户散入他郡，降玺书括索。陕西行省及真定等路言：百姓均在国家版籍，今所遣使辄夺军驿编民等户，非宜。省臣以闻。帝曰：彼奏误也，速追以还。

仁宗皇庆元年三月，敕诸王托克托所招户其未籍者，俾隶有司。

至延祐二年五月，桂齐等招户六千，勒还民籍。

延祐二年二月，禁民转育养子。

英宗至治二年五月，置营于永平，收养蒙古子女。遣使谕四方，匿者罪之。

是年三月，给宗仁卫蒙古子女衣粮。九月，给蒙古子女贫乏者钞七百五十万贯。又赐百五十万贯。至三年正月，以宗仁卫蒙古子女额足万户，命罢收之。

泰定帝泰定元年七月，罢广州、福建等处采珠蜑户为民。

三年八月，谕廉州蜑户使复业。

致和元年五月，遣官分护流民还乡。仍禁聚至千人者杖一百。

文宗时户口数：

至顺元年，户部钱粮户数一千三百四十万六百九十九，视前世又增二十万有奇。

元各路户口数：

---

① 汰，裁汰，裁减人数。

腹里中书省：大都路户一十四万七千五百九十，口四十万一千三百五十；上都路户四万一千六十二，口一十一万八千一百九十一；兴和路户八千九百七十三，口三万九千四百九十五；永平路户一万三千五百一十九，口三万五千三百；德宁净州、泰宁、集宁、应昌、全宁、宁昌、砂井总管府，以上户口俱缺；保定路户七万五千一百八十二，口一十二万九百四十；真定路户一十三万四千九百八十六，口二十四万六百七十；顺德路户三万五百一，口一十二万四千四百六十五；广平路户四万一千四百四十六，口六万九千九百八十八；彰德路户三万五千二百四十六，口八万八千二百六；大名路户六万八千六百三十九，口一十六万三百六十九；怀庆路户三万四千九百九十三，口一十七万九百二十六；卫辉路户二万二千一百一十九，口一十二万七千二百四十七；河间路户七万九千二百六十六，口一十六万八千五百三十六；东平路户四万四千七百三十一，口五万一百四十七；东昌平户三万三千一百二，口一十二万五千四百六；济宁路户一万五百四十五，口五万九千八百一十八；曹州户三万七千一百五十三，口一十九万五千三百三十五；濮州户一万七千三百一十六，口六万四千二百九十三；高唐州户一万九千一百四，口二万三千一百二十一；泰安州户九千五百四十，口一万七百九十五；德州户二万四千四百二十四，口一十五万六千九百五十二；恩州户一万五百四十五，口三万七千四百七十九；寇州户五千六百九十七，口二万三千四十；益都路户七万七千一百六十四，口二十一万二千五百二；济南路户六万三千二百八十九，口一十六万四千八百八十五；般阳府路户二万一千五百三十，口一十二万三千一百八十五；宁海州户五千五百七十一十三，口一万五千七百四十二；大同路户四万五千九百四十五，口一十二万八千四百九十六；冀宁路户七万五千四百四，口一十五万五千三百二十一；晋宁路户一十二万六百二十，口二十七万一百二十一。

岭北行省，户口缺。

辽阳行省：辽阳路户三千七百八，口万二千二百三十一；广宁府路至顺钱粮数户四千五百九十五；大宁路户四万六千六，口四十四万八千一百九十三；东宁路户口缺；沈阳路至顺钱粮数户五千一百八十三；开元路至顺钱粮数户四千三百六十七；咸平府户口缺；合兰府户口缺。

河南江北行省：汴梁路户三万一十八，口一十八万四千三百六十七；河南府路户九千五百二，口六万五千七百五十一；南阳府户六百九十二，口四千八百九十三；汝宁府至顺钱粮数户七千七十五；归德府至顺钱粮数户二万三千三百一十七；襄阳路至顺钱粮数户五千九十；蕲州路户三万九千一百九十，口二十四万九千三百二十一；黄州路户一万四千八百七十八，口三万六千八百七十九；庐州路户三万一千七百四十六，口二十二万九千四百五十七；安丰路户一万七千九百九十二，口九万七千六百一十一；安庆路户三万五千一百六，口二十一万九千四百九十；扬州路户二十四万九千四百六十六，口一百四十七万一千一百九十四；淮安路户九万一千二十二，口五十四万七千三百七十七；高邮府至顺钱粮数户五万九十八；中兴路户一十七万六百八十二，口五十九万九千二百二十四；峡州路户三万七千二百九十一，口九万三千九百四十七；安陆府户一万四千六百六十五，口三万三千五百五十四；沔阳府户一万七千七百六十六，口三万九百五十五；荆门州户二万九千四百七十一，口一十六万五千四百三十五；德安府户一万九百二十三，口三万六千二百一十八。

陕西行省：奉元路户三万三千九百三十五，口二十七万一千三百九十九；延安路户六千五百三十九，口九万四千六百四十一；兴元路户二千一百四十九，口一万九千三百七十八；凤翔府户二千八十一，口一万四千九百八；邠州、泾州、开成州以上户口俱缺；巩昌府户四万五千一百三十五，口三十六万九千二百七十二；平凉府、庆阳府、秦州、陇州、宁州、定西州、镇原州、西和州、环州、金州、静宁州、兰州、会州、徽州、阶州、成州、金洋州、河州路、雅州、黎州、洮州、贵德州、茂州、脱思麻路、岷州、铁州、碉门、鱼通、黎雅、长河、西宁等处宣抚司，以上户口俱缺。

四川行省：成都路户三万二千九百一十二，口二十一万五千八百八十八；嘉定府路户口数缺；广元路户一万六千四百四十二，口九万六千四百六；顺庆路户二千八百二十一，口九万五千一百五十六；潼川府户口缺；永宁路户口缺；重庆路户二万二千三百九十五，口九万三千五百三十五；绍庆府户三千九百四十四，口一万五千一百八十九；夔路户二万二十，口九万九千五百九十八；叙州路户口缺；马湖路户口缺。

甘肃行省：甘州路户一千五百五十，口二万三千九百八十七；永昌路户口缺；肃州路户一千二百六十二，口八千六百七十九；沙州路户口缺；亦集乃路户口缺；宁夏府路户口缺；山丹州户口缺；西宁州户口缺；兀剌海路户口缺。

云南行省，户口缺。

江浙行省：杭州路户三十六万八百五十，口一百八十三万四千七百一十；湖州路至顺钱粮数户二十五万四千三百四十五；嘉兴路户四十二万六千六百五十六，口二百二十四万五千七百四十二；平江路户四十六万六千一百五十八，口二百四十三万三千七百；常州路户二十万九千七百三十二，口一百二万一十一；镇江路户一十万三千三百一十五，口六十二万三千六百四十四；建德路户一十万三千四百八十一，口五十万四千二百六十四；松江府至顺钱粮数户一十六万三千九百三十一；江阴州户五万三千八百二十一，口三十万一百七十七；庆元路户二十四万一千四百五十七，口五十一万一千一百一十三；衢州路户一十万八千五百六十七，口五十四万三千六百六十；婺州路户二十二万一千一百一十八，口一百七万七千五百四十；绍兴路户一十五万一千二万一千五百八十八；温州路户一十八万七千四百三，口四十九万七千八百四十八；台州路户一十九万六千四百一十五，口一百万三千八百三十三；处州路户一十三万二千七百五十四，口四十九万三千六百九十二；宁国路户二十三万二千五百三十八，口一百一十六万二千六百九十；徽州路户一十五万七千四百七十一，口八十二万四千三百四；饶州路户六十三万二百三十五，口四百三万六千五百七十；集庆路户二十一万四千五百三十八，口一百七万二千六百九十；太平路户七万六千二百二，口四十四万六千三百七十一；池州路户六万八千五百四十七，口三十六万六千五百六十七；信州路户一十三万二千二百九十，口六十六万二千二百五十八；广德路户五万六千五百一十三，口三十三万九千七百八十；铅山州至顺钱粮数户二万六千三十五；福州路户七十九万九千六百九十四，口三百八十七万五千一百二十七；建宁路户一十二万七千二百五十四，口五十万六千九百二十六；泉州路户八万九千六十，口四十五万五千五百四十五；兴化路户六万七千七百三十九，口三十五万二千五百三十四；邵武路户六万四千一百二十七，口二十四万八千七百六十一；汀州路户四万一千四百二十三，口二十三万八千一百二十七；漳州路户二万一千六百九十五，口一十万一千三百六。

江西行省：龙兴路户三十七万一千四百三十六，口一百四十八万五千七百四十四；吉安路户四十万四千八十三，口二百二十二万四百一十五；瑞州路户一十四万四千五百七十二，口七十二万二千三百二；袁州路户一十九万八千五百六十三，口九十九万二千八百一十五；临江路户一十五万八千三百四十八，口七十九万一千七百四十；抚州路户二十一万八千四百五十五，口一百九万二千二百七十五；江州路户八万三千九百七十七，口五十万三千八百五十二；南康路户九万五千六百七十八，口四十七万八千三百九十；赣州路户七万一千二百八十七，口二十八万五千一百四十八；建昌路户九万二千二百二十三，口五十五万三千三百三十八；南安路户五万六百一十一，口三十万三千六百六十六；南丰州户二万五千七十八，口一十二万八千九百；广州路户一十七万二千二百一十六，口一百二万一千二百九十六；韶州路户一万九千五百八十四，口一十七万六千二百五十六；惠州路户一万九千八百三，口九万九千一十五；南雄路户一万七千六百九十二，口五万三千九百六十；潮州路户六万三千六百五十，口四十四万五千五百五十；德庆路户一万二千七百五，口三万二千九百九十七；肇庆路户三万三千三百三十八，口五万五千四百二十九；英德州户口缺；梅州户二千四百七十八，口一万四千八百六十五；南恩州户一万九千三百七十三，口九万六千八百六十五；封州户二千七十七，口一万七百四十二；新州户一万一千三百一十六，口六万七千八百九十六；桂阳州户六千三百五十六，口二万五千六百五十五；连州户四千一百五十四，口七千一百四十一；循州户八千二百九十。

湖广行省：武昌路户一十一万四千六百三十二，口六十一万七千一百一十八；岳州路户一十三万七千五百八，口七十八万七千七百四十三；常德路户二十万六千四百二十五，口一百二万六千四十二；澧州路户一十万九千九百八十九，口一百一十一万一千五百四十三；辰州路户八万三千二百二十三，口一十一万五千九百四十五；沅州路户四万八千六百三十二，口七万九千五百四十五；兴国路户五万九百五十二，口四十万七千六百一十六；汉阳府户一万四千四百八十六，口四万八百六十六；归州户七千四百九十二，口一万九百六十四；靖州路户二万六千五百九十四，口六万五千九百五十五；天临路户六十万三千五百一，口一百八万一千一十；衡州路户一十三万三千三百七十三，口二十万七千五百二十三；道州路户七万八千一十八，口一千万九百八十九；永州路户五万五千六百六十六，口一十万五千八百六十四；郴州路户六万一千二百五十九，口九万五千一百一十九；全州路户四万一千六百四十五，口二十四万五百一十九；宝庆路户七万二千三百九，口一十二万六千一百五；武冈路户七万七千二百七，口三十五万六千八百六十三；桂阳路户六万五千五十七，口一十万二千二百四；茶陵州户三万六千六百四十二，口一十七万七千二百二；耒阳州户二万五千三百十一，口十一万一十；常宁州户一万八千四百三十一，口六万九千四百二；静江路户二十一万八百五十二，口一百三十五万二千六百七十八；南宁路户一万五千四十二，口二万四千五百二十；梧州路户五千二百，口一万九百一十；浔州路户九千二百四十八，口三万八十九；柳州路户一万九千一百四十三，口三万六百九十四；庆远、南丹、溪洞等处军民安抚司户二万六千五百三十七，口五万二百五十三；平乐府户七千六十七，口三万三千八百二十；郁林州户九千五十三，口五万一千五百二十八；容州户二千九百九十九，口七千八百五十四；象州户一万九千五百九十八，口九万二千一百二十六；宾州户六千一百四十八，口三万八千八百七十九；横州户四千九十八，口二万一千四百七十六；融州户二万一千三百九十二，口三万九千三百三十四；藤州户四千二百九十五，口一万一千二百一十八；贺州户八千六百七十六，口三万九千二百三十五；贵州户八千八百九十一，口二万八百一十一；思明路户四千二百二十九，口一万八千五百一十；太平路户五千三百一十九，口二万二千一百八十六；田州路户二千九百九十一，口一万六千九百一；来安路户口缺；镇安路户口缺；雷州路户八万九千五百三十五，口一十二万五千三百一十；化州路户一万九千七百四十九，口五万二千三百一十七；高州路户一万四千六百七十五，口四万三千四百九十三；钦州路户一万三千五百五十九，口六万一千三百九十三；廉州路户五千九百九十八，口一万一千六百八十六；干宁军民安抚司户七万五千八百八千一百八十四；南宁军户九千六百二十七，口二万三千六百五十二；万安军户五千三百四十一，口八千六百八十六；吉阳军户一千四百三十九，口五千七百三十五。

征东等处行省，户口俱缺。

明制，凡行郊祀礼，中书省以户籍陈坛下，荐之天，祭毕而藏之。

户凡三等：曰民，曰军，曰匠。民有儒，有医，有阴阳；军有校尉，有力士，弓铺；兵匠有厨役、裁缝、马船之类；濒海有盐灶；寺有僧观，有道士，毕以其业著籍。人户以籍为断，里设老人，选高年为众所服者，导民善，平乡里争讼。其人户避赋役者曰逃户，年饥或避兵他徙者曰流民，有故而出侨于外者曰附籍，朝廷所移民曰移徙。

太祖洪武二年，令人户以籍为断。

凡军民医匠阴阳诸色户，许各以原报抄籍为定，不许妄行变乱，违者治罪，仍从原籍。

又令各处漏口脱户许自实。

三年七月，令户部榜谕天下军民，凡有未占籍者许自首，军发卫所，民归有司，匠隶工部。

三年六月，徙苏州、松江、嘉兴、湖州、杭州民无业者四十余户于临濠。

四年三月，徙山后民万七千户于北平。六月，魏国公徐达平沙漠，徙北平、山后民三万五千八百余户散处诸府卫籍，军给衣粮，民给田。又以沙漠遗民三万三千八百余户屯田北平；其后复徙江南民十四万于凤阳。二十一年，迁山西泽、潞民于河北，后屡徙浙西、山西民于滁、和、北平、山东、河南，又徙登、莱、青民于东昌、兖州，又徙直隶、浙江民二万户于京师充仓脚夫①。

《明史·食货志》曰：太祖时徙民最多，其间有以罪徙者。建文帝命武康伯徐理往北平度地处之。

十一月，诏户部：籍天下户口，置户帖。

谕省臣曰：民者国之本也。今天下已定，而民数未核实，其命户部籍天下户口，每户给以户帖。于是户部置户籍户帖，各书户之乡贯、丁口、名岁，以字号编为勘合，用半印钤记，籍藏于部，帖给于民。仍令有司岁计其户口之登耗以闻，着为令。

八年正月，设养济院。

命有司察穷民无告者，给屋舍衣食。又设漏泽园葬贫民。天下府州县立义冢。惠帝建文元年二月，诏：鳏寡孤独废疾者，官为收养。

十四年正月，命天下郡县编《赋役黄册》。

其法：以一百一十户为里，一里之中推丁粮多者十人为之长，余百户为十甲，甲凡十人，岁役里长一人、甲首十人董其事。城中曰坊，近城曰厢，乡都曰里，先后各以丁粮多寡为次。每里编为一册，册之首总为一图，其里中鳏寡孤独不任役者，附十甲后为畸零。每十年，有司更定其册，以丁粮增减而升降之。册凡四，一上户部，其三则布政司、府、县各

---

① 仓脚夫，仓库的搬运工。

存一焉。上户部者册面黄纸，故谓之黄册。年终进呈，送后湖东西二库庋藏之。岁命户科给事中一人，御史二人，户部主事四人厘校讹舛。其后二十三年八月，户部奏重造黄册，如丁口有增减者，即为收除；田地有买卖者，即令过割，务在不亏原额。其上中下三等人户，亦依原定编类，不许更改，分丁析户，以避差徭，庶几无移易倚托之患。命颁行之。次年，天下黄册成。互见田赋职役考。户册式内定到田地、山塘、房屋、车船各项款目，所在官司有者依式开写，无者不许虚开。若类县总都总收，除项下止许开写人丁事产总数，不必备开花户。凡僧道给度牒，有田者编册如民科，无田者亦为畸零。凡云贵流官、土官附近驯熟通汉语者编造，其余夷民不造。

《明史·食货志》曰：其后黄册祇具文，有司征税编徭，则自为一册，曰白册云。

是年天下户一千六十五万四千三百六十二，口五千九百八十七万三千三百五。

二十一年九月，编军户图籍。

时以内外卫所军伍有缺，遣人追取户丁，往往育法，且又骚动于民，乃诏：自今卫所以亡故军士姓名乡贯编成图籍送兵部，然后照籍移文取之，毋擅遣，违者坐罪。寻又诏天下郡县：以军户类造为册，具载其丁口之数，如遇取丁补伍，有司按籍遣之，无丁者止。自是无诈冒不实，役及亲属同姓者矣。二十三年正月，谕兵部尚书沈溍曰：兵以卫民，民以给兵，二者相须也。民不可以重劳，军不可以重役，今天下各卫所多有一户而充二军，致令民户耗减。自今二军者宜免一人还为民。

二十三年，督令逃民归业。

令监生同各府州县官拘集里甲，审知逃户有他郡流移者，即时送县官给行粮，押赴原籍复业。老弱不能归及不愿归者，令在所著籍，授田输赋。

二十四年，令选取富民充实京师。

帝惩元末豪强侮贫弱，立法多右贫抑富，尝命户部籍浙江等九布政司、应天十八府州富民万四千三百余户，以次召见，徙其家以实京师，谓之富户。至成祖时，复选应天、浙江富民三千户附籍北京。

二十六年，令各处户口，每岁分豁旧管、新收、开除、实在总数。

仍定每十年一造黄册。至孝宗弘治四年，定先年造册之时，有将丁口漏报，或税粮诡寄、户籍那移者①，许自首改正，州县各计人户，填写帖文各一纸，给发各亲，领执照，使知本户旧管、新收、开除、实在丁粮各若干，州县以为凭据。

是年，天下户一千六十五万二千八百七十，口六千五十四万五千八百一十二。

浙江布政司，户二百一十三万八千二百二十五，口一千四十八万七千五百六十七；江西布政司，户一百五十五万三千九百二十三，口八百九十八万二千四百八十一；湖广布政司，户七十七万五千八百五十一，口四百七十万二千六百六十；福建布政司，户八十一万五千五百二十七，口三百九十一万六千八百六；北平布政司，户三十三万四千七百九十二，口一百九十二万六千五百九十五；山东布政司，户七十五万三千八百九十四，口五百二十五万五千八百七十六；山西布政司，户五十九万五千四百四十四，口四百七万二千一百二十七；河南布政司，户三十一万五千六百一十七，口一百九十一万二千五百四十二；陕西布政司，户二十九万四千五百二十六，口二百三十一万六千五百六十九；四川布政司，户二十一万五千七百一十九，口一百四十六万六千七百七十八；广东布政司，户六十七万五千五百九十九，口三百万七千九百三十二；广西布政司，户二十一万一千二百六十三，口一百四十八万二千六百七十一；云南布政司，户五万九千五百七十六，口二十五万九千二百七十；应天府，户一十六万三千九百一十五，口一百一十九万三千六百二十；苏州府，户四十九万一千五百一十四，口二百三十五万五千五百三十；松江府，户二十四万九千九百五十，口一百二十万九千九百三十七；常州府，户一十五万二千一百六十四，口七十七万五百一十三；镇江府，户八万七千三百六十四，口五十二万二千三百八十三；庐州府，户四万八千七百二十，口三十六万七千二百；凤阳府，户七万九十一百七，口四十二万七千三百三；淮安府，户八万六百八十九，口六十三万二千五百四十一；扬州府，户一十二万三千九十七，口七十三万六千一百六十五；徽州府，户一十二万五千五百四十八，口五十九万二千三百六十四；宁国府，户九万九千七百三十二，口五十三万二千

---

① 那移，转移、移动。

二百五十九；池州府，户三万五千八百二十六，口一十九万八千五百七十四；太平府，户三万五千二百九十，口二十五万九千九百三十七；安庆府，户五万五千五百七十三，口四十二万二千八百四；广德州，户四万四千二百六十七，口二十四万七千九百七十九；徐州，户二万二千六百八十三，口一十八万八百二十一；滁州，户三千九百四十四，口二万四千七百九十七；和州，户九千五百三十一，口六万六千七百一十一。

三十一年八月，时惠帝已即位。诏天下卫所军，单丁者放为民。

惠帝建文五年八月，时成祖已即位。诏抚绥直隶、淮安及北平、永平、河间诸郡避兵流移复业者，凡七万一千三百余口。

成祖永乐元年，天下户一千一百四十一万五千八百二十九，口六千六百五十九万八千三百三十七。

三年九月，徙山西民万户实北平。

惠帝建文五年九月，既徙山西民无田者实北平。至是，复核太原、平阳、泽、潞、辽、沁、汾丁多田少及无田之家，分其丁口，以实北平。十四年十一月，徙山东、山西、湖广流民于保安州。自是以后，移徙者鲜矣。

五年五月，平安南得府州四十八，县一百八十，户三百十二万，设交址布政司。

自唐之亡交址，沦于蛮服者四百余年，至是复入版图。十一年七月，琼州府临商县民黄茂，奉命招谕深峒那呆等二十四峒生黎，黎民来归者计户四百有奇，口千三百有奇。盖自初至今，招抚诸黎来归者六十七处，户三万有奇。十二年四月，户部言：广东琼州府宜伦县民黄凯、临高县吏王荣安，招诱大小英豪及曹衙南等村黎人二千三十七户，悉愿占籍为民。至宪宗成化十一年，两广总督朱英招抚猺獞效顺者，定为编户，给复三年。自是归附日众，凡为户四万三千有奇，口十五万有奇。

宣宗宣德三年二月，清理逃军户籍。

谕：天下军逃还乡有诈为死者，有更名充吏卒贴书、倚官害民者，有为僧、道、生员者，有投豪势官民为家人佃户、行财生理者，有隐其丁口、寄于别户、并于外境立民籍者，并许自告改正，违者并其邻里及容隐之人，俱如前例论罪。又谕：凡各州县勾解逃军及补役军丁，多于所在官司，冒给家人文引，供送其家人不行随送，及到卫所不一二月即将文引照身逃回原籍，及影射各处潜住，或经商受雇于人者有之，若此等者，许三月内赴官出首，与免本罪。仍赴原卫所着役，故违不首，或事发挨究得出，本犯发边远充军，户下别选壮丁一人补。原伍两邻里甲，并有司虚出文引，官吏一体问罪。

四月，招逃民复业。

时谕户部：限各处逃徙人民，三月内复业。凡所负税粮，悉与蠲免。其有久居于彼产业已成者，许令占籍。仍命有司善加抚绥。五年十一月，巡抚河南侍郎许廓，招抚开封等府逃民一十一万五千六百余户。兵部郎中刘文勇，招抚汉中逃民一千九百余人。

松江府知府赵豫上安辑逃民疏曰：比户部榜谕，凡逃移人户皆限三月复业，违者与隐藏之家俱发充军。此法至严，人知畏惧，然亦有未复业者。盖以公赋有欠，私债无偿，故地荒芜，旧居毁撤，难以措手，不能安身。乞敕户部备榜，通行晓谕，仍令有司从实取勘。逃亡民户，凡有公私欠负，俱停征三年。凡诸差徭，亦在三年之后。如是而犹不复业人，犹容隐者，依前例发遣充军，庶逃民来归者众矣。

英宗正统元年，造逃户周知册。

令山西、河南、山东、湖广、陕西、南北直隶、保定等府州县，造逃户周知文册。备开逃民乡里、姓名、男妇口数、军民匠灶等籍，遗下田地，税粮若干，原籍有无人丁，应承粮差。若系军籍，则开某卫军役及有无缺伍，送各巡抚并清军御史处，督令复业。其已成家业愿入册者，给与户由执照，仍令照数给粮。若本户原有丁多、税粮十石以上，今止存一二丁者，认种地五十亩；原籍有人办粮者，每人认种地四十亩，俱照轻租民田例起科。原系军匠籍者，仍作军匠附籍，该卫缺人，则发遣一丁补役；该输班匠，则发遣一丁当匠；原籍民灶籍者，俱作民灶籍。灶户免盐课，量加税粮。如仍不首，虽首而所报人口不尽，或展转逃移，及窝家不举首者，俱发甘肃卫所充军。八年，令逃军、逃匠、逃囚人等自首免罪，各发着役，罪重者从实开奏，量与宽减。其逃民匠，不报籍复业团聚，非为抗拒官府，不服招抚者，户长照南北地方发边卫充军。

二年，令各处有司委官挨勘流民。

籍男、妇、大、小、丁口，排门粉壁，十家编为一甲，互相保识，分属地方里长带管。若团住山林湖泺，或投托官豪势要之家，藏躲抗拒官司，不服招抚者，正犯处死，户下编发边卫充军，里老窝家知而不首，及占吝不发者，罪同。

三年，禁数姓合户附籍。

四年，添设山东、山西、河南、陕西、湖广布政司所属并顺天等府州抚治流民之官。

时添设佐二官各一员。自是之后，复添设大员。天顺八年，添设湖广布政司参议一员，于荆、襄、汉阳等府抚治流民。宪宗成化元年，添设陕西按察司副使一员于汉中府抚治流民。十七年，添设四川按察司副使一员，于重、夔、保、顺四府抚治流民。孝宗弘治八年，添设河南布政司参政一员于南阳府抚治流民。九年，令河南分巡汝南道佥事兼理抚民。

十三年，令老疾致仕事故官家属附籍者，离本籍千里者许附，不及千里者发还。

景泰中，令民籍者收附，军匠灶役冒民籍者发还。

景帝景泰二年，申隐丁换户之禁。

凡攒造黄册，如有奸民豪户通同书手，或诡寄田地，飞走税粮；或隐瞒丁口，脱免差徭；或改换户籍，埋没军伍匠役者；或将里甲那移前后应当者，许自首改正，入籍免罪。凡各里旧额人户，除故绝并全户充军，不及一里者，许归并。余剩人户，发附近外里辏图编造，不许寄庄。各图人户，有兄弟各爨，及幼子长而赘婿愿归，亲子生而所养异姓子愿归宗者，俱准另籍。如人丁数少，及有军匠等役占碍者，仍不许分居。三年，又令各处攒造黄册。官吏里书人等，捏甲作乙，以有为无，以无为有者，发口外为民。

英宗天顺元年，天下户九百四十六万六千二百八十八，口五千四百三十三万八千四百七十六。

八年，令在营官军户丁舍余，不许附近寄籍。原籍丁尽者，许摘丁发回。

成化二年，令在京军职漏报户下舍人者，发边方立功。三年、六年，令军户不许将弟男子侄过房与人，脱免军伍。弘治十三年，奏准军户子孙，畏惧军役，另开户籍，或于别府州县入赘寄籍等项，及至原卫发册清勾，买嘱原籍官吏里书人等，捏作丁尽户绝回申者，俱问罪。

宪宗成化二年，天下户九百二十万一千七百一十八，口六千六百六十五万三千七百二十四。

七年十一月，荆襄贼平，流民复业者一百四十余万人。

时江西盗起，荆襄流民数十万，朝廷以为忧。祭酒周洪谟著《流民图》说，谓当增置府县，听附籍为编氓，可实襄、邓户口，俾数百年无患。帝善之。十二年五月，复命副都御史原杰抚治荆襄流民。杰遍历山溪，宣朝廷德意，诸流民欣然愿附籍，于是大会湖广、河南、陕西，抚按官籍之，得户十一万三千有奇，口四十三万有奇，置郧阳府，设行都司卫所以处之。其后，弘治十八年四月，又命刑部尚书何鉴抚治荆襄流民，鉴得户二十三万五千有奇，口七十三万九千有奇。愿附籍者，各给户田，收入版籍。正德元年十月，抚治郧阳都御史孙需奏：续清出荆、襄、郧阳、南阳、汉中、西安南流民一十一万八千余户，愿附籍者九万二千余户，皆给户田。

礼部尚书周洪谟条议流民疏曰：疏上于弘治四年二月。西汉时，召信臣守南阳，南民自附八万余口。东晋时，雍州旧在陕西西安府，因流民来聚襄阳，乃侨置南雍州于襄水之侧，松滋县旧左直隶庐州府，因流民来聚荆州，乃侨置松滋县于荆江之南，其后南雍遂并于襄阳，松滋遂隶于荆州，此往事之可法者也。成化七年，从检讨张宽之奏，流民聚此处者，械归故里。适值溽暑，因饥渴而死，妻子被掠，瘟疫盛行，船夫递解者惧其相染，故覆舟于江，后令都御史原杰招抚，计死者九十余万人。故当时四川、陕西地震五百余次，灾伤遍于天下。今事之宜鉴者也。今宜着令流民与各郡县相邻者，仿召信臣故事，听其附籍，仍复九年，待其安定然后征之。远而不可附籍者，仿晋南雍州松溪县故事，设州县，置官吏，编里甲，建庠序以治教之。今流民在在有之，四川、湖广尤多，凡流民所在，宜令附籍，量为赈给，宽徭省刑，承绝户田地者使纳其粮，刀耕火种者免之，则流民即良民矣。

臣等谨按：洪谟此疏，则成化七年复业之一百四十余万人，其械归而道死者已十之七矣。而《会典》乃谓成化六年，令流民愿归原籍者，有司给文凭，沿途口给粮三升，原籍无屋者受草房四间，大口月粮三斗，小口半之，给牛种令耕原业田。是以转死之民充还定安集之数也，不亦诬乎！

十六年八月，申存恤孤老之令。

先是，成祖永乐三年二月，巡按福建御史洪湛言：存恤孤老，王政所先。今各府州县养济院多颓坏，有司非奉勘合不敢修葺。又或有一县之内，素无建置者，乞敕有司常加修葺；未建置者即建置之，如例收养，庶无告之民不致失所。帝纳之。至是，复申命焉。其后孝宗弘治十五年七月，命各边卫设养济院、漏泽园。

十八年，更定军丁附籍法。

各卫所附籍军丁无粮草者，尽发原卫当差，有者户留一丁，顶补其原无籍名；有产欲报者，亦准一丁附籍。

孝宗弘治四年，天下户一十一万三千四百四十六，口五千三百二十八万一千一百五十八。

浙江布政司，户一百五十万三千一百二十四，口五百三十万五千八百四十三；江西布政司，户一百三十六万三千六百二十九，口六百五十四万九千八百；湖广布政司，户五十万四千八百七十，口三百七十八万一千七百一十四；福建布政司，户五十万六千六百三十九，口二百一十万六千六十；山东布政司，户七十七万五百五十五，口六百七十五万九千六百七十五；山西布政司，户五十七万五千二百四十九，口四百三十六万四百七十六；河南布政司，户四十三万六千八百四十三，口二百六十一万四千三百九十八；陕西布政司，户三十万六千六百四十四，口三百九十一万二千三百七十；四川布政司，户二十五万三千八百三，口二百五十九万八千四百六十；广东布政司，户四十六万七千三百九十，口一百八十一万七千三百八十四；广西布政司，户四十五万九千六百四十，口一百六十七万六千二百七十四；云南布政司，户一万五千九百五十，口一十二万五千九百五十五；贵州布政司，户四万三千三百六十七，口二十五万八千六百九十二；顺天府，户一十万五千一十八，口六十六万九千三十三；永平府，户二万三千五百三十九，口二十二万八千九百四十四；保定府，户五万六百三十九，口五十八万二千四百八十二；河间府，户四万二千五百四十八，口三十七万八千六百五十八；真定府，户五万九千四百三十九，口五十九万七千六百七十三；顺德府，户二万一千六百一十四，口一十八万一千八百二十五；广平府，户二万七千七百六十四，口二十一万二千八百四十六；大名府，户六万六千二百七，口五十七万四千九百七十二；延庆州，户一千七百八十七，口二千五百四十四；保安州，户四百四十五，口一千五百六十；应天府，户一十四万四千三百六十八，口七十一万一千三；苏州府，户五十三万五千四百九，口二百四万八千九十七；松江府，户二十万五百二十，口六十二万七千一百一十三；

常州府，户五万一百二十一，口二十二万八千三百六十三；镇江府，户六万八千三百四十四，口一十七万一千五百八；庐州府，户三万六千五百四十八，口四十八万六千五百四十九；凤阳府，户九万五千一十一，口九十三万一千一百八；淮安府，户二万七千九百七十八，口二十三万七千五百二十七；扬州府，户一十万四千一百四，口六十五万六千五百四十七；徽州府，户七千二百五十一，口六万五千八百六十一；宁国府，户六万三千三百六十四，口三十七万一千五百四十三；池州府，户一万四千九十一，口六万九千四百七十八；太平府，户二万九千四百六十六，口一十七万三千六百九十九；安庆府，户四万六千五十，口六十万六千八十九；广德州，户四万五千四十三，口一十二万七千七百九十五；徐州，户三万四千八百八十六，口三十五万四千三百一十一；滁州，户四千八百四十，口四万九千七百一十二；和州，户七千四百五十，口六万七千一十六。

十七年，令抚按官严督所属，清查流民。

流民不愿回还者，就令附籍。如只身无产并新近逃来军匠等籍，递回原籍。世宗嘉靖九年，令各省乘大造之年，查勘各属流民。四十一年，令辽东饥民流入永平、河间海傍住居，及航海渡登莱者，给文遣归。势家占吝不法者①，以隐匿逃军论。

武宗正德元年，天下户九百一十五万一千七百七十三，口四千六百八十万二千五。

十五年，令今后攒造里甲，止据人户丁产，见在官第其等则。

如本里人户不敷十甲之数，就于附近里内人户拨补完足。若分析户籍不问本里他图，本图果有消乏，亦许还并。

世宗嘉靖元年，天下户九百七十二万一千六百五十二，口六千八百六十万一千二百七十三。

六年，诏巡城御史严督各该兵马司官，查审京师附住各处军民。

除浮居客商外，其居住年久、置立产业房屋铺面者，责令附籍宛、大二县，一体当差，仍暂免三年，以示存恤。若有冒假卫所籍贯者，行勘发遣。

九年，令各处州县查审消乏，里分不成甲者，验其丁产归并，务使一十一户为甲。

四十四年九月，令将流寓人户编入版籍。

---

① 占吝，非法占据。

从巡按御史孙丕扬奏也。丕扬言：各州县里甲空缺，乞将流寓人户编入版籍，或补缺户缺丁，通融协济；应征银两，照旧追纳。仍照客户征入之数，以蠲主户之均役。从之。

穆宗隆庆五年，总括顺天府属人丁实数。

《会典》原载府属户口六十六万九千三十有奇，至是，总括实在人丁止十四万七千三百有奇，盖因租庸正额之外，更多杂派。是以土著民多逃移，日就凋耗也。神宗万历五年，府尹王之垣奏请优恤。从之。

六年，天下户一千六十二万一千四百三十六，口六千六百六十九万二千八百五十六。

浙江布政司，户一百五十四万二千四百八，口五百一十五万三千五；江西布政司，户一百三十四万一千五，口五百八十五万九千二十六；湖广布政司，户五十四万一千三百一十，口四百三十九万八千七百八十五；福建布政司，户五十一万五千三百七，口一百七十三万八千七百九十三；山东布政司，户一百三十七万二千二百六，口五百六十六万四千九十九；山西布政司，户五十九万六千九十七，口五百三十一万九千三百五十九；河南布政司，户六十二万三千六百七十，口五百一十九万三千六百二；陕西布政司，户三十九万四千四百二十三，口四百五十万二千六十七；四川布政司，户二十六万二千六百九十四，口三百一十万二千七百三；广东布政司，户五十三万七百一十二，口二百四万六百五十五；广西布政司，户二十一万八千七百一十二，口一百一十八万六千一百七十九；云南布政司，户一十三万五千五百六十，口一百四十七万六千六百九十二；贵州布政司，户四万三千四百五，口二十九万九百七十二；顺天府，户一十万一千一百三十四，口七十万六千八百六十一；永平府，户二万五千九十四，口二十五万五千六百四十六；保定府，户四万五千七百一十三，口五十二万五千八十三；河间府，户四万五千二十四，口四十一万九千一百五十二；真定府，户七万四千七百二十八，口一百九万三千五百三十二；顺德府，户二万七千六百三十三，口二十八万一千九百五十七；广平府，户二万一千四百二十，口二十六万四千八百九十八；大名府，户七万一千一百八十，口六十九万二千五十八；延庆府，户二千七百五十五，口一万九千三百六十七；保安州，户七百七十二，口六千四百四十五；应天府，户一十四万三千五百九十七，口七十九万五百一十三；苏州府，户六十万七百五十五，口二百一万一千九百八十五；松江府，户二十一万八千三百五十九，口四十八万四千四百一十四；常州府，户二十五万四千四百六十，口一百万二千七百七十九；镇江府，户六万九千三十九，口一十六万五千五百八十九；庐州府，户四万七千三百七十三，口六十二万二千六百九十八；凤阳府，户一十一万一千七十，口一百二十万三千三百四十九；淮安府，户一十万九千二百五，口九十万六千三十三；扬州府，户一十四万七千二百一十六，口八十一万七千八百五十六；徽州府，户一十一万八千九百四十三，口五十六万六千九百四十八；宁国府，户五万二千一百四十八，口三十八万七千一十九；池州府，户一万八千三百七十七，口八万四千八百五十一；太平府，户三万三千二百六十二，口一十七万六千八十五；安庆府，户四万六千六百九，口五十四万三千四百七十六；广德州，户四万五千二百九十六，口二十二万一千五十三；徐州，户三万七千八百四十一，口三十四万五千七百六十六；滁州，户六千七百一十七，口六万七千二百七十七；和州，户八千八百，口一十万四千九百六十。

天启元年，天下户九百八十二万五千四百二十六，口五千一百六十五万五千四百五十九。

　　王圻曰：按国家户口登耗，有绝不可信者，如洪武十四年，天下承元之乱，杀戮流窜不减隋氏之末，而户尚有一千六十五万四千三百六十二，口五千九百八十七万三千三百五，其后休养生息者二十余年。至三十五年，而户一千六十二万六千七百七十九，口五千六百三十万一千二十六，计户减二万七千五百八十三，口减三百五十七万二千二百七十九。何也，其明年为永乐元年，则户一千一百四十一万五千八百二十九，口六千六百五十九万八千三百三十七。夫是时，靖难之师连岁不息，长淮以北，鞠为草莽，而户骤增至七十八万九千五十余，口骤增至一千二十九万七千三百一十一，又何也？明年户复为九百六十八万五千二十，口复为五千九十五万四百七十，比之三十五年，户却减九十四万一千七百五十九，口减五百三十五万五千五百五十六，又何也？九年，户九百五十三万三千六百九十二，口五千一百四十四万六千八百三十四。十年，户一千九十九万二千四百三十六，口六千五百三十七万七千六百三十，仅一年耳，而户忽增一百四十五万八千七百四十四，口增一千三百九十三万七百九十六，当是安南新入版图，其户口之数，至十年始上册籍耳！然十一年，户复为九百六十八万四千九百一十六，计减一百三十万七千五百二十，口复为五千九十五万二百四十四，计减一千四百四十二万七千三百八十六，又大不可晓也。自是休养生息者五十年，而为天顺七年，户仅九百三十八万五千一十二，口仅五千六百三十七万二百五十，比于旧有耗而无登者，何也？然不一年而户为九百一十万七千二百五，减二十七万七千八百七十二；口为六千四十七万九千三百三十，增四百一十二万九千八十，其户口登耗之相反，又何也？成化中，户不甚相悬绝。二十二年，而口至六千五百四十四万二千六百八十，此盛之极也！二十三年，而仅五千二十万七千一百三十四，一年之间，而减一千五百二十三万五千五百四十六，又何也？弘治十七年，口至六千一十万五千八百三十五；十八年，户至一千二百九十七万二千九百七十四，此又盛也。不二年而为正德元年，户仅九百一十五万一千七百七十三，减三百八十二万一千二百一，口仅四千六百八十万二千五十，减一千三百三十万三千七百八十五，又何也？自是而刘六等乱，中原蓝鄢等乱，楚蜀江广无处不被兵。而八年以后，口却增至六千三百三十余万，又何也？然则有司之造册，与户科户部之稽查，皆仅儿戏耳！掌民部者，亦宜留心经理焉。

《明史·食货志》曰：太祖当兵燹之后，户口顾极盛，其后承平日久，反不及焉。靖难兵起，淮以北鞠为茂草，其时民数反增于前，后乃递减，至天顺间为最衰，成弘继盛，正德以后又减，户口所以减者，周忱谓投倚于豪门，或冒匠窜两京，或冒引贾四方，举家舟居，莫可踪迹也。而要之户口增减，由于政令张弛，故宣宗尝与群臣论历代户口，以为其盛也，本于休养生息；其衰也，由土木兵戎，殆笃论云。

臣等谨按：《春明梦余录》曰：天禧、崇祯之季，荒燹相继，市井萧然，版籍不可问矣。今考《会典》所载，自万历六年而止，后唯天启元年一见于《实录》，余岁皆不书。至《崇祯长编》，洎《崇祯疏钞》等书，无一言及于户籍者。无由考索，谨从阙文之义。

钦定续文献通考卷十四

户口考

奴婢

辽太宗天显五年二月，以所俘渤海户赐鲁呼。

至世宗天禄元年八月，以崇德宫户分赐翼戴功臣及北院大王耶律洼、南院大王耶律吼各五十，耶律安、图楚布各百。穆宗应历十八年九月，以披庭户赐耶律伊勒格。圣宗统和四年六月，以伐宋所俘生口赐皇族及乳母，又以太尉所俘生口分赐赵妃及裕悦达年伊啰斡。十二年，以王继忠讲宋和好，家无奴隶，赐宫户三十二。十九年二月，以伐高丽所俘人分置诸陵庙，余分赐内戚大臣。及太平中，以宫户十有五赐契丹宫都部署萧德。道宗咸雍时，以耶律玦廉贫，赐宫户十；又以耶律伊逊先朝任使，赐汉人户四十。

圣宗统和七年二月，诏：南征所俘有亲属分隶诸帐者，给官钱赎之。

开泰元年十二月，诏：诸道水灾饥民质男女者，起来年正月，日计佣钱十文价折佣，尽遣还其家。

兴宗重熙十五年正月，禁契丹以奴婢育与汉人，违者重治之。

金太祖收国二年二月，听奴隶以人数对赎为良①。

诏曰：比以岁凶，庶民艰食，多依附豪强。因为奴隶，及有犯法，征偿莫办，折身为奴者或私约立限以人对赎，过期则为奴者，并听以两人赎一为良。若元约以一人赎者，即从元约。太宗天会元年十二月，诏：比闻

---

① "听奴隶以人数对赎为良"，指以人赎人。即用俘获的他族之人，赎出本族因贫困为奴者。

民间乏食，至有育其子者，听以丁力等者赎之。二年，诏：民自育为奴者亦听以丁力等者相易。

天辅二年六月，诏有司：禁民凌虐典雇良人及倍取赎直者。

六年十月，诏：有奴婢先其主降者释为良。

时方攻辽，次奉圣州，故有是诏。至太宗天会元年十一月，诏：女直人有奴婢部曲昔虽逃，背附于辽，今能复归者，并听为民。

七年二月，诏：显咸东京等路被虏及育身者，并许自赎为良。

至太宗天会七年三月，诏：军兴以来，良人被掠为驱者①，听其父母夫妻子赎之。

太宗天会元年，诏：阅赎同姓之人自育及典质者。

诏贝勒爱实拉曰：先皇帝以同姓之人有自育及典质其身者，命官为赎。今闻尚有未复者，其悉阅赎之。

二年四月，诏：赎上京路新迁宁江州户口卖者六百余人。

八年五月，诏：河北河东签军，其家属流寓河南被俘，掠为奴婢者，官为赎之，俾复其业。熙宗皇统四年十一月，陕西蒲、解、蔡、汝等处，因岁饥，流民典雇为奴婢者，官给绢赎为良放还其乡：丁男三匹，妇人幼小二匹。世宗大定二年四月，诏：征契丹其招诱来降者，除奴婢以已虏为定，其亲属使各还其家，仍官为赎之。三年十一月，诏：中都平州及饥荒地，并经契丹剽掠，有质卖妻子者，官为收赎。四年九月，谓宰臣曰：北京、懿州、临潢等路，尝经契丹寇扰，平、蓟二州，近复蝗旱，百姓艰食，父母兄弟妻子不能相保，多卖育为奴，朕甚悯之，可速遣使阅实其数，出内库物赎之。十一年八月，诏：因斡罕大定二年八月故辽人伊喇斡罕称帝，右副元帅布萨忠义讨平之。被掠女直及诸色人，未经刷放者，官为赎放，隐匿者以违制论。其年幼不能称说住贯者②，从便住坐。章宗泰和四年十二月，敕陕西、河东饥民所育男女，官为赎之。

《金史·百官志》曰：诸因灾伤或遭贼惊，却饥荒去处，良民典雇冒赎为驱，遇恩官赎。分例：男子一十五贯文，妇人同年功各减半，六岁以下即听出离，不在赎换之限。

---

① 驱，供驱使，即服劳役，引申为奴隶。
② 住贯，原住处、籍贯。

三年七月，诏：权势之家毋买贫民为奴。

胁买者一人偿十五人；诈买者，一人偿二人。皆杖一百。八年正月，诏：避役之民以微直育身，权贵之家者悉出还本贯。

九年四月，诏：新徙戍边户①，匮于衣食，有典质其亲属奴婢者，官为赎之。户计其口，而有二三者，以官奴婢益之，使户为四口。

至世宗大定二十年，以上京路女直人户规避物力，自卖其奴婢，致耕田者少，遂以贫乏。诏定制禁之。

十年四月，诏：诸良人知情嫁奴者，听如故为妻。其不知而嫁者，去住悉从所欲。

至世宗大定二十二年六月，制立限放良人奴。限内娶良人为妻，所生男女即为良。二十三年定制，女直奴婢如有得力本主，许令婚聘者，须取问房亲及村老给据，方许聘于良人。二十九年，章宗即位，闰五月，制诸饥民卖身，已赎放为良，复与奴生男女，并听为良。

世宗大定二年，诏：免二税户为民。

初，辽以良民赐诸寺，分其税，一半输官，一半输寺，故谓之二税户。辽亡，僧多匿其实抑为贱，有援左证以告者，有司各执以闻，帝素知其事，故特免之。至二十九年，章宗即位。十一月，上封事者言乞放二税户为良。省臣欲取公牒可凭者为准，参知政事伊喇履谓凭验真伪难明，遂遣使分括北路及中都路二税户，凡无凭验，其主自言之，及因通检而知之者，其税半输官，半输主；有凭验者，悉放为良。明昌元年六月奏：北京等路所免二税户，凡一千七百余户，万三千九百余口。此后为良为驱，皆从已断为定。

《金史·李晏传》曰：初，锦州龙宫寺，辽主拨赐户民俾输税于寺，岁久皆以为奴，有欲诉者害之。岛中晏时为御史中丞，乃具奏：在律僧不杀生，况人命乎！辽以良民为二税户，此不道之甚也。今幸遇圣朝，乞尽释为良。世宗纳其言，于是获免者六百余人。又内族襄传曰：章宗初，即政议罢僧道奴婢。太尉徒单克宁奏曰：此盖成族日久，若遽更之，于人情不安。陛下如恶其数多，宜严立格法，以防滥度，则自少矣。襄时为右丞相曰：出家之人，安用仆隶，乞不问从初

---

① 戍边户，应为戍边户。

如何，所得悉放为良，若寺观物力原系奴婢之数推定者①，并合除免。诏从襄言。由是二税户多为良者。

三年五月，尚书省请籍天德间被诛大臣诸奴隶为军。不从。

十七年二月，诏宰臣：海陵时大臣无辜被戮，家属籍没者，并释为良。

二十九年二月，时章宗已即位。诏：宫籍监户，旧系睿宗及皇考之奴婢者，悉放为良。

章宗明昌元年三月，礼官言：驱婢一产三男者，旧制官给钱百贯，以资乳哺，请更给钱四十贯，赎以为良。制可。

泰和七年七月，诏：核西夏人口，尽赎放还，敢有藏匿者，以违制论。

元太祖时，豪民冒籍良民为奴者，安抚使刘敏悉归之民。

太宗时，免儒士之被俘为奴者。

时淮蜀士遭俘虏者，皆没为奴。河西人高智耀奏：以儒为驱，古无有也。陛下方以古道为治，宜除之，以风厉天下。帝从之。后立校试儒臣法。中书令耶律楚材奏：儒人被浮为奴者②，亦令就试。其主匿勿遣者死。得士凡四千三十人，免为奴者四之一。

十二年十二月，籍诸王大臣所俘男女为民。

初，帝元年，籍中原民。时将相大臣有所驱获，往往寄留诸郡。耶律楚材因括户口，并令为民，匿占者死。至是，又籍之。后世祖至元十二年，廉希宪行省荆南，令凡俘获之人，敢杀者以故杀平民论。为军士所虏，病而弃之者，许人收养，病愈，故主不得复为奴。有立契券质妻子者，重其罪。仍没入其直。

宪宗四年，制为士者无隶奴籍。

时京兆多豪强，废令不行。廉希宪为宣抚使，悉令着籍为儒。九年，世祖取鄂州，命希宪入籍府库。希宪率儒生百余，拜伏军门，言：王师渡江，军中俘获士人，宜官赎遣还，以广异恩。世祖嘉纳，还者五百余人。

世祖中统二年四月，诏：军中所俘儒士，听赎为民。

① 物力，指纳税人实有的资财总额。
② 被浮，《元史·耶律楚材传》作"被俘"。

至元十年四月，敕南儒为人掠卖者，官赎为民。

《吕思诚传》曰：天历时，思诚为蓨县尹，部民翟彝自其大父因河南乱被掠为人丁，奉纳丁粟以免作。思诚知彝力学，召其主，与之约，终彝身粟三十石，仍代之输，彝得为良民。

六月，出工局绣女，听其婚嫁。

四年正月，以玛哈穆特所俘济南老僧口之民，文面为奴者，付元籍为民。

后至元元年八月，禁边将分匿宋新附人口。二年十月，敕统军拈布哈万户辉图麾下军士所俘宋人九十三口，官赎为民。其私越禁界掠获者四十五人，许令亲属完聚，并种田内地。十七年正月，敕姜卫检核阿尔哈雅呼图克特穆尔等所俘丁三万二千余人，并放为民。又以海贼贺文达所掠妇女百三十余人还其家。二月，泸州安抚使梅国宾请赎还本州军民之俘者。从之。十九年四月，御史台言：阿尔哈雅占降民为奴，而以为征讨所得。有旨降民还之有司，征讨所得，籍其数，量赐臣下有功者。二十七年三月，浙东总兵官讨贼者多俘掠良民，敕行御史台分拣之，凡为民者千六百九十五人。

《张惠传》曰：至元元年，惠行省山东，以银赎俘囚三百余家为民，不能归者使为僧，建寺居之。

至元九年正月，敕军奴入民籍者还正之。

四月，敕诸路军户驱丁，除至元七年前从良入籍者当差，余虽从良，并令助本户军力。

十一年十二月，以诸路逃奴之无主者二千人隶行工部。

十六年五月，以五台僧多匿逃奴及逋贼之民，敕西京宣慰司、按察司搜索之。二十九年十月，命赵德泽、吴荣领逃奴无主者二百四十户淘银，耕田于广宁浔州。至成宗大德八年三月，敕军民逃奴有获者，即付其主。主在他所者，付所在官司给之。仍追逃奴钞充获者赏。逃及诱匿者论罪有差。仁宗延祐六年十一月，禁民匿蒙古军亡奴。

十三年，申明以良为娼之禁。

至十五年正月，禁官吏军民卖所娶江南良家子女及为娼者，买卖者两罪之。官没其直，人复为良。

十四年二月，诏：赐永昌路钞百八十锭，赎还妻奴。

诸王哲伯特穆尔言：永昌路驿百二十五，疲于供给，质妻奴应役。诏赐钞百八十锭赎还之。至十八年八月，敕开元等路六驿，以钱育妻子者官为赎之。二十七年三月，永昌站户饥，卖子及奴产者甚众。命甘肃省赎还。

十五年五月，申佣奴代军之禁①。

至成宗大德七年闰五月，禁诸王、驸马等征北诸军以奴为代者罪之。

八月，诏：军民官毋得抑良为奴。

> 《张德辉传》曰：世祖初，河南东北路因兵后孱民多有依庇豪右，岁久掩为家奴者。德辉为宣抚使，按部悉还为民。
>
> 《李德辉传》曰：中统元年，德辉宣抚山西，按免权势之家藉民为奴，复业者近千人。
>
> 《张文谦传》曰：至元三年，西夏中兴，诸势家有户数千当役属为私奴者，议久不决。文谦行省西夏等路，谓以乙未岁户帐为断，奴之未占籍者归之势家，其余良民无为奴之理。议遂定守以为法。
>
> 《袁裕传》曰：西夏羌浑杂居，驱良莫辨。裕为安抚副使，言：宜验已有从良书者为良民，得八千余人。

十七年十二月，辽东路所益兵，以妻子易马，敕以合输赋税赎还之。

十八年六月，又诏：鄂摩巴图奇鬶等八处民户，与谦州织工所育妻子，官与赎还。二十七年，桓州饥，民尔子女以为食。司农特尔格奏以官帑赎之。

十八年五月，申严育人之禁。

至二十年十月，禁江南州郡以乞养家子转相贩育，及强将平民略卖者。时赵世延佥江南湖北道廉访使严常、澧掠卖良民之禁。成宗大德六年十二月，命中书省更定略卖良人罪例。详见刑考。仁宗延祐二年正月，禁南人典质妻子，贩买为驱使。二月，又禁民转育养子。英宗至治二年九月，禁江南典雇妻妾。

十九年二月，赐诸王塔喇海籍没户五十，愿受十二户。

五月，籍阿哈玛特资产，纵其奴婢为民。

先是，至元初，南京总管刘克兴掠良民为奴隶。后获罪当籍，右司掾

---

① 佣奴代军，以奴仆代主人服军役。

袁裕言于中书，止籍其家奴隶，得复为民者数百。至是籍阿哈玛特家，亦准是例。二十二年十一月，籍重庆府布哈家人百二十三户为民。

二十年十一月，禁云南权势没人口为奴及黥其面者。

后至英宗时，李英以良民为奴，擅文其面，坐罪。

成宗大德三年二月，诏：插山县民户为势家所蔽者，悉还县定籍。

后至武宗至大二年十月，乐实言：江南富室，有蔽占王民奴使之者，动辄百千家，有多至万家者，其力可知，乞增其赋税。

五年七月，籍安西王所侵占田站等四百余户为民。

仁宗延祐四年七月，命赎蒙古所育子女。

时朔漠大风雪，人民流散，以子女育人为奴婢。中书平章政事拜珠以兴王根本之地，宜加振恤，请立宗仁卫总之。命县官赎置卫中，以遂生养。帝谕省臣曰：比闻蒙古诸部困乏，往往育子女于民家为婢仆，宜令有司赎之。其有家可归者，仍遣还各部。后至英宗至治元年十月，敕蒙古子女育为回回汉人奴者，官收养之。

七年十二月，时英宗已即位。诏命官家属流落远边，其子女典育于人者，听还其家。

英宗至治二年九月，敕站户贫乏、育卖妻子者，官赎还之。

文宗天历元年十一月，敕京畿及四方民为兵所掠而奴于人者，有司追理送还。

二年正月，中书省臣请继今臣僚有罪致籍没者，其妻有子，他人不得陈乞，亦不没为官口。从之。

顺帝至正五年五月，诏：以军士所掠云南子女一千一百人，放还乡里。不愿归者听。

明制，凡庶民之家，不许存养奴婢，家奴不许娶良人女为妻，家长不许以奴婢与良人为夫妻，各离异改正；其收留迷失在逃子女不送官司而卖为奴婢，及得迷失在逃奴婢而卖者，与冒认良人为奴婢、冒认他人奴婢者并有罪。详见刑考。

太祖洪武五年五月，诏：诸遭乱为人奴者复为民。

诏曰：天下大定，礼仪风俗不可不正。诸遭乱为人奴隶者，复为民；冻馁者，里中富室假贷之；孤寡残疾者，官养之，毋失所。

是年，禁蒙古、色目人自相嫁娶，违者没为官奴婢。

诏：蒙古、色目人民，既居中国，许与中国人家结婚姻，不许自相嫁娶，违者男女两家抄没入官为奴婢。其色目钦察自相婚姻，不在此限。

十七年，以抄没人口给军官家为奴。

明初以罪抄没人口，多分给功臣家为奴婢。是年，令抄札成丁男妇收充军役，余者给军官为奴。

十九年四月，诏：赎河南饥民所育子女。

官赎之也。凡女子年十二以上者，不在收赎之限。

惠帝建文四年十月，时成祖已即位。诏：从征将士掠民间子女者还其家。

太祖时，军中俘获子女，多分给功臣家为奴婢，至是乃有是诏。

成祖永乐八年正月，诏：赎扬州、淮安、凤阳、陈州被水灾军民所育子女。

二十二年十一月，时仁宗已即位。诏礼部：建文诸臣家属在教坊司、锦衣卫、浣衣局及习匠功臣家为奴者，悉宥为民，还其田土。

宪宗成化二年四月，诏：赎徐州、河南等处所育男女。

巡按御史娄芳言：徐州、河南等处人民，育卖男女者，沿途成群，价直贱甚，甚至夷人番僧亦行收买，乞出内库银帛赍付，巡视都御史设法收赎及禁约边关，不许番僧人等夹带中国人口出境，仍给价赎还。原籍人巡抚大臣区画牛种，给与耕种，令户部行之。

二十二年，饥民典卖者许自赎。

诏陕西、山西、湖南等处军民：先因饥荒逃移，将妻妾子女典卖与人者，许典买之家首告，准给原价赎取归宗。其无主及愿留者听。隐匿者罪同。

神宗万历十五年十月，定缙绅家奴婢例。

都察院左都御史吴时来奏：庶人之家，不许养奴婢。盖谓功臣家方给赏奴婢，庶民当自服勤劳，故不得存养，有犯者皆称雇工人。初未言及缙绅之家也。且雇工人多有不同，拟罪自当有间。至若缙绅之家，固不得上比功臣，亦不可下同黎庶，存养家人，势所不免。合令法司酌议，无论官民之家，有立券用值工作有年限者，皆以雇工人论。有受值微少、工作止计月日者，仍以凡人论。若财买十五以下，恩养已久，十六以上配有室家者，照例同子孙论。或恩养未久、不曾配合者，在庶人之家仍以雇工人论，在缙绅之家比照奴婢律论。

钦定续文献通考卷十五

职役考

臣等谨按：马端临作《职役考》，叙历代役法之详，而以复除附焉。古时役法，如周之兵役、徒役、胥役、乡役，各殊其名；又有司徒、族师、乡大夫等官司，其政令，其时劳逸，均而尊亲之义以明后世。役法不公，诛求无已。至宋以差役之害改而为雇役，又改而为义役。虽屡求变法，不能行之久而无弊也。其自宁宗以后，更无可称善者矣。辽役之最重者莫如边戍，然如圣宗时之量免重役，兴宗时之议均赋役，亦深虑其有不平也。金于租税之外，计民田庐畜牧，征物力钱，后以物力不均，屡下通检推排之令，而卒难核实。元初但行丝料之法，至宪宗时而增包银，世祖时而增俸钞，古所谓布缕、粟米、力役之征，且尽用之，无怪乎民力之不堪也。明时计里分甲，其应役者有均徭，有杂汎①，其后屡经更定，则有银差、力差、听差。世宗时，有十段锦之法，行之未久，闾里骚然，遂变为一条鞭之法。然粮长、里长，名罢实存，规制渐紊，亦未能尽便于民也。大抵历代立法，各有因时制宜之深意，而奉行不善，率以病民，吏胥纵其奸，而闾阎受其困，虽复除之诏屡颁，其及于民者能几何哉！苟无治人，虽以三代之良法，不足以致治。今自宋嘉泰以后，详考史志，以次胪载，即事役之，均与不均，可以觇国治之平与不平矣。

---

① 杂汎，即杂泛。元、明时期征发人夫从事造作官舍、治理河渠、修建城池、递运官物等有别于正役的劳役。

历代役法

宋宁宗嘉泰元年三月，颁《庆元役法撮要》。

庆元二年，吏部尚书许及之取祖宗免役旧法。及绍兴十七年以后，续降旨符，修为一书，名曰《役法撮要》，书成，左丞相京镗上之。至是颁行。

四年七月，命诸路提刑提举司措置保伍法。

至开禧元年七月，复诏：诸路提刑提举司措置保甲。其后理宗宝庆二年十二月排保甲，行自实法①。

　　陈傅良论耆长②、壮丁事曰③：窃见熙宁保甲法行，始以保正副大小，保长代耆户长、壮丁承行催科之役。至元祐间，复差耆户长、壮丁法。其旧以保正长代者并罢。绍圣复雇役法，再以保正长催科；其保正长不愿就雇者，依旧召募耆户长、壮丁，以此，福建路耆户长、壮丁往往与保正长并行不废。然其所以不为病者，以其犹有雇钱也。自绍兴十年，以耆户长雇钱拨入经总制司窠名。十二年，又并壮丁雇钱拨入总制窠名，由是江浙诸州耆户长、壮丁并废，唯福建诸州，至今有之。以某短见，宜如浙江间事例，一切废罢，毋重为民害，亦仁政实惠之一端矣。

嘉定五年正月，诏通行两浙倍役法，着为令。

　　江西提举袁燮便民札子曰：臣闻差役旧法，唯以物力高下为序。自大至小，谓之鼠尾。劳力虽均，而物力不侔，有至于破产者。迨淳熙间，始立倍法，自增及一倍、二倍以至三倍，而有歇役十年、八年、六年之别，可谓良法。然州县未能尽晓。但谓朝廷专用倍法而不知兼用鼠尾法。窃详当时建议之臣有曰：窄都不及歇役年限去处，即从递年体例。所谓窄都者，即绍兴三十二年指挥地里窄狭人烟稀少不

---

① 自实法，指民户自行到官府登记自己的田地、资产、丁口数额。
② 耆长，又称耆户长，差役之一。始于后周世宗，时乡村以百户为团，团置耆长三人，掌捕盗贼。
③ 壮丁，本指达到服役年龄的男子。在宋朝，壮丁是一种力役。

及十大保者是也。所谓递年体例者，即鼠尾旧法也。今州县间未达递年体例，一句不分宽狭，概用倍法，此役所以纷纷也。唯令宽都用倍法，窄都用鼠尾法，并行而不悖，诚便民之大者。又奏曰：今诡名狭户，不胜其多。有编户寄产于官户者，有与黠吏通谋私减物力者，有缙绅之家以前后历任为数户以避限田外充役者，唯己是便，奸计百出，独善良之人畏法自重，宁劳苦以执役，而不肯诈欺以苟免，遂至役并而家破。又有都分虽宽而实，堪充役者不过数家，循环不已。暂歇复充，屡役之后，其家亦破。伏睹庆元重修诈伪敕诸诈匿减免等第，或科配者，以违制论。今若申严此法，务在必行，则诡名狭户渐少，合役之户渐多，而频并充役之家亦渐宽矣。

《宋史·袁韶传》曰：嘉泰中，韶为吴江丞，苏师旦恃韩侂胄威福挠役法，提举常平司黄荣橄韶核田以定役。师旦密谕意言：吴江多姻党，觊相容，当荐为京朝官。韶不听。

又《儒林传》曰：黄震提举常平仓，论役法。先令县核民产业，不使下户受抑于上户。

七年八月，禁州县沮坏义役①。

先是，孝宗淳熙五年，臣僚奏令提举官岁考属邑差役当否，以词讼多寡为殿最。令役户轮管以提其役。置募人以奉官之行移则公私便，而义役立矣。至是，复有沮坏之禁。

《宋史·李舜臣传》曰：孝宗时，舜臣知德兴县，因民病差役，劝纠诸乡，以税数低昂定役期久近，为义役，期年役成，民大便利。

十五年八月，命户部详议义役。

时赵必愿知崇安，力主义役之法。乡选善士任以推排入资，买田助役，则勉有产之家，有感化者出己田以倡，遂遍行一邑，上下便之。朝廷因下其式于八郡。其后理宗绍定二年，新知婺州莫泽辞帝曰：义役闻尚未了，泽奏义役乃民间自乐，为州县但能扶助耳。

---

① 义役，指官府鼓励富户捐资买田，**以其收入资助服役者**。

臣等谨按：莫泽此对，与马氏《通考》所载乾道十一年御史谢谔之奏正同。盖义役之行，当从民便，非上所得而强。当孝宗时，范成大知处州，处民以争役嚣讼，成大创令随家贫富，输金买田助当役者甲乙论。第至二十年，民便之。其后入奏言：及此诏颁其法于诸路，自是推行渐广。然朱子已谓义役之不善者有四，马氏申明其说，谓义役之名立，而役户不得安其业。夫听民自为，而有材智气力者犹足把握凌驾虐贫凌寡，矫制自朝廷，有官吏为之督责乎？又考理宗时，太常丞刘宰创义役于其乡，摄华亭杨瑾立义役于其县，是皆顺民情以兴利者也。故乡间有善士，州县有良有司，则事无不可举矣。

理宗绍定三年，戒饬郡守革差役版籍之弊。

知安庆黄干代抚州守，上奏曰：役法之弊，其来尚矣。国家之制，保副正谓之大役，户长谓之小役，二役皆选之。每都人户，大役者非户产稍高，不在其数。至于小役，则税钱或不满百亦所不免。宽都人户，有至二三十年方一差者。狭都人户，有三五家循环充役，无岁不受其害者，劳逸不均。而中产以下破荡流移，深可怜悯。窃以保正副所管者烟火盗贼故，必本都之人而后可充。户长所管者催科，亦何必皆本都人哉。况今之保正副户长者，非其亲身，皆无赖恶少代充执役。执役之亲身虽屡易，而代役之充身者数十年不易也，故莫若差大役则限以都，差小役则不限以都，而限以乡，数都宽狭相通，则富者不至于过逸，而贫者不至于独劳，休养生息，小户渐为中户，而为公家执役者甚众，其亦固国本之一端也。

六年，令诸县选择守分充应乡司。

右谏议大夫赵至道奏请：令诸县选择守分充应乡司，以三年或二年为界，界满无过，递迁典押。仍禁绝官司供亿诛求之弊，着为令。从之。

度宗咸淳元年九月，吏部侍郎李常奏修役法。

四年十一月，行义役法。

至十年十月，恭帝即位，又令州县行义田义役。

陈傅良《义役规约略》曰：义役非古也，而有古人之意，何也？

古者官以义帅民，使之相亲睦。今也民以义奉官，而私相亲睦，其政则殊其俗，不可谓不美。假如自一县一州，转而推之，至于天下尽然，则其俗亦美矣。

臣等谨按：陈氏言义役之美，在于私相亲睦，推之天下尽然，若与朱子之说不同。然朱子为作奸者惩其弊，所以安寡弱也。陈氏为慕义者广其恩，所以劝善良也。其意一耳。

辽太宗会同元年二月，诏增晋使所经供亿户。

二年闰七月，罢南北府民上供及宰相节度诸赋役非旧制者。

景宗乾亨时，诏云为户均差。辽国语解云为即营运字之讹。

时以上京云为户赀具实饶，善避徭役，遗害贫民，遂勒各户，凡子钱到本，悉送归官，与民均差。

圣宗统和三年三月，以契丹诸役户多困乏，以富户代之。

从枢密院请也。帝因阅诸部，籍纳喇威二部户少而役重者，并量免之。

臣等谨按：辽役最重者莫如边戍[1]。统和时，耶律昭答萧达林问边事书云：西北诸部，每当农时，一夫为侦候，一夫治田，二夫给糺官之役。糺，军名也。大率四丁无一室处刍牧之事，仰给妻孥。夫农时且然，则终岁之民劳可知已。

开泰四年四月，哈斯罕部请括女直王苏扎纳户旧无籍者，会其丁入赋役。从之。

兴宗重熙八年六月，籍天下户口以均赋役。

从北院枢密使萧孝穆请也。自是政赋稍平。

时萧乌页为德呼勒部节度使，恤困穷，省徭役，不数月，部民以安。

《辽史·文学传》曰：重熙时，诏天下言治道之要，制问：今之徭役，何者最重，何者尤苦，何所蠲省则为便益，补役之法何可以复。彰愍宫使萧罕嘉努对曰：臣伏见比年以来，高丽未宾，准布犹

---

① 边戍，应为边戍，戍字当为刊刻之误。

强，战守之备，诚不容已。乃者选富民防边，自备粮糗，道路修阻，动淹岁月。比至屯所，费已过半。只牛单谷，鲜有还者。其无丁之家，倍值佣僦，人惮其劳，半途亡窜。故戍卒之食，多不能给。求假于人，则十倍其息，至有鬻子割田不能偿者。或逋役不归，在军物故，则复补以少壮。其鸭绿江之东，戍役大率如此①，况渤海、女直、高丽，合从连横，不时征讨，富者从军，贫者侦候，加之水旱，菽粟不登，民以日困，盖势使之然也。方今最重之役，无过西戍。如无西戍，虽遇凶年，困弊不至于此。若能徙西戍，稍近则往来不劳民，无深患，诸部皆有补役之法。昔补役始行，居者行者，类皆富实，故累世从戍，易为更代。近岁边虞数起，民多匮乏，既不任役事，随补随缺，苟无上户，则中户当之，旷日弥年，其穷益甚，所以取代为艰也。非唯补役如此，在边戍兵亦然。欲为长久之计，莫若使远戍疲兵，还于故乡，薄其徭役，使人人给足，则补役之道可以复故也。互见兵考。

道宗寿隆三年六月，诏：每冬驻跸之所，宰相以下，构宅者毋役其民。

时大公鼎为沈阳观察判官，辽东雨水伤稼，北枢院大发濒河丁壮以完堤防，有司承令峻急，公鼎独曰：边障甫宁，大兴役事，非利国便农之道，乃疏奏其事。朝廷从之，罢役，水亦不为灾。改良乡令，省徭役，务农桑，部民服化。马人望为松山县令，岁运泽州官炭，独役松山人，望请于中京留守，均役他邑，以闻于朝，得从所请。天祚时，拜南院枢密使。当时民所甚患者驿递、马牛、旗鼓、乡正、厅隶、仓司之役，至破产不能给。人望使民出钱，官自募役。时以为便。

金之役法。于官地输租、私田输税之外，计民田园、邸舍、车乘、牧畜、种植之资，藏镪之数，征钱有差，谓之物力钱。遇差科必按版籍，先及富者，势均则以丁多寡定甲乙。有横科则视物力，循大至小，均科其或不可分摘者，率以次户济之。

太宗天会元年，敕有司轻徭赋。

三年七月，禁内外官及宗室毋私役百姓。

---

① 戍役，应为戍役，戍字当为刊刻之误。

十年正月，均士庶赋役。

先是，辽人分士庶之族，赋役皆有等差。至是，命悉均之。

世宗大定元年十一月，诏中都都转运使左渊：凡宫廷张设，无得增置，无役一夫以扰百姓。

初，海陵营南京宫殿，运一木之费至二十万，牵一车之力至五百人，殚民力如牛马，费财用如土苴，故帝初即位，即下是诏。

《金史·庞迪传》曰：迪为凤翔尹时，海陵南伐，征敛烦急。官吏因缘为奸，富者用贿以免，贫者破产益困。迪悉召民使共议增减，不假威督而力役均，人情大悦。

二年五月，命宰臣，凡有徭役均科，强户不得抑配贫民。

四年十月，命泰宁军节度使张弘信等二十四人，《志》作十三人。分路通检诸路物力，以定赋役。

自国初占籍之后，至是承正隆师旅之余，民之贫富变更，赋役不均，乃诏弘信等分路通检天下物力而差定之。又命凡监户事产，除官所拨赐之外，余凡置到百姓有税田宅，皆在通检之数。时诸使往往以苛酷多得物力为功，弘信检山东州县尤为酷暴。棣州防御使完颜永元责之曰：朝廷以正隆后差调不均，故命使者均之。今乃残暴，妄加农民产业数倍，一有来申诉者，则血肉淋漓，甚者即殒杖下。故官子孙闭户自守，使与商贾同处上役，岂立法本意哉！弘信不能对，故唯棣州稍平。五年，有司奏：诸路通检不均。诏再以户口多寡、富贵轻重适中定之。既而又定通检地土等第税法。

《梁肃传》曰：肃为河北东转运副使，大定四年，通检东平、大名两路户籍物力，称其平允，他使者所至，皆以苛刻增益为功，百姓苦之。朝廷敕诸路以东平大名为准，于是始定。

八年九月，命自今差役皆禀奏。

谕尚书右丞石琚、参政孟浩曰：闻蔚州采地蕈役夫数百千人[1]，朕所

① 地蕈，一种菌类，可食用。

用几何？而扰动如此。自今差役，凡称御前者，皆须禀奏，仍令附册。至九年五月，尚书省奏：越王永中、隋王永功二府有所兴造，宜发役夫。帝曰：朕见宫中竹有枯瘁者，欲令更植，恐劳人而止。二王府各有引从人力，又奴婢甚多，何得更役百姓。尔等但以例为请，海陵横役无度，可尽为例耶！自今在都浮役久为例者仍旧，余并官给佣直，重者奏闻。十七年十一月，谓宰臣曰：朕常恐重敛以困吾民。自今诸路差科之烦细者，亦具以闻。

十年七月，放围场役夫。诏：扈从粮食，并从官给。

二十二年三月，谕户部：今岁行幸山后，所须并不得取之民间。虽所用人夫，并以官钱和雇。二十三年正月，如春水。诏：夹道三十里内被役之民，与免今年租税，仍给佣直。

《金史·百官志》曰：车驾巡幸，雇工马夫三百文，步夫二百三十文，围鹅夫随程干办人各二百文，传递果子夫一百五十文。若于私家内安置行宫者，酌量给赐段疋。

十五年九月，遣济南尹梁肃等二十六人，分路推排物力。

时以天下物力，自通检以来，十余年贫富变易，赋调轻重不均，因遣使推排之。

《杨伯元传》曰：伯元以才干多被委任。凡两为推排定课，使人称其平。

二十年四月，推排明安穆昆物力。

帝谕宰臣曰：明安穆昆户，富贫差发不均，皆自穆昆内科之暗者，唯胥吏之言是从，轻重不一，自斡军叛后，贫富反复。今当籍其人户，推其家赀，倘有军役，庶可均出。诏集百官议。右丞相图克坦克宁、平章政事唐古安礼、枢密副使完颜宗尹言：女直人除明安穆昆仆从差使，余无差役，今不推奴婢、孳畜、地土数目，止验产业科差为便。左丞相完颜守道等言：止验财产多寡，分为四等，置籍以科差，庶得均。左丞富察通、右丞伊喇道、都点检内族襄言：必须通括人户物力、奴婢之数，则贫富自分。贫富分则版籍定，如有缓急，验籍科差与一例科差者不同，请俟农隙，拘括地土牛具之数，各以所见上闻。帝曰：一、穆昆户之贫富，穆昆岂不知；一、明安所领八穆昆，一例科差，设如一穆昆内有奴婢二三百口者，奴婢一二人者，科差与同岂得均平！正隆兴兵时，朕之奴婢万数，孳畜数千，而不差一人一马，岂可谓平。其从左丞通等所见，拘括推排之。十二月，复谓宰臣曰：明安穆昆，多新强旧弱，差役不均，其令推排，当自中都路始。至二十二年八月，始诏集耆老，推贫富，验土地牛具奴婢之数，分为上中下三等，以同知大兴府事完颜乌哩页先推中都路，续遣户部主事谙达等十四人与外官同分路推排。九月，诏：毋令富者匿隐畜产，贫户或有不敢养马者。昔海陵时，拘括马畜，绝无等级，富者幸免，贫者尽拘入官，大为不均。今并核实贫富，造籍，有急即按籍取之，庶几无不均之弊。宰臣张汝弼、梁肃奏：天下民户通检既定，设有产物移易，自应随业输纳；至于浮财，须有增耗，贫者自贫，富者自富，似不必屡推排也。帝曰：宰执家多有新富者，故皆不愿肃对。曰如臣者能推排中都物力，臣以尝为南使，先自添物力钱至六十余贯。金使近臣出使外国，归必增物力钱以其受馈遗也。视其它奉使，无如臣多者。但小民无知，法出奸生，数动摇则易骇，如唐宋及辽时，或三二十年不测通比则有之，频岁推排似为难尔。

二十三年，定牛夫役制。

宗州民王仲规告乞征还所役牛夫钱，省臣以奏。帝曰：此既就役复征钱，于彼前虽如此行之，复恐所给钱未必能到，本户是两不便也。不若止计所役，免租税及铺马钱为便。其预计实数以闻。若和雇价直亦须裁定，有司上其数，岁约给六万四千余贯，计折粟八万六千余石，复命自今役牛夫之家，以去道三十里内居者充役。

二十六年，命吏部侍郎李晏等分路推排。

至二十七年，奏晏等所定物力之数。帝曰：朕以元推天下物力钱三百五万余贯，除三百万外，令减五万余贯。今减不及数，复续收二万余贯，即是实二万贯尔，而曰续收何也？对曰：此谓旧脱漏而今首出者，及民地旧无力耕种而今耕者也。上曰：通检旧数，止于视其营运息耗与房地多寡而加减之。彼人卖地，此人买地，皆旧数也。至于营运，此强则彼弱；强者增之，弱者减之而已。且物力之数，盖是定差役之法，其大数不在多寡也。恐实有营运富家所当出者，应分与贫者尔。

章宗明昌元年三月，更三品致仕官从人输佣钱之制。

旧制：朝官六品以下，从人输佣者听，五品以上不许输佣，恐伤国体也。至是，从有司请，令三品官年六十以上致仕者，并听输佣，其人力则半给之。

四月，命详酌民地，定物力，减十之二。

刑部郎中路伯达等言：民地已纳税，又通定物力，比之浮财所出差役是重并也，故有是命。

三年四月，以旱罢不急之役。

至泰和元年十一月，敕尚书，凡役众劳民之事勿轻行之。

承安二年十月，命吏部尚书贾执刚等分路推排。

先是，尚书省奏：推排物力，当在承安元年九月，以有故不克；至冬事毕，又以妨农作权止之。至是，敕令议通检。宰臣奏：大定二十七年通检后，距今已十年。旧户贫弱者众，傥迟更定，恐致流亡，遂定制：已典卖物业，止随物推收；析户异居者，许令别籍；户绝及困弱者减免；新强者详审增之。止当从实，不必数足元数。边城被寇之地，皆不必推排。于是令吏部尚书贾执刚、侍郎高汝砺，先推排在都两警巡院示为诸路法，每路差官一员，命提刑司官一员副之。至三年九月奏：十三路籍定推排物力钱二百五十八万六千七百二贯四百九十文，旧额三百一万二千七百十八贯九百二十二文，以贫乏除免六十三万八千一百一十一贯。除上京、北京西路无新强增者。余路计收二十万二千九十五贯。

高汝砺请据实通检。疏曰：年前十月，尝举行推排之法，寻以逾时而止，诚知圣主爱民之深也。窃闻周制，以岁时定民之众寡，辨物之多少，入其数于少司徒，以施政教，以行征令。三年，则天下大比，按为定法。伏自大定四年通检，前后迄今三十余年，其间虽两经推排其浮财物力，唯凭一时小民之语以为增减，有司唯务速定，不复推究，其实由是豪强有力者扶同而幸免，贫弱寡援者抑屈而无伸。况近年以来，边方屡有调发，贫户益多，如止循例推排，缘去岁条理已行，人所通知，恐新强之家豫为请嘱，狡狯之人冀望，至时同辞推唱，或虚作贫乏，故以产业抵偿质典及将财物徙置他所，权止营运，如此奸弊百端，欲望物力均一，难矣。欲革其弊，莫若据实通检，预令有司照勘大定四年条理，严立罪赏，截日立限关防禁约其间，有可以轻重者斟酌行之，去烦碎而就简易，戒骚扰而事镇静，使富者不得

于苟避，困者有望于少息，则赋税易办，人免不均之患矣。

泰和元年八月，诏：推排西、北京、辽东三路人户物力。

至五年，以西京、北京边地常罹兵荒，复遣使推排之。旧大定二十六年所定三十五万三千余贯，遂减为二十八万七千余贯。

二年闰十二月，定人户物力随时推收法。

时既问人户浮财物力，而又勘当比次，期迫事繁，难得其实。敕尚书省定人户物力随时推收法令，自今典卖产业者，随业推收，别置标簿，临时止拘浮财物力增减之。四年十二月，以职官仕于远方，其家物力有应除而不除者，遂定典卖实业，逐时推收。若无浮财营运应除免者，令本家陈告，集坊村人口推唱，验实免之。造籍后如无人告，一月内以本官文牒推唱定标，附于籍。五年，佥南京按察司李革言：近制，令人户推收物力，置簿标题，至通推时止增新强，销旧弱，庶得其实。今有司奉行灭裂，恐临时冗并，卒难详审，可定限期立功罪以督之。遂令自今年十一月一日，令人户告诣推收标附，至次年二月一日毕，违期不言者坐罪。仍敕物力既随业通推，止令定浮财。

六年正月，更定保伍法。

先是，大定二十九年，章宗尝欲罢坊里正，复以主首远入城应代，妨农不便。乃以有物力谨愿者，二年一更代。至是以旧定保伍法，有司灭裂不行，令结保，有匿奸细盗贼者连坐。宰臣谓：旧以五家为保，恐人易为计构而难觉察，遂令从唐制：五家为邻，五邻为保，以相检察。京府州县郭下，则置坊正；村社则随户众寡为乡，置里正以按比户口，催督赋役，劝课农桑。村社三百户以上则设主首四人，二百户以上三人，五十户以上二人，以下一人。以佐里正禁察非违，置壮丁以佐主首巡警盗贼。明安穆昆部村寨五十户以上设寨使一人，掌同主首。寺观则设纲首。凡坊正里正，以其户十分内取三分，富民均出雇钱，募强干有抵保者充，人不得过百贯，役不得过一年。

十一月，定诸州府物力差役式。

八年四月，定诸州府司县造作，不得役诸色人匠。

八月，命吏部尚书贾守谦等一十三人，分诣诸路，与按察司官一员，推排民户物力。

谕之曰：朕选卿等随路推排，除推收外，其新强销乏户虽集众推唱，然销乏者勿销不尽，如一户元物力三百贯，今止蠲二百五十贯，犹为未当；新强者勿添，尽量存其力，如一户添三百贯，而止添二百贯之类，各宜用心。百姓应当赋役，一推之后，十年利害所关，不可不慎也。

臣等谨按：自古取民之制，未有算及邸舍、车乘、畜牧、藏镪之数者。其时宋高宗以推排物力法行于江南，金世宗从而效之。自大定以迄泰和，朝议纷纭，使车旁午，而闾阎之劳扰甚矣。夫通检推排，皆验物力之多寡以定差役，使消乏户不致重困也。然为政有体，以民自有之资产必物物而计之，以闻于官，致民不敢营运，岂古者三年大比之意乎！

宣宗贞祐三年，侍御史刘元规请侨户与土民均应差役。尚书左丞贾益谦奏止之。

时河北民迁徙河南者甚众，故元规以为请，帝留其奏。自以其意问宰臣。丞相布萨端、平章穆延尽忠皆以为便。益谦言：河北人户本避兵而来，兵稍息即归。今旅寓仓皇，无以为生，若又与地著者并应供亿，必骚动不能安居，岂主上矜恤流亡之意乎。上甚嘉赏，因出元规章示之。

四月，罢六品以下官人力输佣钱。

时以调度不给，监察御史田迥秀言：朝官及令译史诸司吏员、诸局承应人太冗，宜并省之。遂命凡随朝六品以下官及承应人，罢其从己人力输佣钱。经兵州府，其吏减半，司县吏减三之一，其余除开封府、南京转运司外，例减三之一。有禄官吏被差，不出本境者，并罢给券。出境者以其半给之。修内司军夫亦减其半。

臣等谨按：《金史·百官志》所载：诸承应人有隶宫中者：侍卫、亲军、尚衣、奉御、捧案、鞁执、奉辇、东宫护卫长、亲王府祗候郎君之属是也。有隶百司者：则令史、译史、通事、书写之属是也。通谓之随朝承应人，其所食钱粟，自十八贯石以上至二贯石不等。宫中承应人因公差出，皆验见请钱粟，口给食料十八贯石以上九百文、十七贯石八百六十文，以次递减至二贯石者二百三十文。诸试护卫亲军，自起发日为始，日给口券，其拣退还家者亦如之。正收之后，再拣退者亦人给三口米粮钱一百文，马二匹草料。修内司军夫隶诸局作匠，除钱粮外，日支钱五十文，米一升半。

兴定三年八月，缓在京差徭。

初，贞祐四年十二月，右丞相珠格高琪请修南京里城，帝曰：民力已困，此役一兴，病滋甚矣。城虽完，独能安此乎！是年四月始筑之。遣近侍四人巡视丁夫。时其饮食听其更休，督吏残酷，悉禁止之。六月，以时暑给修城夫病者药饵。兴定元年六月，修潼关，亦尝遣中使持诏及暑药劳夫匠。七月，以工久未毕，尚书欲增调民夫。帝以恐妨农时，将改图之。枢臣言：尚书议增丁夫，必验口，不令妨业也。至十月乃毕工。又是年正月，大雪，帝闻东掖有撤瓦声。问左右，知为丁夫葺器物库庑舍，恻然。谕主者曰：雪寒，役夫不休可乎！姑止之。

五年九月，始役客户。

先是，四年，宣抚使完颜弼上书言事：一曰赋役频繁，河南百姓新强旧乏，诸路豪民行贩市易，侵土人之利，未有定籍；一无庸调，乞权宜均定，如知而辄避，事过复来者，许诸人捕告，以军兴法治之。诏尚书省议，不允。及是，以土民久困徭役，复议行之。

钦定续文献通考卷十六

职没考

历代役法

元制，差科之名有二：曰丝料，曰包银，各验其户之上下而科焉。丝料、包银之外，又有俸钞之科，其法亦以户之高下为等。

太宗元年八月，初征赋调。

命河北汉民以户计出赋调，耶律楚材主之；西域人以丁计，出赋调，玛哈穆第哈喇斯密主之。敕蒙古民有马百者输牝马一，牛百者输牸牛一，羊百者输羒羊一①，为永制。

八年，定内郡丁税。

初，太宗每户科粟二石，后以兵食不足，增为四石，至是，乃定科征之法。令诸路验民户成丁之法，每丁岁科粟一石，驱丁五升，新户丁驱各半之，老幼不与。

　　臣等谨按：太宗初年，中原赋调，既以户计矣。此复验丁科粟，是仍以丁计也。而二户、五户又有丝料，盖户与丁两科之。

始行丝料之法。

每二户出丝一斤，并随路丝线颜色输于官，五户出丝一斤，并随路丝线颜色输于本位②。

---

① 羒羊，有两意，一为白色的大公羊，一为母羊。结合上文所征牛马的情况看，此处当指母羊。

② 本位，此处指领有纳税户的贵族。

时呼图克以所括户一百四万来上，帝议裂诸州郡分赐诸王贵族为汤沐邑。楚材奏曰：裂土分民，易生嫌隙，不如多以金帛与之。帝曰：业已许之矣。楚材曰：若朝廷置吏收其贡赋，岁终颁之，使毋擅科征可也。帝然其计，遂定五户丝制。其丝不得私征，皆输诸有司，视其所当得之数给之。是时，诸王受赐者十一人，公主四人，勋臣二十四人，此丙申受赐之人。恐其后有故削夺者，或不在此数。宪宗以后，亦屡有续赐者。

《元史》刘肃奏曰：太宗时，肃为行台，严实行军万户府，经历东平，岁赋丝银，复输绵十万两，色绢万匹，民不能堪。肃赞实奏，罢之。

太宗时，禁中原州县毋许擅役百姓。

耶律楚材言：中原之地，财用所出，宜存恤其民。州县非奉上命，敢擅行科差者罪之。

宪宗五年，始定包银之法。

初，汉民科纳包银六两。至是，止征四两，二两输银，二两折收丝绢颜色等物。

《元史·张晋亨传》曰：晋亨权知东平府事。宪宗即位入觐时，包银制行，朝议户赋银六两，诸道长史有辄请试行于民者，晋亨面责之，曰：诸君职在亲民，民之利病且不知乎！且五方土产各异，随其产为赋，则民便而易足。必责输银，虽破民之产有不能办者。大臣以闻，明日召见，如其言以对。帝是之，乃得蠲户额三之一，仍听民输他物，遂为定制。

《王玉汝传》曰：玉汝为行台知事，仍遥领平阴令。宪宗即位，有旨令常赋外岁出银六两，谓之包垛银。玉汝曰：民力不支矣。纠率诸路管民官，愬之阙下，得减三分之一。

《史楫传》曰：楫为真定兵马都总管，时朝廷始征包银，楫请以银与物折，仍减其元数。诏从之。

臣等谨按：以上张、王、史三传言，包银事与《食货志》小异。据《志》是初征六两，至五年始减。王、史二传乃减于方征之始，张传则初议时已减为四两矣，恐非当时《实录》。

世祖中统元年，立十路宣抚司。定户籍科差条例。

其户大祗不一：有元管户、交参户、漏籍户、协济户。于诸户之中，又有丝银全科户，减半科户，止纳丝户，止纳钞户；又有摊丝户、储伊苏岱尔所管纳丝户、复业并渐成丁户。户既不等，数亦不同。元管户内丝银全科系官户，每户输系官丝一斤六两四钱，包银四两；全科系官五户丝户，每户输系官丝一斤，五户丝六两四钱，包银之数，与系官户同；减半科户，每户输系官丝八两，五户丝三两二钱，包银二两；止纳系官丝户，若上都隆兴西京等路十户十斤者，每户输一斤；大都以南等路，十户十四斤者，每户输一斤六两四钱；止纳系官五户丝户，每户输系官丝一斤，五户丝六两四钱；交参户内丝银户，每户输系官丝一斤六两四钱，包银四两；漏籍户内止纳丝户，每户输丝之数与交参丝银户同；止纳钞户，初年科包银一两五钱，次年递增五钱，增至四两，并科丝料；协济户内丝银户，每户输系官丝十两二钱，包银四两；止纳丝户每户输系官之数与丝银户同；摊丝户每户科摊丝四斤，储伊苏岱尔所管户每户科细丝，其数与摊丝同；复业户并渐成丁户，初年免科，第二年减半，第三年全科，与旧户等。于是以全科之数作大门摊，分为三限输纳。被灾之地听输他物折焉。其物各以时估为则，凡儒士及军站僧道等户皆不与。二年，复定科差之期：丝料限八月，包银初限八月，中限十月，末限十二月。三年，又命丝料无过七月，包银无过九月。三年七月，诏：农民包银征其半，俘户止令输丝，民当输赋之月，毋征私债。四年三月，诏：诸路包银以钞输纳，其丝料入本色。非产丝之地，亦听以钞输入。凡当差户包银钞四两，每十户输丝十四斤；漏籍老幼钞三两，丝一斤。

三年，罢占役①。

宪宗初年，括户余百万。至是，诸色占役者大半。右丞相史天泽悉奏罢之。其后至元十七年七月，广东宣慰使特穆尔布哈言：官豪隐庇佃民，不供徭役，宜别立籍，各万户军交参重役，宜发还。元翼二十三年，刑部尚书崔彧言：大都高赀户，多为僧格所容庇，凡百徭役，止令贫民当之。今后徭役，不问何人，宜皆均输，有敢如前以赂求人容庇者，罪之。二十八年三月，以江淮富民多行贿权贵，为府县吏卒容庇，平户遇有差役，反及贫民。诏江淮行省严禁之。皆从之。

---

① 占役，指按制到官府服役。

三年五月，诏：核实租逃户输纳丝银税，逃民苟免差税，重加罪之。

十二月，敕诸王塔齐尔所部猎户，止收包银，其丝税输有司。

四年，令除正军外，其余户与民一体当差。

至成宗大德七年二月，诏：除征边军士及两都站役外，其余均当徭役。

五年，设立马步弓手。验民户多寡定立额数。

元制，郡邑设弓手，以防盗也。内而京师有南北两城兵马司外，而诸路府所辖州县设县尉，司巡检司捕盗所皆置巡军弓手，而其数则有多寡不同。职巡逻，专捕获，官有纲运及流徙者，至则执兵仗导送，以转相授受，外此则不敢役示专其职焉。是年初定制，州县城相离五七十里，有村居及二十户以上者，设立巡防弓手；不及二十户者，依数差捕。若无村居处，或五七十里创立聚落村舍，亦须及二十户数。其巡军别设不在户数之内。关津渡口必当设立者，不在五七十里之限，于本路诸色人等户内，每一百户取中户一名充役。若有失盗，勒令弓手定立三限盘捉，每限一月，如限内不获者，决责有差；获及一半者全免。至元三年，从省部议，随路户数，多寡不同，兼军站不该差发，止于本处包银丝料并止纳包银户计，内每一百户选差中户一名当役。四年，除上都、中都已有巡军，其所辖州县，于本路包银等户，选丁多强壮者补充验弓手。八年，从台臣言：于诸路选年壮熟娴弓马之人，以备巡捕之职。数少者增置。除捕盗防转不得别行差占。十六年，分大都南北两城兵马司各主捕盗之任。南城三十二处，弓手一千四百名；北城一十七处，弓手七百九十五名。仁宗延祐二年，从江南行台请，以各处弓手，往往致害人命，役三年者，罢之，还当民役，别于相应户内补换。

至元元年正月，命诸王位下工匠，已籍为民者，并征差赋。

九年九月，诏：枢密院诸路正军贴户及同籍亲戚僮奴丁年堪役，以诸王权要以避役者，并还之军，唯匠艺精巧者以名闻。十七年十二月，敕民避役窜名匠户者，复为民。

八月，诏：勿擅科差役。

二年闰五月，诏：括诸路未占籍户任差职者以闻。

至十三年，诏：民之荡析离居及僧道漏籍诸色人不当差役者万余人充桂齐。

三年，诏：鸯户种田他所者，其丁税于附籍之郡验丁而科，漫散之户逃于河南等路者，依见居民户纳税。

四年五月，敕诸路官吏俸，令包银民户每四两增纳□①两以给之。

全科户输一两，减半户输五钱。

七年，设社长。

时定制，县邑所属村疃，凡五十家立一社，择高年晓农事者一人为之长；增至百家者别设长一员，不及五十家者与近村合为一社，地远人稀不能相合各自为社者听。其合为社者，仍择数村之中立社长、官司长以教督农桑。立牌橛于出侧，书某社某人于其上，社长以时点视、劝诚，不率教者，籍其姓名以授提点官责之。其有不敬父兄及凶恶者亦然，仍大书其所犯于门，俟其改过自新乃毁，于终岁不改，罚其代充本社夫役。

> 《元史·吕思诚传》曰：泰定时，思诚为蓨县尹，差民户为三等，均其徭役。又刻孔子像，令社学祀之。每岁春行田印，识文簿，畀社长记其善恶，季月报县。不孝弟不事生业者，罚其输作。至社者何人饮令若干，多者责偿其直。

> 臣等谨按：元之社长，犹与汉制为近。汉乡亭之任，每乡有三老孝弟力田，所以劝导乡里，助成风俗也。隋唐以后，其意日衰，其职亦日贱，善良者多为役所累，豪猾者或倚法为奸，欲望其修善行以率乡人，岂可得乎！夫农桑、孝弟者，王政之本也。元世祖以是教民，而专其责于社长，其与宋之保正、副耆户长仅执催科奔走之役者异矣。

十七年正月，诏：毋以侍卫军供工匠役。

> 臣等谨按：世祖虽有是诏，然考《本纪》，是年二月，即发侍卫军三千浚通州运河。博勒呼传言：二十八年，开漕渠欲其亟成，又不欲役细民，敕四集赛人及诸府人专其役。盖未设武卫军，以前凡修浚兴作之事，武卫军咸受役焉。既设武卫军，后间有急需侍卫诸军，亦未尝尽免。《本纪》又言：五卫军旧例：十人为率，七人、三人分为二番，十月放七人者还，正月复役；正月放三人者还，四月复役，更

---

① □，当为"一"字。

休息之。二十三年二月，常以应放还五卫军，穿河西务河，则并其休息者而役之矣。然先是二年十一月，诏：事故贫难，军不堪应役者，以两户或三户合并，正军一名；其丁单力惫者，许雇人役；前后检放为民者，动以千计，是用其力亦未尝不恤其劳也。

十二月，诏：以民当站役，十户为率，官给一马，死则买补之。

先是，十六年六月，以临洮、巩昌、通安等十驿岁饥，供役繁重，有质卖子女以供役者。命选官抚治之。又以襄阳屯田户四百代军当驿役。至是复有是诏。又增置甘州姑户①，诏于诸王户籍内签之。十八年六月，敕宣慰司安西等处军站，与民均役。八月，敕甘州，凡诸投下户，依民例应站役。十九年五月，沿海左副都元帅石国英，请姑户苗税②，贫富不均者，宜均其役。有诏中书集议行之。二十三年，刑部尚书崔彧言：军站诸户，每岁官吏非名取索，赋税倍蓰，民多流移，请自今非奉旨及省部文字，敢私敛民及役军匠者，论如法。从之。成宗大德十一年十二月，中书省奏：驿户疲乏，宜量事给驿。从之。顺帝至正十四年，以京师至上都驿户凋弊，命户部侍郎贡师泰巡视整饬之。至则历究其病原，验其贫富，而均其徭役，数十郡之民赖以稍苏。

《董文用传》曰：至元十三年，文用为卫辉路总管，郡当冲要，民为兵者十之九，余皆单弱贫民，不堪力役。会初得江南图籍，金玉财帛之运日夜不绝于道，警卫输挽，日役数千夫，文用忧之。曰：吾民散矣！而又重妨耕作，殆不可。乃从转运主者言，州县吏卒，足以备用，不必重烦吾民也。主者曰：汝言诚然，万一有不虞，罪将谁归。文用即手书具官姓名保任之，民得以时耕，而运事亦不废。

是年，复定丁税例。

时大定诸例：全科户丁税，每丁粟三石，驱丁粟一石；减半科户丁税，每丁粟一石；新收交参户，第一年五斗，第二年七斗五升，第三年一石二斗五升，第四年一石五斗，第五年一石七斗五升，第六年入丁税；协

---

① 姑户，应为站户。可见《元史·世祖纪》。
② 姑户，同上注。

济户丁税，每丁粟一石。

十八年闰八月，括江南户口税课。

时京兆等路岁课，自一万九千锭增至五万四千锭。平章政事阿哈玛特犹以为未实，欲核之。帝察其非而止。二十五年二月以江南站户贫富不均，命有司料简合户税至七十石，当马一匹，并免杂徭；独户税逾七十石，愿入站者听。合户税不得过十户，独户税无上百石。二十六年二月、十月，再籍江南户口，北方诸色人寓居者，亦就籍之。

《纲目发明》曰①：民之常赋，国有定规，安有常赋之外，复有所谓户口之税者乎！当时阿哈玛特专权自恣，利在剥民，故其所行之政，无一非剥民之事。

臣等谨按：元于常赋之外所加取于民者，非独江南也。唯中原亦然。太宗时，止有丝料、丁税二者而已。至宪宗而增包银，世祖而增俸钞。中统元年四月所定之例，详于丝料、包银、俸钞；至元十七年所定之例，详于丁税。《食货志》谓：地税多而丁税少者输地税，地税少而丁税多者输丁税，似丁税独与地税相权，而不与丝料、包银、俸钞相涉者。然其户之所谓全科、半科、交参、协济者，初无异焉，是丝料、包银、俸钞既并征于一户之中，而户之成丁者，复征其丁税也。试就全科户计之，当出丝一斤六两四钱，包银四两，俸钞一两，丁税粟三石矣。虽其间亦有止输丝而不输银钞及输粟止一石者，然不过诸户中之一二而已。夫布缕、粟米、力役之有征，古之志也。元之地税，上田亩三升，可谓轻矣。而户丁科差之重乃如此，民力有几而可用其三、且用其四五乎！

是年，以江南民户拨赐诸王贵戚功臣，食其户钞。

至二十年正月，敕诸王、公主、驸马得江南分地者，于一万户田祖中输钞百钞，准中原五户丝数，谓之江南户钞。其后累朝常以是为分赐。大德十一年十一月，皇太子言：近蒙恩以安西、吉州、平江为分地租税，悉以赐臣。臣恐宗亲兄弟援例，自五户丝外，余请输之内帑。

----

① 《纲目发明》，即南宋学者尹起莘所著《资治通鉴纲目发明》。尹氏以此书阐释朱熹之《资治通鉴纲目》，简明扼要，便于初学。

臣等谨按：《食货志》所载户钞之目，凡万户者必为钞四百锭，户多户少，悉视此数，未见有万户而百锭者。岂初命如此，后乃增至四倍耶！又江南但有户钞而无户丝，此于吉州平江言，五户丝似江南，亦有征五户丝处矣。

二十年，命招集江南流民其避役不归者，与土著一体当役。

帝在潜邸时，刘秉忠上书数千言。其一言天下户过百万，自呼图克诺延断事之后，差徭甚大，加以军马调发，使臣烦扰。官吏乞取，民不能当，是以逃窜，宜比旧减半，或三分去一，就见在之民以定差税，招逃者复业，再行定夺。帝嘉纳焉。至是，刑部尚书崔彧复以内地百姓流移江南者，已十五万户，乞降诏招集，免其后来五年科差；其徙而不归者，即于所居之地役之。

二十一年十一月，敕迁转官员薄而不就者，令归农当役。

二十五年十一月，禁有分地臣私役富室为柴米户及赋外杂徭。

二十六年，立武卫亲军都指挥使，司掌修治城隍及京师内外工役之事。

《吴元珪传》曰：至元二十六年，元珪参议枢密院事。时缮修官城，尚书省奏：役军士万人，留守司主之。元珪丞陈其不便，乃立武卫缮管理官城，以留守段天佑兼都指挥使，凡有兴作，必以闻于枢府。寻升枢密院判官奏定：万户用军士八人，千户四人，百户二人。多役者有罚。

二十八年十二月，命议行江南差科旧法。

先是，十三年十二月，诏除故宋烦冗科差百余条。至是，省臣言：江南在宋时差徭为名七十有余，归附后一切未征。今分隶诸王城邑，岁赐之物，仰给京师。又中外官吏俸少，似宜量添，可令江南依宋时诸名征赋，尽输之。遂命各省官任钱毂者，诣京师集议。

是年，以至元新格定科差法。

诸差税皆司县官监视人吏，置局均科。诸夫役皆先富强后贫弱，贫富等者先多丁，后少丁。

《杨湜传》曰：至元七年，湜为户部侍郎。时用旧籍定民赋役之高下。湜言：贫富不常，岁久浸易，其可以昔时之籍而定今之赋役哉！廷议善之。因俾第其轻重，人以为平。

《张德辉传》曰：至元三年，德辉为河东北路宣抚司。时赋役不均，民率流亡。德辉阅实户编，均其等第，数十年之弊，一旦革去。

《臧梦解传》曰：至元十三年，梦解知海宁州，凡差役皆审其贫富，而吏无所与。又奏免儒役及举行浙西助役法。

《良吏传》曰：白景亮为衢州路总管。先是为郡者，于民间徭役，不尽校田亩以为则，吏得高下其手，富民或优有余力，而贫弱不能胜者多至破产失业。景亮深知其弊。乃始核验田亩以均之。役之轻重，一视田之多寡大小，由是民不劳而事易集。他郡邑皆取以为法。邹巴延为崇安县尹。崇安之为邑，区别其土田，名之曰都者五十，五十都之田，上送官者为粮六千石，其大家以五十余家而兼五千石，细民以四百余家而合一千石。大家之田，连跨数都，而细民之粮，或仅升合。有司常以四百之细民配五十大家之役，故贫者受役旬日而家已破。巴延曰：贫弱之受困一至此乎！乃取粮籍分，计有粮一石者受一石之役，有粮升斗者受升斗之役；田多者受数都之役而不敢辞，田少者称其所出而无幸免，贫困无告之民始得休息。崇安赋役之均，遂为四方最。

世祖时天下差科数：

中统四年，丝七十一万二千一百七十一斤，钞五万六千一百五十八锭。

至元二年，丝九十八万六千九百一十二斤，包银等钞五万六千八百七十四锭，布八万五千四百一十二匹。

至元三年，丝一百五万三千二百二十六斤，包银等钞五万九千八十五锭。

至元四年，丝一百九万六千四百八十九斤，钞七万八千一百二十六锭。

臣等谨按：以上世祖时丝钞、包银之数。《食货志》止此四条。五年以后无考。

成宗元贞元年十一月，诏：江浙行省检核富强避役之户。

诏：大都路一切差役，以诸色户与民均当。

二年二月，命扎拉尔呼图克所部户居于奉圣云川者，与民均供徭役。大德二年五月，诏：平江诸色户与民均当徭役。武宗至大元年十一月，诏：平江路民有隶奇德哩部者，依旧制差赋，与民一体均当。

二年五月，诏：诸王驸马及有分地功臣户，居上都、大都、隆兴者，与民均纳供输。

至大德五年二月，诏：总帅汪唯正所辖二十四城，有安西王诸王等并图沙玛来寓者，与编户均当赋役。九年五月，入诸王驸马部属及各役下，凡市佣徭役与民均输。十一年七月，诏：唐古图鲁格户籍已定，其入诸王、驸马各部避役之人及冒匿者皆有罪。武宗至大三年十月，敕谕中外民户，托名诸王、妃主、贵近臣僚，规避差役，已尝禁止。自今违者，俾充军驿及筑城中都，郡县不觉察者罢职。十二月，谕中外因避役占籍诸王者，俾充军驿。四年二月，敕诸王驸马户在缙山、怀来、永兴县者，与民均赋徭役。英宗至治五年正月，敕诸王位下民在大都者，与民均役。顺帝至正二十二年四月，诏：诸王、驸马御史台各衙门，不许占匿人民不当差役。

大德元年闰十二月，定燕托果斯所隶户差税，以三分之一输官。

二年二月，罢中外土木之役。

三年六月，禁福建民称权豪佃户，规避门役。

六年，量改丝钞受纳之制。

命止输丝户，每科俸钞、中统钞一两，包银户每户科二钱五分，摊丝户每户科摊丝五斤八两，丝料限八月，包银俸钞限九月，布限十月，大率因世祖之旧而增损之。

　　臣等谨按：前此输丝户不出俸钞，摊丝户止丝四斤。此盖增之也。若包银户之俸钞，则减四分之一。

七年闰五月，诏：僧人与民均当差役。

初，世祖至元三年，沙木斯鼎除佥浙西肃政廉访司事，以浙右诸僧寺私蔽猾民，有所谓道人、道民、行童者，类皆渎常伦，隐徭役，使民力日耗。契勘嘉兴一路，为数已二千七百。乃建议勒归本族，俾供王赋，庶可少宽民力。朝廷是之，即着为令。三十一年十一月，令河西僧人依旧役。大德元年十二月，省臣言：富户规避差税，冒为僧道，请汰为民。命拟议以闻，六年十一月，诏江南寺观，凡续置民田及民以施入为名者，并令输租充役。至是年五月，令甘州站户为僧人图鲁格等隐藏者，依例还役。其后至大四年二月，台臣言：白云宗总摄所统江南为僧之有发者，不养父母，避役损民，乞追收玺书银印，勒还民籍。从之。泰定帝泰定二年正月，平章政事张珪议曰：世祖之制，凡有田者悉役之。民典卖田，随收入户。特们德尔为相，纳江南诸寺贿赂，奏令僧人买民田者毋役之，以里正主首之属，逮今流毒细民。臣等议：唯累朝所赐僧寺田及亡宋旧业，制勿征。其僧道典买民田及民间所施产业，宜悉役之，着为令。三年八月，诏：道士有妻者，悉给徭役。顺帝元统二年正月，敕僧道与民一体充役。七年，特穆尔达实为相。先是，僧人与齐民均受役于官，其法中变，至是，奏复旧。

十一年十一月，诏：皇太后军民人匠等租赋徭役，有司勿与，并隶徽政院。

武宗至大二年五月，诏：恤流移，毋令见户包纳差税。

仁宗延祐元年三月，敕奸民宫其子为阉宦，谋避徭役者罪之。

后顺帝至正元年六月，禁高丽及诸处民以亲子为宦者因避赋役。

七年二月，汰富民窜名宿卫者，给役蒙古诸驿。

五月，禁宗戚权贵避徭役。

英宗至治二年十一月，诏：凡差役造作，先科商贾末技富实之家，以优农力。

三年四月，诏：行助役法。

遣使考视税籍高下出田，若千亩使应役之人更掌之，收其岁入以充役费，官不得与。是年，泰定帝立命江南民户，有田一顷之上者，于所输税外，每顷量出助役之田。具书于册，里正以次掌之，岁收其入，以充助役之费，谓之助役粮。凡寺观田，除宋旧额，其余亦验多寡，令出田助役，民赖以不困。

顺帝至正中，刘辉尹上海县。自宋季公田虚增，岁额加数倍，役人往往破产。辉谕富民，令自实隐田，劝豪右出粟为义役常平本，而邑之达官里居者亦来助，于是赋役均平。

时浙右行雇役法。

以浙右病于徭役，民充坊里正者皆破家。朝廷令行省召入郡，集议使民之法。时杭州总管赵琏献议，以属县坊正为雇役，里正用田赋以均之，民称其便。

三年，命各处急递铺，每十铺设一邮长，于州县籍记司吏内差充，使专督其事。

元制，设急递铺，以达四方文书之往来，亦谓之通达铺。世祖时，自燕京至开平府，复自开平府至京兆，始验地里远近，人数多寡，立急递站铺，每十里或十五里则设一铺，于各州县所管民户及漏籍户内佥起铺兵。中统元年，诏：随处官司设传递铺驿，每铺置铺丁五人，一昼夜行四百里，各路总管府委有俸，正官一员，每季亲行提点。州县亦委有俸末职，正官上、下半月照刷。如有急慢者罪之。至元八年，申命州县官用心照刷及点视缺少铺司铺兵，随路铺兵，不许雇人领替，须要本户少壮人力正身应役。二十年，留守司言：初立急递铺时，取不能当差贫户，除其差发充铺兵，又不敷者于漏籍户内贴补。今富人规避差发，永充铺兵，乞择其富者令充站户，站户之贫者，邻充铺兵。从之。三十一年，大都设总急递铺提领，所降九品铜印，设提领三员，至是，乃设邮长，能尽职者从优补用，不能者提调官量轻重罪之。

臣等谨按：置邮传命，自古重之。元《兵志》详载其制。而《世祖纪》中统三年十二月，有罢各路急递铺之诏，与志文显背，未审何故。

泰定帝泰定二年闰正月，诏除江淮创科包银。

时以烈风地震，内郡民饥，肆赦天下[1]，故有此诏。

文宗天历二年正月，敕回回人户与民均当差役。

先是，成宗大德中，四川廉访司佥事多罗台上疏言：回回户计多富商大贾，宜与民一体应役。至是，复有是敕。

至顺三年正月，罢诸建造工役，唯城郭河渠桥道仓库勿禁。

文宗时，差科之数：

天历元年，包银差发钞九百八十九锭，钯一百一十三万三千一百一十

---

[1] 肆赦，赦免、缓刑，后专指大赦。

九索，丝一百九万八千八百四十三斤，绢三十五万五百三十四，绵七万二千一十五斤，布二十一万一千二百二十三匹。

顺帝元统二年五月，诏王侯宗戚军站、人匠、鹰坊、控鹤，但隶京师诸县者，令所在一体役之。

至元元年十月，诏海道都漕运万户府，船户与民一体充役。

《王思诚传》曰：至正二年，思诚为御史，言：至元十六年开坝河，设坝夫户八千三百七十有七，车户五千七十，出车三百九十辆；船户九百五十，出船一百九十艘。坝夫累岁逃亡，十损四五，而运粮之数，十增八九。船止六十八艘，户止七百六十有一；车之存者二百六十七辆，户之存者二千七百五十有五。昼夜奔驰犹不能给。坝夫之存者一千八百三十有二，一夫日运四百余石。肩背成疮，憔悴如鬼，甚可哀也。河南、湖广等处打捕鹰房府，打捕户尚玉等一万三千二百二十五户，河南达百姓刘德元等二千三百户可以金补，使劳佚相资，朝廷是其议。

至正七年四月，命江浙行省讲究役法。

是时，崇安簿周礼定六班役法，按籍品配高下，人服其公。

二十八年闰七月，罢内府河役。

明初因赋定役，丁夫出于田亩。迨黄册成，以一百十户为里，里分十甲，曰里甲。以上中下户为三等，五岁均役，十岁一更造。一岁中诸色杂目，应役者编第均之曰均徭，他杂役曰杂泛。其后累朝更制，有银差、力差、听差、十段锦、一条鞭等法。

凡军匠、灶户役，皆永充。军户死，若逃者，于原籍句补。匠户二等：曰住坐，曰输班。住坐之匠，月上工十日，不赴班者输罚银，银月六钱，故谓之输班。监局中官多占匠役。又括充幼匠，动以千计，死若逃者句补如军灶户，有上中下三等，每一正丁贴以余丁，上中户下力多，或贴二三丁；下户概于优免。凡役民，自里中正办外，如粮长、解户、马船头、馆夫、祗候、弓兵、皂隶、门禁、厨斗为常役。后又有斫薪、抬柴、修河、修仓、运料、接递站铺、肿浅夫之类，因事编金，岁有增益。他如陵户、园户、海户、庙户、幡夫、库役、琐末不可胜计；凡祗应、禁子、弓兵，悉金市民，毋役粮户。额外科一钱、役一夫者，罪流徙。

臣等谨按：《明史·食货志》以里甲、均徭、杂泛为役法之三，而均徭之名未详所始。据志文言：五岁均役，一岁中诸色杂目应役者，编第均之，与洪武十七年令各处赋役，必验丁粮多寡、产业厚薄以均其力，十八年，令有司第民户上中下三等为册，贮厅，事遇徭役取验之意相合，疑亦明之。初制与正统时所行鼠尾册之均役，以税粮多寡为差，官为定其徭役者，其法迥殊矣。至志文所谓银力从所便者，则又似通后代银差力差时言之。盖明初禁民间用银，未尝以银为赋，唯洪武九年，许民以银钞钱绢代输。十九年，诏：岁解税课道里险远难致者，许易金银以进，此折变之法，暂行于一时。至英宗正统元年，始折征金花银，后遂为常制耳。今考银差、力差之制，史亦不详，其所始《食货志》言，正统初议均徭之法，令以旧编力差银差之法，当丁粮之数，酌其中役以应差，则其法当在英宗前也。

太祖洪武元年二月，命中书省议役法。

帝以立国之初，经营兴作，必资民力，恐役及贫民，乃命中书省验田出夫。省臣奏议：田一顷出丁夫一人，不及顷者以别田足之，名曰均工夫。八年三月，编应天十八府州、江西九江、饶州、南康三府均工夫图册；每岁农隙赴京供役三十日遣归，田多丁少者以佃人充夫，而田主出米一石资其用；非佃人而计亩出夫者，亩资米二升五合。

三年，令各处军民，凡有未占籍而不应役者，许自首。

四年九月，设粮长，令掌收民租。

粮万石，长副各一人，以总输纳。

十四年，诏：天下府州县编赋役黄册，设里长。

以一百一十户为里，推丁多者十人为长，余百户为甲，甲凡十人；岁役里长一人，管摄一里之事。城中曰坊，近城曰厢，乡都曰里。凡十年一周，先后则各以丁数多寡为次。每里编为一册，首编为一图，鳏寡孤独不任役者，则带管于百一十户之外，而列于图后。赋役册贮于厅事，凡遇徭役取验，以革吏弊。二十三年八月，奏准攒造黄册格式。有司先将定式誊刻印版，给与坊长、厢长、里长并各甲首，令人户自将本户人丁事产依式开写，付该管甲首，甲首送各坊厢里长，坊厢里长送付本县查算。凡编挂里长务不出本都，如一都有六百户，将五百五十户编为五里，剩下五十户分派本都，附各里长名下带管当差，不许将别都人口补辏。二十六年，定凡各处有司，十年一造黄册，分豁上中下三等人户。仍开军民灶匠等籍，除排年里甲以次充当外，其大小杂泛差役，各照所分上中下三等人户点差。

十七年二月，增递驿夫粮额。

先是，元年正月，置各处水马站递运所急递铺，凡陆站六十里或八十里，专递送使客、飞报军务、转运军需冲要处，设马八十四，六十四，其余以次递减，皆验民田粮出，备上马一匹，粮一百石；中马八十石，下马六十石，粮数不及者，许众户合并，设官一人掌之。水驿设船二十只及五只不等，每船水夫十人，于民粮五石之上、十石之下者充之。水递运所每船水夫十三人至十人不等，皆选民粮五石以下者充之。陆递运所，大车载米十石者夫三人，牛三头；小车载米三石者夫一人，牛一头。选民粮十五石者充之，如不足者，并许合并。急递铺凡十里设一铺，每铺设铺司一人，铺兵要路十人，僻路或四五人，于附近民有丁力田粮一石五斗之上、三石之下者充之，必少壮正身。每铺设日晷以验时刻。递送公文，每三刻行一铺，昼夜行三百里。各州县于吏司内选充铺长一人，巡视提督，官给文簿稽考之。至是递军驿夫充役者，转递往复，久不得代，船坏马毙，则易买补偿，虽巨室甲户，亦惮其役，吏缘为奸。往往富者以贿免，而贫者愈困，于是，饶州府乐平县民方处渐上言：郡县徭役不均，最为民病。帝命户部集议。户部尚书郁新等言：天下水马驿递运所夫，其役至重，虽蠲其税粮，而久不得代，困之之故，皆由于此，今后不须免粮，但于各布政使司所属境内，计水马驿递运所，船、马、车、牛之数，以所隶民户田粮，照依旧佥粮额，加倍均派，不分军匠，依次轮充，周而复始。帝曰：若依旧例，粮数止加一倍，恐不足以苏民力。命增至五倍。

顾炎武《日知录》曰：后唐《舆服志》云，驿马三十里一置。《史记》田横乘传诣洛阳，未至三十里，至尸乡厩置是也。唐制亦然其行。或一日而驰十驿，至捷书赦书，往往日行五百里，则又不止于十驿也。古人以置驿之多，故行速而马不毙。后人以节费之说，历次裁并至有七八十里而一驿者，马倒官逃，职此之故，盍一考之前史乎。

是年，令各处赋役，必验丁粮多寡、产业厚薄以均其力，违者罪之。

十九年四月，定工匠班。

初，工部籍诸工匠，验其丁力，定以三年为班，更番附京轮作三月，如期交代，名曰轮班匠。议而未行。至是工部侍郎秦逵复议举行，量地远近以为班次，且置籍为勘令付之。至期赴至工部，听拨免其家他役。着为令。于是诸工匠便之。

二十一年，令税课司局巡栏，止取市民殷实户应当，不许金点农民。

二十四年，令寄庄人户，除里甲原籍排定应役，其杂泛差役，皆随田粮应当。

后至世宗嘉靖四十四年，令凡流寓客户，查入版籍，协济均徭，酌派丁粮。神宗万历二年，顺天府尹施笃臣言：流寓人户，多系富豪，名为寄庄，影射差役，甚至田亩，数倍于土著之民，而差役分毫不与。宜即令入籍，与土著一体当差。

二十六年，以营建集天下工匠于京师，凡二十余万户，户役一人。

明初，工役之繁，自营建两京宗庙、宫殿、阙门、王邸，采木、陶甓、工匠造作以万万计，所在筑城、浚陂百役具举，迄于弘宣，郊坛仓庾犹未迄工。正统、天顺之际，三殿、两宫、南内、离宫，次第兴建，极壮丽之观。弘治时，工役俱摘发京营军士，内外军官禁不得估工用大小、多寡，本用五千人，奏请至一二万，无所稽核。至武宗时，乾清宫之役尤大。以大素殿初制朴俭，改作雕峻，用银至二千余万两，役工匠三千余人；又修凝翠、昭和、崇智、光霁诸殿，御马监，钟鼓司南城豹房新房，大药库，皆鼎新之。权幸阉官庄园、祠墓、香火寺观，工部覆窃官银以媚焉。世宗营建则更繁矣。十五年以前，名为汰省，而经费已六七百万，其役渐增至十数倍之多。斋宫秘殿，并时兴作。设立工场二三十处，役匠数万人，经费不敷，乃令臣民献助；献助不已，复行开纳，劳民耗财，视武宗过之。万历以后，营建织造溢经制数倍，加以征调开采，民不得少休。迨阉人乱政，建地营坟，僭越亡等功德私祠遍天下，盖二百余年，民力殚残久矣。

令仓脚夫每一地长制牌一面，遇差给牌取夫，工完日缴。

二十七年四月，命有司择民间高年老人，公正可任事者，理其乡之词讼。

先是，州郡小民多因小忿，辄兴狱讼。越诉于京，及逮问多不实，于是命有司择耆民可任者，俾听其乡诉讼。若户婚、田宅、斗殴者，则会里胥决之。事涉重者，始白于官，且给教民榜，使守而行之。后至洪熙年间，所用多非其人，或出自隶仆规避差科，县官不究年德，辄令充应，便得凭借官府，妄张威福；或遇上司官按临，巧进谗书，变乱黑白，挟制官吏。正统以后，巡抚考察州县官吏，多凭里老可否以为去留。州县官一闻考察，往往邀求行贿，始得保留，否则去之。殆尽无藉刁民，亦有缘此而告害者矣。

　　顾炎武《日知录》曰：汉世之于三老，命之以秩，颁之以禄，而文帝之诏，俾之各率其意以道民，当日为三老者多忠信老成之士也。上之人所以礼之者甚优，是以人知自好，而贤才亦往往出于其间。新城三老董公、壶关三老茂，史册炳然，为万世所称道。近世之老人则听役于官，而靡事不为，故稍知廉耻之人不肯为此，而愿为之者大抵皆奸猾之徒，欲倚势以陵百姓者也。其与太祖设立老人之初意悖矣。

　　又曰：今代县门之前，多有牓曰①：诬告加三等，越诉笞五十，此先朝之旧制，亦古者悬法象魏之遗意也。今谓不经县官而上诉司府，谓之越诉，是不然，盖不由里老处分，而径诉县官，此之谓越诉也。洪武中，天下里邑皆置申明、旌善二亭，民有善恶则书之。凡户婚、田土、斗殴常事，里老于此剖决。至宣德年间，而其制已废矣。

三十一年，令各都司卫所在营军士，除正军并当房家小，其余尽数当差。

至嘉靖十七年，令辽东各卫所徭役，照依腹里地方，五年一次审编。

洪武时，南京惜薪司夫三千名，俱应天府上元、江宁二县起取。

后至永乐时，内府惜薪司坐派抬柴夫三千名，照应天府例，于大兴、宛平二县起取。宣德时议准减免，南京惜薪司夫止存三百名，常用于龙江、瓦惜二处挑运柴炭，后一县止差雇工、坊长，其脚价俱句容、溧水、溧阳三县出办。其后令每名月征银一两二钱或一两四钱，遇该当年分，一年分为两季，转送惜薪司雇人上工。宣宗宣德四年，设易州山厂起倩斫柴

_____

① 牓，《日知录》原文作"榜"。

夫，每年共十万三千四百二十名。

成祖永乐时，选应天、浙江富民三千户，充北京府长，仍应本籍徭役。

其役供给，日久贫乏逃窜，辄选本籍殷实户佥补。宣德间定制，逃者发边充军，官司邻里隐匿者俱坐罪。弘治五年，始免解在逃富户，每户征银三两，与厢民助役。嘉靖中，减为二两以充边饷。

十一年二月，令民牧马。

洪武初，令天下诸府牧马。至是，行之北畿，民十五丁以下一匹，十六丁以上倍之。

宣宗宣德五年四月，工部尚书黄福请行省役法。

福言：河南、山东并直隶军民，既缘河置窑烧砖，又运江南所采材木，自春及秋，无有已时。力既疲惫，食且弗给。总率者不体朝廷宽大之意，又加之剥削残暴，人何辜焉，宜令苏息。砖之已烧者、材木之在途者运至，余皆停止，姑使军民宁家，俟有大营建，则复召至，而力役可省矣。命即议行之。

英宗正统初，行均徭鼠尾册法。

先是，编徭役里甲者，以户为断，放大户而勾单小，于是议者言：均徭之法，按册籍丁粮，以资产为宗，核人户上下以蓄藏得实也。稽册籍则富商大贾免役而土著困，核人户则官吏里胥轻重其手，而小民益穷蹙，二者交病。然专论丁粮，庶几古人租庸调之意，乃令以旧编力差、银差之数当丁粮之数，难易轻重酌其中。役以应差里甲，除当复者论丁粮多少，编次先后，曰鼠尾册，按而征之。市民商贾家殷足而无田产者，听自占，以佐银差。正统初佥事夏时创行于江西，他省仿行之，役以稍平。其后诸上供者，官为支解。而府官公私所需，复给所输银，于坊里长责其营办，给不能一二，供者或什伯，甚至无所给，唯值年里甲、祗应夫马饮食，而里甲病矣。凡均徭，解户上供为京縣主纳，为中官留难，不易中纳，往复改贸，率至倾产。其他役苛索之弊不可毛举。

明初，令天下贡土所有有常额，珍奇玩好不与。即须用编之里，里出银以市。顾其目冗碎，奸黠者缘为利孔。又大工营缮，司官祝厘，资用繁溢，迨至中叶，倭寇交讧，仍岁河决，国用耗殚，于是里甲、均徭浮于岁额矣。

　　成化二年八月，给事中邱宏疏曰：窃见国朝立法，凡一应大小科差，皆论民贫富佥点，既因土俗，复顺民情，故永乐、宣德间，民生富庶，至有老死不识官府者。其时未有均徭之名，而政无不平。盖民以十户为甲，以十甲为里。向也均徭未行，但随时置户以定差，一年之中或止用三四户而足，其余犹得空闲以候。后差贫者出力，富者出财，各随所有，听从其便，故竭一年之劳，犹得数年之逸。今也均徭既行，以十里之人户，定十年之差徭，官吏里书乘造册而取民财，富豪奸猾通贿赂以避重役，以下作上，以亡为存，殊不思民之贫富何常，丁之消长不一，只凭籍册，漫定科差，孤寡老幼皆不免差，空闲人户亦令出银，故一里之中，甲无一户之闲；十年之内，人无一岁之息。士夫之家皆当皂役，致仕之官不免杂差。甚至一家当三五役，一户役三四处，富者倾家破产，贫者弃祖离乡。宜严加禁革，今后民间差役，仍如旧制。责付府县正官，其排年里老，则尽数通拘；其各里人户，则详加重勘。考诸册籍，参以舆情，贫富品第三等，各自类编。丁粮消长，三年一次；通审别为富役之册，以为科差之则；挨次定差，周而复始，务在远近相等，劳逸适均，如此则差役均平，人得休息矣。

　　五年，令各府州县每岁查见在人户，凡有粮而产去及有丁而家贫者为贫难户，止听轻役。

　　景帝景泰元年，令里长户下空闲人丁与甲首户下人丁一体当差，若隐占者，许甲首首告。

　　七年正月，令京城九门收钞，铺户每门止役三人。

　　宪宗成化元年，令今后清理军匠外，其余一应事情粮差等项，止令该年里甲与老人结勘催办，不许拘扰十年里甲。

　　十五年，令各处差徭户分九等，门分三甲，凡遇上司坐派买办，务因所派多寡，定民输纳，不许隔年通征银两在官。孝宗弘治元年，令各处审编均徭，查照岁额差使，于该年均徭人户丁粮有力之家，止编本等差役，不许分外加增余剩银两，贫难下户并逃亡之数，听其空闲，不许征银，及额外滥设听差等项科差。镇守衙门，不许干预均徭。正德六年，又命排年里长、僧道有田粮者编入黄册，同里甲纳粮。当差无粮者，编入带管畸零。世家大族规避重差，化分小户者，许令首改归并。嘉靖九年，令各司府州县审编徭役。先查岁额各项，差役若干，该用银若干，黄册实在丁粮，除应免品官、监生、生员、吏典贫难下户外，其应役丁粮若干，以所用役银，酌量每人一丁，田几亩，该出银若干，尽数分派。如有侵欺余剩听差银两入己者，事发，查照律例，从重问拟。

六年七月，令京城官旗匠役之家，丁多者皆坐铺。

时京城坐铺之役，甚为居人之害，盖每铺立总甲一人，以丁多者充之。率三月一更，每旦受事，官府至晚不得息。一月之间，所经衙门二十七处，谓之灯卯。官中供应，皆取之更夫，谓之纸笔灯烛，钱不足，总甲辄出私钱补之。锦衣卫旗校夜行，需索酒食，不得，辄加棰楚，害甚于盗，贫民苦之，多卖屋僦居，以图免坐铺。而中外有势者，各庇其私人当坐铺者，尽为奏免；守更之夫，皆雇丐者充之。夜闻盗起，皆反关不敢出，明日止报某处有盗，或劫财，或伤人，与否而已。兵马司指挥张宁陈其弊，命部议行之。

孝宗弘治元年，令京城伙夫，总甲一年一次，以有家业行止者充当。

又令京城伙夫御马监养马勇士，除本身免二丁外，其余不系养马者，见丁编当。尚膳监、光禄寺厨役，将军、力士、轿夫、旗校、寡妇、吏典并御用监、司礼监、银作局高手匠役，俱免本身，其余见丁编当军民诸色人等，并赁房诸色人等，见丁编当。又令在京事故校尉、力士、幼军、厨役，随住人口，照回当差。有在京潜住冒军匠者递回。

五年，厘正近畿避差人户。

顺天府所属人民，有私自投充陵户、海户及军士校尉军厨，躲避粮差者，除本役外，其户下人丁，照旧纳粮当差。

七年十月，更定每里民壮之数。

从给事中孙儒请也。凡州县七八百里以上者，每里佥民壮二名，五百里者三名，三百里以上者四名，百里以下者五名。若原额数多者，仍旧俱于丁粮相应之家，选年力精壮者充，每名免户下二丁杂役以助之。若老死及全户消乏者，另为佥补，仍禁有司役占卖放之弊。

十五年，令陵户、海户、坟户、庙户、坛户、园户、瓜户、果户、米户、藕户、窑户、羊户，每户量留二三丁供役，其余丁优者，查出当差。

武宗正德元年十一月，均畿民差役。

巡抚都御史柳应辰言：顺天、永平二府并各卫所，差役不均，审户虽有三等九则之名，而上户则常巧于规免；论差虽有三等出力之异，而下户不免于银差；且有司均徭当出于人丁，近年兼征地亩；军卫均徭当出于余丁，近年兼派正军。奸弊难稽，民穷财尽，必须总括府卫所当用之役，而均派于所见有之丁，仍省冗差革妄费，重必办于富势，轻则及于贫穷，而后畿民始得其所。帝如其言行之。

世宗嘉靖元年五月，毁正德间所立赋役新法册籍。

户部复河南布政司参议徐文溥奏：赋役之法，祖宗成规，不容变乱。自御史潘鹏创立新法，名曰和平册，事体纷更，或议增脚价，或议收余银，或议均徭，或议驿传，或议户口盐粮，阳减阴增，法愈巧而弊愈甚，乞行该抚按，令一应赋役，悉遵祖制。其正德间所立新法册籍尽毁之。得旨如议。

命上林苑监，养牲种果蔬人户，除供应正役外，一切科扰，通行查革。

从户部请也。永乐初，设上林苑监于京师，取山西民充之，使蕃育树艺，以供上用品物。时止设文官，职专进送，于民无扰。后增设内臣九员，至弘治、正德间，累增至九十九员，于是科扰百出，甚至逼死人命。帝登极，诏汰革之，止存一十九员。未几，又传添设至六十二员。至是，户部请如旧额。

九月，令河南山东人户征银，雇修河夫役。

先是，武宗正德十三年八月，巡按直隶御史吴闰言：长芦、济宁诸处沿河夫役，本以备疏浚修筑之用，及至冬月，不用其力，乃征桩草银，其法未有不善。但因循既久，实去名存，欲乞今后沿河夫役，量留三分听用。冬月仍征桩草银，其余七分，官收其直，以时收买佣工，公私两便。部议从之。至是，御史谭鲁奏：河南、山东修河人夫，每岁以数十万计，皆近河贫民，奔走穷年，不得休息，请令管河官通行合属，均派上中二则人户，征银雇役便。部覆从之。其后二十六年二月，户科给事中陈棐言：南北直隶、山东、河南，先年设有闸夫、河夫、堡夫，远者征银，近者给役，以供黄河修筑之用，今皆积有盈余，而岁征如故，民实不堪。宜量为减免。部覆报可。二十八年十二月，巡按御史陈其学奏：徐州吕梁二洪，先因水涸陵险，设有洪夫二千四百有奇。自嘉靖二十三年，黄河自西来注之，漕挽顺利，人力甚省，乃洪夫仍取盈旧额，徒滋虚糜，乞量行裁损，以宽萧砀民力。报可。

六年，禁州县官派累里甲。

令抚按等官查考各州县，有令见年里甲本等差役之外，轮流值日，分投供给日用诸项，及遇亲识往来，使客经过，任意摊派，并添拨脚夫者，拿问罢黜。若二司官纵容不举，抚按官以罢软开报。

《陶谐传》曰：嘉靖时，谐为副都御史，奏：今天下差役繁重，既有河夫、机兵、打手、富户力士诸役，乃编审里甲，复征旷丁，课及供亿诸费，乞皆罢免。帝采纳之。

臣等谨按：《世宗实录》：嘉靖时，御史潘季驯巡按广东，倡行均平里甲之议。其法：先计州县之冲僻以为用之繁简，令民各随丁力输银于官，每遇供应过客及一切公费，官为发银，使吏胥老人承买，其里长止于在官句摄公务，甲首悉放归农，广人便之。

七年七月，更定审编京城甲役之令。

时京城官民杂处，十家之中免役者九，又以其近傍隙舍主匿奸人，贫民至代为更徭，劳役不堪。御史王仪因请斟酌丁产，著为定例。从之。至四十三年七月，又以顺天府尹刘畿言，令各州县官先将境内丁田覆其原额，而纠正其欺隐，次将境内差役，究其因革而裁减其冗滥，然后按丁粮之等第为赋役之轻重，务使差徭平一以纾民力。

十年四月，更定群长之役。

太仆寺少卿洗光言：群长之设，用以分管马户，拘集点视，言拨交俵，其役与里长同。今不时更换，弊不可言。宜照里长例，每里择丁力多者十人充之，以更十年之役，满日审换，仍依里甲事体，就令收解本年各项银两，庶殷实者不得买闲，奸狡者不得营充矣。从之。

十五年，以三等九则审编均徭。

户部奏准：今后凡遇审编均徭，务照律例申明禁约，如某州县银、力二差，原额各该若干，实该费银若干，从公查审，刊刻成册，颁布各府州县候审编之。时就将实费之数，编作差银，分为三等九则，随其丁产量差轻重，务使贫富适均，毋致偏累，违者纠察同罪。

三十三年，增提编均徭。

提编者，加派之名也。其法，以银、力差排编十甲，如一甲不足，则提下甲补之，故谓之提编。是时，谙达犯京师，增兵设戍，饷额过倍，而东南被倭，由是度支为一切之法，浙闽多额外提编，江南至四十万。及倭患平，应天巡抚周如斗乞减加派。给事中何熿亦具陈南畿困蔽，言：军门养兵，工部料价操江募兵，兵备道壮丁、府州县乡兵，率为民累，甚者指一科十，请禁革之。命如熿议，而提编之额不能减。

三十七年三月，裁省驿递。

兵部议：国初，设驿递以宣传王命，飞报军情，比者成法尽更，糜费十倍。既有站红船，又增设官民坐船；既有额定马驴，又增设帮马；既有正差应付，又有借冒关牌，分外逼索者。请查《会典》事例，尽毁官民座船，以其费入官，其旱驿马驴除两京会同馆之外，每驿减十之三，非冲者减十之五。所过官丞，必须正差勘合，填定职名、城方、夫马之数，方许应付，其他一切分关、倒关、改关、借关及额外铺陈，馈近干折等弊，在内听部科，在外听抚按参革，仍以各地方所省钱粮之半解部输边。诏允行。

四十年，定内府各衙门应役人数。

令内府各监局司库等衙门，将各匠役定以一万七千一百名，锦衣卫各旗校定以一万六千四百名，光禄寺厨役定以三千六百名，太常寺厨役定以千一百名，各为额数，如有事故，止许在册余丁查补，不得逾数滥收。又户部奏：准河南均徭库子择殷实有力者朋充协济，掌印官置空白文簿二扇，赴巡抚衙门用印钤盖，发各役收掌，遇派办一应公费，照数登记，听巡抚及守巡官吊查。至于各仓斗级，俱令年终支盘，其后收支，皆见役承当，毋得牵系旧役。

四十四年二月，议准江南行十段锦册法。

其法，算该每年银、力差各若干，总计十甲之田，派为定则。如一甲有余，则留以为二甲之用，不足，则提二甲补之。乡宦免田，十年之内止免一年，一年之内止于本户寄庄田亩，不拘同府别府，但已经原籍优免者，不许再免。

<u>臣等谨按：《世宗实录》：十段锦之议，出于巡按御史温如璋，行之未几，里下骚然，莫必其命，浙江为尤甚。庞尚鹏巡抚浙江时，乃奏请行一条鞭法。</u>

神宗万历元年十一月，顺天府府尹施笃臣请恤厢民差役。

笃臣言：厢户之设，始自永乐初，取江南富民三千户填实京师，分派宛、大两县寄籍。至弘治间，止存二百余户，以句摄烦扰，奏免佥解，每户岁征银五两，尽给存户为津贴安家盘费，后因春秋陵祭、乡会武闱及各衙门取用物件等项，两县里甲供应不前，暂令各厢户备办，遂沿习为常，各户岁给领前银，轮流供办。嘉靖间，户部见所解前银数多，发贮太仓备边，银去差存，逃亡过半，议者乃请每县各给银三百两，供应繁难，不敷措办，日逐赔补，渐益凋零。今两县仅存厢民五户，每岁置办家伙，冗费丛杂，难以悉举。夫厢户非土著之民，供办非额设之役，所有之资，既以收其八九，所供之役，又未蠲其一二，贫者流移，奸者投避，见存五户，唯余残喘，岂祖宗填实京师之原意！乞将解到安家银每县岁添给二百五十两，仍清查影射，与五户一体当差。户部议覆，每岁止添给二百两。

六年，优恤治河夫役。

正月，给事中李涞言：河夫之役甚苦，宜从实勘估，稍优其直，以苏小民之困。工银必须早给，仍察督小官，不许假以别事剥削。七月，巡按直隶崔廷试言：淮甸地方所当因势调停者，其一计夫役以安穷民，各州邑所派之夫，日给三分，而远者一日七八分，次亦不下五六分。彼里甲所取办，民已不胜苦矣。事竣之时，当事者又多裁削之，或遇有冲决，辄令复筑，不复计工。夫洪水所冲，何坚不破，而可令穷民赔价耶！以后量从宽处，免其扣累，庶几民忘其劳，而称恤道之使也。皆允行。

礼部主事陈应芳条奏河工疏曰：顷见漕臣开越河，一疏其称论方取土，以丈计之，约用工银九万六千有奇，而木石之费十二万，其派夫必得五万人而后可。窃意夫以五万，每名日工食二分，则当一日千金矣，是所谓九万六千者止可供五万人三月之费。借曰更番迭用，亦只供六月之食，大约计之，则九万六千者可足一年夫役之募乎？其不足者，抚按自有处乎？抑令民自为赔也。臣往见河工之举，抚按下之司道，司道下之州县，州县下之里甲，里甲不足，于是以家资之上下为出天之等第，籍名在官，而趋之役，票牌追呼之扰，呼号怨谤之声，不可胜言，此借名之苦一也。及其不可脱而为之办，夫一家办夫五名，则月几十金之费，往往倾资以偿其费，不则鬻产及卖子女。数月之间，闾阎一空，此雇夫之苦二也。及其以应雇之夫，而往即工所也，多方影射，百计索求，致令往往逃去，移檄州县逮之，原籍名之人雇夫以补其额，而就逮之费亦复如前，是重困也。至于官银，即使尽所议者给之，犹不足以偿十分之一，而况所给者，受值之人非出值家也。官徒有募夫之名，而害归于籍名者之家，利入于管工者之手，此赴役之苦三也。请以三策筹之，与其使当事诸臣阳为节省之虚名，而闾阎小民隐受包赔之实，害则孰若；照粮起科，明为加派，而以九年十年拖欠存为钱粮，酌为蠲免，免其旧而派其新，人情未有不乐从者。钱粮足则官操其值以募人，如各驿递等夫，则非以厉民，而且养民，此理之正、策之上也。瓜、仪巨商大贾，往往有建寺修桥者，向倭夷之变，扬州外城俱系盐商倡筑，不期月而集，或悬旌表之，令开事例之门；或授以冠带，或给以旌匾，必有应之者。而往来商船，除钞关外，量于湖口抽其税课以佐急，此事之权、策之次也。如其不责名实而曰加派不可，协济不可，事例抽税又不可，而忍听民自为赔焉。此则可谓无策矣。

七年八月，减均徭加派银。

给事中郝维乔言：国家赋税差役原有定额。迩来条鞭新立，规额未定，无名供应之费，不时科敛之需，其苦万状，即遇灾伤蠲免，而各项冗费冗役及门摊纳办支应常例等项，有司仍一概追征，不少减免，此两税输官者少，杂派输官者多也。请命下各直省，每年春秋税额，照常征派外，将均徭里甲及一应杂派钱粮，但系小民出办者，通行查议。某项应减，某项应革，某项仍旧，分类开造呈报酌议，务求省约。从之。凡减银一百三十万有奇。

九年，通行一条鞭法。

条鞭法者，总括一州县之赋役，量地计丁，丁粮输于官。一岁之役，官为佥募。力差则计其工食之费，量为增减；银差则计其交纳之费，加以增耗。凡额办、派办、京库岁需与存留供亿诸费，以及土贡方物，悉并为一条，皆计亩征银，折办于官，故谓之一条鞭。嘉、隆间数行数止，至是乃尽行之，盖均徭、里甲与两税为一，小民得无扰而事亦易集，立法颇为简便，然粮长、里长名罢实存，诸役卒至，复佥农氓。条鞭法行十余年，规制顿紊，不尽遵也。

先是，世宗嘉靖十年正月，御史傅汉臣言：顷行一条鞭法，十里丁粮总于一里，各里丁粮总于一州一县，各州县总于府，各府总于布政司，布政司通将一省丁粮均派一省徭役内，量除优免之数，每粮一石，审银若干，每丁审银若干，斟酌繁简，通融科派，造定册籍，令行各府州县，永为遵守，则徭役公平而无不均之叹矣！奏入下所司。穆宗隆庆四年，户部奏：准江南布政司所属府州县各项差役，遂一较量轻重，系力差者，则计其代当工食之费，量为增减；系银差者，则计其扛解交纳之费，加以增耗。通计一岁共用银若干，照依丁粮，编派开载各户由贴，交限征收，其往年编某为某役，某为头户、贴户者，尽行查革。如有丁无粮者，编为下户，仍纳丁银。有丁粮者编为中户，及粮多丁少与丁粮俱多者编为上户，俱照丁粮并纳，着为定例。此一条鞭法之始。

　　工科右给事中曲迁乔疏曰：议行条鞭之法，以差银必兼地丁，定地必较肥瘠，觅役必厚工食，我国家因田以制赋，按丁以审差，即古有田则有租，有身则有庸之意。因法久弊滋，于是不得已立为条鞭之法，总括一县之赋役，量地计丁，一概征银，官为分解。雇役应付，虽非祖宗之旧制，亦革弊之良法。但有司行之有善有不善，是以地方亦间有称不便者。今宜行各抚按，将见行条鞭之法，或有司奉行未善者，则随宜酌处。如病在雇役，则宽议其工食，使人不苦于应募；如病在里甲，则严禁其暗用，使人得安于田亩；或则壤成赋，勿使下地暗包上地之粮；或九则征银，勿使贫民概应富户之役。调停既当，人自乐从矣。

　　孙承泽《春明梦余录》曰：一条鞭者，其法通府州县，十岁中夏税、秋粮，存留、起运额若干，通为一条，总征而均支之也。其征收不轮甲，通一县丁粮均派之，而下帖于民，备载一岁中所应纳之数于帖，而岁分六限纳之官。其起运完输，若给募皆官府自支拨，盖轮甲则递年十甲充一岁之役，条鞭则合一邑之丁粮，充一年之役也。轮甲则三年一差出，骤多易困，条鞭令每年出办，所出少易输。譬则十石之重，有力人弗胜，分十人而运之，力轻易举也。诸役钱，分给主之官，承募人势不得复取赢于民，而民如限输钱，讫闭户可卧无复追呼之扰，此役法之善者也。后江陵相当，国复下制申饬海内通行者将百年，而今又有不然者。余读《怀柔县志》载：赋役议曰：天下有名为节省，而其实有大不便于民者，则今日之请减条鞭，是已里甲之累民易知也。以故改而为条鞭立法者，贵其可继，故改鞭之始，尚有余地，以俟有司之酌处，乃一倡为节省之说，各款尽为裁减，减之又减，以至必不能行已，而各款将终焉。已乎必不能已，则私役里甲以济之者也。昔止一里甲之累，而今两累之。大家为掩耳盗铃之计，其害更甚于加赋。窃谓今日之裁减太甚，徒掣贤者之肘，而益以恣不肖者之无忌惮，困民极矣。司国者将有策以复条鞭之旧乎！

十一年十一月，议审编事宜。

顺天府府尹臧唯一言：审编事，一、银力二差，分配丁田，每亩科银二分，涉于过重，不若以丁门为主，丁门上中则先尽力差，重者编审；其丁门下则并地亩编审，轻差不得拘定每亩二分之例；一、差徭以丁田为主，而又有门银者，富家援例，丁得优免，故富者照门审差上中六则，照门银等则编审，下户概出丁银，不得复议门银；一、力差代役，额外需求，以致正户赔累，必每差明编所用之数，除听本户亲当外，代当者征银解各衙门当官给领，不许额外需求；一、流寓土著，莫非正民，除寄庄未久、产业无多者照例每地一亩，征银三分，止编银差外，其居住年久，置有因土房舍者，即令收籍，与土民一体当差；一、各衙门裁革官员、门皂人役，宜查明免编以宽民力；一、各州县地有繁简，故所用人役自有多寡，将应减应增，照数编审，庶冗费可省，而差用亦敷；一、差有银力轻重不同，旧审银差有应改力差者，或旧审力差有应改银差者，随官改编，亦通变便民之法。部覆如议。

熹宗天启元年，均辽饷加派、户丁等银。

从给事中甄淑请也。自万历时，接踵三大征，颇有加派。四十六年，骤增辽饷三百万。三年之中，增赋五百二十万。于是淑言：辽饷加派，易致不均。盖天下户口有户口之银，人丁有人丁之银，田土有田土之银，有司征收总曰银额，按银加派，则其数不漏。东西南北之民，甘苦不同，布帛粟米力征之法，征纳不同。唯守令自知其甘苦，而通融其征纳。今因人土之宜则无偏枯之累，其法以银额为主，而通人情，酌土俗，颁示直省，每岁存留起解各项银两之数，以所加饷额，按银数分派，总提折扣，衰多益寡，期不失饷额，而止如此，则愚民易知，可杜奸胥意为增减之弊，且小民所最苦者，无田之粮，无米之丁。田鬻富室，产去粮存，而犹输丁赋。宜取额丁额米，两衡而定其数。米若干，即带丁若干，买田者收米便收丁，则县册不失丁额，贫民不致赔累，而有司亦免遗赋之患。从之。

庄烈帝崇祯六年正月，御史祁彪佳疏陈里甲之困。

　　先是，三年，河南巡抚范景文言：民所患苦莫如差役。钱粮有收户、解户，驿递有马户，供应有行户，皆佥有力之家充之，名曰大户。究之所佥非富民，中人之产辄为之。倾自变为条鞭法，民困少苏，而大户终未尝革。至是，彪佳疏陈里甲之苦，言自一条鞭之法行，差徭咸入正赋，安得里甲用之也。乃僻邑遐陬，公然佥派。岁节之馈送，过客之供应，新官之铺设，军民之起解，事无难易，概令支当。至于解银一差，尤称重用，发领之际，吏缘为奸，兑收之时，赔折无算，更有发空批令垫纳在先，要补于后者。河南按臣李日宣行官收官解，中州便之，何不可行之于天下也。帝嘉纳之。

　　裁驿夫。

　　天启时，御史李应升疏陈马夫河役，粮甲修办，白役扰民之弊。至是，给事中刘懋复奏：裁驿夫，征调往来，仍责编户。驿夫无所得食，至相率从流贼为乱云。

钦定续文献通考卷十七

职没考

复除

宋宁宗庆元元年正月，蠲台、湖、严三州贫民身丁、折帛钱一年①。

先是，孝宗时，余端礼知湖州乌程县，民间赋丁绢钱，率三岷出一绢，不输绢而折其估，一绢千钱，后增至五千，民不胜病。端礼以告于府，又自诣中书陈便宜，岁蠲缗钱六万，民力稍苏。至是年九月，又蠲台、湖、严三州被灾民丁绢。二年二月，蠲临安府民身丁钱。三年十二月，蠲绍兴府贫民明年身丁、折帛绵绢。嘉泰四年八月，蠲绍兴府攒宫所在民身丁钱绢绵盐②。十二月，再蠲临安府民身丁钱三年。开禧元年十二月，诏永除两浙身丁钱绢。二年正月，蠲两浙路身丁绅绵。

开禧三年三月，蠲两淮被兵州郡役钱。

嘉定二年七月，募民以赈饥免役。

五年五月，诏：州县见役人毋纳免役钱，役满复输。

十一年七月，蠲四川关外诸州税役。又蠲光州民兵战死之家税役。

理宗端平元年，蠲漳州岁纳丁米钱。泉州兴化军一体蠲放。

时袁甫为福建转运判官，丁米钱久为漳、泉、兴化民患。会知漳州赵以夫请，以废寺租为民代输，甫并蠲三郡岁解本司钱二万七千贯助之。

淳祐八年二月，福安县民罗氏母，年过百岁，复其家，遣有司岁时存问。

---

① 身丁钱，即丁赋。主要征于南方地区。五代时，吴越、南汉按人丁征收钱米，称"身丁钱"。至宋代，南方地区仍沿袭此制。主要纳钱，也有以绢、绵、米等缴纳的。

② 攒宫，宋南渡后，帝、后茔冢均称"攒宫"。表示暂厝，准备收复中原后迁葬中原。

宝祐二年，蠲利、阆、隆庆、漳州、绵州赋役。

《宋史·儒林传》曰：孝宗时，程迥知进贤县，大水，亡稻麦，郡蠲租税至薄，迥请悉蠲之。郡僚曰：渡江以来，未尝全放，恐户部不从。迥曰：唐人损七则租庸调俱免，今损十矣，夏税役钱不免，是犹用其二也，不可谓宽。议乃息。

《忠义传》曰：咸淳六年，江东大旱，唐震知信州，奏减纲运米，蠲其租赋。令坊置一吏，籍其户，劝富人出粟，使坊吏主给之。吏有劳者，辄为具奏，复其身。吏感其诚，事为尽力。富人出粟愈多，饥民借以得食，所活无算。

辽穆宗应历十五年二月，复鹰坊徭役。

至道宗时，大公鼎为兴国军节度副使。时有隶鹰坊者，以罗毕为名，扰害田里，岁久民不堪。公鼎言于帝，即命禁戢。会公鼎造朝，大臣谕帝嘉纳之意。公鼎曰：一郡获安，诚为大幸，他郡如此者，众愿均其赐于天下。从之。

臣等谨按：捕鹰亦差役中一事。辽、金之隙，实始于此。《金史》云：初，辽每岁遣使市名鹰海东青于海上，道出境内，使者贪纵，征索无艺，公私厌苦之。太祖常以为言。其后遂执其障鹰官，举兵伐辽。

圣宗统和十年二月，给复云州流民。

四月，又给复朔州流民三年。

十二年正月，霸州民李在宥，年百三十有三，赐束帛、锦袍、银带，月给羊酒，复其家。

至道宗大安十年十二月，三河县民孙宾及其妻，皆百岁，复其家。

开泰元年十月，赐义门复。

前辽州录事张廷美，六世同居；仪坤州刘兴允，四世同居，各给复三年。

兴宗重熙十三年，复王子班郎君及诸宫杂役。

从契丹行宫都部署耶律仁先奏也。至十六年，仁先迁北院大王，奏今两院户口殷庶，乞免他部助役。从之。

道宗太康五年十一月，复南京流民差役三年，被灾之家免租税一年。

金制，凡叙使品官之家，并免杂役，验物力所当输者，止出雇钱，进纳补官。未至荫子孙，及凡有出身者，谓译司吏人等。出职带官叙当身者，杂班使五品以下，及三品承应已带散官未出职者子孙，与其同居兄弟下逮终场举人，系籍学生、医学生，皆免一月之役。三代同居已旌门则免差发，三年后免杂役。

熙宗皇统四年十月，诏：熏风殿二十里内及巡幸所过五里内，并复一岁。

十一月，以河朔诸郡地震，诏复百姓一年。

世宗大定二年三月，免南京正隆丁夫贷役钱。

四年二月，免安州今年赋役，及保塞县御城边吴二村凡扈从人尝止其家者，亦复一年。

九年二月，以曹、单二县被水尤甚，给复一年。

至二十七年十一月，诏：河水泛溢，农夫被灾者，与免差税一年。卫、怀、孟、郑四州塞河劳役，并免今年差税。

章宗明昌三年，诏：赐棣州孝子刘瑜、锦州孝子刘庆佑绢粟，旌其门间，复其身。

五年二月，齐河县民张涓、济阳县王琛、河州李锜急义好施，诏复之终身，仍着于令。

九月，如秋山。诏：经过人户曾当差役者，复一年。

泰和四年四月，以旱灾免州县徭役。

宣宗兴定元年十二月，诏：免逃户复业者差赋。

至三年，又诏：凡逃户复业者，但输本租，余苦役一切皆免。能代耕者，免如复户。有司失信擅科者，以违制论。

元光二年十二月，量免延安等民差税。

延安土人充司县官义军使者，选人代之，量免其民差税。归德、徐、邳、宿、泗、永、亳、颍、寿等州复业及新地民，免差税二年，见户一年，尝供给邳州者复免一年之半，睢州、陈留、杞县免三之一。

元太宗时，夏津灾，东平路奏差官王玉汝奏请复其民一岁。

宪宗时，命免儒户徭役。

先是，太宗命皇子库腾镇西京时，儒者皆隶役。河西人高智耀谒藩邸，言：儒者给复已久，一旦与厮养同役，非便，请除之。从其言。及宪宗即位，智耀入见，言：儒者所学尧舜禹汤文武之道，自古有国家者，用之则治，不用则否，养成其材，将以资其用也，宜蠲免徭役以教育之。帝问儒家何如，巫医对曰：儒以纲常治天下，岂方技所得比。帝曰：善。前此未有以是告朕者，诏复海内儒士徭役无有所与。及世祖时，又力言儒术有补治道，反复辩论，辞累千百，帝遂命凡免役儒户皆从之，给公文为左验。又别其富实。以儒户避役者为民，贫乏者五百户隶太常寺。

世祖中统元年七月，北京路都元帅阿哈，乞免所部军征徭。从之。

三年七月，复蒙古军站户差赋。闰九月，免诸路军户他徭。四年七月河南统军司言：屯田民为保甲丁壮射生军，凡三千四百人，分戍沿边州郡，乞蠲他徭。从之。

二年二月，诏：减免民间差发。

时免西京、北京、燕京差发。又以真定、大名河南、陕西、东平、宜都、平阳等路，兵兴之际，劳于转输，差发减轻科取。至三年四月，免松州、兴州、望云州新旧差赋。至元十年六月，免大都、南京两路赋役，以宽民力。二十四年七月，免东京等处军民徭赋。二十五年，免辽阳、武平等处差发。三十年，免大都差税。

复东平孝子王闰役。

臣等谨按，《元史·复东平孝子王闰役孝友传》曰：元有天下，其教化未必古若也，而民以孝义闻者，盖不乏焉。自临江刘良臣以下数十百人，皆表其门闾，或复其家。是旌门既为定制，而徭役之复与不复，或时有不同焉。

三年闰九月，以济南路曹李璮之乱①，军民皆饥，尽除差发。

至四年，以西凉民户值呼塔噶阿勒达尔之乱，人民流散，免差税三年。十七年二月，诏哈喇所部和州等城，为叛兵所掠者，免其民差役三年。

四年二月，以民杜了翁先朝旧功，复其家。

八月，诏：西凉流民复业复其家。

① 曹，当为"遭"。

至元元年四月，诏：逃户复业者免差税三年。

后至元十九年，免诸路逃移户明年差税。成宗大德十年，诏：逃亡民户复差税三年。延祐元年，免流民复业者差税三年。仁宗皇庆二年七月，以保定、真定、河间民流不止，悉免今年差税。英宗至治二年十一月，诏：流民复业者，免差税三年。泰定帝致和元年二月，诏亦如之。

巴延奏蠲京圻漕户杂徭。

二年五月，敕上都诸人自愿徙居永业者，复其家。

七年，颁农桑之制。凡五十家立一社，凡为长者，复其身。郡县官不得以社长与科差事。

南京河南蝗、旱，减差徭十分之六。

至二十四年，免北京饥民差税。二十六年六月，以禾稼不收，免辽阳差税。

朝议给还孔庙洒埽户，仍复其家。

曲阜孔子庙，历代给民百户以供洒埽，复其家。至是，尚书省以括户之故，尽收为民。太常少卿王盘言：庙户百家，岁钞不过六百贯，仅比一六品官终年俸耳。圣朝疆宇万里，财赋岁亿万计，岂爱一六品官俸不以待孔子哉！时论韪之①。至泰定二年九月，齐履谦宣抚江西、福建州县，有以先贤子孙充房夫诸役者，悉罢遣之。

九年三月，诏：免医户差徭。

至成宗元贞元年三月，诏：免医工门役。大德七年十月，诏：从军医工止复其妻子，户如故。

五月，敕修都城。凡费悉从官给。九月，发民夫三千人，伐巨木辽东。十一月，发北京民夫六千，伐木乾山，并免其家徭役。

十年八月，凤翔宝鸡县刘铁妻，一产三男，复其家三年。

十一年正月，免于阗采玉工差役。

至二十八年十月，免卫辉种仙茅户徭役。成宗大德七年十月，又诏：淘金站户无种佃者，免杂役一年。

十三年三月，敕诸路儒户通文学者三千八百九十，并免其徭役。

至二十五年十月，诏：免儒户杂徭。成宗大德十一年五月，时武宗已即位。勉励学校，蠲儒户差役。文宗即位，陈颢上疏，劝蠲儒人徭役。帝嘉纳之。顺

---

① 韪之，赞同、肯定。

帝元统元年九月，诏免儒人役。二年，诏儒人免役，悉依累朝旧制。

五月，复沂、莒、胶、密、宁海五州所括民为防城军者为民，免其租徭。

至十五年二月，征巴实伯里，军士免其徭役。二十七年五月，诏：彻尔特穆尔所部女直、高丽、契丹汉军，输地税外并免他徭。

十二月，诏：凡故宋繁冗科差百余条，悉除之。

至二十八年十二月，复议征。

十四年正月，以江南平，百姓疲于供军，免诸路今岁所纳丝银。

先是，十年五月，诏：免民代输佥军户丝银及伐木夫户赋税。十一年五月，敕随路所佥新军其户丝均配于民者并除之。十三年正月，以中书省言：赋民旧籍已有定额。减至元七年新括协济合并户今岁丝赋之半，至是复免。

十七年十二月，免巩昌、常德等路饥民徭役。

至二十六年六月，辽阳等处饥民，免今岁差赋。

二十一年十一月，募人开耕江淮荒田，免其一切杂役。

至二十五年正月，募民能耕江南旷土及公田者，免其差役三年。

二十五年二月，以江南站户贫富不均，命有司料简，合户税至七十石，当马一匹，并免杂徭。

二十八年四月，以地震免侍卫兵籍武平者今岁徭役。

二十一年四月①，成宗即位，诏免天下差税有差。

除大都、上都两路差税一年，民户逃亡者，差税皆除之。自是以后，凡即位皆有复除之诏。大德元年二月，以改元，免上都、大都、隆兴差税三年。九年二月，以郊祀，免大都、上都、隆兴差税。至武宗至大二年，上尊号，诏免腹里②、江淮差税。至治三年十二月，泰定帝改元，并免八番思播两广洞寨差税一年。

成宗元贞元年，以供亿繁重及水伤禾稼，免咸平府边民差税。

至大德二年正月，诏：免水旱郡县、老病单弱者差税三年。五年，各路被灾重者，免其差税一年。六年三月，以旱溢为灾，大都、平滦被灾重者差税三年，余经振恤者，免一年。十二月，御史台臣奏：大德元年以

---

① 二十一年，疑刊刻有误。元成宗继位于至元三十一年。且文中记此事于二十八年之后。

② 腹里，核心地区。元朝对中书省直辖区的通称。腹里由中书省直接管理，其余地方设行中书省管理。

来，数有灾变，宜减免差税。帝嘉纳之。七年五月，尽除内郡饥荒所在差税。各道奉使宣抚言：去岁被灾人户未经赈济者，宜免其差役。从之。八年正月，免平阳、太原差税。三年，隆兴、延安及上都、大同、怀孟、卫辉、彰德、真定、河南、安西等路被灾人户免二年，大都、保定、河间路免一年。

三月，诏：免军器匠门役。

至大德元年三月，免武当山新附军徭役。

二年五月，免两都徭役。

是月，又复司天台观星户。

大德元年十月，免陕西盐户差税。

武宗至大元年六月，以益都饥，免今岁差徭。

七月，诏：江南、江北水旱饥荒，已尝遣使振恤者。至大元年，差发官税并行除免。二年正月，诏被灾百姓，内郡免差税一年。九月，诏：各处人民饥荒转徙复业者，除差税。三年十一月，以徐、邳连年大水，百姓流离，悉免今年差税。东平、济宁荐饥，免其民差税之半；下户悉免之。三年十月，免被灾人户至大二年以前负欠差税。十一月，免未经赈恤人户今岁差税。其曾经赈恤者，量减其半。

仁宗皇庆二年十月，旌表高州民萧义妻赵氏贞节，免其家科差。

<u>臣等谨按：《元史·列女传》所载，节妇甚多，莫详年代，其可考者，隆兴霍荣妻段氏，夫死无子，誓死不贰，孝养舅姑。大德二年，府上状中书，给羊酒币帛，仍命旌门，复役如制，是节妇之复其家乃旧制也。</u>

延祐元年正月，免上都、大都差税二年，其余被灾曾经赈济人户免差税一年。

五年三月，免巩昌等处经赈济者差税。其后泰定帝泰定二年闰正月，免被灾处差税一年。文宗天历元年，陕西霜、旱，免科差一年。二年，以关陕旱，免科差三年。至顺元年五月，诏：河南、怀庆、卫辉、普宁四路未经赈济人户，今岁差发，全行蠲免。其余被灾路已经振济者，腹里差发免三分。

二年十一月，以星变，免各路差税有差。

七年六月，时英宗已即位。诏：免僧人杂役。

至泰定帝泰定元年十一月，诏：免伊啰勒昆达实密役。文宗天历二年十二月，诏：僧尼徭役，一切无有所与。又诏：诸僧寺田有当输租者，免其役。

英宗至治二年十一月，免陕西明年差税十之三。

泰定帝泰定元年六月，免天下杂役三年，蜑户差税一年。又罢广东、福建蜑户为民，免差税一年。

文宗天历元年十二月，诏：免被兵郡县杂役。

二年十月，免各处煎盐灶户杂泛夫役二年。

至顺二年九月，免控鹤户杂役。

三年六月，免四川行省今年差税。

顺帝元统二年十月，免湖广屯户五百差徭。

至元二年，江州行贷粟免役法。

江州诸县饥，总管王大中贷富人粟以赈贫民，而免富人徭役以为息。

三年，悉除北边民徭。

边民岁有徭役，满济勒噶台镇北边，悉蠲除之。后为定例。

至正元年十二月，诏：民年八十以上者，免其家杂役。

二年十一月，诏：免云南明年差税。

六年闰十月，免天下差税三分，水旱之地全免。

十四年五月，募毛胡芦义兵，免其差役。

九月，免河南蒙古军杂泛差役。

二十六年二月，诏：免天下杂泛差徭。

以比者屡遭逆臣为乱，内外之民，经值军马致使困乏，与免一切杂泛差徭。

明洪武元年八月，诏：民年七十以上者，许令一子侍养，免其差役。

二年，令凡民年八十之上，止有一子，若系有田产应当差役者，许出丁钱雇令人代；无田产者，许存侍。十九年六月，诏：有司存问高年，凡八十以上者，皆复其家。

令避乱民复业者听，垦荒地复三年。

三年，定民妇三十以前守志至五十以后不改节者，除免本家差役。

四年，令免阙里孔氏子孙三十六户徭役。

至十八年十月，诏：凡圣贤后裔输作者，皆免之。至英宗正统元年，令先圣子孙流寓他处及先贤周子、程子、司马光、朱子之嫡派子孙，所在有司俱免差役。神宗万历十年五月，免先师孔子及宋儒朱子、李侗、罗从彦、蔡沈、胡安国、游酢、真德秀、刘子翚敢、大学士杨荣后裔赋役有差。

闰三月，诏：诸郡县军户，以田三顷为率，税量之外，悉免杂役。

七年，令山东正军全免差役，贴军免百亩，以下余田与民同役。成祖永乐元年，令各处军卫有司军匠在京充役者，免家下杂派差役。宣宗宣德三年，令迤北回还军余民人收充御马监勇士者，免其原卫原籍户下人丁差役。四年，令各卫所军每一名免户下一丁差役。若在营有余丁亦免一丁供给。英宗正统六年，令陕西土军优免五丁，余听科差。

五年三月，免京民役。

应天府言：运输官物，悉役京民。帝曰：京民自开国以来，劳费倍于外郡，今兵革渐息，正当休养，命免其役。

七年，令官员亡故者，免其家徭役三年。

十二年八月，诏：凡致仕官，复其家，终身无所与。

十九年七月，以左都御史詹徽、通政使蔡瑄、左通政茹常工部侍郎秦逵、户部侍郎杨靖，在职公勤，诏有司复其家。

　　臣等谨按：免役免丁，俱有限数，若复其家，则一家全免，故唯致仕官及年八九十以上有爵之老人始以此优之，使得终其天年耳。若詹徽等以在职公勤之故，命复其家，盖异数非常制也。

十三年十二月，免朝官及功臣家杂役。

令六部、都察院、应天府并两县判禄司、仪礼司、行人司随朝官员，除本户合纳税粮外，其余一应杂泛差役尽免。又各处功臣之家，户有地土，除合纳粮草夫役，其余粮长、里长、水马驿夫等役悉免之。

十六年三月，复凤阳、临淮二县民徭赋，世世无所与。

谕户部曰：凤阳，朕故乡，皇陵在焉。昔丰、沛之民，终汉世受惠。朕今永免凤阳、临淮二县税粮、徭役，宜榜谕其民，使知朕意。

二十年七月，迁南方学官教士于北，复其家。

以北方学校无名师，生徒废学，命迁南方学官之有学行者教之，增广生员，不拘额数，复其家。至英宗正统十年，令监生家免差役二丁。世宗嘉靖九年题准：各灶户内有举人、监生、生员、省祭吏役，照有司事例，一体优免。

二十二年四月，命杭、湖、温、台、苏、松诸郡民，无田者往淮河迤南滁、和等处就耕，免役三年。

惠帝建文四年三月，时成祖已即位。诏：山东、北平、河南被兵州县，复徭役三年。

成祖永乐元年八月，免富民徙北平者差役五年。

三年九月，徙山西民无田者实北平，亦复五年。九月，令自愿徙北京为民及免杖而徙者，免徭役五年。徙流而徙者，免徭役三年。十四年十一月，徙山东、山西、湖广流民于保安州，赐复三年。

六年六月，诏：流民来归者，复三年。

后至宣宗宣德五年二月，令招流民，赐复一年。正统十四年十一月，景帝命侍郎耿九畴抚安南畿流民，赐复三年。孝宗弘治二年八月，复四川流民复业者杂役三年。武宗正德十四年五月，诏：山东、山西、陕西、河南、湖广流民，复业者复五年。世宗嘉靖二十四年，诏：流民复业者，给复十年。穆宗隆庆元年七月，诏：抚山东、河南被灾流民，复五年。

二十二年，令天寿山种树人户，免杂泛差役。

宣宗宣德元年，令天、地坛坛户免杂泛差役。

三年三月，放免老幼残疾军民匠九百九十二人。

初，元年九月，命行在工部，凡工匠户有二丁三丁者，留一丁；四丁五丁者，留二丁；六丁以上者，留三丁，余皆放回，俾后更代。单丁则视年久近，次第放免。残疾老幼及无本等工程者皆放免。至是乃验放。

四年三月，免四川茶户徭役。

八年四月，以两京、河南、山东、山西久旱，赐复一年。

英宗正统七年，令天文生、阴阳生俱免差役一丁。

十二年，定云南土官免丁例。

先是，四年，既令云南土马军自备鞍马兵器粮食听征者，免本户差役四丁。至是，又令云南土官，四品以上优免一十六丁，五品、六品一十二丁，七品十丁，八品、九品八丁，杂职六丁。

景帝景泰元年，令各处操备民壮户内，每名免三丁杂泛差役。

四年五月，旌义民出粟赈饥者，皆复其家。

后英宗天顺时，凡出粟振饥者，皆复其家。

英宗天顺八年正月，诏：医士、厨役、乐工人等果年老不堪应役，无丁替者，悉放为民。

宪宗成化三年，令宛平、昌平二县坟户，免杂泛差役。

至孝宗弘治元年，令昌平县坟户等户免三丁。武宗正德五年，令陵户、坟户杂泛差役，除正身外，免二丁。

孝宗弘治元年，定诸王等亲属免丁之例。

亲王王亲杂役免二丁，郡王王亲一丁，镇国等将军夫人亲父一丁。

又定医士及在官人役免丁数。

御药医士除本身外免二丁，在院医士除本身外免一丁，医生止免本身。京城伙夫、御马监养马勇士除本身免二丁，尚膳监、光禄寺厨役，将军力士、轿夫、旗校、寡妇、吏典并御用监、司礼监、银作局高手匠役俱免本身。十三年，又免光禄寺酒户差役二丁。

世宗嘉靖四年三月，更定锦衣卫官优免之制。

户部以武职滥乞优免，乃疏议锦衣卫随朝指挥免三丁，千户镇抚二丁，百户所镇抚一丁，请着为令。得旨，锦衣卫指挥免七丁，千户五丁，镇抚百户三丁。疏中又言：旧制：内使免一丁，今定武职例，亦略与相比。有旨：内官内使照文职例优免。

十五年，免各处守护陵墓民差役。

诏：各处帝王陵寝，前代名贤及本朝公侯、驸马、伯、文武大臣，敕葬坟墓所在官司，照例编金。附近民人一丁看护，免其杂泛差役。其茔域所占地亩税粮，一并除豁。十八年三月，给复承天三年。二十年二月显陵成，又复承天三年。

二十年十月，复山西被寇者徭役二年。

二十四年，议定优免则例。

京官一品，免粮三十石，人丁三十丁；二品免粮二十四石，人丁二十四丁；三品免粮二十石，人丁二十丁；四品免粮十六石，人丁十六丁；五品免粮十四石，人丁十四丁；六品免粮十二石，人丁十二丁；七品免粮十石，人丁十丁；八品免粮八石，人丁八丁；九品免粮六石，人丁六丁。内官内使亦如之。外官各减一半。教官、监生、举人、生员各免粮二石，人丁二丁。杂职省祭官承差知印吏典各免粮一石，人丁一丁。以礼致仕者免十分之七，闲住者免一半。其犯赃革职者不在优免之例。如户内丁粮不及数者，止免实在之数。丁多粮少不许以丁准粮，丁少粮多不许以粮准丁，俱以本官自己丁粮照数优免。但有分门各户疏远房族，不得一概混免。

　　臣等谨按：《孝宗实录》载：弘治十六年六月，刑部主事刘乔言：浙江各府徭役，军需皆计田丁派征，而官员之家，率得优免，遂致奸伪者多诡寄势家，而征科重累小民。乞定优免之额，京官及方面官三品以上者优免若干，七品以上者优免若干，八品以下者优免若干，其余丁田，悉照民间均派云云。其言前此未见施用，斯时所定之例，得非乔之遗策欤。

　　二十九年九月，令抽取各处有马民壮，俱免本家徭役二丁，以示优。

　　穆宗隆庆五年，定免海户差役。

　　令上林苑海户永乐、宣德年间额设，正德年间续补及系正身充当者，准与全免差役。若系添补量行优免三丁，其余丁产，与民一体均编。

　　神宗万历十一年十一月，清优免冒滥之弊。

　　顺天府尹臧唯一言：优免冒滥，其弊难言。凡系内使将军、校尉等项职役，务要该衙门印信公文查验，分别品级，见役歇役，照例优免。从之。

　　熹宗天启五年十月，免京师生员家报金商役①。

　　诏言：京师因差役繁重，生员与平民一体，殊失令甲优免二丁之例。今查生员之家，果系父子同胞兄弟，一应商役，准与蠲免。

---

① 生员，明、清指经本省各级考试入府、州、县学者，通名生员，习称秀才，亦称诸生。

钦定续文献通考卷十八

征榷考

臣等谨按：马端临作《征榷考》，自征商、关市以暨杂征敛等门，阜财足用之道，固已详言之矣。顾征榷之法，行之自古，积久不能无弊。宋初立法，务从简便。南渡以降，诸郡税额亦累有放免，然而贪吏并缘，苛取百出，私立税场，算及缗钱，虚市有税，空舟有税，甚至以食米为酒米，以衣服为布帛，皆使纳税，蠹国剥民，有不可胜言者。辽置盐铁转运、度支、钱帛诸司。金有盐策、酒曲、茶税、征商、榷场等法。元虽取民无定，而其要一本于宽，故前代告缗、借商、经总之制，元皆无之。明制，府州县有税库司局，河泊有所，诸岁办商税、渔课、引由、契本有额。至神宗之季，遂议开矿榷税，于是所在搜掠日增岁溢，上取一，下取二；官取一，群奸人取二，利则归下，怨则归上，所谓利之所在，害即随之者也。《续考》断自南宋宁宗，迄于明代，其门类仍仿马氏之例，而以见于史志纪传各书者，依次编辑，亦可借以考其原委，而镜其得失焉。

征商关市

宋宁宗开禧元年六月，罢广东税场八十一墟。

初，关市之征，高宗时屡经省罢，其未尽者，孝宗继志悉推行之。淳熙五年六月，罢诸州私置税场。时知临安府吴渊，乞复置西溪寺两处发引拦税。帝曰：关市讥而不征。去城五十里之外，岂可复置拦税耶！十二年，给舍看详赵汝谊乞行下，省臣遇客贩米，不得阻过。其免收力胜钱一项，自有见行约束，如有违戾，以喝花为名①，故作留滞者，许客人赴诉，监司堂省重置宪典。从之。光宗绍熙三年三月，罢雅州税场五。至宁宗时，诸郡商税，屡与放免焉。

理宗绍定五年三月，诏：京城内外免征商三月。

淳祐四年九月，台臣言：严州及绍兴萧山等县，征商烦苛。诏亟罢之。

宝祐二年六月，罢临安府临平镇税场。

秘书少监刘克庄进故事曰：自汉中叶筦榷之法行，上而公卿，下而贤良文学，各持一论。然公卿之论常胜，虽合贾谊、董仲舒诸名儒，唇敝舌腐，而不能杀其势。唯本朝则不然，所用三司使如寇准、蔡齐、王尧臣、包拯、宋祁、张方平、蔡襄，其人平日既持贤良文学之论，一旦居公卿之位，终不肯背儒者大旨，此所以异于汉也。熙宁改法，初犹用程颢、苏辙为官属，其后薛向、吴居厚之徒始进，于是司马光得政，内擢李常为版书，外擢鲜于侁为漕臣，以救其弊，元祐相业第一义也。臣谓：国家此一气脉，宜迤续不宜间断，宜培养不宜椓伐。顾今天下兵不可汰，官不可省，郊庙之礼不可阙，掖廷之用不可减。臣非敢立高虚之论，直以理财为非也。昔之理财者，摧抑富商巨贾之盗利权者耳，逐什一以养口体者弗问也，削弱豪家大姓之侵细民者耳，营升斗以育妻子者弗问也。天地所产，海之鱼盐，薮之薪、蒸、漆、枲、绵、纻之百货械器陶冶之一艺，盖贩夫贩妇、园夫、红女所资以为命者，苟操干之无遗，则叹愁之宁免。汉算缗钱，下逮末作；唐为宫市，害及樵夫。治世气象不宜如此向也。榷酤榷契信有遗利，今囊括殆尽。弓张未弛，已失利源。邑困茧丝之取，民受池鱼之殃，议者排之愈力，执事者持之愈坚。踵汉廷盐铁之弊，失先朝前辈名儒治赋之意，麟趾泽息，虿尾谤兴，将安取此。臣观今日事势，损上未易言也，酌中制以取之足矣。裕民未易言也，捐末利以还之足矣。昔陈恕令三司吏各条茶法，第为三等：曰上者取利太深，可行之商贾，不可行于朝廷；吾用其中者，其计臣之心也。王旦遣漕臣，曰朝廷榷利至矣，真大臣之言也。唯诏庙堂省府亟图之。

---

① 喝花为名，《宋会要辑稿》食货一八之一五作"喝花税"。喝花税，随便编出的税名。

度宗咸淳元年正月，诏：临安免征商三月。

四年，再免在京征商三月。

恭帝德祐元年二月，令长吏一切勿征税。

辽太祖三年五月，置羊城于炭山，北起榷务以通诸道市易。

圣宗统和元年九月，南京秋霖害稼，权停关征，以通山西籴易。

从南京留守奏也。

　　臣等谨按：《辽史·食货志》又载：乾亨间，留守司言：民艰食，请弛居庸关税，疑即纪统和元年九月事，盖统和改元即在乾亨五年六月，故志犹误仍乾亨年号也。

四年十一月，以古北松亭榆关征税不法，致阻商旅，遣使鞫之。

十二年二月，免诸部岁输羊及关征。

十九年闰十一月，减关市税。

开泰元年十二月，贵德、龙化、仪坤、双、辽、同、祖七州始征商。

初，东辽之地，自神册来附，未有榷酤盐曲之法，关市之征亦甚宽弛。冯延休、韩绍勋相继以燕地平山之法绳之，民不堪命。至太平九年八月，东京舍利军详稳大延琳等遂乘之以作乱①。

金世宗大定二年，制院务创亏及功酬格。

八月，罢诸关征税，止令讥察。

时张中彦为吏部尚书，上疏曰：古者关市讥而不征。今使掌关市者，征而不讥，苛留行旅至剔披囊箧，甚于剽掠，有伤国体，乞禁止之。从之。

二十年正月，定商税法。金银百分取一，诸物百分取三。

至章宗泰和四年，言事者以物价视旧为高，除金银则额所不能尽，该自余金银，可并添一分。诏从之。七年三月，户部尚书高汝砺言：旧制，小商贸易诸物，收钱四分；而金银乃重细之物，多出富有之家，复止三分，是为不备，亦乞一例收之。省臣议以为如此，恐多隐匿，遂止，

---

　　① 详稳，辽官职名，为将军的一种统称。大延琳，渤海人，辽圣宗时为东京舍利军。1029年，率渤海居民起义，次年被捕。

从旧。

章宗明昌元年正月，敕尚书省定院务课商税额。

诸路使司院务千六百一十六处，比旧减九十四万一千余贯，遂罢坊场，免赁房税。

八月，禁止托亲王公主奴隶占纲船侵商旅[①]。

十月，罢提点所赏罚制。

尚书省奏：今天下使司院务既减课额，而监官增亏，复有升迁追殿之制，宜罢提点所给赏罚俸之制，但委提刑司察提点官侵犯场务者，则论如制。诏从之。

五年，增置中都等路院务。

陈言者乞复旧制坊场，不许。唯许增置院务。诏：尚书省参酌定制，遂拟辽东、北京，依旧许人分办；中都等十一路，差官按视，量添设院务于二十三处，自今岁九月一日立界，制可。大定间，中都税使司岁获十六万四千四百四十余贯，自增院务后岁获二十一万四千五百七十九贯，凡增五万贯有奇。

泰和六年五月，制院务课亏，令运司差官监榷。

元太宗二年正月，定诸路课税。

十一月，置十路征收课税使。

以陈时可、赵昉使燕京，刘中、刘桓使宣德，周立和、士贞使西京[②]，吕振、刘子振使太原，杨简、高廷英使平阳，王晋、贾从使真定，张瑜、王锐使东平，王德亨、侯显使北京，夹谷永、程泰使平州，田木西、李天翼使济南。

　　《元史·耶律楚材传》曰：太宗初即位，楚材条上便宜一十八事，其一，贸易借贷官物者罪之。近臣博第言：汉人无补于国，可悉空其人以为牧地。楚材曰：陛下将南伐，军需宜有所资，诚均定中原地税、商税、盐、酒、铁冶、山泽之利，岁可得银五十万两，帛八万匹，粟四十余万石，足以供给，何谓无补哉！乃奏立燕京等十路征收课税使，凡长、贰悉用士人，如陈时可、赵昉等，皆宽厚长者，极天

---

① 纲船，即运输官府货物的船队。
② 士贞，《元史·太宗纪》作"王贞"。

下之选；参、佐皆用省部旧人。

六年，立征收课税所。

凡仓库院务官并合千人等，命各处官司选有产有行之人充之。其所办课程，每月赴所输纳。有贸易借贷者，并徒二年，杖七十。所官扰民取财者，罪亦如之。

十一年十二月，商人乌尔图、哈玛尔蛮扑买中原银课二万二千锭，以四万四千锭为额。从之。

至次年正月，即以乌尔图、哈玛尔充提领诸路课税所官。

《耶律楚材传》曰：富人刘忽笃马、涉猎发丁、刘廷玉等以银一百四十万两，扑买天下课税。楚材曰：此贪利之徒罔上虐下，为害甚大，奏罢之。自庚寅定课税格，至甲午平河南，岁有增羡，至戊戌课银增至一百一十万两。译史安天合者，谄事镇海，首引乌尔图、哈玛尔扑买课税，又增至二百二十万两。楚材极力辩谏，至声色俱厉，言与涕俱。帝曰：尔欲搏斗耶！又曰：尔欲为百姓哭耶！姑令试行之。楚材力不能止，乃叹息曰：民之困穷将自此始矣。

又《杨奂传》曰：岁戊戌，试诸道进士。奂试东平两中赋论第一，北上谒中书耶律楚材，楚材荐之，授河南路征收税课所长官兼廉访使。将行，言于楚材曰：仆不敏，误蒙不次之用①，以书生而理财赋，已非所长，又况河南兵荒之后，遗民无几，烹鲜之喻②，正在今日，急而扰之，糜烂必矣。愿假以岁月，使得抚摩疮痍，以为朝廷爱养基本万一之助。楚材甚善之。既至，招致一时名士与之议，政事约束一以简易为事。按行境内，亲问监务月课几何，难易若何。有以增额言者，奂责之曰：剥下欺上，尔欲我为之耶！即减元额四之一，公私便之。不逾月，政成，时论翕然，以为前此漕司未之有也。

世祖中统四年正月，改诸路监榷课税所为转运司。

至至元六年二月，罢宣德府税课所，以上都转运司兼领；改河南、怀

---

① 不次之用，不依寻常次序地使用。犹言超擢，破格提拔。

② 烹鲜之喻，即老子所言"治大国如烹小鲜"的比喻，意为治理国家既不能操之过急，也不能松弛懈怠，只有恰到好处，才能把事情办好。

孟、顺德三路税课所为转运司。十七年六月,中书左丞阿荅海等请罢江南所立税课提举司,平章政事阿合玛特力争。诏:御史台选官检核,具实以闻。十九年二月,改上都宣课提领为宣课提举司。二十六年正月,罢甘州宣课提举司入宁夏都转运使司。

是年,令凡在京权势之家为商贾,及以官银买卖之人,并赴务输税,入城不吊引者,同匿税法。

用都转运司阿哈玛特等言也。至至元十九年十一月,以势家为商贾者,阻遏舟船,立沿河巡察军犯者,没其家。仁宗元祐五年二月,敕上都诸寺、权豪商贩货物并输税课。

　　臣等谨按:《元典章》中统二年六月,恢办课程条画十二事,内一条诸犯匿税者,货物一半没官,一半付告人充赏。但犯笞五十,入门不吊引者同匿税科断。《食货志》谓:是年,用阿哈玛特等言,始定是制,与典章年月不同。

至元四年九月,申严西夏、中兴等路僧尼道士商税酒醋之禁。

至十二年二月,遣必阇赤孛罗检核西夏榷课。

七年五月,定三十分取一之制。以银四万五十锭为额,有溢额者别作增余。

尚书省言:诸路课程岁银五万锭,恐疲民力,宜减十分之一。运司官吏俸禄,宜与民官同。其院务量给工食,仍禁所司多取于民。岁终,较其增损而加黜陟。从之。至二十年,诏:各路课程,差廉干官二员提点,增羡者迁赏,亏兑者赔偿,降黜。凡随路所办,每月以其数申部,违期不申及虽申不圆者,其首领官初犯罚俸;再犯决一十七,令史加一等;三犯正官取招呈省。其院务官俸钞于增余钱内给之,其课仍依旧例三十分取一。院务官大者不过三员,攒拦合千人等验课存,设运司并提点官吏于管下。院务取借钱物者,以盗论;与者同罪。即应税之物,不经依例抽分,使讫税印者,亦如之。

免上都商课,唯收市易庄宅等契本费。

尚书省言:上都地理遥远,商旅往来不易,宜特免收税以优之。唯市易庄宅、奴婢、孳畜例收契本工墨之费。从之。至二十年七月,敕上都商税,六十分取一。二十二年五月,又减上都税课,于一百两之中取七钱半。

十年四月，免龙兴路榷税三年。

十四年七月，榷大都商税。

至十九年二月，减大都税课官十四员为十员。二十年九月，徙旧城市肆局院税务皆入大都，减税，征四十分之一。

二十年十一月，巩昌设拘榷课税所。

诸王只必特穆尔请于分地二十四城，自设管课官。不从。又请立拘榷课税所。其长从都省所定，次则王府差设。从之。至二十三年正月，罢巩昌二十四城拘榷所，以其事属有司。

禁云南管课官于常额外多取余钱。

二十一年七月，定税物不得抽分本色。

行御史台言：应税货物并官扣算宝钞，不得抽分本色，违者以偷盗官物论，取与同罪。命中书省下部行之。

二十二年六月，诏：减商税，罢牙行。

二十六年，大增天下商税。

增腹里为二十万锭，江南为二十五万锭。从丞相僧格请也。

二十七年八月，禁诸人毋沮平阳太原、大同、宣课。

至二十八年二月，又诏：毋沮扰山东转运使司课程。

二十九年，定诸路输纳之限不过四孟月十五日①。

三十年五月，敕僧寺邸店商贾舍止其物货，依例收税。

三十一年，诏：天下商税，有增余者，毋作额。

成宗元贞元年，增上都税。

用平章剌真言也。至大德元年十月，又减大都商税岁额为三千锭。

大德二年十二月，定诸税钱二十取一。岁额之上勿增。

至七年二月，帝谓中书省臣曰：比有以岁课增美希求爵赏者，此非掊克于民，何从而出。自今除元额外，勿以增美作正数。十月，安西转运司于常课外，增算五万七千四百锭，人赐衣一袭以劝其功。

三年三月，罢陕西路拘榷税课所。

七年二月，减杭州税课提举司冗员。

----

① 四孟月，四个季度的第一个月。这里是指不纯超过每年的一月、四月、七月和十月的十五日。

九年七月，蠲晋宁今年商税之半。

以累岁被灾故也。

武宗至大三年正月，禁近侍诸人外增课额及进他物，有妨往制。

定税课殿最法。

诸色课程，并系大德十一年，较定旧额元增，总为正额，折至元钞作数，自至大三年为始恢办，余止以十分为率，增及三分以上为下酬，五分以上为中酬，七分以上为上酬，增及九分为最；不及三分为殿。所设资品官员，以二周岁为满。定税课官等第，万锭之上设正提举、同提举、副提举各一员，千锭以上设提领大使、副使各二员；五百锭之上设提领大使、副使各一员；百锭之上设大使、副使各一员。

四年十一月，时仁宗已即位。敕商税官盗税课者，同职官赃罪。

仁宗延祐七年十一月，禁京城诸寺邸舍匿商税。

至泰定帝泰定元年四月，税僧道邸舍积货。致和元年正月，禁僧道匿商税。文宗至顺二年八月，命宣课提举司毋收燕特穆尔邸舍商货。

文宗天历二年三月，僧、道、也里可温①、术忽②、答失蛮③为商者，仍旧制纳税。

至七月，遂征京师僧道商税。至顺二年三月，中书省言：宣课提举司岁榷商税，为钞十万余锭。比岁数不登，乞凡僧道为商者，仍征其税。命诚为僧者，仍免之。

十月，以亲祀太庙礼成，诏：免奉元路民间商税一年。

至至顺三年六月，又免陕西行省本年商税。

天历时，天下总入商税额数。

大都宣课提举司一十万三千六锭一十一两四钱。大都路八千二百四十二锭九两七钱，上都留守司一千九百三十四锭五两，上都税课提举司一万五百二十五锭五两，兴和路七百七十锭一十七两一钱，永平路二千二百七十二锭四两五钱，保定路六千五百七锭二十三两五钱，嘉定路一万七千四百八锭三两九钱，顺德路二千五百七锭九两九钱，广平路五千三百七锭二十两二钱，彰德路四千八百五锭四十二两八钱，大名路一万七千九十五锭八两五钱，怀庆路四千九百四十九锭二两，卫辉路三千六百六十三锭七

---

① 也里可温，是元朝人对基督教及其教士的称呼。
② 术忽，又称术忽回回，元朝人对犹太教徒的称呼。
③ 答失蛮，元代对伊斯兰教神职人员的称呼。

两，河间路一万四百六十六锭四十七两二钱，东平路七千一百四十一锭四十八两四钱，东昌路四千八百七十九锭三十二两，济宁路一万二千四百三锭四两一钱，曹州六千一十七锭四十六两三钱，濮州二千六百七十一锭七钱，高唐州四千二百五十九锭六两，泰安州二千一十三锭二十五两四钱，冠州七百三十八锭一十九两七钱，宁海州九百四十四锭三钱，德州二千九百一十九锭四十二两八钱，益都路九千四百六十七锭一十五两，济南路一万二千七百五十二锭三十六两六钱，般阳路三千四百八十六锭九两，大同路八千五百三十八锭一十九两一钱，冀宁路一万七百一十四锭三十四两六钱，晋宁路二万一千三百五十九锭四十两二钱，岭北行省四百四十八锭四十五两六钱，辽阳行省八千二百七十三锭四十一两四钱，河南行省一十四万七千四百二十八锭三十二两二钱，陕西行省四万五千五百七十九锭三十九两三钱，四川行省一万六千六百七十六锭四两八钱，甘肃行省一万七千三百六十一锭三十六两一钱，江浙行省二十六万九千二十七锭三十两三钱，江西行省六万二千五百一十二锭七两三钱，湖广行省六万八千八百四十四锭九两九钱。

臣等谨按：《元史·食货志》谓：天历总入之数，视至元七年所定之额不啻百倍，盖七年额止四万五千锭也。今就志所载，诸路总数计之凡九十三万九千五百六十八锭有奇，尚不及百万。然以四万之额而增至十余万，民亦何堪此苛征乎！

顺帝至元三年二月，立船户提举司十处，提领二十处。定船户科差船，一千料之上者岁纳钞六锭，以下递减。
至六年二月，罢各处船户提举司。

邵远平《续弘简录》曰①：元有商课，又有额外课，若税及船料，又在额外课之外者。

六年二月，罢通州河西务等处抽分按利房。
明太祖即吴王位，设宣课、通课等司。凡商税三十取一。

① 《续弘简录》，即清人邵远平（康熙进士光实录少卿）所著《续弘简录元史类编》。

初，税收官店钱，至是减之。改在京官店为宣课司，府县官店为通课司。凡商税，三十取一，收钞及钱，过者以违令论。

洪武元年八月，除书籍田器税。

又命凡物不鬻于市者勿税，买卖田宅头匹必投契本，别纳纸价。

《明史·食货志》曰：关市之征，宋元颇烦琐，明初务简约。其后增置渐多：行赍居鬻所过所止各有税，其名物件析榜于官署，按而征之，应征而匿藏者，没其半。凡纳税地置店历，书所止商氏名物数。官司有都税，有宣课，有司有局，有抽分场局，有河泊所。所收税课，有本色，有折色。税课司局，京城诸门及各府州县市集多有之，凡四百余所，其后以次裁并十之七。又有门摊课钞，领于有司。

臣等谨按：是时征税虽设，而帝每戒多取，免苛征。如《实录》所载，洪武七年四月，彰德税课司税及蔬果、饮食、畜牧诸物，事闻，帝曰：古称聚敛之臣甚于盗臣，正此等官吏也。命罪之。八年三月，南雄商人以货入京，至长淮关吏留税之，既阅月而货不售，讼于官。帝闻之曰：商人远涉江湖，各有所向，执而留之，非人情矣。且纳课于官，彼此一耳；迟留月日而使货不售，吏之罪也。令予杖而追其俸，以偿商人。九年六月，山西平遥县主簿成乐，秩满来朝，上其考曰：能恢办商课。帝曰：税有定额，若以恢办为能，是剥削下民，失吏职也。州考非是。命吏部移文以讯。

十三年六月，谕户部曰：曩者奸臣聚敛，税及纤悉，朕甚耻焉。时胡惟庸伏诛。自今军民嫁娶丧祭之物，车舟丝帛之类，皆勿税。其榜示天下，使共周知。十九年十一月，大同知府郑彦康奏：往岁大同中纳盐粮，交易者多，所以商税日增。自停中盐后，税课亏耗，不及旧额。帝命户部核其所亏之数，悉免征，皆开国之善政也。

十年三月，遣中官国子生等核实天下税课司局。

户部奏：天下税课，司局征商不如额者一百七十八处，因遣中官国子生及部委官各一人核实，立为定课。

十三年正月，命税课司局额米不及五百石者，领其税于有司。

吏部言：天下税课司局岁收额米不及五百者凡三百六十四处，宜罢之，从府州县征其课为便。报可。

十九年三月，诏：天下岁解税课钱钞，其道里险远难致者，许易金银以进。

每金一两，价钞六锭；银一两，价钞一锭。至宣宗宣德六年六月，温州知府吴文渊言：今禁用银，而商税鱼课仍征银，巡拦网户办纳甚艰，乞仍纳钞。从之。七年三月，令湖广、广西、浙江商税鱼课办纳银者，皆折收钞，每银一两纳钞一百贯。十年正月，英宗即位，诏：诸色课程旧折收金银者，仍照例收钞。

成祖永乐元年，免军民常用杂物等税。

凡军民家嫁娶、丧祭、时节礼物，染练自织布帛及买已税之物，车船运已货物并农用器，各处小民挑担蔬菜、溪河货卖杂鱼、民间家园、池塘、采用、杂果非兴贩者，及竹木、蒲草器物并常用杂物、铜锡器物、日用食物俱免税。

七年遣御史、监生于收课处榷办课程。

定京城官店塌房税。

初，南京军民居室皆官所给，比舍无隙地，商货至或止于舟，或贮城外，驵侩上下其价，商人病之。太祖乃命于三山诸门外，濒水为屋，名塌房，以贮商货。其货物以三十分为率，内除一分官收税钱，再出免牙钱一分，房钱一分，与看守者收用，货物听客商自卖。其小民鬻贩者，不入塌房投税。至是令京城官店塌房，照三山门外塌房例，宣课分司收税钱一分，免牙塌房钱二分。

十年，令巡按御史等官查所办税钞，有数倍增收及将琐碎之物檕勒税者治以罪。

二十一年，榷淮安诸处商税。

山东巡抚陈济言：淮安、济宁、东昌、临清、德州、直沽商贩所聚，今都北平，百货倍往时，宜遣人监榷商税一年，以为定额。从之。

仁宗洪熙元年正月，增市肆门摊课钞。

时欲通钞法，户部尚书夏原吉等请于市肆各色门摊内，量度轻重，增纳课钞，官取其昏软者悉毁之，帝是其言。仍命俟钞法通即复旧额，毋为常例。

宣宗宣德四年，始设钞关及收钞官。

时以钞法不通，由商居货不税，与市肆鬻贩者阻挠所致。乃于京省凡三十三府州县商贾凑集地，市镇店肆门摊税课增旧凡五倍，塌房库房店舍居商货者、骡驴车受雇装载者，悉令纳钞。委御史、户部、锦衣卫、兵马司官各一员，于城门察收。其倚势隐匿不报者，物尽没官，仍罪之。舟船受雇装载者，计所载料多寡、路远近纳钞。于是有漷县、济宁、徐州、淮安、扬州、南京、上新河钞关，量舟大小修广而差其额，谓之船料。每船百料，纳钞百贯。

臣等谨按：钞关之设，自是年始。自北京至南京，沿河设立钞关七：曰漷县、临清、济宁、徐州、淮安、扬州、上新河。至正统十一年，移漷县钞关于河西务。景泰元年，又于湖广金沙洲、江西九江及苏、杭二州设钞关。成化弘治间，沿革不一。嘉靖四年，凤阳府设正阳钞关，前后凡十有二处，皆止税船料，唯临清、杭州兼收货税。至万历时，止存河西务、临清、淮安、扬州、苏州、杭州、九江共七处，此明一代钞关之大略也。凡船料，始时估料定税，后以估料难核，乃度梁头广狭为率，自五尺至三丈六尺有差。嘉靖时，又命以成尺为限，勿科畸零焉。

六月，从户部尚书郭资等条奏，定塌房等纳钞例。

至七月，御史罗亨信言：臣监收在京官员军民铺店课及塌房、园圃等钞，俱不按月纳官，及有铺店积货隐匿不报者。又油房、磨房、砖瓦窑、木植场皆未增课，请今后课钞，过期不纳者，令顺天府兵马司催督；私匿货物者取勘，各追罚钞一千贯。油房亦如塌房例，除额钞外，纳钞五百贯；牛车纳一百贯，小车二十贯。其在外州郡城市，多有豪猾军民，居货在家，一如塌房，或就船交易，俱用金银，请遣官点勘居货之家，每房一间，月追钞五百贯。又于各处河岸点闸往来舟船载货物者，量地远近，盘货多少，每船百料，钞或二百、三百贯，俱就本处有司收贮，则内外钞皆可通。命户部采其可行者行之。

六年二月，蠲临清等处店舍课钞。

先是，临清等处官民家多有店舍，依在京例收钞。至是，侍郎曹宏言：比有司令里老开报塌房，一时畏惧，凡街市人户俱作停货，店舍月纳钞五百贯，而实无货停蓄，民贫无钞，有鬻子女，产业输官者。帝览奏，谓户部曰：前欲钞通，故权令店肆纳钞，有司不知恤民其弊如此，即勘实蠲除之。又命京城及通州店房税每间自五百贯减至一百贯五十文。至正统十四年十二月，减至四十贯。景泰二年二月，户部奉命议宽恤条件。自宣德年间以钞法不通，取勘民间置卖铺面及住居房屋作塌房各色纳钞，今多烧毁倒坏，乞除免钞贯。诏如所议。

七年三月，减各处税课额外倍罚之数。

诏以先因商贾阻滞钞法，加倍罚纳税课。今钞法颇通，除正额外，倍罚之数，以十分为率，减三分，塌房减五分。南北二京不在此例，俟钞流通再行定拟。至五月，思南知府张瑾奏：思南税课司岁办钞一万二千六百余贯，边地别无出产，商贾少至，累民赔纳，近于额外再加五倍。夷民贫困，虽鬻子女不能办，追责急则逃窜山峒。乞仍旧便。帝谕户部曰：贵州边郡，其可以中国例之乎！此盖卿等初议之失，其悉如旧。八年六月，又谕户部：所收课除前减免外，增加之数，以三分为率，悉减一分。九年十月，以旱饥，诏：府州县见收税课及车船门摊地亩果木一应课钞，除正额外，因钞法加增者，以十分为率，俱免四分。十年正月，英宗即位，诏：凡课程门摊，俱遵洪武旧额，不得借口钞法妄增。正统三年十月，以顺天府尹姜涛奏免京城小车纳钞。四年六月，以水灾，令塌房及车辆钞贯悉减半征收。十二年三月，御史闻人诜奏请停止鬻蔬载薪小车、小船纳钞。命户部议行。

英宗正统元年，直省税课司局收钞不及三万贯者，命领其税于有司。

从侍郎于谦请也。十一年，令各处税课，照永乐七年收办。其见办课钞比旧增多者，以见办之数为额。若办课一万五千贯，与市镇买卖处离有司路远及军卫相参者，复设税课司局。云南、贵州原无榷办之处，令所司收办，一年为额。至天顺元年，又令税课司局不及万贯者，领于有司。

四年七月，取回徐州等处收钞官。

户部奏：漷县、临清、济宁、徐州、淮安、扬州每船百料，纳钞百贯，虽累减免止纳四十贯，然六处征收不无重复，宜革去徐州、济宁二处，取回收钞官。从之。十月，又罢龙江大胜关处收钞官。至六年，罢上新河收钞官。十二年九月，又以杭州知府高安言：每船百料止纳钞二十贯。

七年正月，定在京宣课都税二司税钞则例。

初，二司收课则例不一，奸弊猬生。户部主事汪澍以为言，事下顺天府议定，每季缎铺纳钞一百二十贯，油磨、糖机、粉、茶、食、木植、剪裁、绣作等铺三十六贯，余悉量货物取息及工艺受直多寡取税。

八年七月，免南京各城门所收税。

南京守备太监刘宁奏：先是，各城门征收军民人等骡驮柴米诸物出入者钞贯，今钞法通行，宜尽免。从之。

九年，置官房于彰义门收商税课钞。

十一年，复差主事一员，监收临清、淮安船料钞。

十二年，令户部遣主事二员，榷办淮安、临清商税课钞。顺天府委官一员，榷办张家湾宣课司商税，俱一年更代。景帝景泰元年，遣主事二员，监收金沙洲九江船料钞，一年更代。又遣主事二员，监收苏杭二州船料钞。又遣南京户部主事一员，监收上新河船料钞。又取回河西务、临清、淮扬、苏、杭及九江金沙洲监收船钞主事，令各府委佐贰官一员，每岁输收，各处巡河或巡按御史提督兼理。宪宗成化二年，遣主事二员，监收九江金沙洲钱钞，定为则例，候一年满日，各府委佐贰一员照例输收。七年，复各遣主事一员于苏杭九江河西务收钞。孝宗弘治十四年，收回临清收钞主事，令委府州佐贰管理。仍令管仓主事监督。

十四年九月，时景帝已即位。诏：内外门摊商税课，先因钞法增额者，止依洪武旧额收受。

次年，各商税课仍依正统时见行事例收办。时于谦柄国，船料钞每百料减至十五贯。又减张家湾及辽阳课税之半。

景帝景泰二年，定收税则例，依时估价直。

凡商客纱、罗、绫、锦、绢、布及皮货、磁器、草席、雨伞、鲜果、野味等一切货物，依时估价直收税钞，牙钱钞、塌房钞若干贯及文各有差，估计未尽者，照相等则例收纳，其进塌房钞并抽分布四，按月房钞俱为除免。

五年七月，以钞法阻滞，仍比宣德年例，令两京塌房、店舍、菜果园并各色大小铺行，俱减轻纳钞有差。

从户部请也。八月，给事中陈嘉猷等奏：比闻户部将两京塌房、店舍、菜园、果株及街市各铺定为则例，按月输钞，军民人等俱畏纳钞艰难，有将铺面关闭不敢买卖者，有将园圃瓜蔬拔弃而平为空地者，有将果树斫伐而减少株数者，盖由铺面已纳门摊钞贯，园圃亦有夏税差徭，况其间或借资本以贸易，或赁房舍以开张，或计利多寡而开闭之不常，或天时水旱而栽种之弗遂，今若通行编册，按月输钞，民实不堪。况迩年来，旱涝灾伤几遍天下，唯望上鉴天变，下悯民穷，将各色应纳钞贯暂且停止。

敕部晓谕军民人等，务令钞与钱兼行，则国用不亏，下民不扰，诚为两便。帝命既纳门摊课钞，其菜果园及小铺行暂免。

英宗天顺元年四月，命临清船料钞改收米以备振，每钞二贯，折米一升。

至四年二月，巡抚湖广都御史白圭，请将金沙洲见收船钞改收米振饥，部议每钞五贯，折米三升。从之。宪宗成化六年六月，以淮扬二府去年亢旱，改船料钞收米，每钞五贯，折收粳粟米三升，贮于近仓以备振。

宪宗成化元年七月，诏：商税课钱钞中半兼收，每钞一贯，折钱四文。

三年六月，又以光禄缺钞供应，命苏杭二州丈量客船，钱钞中半兼收。六年，令钞一贯折钱二文，其商税课照旧收钞。

是年，罢苏、杭、淮扬、临清、九江、金沙洲等处收船料钞。

至二年十月，以军士月粮折支不给，复征湖广金沙洲、江西九江船料钞。四年，罢苏、杭、九江、金沙洲四钞关。六年，复设金沙洲钞关。七年二月，复设苏、杭、九江三府钞关。

五年，令河西务监收船钞官，凡载官粮物并运粮河船，有卫所名号，往回俱不在收钞之例。

至孝宗弘治七年，令河西务及各处钞关，凡经过官民粮米剥船，俱免纳钱钞。

令京城九门并通州等抽分局厂，例不应抽之物，不许擅取。

十五年，又令九门监收钱钞。内官及各处抽分厂，毋得将不应抽货物违例抽分。至嘉靖四年，又令各商装载紫米并自用物件，不许于抽分时一概混抽。

七年，增置芜湖、荆州、杭州三处工部官。

自后寻遣御史。至弘治初，从给事中王敞言：取回芜湖、荆州、杭州三处抽分御史，以府州佐贰官监收其税。十三年复遣御史。

<u>弘治十二年，吏部尚书倪岳疏曰：祖宗旧制，各设钞关收受商税，俱委各府通判等官管理，行之百年，虽不能无弊，然课钞亦未见其亏，客商船只亦未见其留难。盖通判等官，职卑责重，上受巡抚、巡按、分巡、分守等官节制，少有不才，随加罪黜，故非极妄无知之人，则不敢在关生事，动扰客商。近年以来，改委部员出理课钞，其</u>

间贤否不齐，往往以增课为能事，以严刻为风烈，筹算至骨，不遗锱铢，常法之外，又行巧立名色，肆意诛求，船只往返过期者指为罪状，辄加科罚；客商资本稍多者称为殷富，又行劝借；有本课该银十两，科罚劝借至二十两者，少有不从，轻则痛行笞责，重则坐以他事，连船拆毁。客商号哭水次，见者兴怜。夫增课为国，虽称聚敛，犹是有名。其科罚劝借者，或倚称修理公廨，或倚称打造坐船，率皆借名入已，无可查盘。况此等官员，既出部委，各处巡抚官视为宾客，巡按官待以颉颃，是以肆无忌惮，莫敢谁何，以致近来客商惧怕征求，多致卖船弃业，此岂祖宗设关通商、足国裕民之初意哉！伏愿俯察民隐，特敕该部停止新例，遵复旧制，仍敕镇巡等官时常纠察，各府委官如法奉行，务公私两便，商民不亏，庶几人心快悦，怨声消弭矣。

吴肃公《读书论世》曰①：三税官始于工部。王复以京师建公署及器用运舟费绌，故增置之。是年所税仅千金，其后渐加，岁至万金。商受无穷之祸，皆复作俑也。

十五年，令顺天、保定、河间等府，凡皇亲公主并内外官管庄仆佃人等，毋许占守水陆关隘，抽分财物，挟制害人，违者发边卫，永远充军。

十六年正月，户部条奏：扬州、苏、杭、九江诸处应收船料，每钞二贯，折收银一分，按季解部，以备边用。命议行之。

至四月，又从户部奏：以内库乏钞，令九门并都税宣课司河西务等处商税征本色一年，以备赏赐支用。孝宗弘治元年二月，崇文门、上新河、张家湾及天下税课司局，仍钱钞兼收。余钞关税课司局俱折收银钱。又令崇文等九门、上新河、张家湾及各处税课司局，每钞一贯折收银三厘，钱七文折银一分，解京库，其存留者折支官军俸粮，每银一两，折钞一百贯。四年十一月，崇文门宣课分司，商税兼收五等钞。九月，九江钞厂船料改收银。十一年闰十一月，命扬州钞关明年折收银，以备造清宁宫之用。十二年正月，命河西务船料钱钞通折收钱。二月，复以尚书倪岳言，复旧制。令各处钞关收钱钞，不许勒取生钞高钱以病商人。武宗正德元年五月，崇文门分司商税钱钞亦折银。七年十月，户部奏：除扬州钞关银专

---

① 《读书论世》，明末清初人吴肃公所著历史散文集。

备织造，其临清、河西务、淮安、苏州、杭州五钞关俱收钱钞。九江钞关仍旧收银。世宗嘉靖八年十月，制：直省关钞复收银。巡按直隶御史魏有本奏：令各钞关主事，将经过军民船只应纳钱钞，自十月初一日始，照例每钞一贯折银五厘，每钱七文折银一分，依限解部，送承运库。自后钞关收银遂为定制。

孝宗弘治七年，命崇文门客货外车辆毋得搜阻。

御史陈瑶言：崇文门监税官以掊克为能，非国体，因有是命。五年，又令在京宣课司收商税，止照旧例，不许分外搜求，有伤治体。

二月，定京城商贩起条纳税例。

客商贩到诸货，若系张家湾发卖者，省令赴局投税。若系京城发卖者，以十分为率，张家湾起条三分，崇文门收税七分。如张家湾不曾起条，崇文门全收之。

　　臣等谨按：王圻《续考》载：弘治时，商税课钞共四千六百一十八万九十贯，其时每钞一贯，折收银三厘，是四千六百余万贯，以银计之，不过一十三万八千五百四十两有奇耳。又载嘉靖二十三年课钞共五千二百六万八千一百九贯，亦所增无几。至万历后，横征厚敛，不可胜算，斯民穷财尽，而国亦随以多故矣。

十六年，凡桥梁道路关津私设抽分害民者，照巡按御史等通行查革。

武宗正德五年十月，增京城九门税。

初，弘治时，九门岁入钞六十六万余贯，钱二百八十八万余文，至末年数大减。至是，户部覆御史李元奏：九门车辆每年纳钞三百三十万八千二百贯，钱四百二十万二千一百四十四文，定为例。凡增弘治时数倍。至嘉靖三年诏，仍如弘治初年例。至万历三年，户部奏准九门出入车驮钱钞数，每岁进钞六十六万五千八百贯，钱二百四十三万二千九百五十文，送交内府天财库。

十二年六月，令革新设抽分厂。

先是，十一年七月，巡抚湖南都御史李克嗣言：近因镇守太监假名科敛，其左右之人为弊尤多，乞禁止以苏民困。诏从其奏。至是，又从御史胡文静奏：令查天下新立抽分处所及禁约各镇守横索助贡等银①，未一年，太监郑玺复请设于顺德、广平，工部尚书李燧依阿持两端，横征之端复起。寻命中官李文、马俊之湖广、浙江抽分厂，与主事中分榷税。

世宗嘉靖四年，置钞关稽考簿。

户部置空白印信稽考文簿三扇，发钞关主事收掌，令逐日填写船科商税数，差满日将一扇存留备照，一委官收执，一解部查考。又御史杨彝奏：各钞关自文到日为始，委附近府州县佐二官一员，同役查收钱钞，即将实数登簿，以凭稽考。差满日有不廉败检者，听部指参，不待考察，即时罢黜。

四十二年，令各关岁额定数之外，余饶悉入公帑。

四十五年，始抽淮安过坝税。

时因灾伤，议准过坝米麦杂粮，每石抽银一厘，名曰军饷。至隆庆四年，又定脚夫挑盘过坝货物，每石脚头，原得客商脚银一厘内抽四五毫不等，名曰脚抽。又将过坝杂粮，每石斛夫原得斛银一厘五毫内抽五毫，名曰斛抽。五年，又将过坝杂粮子花麻饼，每价银十两，牙人取牙用银五分内抽银二分五厘，名曰济漕，并军饷共四税，每年通计不满三万两。万历八年，漕运总督凌云翼奏：淮安四税病商，实由监收官交代不常，巡缉人役增用太滥，欲行归并部官兼管。尚书张学颜覆奏：照原则例榜示商牙，令管理淮安常盈仓主事委官收贮，作正支销。从之。

穆宗隆庆元年十月，申明九门课税原定则例。

刑科孙枝言：九门课税，定有则例。迩年倍征横索，弊孔滋多。宜令分属五城御史委官监收，所设监生吏典，俱即裁革，仍申明原定则例榜示。从之。

二年，始给河西务、临清、淮安、扬州、苏州、杭州、九江各钞关主事关防、敕书。

寻令钞关去府近者知府收解，去府远者令佐二官收贮府库，季解部，主事掌核商所报物数，以定税数。收解无有所与。

神宗万历六年，天下总入商税额数。

在京九门额征本色钞六十六万五千一百八十贯，折色钱二百四十三万二千八百五十文；顺天府岁征都税司、正阳门宣课司、安定门税课司、德

---

① 禁约，禁止、约束、管制之意。

胜门税课分司共本色钞十三万七千九百五十贯，折色钱二十七万五千九百文；崇文门宣课分司商税、猪口、牙税、条税、船税共银四万三百余两，钱一千八百八十七万七千七百文；通州张家湾宣课司及抽分曲并条税、船税、通州盐牙税、居庸关商税，共银一万六百余两，钱二百八十八万七千余文；永平、保定、河间、真定、顺德、广平、大名等府商税各钞共六十八万四千六百余贯。

南京五城兵马司房税，龙江关船料，石灰山关、大胜关、应天府都税司商税，聚宝门宣课司，聚宝、朝阳二门分司，江东、龙江两宣课司商税、门摊，太平门、龙江、龙潭三税课局商税、门摊，上元江宁等县商税，并酒醋房屋等。江东瓜埠两巡检司，共钞一千四百八十九万一千一百余贯，以上俱每贯折银六毫，闰月加钞在外。其外又有钞库廊及纸匠营房地租银，批验茶引所并龙江河泊所、瓜埠三汊河泊所等所鱼课不在内，安庆府商税，并鱼酒醋课。徽州、宁国二府商税，并茶课。池州、太平、苏州三府商税，松江、庐州、扬州三府商税，并鱼课。常州府商税、门摊，并鱼酒醋课。镇江、凤阳两府和州商税，淮安府滁州商税、门摊，徐州商税、门摊，并酒醋课。广德州各色课钞共一百五十七万九千四十三锭四十五万二千五百余贯，钱五十六万七千余文。

浙江布政司商税、门摊并酒醋鱼课等钞。共二百二十八万三千四百四十三锭五贯一百七十七文。

江西布政司商税银三千五百五十两二钱。鱼课与闰在外。

湖广布政司各色钞二百六十九万八千六百四十一贯一百七十三文。

福建布政司商税、门摊并鱼课。等钞共二十六万七千三百三十六锭五贯五百九文。

山东布政司各色钞三百五十万一千一百十锭一贯。

山西布政司商税、门摊并酒醋。等课本色钞三十六万一千四百八十八锭三贯一百七十三文，折色钞九百二十锭三贯。羊皮及米在外。

河南布政司课钞四十万六千八百二十锭二贯四百一文。

陕西布政司商税并酒醋等课钞共一百七十四万五千三百二十一贯九十一文。

四川布政司商税等钞五十四万四千七百一十八贯二百四十文。黑铅皮硝及课米并鱼课米在外。

广东布政司额征南雄府太平桥南北抽盘商税并铁课等银约四万三千

余两。

广西布政司商税、门摊等钞二万四千五百六十六锭三贯八百八十三文。

云南布政司商税、门摊并酒醋铅铁铜税鱼课等银约一万五千一百三十五两二钱有奇，各色课海蚆约五千四百九十八索二十手。本色麦米在外。

贵州布政司商税等钞共一十四万八千三百六十三贯二百九十九文。

十一年，革天下私设无名税课。

万历初，令商货进京者，河西务给红单，赴崇文门并纳正条船三税，其不进京者，河西务止收正税，免条船二税。至是诏两京十三省所属额设有印税课外，一应无名税课，令尽数除之。然自隆庆以来，凡桥梁道路关津，私擅抽税，罔利病民，虽累诏察革不能去也。

　　给事中萧彦《商税议》曰：商税仿古关市之意，以佐国用，胡可已也。顾法愈详，税愈重，视国初异矣。他姑无论，即如河西务，大小货船船户有船料矣，商人又有船银，店有商税矣，出店又有正税。张家湾发买货物，河西务有四外正条船矣，到湾又有商税。百里之内辖者三官一货之来榷者数税，所利几何，而可堪此？夫船料旧也，条船果旧乎！出店进店可重税乎！而不落店家径赴京卖者，彼且未尝进店，也一体征收，何名乎？此万历八年，该司郎中之议。而今因之者约所增三万有奇，而商困矣！商困则物腾贵而民困矣，独奈何不一苏之，为商民计也。淮安四税，下及脚抽，议者以为权宜之术不可已矣，然不可渐减耶。日用米谷进出店二税，如河西布匹，通州油篓类者，又不可苏耶！至于仪真之税，既非祖制，亦无重获。曩言官之疏详矣。乃以该地方执称军饷之充为数几何，不可议罢耶。诸如此类，难以枚举。此商税所当议也。

二十四年十月，始命中官榷税通州。

是后各省皆设税使，群臣屡谏不听。

　　《食货志》曰：榷税之使，自二十六年千户赵承勋奏请始，其后高寀于京口，暨禄于仪真，刘成于浙，李凤于广州，陈奉于荆州，马堂于临清，陈增于东昌，孙隆于苏杭，鲁坤于河南，孙朝于山西，邱乘云于四川，梁永于陕西，李道于湖口，王忠于密云，张晔于卢沟桥，沈永寿于广西，或征市舶，或征店税，专领税务，或兼领开采。奸民纳贿于中官，辄给指挥千户札，用为爪牙。水陆行数十里即树旗建厂，视商贾懦者肆为攘夺，没其全赀，负带行李亦被搜索。又立土商名目，穷乡僻坞，米盐鸡豕皆令输税，所至数激民变。帝率庇不问。

二十五年正月，命御马监王朝同原奏百户郑唯明往天津诸处征收店税，赐之敕。

是年朝奏征杂货税银以进。次年四月，又进租银二千两。七月，千户宋户奏请设湖口县税。二十七年二月，千户张宗仁奏征杭、嘉、宁、绍、湖货税。三月，天津税监马堂奏：界内铺店牙课，每年再加银二十万两。通湾税监张煜奏：年例事竣，进租银三千三百两有奇。四月，百户陈道元奏：征苏、松、常、镇四府商税，每年可进五六万两。五月，千户韦梦麟奏：征湖广荆州店房。千户王宫桂奏：征河南、彰德、邓州诸处土产货物及各马税课。辽东税监高维奏：进山海关福德店置店银五百两。山东征税千户乔嵩奏：德州、清、宁、徐州南界诸处税课，每年可加银四万两，合原额共十万。太监李凤奏：征广东广州府及太平桥海岭等处税课。百户韩永受请复广西水陆通衢，并土产货物税课。百户范苍奏：征黄州税课并土产名马。太监高寀进福建税银。百户仇世亨奏：查取湖广通省各项存留美余等银。千户何其贤奏：查各省税额余两及所积无碍银两。十二月，千户陈保奏：广东原设市舶司，乞赐店名，征收租银四万两。千户胡忠奏：福建八府一州请设市舶旧税。二十八年正月，千户王承德奏：征庐州等四府州县税银，每年可得四万两。太监邱乘云奏：进四川税课银七千七百余两，俱俞行之[①]。

　　御史叶永盛论税使疏曰：迩者矿店繁兴，榷议继起，中使狼戾，棍党横行。唯留都根本之区稍稍安枕，不意无赖武弁郑一麟、马承恩辈，复有京口、仪真献店设榷之请。供用库副使暨禄条议，沿江内外河道有装贩私盐货料等，并容其统属觉察。夫自古设榷，止于江湖要

_____

① 俞，应为"谕"。

津，并未连及各府州县，并无土商土著名色。马承恩借一仪真而牵连沿江上下，借一商税而巧立土商土著名色，暨禄又从而推广之。夫江南诸府州县何处无河，何处无水道，何处无土著，何处无交易，今不论内外，尽归统属，则举留都各府县之河埠，细及米盐鸡豕，粗及柴炭蔬果之类，无物不税，无处不税，无人不税，将县无宁村，村无宁家，内外骚动，贫富并扰，流毒播虐，宁有纪极，此开辟以来所未有之暴也！暨禄又欲将韩文盛等给与冠带委官名色，顷者，畿辅之间，假官私委已不胜扰，然曰假官人犹得持短长，彼犹隐然惴惧，唯恐败露，肆害尚小。今既给冠带，将显然以命官自居，恣睢纵肆噬人，白昼掠货通衢，谁阻之者。且中官借此辈为爪牙，此辈又借各土棍为羽翼，凡十室之村，三家之市，有土著即有土棍，有土棍即有借土商名色以吞噬乡曲者，是枭獍连袂，而戎莽接踵也。在明旨谓不忍加派害民，然派有定制，不如制者犹得以三尺议其后，此则横心取逞，横口取噬，更无忌惮。府县不敢理，抚按不能问，上告朝廷反以为阻挠而罪之，民怨结胸，哭泣遍野，如是而人心不离，天下不乱者，自古及今未之常闻。在明旨谓征商税以苏小民，不知所奏土著土商，正所谓小民，讳言小民，驾言土商，此群小之巧计，奈之何其不察。况上取一，下取二；官取一，群奸又取二，利则归下，怨则归上；名则朝廷蒙其垢，实则群小享其益，亦何苦身敛怨而予奸党以劫夺之借也！乞亟停暨禄之遣，仍将首事郑一麟、马承恩、韩文盛、林廷桂等付之法曹，斩首藁街，以为渎奏之戒。

二十六年九月，巡抚天津汪应蛟请停差征租店使，以苏民困。切责之。

至二月，太常少卿傅好礼又奏抽税事。帝以好礼逞臆渎扰，降级调用。并禁后此奏停止者，大理卿吴定奏宥直臣，以宣德意。复以其出位党护，降调边方。

给事中张问达厘正三事。疏曰：一、别忠佞之言，以绝祸源。凡忠言每抒于缙绅重义之辈，佞言则发于武弁嗜利之徒，试检年来奏章，开河南矿者，千户仲春也；千户王允等即相继以各省矿奏。增通湾店者，千户赵承勋也，而千户马尚仁等即相继以各省税奏。迨山泽已竭，关市已空，而千户郝承爵等犹以各省未尽之矿税奏，于是开采榷税，营身家之囊橐，重直省之困伤，果于大工何与，公帑何裨，此媚上罔上，诱君欺君，武弁之心何其私，而其言抑何佞也！侃至辅臣部院与夫台省之疏侃，然剖析矿税二大害，吐精白，沥肝胆，何其忠也！佞言易入而害实易明，忠言难售而益终难却，故曰别忠佞，所以绝祸源也。一、严贪酷之罪，以惩巨恶。我朝官员贪酷者，重则配戍，又重者大辟，法至严也。乃矿税内监左右之奸，如中书程守训，原奏官陈保、韦梦麒等吓诈多赃以数十万计，打造金银器皿以数千计，郡邑百姓，朝廷赤子也，殴伤至五十余命，县驿史丞朝廷职官也，捶楚至一时就毙，射人手膑，泪人师徒，撤人庐舍，掘人坟茔，贪残已极；乃奸恶刘有源，挟仇吓骗唆毙儒绅，既逮问正法，而守训等罪不啻十倍，反从而宽之，虽奉有毋令骚扰、不忍加派之旨，一切违背，恣行横敛，以致在在激变，及今不正其刑，守训等之剥削攘夺，将日益甚，故曰严贪酷所以惩巨恶也。一、明参劾之权，以正国体。国家设都察院道科台省以主纠弹，司封驳，此外即论公事，犹为越职，况中使宵人乎！今陈增、孙朝等贪心一拂，飞语辄兴，将谓各直省官员无大小，尽由我参劾，利权无远近，尽由我播弄，自此变乱鼓煽，威劫淫刑，纪纲陵夷，太阿倒置，尚可言国体乎！所宜赫然下旨切责治罪，仍着为令，庶权归于上，而群小畏法，故曰明参劾所以正国体也。

三十年二月，命罢各处税使。寻不行。

时税使横行，内外群臣交章谏，俱不听。至是，仪真税监暨禄亦言：地方旱潦，闾阎萧条，商民尽苦。乃命传谕各处矿税织造，俱行停止。镇抚司及刑部干连税务人犯，即行释放，官各复职。建言诸臣，俱许复用。至次日，司礼监田义又传旨开矿抽税，本因大工未建，帑藏空虚，权宜采用各处矿税织造，俱照旧行，俟三殿落成，方行停止。部司人犯禁，候如故。三十三年十二月，又诏：罢天下开矿，以税务归有司，岁输所入之半于内府，半户工二部，而税使仍不撤。湖口税监李道诡称有司固却，乞如旧，便遽从之。又听福府承奉谢文铨言，设官店于崇文门外以供福邸。户部尚书赵世卿屡疏不听。世卿又言：崇文门、河西务、临清、九江、浒墅、扬州、北新、淮安各钞关岁征，本折约三十二万五千余两，万历二十五年增银八万二千两，此定额也。乃二十七年以后历岁减缩，至二十九年总解二十六万六千余两。究厥所由，则以税使苛敛，商至者少，连年税使所供即此各关不足之数也。疏入，不省。时九门税尤苛，举子皆不免，甚至击杀觇吏。事闻，诏法司治之。监竖为小戢①。

顾炎武《日知录》曰：古之人君未尝讳言财也，所恶于兴利之臣者，为其必至于害民也。自万历中求利纷纷且数十年，而民生愈贫，国计亦愈窘，然则治乱盈虚之数，从可知矣。可徒求利而不以斯民为意欤！

四十二年四月，以皇太后遗命，减天下税额三分之一，免近今畸零小税。

四十八年七月遗诏，罢一切榷税。

是月，光宗未即位，即遵遗诏，尽蠲天下额外税，撤回税监。其派入地亩、行户、人丁、间架者概免之。

熹宗天启五年，户部尚书李起元请复榷水陆冲要，依万历二十七八年例量征什一。从之。

愍帝崇祯二年，命关税每两增一钱。

臣等谨按：《春明梦余录》载，户部议榷额疏，南北榷关有旧额，有新增。北新关原额四万，天启元年增二万，五年增二万，共八万两。浒墅关原额四万五千，天启二年增二万二千五百，五年增二万，共八万七千五百两。九江关原额二万五千有奇，天启元年增一万二千五百有奇，五年增二万，共五万七千五百余两。两淮钞关原额二万二千，天启元年增七千六百有奇，五年增一万五千，共四万四千六百两。扬州关原额一万三千，天启元年增二千六百，五年增一万，共二万五千六百两。唯临清关原额银八万三千八百，河西务原额四万六千，并无加增，因解不足额，临清减二万两，河西务减一万四千两。崇文门原额六万八千九百二十九两，天启五年增二万，共八万八千九百二十九两，此旧额与新增之数也。天启六年，以助工税，差照正

---

① 小戢，稍微收敛。

额，每两加羡余银一钱，大工竣改为助饷，每两止增羡余五分，至是，量增五分为一钱，合计八关共增银五万余两。明季关钞之数大略备矣。

三年，命关钞每两复增二钱，唯临清仅半，崇文门、河西务俱如旧。

时户部尚书毕自严议增南京宣课司税额一万为三万。南京户部尚书郑三俊以宣课所收落地税无几，请税芜湖以当增数。自严遂议税芜湖三万两，而宣课司仍增一万，三俊悔疏争不能已。

九年，复议增税课款项。

至十三年增关税二十万两。

《日知录》曰：单穆公有言，绝民用以实王府，犹塞川源而为潢污也。自古以来，有民穷财尽而人主独拥多藏于上者乎！此无他，不知财为上下通共之财，而以为一家之物也。《诗》曰：不吊昊天，不宜空我师①。有子曰：百姓不足，君孰与足。《管子》曰：与天下同利者天下持之，擅天下之利者天下谋之。呜呼！崇祯末年之事，可以为永鉴也已。

十六年七月，尚书倪元璐奏门税积弊。

时元璐察崇文门税事，有商人汤茂等诉主事朱从义苛罚情弊，因讯书吏及铺商十余人，俱言每失报一纱一裙，通罚全单，而又倍之。至于数百者，因奏：凡一单所开货物多至二三千件，数十商之所共也。以一货失报而重罚数千件已报不漏之税，以一人犯令而偏罚数十家同单无罪之人，奸贪如此，百姓安得不穷，天下安下得不乱。又言：见南中关署有书刊碑，漏货一件，通没一船货物之半入官。盖天下之为关者，皆崇文门矣。乞严诏饬行，使商贾常通，道路无怨，富强之事犹可为也。

---

① 不吊昊天，不宜空我师，语出《诗·小雅·节南山》，意为不怜悯保佑的苍天，不宜使大众陷于穷困啊。

钦定续文献通考卷十九

泹榷考

盐铁

宋宁宗嘉定二年，诏：淮东贴输盐钱免二分交子，止用银会中半①。

三年，又诏：停钞引之家增长旧钞价直，袋卖官会百贯以上，自今令到日，盐钞官钱，袋增收会子二十贯。三务场朱印于钞面，作某年某月新钞，俟通卖及一百万袋，即免增收，其日前已未支盐钞并为旧钞，期以一年，持赴仓场支盐，袋贴输官会一十贯，出限更不行用。

《宋史·汪纲传》曰：淮东煮盐之利，本居天下半，岁久弊滋，盐本日侵，帑储空竭，负两总司五十余万，亭户二十八万，借拨于朝廷五十万。又会饷所复盐钞，旧制弗许商人预供贴钞钱，盐司坐是窘不能支。纲提举淮东常平，抉摘隐伏，凡虚额无实，诡为出内，飞走移易，事制曲防，课又更羡。既尽偿所负，又赢金三十万缗，为桩办库，以备盐本之阙。添置新灶五十所，诸场悉视乾道旧额三百九十万石，通二千三百万缗，课官吏之殿最。纲约已率下，辞台郡之互馈，独增场官奉以养其廉。

三年十一月，遣官往两浙路，与提举官议收浮盐。

六年，令福建转运司将下四州军凡二十文产以下合输盐五斤之家尽

---

① 银会，即银会子。由川陕宣抚使吴玠于绍兴七年（1137）在河池（今甘肃徽县）发行。面额有一钱和半钱两种。

免，其折户产钱仅及二十文者，不输盐钱。

初，福建上四州建、剑、汀、邵，行官卖盐法①；下四州福、泉、漳、化行产盐法②，濒海诸处计产输钱，官给之盐以供食。其后遂为常赋，而民不复请盐。至是，臣僚极言其弊，始减免之。明年四月，又蠲沿海诸州贫民纳盐。

《儒林传》曰：蔡幼学进福建路安抚使，政主宽大，唯恐伤民。福建下州例抑民买盐，以户产高下均卖者曰产盐，以交易契纸钱科敷者曰浮盐，皆出常赋外，久之遂为定赋。幼学力请蠲之。

臣等谨按：浮盐之见于史者，名同而实异。如福建之浮盐，乃以别于产盐而名之，非如江淮亭户正盐之外又有锅户之浮盐也。

七年十一月，罢四川制置大使司所开盐井。

先是，孝宗淳熙六年，四川制置胡元质总领程价，言：推排四路盐井二千三百七十五③，场四百五，除井一千一百七十四，场一百五十，依旧额煎输，其自陈或纠决增额者，井一百二十五，场一十四，并今渲淘旧井亦愿入籍者四百七十九；其无盐之井，即与划除；不敷而抱输者，即与量减。共减钱引四十万九千八百八十八道，而增收钱引十二万七千三百四十九道，庶井户免困重额。四月，蠲四川盐课十万缗。十月，再蠲课十七万余缗。七年，元质又言：盐井推排，所以增有余补不足，有司务求赢余，盈者过取，涸者略减，尽出私心。今后凡遇推排以增补亏，不得逾已减之数。光宗绍熙元年十一月，潼川转运判官王溉撙节漕计，代输井户重额钱十六万缗。诏奖之。三年吏部尚书赵汝愚言：绍兴间，赵开所议盐法，诸井皆不立额，唯禁私卖，而诸州县镇皆置合同场以招商贩。其盐之斤重远近皆平准之，使彼此均一而无相倾夺，贵贱以时而为之翕张。今其法尽废，宜下四川总所，视旧法施行。四年十二月，复四川盐合同场旧法。五年，户部言：潼川府盐酒为蜀重害。盐既收其土产钱，给卖官引；又从而征之，刿州县额外收税。如卖酒钱，到岸钱，塌地钱之类，皆是创增，于

---

① 官卖盐法，由官方垄断食盐的生产、转运和发卖的办法。
② 产盐法，民户按资纳钱，由官府供给食盐的办法。以后官府不再给盐，所收盐钱成了税。
③ 推排，即核实厘正赋役。

是申禁成都潼川利路诸司。至是年，诏：四川盐井专隶总所。既而宣抚使安丙言：防秋借此以助军兴，乃复夺之。

臣等谨按：宋时，蜀之盐井最多，而其害尤甚于酒。山谷之民，相地凿井，深五六七十丈，幸得盐泉，募工以石甃砌，以牛革为囊，数十人牵大绳汲取之，至午则泉脉渐竭，乃缒人于绳，令下以手汲取，投之于囊，然后引绳而上，得泉水入灶，以柴茅煎煮，乃得成盐。又有小井，谓之卓筒，大不过数寸，深亦数十丈。以竹筒设机抽泉，尽日之力，所得无几。又有凿地不得盐泉，或得泉而味淡薄，数斛之泉不能得斤两之盐；又或开凿既久，井老泉枯，旧额犹在，无由蠲减；或大井损坏，无力修葺，数十年间，空抱重课；或井筒剥落，土石埋塞，弥旬累月，计不得取；或夏秋涨潦，淡水入井，不可烧煎；或贫乏无力，柴茅不继，虚失泉利；或假贷资财以为盐本，费多利少，官课未偿，私债已重。如此之类，不可胜计。其详具见于胡元质所奏云。

十七年八月，罢通州天赐盐场。

理宗宝庆二年，减盐商税。

监察御史赵至道言：产盐固借于盐户，鬻盐实赖于盐商，故盐户所当存恤，盐商亦当优润。庆元之初，岁为钱九百九十万八千有奇；宝庆元年，止七百四十九万九千有奇，乃知盐课之亏，实因盐商之无所赢利。为今之计，莫若宽商旅，减征税，庶几庆元盐课之盛复见于今日矣。从之。

命福建运盐尽归漕司。

监察御史梁成大言：福建州县，半系濒海产盐之地，利权专属漕臣，乃其职也。盐产于福州兴化，而运于建、剑、汀、邵四郡，二十二县之民食焉。福建提举司主常平茶事，而盐不预，漕司与认净镪以助用。近来越职营利，多取纲运，分委属县，县邑既为漕司措办课盐，今又增提举司之额，势必尽敷于民，殆甚于青苗之害。望将运盐尽归漕司提举，不得越职，庶事权归一，民瘼少苏矣。从之。

绍定元年，罢上虞、余姚海涂地，创立盐灶。

从侍御史李知孝言也。

二年八月，敕二广及福建，毋以敷盐扰民。

先是，孝宗淳熙六年九月，诏：二广、福建卖盐，毋擅增旧额。十六年正月，经略应孟明言：广中自行钞法，五六年间，州县率以钞抑售于民，其害有甚于官般者。诏：孟明与提举从长措置，经久利便，毋致再有科抑之弊。至是，又从监察御史留元英奏，二广列郡及福建上四州，唯盐是利，守令克剥于常赋之外，借户口以敷，盐民被其扰。近者汀寇亦基于此。乞饬二广、福建漕司，严察州县，痛革前弊，仍令宪司岁行。户部许人陈诉。从之。

端平二年，诏淮浙提举司、茶盐司，各增置主管文字一员。

都省言：淮浙岁额盐九十七万四千余袋，近二三年积亏一百余万袋。民食贵盐，公私俱病。乃命三路提举茶盐司各置主管文字一员，专以兴复盐额，收买散盐为务。岁终，尚书省课其殿最。

> 臣等谨按：《食货志》载，宝祐五年，侍御史朱熠奏：端平初，分置十局收买散盐，盖即是年收买浮盐，增置主管文字事也。王圻《续考》又载，嘉熙二年四月，都省言：国计军需，多仰盐课。乾道以来，岁额六十五万有奇。自钞法变而请买稀少，亭户失业，乞饬江淮诸屯毋许私买浮盐，令提举司复亭场，委官属，依直收买，则利归公。上令核实以闻。从之。是则端平设局，不数年间多私买者，故复申饬之耳。

淳祐五年，申严私贩苛征之禁。

> 《日知录》曰：行盐地分有远近之不同。远于官而近于私，则民不得不买私盐。既买私盐，则兴贩之徒必盛。于是乎盗贼多而刑狱滋矣！宋时虔、汀盗贩，所至劫掠。元末张士诚以盐徒而盗。据吴会其小小兴贩，虽太平之世，未尝绝也。余少居昆山、常熟之间，为两浙行盐地，而民间多贩淮盐，自通州渡江，其色青黑，视官盐为善。及游大同，所食皆番盐，坚致精好，此地利之，便非国法所能禁也。明知其不能禁而设为巡捕之格，课以私盐之获，每季若千为一定之额①，此掩耳盗铃之政也。
>
> 臣等谨案：宋时盗贩射利，莫甚于虔、汀二州之民。马端临既详言之矣。考宁宗庆元三年夏，广东提举徐安国遣人捕私盐于大奚山，岛民遂作乱。八月，知广州钱之望，遣兵入山，尽杀岛民。理宗宝庆

―――――――――――――

① 若千，此处刊刻有误，按文意应为"若干"。

元年，以广州安抚司水军大为兴贩，罢其统领尹椿、统辖黄受各降一官。宁宗后，私贩之事见于《纪》《志》者止此。若苛征之害，则往往于列传中见之。如宁宗嘉定中，高定子知长宁军，长宁地接夷獠，公家百需皆仰淯井盐利，来者往往因以自封殖，制置使又权入其半，定子至争于制置使，得蠲重赋。孙子秀主管浙东盐事，先是诸场盐百袋，附五袋，名五厘盐。未几，提举官以为正数，民困甚。子秀奏蠲之。淳祐九年，郑清之兼枢密使，时诸路亏盐，执其事者破家以偿。清之核其犯科者，追理罢误者，悉蠲之，全活甚众。开庆元年，子秀为浙西提举常平。先是丁大全以私人为之，尽夺亭民盐本钱充献羡之数①，不足则估籍虚摊，一路骚动，亭民多流亡。子秀还前政盐本钱五千余万贯，奏省华亭分司，定衡量之非法多取者，于是流徙复业。度宗咸淳初，洪天锡为福建安抚使，亭户买盐至破家殒身者，天锡首罢之，民作佛事以报。盖宋自南渡后，偏安一隅，经费多仰给盐酒诸利，苛征之扰亦势之必然者耳！

宝祐元年，以务场增额，行推赏法。

都省言：行在榷货务都茶场上本务场。淳祐十二年，收趱到茶盐等钱一万一千八百一十五万六千八百三十三贯有奇，比今新额四千万贯增一倍以上。合视淳祐九年、十年、十一年例倍赏之，以励其后。命依所上推赏。至四年五月，以行在务场比新额增九千一百七十三万五千九百一十二贯有奇。本务场并三省户部大府寺交引库，凡通管三务场职事之人，视例推赏。后以为常。

二年六月，罢江湾浮盐局。

淳祐元年，臣僚奏：南渡立国，专仰盐钞②。绍兴淳熙率享其利。嘉定以来二三十年间，钞法或行或罢，而浮盐之说牢不可破，其害有不可胜言者，望付有司集议，孰为可行，孰为可罢，天地之藏与官民共之，岂不甚盛。从之。至是，乃罢江湾浮盐局。至五年，殿中侍御史朱熠又言：盐之为利薄矣！以蜀广浙数路言之，皆不及淮盐额之半，盖以斥卤弥望，可

---

① 献羡，地方官向上级贡献税收盈余。

② 盐钞，指行盐钞法所得之钱。盐钞法，亦称钞盐法，宋盐商凭钞运销食盐的制度。至宋仁宗时，宋之盐法难行。庆历八年，陕西提刑兼制置解盐使范祥改行钞盐法。改官运官卖为通商，改入中粮草为现钱，京师置官盐院，储钱二十万以备调剂。此制使民安其业，公私两便。

供煎烹，芦苇阜繁，可备燔燎，故环海之湄，有亭户，有锅户，有正盐，有浮盐。正盐出于亭户，归之公上者也；浮盐出于锅户，鬻之商贩者也；正盐居其四，浮盐居其一。端平之初，朝廷不欲使浮盐之利散归于下，于是分置十局，收买浮盐，以岁额计之二千七百九十三万斤，十数年来，钞法屡更，公私俱困。真、扬、通、泰四州六十五万袋之正盐，视昔犹不及额，尚何暇为浮盐计耶。是以贪墨无耻之士大夫，知朝廷住买浮盐，龙断而笼，其利累累。灶户列处沙洲，日藉铢两之盐，以延旦夕之命。今商贾既不得私贩，朝廷又不与收买，则是绝其衣食之源矣。为今之计，莫若遵端平之旧式，收锅户之浮盐。所给盐本当过于正盐之价，则人皆与官为市，却以此盐售于上江，所得盐息径输朝廷，一则可以绝戎阃争利之风①，二则可以续锅户烹煎之利。从之。

四年十二月，复申严私贩之禁。

殿中侍御史朱熠言：近者课额顿亏，日甚一日，姑以真州分司言之，见亏二千余万，皆由台阃及诸军帅兴贩规利故也。于是复申禁之。

景定元年九月，诏：福建上四州县盐课，有招趁失时，月解拖欠。在宝祐五年以前者，并与除放，其违法计口科抑者，监司按劾以闻。

初，福建上四州财赋，绝少所恃者，唯官卖盐。孝宗淳熙十三年，四川安抚制置赵汝愚言：汀州民贫，而官盐抑配视他州尤甚，乞以汀州为客钞，事下提举应孟明及汀州守臣议。孟明言：上四州军有去产盐之地甚迳者，官不卖盐则私禁不严，民食私盐则客钞不售，既无翻钞之地，则客卖销折，所以钞法屡行屡罢。四川阔远犹不可翻钞，汀州将何所往，故钞法虽良，不可行于汀州，唯裁减本州并诸县合输内钱，而严科盐之禁，庶几汀民有瘳矣。下转运司赵彦操等措置。彦操等因言：汀州六邑，长汀、清流、宁化食福盐，上杭、连城、武平食漳盐。唯食盐既异，故钞法难通。今宜将旧欠盐钱尽与蠲放，并减盐价。官价既平，私贩自息。于是以岁运二百万四千斤会之，总三万九千三十八缗有奇。又免其分隶诸司汀州六邑岁减于民者三万九千缗有奇，减于官者一万缗有奇，所补州用，又在外焉。至是以祀明堂赦，复有此诏。至三年，臣僚又言：福建上四州山多田少，税赋不足，州县上供等钱银，官吏宗子官兵支遣悉取办于卖盐。转运司虽拘榷盐纲，实不自卖。近年创例，自运盐两总后，或岁运十纲至二十

---

① 戎阃，指军门，即帅府。

纲，与上四州县所运岁额相妨，而纲吏搭带之数不预焉。州县被其攘夺，发泄不行，上供常赋无从赶办，不免敷及民户，其害有不可胜言者，遂命福建转运司视自来盐法，毋致违戾，上四州依此施行。

　　臣等谨按：《宋史·袁甫传》：端平初，闽盐旧隶漕司，例运两纲供费，后增至十有二纲，吏卒并缘为奸，且抑州县变卖，公私苦之。甫为转运判官，奏复旧例。今观岁运十纲至二十纲等语，则尔时所增更多，宜为害之滋甚也。

度宗咸淳四年正月，严广盐抑配之禁。

　　国子祭酒陈宜中奏：曩岁淮盐道梗，广盐益出于江、湖南北之境，司局之卖数余羡，朝廷之钞额顿增。比年以来，越界有禁。盐之滞者无所泄，钞之增者不复除。重以银价倍蓰，纲解迫保①，盐司无以为策，遍追钞户，多致抑卖，继责诸吏，立限倍输。食盐之户口不加多，日纳之钱银不加少。钞户陨身荡产不足填偿，诸吏剥床及肤，肆行抑配，分乡置局，计口敷盐，杂以灰泥，减其斤两，沿门强委，克日责偿，前欠未消，后逋踵至，不能偿者，群数十恶少席卷其家，爨釜布衾，靡有孑遗。甚至搜抉煎熬，诬以私贩，弃抑人家，讦为私矍，摊执遍及于温饱，科罚不问其是非，民不聊生，唯各待死。昨者台臣尝言计口食盐之害，弊端纷如，未易顿革，乞下监司痛行禁戢。从之。

七年四月，免广东提举司盐笞银三万两。

　　初，孝宗淳熙七年正月，减广西诸州岁卖盐数。十二年二月，遣使访问二广盐法利害。十五年，诏曰：广南在数千里外，疾痛难于上闻，朕悯之尤切。盖盐者，民资以食。向也官利其赢，转而自鬻，久为民疾。朕为之更令，俾通贩而杜官鬻，民固以为利矣。然利于民者官不便焉，必胥动以浮言，且朕知恤民而已，浮言奚恤？矧置盐司守令以为民，朕有美意弗广其推，顾挠而坏之可乎？自今有如此者，必置之法。于是命詹仪之知静

━━━━━━━━━━

　　①　迫保，应为迫促，"保"字当为刊刻之误。

江府，并广东西盐事为一司，《纪》作十年正月，命二广提举盐官互措置盐事，罢广南官鬻盐法。十三年三月，合广南东、西盐事司为一，与此小异。其两路卖盐，岁以十六万五千箩为额。仪之等言：两路盐，且以十万箩为额，俟三数年视其增亏，乃增其额。所有客钞，东西路通货钱与免，以便商贩。光宗绍熙元年，用吴宗旦之请，颇损五州盐直及所卖之数，又用刘坦之之请，减钞盐一万箩。户部奏：如是则岁失经费六万三千余缗。帝不之靳也。二年，广东复言六万五千箩犹有未售者。又命减五十八箩。盖惠、潮、南恩州既自产盐，而官复般卖，往往计口抑售于民，故不惜暗损经费十万缗，令科抑少减也。至是，复有此诏。

臣等谨按：广东西盐法有二：一曰钞商兴贩，一曰官自般卖。淳熙五年，以李茆奏，令官般官卖法常切遵守。十年，诏：广盐复行钞法，罢官般官卖。十一年，广西经略詹仪之等奏：高、雷、化、钦、廉五州以岁额十分为率，官卖二分；余静江、郁林、宜、融、柳、象、昭、贺、梧、藤、邕、容、横、贵、浔、宾十六州皆行官卖。以五州近海盐贱，不藉官卖。十六州去海远，非官卖，无从得盐也。十五年，广西提刑赵伯逖又奏行钞之弊，诏令相度闻奏。是后，遂令五州止官卖二分，余十六州皆令官卖，而令广东岁卖十六万五千箩。此南宋广盐之大略也。

又按：管仲以盐铁取利，而秦汉因之，迄于唐宋，代仍其制。然自唐之末年，虽官称盐铁使，其时立法已重在盐。五代以后，则榷盐之法，置务设官，而铁不复与盐并称矣。宋代盐官与茶同司，与酒同课，不复及铁。自后间有盐铁并称者。辽有上京盐铁使司。元世祖至元二十六年四月，以莱芜铁冶提举司隶山东盐运司。成宗元贞二年九月，罢民间盐铁炉灶。明武宗正德十四年，广东铁税置厂，一于省城，外即令盐课提举司司之。正则专司盐课，副则专司铁课，一应事宜，巡盐御史总理之。其惠、潮、揭阳及雷、琼等行铁之地，但有走税夹带漏报诸弊，俱照盐法事例。此皆盐铁之相连者，余多盐自为盐，铁自为铁，无相涉者。铁为五金之一，今与金、银、铜、锡，俱详坑冶门。

矾

臣等谨按：南宋榷矾之法。高宗建炎三年，黄潜厚奏：许商人贩淮南矾入东南诸路，听输钱行在，持引赴场支矾。绍兴十一年，以韩球言，抚州青胆矾斤钱一百二十文，土矾斤三十文省。铅山场所产，品高于抚，青胆矾斤一百五十文，黄矾斤八十文。二十九年，以淮西提举司言，取绍兴二十四年至二十八年所收矾钱，一年中数四万一千五百八十五缗为定额，其它产矾之所，若潭州浏阳永兴场、韶州岑水场皆置场给引，岁有常输。唯漳州之东，去海甚迩，大山深阻，虽有采矾之利，而潮、梅、汀、赣四州之奸民聚焉，其魁杰者号大洞主、小洞主，土著与负贩者皆盗贼也。嘉定后，矾事无可考。

又按：马端临考，矾与盐俱参载。今考自宋宁宗以后，矾事甚略，故以历朝所有各附载于盐事之末。

辽太宗会同初年，置榷盐院于香河县。

初，太祖以所得汉民数多，即八部中分古汉城，别为一部治之，城在炭山南，有盐池之利，八部皆取食之。及征幽、蓟，还次于鹤剌泺，命取盐给军，自后泺中盐益多，上下足用。至是晋献十六州地，而瀛、莫在焉。始得河间煮海之利，置榷盐院。于是燕云迤北暂食沧盐。一时产盐之地，如渤海、镇城、海阳、丰州、阳洛城、广济湖等处，五京计司各以其地领之，其煎取之制，岁出之额，不可得而详焉。

周广顺中，胡峤记曰：契丹东南为渤海，又东辽国；其南海曲有鱼盐之利，又南至榆关矣。

叶隆礼《契丹国志》曰①：汉城在炭山东南滦河上，乃后魏滑盐县是也。太祖用舒噜皇后策，使人告诸部曰：我有池盐，诸部所食。然利于食盐而不知盐有主人可乎？当来犒我诸部以为然，共以牛酒会盐池，太祖伏兵其旁，酒酣，伏发尽杀之，并为一国。东北诸部皆畏

---

① 《契丹国志》，是南宋叶隆礼秦敕撰。共二十七卷，是一部辽朝的纪传体史书。

服之。

《辽史·地理志》曰：上京有广济湖盐泺，南京析津府其利鱼盐，香河县本武清孙村，辽于新仓置榷盐院，居民聚集。西京丰州，本唐丰州地，太祖神册五年攻后唐，天德军拔其城，复为州，有大盐泺。

圣宗统和四年六月，南京留守奏：百姓岁输三司盐铁钱折绢不如直，诏增之。

金世宗大定二年，始许民以米易盐，设榷盐官于大盐泺。

初，辽、金故地滨海多产盐。上京东北二路食肇州盐，率滨路食海盐，临潢之地有大盐泺，乌库哩实垒部有盐池，皆足以食境内之民，尝征其税。及得中土盐场倍之，设官立法加详，然增减不一，废置无恒，亦随时救弊而已。海陵贞元初，蔡松年为户部尚书，始复钞引法，设官置库以造钞引钞。右盐司簿之符引，会司县批缴之数，七年一厘革之。至是，幹辛乱后，兵食不足，诏河北东路转运副使梁肃措置沿边兵食，肃乃移牒肇州、北京、广宁盐场，许民以米易盐，兵民皆得其利。户部郎中曹望之亦请于大盐泺设官榷盐，听民以米贸易，民成聚落，可固边围，其利无穷。从之。其后凡贮米二十余万石，及东北路岁饥，赖以济者不可胜数。至二十一年八月，肃参知政事言：宝坻及旁县多缺食，可减盐价，增粟价，而以粟易盐。帝命宰臣议，皆谓盐非多食之物，若减价易粟，恐多而不售，以至亏课。今岁粮以七十余万石至通州，比又以恩、献等六州粟百万余石继至，足以赈之，不烦易也。至章宗泰和四年六月，桓州刺史张炜又乞以盐易米。诏尚书省议之。

《金史·食货志》曰：金榷货之目有十：曰酒、曲、茶、醋、香、矾、丹、锡、铁，而盐为称首。

三年二月，定军私煮盐及盗官盐之法。命明安穆昆巡捕。
十一月，诏以银牌给益都滨沧盐使司。
十一年正月，更定果勒盐场作六品使司，以是岁入钱为定额。
用西京盐判宋侯言也。即以侯为使，顺圣县令白仲通为副。
四月，以乌库哩实垒民饥，罢其盐池税。

至十三年三月复免之。

十二年十月，诏西北路招讨司：明安所辖贫民及富人奴婢皆给食盐。

时以宰臣言，去盐泺远者所得不偿道里之费，乃命计口给直，富人奴婢二十口止。

十三年二月，并榷永盐为宝坻使司，罢平泺盐钱。

三月，大盐泺设盐税官。

又沧州有旧废海阜盐场。是月，州人李格请复置。诏遣使相视，有司谓：是场兴则损沧盐之课，且食盐户仍旧，而盐货岁增，必徒多积而不能售。遂寝其议。

二十年，并沧州及山东两盐司为海丰盐使司。

益都滨州旧置两盐司，十三年四月，并为山东盐司。至是，朝论以沧州及山东各务增羡，冒禁鬻盐，虑其久或隳法，遂复并之。

十一月，又并辽东等路诸盐场为两盐司。

十二月，罢平州桩配盐课①。

二十三年十一月，加宝坻盐课耗盐。

时张邦基言：宝坻盐课，若每石收正课百五十斤，虑有风干折耗，遂令石加耗盐二十二斤半，仍先一岁贷支偿直以优灶户。

二十四年七月，罢会宁所属盐引，添灶户。

时帝在上京，谓丞相乌库哩元忠等曰：会宁尹富察通言，其地明安穆昆户甚艰，旧率滨以东食海盐，扶余呼尔哈等路食肇州盐，初定额万贯，今增至二万七千，若罢盐引添灶户，庶可易得。元忠对曰：已尝遣使咸平府以东规画矣。帝曰：不须待此，宜急为之。

二十五年，更果勒为西京盐司。

是后唯置山东、沧、宝坻、莒、解、北京、西京七盐司。山东、沧、宝坻斤三百为袋，袋二十有五，为大套，钞引公据三者俱备，然后听鬻。小套袋十或五或一，每套钞一引，如袋之数。宝坻零盐较其斤数或六之三，或六之一。又为小钞引给之，以便其鬻。解盐斤二百有五十为一席，席五为套，钞引则与陕西转运司同鬻。其输粟于陕西军营者，许以公牒易钞引。西京等场盐以石计，大套之石五，小套之石三；北京大套之石四，小套之石一；辽东大套之石十，皆套一钞，石一引零。盐积十石亦一钞而

① 桩配，额外摊派。

十引。至章宗泰和元年九月，省臣以沧、滨两司，盐袋岁买席百二十万，皆取于民。清州北靖海县新置沧盐场，本故猎地，沮洳多芦，宜弛其禁。令民时采而织之。

其行盐之界，各视其地宜。山东沧州之场九，行山东、河北、大名、河南、南京、归德诸府路及许、亳、陈、蔡、颍、宿、泗、曹、睢、钧、单、寿诸州；莒之场十二：涛洛场行莒州，临洪场行赣榆县，独木场行海州司候、司胊、山东海县，板浦场行涟水、沐阳县，信阳场行密州。以上五场又与大盐场通行沂、邳、徐、宿、泗、滕六州。西由场行莱州录事司及招远县，衡村场行即墨莱阳县，以上二场钞引及半袋小钞引，听本州县鬻之。宁海州五场皆鬻零盐，不用引目。黄县场行黄县，巨风场行登州司候司、蓬莱县，福山场行福山县，以上三场，又通行旁县。栖霞、宁海州场行司候司、牟平县，文登场行文登县，宝坻盐行中都路。平州副使于马城县置局贮钱。解盐行河东南北路、陕西东及南京、河南府、陕、郑、唐、邓、嵩、汝诸州，西京、辽东盐各行其地。北京宗锦之末盐行本路及临潢府，肇州泰州之境与接壤者亦预焉。

十月，罢北京辽东盐使司。

帝还自上京，谓宰臣曰：朕闻辽东凡人家食盐，但无引目者即以私治罪。夫细民徐买食之，何由有引目，可止令散办或询诸民，从其所欲，因罢盐使司。

二十八年五月，创置巡捕使。

时尚书省论盐事。帝曰：盐使司虽办官课，然素扰民，盐官每出巡，巡捕人往往私怀官盐，所至求贿及酒食，稍不如意，则以所怀诬以为私盐，盐司苟图羡增，虽知其诬，亦复加刑。宜令别设巡捕官，勿与盐使关涉，庶革其弊。乃创巡捕使，山东、沧、宝坻各二员，解、西京各一员。山东则置于潍州招远县，沧置于深州及宁津县，宝坻置于易州及永济县，解置于澄城县，西京置于多塔古，秩从六品。直隶省部各给银牌，取盐使司弓手充巡捕人，且禁不得于人家搜索。若食盐一斗以下不得究治，唯盗贩私煮则捕之。在三百里内者属转运司，外者即随路府提点所治罪，盗课盐者亦如之。

二十九年十二月，时章宗已即位。减盐价及巡盐弓手。

是年十月，帝谕有司曰：比因猎知百姓多有盐禁获罪者，民何以堪。朕欲令依平滦太原均办例，令民自煎。其令百官议之。是月，户部尚书邓俨等议：若令计口定课，民既输干办钱，又必别市而食，是重费民财而徒增煎贩者之利也。且今之盐价，盖昔日钱币易得，时所定今日与向不同，况太平日久，户口蕃息，食盐岁课，宜有增羡，而反无之何哉？缘官估价高，贫民利私盐之贱，致亏官课耳。近已减宝抵①、山东、沧盐价，每斤为三十八文，乞更减八文，岁不过减去一百二十余万贯，官价既贱，所售必多，自有羡余，亦不全失所减之数。况今府库金银约折钱万万贯有奇，设使盐课不充，亦足补百有余年之经用，若量入为出，必无不足之患。乞令平滦干办盐课，亦令减价，各路巡盐弓手不得自专巡捕，庶革诬罔之弊。礼部尚书李晏等议：所谓干办者，既非美名，又非良法，必欲杜绝私煮盗贩之弊，莫若每斤减为二十五文，使公私价同，则私将自已。又巡盐兵吏往往挟私盐以诬人，可令与所属司县期会，方许巡捕违者按察司罪之。刑部尚书郭邦杰等议：平滦濒海及太原卤地，可依旧干办，余同俨议。御史中丞移剌仲方议：私煎盗贩之徒，皆知禁而犯之者也，可选能吏充巡捕使，而不得入人家搜索。同知大兴府事王翛请每斤减为二十文，罢巡盐官。左谏议大夫图克坦镒则以干办为便。宰臣奏：以每斤官本十文，若减作二十五文，似为得中。巡盐弓手可减三分之一，盐官出巡，须约所属同往，不同获者不坐，自来岁五月一日行之。遂命宝坻、山东、沧盐每斤减为三十文，已发钞引未支者，准新价足之，余从所请。至明昌元年七月，上封事者又言：河东北路干办盐钱岁十万贯，太重，以故民多逃徙，乞缓征督。帝命俟农隙遣使察之。又省臣以山东盐课不足，盖由盐司官出巡不敢擅捕，必约所属同往，人不畏故也。遂诏：自今如有盗贩者，听盐司官辄捕。民私煎及藏匿，则约所属搜索。巡尉弓兵非与盐司相约，不得擅入人家。

是月，复置北京辽东盐使司，罢西京解州巡捕使。

以大理司直伊喇玖胜努、广宁推官宋宸议北京辽盐司利病，遂复置北京辽东盐使司。北京路岁以十万余贯为额，辽东路以十三万为额。罢西京解州巡捕使。至泰和三年二月，以解盐司使治本州，以副治安邑。

章宗明昌元年十二月，定禁司县擅科盐制。

五年正月，重定山东滨益小场盐课。

先是，尚书省奏：山东滨益九场之盐，行于山东等六路，涛洛等五场

① 宝抵，应为"宝坻"。

止行于沂、邳、徐、宿、滕、泗六州，各有定课。方之九场大课不同，若令与九场通比增亏，其五场官恃彼大课，恐不用力，转生奸弊，遂定五场自为通比，改旧时与盐司使副通比法。至是八小场盐官左莘等以课不能及额缴进，告敕遂遣使按视十二场，再定除涛洛等五场，系设管勾，可即日恢办。乃以莘所告八场，从大定二十六年制，自见管课依新例，永相比磨。户部郎中李敬义等又言：八小场今定新课，有减其半者，如使俱从新课，而旧课已办入官，恐所减钱多，因而作弊，所收钱数，不复尽实附历纳官，遂从明昌元年所定酒税院务制，令即日收办。

十一月，更定军民犯私盐制。

自元年六月，户部员外郎孙即康等同盐司官议：军民犯私盐，三百里内者盐司按罪，远者付提点所，皆征捕获之赏欲贩造者①、明安穆昆部人煎贩及盗者，所管官论赎；三犯杖之，能捕获则免罪。又滨州渤海县永和镇去州远，恐藏盗及私盐，可改为永丰镇与曹子山村，各创设巡检。帝命明安穆昆杖者再议，余皆从之。又旧制：明安穆昆犯私盐酒曲者，转运司按罪。至是，令军民犯私盐者皆令属盐司，酒曲属转运司；三百里外者，仍附提点所，若逮问犯人而所属客不遣者，徒二年。迨承安三年四月，宰臣奏：在法明安穆昆有告私盐而不捕者，杖之；其部人有犯而失察者，以数多寡论罪。今乃有身犯之者皆世袭权贵家，不可不禁。遂定制，徒年杖数不以赎，论不及徒者杖五十。八月，命山东、宝坻、沧州三盐司，每春秋遣使督按察司及州县巡察私盐。泰和五年十月，签河北东西大名路按察使司事张德辉言：海壖人易得私盐，故犯法者众，可量户而均配之。尚书省命山东按察司议其利便。按察司言：莱、密等州，比年不登，计口卖盐，所敛虽微，人以为重，恐致流亡。且私煮者皆无藉之人②，岂以配卖而不为哉！遂定制，命与沧盐司皆驰驿巡察境内。

承安三年十二月，复定盐价及盐课。

明昌五年十一月，尚书省议：山东沧州旧法，每一斤钱四十文，宝坻每一斤钱四十三文。自大定二十九年赦恩并特旨减为三十文，计减百八十五万四千余贯。今国用不充，应定每一斤复加三文为三十三文。至是，尚书省又奏：盐利至大，今天下户口蕃息，食者倍于前。军储支引者亦甚

---

① 欲贩造者，应作"于贩造者"。
② 无藉，应为"无籍"。藉，当为刊刻之误。

多，况日用不可缺之物，岂以价之低昂而有多寡也。若不随时取利，恐徒失之。遂复定山东、宝坻、沧州三盐司价，每一斤加为四十二文。解州旧法，每席五贯文，增为六贯四百文；辽东、北京旧法，每石九百文，增为一贯五百文；西京煎盐，旧每石二贯文，增为二贯八百文；捞盐旧一贯五百文，增为二贯文。既增其价，复加其所鬻之数，七盐司旧课岁入六百二十二万六千六百三十六贯五百六十六文，增为一千七十七万四千五百二十二贯一百三十七文二分；山东旧课岁入二百五十四万七千三百三十六贯，增为四百三十三万四千一百八十四贯四百文；沧州旧课岁入百五十三万一千二百贯，增为二百七十六万六千六百三十六贯；宝坻旧课岁入八十八万七千五百五十八贯六百文，增为一百三十四万八千八百三十九贯；解州旧课岁入八十一万四千六百五十七贯五百文，增为一百三十二万一千五百二十贯二百五十六文；辽东旧课岁入十三万一千五百七十二贯八百七十文，增为三十七万六千九百七十贯二百五十六文；北京旧课岁入二十一万三千八百九十二贯五百文，增为三十四万六千一百五十一贯六百一十七文二分；西京旧课岁入十万四百一十九贯六百九十六文，增为二十八万二百六十四贯六百八文。泰和四年六月，以七盐使司课额七年一定为制，每斤增为四十四文。

泰和元年十一月，征捕私赏盐入官。

陕西路转运使高汝砺言：旧制，捕告私盐等，计斤给赏钱，皆征于犯人。然盐官获之则充正课，巡捕官则不赏，巡捕军则减常人之半，免役，弓手又半之。是罪同而赏异也。乞以司县巡捕官不赏之数及巡捕弓手所减者，皆征以入官，则罪赏均矣。从之。

三年十一月，定进士授盐司制。

明昌元年六月，户部员外郎孙即康等乞山东、宝坻、沧盐司判官升为从七品，用进士。从之。至是，定制：进士授盐司使官，以榜次及入仕先后拟注。至四年八月，诏：以山东沧州盐司自增新课之后，官既不为经画，而管句盐司与合千人互为奸弊①，所亏岁积，乃诏选才干者代两司使副，以进士及部令史译人、书史、译史、律科、经童诸局分出身之廉慎者为管句而罢其旧官。八年七月，又以宋克俊言：盐管句自改注进士诸科人，而盐官失超升县令之阶，以故怠而亏课，乞依旧为便。有司议：以四

---

① 管句，宋、金指理钩稽。

年改注时选当时到部人截替，遂以秋季到部人注代。

四年十月，定私碱法。

先是，世宗大定二十三年七月，博兴县民李孜收日炙盐①。大理寺具私盐及刮碱土二法以上。宰臣谓非私盐可比。参知政事张仲愈独曰：私盐罪重，而犯者犹众，不可纵也。帝曰：刮碱非煎，何以同私。仲愈曰：如此则渤海之人恣刮碱而食，将侵官课矣。力言不已。乃以孜同刮碱科罪。后犯则同私盐法论。至是西北路有犯收碱禁者，欲同盐禁罪。宰臣谓若比私盐则有不同。诏：定制，收碱者杖八十，斤加一等，罪至徒一年，赏同私矾例。七年十二月，定采黄穗草烧灰淋卤者，亦杖八十。

五年六月，分定山东、沧州两盐司所隶路府州县。

以山东、沧州两盐司侵课，遣户部员外郎石铉按视之。铉还，言：两司分办为便。诏以河北东西路、大名府、恩州、南京、睢、陈、蔡、许、颍州隶沧盐司，以山东东西路、开、濮州、归德府、曹、单、亳、寿、泗州隶山东盐司，各计口承课。

六年四月，从涿州刺史瓜尔佳博诺言，以莱州民所纳盐钱听输丝绵银钞。

七年九月，定西北京辽东盐使判官及诸场管句增亏升降格。

初，六年二月，右丞相内族宗浩、参知政事贾铉言：国家经费唯赖盐课，今山东亏五十余万贯，盖以私煮盗贩者成党，盐司既不能捕，统军司、按察司亦不为禁，若止论贩私盐者之数罚俸降职，彼将抑而不伸，愈难制矣。宜立制，以各官在职时所增亏之实，令盐司达省部以为升降。遂诏诸统军招讨司京府州军官所部，有犯者两次则夺半月俸，一岁五次则奏裁，巡捕官但犯则的决②。令按察司御史察之，至是定格。又令：凡文资官吏员诸局署承应人，应验资历注者，增不及分，升本等，一分减一资，二分减两资，迁一官；四分减两资，迁两官；亏则视此为降。如任迥验官注拟者，增不及分，升本等，首一分减一资，二分减一资，迁一阶，四分减两资，迁两阶，亏者亦视此为降。

十二月，定灶户盗卖课盐罪。

尚书省以卢附翼所言，遂定盗卖课盐制。若应纳盐课外有余，则尽以

① 日炙盐，即盐民以太阳晒卤所制之盐。
② 的决，按判决执行，或判刑。

申官，留者减盗一等。

八年七月，诏：沿淮诸榷场，听官民以盐市易。

宣宗贞祐二年十月，置阳武等县盐场官。

户部言：阳武、延津、原武、荥泽、河阴诸县饶碙卤，民私煎不能禁。遂诏置场，设判官、管勾各一员，隶户部。既而御史台奏：诸县皆为有力者夺之，而商贩不行，遂敕御史分行，申明禁约。

四年七月，敕运盐陕西，毋邀籴①，以夺民利。

初，三年十二月，河东南权宣抚副使乌库哩庆寿言：绛、解民多业贩盐，由大阳关以易陕、虢之粟，及还渡河而官邀籴其八，旅费之外，所存几何。又河南行部复，自运盐易粟于陕，尽夺民利，此岁河东旱蝗，加以邀籴，物价踊贵，人民流亡，诚可悯也，乞罢邀籴，以纾其患。至是庆寿又言：河中乏粮，既不能济，而又邀籴以夺之。夫盐，乃官物，有司陆运至河，复以舟达京兆、凤翔，以与商人贸易，艰得而甚劳，而陕西行部每石复邀籴二斗，是官物而自籴也。夫转盐易物，本济河中，而陕西复强取之，非夺而何？乞彼此一听民便，则公私皆济。从之。

《金史·忠义传》曰：贞祐时，宗室子苏尔坦充宣差都提控，安抚山西军民，应援中都。上书曰：绛、解二州，仅能城守，而村落之民，皆尝被兵，重以连岁不登，人多艰食，皆恃盐布易米。今大阳等渡乃不许粟麦过河，愿罢其禁，官税十三，则公私皆济矣。又曰：绛、解河中必争之地，唯令宝昌节度使从宜规画盐地之利，以实二州，则民受其利，兵可以强矣。又曰：平陆产银铁，若以盐易米，募工炼冶，可以广财用，备戎器，小民佣力为食，可以息盗。命尚书省议。唯许放大阳等渡而已。

兴定三年，设绥德近河地盐场官。

延安行六部员外郎卢进建言：绥德之嗣武城义合克戎寨近河地多产盐，请设盐场管勾一员，岁获十三万余斤，可输钱二万贯以佐军。诏用其言，设官鬻盐，以给边用。

二月，诏运解盐入陕西，以济调度。命枢密副使胥鼎兼领其事。

---

① 邀籴，招揽卖主，收购其粮食。

至四月，罢募民运解盐。四年，提控军兴粮草。李复亨言：河中西岸解盐，旧所易粟麦万七千石，可充关东之用。寻又命不得过陕西，以北方有警，河禁方急也。至元光二年，从邠泾总帅内族讹可言，民运解盐，有助军食。诏修石墙以固之。

《金史·李复亨传》曰：兴定三年，复亨摄西路行三司，奏：阳武设卖盐官以佐军用，乞禁止沧滨盐勿令过河，河南食阳武、解盐，河北食沧、滨盐，南北俱济。诏尚书省行之。四年，提控军兴粮草。奏：河渡不通，陕西盐价踊贵，乞以粟互易，足兵食。诏户部从长规措。

哀宗正大七年八月，赐陕西死事之孤盐引及绢。

矾

臣等谨按：《金史·食货志》不载榷矾之法，唯见于章宗承安四年五月，造私茶者比煎私矾例，罪徒二年。泰和四年十月，定私礬法，赏亦同私矾例。

元太宗二年，始行盐法。

元初以酒、醋、盐税、河泊、金、银、铁冶六色取课于民，岁定银万锭。至是，始行盐法，每盐一引，重四百斤，价银一十两。世祖中统二年，减为七两。至元十三年，既取宋，而江南之盐所入尤广，每引改为中统钞九贯。二十二年三月，诏依旧制，凡盐一引四百斤，价银十两，以折今钞为二十贯。二十六年增为五十贯。成宗元贞二年，又增为六十五贯。武宗至大二年至仁宗延祐二年，凡七年间累增为一百五十贯。

以河间、山东、河东盐课隶征收课税所。

河间课税所置盐场，拨灶户二千三百七十六隶之。每盐一袋，重四百斤。六年，立盐运司。十二年，改立提举盐榷所，岁办三万四千七百袋。癸卯年时六皇后乃马真氏称制之二年。改立提举沧清盐课，使所岁办盐九万袋。定宗四年，改真定、河间等路课程所为提举盐榷沧清盐使所。宪宗二年，又改为提举沧清深盐使所。八年，每袋增盐至四百五十户。世祖中统二年，改立宣抚司提领沧清深盐使所。四年，又改为转运司。是岁办课银七千六十五锭，米三万三千三百余石。至元元年，又增三之一焉。二年，改立河间都转运司，岁办九万五千袋。七年，始定例，岁煎盐十万引，办课银一万锭。十二年，改立都转运使司，添灶户九百余，增盐课二十万引。十八年，以河间灶户劳苦，增工本为中统钞三贯，又增灶户七百八十六。十九年，罢河间都转运司，改立清沧盐使司。二十二年，复立河间等路都转运盐使司，增盐课为二十九万六百引。二十三年，改立河间都转运司，通办盐酒税课。二十五年，增工本为中统钞五贯。是年二月，浚沧州运盐渠。二十七年，增灶户四百七十，办盐三十五万引，所隶之场凡二十有二：曰利国、利民、海丰、阜民、阜财、益民、润国、海阜、海盈、海润、严镇、富国、兴国、厚财、丰财、三义、沽芦台、越支、石碑、济民、惠民、富民。

　　臣等谨按：三义、沽芦台、越支三场，本属大都盐运司。成宗大德七年，大都并入河间，三场亦改隶焉。今据《百官志》所载，大都、河间等路盐官，概举全数，亦附于此。

　　山东于益都立课税所，拨灶户二千一百七十隶之，每银一两，得盐四十斤。至六年，立山东盐运使。中统元年，岁办课银二千五百锭。三年，命课税隶山东都转运司。四年，令益都山东民户月买食盐三斤，灶户逃亡者招民户补之，是岁办银三千三百锭。至元二年，改立山东转运司，办银四千六百锭一十九两，命户部造盐引。六年，增岁办盐为七万一千九百九十八引，自是每岁增之。至十二年，改立山东都转运司，岁办盐一十四万七千四百八十七引。十八年，增灶户七百，又增盐为一十六万五千四百八十七引，灶户工本钱亦增为中统钞三贯。二十三年，岁办盐二十七万一千七百四十二引。二十六年，减为二十二万引。所隶之场，凡一十有九：曰永利、宁海、官台、丰国、新镇、丰民、富国、高家港、永阜、利国、固堤、王家冈、信阳、涛洛、石河、海沧、行村、登宁、西由。

　　河东于平阳府立课税所，从实办课，每盐四十斤，得银一两。至五年，拨新降户一千，命盐使姚行简等修理盐池损坏处所。宪宗二年，又增拨河东一千八十五户，岁捞盐一万五千引，办课银三千锭。中统二年，始立陕西转运，仍置解盐司于路村。三年，以太原民户自煎小盐，岁办课银一百五十锭。五年，又增小盐，课银为二百五十锭。至元元年，岁课锭七百五十两。七月，以都转运司阿哈玛特言：解州盐课增五千两，均赋诸色僧道军匠等户。其太原小盐听从民便。三年，谕陕西、四川以所办盐课赴行制国用。使司输纳其盐引，令制国用，使司给降。四年，立陕西、四川转运司。六年，立太原提举盐使司，直隶制国用使司。八年七月，尚书省请增太原盐课，岁以钞千锭为额，仍令本路兼领。从之。十年，命捞盐户九百八十余，每丁捞盐一石，给工价钞五钱，岁办盐六万四千引，计中统钞一万一千五百二十锭。二十三年，改立陕西都转运司兼办盐酒醋竹等课。二十九年，减大都盐课一万引，入京兆盐司添办。是年五月，又革京兆盐司一，止存盐运司。

八年，置大都路白陵港等处盐司。

白陵港、三义沽、大直沽等处置司设熬煎办，每引有工本钱。至世祖至元二年，又增宝坻二盐场，灶户工本每引为中统钞三两，与清沧等。八年，以大都民多食私盐，亏国课，因验口给以食盐。十九年，改立大都、芦台、越支、三义沽盐使司一。二十五年，复立三义、芦台、越支三盐使司。二十八年，增灶户工本每引为中统钞八两。二十九年，以岁饥减盐课一万引，入京兆盐运司添办。

九年，立辽阳盐课。

命北京路征收课税所以大盐泒硬盐立随车随引载盐之法，每盐一石，价银七钱半，带纳匠人米五升。至癸卯年，合懒路岁办课白布二千四，临品路一千匹。世祖至元四年，立开元等路运司。五年，禁东京、懿州乞石儿硬盐不许过涂河界。又谕各位下盐课如例输纳。二十四年，滦州四处盐课，旧纳羊一千者，亦令如例输纳。

世祖中统二年六月，定盐课法。

先是，宪宗三年，割河东解州盐池以供军食。又募民受盐入粟，转漕嘉陵，皆从帝所奏也。至是，又诏谕十路宣抚使并管民官：定盐酒税课等法。

臣等谨按：《元典章》，是时恢办课程凡十二条，其定为盐法者：一、犯私盐，徒二年，杖七十，财产没官，发下盐司，带镣居役，满日疏放。告捕得获于没官物内一半充赏。如犯界盐，减私盐罪一等。

提调官禁治不严，致私盐犯界盐生发[1]，初犯笞四十，再犯杖八十，三犯具奏定罪。若获犯人，依上给赏。如盐司监临司与灶户私卖盐者，与私盐同科。一、盐场买纳及支客盐，毋许留难，或勘合号簿批凿引钞违限及不依次给受与秤盘不平者，并徒二年，关津渡口妄行邀阻者，杖一百；因而乞取财物者，徒二年；官司故纵者同罪，失觉察者笞五十。如有遮当客旅、拘买取利者，徒二年，盐付本主，买价没官，仍禁随处官民，毋得开决运盐河道浇溉稻田，以致误运亏课，违者治罪。一、运盐纲船诸人，不得拘撮应副。一、沿河旧立桩橛，官役等不尽行拔出，致坏盐船，一切损失，官司赔偿治罪。一、回回通事诸色人等，不得将巡盐弓手骑坐马及贩盐车船、头匹夺取走递，以致停滞客旅，亏兑盐课，违者奏治。一、煎盐烧草，每有延损草地，及斫伐柴薪之人，以致阙用，管民官专一禁防，但犯决八十。一、达达民户支取食盐，因而夹带私盐货卖者，把隘官以巡察不严，与犯人同罪。凡七条。《食货志》又载：伪造盐引者斩，籍其家产付告人充赏。《刑法志》又载：商贾贩盐，到处不呈引，发卖外夹带，盐引不相随，并同私盐法。盐已卖，五日内不赴司县批纳引目，杖六十，徒一年；因而转用者，同卖私盐法。捕获私盐，止理见发之家[2]，勿听攀指平民，巡捕非承告报明白，不得辄入人家搜检。被获拒捕者断罪流远，因而伤人者死。巡盐军官受财脱放者，以枉法计赃论罪。私盐再犯，加等断，徒如初犯。三犯，杖断同再犯，流远。元代盐禁大略如此也。

九月，以清沧盐课银偿往岁所贷民钱给公费者。

至三年六月，以东平严忠济向为民贷钱，输赋四十三万七千四百锭，借用课程钞本盐课银万五千余两。诏勿征。

　　《元史·严忠济传》曰：太宗十三年，忠济从其父实入见，命袭东平路行军万户管民长官，尝借贷于人，代部民纳逋赋。岁久愈多，及谢事，债家执文券来征。世祖闻之，悉命发内帑代偿。

---

① 生发，即孳生之意。
② 见发，当下发现的。

三年七月，许利州大安军以盐易军粮。

从都行省杨大渊请也。至四年正月，又以解州盐课给军粮。

四年正月，设东平等路巡禁私盐军。

七月，禁蒙古汉军诸人煎贩私盐。

至八月，冀州蒙古百户爱实等犯盐禁，没入马百二十余匹，以给军士之无马者。至元三年三月，侍中和济厮等以隐匿盐课伏诛。四月，申严濒海私盐之禁。

四年正月，申严平阳等处私盐之禁。八月，申严平滦路私盐酒醋之禁。二十年四月，申私盐之禁，许按察司纠察盐司。二十八年十月，江淮行省言：盐课不足，由私鬻盐者多，乞付兵五千巡捕。从之。

至元二年，立兴元四川盐运司。

四川盐在成都、夔府、重庆、叙南、嘉定、顺庆、潼川、绍庆等路万山之间，初设拘榷课税所，分拨灶户五千九百余隶之，从实办课。后为盐井废坏，四川军民多食解盐。至是，立盐运司修理盐井，仍禁解盐不许过界。八年，罢四川茶盐运司。十六年，复立之。十八年，并盐课入四川道宣慰司。十九年，复立陕西四川转运司，通办盐课。二十二年，改立四川盐茶运司，分京兆运司为二，岁煎盐一万四百五十一引。二十六年为一万七千一百五十二引，所隶之场凡十有二：曰简盐、隆盐、绵盐、潼川、遂宁、顺庆、保宁、嘉定、长宁、绍庆、云安、大宁井，凡九十有五。

十三年，立广东广海盐课提举司。

时初克广州，因宋之旧立广东提举司，从实办课。十六年，立江西盐铁茶都转运司，所辖盐使司六，各场立管句，办盐六百二十一引。二十二年，分江西盐隶广东宣慰司，岁办一万八百二十五引。二十三年，并广东盐司及市舶提举司为广东盐课市舶提举司，每岁办盐一万一千七百二十五引，所隶之场凡十有三：曰靖康、归德、东莞、黄田、香山、矬峒、双恩、咸水、淡水、石桥、隆井、招收、小江。

广海亦立提举司，办盐二万四千引。三十年，又立广西石康盐课提举司。三十一年，成宗即位。十一月，以广西盐先给引于民，而征其直。私盐日横，及官自鬻，盐民复不售。诏：先以盐与民，而后征之。

十四年，立两淮都转盐运使司。两浙盐运司及福建市舶司兼办盐课。

先是，两淮盐于十三年，命提举马里范张依宋旧例，每引重三百斤，其价为中统钞八两。至是，立两淮都转运使司，每引始改为四百斤。十六年，额办五十八万七千六百二十三引。十八年，增为八十万引。二十六年，减一十五万引。二十九年十月，两淮运使纳苏拉鼎坐受商贾贿，多给之盐，诏严加鞫问。三十年正月，河南江北行省平章巴延言：扬州转运一司设三重官府，宜削去盐司，止留管句。襄阳旧食京兆盐，以水陆难易计之，莫若改食扬州盐。诏从其议，增八千二百引。又罢纳苏拉鼎默哩所立鱼盐局所隶之场，凡二十有九：曰吕四、余东、余中、余西、西亭、金沙、石港、掘港、丰利、马塘、拼茶、角斜、富安、安丰、梁垛、东台、河垛、丁溪、小海、草堰、白驹、刘庄、五佑、新兴、庙湾、莞渎、板浦、临洪、徐渎浦。

《元史·郝彬传》曰：国家经费，盐利居十之八，而两淮盐独当天下之半。法日以坏，世祖以彬行户部尚书经理之。彬请度舟楫所通，道里所均，建六仓，煮盐于场，运积之仓，岁首听群商于转运司探仓，筹定其所乃买券；又定河商江商市易之不如法者，着为罚。

两浙立运司，岁办九万二千一百四十八引，每引分作二袋，每袋依宋十八界会子，折中统钞九两。十八年，增至二十一万八千五百六十二引。十九年，每引于旧价之上，增钞四贯。二十三年，增岁办为四十五万引。二十六年，减十万引。是年十月，尚书省言：江淮省平章沙布鼎以便宜增置浙东二盐司，合浙东西旧所立者为七，乞官知盐法者五十六人。从之。三十年，置局卖盐鱼盐于海滨渔所。三十一年，并煎盐地四十四所为三十四场：曰仁和、许村、西路、下沙、青村、袁部、浦东、横浦、芦沥、海沙、鲍郎、西兴、钱清、三江、曹娥、石堰、鸣鹤、清泉、长山、穿山、袋山、玉泉、芦花、大嵩、昌国、永嘉、双穗、天富、南监、长林、黄岩、杜渎、天富、北监、长亭、龙头。

福建盐亦于十三年始收课盐为六千五十五引。至是，立市舶司兼办盐课。二十年，增至五万四千二百引。二十四年，改立福建等处转运盐使司，岁办盐六万引。二十九年，罢福建盐运司及盐使司，改立福建盐课提举司，增盐为七万引。三十一年，成宗即位。五月，升盐提举司为盐转运司，所隶之场有七：曰海口、牛田、上里、惠安、浔美、浯州、汭州。

十六年五月，以客商兴贩干鱼，难同私盐，免其断没，从便发卖。

十九年四月，议设盐使司卖盐引法。

罢大都及河间、山东三盐运司，设户部尚书员外郎各一员，别给印令。于大都置局卖引，盐商买引，赴各场关盐发卖，每岁灶户工本，省台遣官逐季分给之。

二十年六月，颁至元新格盐法。

新格十一条，盐法居其七：一、茶盐课程，禁官吏营利亏课，阻碍商人。一、诸场盐袋，皆判官监装，须斤重均平，无有余欠。运使以下检较，仍于袋内各书职名，以千字文为号编垛。凡遇支请，依次给付。但有夹带余盐，克除斤重，及支给失次，各依所犯轻重治罪。一、诸灶户中盐到场，须随时收纳，不得留难。其应给工本，运官一员监临给付，若官吏有克减或以他物移折者，计数论罪，仍勒赔偿。一、诸场积垛，须于高阜安置，运官点检，积垛不如法，防备不尽心，以致损败者，并勒赔偿。一、诸盐司凡承告报私盐，须指定审明煎藏之处，会所在官司搜捉，不得妄入人家。一、诸捉获追没私盐情由钱物，须立案验，每月开申上司。一、诸盐法并须见钱卖引，必价钞入库，盐袋出场，方行结课。

二十一年十二月，立常平盐局以平民间盐价。

中书省奏：国家减课鬻盐，意在惠民，乃权势之人，诡名买盐，把持行市，掯勒百姓，以取厚利，穷民深受其害。今计盐二百万引，乞许客商兴贩一半外，设立常平盐局，每遇贵时，官司贱鬻之，庶民得食盐，而国亦获盐利矣。从之。乃定制，每局大使一人，副使一人，各处官司于边上户计内，选保有抵业而信实无过犯者充之。各县置立一局外，各路并户多州郡及人烟辏集镇市，斟酌添设，各运司额煎盐数，先尽常平盐袋，次给商贩。

二十三年正月，诏：禁阻扰盐课。

至二十六年闰十月，尚书省言：南、北盐均以四百斤为引。今权豪家多取至七百斤，莫若先贮盐于席，来则授之为便。从之。十一月，又禁江南北权豪之家，毋阻盐法。

二十九年正月，添给灶户煎晒盐工本。

中书省奏：煎盐灶户，在先一引盐卖三十两，时给工本钞五两，今卖为五十两，应增工本为中统钞八两六钱。晒盐不用柴薪，向给工本四两，今应增为六两四钱。从之。

命镇守军人兼巡私盐。

六月，诏：听僧食盐不输课。

三十年二月，改造盐引。

自平江南后，盐引未经更改，至是从中书省奏，令户部从新印造。

三十一年五月，时成宗已即位。增捕私盐人赏格，禁诸司豪夺盐船递运官物，僧道权势之家私匿盗贩。

至七月，又定捕获私盐，旧赏钞十两者，今应捕军人增给至十五两，不干碍人增给至二十五两。

    叶子奇曰：世祖时盐法，濒海州郡立场，差官主治差盐，亭户丁煮盐。至十月结场住煮，及额而止。盐商于各省府运司买引，就各处盐场支盐后，盐积而不售，均派户口收买，令其入钱县官收市，其中贫富不等，皆令入钱，吏胥并缘为奸，民甚苦之，皆言不便，事寻罢。复令富商收市。

成宗元贞元年闰四月，罢各处盐使司，盐场改设司令司丞。

十月，给江浙、河南巡逻私盐南军兵杖。

至二年八月，命江浙行省以船五十艘，水工千三百人，沿海巡禁私盐。大德二年六月，申严陕西运司私盐之禁。三年四月，申严江浙、两淮私盐之禁。巡捕官验所获迁赏。

二年九月，增盐户造盐钱为十贯，独广西如故。

罢民间盐铁炉灶。

大德元年十月，免陕西盐户差税，罢其所给米。

四年十一月，谕两淮盐运司，设法关防私盐，并立盐仓。

中书省奏：诸处盐课，两淮为重。比年来，诸人盗卖私盐，权豪多带斤重，办课官吏贿赂交通军民等官，巡禁不力，乞从新设法关防。乃命自四年为始，立仓查运拨袋支发，以革前弊。真州采石依旧，设官批验，置军巡捉。江淮海口私盐出没处，添拨车船。附场闲杂船只，不许往来湾泊。军民捕盗等官，皆用心防禁，毋致私盐生发。至明年正月，又以盐法涩滞，命转运司官两员，分司上江以整治之，仍颁印及驿券。

    臣等谨按：《元典章》又载，是年十二月，新降盐法事理。一、淮东、扬州、淮安以远，就近分立六仓，给雇纲船，设官押运赴场，查盘入仓收贮，拨袋发卖，客商纳课买引关盐，依次支付。一、两淮岁课六十五万七十五引例，于二月煎烧，十月足备，春首河开，冬月水涸止，在九个月内通立四十纲，每纲设官一员分运，或月分有煎盐多寡及河道通塞不一，亦须于九个月内增亏补足，仍预积柴卤，虽连阴数月，不许申报阴雨妨公，以为常例。一、纲船运到，盐袋入仓，排垛收贮。遇客关盐添席，重包支发，不许就船兑拨。一、袋盐席索，运司较勘样制，州县拨户催办诸人，不许私造私卖，违者决杖五十。七仓官滥收及故行刁蹬，因而受财，并以枉法论。运官有失关防，亦行究治。一、盐袋每引带席索共四百一十斤，外余十斤充在船坐仓走卤，折耗短少斤重者，纲头船户赔偿，监运等酌量治罪。一、煎盐柴地，官为分拨。初非灶户己业，应严加禁治，富者不得多余冒占，贫者不得典卖耕佃。一、盐徒纷乱淮甸，各于门首粉壁大书"犯盐经断贼徒"六字，官为籍记姓名，每月点名一次，务令改过，别求生理。一、在先，附场设官局一十七处，往往夹带私盐，扰害百姓，今后附场十里之内，取具见在人户口数，责令买食官盐；十里之外，许令客商兴贩。一、卖引支盐，每引纳中统钞正课六十五两，带收二两五钱，纲船水脚一两一钱，装盐席索七钱，食场子脚钱七钱①。盐仓：一、南北商旅齐集之处，于本地诸行铺户内选到有抵业、慎行止、无过犯、知商贾者充盐总部辖，专一说合卖盐交易，真州江口设部辖四名，鄂州、龙兴、潭州、江陵、吉州等处设二名，余止设一名，令与买主卖主对面成交，每引牙钱不过中统钞一钱，私充舞弊者决杖六十七，仍各征中统钞五锭给告人充赏。其余私盐等条例，大约与中统至元所定相出入。《食货志》又言：凡盐商经批验所发卖者，所官收批引牙钱，其不经批验所者，本仓就收之。

七年二月，禁内外中书省户部转运官不得私买盐引。

御史台言：江浙行省平章阿里、左丞高羲、安佑，金省张裕等诡名买盐万五千引，增价市于人，乞遣省台官按问。从之。至十年五月，又禁御史台宣慰司廉访司官毋置盐引。

八年，定盐折草则例。

每年以河间盐令有司于五月预给京畿郡县之民，至秋成各验盐数输草

① 食场，应作"仓场"。

以给京师秣马之用，每盐二斤，折草一束，重一十斤。岁用草八百万束，折盐四万引。

十年正月，浚真、扬等州漕河，令盐商每引输钞二贯，以为佣工之费。

至十一年，武宗即位。九月，尚书省言：佣费计钞二万八千锭。今河流已通，宜移以赈饥民。制可。

十一年七月，时武宗已即位。江浙、湖广、江西、河南、两淮属郡饥，于盐茶课钞内折粟，遣官赈之。

至十一年，中书省言：前为江南大水，以茶盐课折收米赈饥民。今因商人输米中盐，米价腾涌，百姓虽获小利，终为无益。议茶盐之课当如旧。从之。

十二月，权制户部鬻盐引。

中书省言：今国用甚多，帑藏已乏，用及钞母，非宜。盐引向从运司，与民为市。今权时制宜，从户部鬻盐引八十万，便诏今岁姑从所请，后勿复行。

武宗至大元年，增盐课。

大都盐，自成宗大德七年二月罢大都盐运司，并入河间，至是河间盐增至四十五万引。至仁宗延祐元年，以河间亏课，停煎五万引，自是至文宗天历时，皆岁办四十万引。顺帝时，岁额三十五万引，余盐三万引。至正三年，权免余盐三万引。五年，权免二万引。八年减盐额。九年，又权免三万引。

山东盐，自成宗元贞元年闰四月，都转运使司布斯格等增美盐钞四千余锭，命赐衣以旌其能。大德十年，增为二十五万引，至是岁办正余盐为三十一万引。

河东盐，自元贞元年闰四月，陕西行省增美盐钞一万二千五百余锭，命赐衣以旌其能。大德十一年，增岁额为八万二千引，至是又增煎余盐为二万引，通为一十万二千引。至延祐三年，以池为雨所坏，止办课钞八万二千余锭，于是晋宁、陕西之民改食韦仁红盐；怀孟、河南之民，改食沧盐。五年，免河南、怀孟、南阳三路今岁陕西盐课，仍授盐运使暨所临路府州县正官兼知渠堰事，责以疏通壅塞。六年，改陕西运司为河东解盐等处都转运盐使，直隶中书省。十月，罢陕西行省所委巡盐官六十八员，添设通判一员，别铸分司印二。又罢捞盐提领二十员，改立提领所二。增余盐五百料。是年实捞盐一十八万四千五百引。至致和元年正月，免陕西捞盐一年。二月，解州盐池黑龙堰坏，调番休盐户修之。天历二年，办课钞三十九万五千三百九十五锭。

辽阳盐仍旧。至仁宗皇庆二年七月，免辽阳大宁路本年盐课。延祐二年，命食盐人户岁办课钞，每两率加五。

两淮盐，自元贞元年闰四月，河南行省亏两淮岁办盐十万引，钞五千锭，遣扎拉尔岱等往鞫实，命随其罪之轻重治之。大德八年，以灶户艰辛，遣官究议。然旧额六十五万八千二百引内停煎五万余引，至是如故。至天历二年，额办正余盐九十五万七十五引，计中统钞二百八十五万二百二十五锭，其工本钞亦自四两递增至十两。

两浙盐，自大德五年增额为四十万引，至是又增余盐五万引。至延祐六年，岁办五十万引。七年，各运司盐课以十分为率，收银一分。每银一锭，准盐课钞四十锭。其工本钞，浙西一十一场，正盐每引递增至二十两，余盐至二十五两；浙东二十三场，正盐每引递增至二十五两，余盐至三十两。顺帝至正元年，免余盐三万引。二年，权免额盐十万引。

《元史·王都中传》曰：武宗时，除两浙都转运盐使，未上，擢海北海南道肃政廉访使。中书省奏：国计莫重于盐策，乃如前除盐亭灶户，三年一比，附推排，世祖旧制也。任事者恐敛怨，久不举行。都中曰：为臣子者，使皆避谤，何以集事乃请于行省，遍历三十四场，验其物力高下以损益之。役既平而课亦足，公私便之。至顺帝元统初，两淮盐法久坏，命都中以正奉大夫行都转运盐使，既至，参酌前所行于两浙者，次第施行，盐法遂修。

又《良吏传》曰：王艮除两浙都转运使司经历，绍兴路总管王克敬以计口食盐不便，尝言于行省，未报。而克敬为转运使，集议，欲稍损其额以纾民力。沮之者以为有成籍不可改。艮毅然曰：民实寡而强赋多民之钱，今死徙已众矣。顾重改民籍而轻弃民命乎。且浙右之郡，商贾辐辏，未尝以口计也。移其所赋散于商旅之所聚，实为良法。于是议：岁减绍兴食盐五千六百引。寻有复排前议者，艮欲辞职去，丞相闻之，亟遣留艮而议遂定。

福建盐，自大德四年复立盐运司，九年又罢之，并入本道宣慰司。十年,又立盐课都提举司,增盐为十万引,至是又增至十三万引。四年,改立福建盐运司。至文宗至顺元年,实办课三十八万七千七百八十三锭,其工本钞煎盐每引递增至二十贯,晒盐每引至一十七贯四钱。顺帝至元六年,以余盐五万作正额。至正三年,减余盐三万引。

四川盐仍旧。至皇庆元年,以灶户艰辛,减煎余盐五千引。天历二年,办盐二万八千九百一十引,计钞八万六千七百三十锭。至顺四年,添余盐一万引,又带办两浙运司五千引。顺帝元统三年,权停带办。

《元史·文宗本纪》曰:至顺三年二月,邛州有二井,宋旧名曰金凤、茅池,天历初地震,盐水涌溢,州民侯坤愿作什器煮盐,而输课于官。诏四川转运盐司主之。

广东盐,自大德四年增至正余盐二万一千九百八十二引。十年,又增至三万引。十一年,增至三万五千五百引,至是又增余盐一万五千引。至延祐五年,又增为五万五百五十二引。泰定间,减一万五千引。顺帝元统元年,仍如旧。至元二年,减五千引。

十月,诏:凡持内降文记买河间盐及以诸王驸马之言至运司者,一切禁之。持内降文记不由中书者,听运司以闻。

先是,帝即位,中书省言:比且赍穆鼎献宝货,敕以盐万引与之,仍许市引九万。窃谓所市实货既估其直,止宜给钞,若以引给之,徒坏盐法。帝曰:此朕自言,非臣下所请,其给之,勿视为例。至是乃有是禁。

二年十二月,增盐价,每引为至大银钞四两。广西者如故,其煎盐工本,增为至大银钞四钱。

四年十一月,卖盐局令提调正官关防巡视。

仁宗皇庆元年二月,中书省奏:预卖来年盐引。除边远中粮外,依例十分中收一分银。从之。

先是,银一锭折钞二十锭。至是,银一锭折中统钞二十五锭。

延祐五年,议:违限不纳退引者比例科罪,免其籍配。

时两浙运司申钱塘县灵隐寺僧心玘违限不纳引,部议:若依私盐法断罪籍配,终非真犯,止比例科其罪。

六年八月,颁盐法通例。

一、私盐事发,依律科断。妇人有犯,单衣受刑,免徒;

一、首获私盐，依例给赏，其展转指出者不准赏，外不及引者即同一引；

一、关津渡口纵放私盐，与犯人同罪；

一、诸犯私盐淹渍鱼虾竹笋等货买，或自行食用及博易诸物者，照私盐法科断；

一、扫刮咸土食用，及采卖穗草烧灰淋卤者，难同私盐，量笞三十七；挑担撑载受寄为牙，引领之人减一等；

一、扫取敲打纳官零盐食用，为笞一十七；其拾得无主私盐不即首告、自行食用者，笞二十七；

一、挑担撑载受寄为牙，引领货卖私盐干犯人，各比私盐正犯减等予杖；

一、军官军人恃势求取官盐，私下货卖，依私盐法；食用及与盐之人递减等断决；

一、军民捕盗提点等官，获到私盐，有受贿脱放，虚称在逃，除克斤重，往往止作无犯入私盐申解，更不追究。今后但获有犯人私盐，依例给赏，无犯人者依窃盗例，三限捉获以革奸弊。

至十月，以发卖鱼盐久有定例，其淹渍鱼鲝，听从民便，不拘；行盐之地，许各处兴贩。至至顺三年十月，宁宗即位，定妇人犯私盐罪，着为令。

七年，两浙建立盐仓。

立杭州等处仓，命纲官押船到场，运盐赴仓收贮，客商就仓支盐。至顺帝至正元年十二月，又增设嘉兴等处仓。

《元史·曹伯启传》曰：延祐五年，伯启迁司农丞，奉使至江浙议盐法，罢检校官，置六仓于浙东西，设运盐官输运有期，出纳有次，船户仓吏盗卖漏失者有罚。归报，着为令。

又《王克敬传》曰：英宗励精图治，克敬为监察御史，会议中书堂言：两浙煎盐户牢盆之役，其重者尤害民，当免其它役。从之。至泰定初，出为绍兴路总管，郡中计口受盐，民困于诛求，乃上言：乞减盐五千引。运司弗从，因叹曰：使我为运使，当令越民少苏矣。寻擢江西廉访副使转两浙盐运司使，首减绍兴民食盐五千引。温州逮犯私盐者，以一妇人至，怒曰：岂有逮妇人千百里外与吏卒杂处者，

《污教甚矣！自今毋得逮妇人，建议着为令。》

七年十月，时英宗已即位。申严两淮盐禁。

泰定帝泰定二年五月，罢京师鬻盐肆十五。

先是，大都每岁存留盐数，散之米铺发卖。寻因富商专利，于南北二城设局十五处，官为卖之。至是，以局官纲船人等多有侵盗，罢之。复从民贩卖。

文宗天历二年正月，复盐制。每四百斤为引，引为钞三锭。

时一岁总办盐二百五十六万四千余引，课钞七百六十六万一千余锭。

　　　臣等谨按：《元典章》，至大四年，各运司盐引，大者不及三百七八十斤，小者止三百三十斤。乃定盐袋，每引四百斤。若出场后掣秤短少，依条追断，仍加降黜。是四百斤本旧制，至大间又申明之矣。又至大二年，每盐一引，价用至大银钞，四两增旧价三之一。延祐四年，定每引纳中统钞三锭，是每引三锭亦近制也。而此云复盐制四百斤，钞三锭，盖相距十余年间，又不免减克斤重，增多价直之弊矣。

四月，令商贾入粟中盐。

时陕西诸路饥，赈之不足。行省复以此为请。从之。

八月，焚四川伪造盐茶引。

十月，免各处煎盐灶户杂泛夫役。

至顺二年十一月，诸盐课钞，以十分之一折收银。

先是，中书省言：国家钱谷，岁入有额，而所费浩繁，是以不足。天历二年，尝以盐赋十分之一折银纳之，凡得银二千余锭。今请以银易官帑钞本，给宿卫士卒。从之。至是遂折收银，每锭五十两，折钞二十五锭。

顺帝元统二年四月，复立盐局于京师南北城。

户部言：泰定二年罢局，后未及数载，富商高抬价值，纲船亦复作弊，宜依旧置局十五，每局日卖十引，设官二员；每中统钞一贯，买盐二斤四两，毋杂灰土及权衡不平，凡买盐过十贯者禁之。其合卖盐数，令河间运司，四季起赴京厫，分给各局，如有豪强兼利，顿买局盐而增价转售者，从提调巡督官痛治之。仍令运司严督押运人设法防禁，毋纵纲船人等作弊。其客商盐货从便参卖。从之。至至元三年，命河间运一万五千引，每一千引为一纲，限三月内赴京厫交卸。至正三年，又从监察御史王思诚、侯思礼等言：自立盐局迄今十年，法久弊生。在船则侵盗渗漏，入局则和杂灰土，名曰一贯二斤四两，实不得一斤之上。又常白盐一千五百引，用船五十艘，四月起运；官盐二万引，用船五十艘，七月起运。运司所遣之人，擅作威福，索截河道，南抵临清，北自通州，名为和雇，实乃强夺。凡富商巨贾之载米粟者，达官贵人之载家室者，一概遮截，得贿始放行。所拘留者，皆贫弱无力之人。既达京厫，不得依时交收，淹延岁月，鬻妻子质舟楫者，往往有之。此客船所以狼顾不前，使京师百物踊贵者也。窃计官盐二万引，每引脚价中统钞七贯，总为钞三千锭。而十五局官典俸给及赁房短脚诸费又在外。当时置局设官，但为民食贵盐，殊不料官卖之弊，反不如商贩之贱，岂忍徒费财而使百物贵也。宜罢盐局，俟来岁起运时，出榜播告，盐商从便入京兴贩。若常白盐所用船五十艘，亦宜于江南造小料船处如数造之，既成之后，付运司雇人运载，庶舟楫通而商贾集，百物贱而盐亦不贵矣。乃罢盐局，听从客旅兴贩。唯常白盐系内府必用之物，起运如故。

是年，添设山东巡盐官。

户部言：山东运司，岁办钞七十五万余锭。行盐之地，周围三万余里，止运判一员，不能遍历，恐私盐来往，侵占国课。向议河间运司定设奏差一十二名，巡盐官一十六名；山东运司设奏差二十四名。今宜比河间例添设巡盐官，减元设奏差十二名。从之。至二年二月，山东运司等又言：临朐沂水等县，十山九水，居民稀少，本系食盐地，后改为行盐。民食贵盐，公私不便。遂增置滕、峄等处十八局，如登、莱之十五局例，于钱谷官内通行铨注。至元二年，新城、章邱、长山、邹平、济南亦请改为食盐，不从。四年八月，又于济南历城立滨洛盐仓东西二场。

至元元年三月，山东、河间、两淮、福建四处，增盐课一十八万五千引。中书请权罢征，止令催办正额。

闰十二月，诏四川盐运司，于盐井仍旧造盐，余井听民自造，收其课十之三。

至二年三月，又复四川盐井之禁。

二年九月，许陕西食韦红池盐。

御史特穆尔布哈言：诸处运司，例皆召商发卖，唯陕西盐司散于民户，岁办二十万三千一百六十余锭。前因关陕旱饥，民多流亡。至顺三年，减免十分之四。于今数载，尚有亏负，盖因物价甚贱而得钞愈艰，有司无分高下，一概给散，少者不下二三引，每一引收价三锭，虽祟终岁之粮，不酬一引之价。又宁夏所产韦红盐池，不办课程，除巩昌等处循例认纳乾课、从便食用外，其池邻接陕西环州百余里，红盐味甘而价贱，解盐味苦而价贵，百姓私相贩易，不可禁约。今后韦红盐池宜委官吏监视，听民采取，立法抽分，每引收价钞三锭，自黄河以西从民食用，通办元额课钞。其带至黄河东南者，同私盐罪。陕西兴贩解盐者不禁。乃定以泾州白家河永为定界，听民食用。仍督军民官严行禁约，毋致韦红二盐犯境侵课。

六年八月，命两淮盐商自建盐仓。

两淮运司言两淮盐法。大德四年始改法立仓，至大以来，煎添正额余盐通九十五万七十五引，客商运至扬州东关，俱于城河内停泊，听候通放，积迭数多，不能以时发放。又客商买引关给勘合，赴仓支盐雇船脚力，每引远仓该钞十二三贯，近仓不下七八贯，船梢人等又恣为侵盗，弊病多端。今乞于扬州东关城外，沿河两岸，听盐商自行赁买基地，起造仓房，支运盐袋到桥，籍定资次，贮置仓内，以俟通放。临期用船载往真州发卖，既防侵盗之患，可为悠久之利，其于盐法非小补也。命户部议行之。

至正元年，以福建、山东俵卖食盐，病民为甚，诏行省监察御史等议之。

二年六月，臣僚言：福建课自延祐元年，增价钞为三锭。建、延、汀、邵客商兴贩，福、兴、漳、泉抑配民食，迄今三十余年，每遇催征，贫者质妻鬻子以输课，至无可规措，往往逃移他方。请革去散卖食盐之弊，听从客商八路通行发卖，其正额盐亦宜依广海盐价，每引改为中统钞二锭。从之。唯正额盐价与广海事例不同，命更议。

《元史·奸臣传》曰：至元六年，硕斯坚擢江浙行省右丞。福建盐法久坏，诏硕斯坚往究私鬻盗鬻及出纳之弊，至则悉廉得其利弊为罢行之。

又《良吏传》曰：至正十二年，卢琦迁永春县尹，减口盐一百余引。

二年十月，罢两浙盐仓。

初，大德三年，立两浙盐运司检校所四。延祐六年，罢检校所立盐仓官。至是，两浙盐运司言：自世祖至元十三年创立运司，累增至今，较之初年，引增十倍，价增三十倍，课额愈重，煎办愈难。兼以行盐地界所拘户口有限，前时听从客商就场支给，寻因支查停积，比两淮之例改法立仓，经今二十余年，纲场仓官任非其人，唯务掊克，且淮浙风土不同，两淮跨涉四省，课额虽大，地广民多，食之者众，可以办集；两浙居江枕海，煎盐亭灶散漫海隅，行盐之地，里河则与两淮邻接，海阳则与辽东相通，番舶往来，私盐出没，虽有刑禁，难尽防御。因极言盐法隳坏，亭民消废，其弊有五：场司三十四处，元签灶户一万七千有余，因水旱疫疠流徙死亡止存七千有余，抛下额盐，唯勒见户包煎，其弊一也。三十五纲船户，经行岁久，奸弊日生，凡遇到场时，私嘱官吏司秤人等，重其斤两，装为硬袋。出场后沿途盗卖，杂以灰土，补其所亏，及到所赴之仓，仓官司秤人又各受贿，既不加辨，又不如法秤盘，在仓日久，又复消折，其弊二也。岁办额盐凡四十八万引，两浙江东凡一千九百六万余口，每日食盐四钱一分八厘，总计为四十四万九千余引。虽卖尽其数，犹剩盐三万一千余引，每年督勒有司验户请卖，又值荒歉连年，流亡者众，兼濒江并海私盐公行，各仓停积凡九十余万引，无从支散，其弊三也。每季拘收退引，各处提调官不能用心检举，遂致奸民藏匿影射，执以为凭，兴贩私盐，其弊四也。自延祐七年改立杭州等七仓，比年来，各仓官攒，凡遇纲船到仓，必受船户之贿，否则生事留难，以致停泊河岸，侵欺盗卖，其弊五也。望参酌时宜，更张法制，定为良规。至是，丞相托克托等奏：两淮食盐，害民为甚，合依世祖旧制，革罢见设盐仓纲运，听从商赴运司买引，就场支盐发卖，革去派散之弊。仍设嘉兴、绍兴、温州、台州等路检校批验所四处。从之。

《元史·苏天爵传》曰：至正九年，为两浙都转运使。时盐法散甚，天爵拯治有方，所办课为八十万锭，及期而足。

三年，诏罢民间食盐。

至四年十一月，以各郡县民饥，不许抑配食盐。

十年十一月，罢辽阳滨海民煎熬野盐。

十六年二月，诏谕山东盐法，军民毋得阻坏。

矾

元产矾之所，在腹里，曰广平、冀宁，江浙省曰铅山、邵武，湖广省曰潭州，河南省曰庐州。河南在广平者，世祖至元二十八年，路鹏举献磁州武安县矾窑一十所，周岁办白矾三千斤。在潭州者，至元十八年，李日新自具工本，于浏阳永兴矾场煎熬，每十斤官抽其二。在河南者，立矾课所于无为路，每矾一引，重三十斤，价钞五两。文宗天历元年，岁课，腹里三十二锭二十五两八钱，江浙省额外四十二两五钱，河南省额外二千四百一十四锭三十三两一钱。

凡矾货卖讫，限十日将引赴所在官司缴纳批抹，如违限不缴纳者，笞四十；凡货卖之处办课官司随时批验引目，依例收税，许令发卖，违者杖六十，断没一半。其北矾犯界侵夺南矾者，罪亦如之。凡提点正官禁治不严，致有私矾生发，取招断罪。凡官吏权势之家，诡名揽买，亏官损民，依盐法科断。

臣等谨按：《成宗本纪》，大德元年十二月，中书省同河南平章孛罗欢等言：无为矾课，初岁入为钞止一百六十锭，续增至二千四百锭，大率敛富民、克吏俸、停灶户工本以足之，宜减其数。帝令遣人核实。今以《食货志》天历元年岁课之数考之，仍二千四百有奇。当时无为矾课，究未尝减也。

钦定续文献通考卷二十

征榷考

盐铁

明太祖辛丑岁二月，始立盐法，置局设官，令二十取一，以资军饷。既而倍征之。用处州守胡深言，复初制。

丙午岁二月，置两淮都转运盐使司。

两淮所辖分司三：曰泰州、淮安、通州；批验所二：曰仪真、淮安；盐场三十：曰富安、拼茶、安丰、角斜、梁垛、东台、何垛、小海、草堰、丁溪，以上属泰州。白驹、五佑、刘庄、庙湾、莞渎、徐渎、浦板、浦临洪、新兴，以上属淮安。吕泗、余东、余中、余西、金沙、西亭、石港、马塘、掘港、丰利、天赐，以上属通州。各盐课司一。

> 臣等谨按：《明会典》：天赐场，宪宗成化十八年开设，是所云盐场三十六，尽为洪武时所定也。

洪武时，两淮岁办大引盐三十五万三千余引。孝宗弘治时，改办小引盐，倍之。神宗万历时同。每引四百斤为大引，二百斤为小引。其盐行直隶之应天、宁国、太平、扬州、凤阳、庐州、安庆、池州、淮安九府，滁、和二州，江西、湖广二布政司，河南之河南、汝宁、南阳三府及陈州。至英宗正统二年，贵州亦食淮盐。宪宗成化十八年，湖广衡州、永州改行海北盐。武宗正德二年，江西赣州、南安、吉安改行广东盐，所输边甘肃、延绥、宁夏、宣府、大同、辽东、固原、山西神池诸堡，上供光禄寺、神宫监、内官监，岁入太仓余盐银六十万两。

臣等谨按：《实录》：湖广江西，初，全省俱行淮盐。正德中，因两广用兵，于是设立盐厂。广西则于梧州许行衡、永二府，广东则于潮州、南雄许行南、赣二府，又增袁、吉、临三府，自后衡、吉诸府屡改不定。又河南南阳、汝宁二府初食淮盐，后食解盐，亦时有更易云。

吴元年，置两浙都转运盐司于杭州。

两浙所辖分司四：曰嘉兴、松江、宁绍、温台；批验所四：曰杭州、绍兴、嘉兴、温州；盐场三十五：曰仁和、许村，以上属本司。西安、鲍郎、芦沥、海沙、横浦，以上属嘉兴。下沙场、二场、三场、青村、袁浦、浦东、天赐、青浦，以上属松江。西兴、钱清、三江、曹娥、龙头、石堰、穿山、玉泉、大嵩、鸣鹤、清泉、长山，以上属宁绍。永嘉、双穗、长林、黄岩、杜渎、长亭、天富南监、天富北监，以上属温台。各盐课司一。

臣等谨按：初设时，尚有昌国正监及岱山、芦花、西路四处。成祖永乐五年九月，始设青浦场。至英宗正统四年，革岱山、芦花二场归大嵩场催办。五年，革昌国场归穿山场管理，添设下沙二场、三场。

洪武时，两浙岁办大引盐二十二万四百余引。弘治时改办小引盐，倍之。万历时同。其盐行浙江及直隶之松江、苏州、常州、镇江、徽州五府及广德州①、江西之广信府。所输边，甘肃延绥、宁夏固原、山西神池诸堡，岁入太仓余盐银十四万两。

洪武初年，定盐引条例。

凡两淮运司遇客商贩盐，每二百斤为一引，给与半印，引目纳官本米若干入仓，即给引支盐。各场灶丁除正额盐外，将余盐夹带出场及货卖者绞。百夫长知情容纵通同货卖者，同罪。两邻知而不首者，杖一百，充军。守御官吏巡获私盐犯人绞，有军器者斩，盐货车船头匹没官。常人捉获者，赏银一十两，仍追究是何场分所卖，依律处断。凡起运官盐每引四

---

① 直隶，此处系指南直隶，即南京直接管辖的地区，约相当于今江苏省、安徽省、上海市。

百斤，带耗盐一十斤为二袋。客盐每引二百斤为一袋，经过批验所依数挈掣，经过官司俱辨验盐引，如无批验挈掣印记者，笞五十，押回盘验。如军民权豪势要乘坐无引私盐船只、不伏盘验者，发烟瘴充军。有官者，依上断罪，罢职。凡偷取官运盐货，或将沙土插和抵换者，计赃比常盗加一等。如系客商盐货，以常盗论。客商将买到官盐插和沙土货卖者，杖八十。又客商兴贩不许盐引相离，违者同私盐追断。卖毕五日内不缴退引者，杖六十。将旧引影射盐货，同私盐论。伪造引者斩。诸人买食私盐减贩私人，罪一等。因而贩卖者绞。

臣等谨按：是时定为则例，法綦严矣①。然考《实录》洪武三年有卖私盐者，于法当诛。有司请如律。帝曰：彼皆细民，恐衣食不足而轻犯法，姑杖之，发戍兰州。六年正月，江西行省民坐沮坏盐法，刑官拟以乱法罪当死。帝曰：愚民无知犯法，如赤子无知入井，岂宜遽以死罪论之。法司执奏不已。帝曰：有罪而杀，国之常典。然有可以杀，可以无杀。彼愚民沮坏盐法，原其情不过为贪利耳，初无他心，乃悉免死，输作临濠。盖法虽严，而用法自有权也。

二年正月，置长芦、河东二都转运盐使司及广东、海北盐课提举司。

长芦所辖分司二：曰沧州、青州。批验所二：曰长芦、小直沽。盐场二十三：曰利民、阜民、利国、海丰、益民、深州、海盈、海阜、润国、阜财、富民、海润，以上属沧州。越支、惠民、石碑、严镇、兴国、富国、厚财、丰财、三义沽、芦台、济民、归化，以上属青州。各盐课司一。洪武时岁办大引盐六万三千一百五十三引有奇。弘治时，改办小引盐一十八万八百余引。万历时同。其盐行北直隶及河南之彰德、卫辉二府，所输边宣府、大同、蓟州，上供郊庙百神祭祀，内府饍膳及给百官有司。岁入太仓余盐银一十二万两。

河东所辖解盐，初设东场分司于安邑。永乐时，增设西场于解州，寻复并于东。正统六年，复置西场分司。弘治二年，增置中场分司。

臣等谨按：《实录》：二十五年二月，御史李谦言：河东解州盐

---

① 綦，通"极"。

池，西属解州，东属安邑，盐夫一万七千二百五丁，捞盐之所凡三百有四，岁办盐一十五万二千引。缘盐所产，本系一池，中分两界，而运司设于安邑，止于东池捞盐。然西池地高水浅，盐花易结倍于东池，宜别设西场于解州，于原额上再加一倍。其捞盐人夫，除额定外，于附近州县人民内量拨丁夫协办，实为公私两便。从之。是增设西场不自成祖时始也。又《会典》①：成化二十二年，添设河东解盐中场仓，并大使副使各一员，增岁办盐课一十一万六十引，共为四十二万引。是增置中场亦不自弘治时始，第置分司，并给印信，则在弘治元年耳。

洪武时，岁办小引盐三十万四千斤。弘治时，增八万引。万历中，又增二十万引。其盐行陕西之西安、汉中、延安、凤翔四府，河南之归德、怀庆、河南、汝宁、南阳五府及汝州，山西之平阳、潞安二府，泽、沁、辽三州。地有两见者，盐得兼行。穆宗隆庆中，延安改食灵州池盐。愍帝崇祯中，凤翔、汉中二府亦改食灵州盐，岁入太仓银五千余两，给宣府镇及大同代府禄粮，抵补山西民粮银，共一十九万有奇。

广东所辖盐场十四，曰靖康、归德、东莞、黄田、香山、双恩、咸水、海宴、短峒、淡水、石桥、隆井、招收、小江。海北所辖盐场十五，曰白石、白沙、西盐白皮、武郎、东海、官寨丹兜、博茂、茂晖、蚕村调楼、大小英感恩、陈村乐会、博顿兰馨三村，马袅新安临川，各盐课司一。洪武时，广东岁办大引盐四万六千八百余引，海北二万七千余引。弘治时，广东如旧，海北一万九千四百余引。万历时，广东小引生盐三万二百余引，熟盐三万四千六百余引；海北小引正耗盐一万二千四百余引，盐行广州、肇庆、惠州、韶州、南雄、潮州六府；海北盐行广东之高、雷、廉、琼四府。湖广之桂阳、郴二州，广西之桂林、柳州、梧州、浔州、庆远、南宁、平乐、太平、思明、镇安十府，田、龙、泗城、奉、议利五州，岁入太仓盐课银一万一千一百七十八两。

十二月，置山东、福建都转运盐使司及灵州盐课提举司。

山东所辖分司二，曰胶莱、滨乐；批验司一，曰沵口。盐场十九，曰

---

① 《会典》，指《明会典》，会典是大多属当代官修断代式政书，着重记述法令典章，而不详备史实。《明会典》修于明弘治年间。

信阳、涛洛、石河、行村、发宁、西由、海沧，以上属胶莱。官台、固堤、王家冈、新镇、宁海、高家港、丰国、永阜、富国、丰民、利国、永利，以上属滨乐。各盐课司一。洪武时岁办大引盐一十四万三千三百余引，弘治时改办小引盐，倍之。万历时，为九万六千一百余引，其盐行山东、直隶、徐、邳、宿三州，河南开封府。后开封改食河东盐，所输边辽东及山西神池诸堡，岁入太仓余盐银五万两。

福建所辖盐场七，曰上里、浯州、海口、牛田、惠安、泪州、浔美。各盐课司一。洪武时，岁办大引盐一十万四千五百余引，弘治时增七百余引，万历时减一千引。引分依山附海，依山纳折色，附海行本色。万历时，亦改折色，其盐行境内，岁入太仓银二万二千余两。

陕西灵州有大小盐池，又有漳县及西和盐井。洪武时，灵州岁办盐二百八十六万七千四百余斤，漳县五十一万五千六百余斤，西和一十三万一千五百余斤。弘治时同万历时，三处共办一千二百五十三万七千六百余斤。其盐行陕西之巩昌、临洮二府及河州，岁解宁夏、延绥、固原饷银二万三千余两。

三年九月，始募商纳米中盐①。

中书省言：陕西、河南军储，请募商人输粮而与之盐。凡河南府一石五斗、开封府及陈桥仓二石五斗、西安府一石三斗者，并给淮浙盐一引。河东解盐储积甚多，亦宜募商中纳。凡输米西安、凤翔二府二石，河南、平阳、怀庆三府二石五斗，蒲、解、陕三州三石者，并给解盐一引。至十二月，户部言：察军脑儿之地有大小盐池，请设盐课提举司专事煎办，募商人入粟中盐，粟不足，则以金银布帛、马驴牛羊之类验直征之。是年，山西行省又请令商人于大同仓入米一石，太原仓入米一石三斗，给淮盐一小引。诏悉从之。乃召商输粮，给以盐引，谓之开中。其后，各行省边境多用此例，盐法、边计相辅而行，自此始。

至四年二月，又定淮浙山东中盐例，商人输米临濠、开封、陈桥、襄阳、安陆、荆州、归州、大同、太原、孟津、北平、河南府、陈州、北通州诸仓，计道里远近，自五石至八斗有差。五月，又从中书省言：募商于延安、庆阳、平凉、宁夏、临洮，巩昌纳米七斗，兰县四斗，灵州六斗，

---

① 纳米中盐，明初实行的借以筹措军粮的食盐专卖方式，具体办法是招募商人将粮食运到指定的边军据点，酬以贩运一定量食盐的权利。

并于灵州给盐一引；巩昌、临洮、兰县纳米一石五斗，漳县一石八斗，西和二石，并于漳县、西和给盐一引。仍命工部铸给铜版。

九年五月，中书省言：兰县、河州旧募商人中盐，每引计米一石，道远费重，故商人稀少，宜减其数，庶边储可积，遂命减淮盐二斗，浙盐三斗，河东盐十之四。

十年十月，召商纳米于海南各仓，每引：琼州二石，儋州一石八斗，万州一石五斗。

十四年二月，定输粟凉州卫，每一引米二斗五升，梅川三斗五升，临洮府七斗，河州四斗。

十五年二月，以大军征南，定输米云南六斗给淮盐，五斗给浙盐，一石给川盐，普安六斗给淮浙盐，二斗五升给川盐，普定五斗给淮盐，四斗给浙盐，乌撒二斗给淮浙盐，皆以二百斤为则。十二月，又定东川府、沾益州、云南、临安、曲靖、乌撒、乌蒙、普安府募商输米，自三石三斗至一石八斗有差，皆给安宁盐二百斤。

十九年正月，命依旧例纳米金齿者，每一石给一引，以谷准米者听。

二十年十一月，命募商于云南毕节卫纳米，每引二斗给浙盐，三斗给川盐。

二十二年四月，又令富民输粟贵州，以淮浙盐偿之。

二十四年九月，命减云南纳米旧例，每引淮浙盐一斗五升，川盐一石五斗，安宁盐二石，黑井如川盐之数。

二十五年九月，又令四川建昌卫每引输米八斗，给浙盐者减为五斗、一石五斗，给川盐者减为一石。十一月，景川侯曹震奏：四川盐井五十七处，请依普安例，召商输粟备军储，而给盐偿之。又商人输粟于云南建昌、乌撒诸处，给以川盐，及重庆府綦江县买马官盐。

二十六年正月，定云南乌撒纳米中盐，每引一斗五升给浙盐，二斗给川盐，一石八斗给安宁盐，一石六斗给黑井盐。九月，令广东运盐至梧州，广西接运至桂林，召商每引纳一石五斗，于湖南卖之。

十二月，许福建盐课以土产物代输。

御史唐铎言：福建户口食盐，每引收银十两或钱一万二千，民艰于办纳。请自今以土产物代输为便。从之。

五年正月，置盐马司。

时置四川纳溪、白渡二盐马司。至十三年十月罢，仍以二司盐易绵布，遣人入西羌市马。

二月，置四川茶盐都转运司于成都。

四川所辖盐课提举司一，凡盐井课司十五，曰：广福等三井、仙泉井、华池等三井、郁山井、通海等三井、涂甘井、上流等九井、永通等七井、罗泉等五井、黄市等二井、福兴等六井、新罗等二井、云安场等五井、富义等十三井及大宁场。又盐井卫课司二：曰黑盐井、白盐井。洪武时，岁办盐一千一十二万七千余斤。弘治时，办二千一十七万六千余斤，万历六年为九百八十六万一千余斤。

> 臣等谨按：《实录》：是年岁办大引盐尚止三万七千八百四十二引有奇，至十年十一月罢四川茶盐运司。二十年二月，设四川盐课提举司等官，凡辖盐井五十一处。二十六年正月，置建昌白、黑二盐井课司。二十九年二月，四川永城盐井灶户言：井水涸竭，艰于煎办，乞于附近南部县开大成盐井，以助不足。三十一年四月，成都府仁寿县奏：石基盐井废，宜开益兴井以助岁课。从之。至永乐元年八月，户部言：四川罗片井、水耗井、井研县大罗片筒小井可以开煎。三年正月又言：福兴、思安二井，岁额盐五万六千九百四十九斤，今年久咸水细微，亏一万二千四百余斤，乞开北河井，水咸薪便，可增常额一万七千二百余斤。四年七月，通海井民言：简县资阳乡旧有竹筒井，乞分丁开煎，岁得盐万余斤。六年正月，犍为县有四盐井，每岁开煎共得盐十万九千八百斤。八年二月，通海灶丁李逢青言：禄聚井煎不及额，而中江、金佛竹筒小盐井岁可得一万二千六十斤，乞开煎以补亏课。三月，南部县言：富义井岁可得三万六千五百余斤。内江县言大通溪口小皮袋井岁可得四千四百余斤。俱命开煎之。此明初四川诸盐井之渐次也。

十二年正月，罢天下盐运司批验所凡三十有二。

十三年三月，命官核实两浙灶户丁产。

两浙运司吕本言：元承宋制，岁给亭户工本。置转运司，各场置令丞管勾，掌盐出纳。所给工本有多寡，煎盐有难易，国初委官稽考，仍依旧额输官。然其间有丁产多而额盐少者，有丁产少而额盐多者，未经核实，今与各道分司即盐场所属地方，验其丁产多寡，地利有无，官田草荡，除额免科，薪卤得宜，约量增额，分为等则，逐一详定，实为民便。从之。

十五年十一月，置云南盐课提举司。

云南黑盐井辖黑盐、阿陋、猴琅井三课司，白盐井辖白盐课司，安宁盐井辖安宁课司，五井辖师井、诺邓、山井、大井、顺荡、弥沙井、兰州井七课司及武定、和曲、只旧井、河头井、草起河尾井。洪武时，办大引盐一万七千八百余引，弘治时各井多寡不一。万历时与洪武同，其盐行境内，岁入太仓盐课银三万五千余两。

十七年正月，定煎盐工本钞数。

自丙午岁定岁办盐，每引四百斤，官给灶户工本米一石，置仓于场，岁拨附近州县仓储及兑军余米以待给，后改给钱钞，以米价为准。至是，户部尚书粟恕言：淮浙每引官给工本钞二贯五百文，河间、山东、广东、海北八百文，福建上色者七百文，下色者六百文。煎盐之力则一，而工本钞有不同。今拟淮浙如旧，他处均给二贯，从之。二十八年，令淮浙盐司煎盐工本，遣监生管运给散。山东、福建、河东止于官库关领。至宣宗宣德五年，淮浙罢遣监生，照山东等例关给。

九月，罢祥符县月纳小盐。

户部言：开封府之祥符县，地多碱土，洪武初，民一户月纳焰硝六十斤，小盐三斤。十一年罢焰硝，犹验丁月纳小盐。诏皆罢之。

十二月，蠲灶户杂役。

两淮运司言：灶户既已验丁煎盐，复应有司徭役，恐妨岁课，请蠲他役，增其盐额。帝曰：免役增额，与不免同，岂为诚心爱民哉！令蠲杂役额如故。至二十七年，令优免天下盐丁杂泛差役。正统元年九月，令松江华亭、上海二县灶户充粮长者，止办本户盐课，不许谋充总催头目。四年，两淮贫难灶丁户下税粮，令于本州县存收，免令远运。九年，命云南灶户添拨余丁二人，免其差役，专采薪煎盐。景泰五年八月，两浙运司同知黄彪言：灶丁煎盐，四时昼夜不得休息，而有司不容优免杂差，以致贫窘不能办课，并致客商守候，乞仍旧例办纳正粮，悉除杂役，诏户部行之。弘治二年，又令灶户除全课二十丁，三十丁以上通户优免。若殷实灶户止当数丁，亦止照见当丁数贴灶。此外，多余丁田，俱发有司当差，其余全课。灶丁亦照原拟丁田津贴免差役夫马，若奸民诡寄田粮，及豪强灶户全家影占差徭者，即将多丁田照数收补①；逃故灶丁，其诡寄不多者，依律问罪，田粮改正。

二十五年七月，许温州商人出海支盐。

两淮运司言：商人赴温州各场支盐者，必经涉海洋，然着令军民不得乘船出海，故所司一概禁之，商人给盐不便。帝曰：海滨之人多连结岛夷为盗，故禁出海。若商人支盐，何禁耶！命兵部移文谕之。

二十七年，禁公、侯、伯及文武四品以上官令家人、奴仆行商中盐，侵夺民利。

令淮浙灶户杂犯死罪以上，止杖一百，仍发煎盐。

至永乐八年八月，广东海康县典史阴镒言：旧例各场灶丁，岁领工本，煎办盐课。有犯流徒杖罪者，仍发本场，不支工本，其罚甚轻，以致恃顽故犯。今后请发别场充役，庶小人有所惩戒。从之。宣德十年，令灶户犯徒有力者，许纳米赎罪。正统元年十月户部奏：灶丁犯罪，俱免纳米及调场，除岁办额盐外，各定年限，计日煎盐赎罪。然纳米之制，仍未尽除。至景泰五年七月，广西副使甘泽奏：臣奉命巡盐，伏读诏条，灶丁犯罪不听煎盐，令纳米赎。缘灶丁多欠粮亏课。又两广濒海灶丁，往时幸得私贩度日，故定是制。今盐法严谨，日不聊生，恐窘极生患，乞仍举行煎盐赎罪例。事下部议，从其所奏。弘治二年，又令各场总催灶丁犯徒并加役等，每日令煎盐三斤，通作引盐，每一小引，追银二钱，类总解京。

二十八年，从户部请：定纳米中盐则例。

自四年定中盐例，先后增减不一率，视时缓急，米直高下，中纳者利否，道远地险，每减而轻之。至是定则例，编置勘合及底簿，发各布政司及都司卫所，商纳粮毕，书所纳粮及应支盐数，赍赴各转运提举司照数支盐，转运诸司亦以底簿比照勘合相符，则如数给与。鬻盐有定所，刊诸铜版。

臣等谨按：明朝盐课，专以供给边饷，或水旱凶荒，亦藉振济，其利甚溥。然法久弊，滋条件因时渐密，自是年以后，各省开中事尤为繁多，今不具载。

① 多丁田，《明会典》卷34作"多余丁田"。

惠帝建文四年八月，时成祖已即位。命云南金齿卫、楚雄府、四川盐井卫、陕西甘州卫开中如故，余悉罢之。

帝以北平各卫粮乏，命户部悉停天下中盐，专于京卫开中，每引米：淮浙三斗，河东二斗，四川一斗五升，听大小官员军民人等皆中，不拘次支给。既而户部侍郎夏原吉具天下中盐处所以闻，乃止命云南、四川、陕西数处如旧开中，余并停之。自后大军征安南多费，甘肃军粮不敷，百姓疲于转运，追安南新附，饷益难继，于是诸所复召商中盐，他边地亦以次渐及矣。

成祖永乐二年八月，行户口食盐纳钞法。

食盐纳钞始于洪武三年，令民于河南开封等处输米以佐军食，官给盐偿之。每户大口月一斤，小口半之。其输米视地远近有差。至二十四年，令扬州府泰州灶户照温台处三府则例支食官盐，折纳钞贯，每引二百斤，米四石；每米一石，折钞二贯五百文，其钞即准工本。工本数多而钞少，官为补支；工本数少而钞多，扣除工本外，余钞纳官。永乐元年二月，承运库大使周端等言：广东地广人稀，盐课无商中纳，军民多食私盐，宜令所司核实大口，岁食盐十二斤，小口半之，每斤纳钞三百文，近场支给。从之。至是，左都御史陈瑛言：比岁钞法不通，皆因出钞太多，收敛无法，以致物重钞轻，莫若暂行户口食盐之法，通计天下人民，不下千万，官军不下二百万家，计口收钞，钞必可重。乃命定大小口岁食盐斤如元年所定，每斤纳钞一贯。

五年九月，置交址盐课提举司。

十月，交址总兵官言：其地所产盐，每岁老挝等处以金求易，命仍其旧。遣户部员外黄通理等监榷盐课。十三年四月，交址布政司乞定例招商，许以金银铜钱中纳。部议：金一两，给三十引；银一两，钱二千五百文，各给三引。从之。后交址失，乃罢提举司。

时又有辽阳盐场，不设官，军余煎办，召商易粟以给军。凡大引小引之制，如内地。

十三年，遣御史、给事中、内官各一员，于各处闸支盐课。

十四年，遣监察御史一员，巡视河间私盐。

至宣德十年，遣监察御史一员，于两淮、通州、狼山镇守提督，军卫巡视私盐。正统元年九月，命侍郎何文渊、王佐、副都御史朱与言提督两淮、长芦、两浙盐课。十月，又遣御史萧启巡视长芦私盐，大理少卿陈贞巡视四川私盐。二年，取回两淮巡盐御史。三年，取回淮浙长芦整理盐法内外官及御史，遂令每岁各差御史一员巡视及催督盐课。十一年，令长芦御史兼理山东盐法。

仁宗洪熙元年，定纳钞中盐例。

时又以钞法不通，议所以敛之。户部尚书夏原吉请令有钞之家中盐。遂定各盐司则例：沧州每引三百贯，河南、山西半之，福建、广东百贯。至宣德初停之。

令免征贵州宣慰司诸种人食盐钞。

至正统元年，镇远等府亦免征盐钞。

宣宗宣德三年，更定纳米中盐例。其年远守支者①，改给以资本钞。

尚书夏原吉以北京官吏军匠粮饷不支，条上预备策，言：中盐旧则太重，商贾少至，请更之。乃定每引自二斗五升至一斗五升有差，召商纳米北京。既而尚书郭敦言：中盐则例已减，而商来者少，请以十分为率，六分支与纳米京仓者，四分支与辽东、永平、山海、甘肃、大同、宣府、万全已纳米者，他处中纳悉停之。又言：洪武中，中盐客商年久物故，代支者多虚冒，请按引给钞十锭，帝皆从之，而命倍给其钞。甘肃、大同、宣府、独石、永平道险远，趋中者少，许寓居官员及军民有余之家纳米豆中盐。至正统五年，商人有自永乐中候支盐，祖孙相代而不得者，乃令每引给资本钞三十锭，愿守支者听。

五年，申夹带私盐禁。

凡往来内官内使官军人等夹带，皆许应捕官军盘拿。至九年，令各处运司课司，但有客商夹带原支引盐，俱没入官。

十年，令各处总兵、镇守及沿河捕盗、锦衣卫官、监察御史、浙江等布政司、直隶府州县各巡按、监察御史及按察司官，俱设法缉捕私盐，如巡检司捉获私盐者，准作事迹。若虽获盗，而不获私盐者，不准升用。其各处军官纵家人兴贩者，家人同罪，正犯发本卫充军。若所管旗军余丁兴贩者，该管官旗一体坐罪。至正统三年，令贩卖私盐军民人等，有能捕获百斤以上至二千斤为止，每盐一斤，赏钞一贯。

十年，令追销过限未缴盐引。

---

① 守支，商人按纳米中盐办法取得盐引后，到指定地点等候领盐。后因贪官污吏敲诈勒索，以致有商人"祖孙相代不得者"。

各运司提举司查勘过限未缴之引及客商贯址，造册送部，行巡按御史及按察司追究销缴。至正统二年，令中盐卫分造具客商名数缴部，盐运司仍将额办盐数申报，每年终支过引盐及客商姓名另具总数，申部注销。三年，又令长芦商盐愿发他处者听，所在官司告验，转给文凭。其退引水程，仍照例告缴。景泰元年，令商人支盐卖毕，截角退引，过期不缴者，行巡盐御史、按察司查提。三年，淮浙、山东、长芦运司收到客商退引，按季类解。福建、河东、陕西运司并四川、云南、广东、灵州小盐池等提举司，年终类解。四年，令盐场凡客商引目支盐出场，即为截角，仍具商名、引数申缴，总司收照。

是年五月，时英宗已即位。始行兑支法①。

从户部奏，河东见贮盐多而淮浙盐少，客商守支岁久，即以河东盐量如其数与之。至正统二年，令永乐年间两淮客商应支引盐，以十分为率，支与淮盐四分，其六分兑与山东支给，不愿兑者听守支。四年，又令两淮、云南官盐客商中纳，支给不敷者，许于河东、陕西、福建、广东兑支；河间长芦及河东、陕西官盐支给不敷者，许于广东海北兑支。八年，令永乐、洪熙、宣德年间原中淮浙长芦引盐，愿兑支河东、山东、福建者，每一引支与二引，不愿者听其守支。

英宗正统元年七月，命户口食盐概收钞。

自永乐二年定户口食盐纳钞，而其时市民食盐，每引纳钞二百贯，乡民食盐每引纳米五石，折钞五百贯。三年，又令户口食盐，各随地征收，岁用粮多处征米，用粮少处征钞。至是顺天府推官徐郁言：户口食盐，令市民输钞，乡民纳米，非旧例也。而贪官豪吏，征敛不经，民愈困乏，乞遵旧制，一概收钞，庶人免穷迫而钞法亦通，命速行之。至七年，令山东户口食盐布匹亦照例纳钞。九年八月，给事中鲍辉奏：近者浙江所属郡县，籍记军民家口，月令纳米三升，买盐一斤。其富商大贾持盐赴官，官为敛散，追征之急过于赋税。且浙江近处荒歉，贫民馈粥不给，岂能计口出米以买盐哉！乃诏民间食盐，听其自买，毋复计口月给。

臣等谨按：《会典》：山东盐旧有纳布之例，正统九年，令山东

---

① 兑支法，商人取得盐引后，要到指定产区等待领盐，有的要等很长时间。官方为缩短其等待时间，允许商人到别的产区领盐。这种办法叫作兑支法。

官台场盐课，每引折纳绵布一匹，运赴登州备辽东支用，是其事也。至于食盐，是年虽有概收钞之诏，而浙江纳米仍旧。又成化二年，令户口盐应纳米者仍纳米，应纳钞者钱钞中半兼收。六年，令免今年各处盐钞，以后不许折收钱米。十年，令户盐价起解京库者，钱钞兼收，每一贯，折钱二文，存留本处，愿纳米者听，愿纳钞者如其旧。即数事观之，则知纳米之令，又非仅出于奉行之私例矣！

七月，命四川以钞偿盐课。

成都府奏：各井给军盐课，累岁逋负，若尽追输，破家者众。请令宣德五年以前逋负者，每盐一斤，偿钞一贯，以后者追盐。仍令诸卫所差官关领给军为便。从之。八月，又从巡按侍郎曹宏言，免两淮逋负七十六万引。

《明史·周忱传》曰：正统初，淮扬灾，盐课亏，敕忱巡视。奏令苏州诸府拨借米一二万石运扬州盐场，听抵明年田租，灶户得纳盐给米。时米贵盐贱，官得积盐，民得食米，公私大济。寻敕兼理松江盐课，忱谓：田赋宜养农夫，盐课宜养灶丁。因上便宜四事，并为节灶户运耗得米三万二千余石，置赡盐仓，以补逃亡缺额。由是盐课大殖。

二年，始命收灶丁余盐，给以米麦。

凡贫难灶丁，除原额盐课照旧收纳，其有余盐者，俱收贮本场，运司发附近州县，每一小引给米麦二斗。至十三年，令两淮各场置立仓囤，以扬、苏、嘉兴三府所属州县及淮安仓，并兑军余米，量拨收贮。凡灶户赴送余盐，每二百斤为一引，给米一石，其盐召商开中于开平、辽东、甘肃诸处，不次给与。两浙及松江、嘉兴、仁和、许村等场，亦照此例。至景泰元年，又令灶丁余盐每引给米：淮盐八斗，浙盐六斗，长芦盐四斗。三年，两浙灶户有将应征粮草愿折纳余盐者，每正粮米麦定五斗，草五包，束各折一小引。五年，广东海北灶丁余盐送本司，每引给米四斗。

三年，定纳马中盐例。

宁夏总兵官以边军缺马，而延庆、平凉官吏军民多养马，乃奏请纳马中盐。每上等马一匹一百引，中等马一匹八十引。寻行于定边等卫，每等马各递增二十引。至景泰元年三月，河州取土军赴京策应，许令军民纳马中盐，上马一匹给淮盐五十引，中马四十引，共收一千四百匹。尚书金濂以河州本产马地，乞减其半：上马二十五引，中马二十引。从之。六年四月，又命上流等井盐召商，纳马一千匹，开中一十万引。成化元年五月，以宁夏备边，马缺四千五百余匹。开灵州花马池等处盐课，并借西安府地方行盐三年，召商中马补足之。二年八月，大同宣府辽东缺马，以河南运司盐三处各开十五万引，上马一匹百引，中马八十引，召商中纳转给之。六年十一月，宁夏乏马，以陕西盐召商中纳。又定河东纳马中盐如河南例。至嘉靖时，吏部侍郎何孟春上盐法，疏请以巩昌等处盐池每引百道，召商纳银二十五两，以备各边买马。

《明史·食货志》曰：中马之始，验马乃挈盐。既而纳银于官以市马，银入布政司。宗禄屯粮修边振济，辗转支销，银尽而马不至，而边储亦自此告匮矣。

令各边召商中纳盐粮，淮浙兼中。

时淮盐直贵，商多趋之。乃定以十分为率，淮盐八分，浙盐二分，或淮盐七分，浙盐三分。淮盐唯纳米麦，浙盐兼收豌豆、青稞。

定纳引纸例。

各运司给商引目，每引令纳纸一张，至关引时类解户部倒引，陕西、四川、云南中盐客商免纳引纸。至景泰五年五月，南京户部奏：官吏俸钞不敷，无从措办。旧例，客商给引，每引纳纸一张。本部所积足印盐引千万有余，请命两淮、山东、长芦盐商免其纳纸，每引收钞一贯，以补支给，俟钞足用，纸或不敷，如旧输纳。成化十九年，令各盐司征解商人引纸，每一百张，收银一钱，委官运南京户部，转发应天府官库。凡遇缺纸，先期会计，令该府拘集铺行，收买送用。积有余银，准折官军俸粮。

五年，定淮浙、长芦每岁存积常股分数。

每岁额办盐课，以十分为率，八分年终挨次给与守支客商，谓之常股；二分另积在官，候边方急缺粮储，召中以所积见盐，人到即支，谓之存积。至十四年，淮浙存积盐增至四分。景泰元年增至六分。

六年，令淮浙劝借支盐客商米麦，振给贫难灶丁。

至弘治元年，定每引劝借米一斗，或麦一斗五升，其无盐自买补者，免劝借。

八年十二月，令两淮客商支盐，以上下场均配。

从运司严贞请也。两淮盐司所属盐场，以路途便利者为上场，窎远者为下场。每数上场配一下场，凡支盐时，上场派尽，方以下场凑数补派。至成化十九年，令上下场三七分派常股存积，正支正收，违者商人治罪，盐货入官，吏以枉法赃论。

九年，禁商人中盐过三千引。其所纳粮限半年内完足，不完者扣日截出勘合①。

景帝景泰元年，定两浙远场灶户盐课许出米，令近场卤丁代纳。

先是，洪武二十三年，定灶户每丁岁办小引盐一十六引，内水乡不谙煎煮，岁征银一千八百二十九两九钱，当盐九千一百四十九引一百斤，计每百斤银一钱。此两淮旧例也。至是，又定两浙盐场，凡近场卤丁煎办盐课，其水乡灶户离场三十里外者，每丁岁出米六石，或折收价物，置立仓库收贮，委官专掌，按季查给。近场卤丁，令其代纳盐课。至十一月，给事中金达言：灶夫煮海最为劳苦，自非近场素习之人不堪其役。比者富户因避重役，俱附远场，充为灶户，结构官吏，挪移出纳，乞令盐官取勘草罢。从之。五年八月，两浙运司同知黄彪言：近例，灶户近场煎盐，远场出米，此法始行虽暂便民，然未及五年，远场粮米亏欠数多，近场代办不胜苦逼。乞仍遵洪武旧制，不分远近，俱令煎办，并追完欠负粮米为便。亦命户部行之。

正月，命中盐纳边粮者兼纳谷草、秋青草。

时边围多故，存积盐增至六分。密云、隆庆仓、古北口俱令减纳粮米，兼纳草束。又命召商于大同宣府，中纳淮浙长芦盐，每引米豆六斗至三斗，或谷草八束至三束，或秋青草十二束至六束，各有差。三年九月，又召商中淮盐于宣府，纳豆及草，限一月完纳。成化六年七月，从巡抚山西都御史李侃请，中纳偏头关谷草。凡淮浙盐共十六万六千八百余引。九年六月，开中淮浙盐三十万引于榆林，召纳粮草。

申严灶丁私贩禁。

两浙运司奏：往者盐禁甚严，人莫敢犯，近时稍宽，私贩者众。乞敕

---

① 勘合，古时符契文书上名盖印信，分为两半，当事双方各执一半，到时将二符契相并验对骑缝印信作为凭证。

法司，今后但干盐法，罪应徒者如律，应流者限四年，应杂犯私罪者限五年，灶丁调别场煎盐，仍取户丁补其本役，军调沿边守瞭，民发江北摆站，各满日始放庶人知警惕。从之。

定运司佐二官催课法。

浙江布政司奏：运司佐贰官每春初分催办课，岁一更代，首尾不清，互相推诿，请自今自同知而下，各管一司，不许更代，考满时就所司盐课多寡以为黜陟。其有他故，令附近分司代之，庶责有所归，而盐课清矣。事下部议，推其法于天下。至七年五月，以四川兵粮仰给于盐，有司因循课日以亏，命按察司兼督盐课，并课其殿最。

八月，从户部奏，南京官俸以余盐折支。

每龙江余盐五斤，折米一斗。至二年五月，又行之。又命后凡积至五万引以上，皆如例折支。六年正月，又从部奏，以张家湾余盐并私盐折俸，每一百四十斤折米一石。

二年八月，户部请申定盐禁。

户部奏：比者召商中盐，应者绝少。盖因私盐多而官盐阻滞，请禁约之。一、各处灶丁有不将已煎盐课入官，而私卖于人，务令盐官逐季督催，足备年终类奏，如有逋负，于考满时罢俸，追完方许赴部；一、官私舟车往来，俱令巡盐河御史等严加搜检，如夹带私盐，人坐以法，舟车没官；一、盐司官吏于收盐之际，多倍其数，及至放支，受商货贿亦倍其数，其批验监掣官亦图贿赂视为具文，宜令巡盐官严察，犯者谪戍极边；一、起运官盐及商旅卖盐南京，于龙江关批验所掣过赴江东门报名，南京户部委官覆视，果无夹带私盐，方许入城；北京于张家湾批验所掣过，赴崇文门报本部委官覆视。帝曰：盐禁不严，恐官盐阻滞，禁之太密，恐细民难于度日，其斟酌行之。

五年十一月，定官吏食盐口数。

旧例，官民户口食盐皆计口纳钞，自行关支。京官岁遣吏下场收买，其来久矣。然借势倍蓰，恣为奸利。至是，户部奏：近年官吏俱冒增口数以增食盐，有官一员，支盐三千余斤者；吏一员，支盐五百余斤者。宜量为定夺，庶不虚糜。乃定吏与知印许报五口至十口，文武官许报十五口至三十口，每大小口岁食盐斤及纳钞数俱如永乐年制。然其弊莫革。至嘉靖中，锦衣官校乃至连巨舟数百艘塞河而上，沿道私贩，车运马驮，莫敢诘捕，盐法壅滞。巡盐御史请令运司具百司食盐，较定斤两，筑包于司，俟支盐人役至，数包予之。此外，毋许别有夹带，诸役亦毋得自行下场，违者论如律。于是，锦衣私贩顿息。然各吏既无所获利，而一应纳钞儳挽之费无所出，贫者至弃役逃去。四十三年九月，验封司郎中陆光祖言于尚书严讷，疏请革之。自后百司遂停食盐不支，唯十三道御史岁支如故。

六年闰六月，给事中李瓒等请罢巡察私盐官。从之。

自正统间定差御史巡盐，依巡按例岁更代以为常。至景泰元年闰正月，又特命镇守浙江副都御史轩輗兼理两浙盐课，刑部侍郎耿九畴兼理两淮盐课。《会典》云：元年，差侍郎二员清理两淮两浙盐法。二年，取回两浙巡盐御史，令镇守侍郎兼理盐法。三年七月，罢两淮并长芦巡盐御史，命巡抚官兼理之。九月，从淮安知府邱陵奏，令巡河御史邓达兼理盐法。仍令巡抚都御史王竑通行提督，旋命竑兼理两淮盐法，赐之敕。《会典》云：三年，令巡河御史兼理两淮盐法，裁省巡盐御史。又差御史二员于两浙两淮巡盐。至是，瓒等言：曩因钞法不通，盐法阻坏，故于泊船之所、产盐之地，遣官兼收钞料，巡察私盐。近年水旱相仍，人民困苦，供给繁费，民实不堪，乞斟酌停止，庶免官多人少之患。从之。至成化四年，又遣都御史一员，清理两淮盐法。

宪宗成化二年十二月，富人吕铭等奏请中盐，中旨允之①。

旧例，中盐部定则例，出榜召商，方许中纳，无径奏得允者②。至是，有吕铭等八人投充势要，奏：欲运米赴辽东中纳。本年两淮存积盐五万五千引，有旨自中出，允之。又御马监李棠亦请运米辽东，中旨许中存积盐万引，尚书马昂皆不能执正，盐法之坏自此始。

三年，定越境贩盐罪。

凡越境夹带与贩官私盐至二千斤以上者，军民舍余俱充军，其经过官司及里邻俱照例问罪。若马快粮船夹带者，一体究治。

四年，禁报中客商引数不许过多，并转卖及包揽。

时客商引目多典当与人，名为伙支，或转卖有势之人，名为卖支。又有以假引卖与商人冒顶真引，及以旧引赁人影射私盐者。乃定是制。至十九年，定伙支等俱问罪，引目盐货入官。又客商派定场分守支毕，即打引出场，如无见盐，止许于本场买补。若将已完盐课捏作未完，遗留空引，

---

① 中旨，据《朝野类要》云：自禁中降下御笔或直旨，付有司施行。称中旨。

② 成化二年以前，由有关部门规定纳粮中盐的具体方法和地点，商人遵照执行。到成化二年，开始有富商直接上奏皇帝，要求到某一地点纳粮中盐。

侵盗影射私盐者，盐货价钱俱入官。官吏纵容，以枉法论。

禁内外官员家占中盐引。

至二十一年，又令部科等：凡有奏乞盐课者，许纠举治罪。二十二年，又令各边开中引盐粮草，俱不许势要及内外官员家求讨占窝①，领价上纳。令巡按御史纠举。

六年正月，命两浙以额外引盐代补亏课。

巡按都御史邢宥言：两浙运司盐课亏负，访得各场并批验所，自天顺六年至成化五年，收有巡获并盐徒煎办及客商夹带各项盐共三万五千五十八小引，乞给芦沥等场代补。景泰以前亏欠盐课，其各场原逋盐数仍陆续追补还官。部议：额外引盐，截自成化五年四月二十三日以前得请为止，是后收派贸易悉如旧例。从之。

八月，诏：本年天下户口食盐粮钞尽数蠲免，已征在官者作次年之数，以后止征钞贯，毋许折收银米诸物。

先是，五月，南京御史李瓛等以灾异上言，谓：户口食盐之法，既验口收钞，即当验口支盐，令钞入于官，而盐不及民，且征收之际，吏辗转为奸，十倍中止以一倍入官，钞皆腐烂，不堪实用，乞革盐钞以苏民困。是月，遂有是诏。然盐钞终不除。后江浙条鞭法行，遂编入正赋。

七年，令淮浙各场存积盐课仍旧止作四分，常股增为六分。

存积盐自景泰中增至六分，常股大壅，至是仍减作四分。至十九年又减之，常股七分而存积三分。然商人乐有见盐报中，存积者争至，遂仍增至六分，淮浙盐不能给，乃配支长芦山东以给之。一人兼支数处，道远不及亲赴，辄贸引于近地富人，自是有边商、内商之分。于各边中引者，谓之边商；于内地守支者，谓之内商。内商之盐不能速获边商之引，又不贱售，报中浸怠，存积之滞遂与常股等。至嘉靖五年，从给事中管怀律奏，始仍复常股六分、存积四分之制。

　　臣等谨按：边、内二商之外，又有专事运买者，谓之水商，通谓之三商。见万历四十五年户部奏疏。

① 占窝，引商（即纲商）贩盐，均有固定的销售地区和范围，称为引地，亦称引窝。一些内侍、朝臣、勋贵、势要便向朝廷讨要某地区的售盐权，称为"占窝"。占窝后可以转售牟利。

九年，定两浙清查灶丁及纳工本银例。

令两浙巡盐御史督同布按巡守并盐官，清查各场灶丁、备开海滨谙晓煎办者若干，每丁岁办盐若干，准浙盐课若干，其绝户及寡妇盐课照数开豁，以清出多余殷实卤丁顶替，再有余丁，照例办课。若有幼丁，候长成办盐，俱造册备照及送部查考。自后每十年一次清查。其水乡不谙煎盐灶户，每引纳工本银三钱五分，解送运司，给散谙煎灶丁。或年终解部，转送太仓及各边支用。弘治二年，令每引浙西纳银六钱，浙东四钱，每年十月内征完，送司解部。离场三十里外者，照水乡例。

三月，复岁遣监察御史巡盐。

天顺四年，令山西按察司分巡官兼巡视河东盐池。至是，郎中文志贞奏：解州盐池垣堑多废，人得私取，官盐阻坏，客商少中莫济缓急，请岁遣御史一员往彼禁治，并修浚垣堑，如巡茶事例，岁满更代。从之。

十一月，定河东纳铁中盐法。

巡抚陕西都御史马文升奏：陕西都司所属四十卫所，岁造军器，用熟铁三十一万四千余斤；又各边不时奏乞补造，动取一二十万，俱派取民间，多毁农器充纳，深为民害。访得山西阳城县产铁，甚贱，而河东盐不费煎熬，往年泽州人每以铁一百斤，至曲沃县易盐二百斤，以此陕西铁价稍贱，因添设巡盐御史，私盐不行，熟铁愈贵，乞以盐课五十万引中铁五百万斤，俱于安邑县上纳，运至藩库收贮支销。诏从之。

十六年，重定给年远守支商资本钞及兑支例。

令正统以前客商中盐未全支者，各造册送部，于原籍有司关给资本钞，每引三十锭。景泰元年以后，愿关资本钞者亦听，愿守支兑换者，两淮兑山东，福建、两浙兑广东，俱每引加半引，不愿者仍听守支。至十九年，又令正统以前中盐未支者，每引淮盐给资本钞三十锭，两浙、广东、四川、云南二十五锭，河东、长芦、福建、山东二十锭。其景泰以后愿关者及今告代支故商引盐者，亦照此例。

十九年，命两浙盐课许折银。

每正盐一引，浙西场折银七钱，浙东场折银五钱，解送太仓，候余盐支尽，仍纳本色。至弘治元年，又令西场减为六钱，东场减为三钱五分，候盐法通如旧征纳。二年，命存积盐仍纳本色，常股折银三钱。嘉靖二十四年，令水乡盐课照旧征折色。

孝宗弘治二年，命入官船商货物及灶丁赎罪米谷，俱发各场备振济。

许两淮守支客商买灶户余盐补官引。

余盐者，灶户正课外所余之盐也。洪武初，制商支盐有定场，毋许越场买补。勤灶有余盐送场司，二百斤为一引，给米一石。其盐召商开中，不拘资次给与。成化后，令商收买而劝借米麦以给贫灶，至是从清理两淮盐法侍郎李嗣请，乃令守支客商，成化十五年以前无盐支给者，许收买灶丁余盐以补官引，免其劝借米麦。成化十六年以后至二十年以前正支不敷者，亦许买补。其劝借振济米麦，仍照支盐分数上纳。二十一年至二十三年，已办未完者，严限追足给与。各年应支客商，不许收买余盐。其劝借米麦，亦照例上纳。又定灶丁常股盐课，亦许折银给商。另于勤户余盐内买补。

《食货志》曰：成化末年，阉官窃势奏讨淮浙盐无算。两淮积欠至五百余万引，商引壅滞。至孝宗时，而买补余盐之议始兴矣。时又停各边开中，俟逋课完日，官为卖盐，三分价值，二充边储，而留其一以补商人未交盐价。由是以余盐补充正课，而盐法一小变。

邱濬请行转般法。议曰：两京运道所经凡三运司：淮盐在南，沧盐在北，山东之盐居其中。往时会通河未开，水陆分隔，各自通商给民，今则一水可通。唯今三处之盐，价值各有低昂，中纳各有等则，淮盐之价最高，殆居其倍；山东之盐抵河颇远，唯沧盐近河，而价最廉。请行宋人转般之法，官军运粮空船南回，道经沧州，每船量给盐引，每引量与脚价。俾运至扬州河下，官为建仓于两岸，委官照数收贮，原数不亏，然后给予脚钱，少有亏损，即与折算。如此，则官得倍称之息，军得顺回之利。积盐既多，乃令通算累年各商所中常股存积等盐共若干，依次给与见盐，不出一二年间，支给完足，然后行官给牢盆，民自煎煮之策。此后又乞于河间沿海一带出盐之处，不分民丁灶户，皆许其私煮。既已成盐，赴官告卖，量为定价，给与见钱。阴雨之时，则或加或倍，有私卖及买者皆抵以私盐之罪。其钱于内帑豫借，待成效之后算还。年年存贮，岁岁转般，积之既久，遇有急用，即出榜定直，召商于所用之地，或出粮刍，或输金帛，付以执照，定以仓分。俾亲诣其所，即给以见盐，于行盐地发卖。如此，比之旧法，当得倍利，非唯得以足今日之用，亦可以销他日之患也。

臣等谨按：宋时官般之法，乃官自般运，置务卖盐，般犹运也，与濬说异。濬说颇与元代设盐仓相近。但元之淮浙立仓，不过，自淮场官运至淮仓，自浙场官运至浙仓而已。濬乃欲以沧盐官运至淮仓，中隔二千里，不特脚价加增，沧盐之价仍当贵如淮盐。而漕船受派装之苦，运丁启私贩之门，其为弊更不可究诘矣。濬之说，盖即兑支法，而倒用之。兑支之法转商就盐，转般之法转盐就商，二者利害相衡，不若兑支之为善也。

五年八月，令两淮等盐引俱召商开中纳银，类解户部太仓，以备边储。

初，各边开中商人招民垦种，筑台堡，自相保聚，边方菽粟无甚贵之时。成化间始有折纳银者，然未尝着为令也。至是，户部尚书叶淇，淮安人，盐商皆其亲识，因与淇言：商人赴边纳粮，价少而有远涉之虞，在运司纳银，价多而得易办之利，淇然之。内阁徐溥，淇同年，最厚淇，遂请召商纳银，运司类解太仓，分给各边。每引输银三四钱有差，视国初米值加倍，而商无远运之苦。一时太仓之银累至百余万，然赴边开中之法废，商屯撤业，菽粟翔贵，边储日虚矣。至五年，仍命盐课不许于腹里中卖，报中粮草，毋许折纳银两。寻不行。

华钰《盐笑议》曰：洪武永乐时，内地大贾争赴九边垦田积粮，以便开中，朝中暮支，价平息倍，商乐转输，边免飞挽，士饱马腾，缓急有备，策至良也。岁引初无定额，皆资主客兵饷，从边庚受券，不令轻纳银醝司也。自司农叶淇为淮商地疏，盐一引输粟二斗五升，轻请增额，准改折色，径于运司上纳，于是每引纳银三钱五分或四钱二分。又令客商无见盐许本场买补，西北商胥内徙便转贩，而边计大坏。今正引虽仍赴边中余课，悉如淇议矣。

孙承泽《春明梦余录》曰：天下盐课，唯两淮为多，浙次之，长芦次之。福建无巡差以行无远地，河南无运官以出有专所，广场兼之，故巡运俱无。总计天下设转运司者六，提举司者七，岁办旧额一百一十七万六千五百二十五引。初制每引纳银八分，粟二斗五升，商人纳粟于边，受盐于场，无守支之苦。严禁食禄之家，不得牟商利，一切请乞悉绝之。私卖阻乱者处死。灶丁给以卤地草场，每引给工本钞二贯五百文，复其杂役。有余盐官自出钞收之，下以资灶户，上以揽利柄，故盐法行。自正统中有常股存积之法，常股七分以为常，而存积三分以待塞下之急，倍价开中，越次支放。又引价日增，需索日繁，而盐法大坏。且易粟而为银，不之塞下，而之盐司。于是塞地尽荒，边储俱匮，而边事亦大坏。造其议者，户部尚书叶淇；允其请者，内阁徐溥也。

臣等谨按：《叶淇传》：淇居户部六年，直亮有执，能为国家惜财用。弘治时，内官龙绶请长芦盐二万引，鬻于两淮，以供织造费，淇力争之。唯此变开中之制，骤增盐课，而边储萧然。论国是者皆不暇之耳。

六年五月，从岐府长史邱永奏：各王府岁用引盐，令运司解送盐价至府，以杜骚扰郡县。

至十三年，又令各王府，不许奏讨食盐。

十三年，令织造官有奏讨引盐越境货卖者，部科论奏治罪。

臣等谨按：《孝宗实录》：十二年四月，尚衣监秦文奏讨长芦盐五万引，鬻取其价充造南京缎匹。户部议，不可。命以二万引及两淮盐价给之。及《周经传》：弘治时，中官织造者请增给两浙盐课二万引，经为户部尚书，言：盐策佐边，不宜滥给，且织染诸局供御有常数，江南两浙已例外增造。若工匠不足，则仰食公家，不下千余人，是知供用未必缺而徒为劳民伤财之事也。帝不从。经恐岁以为常，再疏请断。其后乃命岁予五千引，是则此时虽有论奏治罪之令，祇具文耳。若王圻本载：正德十六年，凡织造缎匹，再不许奏讨盐价，违者许部科论奏。则世宗之初政也。

《明史·侣钟传》曰：弘治十五年，奸商投外戚张鹤龄，乞以长芦旧引十七万免追盐课，每引纳银五分别用，价买各场余盐，如其数，听鬻贩。帝许之。后奸民援例，乞两淮旧引至百六十万锺，为户部尚书力持，皆不听。自是盐法大坏。奸人横行江湖，官司无如何矣。

十八年五月，时武宗已即位。诏：商人请买残盐者罢之。

先是，外戚庆云侯周寿寿、宁侯张鹤龄，各令家人及商人谭景清等，奏请买补长芦、两淮残盐至百八十万引，户部尚书韩文条盐政凤弊七事，论残盐尤切，孝宗嘉纳，未及行而崩。至是，武宗即位，即入诏中罢之。未几，寿等复请乞，下部更议。文等再三执奏。弗从。正德元年，内阁及言官复论之。诏下廷议，文言：盐法之设，专以备边，今山陕饥，寇方大入，度支匮绌，飞挽甚难，奈何坏祖宗法，忽边防之重！既而景清复陈乞如故。文等劾其桀悍，请执付法官。帝不得已，始寝前命①。

> 《明史·刘健传》曰：弘治十七年，帝在位久，明习政事，数召见大臣，欲以次革烦苛，除宿弊，尝论及理财。李东阳极言盐政弊坏，由陈乞者众，因而私贩数倍。健进曰：太祖时茶法始行，驸马欧阳伦以私贩坐死，高皇后不能救，如伦事孰敢为陛下言者。帝曰：非不敢言，不肯言耳。遂诏户部核利弊，具议以闻。正德元年二月，健以奸商谭景清沮坏盐法力谏，不报。九月，遣中官崔杲等督织，乞盐万二千引，所司执奏，给事中陶谐、徐昂，御史杜旻、邵清、杨仪等先后谏，健亦言不可。帝召健等至暖阁面议，颇有所诘问，健等皆以正对。帝不能难，最后正色曰：天下事岂皆内官所坏，朝臣坏事者十常六七，先生辈亦自知之。因命盐引悉如杲请。健等退，再上章言不可。帝自愧失言，乃俞健等所奏。

武宗正德二年，命大臣清理淮浙闽盐法。

先是，成化中，特遣中官王允中、佥都御史高明整治两淮盐法。弘治初，盐法坏，尚书李敏请简风宪大臣清理，乃命户部侍郎李嗣于两淮、刑部侍郎彭韶于两浙，俱兼都御史，赐敕遣之。十四年，佥都御史王璟督理两淮盐法。至是，以盐法日坏，令佥都御史王璟于两淮、张宪于闽浙，分道清理焉。

> 《明史·彭韶传》曰：孝宗初年，嘉兴百户陈辅缘盗贩为乱，陷府城大掠，入太湖，遣韶巡视。韶至，贼已灭，乃命兼佥都御史，整理盐法。韶以商人苦抑配，为定折价额蠲宿负，悯灶户煎办征赔折阅之困，绘八图以献，条利病六事，悉允行。

申旧引裁角令。

---

① 寝，停止。

时权要开中既多，又许买余盐，一引有用至十余年者。是年，始申截角之令，立限追缴。

十四年，令割没余盐，俱令商人照时估纳银中卖，量加火耗以资解费。

定例：每引五百五十斤，多五斤以下照例割没，五斤之上照夹带例问拟。至是，又定是制，如商人乘机夹带，贿通官吏，不尽数掣割者，盐入官，官吏照例问遣。然旧制益坏，夹带虽多，皆听纳价。唯多至三百斤者始罪之。

又成化初，都御史韩雍于肇州、梧州、清远、南雄立抽盐厂，官盐一引，抽银五分，许带余盐四引，引抽银一钱。都御史秦纮许增带余盐六引，抽银六钱。至是增至九钱，而不复抽。官引引目积滞，私盐通行，乃用户部郎中丁致祥请，复纮旧法。

华钰曰：浙额引凡四十四万四千七百有奇，边例报中每引费不盈二钱，运司偿其值不关盐而领库价，逾年乃给。始二钱，又拨领一钱八分。二钱者，灶丁岁输之课名；酬商银一钱八分者，出自买引内南召引价内，商业得引，复上官镪如引价额，听自买正余盐共三百三十斤，计奇赢较准稍捷，而下场多捆过所隐夹诸弊都不殊准，独其掣分虚实、单与割没一节弊尤甚准，挨单验掣，不分虚实，浙盐俱商自买补，率观望市价，买不足额，半告虚单，压掣以避贵籴，即实单临掣亦且多虚，往往借他单影抵匿罪，引以渐压致壅。准所割没上价并赎镪悉充公帑，浙唯赎镪听支销所上价不可问，故准商之逃割没，弊在赂监掣官以免，浙则官利多割，弊乃在下，胥吏快甲之属，百计涂上耳目，割没愈严，夹带愈伙，而有南北二关盘验，距运司远近不齐，奸商乃得贿移秤锤，止秤一二以应故事。浙弊不尽此，此最著。

又曰：山东额掣盐一十五万五千二百七十六引，每引例中一钱八分，除正引应关支盐二百五斤，又纳课三钱六分五厘有奇，得买补余盐如正盐额，又纳课一钱，复得买割没盐四十斤。而此外更有七十斤曰劳盐，又四十斤曰走卤盐，每包逾六百斤，乃议罚其弊。初，自运司给领场单底簿引目，下场支买，豪且猾者，往往用贿洗改司所派定上中下场分，择地自便，越次先支，致下等场分久不得盐，而国课因以难办。比出场入盐，园堆垛有七，八月水涨，贿所官脚夫径越关而漏掣者，比入船抵洛口关，包大者至千余斤，小亦不下七八百斤，委掣官类徇私不究。又或虚将引名申掣，而临掣则无盐。驾言陆续补数，恣意捆载，其大包夹带之弊更甚于淮浙，前赴告派州县，或工垄断潜入他境，就贵价入本境，则又创为挨卖不即发，发必增价至倍，有司甚有听其嘱托，逼派里甲，利归商，害乃在百姓，此其弊之最著者。若长芦应掣盐引，岁一十八万八百有奇，弊与山东等。

三月，复以中旨，准商人中盐，部科执奏，皆不从。

时已准张安等报中，又准龚俸等报中，两淮存积常股残盐五千余引，仍令就便收买，不次秤掣。后又准张春、叶儒等。六月，商人郭弼等先于河东报中，乃复奏改支两淮盐二十万引，户部请治其挠法之罪，亦不从。又陈勇等先于宣、大二镇报中粮草，既而奏改大仓。又奏改河东，唯其所欲，辄得俞允。复请于河东正课八十万引内摘发二十万引，先行支给。户部以其越次罔利，请究治之。亦不报。

四月，命预行开中淮浙盐，于宣府召纳粮草。

先是，每岁终，盐课征完奏缴，通关到部，乃得开中。至是，预行开中，盐无见课，乃许商人随便买补关支，以济一时之急。

世宗嘉靖六年，令两淮开中盐价，每引以六钱为例，不许任意增添。两浙、长芦，仍量搭配。

正德时，权幸奏开残盐，而势要占中卖窝，引价增数倍，每引纳银八钱，商人无所获利，多不愿中，课日耗绌。奸黠者夹带影射，弊端百出。盐臣承中珰风旨，复列零盐、所盐诸目以假之。帝登极即诏裁未革几①，商人逯俊等夤缘近幸，复以增价为名，奏买残余等盐，户部尚书秦金执不允。帝特令中两淮额盐三十万引于宣府，金言：奸人占中淮盐，卖窝罔利，使山东、长芦等盐别无搭配，积之无用，亏国用，误边储，莫此为甚。御史高世魁亦争之。诏：减淮引十万，分两浙、长芦盐给之。金复言：宣、大俱重镇，不宜令奸商自择便利，但中宣府。帝可之。已而俊等请以十六人中宣府，十一人中大同。竟从其请。至是，定是令。又定余盐每二百斤淮南价银八钱，淮北六钱。自后正盐守支日久，愿中者少；余盐

---

① "帝登极即诏裁未革几，"此处疑刊刻有误，应为"帝登极即诏裁革。未几，"《明史·食货志》作"世宗登极诏，首命裁革。未几"。

第领勘合，即时支卖，愿中者多。其始余盐尚无定额，既而两淮增引一百四十余万，每引增余盐二百六十五斤。又设处置科罚名色以苛敛商财。于是正盐未派，先估余盐，商灶俱困。

八年五月，命添刷两淮余盐引，于秤掣后纳价并减引价有差。

先是，户部从御史李倍议，以余盐多于正额两倍，添刷引目，令商人报中正盐一千引者，许中余盐二千引，定价赴纳。令既行，而两淮盐商告称不便。巡盐御史朱廷立言：添刷引目，欲使市无高价，而民免淡食之苦。盐皆有引，而商无夹带之私，法诚善矣。乃商人莫肯应者，其故有二：往时余盐俟掣过然后纳价，今先纳银而后领引，既输于边，又输运司，此必人皆巨商而后可，非所以责之中商、小商，不便一也。旧例，支盐，除正盐二百八十五斤外，余盐二百六十五斤，淮南纳银一两六分，淮北七钱五分。当时官盐疏通，尚无利息。今添中二引，共余盐七百五十斤，是除正盐外，余盐二引才四百六十五斤，而淮南纳银一两九钱，淮北一两五钱，所纳价银比旧加增，使负资本涉边围而有损无益，不便二也。今宜以添设之引，先行给商，待其掣后纳价，以宽先期并征之急。其添中余盐价银，免其加增，以恤亏折之苦，庶商人无累，而新法可行。从之。寻命自后每岁务足一百四十四万道以备关中。次年，又令停止添引，唯给小票，量其发卖月日，限以程期，赴司纳价。

七月，令两浙不通官盐之处，给土商官票行盐。

巡按御史王化言：两浙行盐地凡一百二十五处，商所便者独三十六处耳。其它商不乐往，故私盐日滋。乞于不通官盐之处，许土商自买盐斤，不拘开报多寡，出给官票，量收税课，执照发卖，销缴解司，以济边储。有揽越官盐地方者，以私盐论。巡捕官交通贩卖者，坐如律。如此，则所在皆官盐，私贩者不禁自止矣。户部善其议，请从之。至十六年，又定土商每百斤纳银八分，给票行盐。自后多侵夺正引，官商课缺，引壅至二百万，候掣必五六载。于是有预征、执抵、季掣之法。预征者，先期输课，不得私为去留；执抵，季掣见在运盐水程，复持一引以抵一引；季掣则以纳课先后为序，春不得迟于夏，夏不得超于春也。然票商纳税即掣卖。预征诸法，徒厉引商而已。

十一月，从陕西巡抚寇天叙奏，增灵州盐课，给宗王岁禄。

天叙奏：韩府宗支繁衍，自郡王将军以下五百九十七人，岁禄一十三万有奇，所征止有粮九万以上，每岁少三万九千余石，积年所负二十四万无所取给，请将灵州盐课自嘉靖九年为始，大池岁增三万三千六百二十六引，小池岁增二万二千四百一十七引，照例纳银，专补岁禄。原额盐课备三边买马如故。诏可。至二十七年，又以河东正盐剩银及余盐银给代府禄粮。

十三年，给事中管怀理言盐法之弊。

怀理言：盐法之坏，其弊有六：开中不时，米价腾贵，召籴之难也；势豪大家专擅利权，报中之难也；官吏科罚，吏胥侵索，输纳之难也；下场挨掣，动以数年，守支之难也；定价太昂，息不偿本，取赢之难也；私盐四出，官盐不行，市易之难也。有此六难，正课壅矣。而司计者因设余盐以佐之，余盐利厚，商固乐从，然不以开边而以解部，虽岁入巨万，无益军需。尝考祖宗时，商人中盐纳价甚轻，而灶户煎盐工本甚厚。今盐价十倍于前，而工本不能十一，何以禁私盐使不行也。故欲通盐法，必先更余盐；欲更余盐，必多减正价。大抵正盐贱则私贩自息。今宜定价每引正盐银五钱，余盐二钱五分，不必解赴太仓，俱令开中，关支余盐以尽数为度。正盐价轻，既利于商；余盐收尽，又利于灶。未有商灶俱利，而国课不充者也。事下所司，户部覆：余盐银仍解部如故。

二十年，给事中郭鋆请革余盐。从之。

自余盐行而存积之法废，边储日匮，部议特设都御史以总理之。鋆上言：官不必设，而余盐宜革。帝嘉纳之，命部议。部覆：两淮盐额六十九万六千三百引，两浙四十四万四千七百六十九引，长芦十六万五千三百四十引，原无余盐之法，乃令自二十年始悉遵旧法，勿派余盐，夹带者割没入官，应变卖者以时估为准。又从御史吴琼请，各边中盐者皆输本色。然令甫下，吏部尚书许赞即请复开余盐以足边用。户部又覆从之，余盐复行。

二十一年，令余盐仍纳银以济边储。

自嘉靖八年减余盐价后，又定淮南余盐，每二百斤价银六钱五分，淮北五钱。时正余盐共五百五十斤为一包，内余盐二百六十五斤，淮南应八钱六分有奇，淮北应六钱六分有奇。至十五年，每二百六十五斤，淮南减为八钱，淮北减为六钱。寻又从吴琼本色之请。至是，边寇侵扰，太仓银积少支多，乃令各运司余盐照旧纳银于部，其两淮价银自本年为始，量为轻减，每二百斤，淮南五钱五分，淮北四钱，两浙、山东、长芦各依原定价收纳。至二十八年，又令自二十九年为始，每二百六十五斤，淮南止征银七钱，淮北五钱有奇。

学士霍韬《淮盐利弊议》曰：今欲复洪武之法则有上策，救今日之急则有中策，区区修补近年利弊则已无策。上策须变通钞法，钞法重则钱法均而盐法行矣。今若立法使钞一贯值钱千文，则灶丁为实利。凡额盐一大引，余盐一小引，各给工本钞二贯五百文，各场余盐尽属之官，私挟私卖即处绞勿赎，则两淮正盐七十万引，余盐三百万引，俱可召商开中。每一引或如永乐时例输粟二斗五升可也，或如成化时折银四钱可也。若国家充足，如洪武时纳银八分，藏富于国亦可也。盖私盐行由正课重也，正课轻私盐不禁自止矣。故曰上策。若中策，须更为令曰：各商中正盐一百引，许带中余盐一百引；正盐纳边，粮二斗五升；余盐纳边，粮二斗，听与灶户价买。又严为令曰：各商借官引影射私盐，灶户不辨验官引辄卖余盐者，各照私盐律绞勿赎。又严为令曰：正盐一引，亦二百五斤，尽革近年大包及劝借米麦并积年害商之弊，三边选廉而有才者一人为提督都御史，兼三边劝农使，遇商纳粮，即与收受，许粮贱纳本色，粮贵纳折色，俾无久淹。复选廉而有才者一人为漕运都御史兼理盐法使，自举用盐官，凡商人纳完粮料即与支盐，勿得久淹。凡积年为商人害者，阻坏盐法者，悉令革绝，则盐课边储互相关通，盈缩交为接济，利病均为休戚，边方腹里共为一心，两都御史如左右手，行之数年，即边储可足，乃以余积召募游民开垦边地，劝课农亩。边地愈辟，边防愈固，为百世利，故曰中策也。

三十二年正月，增设两淮工本盐。

时两淮盐课以七十万五千引为岁额，开边报中为正盐。又每引益以余盐纳价解部。御史黄国用议：各场灶户类有课外煎剩余盐，宜将运司割没盐银扣留八万二千余两，每引官给灶户银二钱以充工本，于是增收盐三十五万引，通前额课，共一百五万引，俱作正盐开边，仍每引带余盐，如例解银户部，以抵各边主兵年例。

三十九年三月，命副都御史鄢懋卿总理淮浙、山东、长芦盐法，加淮盐课至百万。

自正德二年，王琼、张宪分道清理后，因两淮赋重，时遣大臣督理。

十年则刑部侍郎蓝章，嘉靖七年则副都御史黄臣，三十二年则副都御史王绅。至是，帝欲整盐法，特命懋卿总理四运司，事权尤重。懋卿，大学士，严嵩党也，苞苴无虚日①。两淮额盐银六十一万有奇，自设工本盐增九十万，懋卿复增之遂满百万，半年一解。又搜括四司残盐，共得银几二百万，一时诩为奇功。乃立克限法，每卒一人，季限获私盐有定数，不及数辄削其雇役钱，逻卒经岁有不得支一钱者，乃共为私贩，以牟大利，甚至劫估舶诬以盐盗而执之，流毒遍海滨矣。至隆庆二年又遣副都御史庞尚鹏总理两淮长芦两运司，是后遂无特遣大臣之事。

四十一年十一月，敕尽蠲两淮加额。

两淮余盐银，自鄢懋卿征至百万，限半年解五十万，商人苦之。会有旨趣征春夏二季银，巡盐御史徐爌言：祖宗朝两淮盐法，曰常股，曰存积，曰水乡，共七十万五千八十引，每引以二百斤为一袋，商人赴边报中，每斤纳粟银八分。永乐以后，每引纳粟二斗五升，下场关支，四散发卖，商人之利亦十五焉。迤年增添迭出，较祖宗朝相去倍蓰，正盐之外加以余盐，余盐之外又加工本，工本一兴，必加添单，添单不足，必加添引，且加以辖没，加以虚包斤数，则所入秋毫矣。懋卿因见掣盐沮滞，故欲一切为疏通之术，不知前盐有掣无售，一时征敛，似若奇功，而商人困苦，亦至此极。今议者徒以前课不亏，遂指为例。臣查得前岁所解非取诸商也，称掣之后即为催督，此单不足则预借下单，下单不足则质当引目，又不足则鬻产回籍，又不足则悉括库贮，若挑河等银尽借，节年所积不罄不止。户部但知有银解部，而不知银所自来皆剜肉医疮也。且时异势殊，人力为难。往岁行盐之地，如江西之南、赣、袁、吉，已奉题开；湖广之衡、永、郴、宝，搀食广盐；河南之南、汝二府，止存舞、叶二县。是地方渐狭而不如者。往岁粒米狼戾，钱货流通，而今迭告凶灾，民不及糠秕，是生计渐窘而不如者。此时不稍加宽恤，安知将来不并六十万而尽亏也。又可惧者，年来产盐各场，皆没于水，煎烧之所，荡析离居，征盐入仓，甚费缧绁②。臣始至境，招来灶丁，稍稍复业，若必欲取盈百万之数，官必追商，商必追灶，恐复业者一人，而逃者数十人。弦急欲绝，不棘于此。乞敕部尽蠲加额，以后仍以六十万两征解，庶商灶可以经久。疏

---

① 苞苴，本意是指包装鱼肉的草袋，后代指礼物、送礼和行贿。
② 缧绁，捆绑犯人的绳索，此处应指交盐任务重又很难招到灶丁。

入，部议亦以为然。诏可。

四十四年九月，始停两淮工本盐。

自三十二年增工本盐，行之数年，运司积盐日多，累如山阜，引至无所售，边商不复报纳，盐法大滞。言事者屡陈不便，户部以国用方绌，藉以抵前例不能罢也。至是，巡盐御史朱炳如极言其弊，谓：工本盐不罢，不唯无益边饷，商、灶两困，将并往时正盐常例，一切失之。户部乃请断自明年为始，两淮所增工本盐三十五万引尽数停罢，其运司扣留割没盐银八万二千余两仍解部济边。报可。

臣等谨按：《万历会计录》：先是，徐爌以商灶俱困，乞止解余盐银六十万两。其新增工本盐银三十万两，尽行革去。尚书高耀固已复奏依所议矣。然至是炳如复以革工本盐为请，耀乃复议暂停，则是尔时究未蠲所加额也。考王圻《续通考》载四十五年御史奏仍旧额。从之。而不见于《实录》，并阙其姓名，盖正指炳如事误为次年耳。

穆宗隆庆元年九月，复预开二年各边中盐。

户部奏派甘肃、延绥、宁夏、宣府、大同、辽东、固原、山西、蓟镇中、淮浙、长芦、山东盐共一百四十五万六千八百六十八引，各处引价：淮率五钱，浙率三钱五分，唯甘肃各减五分，长芦率二钱，山东率二钱五分。制可。至四年五月，又从户部奏，预开五年各边常股存积盐，其引数亦如之。万历四年二月，又预开万历五年各边常股存积盐一百三十二万一千五十引。

《食货志》曰：自嘉靖初复常股四分、存积六分之制，后因各边多故，常股、存积并开，淮额岁课七十万五千余引，又增各边新引岁二十万。万历时，以人工搜远年违没废引六十余万，胥出课额之外无正盐，止令商买补余盐，余盐久尽，唯计引重科，加煎飞派而已。

二年，停掣河盐，复定引价。

自叶淇变法，边储多缺。至嘉靖八年以后稍复开中，边商中引，内商守支。末年工本盐行，内商有数年不得掣者，于是不乐买引而边商困，因营求告掣河盐。河盐者，不上廪囷，在河径自超掣易支而获利捷，河盐行则守支存积者愈久，而内商亦困引价弥贱，于是奸人专以收买边引为事，名曰囤户，告掣河盐，坐规厚利。时复议于正盐外，附带余盐以抵工本之数，囤户因得贱买余盐而贵售之，边商与内商益困矣。至是，屯盐都御史庞尚鹏疏言：边商报中，内商守支，事本相须，但内商安坐，边商远输，劳逸不均，故掣河盐者以惠边商也。然河盐既行，淮盐必滞，内商无所得利，则边商之引不售。今宜停掣河盐，但别边商引价，自见引及起纸关引，到司勘合，别为三等，定银若干，边商仓钞已到，内商不得留难。盖河盐停则淮盐速行，引价定则开中自多，边商内商各得其愿矣。从之。

五月，蠲河东积欠盐引。

御史赵睿奏：积欠消折盐一百三十余万引，捞补无期，乞蠲豁虚数。部请如议，仍命此后当乘时捞采，如法苫盖，将实数按月呈报，以凭稽查，视勤惰为殿最。

四年八月，罢官买余盐。

御史李学诗条奏两淮盐法事宜：其一，议罢官买余盐，谓：近议收买余盐以杜私贩，立法虽善，其势难行。盖割没余盐，尽数解部，价无所出，其难一也；钱付灶丁，未免妄用，侵克抵换，其难二也；销算报部，另封另贮，事体烦琐，交易不常，其难三也；远载费时，领价迟久，抑勒亏减，莫能控诉，其难四也；往时收买，输少赏多，无论远近，忻然辐辏，今常价外止增三分，负载之费尚且不足，其难五也。请罢其令，但严加访验，若总催与吏为市，虚出通关，及商引赴场违限者，如法重治，则虽不必收买而私贩自寡矣。报可。

六年闰二月，免大同、浑源诸处土盐税。

河东巡盐俞一贯奏：浑源等州县，地瘠民贫，所煎土盐，仅可给日食，充地赋，与太、汾等处利源繁衍者不同，乞免抽税，第禁其越境私贩，毋与他境争利。部议，从之。

神宗万历四年二月，以河东官盐不行，议分属长芦、两淮，事下所司。

给事中李戴言：顷者黄河以南，盐价腾涌，矿徒啸聚，几成大变。盖由河东盐花减昔，山路运艰，又半插泥沙，味不堪食，故官盐日滞，私贩日兴。莫若量为变通，将河南一省近北者分入长芦，近南者分属两淮，近西者仍属河东，商民两便。部议：晋省额行盐引二十五万，额课银八万有奇，此减彼增，宜令各巡盐御史议便否以闻。从之。至五月，山西巡盐御史金阶上疏,反复辨其不便,且言:盐花独隆庆间堤堰不固,客水浸入,以至微鲜,今春琼珠布满,盛夏捞采可足数年。若云山路不便,前定界时,岂肯以淮界兼行。淮商富解商贫,数年盐少以来,微本压垫,负累已久。今盐花甫盛,而复夺其行盐之地,此辈有委而去耳,如边饷何。复下所司。至十二年八月,解州盐池遭水,盐花不生,科臣又屡请改行长芦,以苏民困。部议,仍命三省巡抚议之。

七月,减长芦没官盐价。

巡盐御史雷嘉祥言:长芦旧例,每没官盐二百零五斤为一引,每引南所纳银三钱五分,北所三钱八分,每银一钱得盐五十斤。后因峻惩商弊,令二十斤定银一钱,责其自纳,既倍时值,加以运载诸苦,遂致数年积盐五万四千四十引,日渐耗失,商民两病。宜令每三十五斤定银一钱,计所值尚八万六千余两,与其积置无用,何若减价速售。部覆于所议三十五斤外,再加五斤,共四十斤,定银一钱,尽将积盐责商自纳。从之。

八月,弛两淮盐解捆小包之禁。

巡按御史王晓言:两淮盐至仪真,则解捆小包,盖因江西、湖广行盐地多山僻小县,河道浅狭,船小包大,承载为难,势不得不解包就船均便。今闻有解捆之禁,皆逗遛观望,莫肯承买,商既苦之,而仪真地狭,差繁小民亦以解捆觅利度日,每年解下大包,名曰潮包。南京下关民用沥灰卤,每一包官税银四厘,岁得二千余两解部。今如停止,则措解何从。高邮等州县粮田常为水啮,民以织包为业,代纳粮差,骤禁不行,手足罔措,凶荒相迫,可为隐忧,商困民穷,国课难办。若虑夹带,则宜酌定盐数,每大包盐数若干,折改小包若干,登之格册,御史据册验掣,自难容奸,况私盐之弊,多在兴贩之徒。商人挟千万金重资,必不以小利甘犯没官律也。部议,如晓言。行之。

十年,定鬻盐照时直并量减消折数。

凡商人运到引盐,命掌印官验,令原编牙铺照依时直货卖,毋仍分派里甲人等,贻累小民。其缉获私盐,秤验上廒,开报运司,拨商支掣。如有消折量减斤数,毋致铺户赔累。

十六年二月,重定盐课事宜。

户部议:查灶地以清积案,不许影射侵占,专统辖,以明职掌;不许搅扰侵越,毋增引,以苏商困;不许边内低昂,还盐船,以完国课;不许粮盐两碍,速关引,以便征课;不许拘于旧例,议恤商,以裕国计;不许抑勒骚扰，查纳课，以均苦乐；不许越境贩卖，绝大包，以杜夹带；不许纵容奸商，恤寄庄，以均徭役；不许偏累灶丁。俱依议行。

二十六年七月，始命中官鬻两淮没官余盐。

先是，两淮引价余银百二十余万，增至百四十五万，新引日益，正引日壅。千户尹英请配卖没官盐，可得银六万两。大学士张位等争之。至是，从鸿胪寺主簿田应璧奏，命中官鲁保鬻没官余盐，给事中包见捷极陈利害不听，保既视事，遂议开存积盐。户部尚书杨俊民言：明旨核没官盐，而存积非没官盐也，额外加增，必亏正课，保奏不可。从御史马从聘亦争之。俱不听。保乃开存积盐八万引，引重五百七十斤，越次超掣压，正盐不行，商民大扰，而奸人蜂起。董琏、吴应麒等争言盐利，山西、福建诸税监皆领盐课矣。百户高时夏奏：浙闽余盐，岁可变价三十万两，巡抚金学曾勘奏，皆罔疏入不省，于是福建解银万三千两有奇，浙江解三万七千两有奇，借名苛敛，商困引壅。户部尚书赵世卿指其害由，保因言：额外多取一分，则正课少一分，而国课愈绌，请悉罢无名浮课。不报。三十四年夏至明年春，正额逋百余万，保亦惶惧，请罢存积引盐。保寻死。有旨罢之，而引斤不能减。

> 户部尚书李汝华疏曰：我朝盐法，自正德迄今凡三壅，而今为甚。正德末年，权阉占窝，淮盐大壅。至嘉靖初年为小盐之法以疏之。嘉靖末年，鄢懋卿增行引三十五万，淮盐复大壅。至隆庆初年，庞尚鹏仿小盐之法以疏之，迄今十余年来，珰课横行，淮盐复益大壅，谓亦宜仿小盐之法，师其意以疏之。臣兹不揣，窃谓今日两淮盐法，须以急救二商为主，以急复祖制为经，以正行见引附疏积引为题，目以预关引目，改行小盐，仿前人已事为方略。预关引目，所以行新引也；改行小盐，所以疏积引也；见行见引而带征凤逋，所以复祖制也；祖制复而二商苏矣，二商苏而国计举矣。

三十三年七月，令大同土商引盐价仍其旧。

先是，大同宣府土商认纳长芦盐价，每引二钱。嗣后宣府运商居半，每引认价三钱，而土商犹故也。至是，运商与土商争纳告增。部议土商亦照运商例，加银一钱。而大同地属切近，一体加派。于是大同土商任光裕等纷纷告苦，争思徙避。巡抚张惺言：大同中盐远，商罕至，率以土著者充之，沙薄鲜收，转运内地，脚价赔累倍于宣府，而又多召买军饷之苦，乞照旧以二钱认纳。部覆从之。

十二月，蠲天下旧逋，新增盐课。

凡自万历二十八年以前拖欠额课，除已经在官者，尽数起解；如系商人输纳不前以致逋欠，悉予蠲免；其因防倭征播加派，新增浮课，蠹累商民，则尽除之。至三十六年五月，又命两淮存积课银。三十五年，见征者解进。其三十六年以后并余盐，尽行停免。

三十七年四月，议定标盐法，以备辽饷。

兵部尚书李化龙以辽镇甚危，陈兵食战欵之策：其一曰通盐法，言：顷者辽抚以复标盐为请，标盐者商人之利，正课之害也。乞令商折色于山海关，将引价五钱与余盐五钱，一并预纳到淮支盐，许其超掣系标盐者，准行于六府新复之地；其非标盐者不与焉。则既不与他商争地，而自于正课无妨，第微碍于广之盐法，然粤东输课甚微，可以埋夺，计岁入边饷可当一军八万两之费者也。至七月，直隶巡按彭端吾又言：先年宁夏哱刘之变，添兵增饷，议于淮南每引带盐十斤，淮北带盐二十斤，共得银五万六千两，征解太仓，转发宁夏以充军食。今宁夏平定已久，而加带之银岁征不已，请以加带一项移之于辽。时户部有掣回淮芦带盐之议，故疏中及之。

　　臣等谨按：《食货志》：初，江西省全食淮盐，后南安、赣州、吉安三府改行广盐，又袁州、临江、瑞州三府私食广盐。于是淮盐不行，国计大绌。巡抚马森疏请于峡江县建桥设关，扼其要津，尽复淮盐额。未久桥毁，责增额复除。此云新复之地，殆即指南赣等六府，而云微碍于广者，疑是时六府又改行广盐也。

七月，命长芦挨单盐税银，自今岁秋冬以后罢之。

时又有以票代引之议①。先是，长芦盐课自万历二十一年至二十九年，各灶节久商银一万二千有奇②，俱奉恩诏蠲免。是年八月，各商乞比照万历八年事例，将余设银抵补运司，议照先年大同票盐事例，以票代

---

① 以票代引，意为以票盐法代替引盐法。实际是以票盐法补充引盐法，办法是官府征税，给票行盐。
② 久，应为"欠"字之误。

引，共二万余引，除余设银两抵补所欠外，各商每引仍纳引价三钱，及带盐四分，共增国课七千余两。长芦御史毕懋康以为抵补商课，议无容缓，但以票代引，弊窦易滋，不如仍题给二万余引，限以三关销掣，庶事无窒碍，国课商情两便。报可。

四十二年二月，诏：蠲各运司浮课，并附销积引法。

时李太后薨，帝用遗诏蠲浮课，商困稍苏，而旧引壅滞。户部议，正行见引附销积引以疏通之。巡盐御史龙遇奇乃请立盐政纲法，以旧引附见引行淮南，编为十纲；淮北编为十四纲，计十余年则旧引尽行。从之。自是盐课解太仓者几倍。

　　盐道袁世振纲法议曰：查淮南纳过钱银之数有二百六十余万引，内除消乏银者纳六十余万引，其实数仅有二百万稍缩耳。今剜心极虑为众商设为纲法，分为十纲，每年以一纲行旧引，九纲行新引；行旧引者止于收旧引本息，而不令有新引拖累之苦；行新引者止于速，新引超掣而更不贻旧引套搭之害，两不相涉，各得其利。如今丁巳年为第一纲，应行旧引之年，止令行本纲二十万，旧引不令行一新引。其新引派于淮南者凡四十八万六千五百九十六引，却分派与九纲共行之。又加以挂掣附纲十余万引，每正纲算派新引五万一千二百引，附纲算派新引二万五千六百引，是在向也。以四十八万有零新引而责行于二十万旧引之商，今也以四十八万有零新引而散行于二百余万超掣之商，其在签点之中者，既不苦于力量之难支，其在签点之外者，又不苦于冷坐而难待。至明年戊午为第二纲，应行旧引之年亦止令行旧引，不行一新引，却令第三纲以至第一九纲及附纲照窝数派行新引，己未以后，俱照此行。从此以往行至丙寅，凡九年，而旧引尽净，即挂掣之引，是年亦尽，却令渐加新引以补淮北，暂停新引之数，此十字纲册自今刊定以后，即留与众商，永之百年，据为窝本，每年照册上旧数派行新引，其册上无名者又谁得钻入而与之争鹜哉。此法利无不收，弊无不除，不待行之数年，而盐法已豁然大通矣。

熹宗天启元年二月，令盐引余银俟扣抵京运后输粟。

给事中赵时用疏言：编户召商中引，输粟之例，户部覆言：九边盐引，其价折粟纳在边储以为军饷，其余银在两淮则六十万余两，两浙长芦各十四万余两，山东五万余两，共纳百万有奇以供九边，京运之半，恐一旦难以尽捐，故余银输粟，必俟扣抵京运而后可命如议行。

闰十月，蠲天下盐官逋课。

诏天下盐官：自万历四十五年以前逋课并存积，年久风雨消折，俱勘实蠲免，如数内已经开中商人赴场听支者，准与办课赢余之场，自行买补，量于割没盐斤数内扣除。时以皇子诞生，故有是诏。至五年十月，又以皇子生，诏亦如之。

三年十一月，两淮巡盐御史樊尚燝疏请优擢盐官，以绝奸弊。从之。

尚燝言：欲裕国课无如行正盐，欲行正盐无如禁私贩，而欲禁私贩无如慎重行盐之官运，使其最要者也。一切引目收发，岁课征解，悉经其手，引目有新旧之混淆，商灶有奸良之杂沓，就中猾胥，乘间利窦百出，苟非廉明敏练，有定识定力者，澄其源而障其澜，安所得商苏弊绝乎。今宜酌定运使官果有洁守长才，能率属苏商裕国者，照三品官阶一体升迁，以为激扬之一法。运同以下果有清勤效职者，亦照级叙升。无以财赋之地，尽视为膻秽之场，一入其中，竟尔埋没，斯尤鼓舞之权也。疏入，命从所请。

> 华钰曰：运司提举等官，非阘茸不职者不除拜，近虽稍重其选，而贤者恒不屑，率苟且不任事。监司名为督盐，去御史窎远，禁网疏阔，鲜有实政。且行盐地方，非弥岁不能周历，盐政弊窦，非久任不能熟知；乃盐院巡历，仅一期月，商之利病，官之臧否，未必深知，即知之又逆知其不可久，而一切传舍视之，无惑乎诸司之易弛，弊孔之易开也。宜比照印马屯田事例，盐院责效，三年报政以风励诸司，运使则以良二千石充之，而运同则简壬尚书郎之廉能者，运判提举等官，非科目特达者，不授果有实绩不次荐擢以示劝，或溺职辄凛凛三尺，议其后盖龃龉膻途也。其入弥膻，其断弥寡，是必得廉能忠公者握筦持筹，庶能为国计长久耳。

五年三月，用给事中郭兴治等言，搜括天下盐利。

时议鼓铸以补缺饷。户部尚书李起元奏：帑藏日匮，度支日难。今据科臣郭兴治言，清查盐政，两淮之内有补库折价银，有行积引食盐银，可得四五十万；又南北纲及新旧引割没银可得四五万。至于关引、行引、加带、挑河种种，名色不知几十余万。以两淮推之长芦、河东，以前项推之，别项沉没。与其徒饱盐官盐役之腹，何如取佐养军养马之资。又台臣崔呈秀言：广积贮，莫过于通盐法，唯新旧不通则盐壅，而课亦壅，广为变通之术，岁可收利百倍。其外又有谓查解补库折价可得银三十五万两者，议解行积引食盐银可得二十三万余两者，南北纲盐割没宜尽入，岁解可得银四万余两者，新旧引各食盐割没添入岁解，又得银一万两者，旧引行尽用积钞关引，又得银五万两者，纲法行尽应补行积引，上纳余银可得二十五万两者。议行加带纳饷银以清积课，可得二万二千两者，议归舞阳行芦盐以塞私贩，可得银五万两者，议定京挈之期以杜零星影射者，议边钞给价宜预开引目者。诸所条议，凿凿有据，大要不出两臣搜剔、变通二语，乞敕廷议，遣廉智大臣往董其事，昪以专敕督理天下盐荚。钱法部遣一司官赞理，权宜行事，一一搜剔变通以为铸本。有旨命议行之。兴治呈秀，皆魏忠贤党，自是巧立名目，所入无算，论者比之绝流而渔焉。至十月，又有欲于积引，令重纳十万一千二百两引价，及预征次年银二十六万二千一百六十八两四钱作为铸本者。起元言：引价之不可重纳，岂烦再计。今请以引价言之，淮引每引原价五钱，例系边商按银输粟实边，领赍仓钞转卖内商行盐，内商每引即还边商引价五钱以偿其本，又还银六分以偿其息。至行盐之年，则又每引纳余银八钱，辽饷银一钱，输为部课。此正引征解之额也。故今所谓积引，即先年之见引，皆边商纳粮，内商出价以买之者也。向因两淮浮课横行，盐法壅滞，以致停压多年，非商人自为积也。若复责以五钱六分，引价重征迭敛，谁肯从哉？至谓淮南丁卯年应纳戊辰年余银内，先征三钱五分作为铸本，此则名为借本，实即先年套搭之弊政，断断不可行者。帝是其议。

愍帝崇祯元年七月，给事中黄承昊请复行中盐输粟法。从之。

承昊因太仓出浮于入，请复中盐法召对褒嘉。寻以中盐输粟一事，法废已久，请因册封之便，道过淮扬，先与盐臣面商两淮利弊。许之。至十一月，承昊与盐臣张养条上盐政，颇欲有所厘革。部议以兵饷方绌，不能尽行。仍议承昊当从优纪录，以俟擢用。诏从其请。

户部议覆黄承昊盐法疏曰：科臣所陈折价之说，请得而备言之。祖制令盐商输粟以给边戍，令灶户煎盐上官仓以供商支，商人每引输粟二斗五升，赴场支盐二百五十斤盖以已粟易官盐，两不相属，后因官仓储盐，风雨消折，致有诈冒开除之弊。于是议令灶户每引折价二钱，收储库内，以给边商，使边商自买场盐，听从运发，亦每引二钱，名曰食盐折价。后边商复以行盐不便，遂将纳粮仓钞并仓盐折价银两卖与内商支领行盐，则前项折价之银，原系内商之物，但因先年两淮内商消乏，屡借运库存贮银两以抵解京岁课，例应众商补还，故前任盐臣龙遇奇议将内商应领仓盐折价，每岁约银七万两，征入运库，以抵众商补库之数。至丁卯年，方将仓盐还商。后因辽饷匮乏，议将前银总入加额辽饷内，以济国用。此折价输官之始末也。丁卯年以后，折价虽应还商，但前银原以充加增之辽饷，榆关军旅未停，则前银归商无日，应俟新饷停止之日，徐议蠲还可也。至于盐斤之制，两淮每引原系五百七十斤，后因积引难销，道臣袁世振始创减斤之法，以四百三十斤为一引，淮商还多出引窝二十三万引以销积引，积引未销，则新引亦觉难增。若夫大工加课一项，原属额外之输，本年三月内从前部臣奏，崇祯元年以后，悉行豁免。时部臣以陵工费巨，复欲开征，故议将天启六七两年原增未完之银，令清完补解，并崇祯元年再征一年以后，遵照前旨豁免。至于凤阳荒地，耕稼甚便，合听盐官会同抚按资其牛种，即行募垦，俾有成效。

十一月，谕各巡盐御史专职盐务，获私贩，毋预民事。
二年八月，给事中陶崇道重定勘合盐引式。
四年八月，户部员外王珍锡上言两淮盐政。
时积引愈多，累年不能销，珍锡思厘剔之，因有是奏。

王珍锡《两淮盐政疏》曰：盐法无他，不过裕国、通商、恤民三者而已。裕国者何以行引也，行引多则纳课多，丁巳以前二百年来，每年额行七十万引；丁巳以后，每年除额引外，附销积引三十万，共行一百万；边、内二商，每引约纳引价五钱，余盐八钱，计七十万引。该国课八十余万，则一百万时该银一百二十余万矣，此显而易见者也。乃引何以昔行少而今行多也，其说在通商。夫各商行盐，权子母而已。往七十万引，其盐重每一引为一包，重五百七十斤，改为八十小包，每一小包止定价七分，则合一引，约银五两六钱。今行一百万引，其盐轻每一引亦为一包，重四百三十斤，改为六十小包，每一小包定价一钱，则合一引约银六两，论盐则反轻一百四十斤，论价则反多约四钱，计一引约成二两外，是每岁额加银二百余万矣。乃银从何来？其说在恤民。夫盐者，小民之命也。无论富厚之家，即穷乡下邑，何能食淡。今自丁巳以后，虽曰每小包一钱，其实每贵则至一钱四五分矣。可一听其疾苦而莫之问耶！原奉神宗旨，丁卯年淮南积引二百二十万销尽，庚午年淮北积引一百四十万销尽。自辛未年起，盐仍前五百七十斤，价仍前每一包七分，而引亦仍前七十万，乃今年正辛未也，则不问引不问价，而止曰销积引，夫积引二字，假引私盐之渊薮也。如上年报积引七十万，臣疏假引，宜清一欵，内有云：安知七十万以后不更有几七十万，出乎今则报，三年未完为二百一十万，臣言不幸而中矣。敢更为一言曰：安知二百一十万以后不更有二百一十万者，出乎奸人之藏，未可尽也。今若概以积引为假引而废之，则玉石有俱焚之患，而各商必且惶惧，有一最直截法于此，每年仍行引一百万，以七十万为旧，以三十万为新，查其积引之果真者，亦改入新引三十万内。盖言积引则不期假而自假，言新引则不期真而自真，此一定之理也。每年算各商本银若干引价，余盐银若干，每一引合定价若干，其每年阴加二百余万之银，明以数十万增国课，阳以数十万与各商，尚多为百姓暗减百余万以无失神宗初意，且使江广两淮赤子踊跃欢呼，仰见清时良法，一奋更始，涵濡德泽乃无穷也。此臣所谓裕国通商恤民者此也。至臣向为扬令，而淮扬盐亦稍贵，又有说焉：盐用草烧，而小灶荡地俱为大灶兼并开垦，以致草少盐少，其害一；盐用丁煎，自仓盐改为折价，而每丁该纳盐二百零五斤者改纳银二钱，故人俱游手而不事本业，以致煎出盐少，其害二；盐从官发自关桥，无法私放盛行，故人卖私盐以致私盐多而官盐少，其害三。虽种种琐务难以枚举，而此其大较也，于数者加之意焉，盐不期贱而自贱矣。

保举县丞沈时盐法疏曰：向之官盐，盐贱轻而杂费少，今之官盐，有引价，有余银，有割没，复有辽饷、挑河、募兵、赈济、常例等种种重费，每一引共出本三两八钱，投之水商，止得银三两。若私盐每引止须盐本五钱，即有上下贿通之需，不及输官者十分之四，行之地方，官盐价高而难售，私盐价贱而易施，所以私盐之利十倍于官，而官盐之壅百不售十也。在计国者唯日增盐课以为生财，不知其名虽增，其实益寡。今欲将二百余万引之私盐立变而输官课，唯特简重臣之最清廉有才望者前往两淮，将三十盐场旧制卤地草场——清给灶丁而厚恤之，每年煎盐务尽其物力之所出，除正盐七十余万外，其余余盐即将本额正赋银两，照时值工本给价，官收而贮仓。官卖每包额定五百斤为一引，新旧派足三万引之数，每一引除商人引价五钱外，止取盐税九钱，悉去余设辽饷助丁南北新窝等费计一两四钱外，再加本五钱，在商人一引止输银一两九钱，较前三两八钱之数则减其半；官收余盐则灶丁不穷，课额减半则商人不困。灶丁敢私匿一引，而奸人敢私贩一引者，犯出，授与受即立时处绞，家产入官。如此力行则余盐尽入于官，私盐不禁而自止，私贩止则遍天下皆官盐也。在灶丁，知官收之价不减于私则何乐就私，在奸人，知私贿之费不减于官则何若避官而陷不测之罪哉！臣计三百万引之轻贱，可得银四百二十万两，除旧额一百四十九万七千余两，顿增二百七十万三千两；且奸商化为良贾，千万家私贩顽户化为良民，而行盐地方南极湖广，西抵河南，东至海，数千里人民咸享贱盐之利。两淮若此，合各运司行之可胜计哉！

臣等谨按：卤地草场，考嘉靖时巡盐御史朱廷立疏两淮运司灶丁，原有煎盐草场八万一千四百七顷八十一亩，供煎之外，余荡可耕，但畏私垦之禁，莫敢开耕。乞令运司委官丈量，每额盐一引，拨与若干供煎，其余照丁分给有力愿耕者，照例免其三年之租。以后仍从宽，每亩肥厚者科租米一斗，硗薄者五升备振，无力不愿开垦者听。如有富民猾灶越占侵夺者，问拟如律。庶几人无遗力，地无遗利，而灶丁各无逃移之患矣。王圻谓：此疏得行，则既以之赡灶丁，又可以免他派，是固以其地之不耕为可惜也。然考《实录》万历三十三年三月督理两淮盐课御史乔应甲言：臣奉命巡行各场盐城，事完迤逦而西，中亘一堰，曰范公堤。堤以西粮田也，固灶户之所不得侵堤以东荡田也，亦编民之所不得辟。载在制书，班班可考，不知起自何年何人私行开垦。初则数亩，渐至数顷，而今什百千万不可数计。不肖有司因擅置簿籍，公然给帖，谓之升租，每亩三厘。彼种田百亩，岁赋不过三钱，而假公济私、报一垦二者，又十场而九说者，谓：场变为田租入为利，似乎公私两便，不知盐办于灶，灶依于场，场之既去，草从何生。草既不生，盐从何出。贪富豪三厘之租，卖祖

宗百年之荡，坏法乱纪，安所底极。乞敕行申饬，无容私垦。其已成
熟之地，悉令丈量明白，奏请定夺。始初给帖收租之官，仍行追查参
治，疏下户部。观此则当时私垦之禁，原有其因，廷立之疏，非谋国
之长策也。

矾

太祖洪武三年十月，定征矾法。时户部言：庐州府黄墩昆山及安庆府
桐城县皆产矾，岁入官者二十二万七百斤，每三十斤为一引，共七千三百
五十八引；每引官给工本钱一百五十文。其私煎者论如私盐。从之。

十八年，令胆矾与金银朱砂等俱起解本色，矾则与鱼茶酒醋等俱折收
金银钱钞。

永乐九年三月，温州府民言：岁输白矾数十斤赴京，阻隔山路，负运
实难，乞附海运舟输纳为便。帝问工部：矾欲何用？对曰：以染色布。帝
曰：特染布耳！而劳民于数千里之外，可罢其岁征。自今制布衣不必
染色。

宣德元年三月，锦衣卫力士窦直言：山西中条山产胆矾，乞令有司采
以进。帝曰：胆矾何切于用？使民耕则有粟充饥，桑则有帛御寒，矾如山
积，何益乎？小人之言不足听也。古之人君唯欲民富，凡山泽之利，皆弛
其禁。若矾可利民，听其自采。

景泰二年，定收税则例。皂白矾每斤税钞，牙钱钞、塌房钞各六十五
文。万历时，陕西矾窠四所，额办课银四两六钱五分有奇。矾课钞：河南
一千五百七十贯，陕西一千一百六十贯一百一十文，山西六百六十六贯。

钦定续文献通考卷二十一

征榷考

榷酤禁酒

宋宁宗嘉泰四年二月，蠲临安府逋负酒税。

至开禧元年二月，复蠲之。

嘉定四年四月，禁两浙、福建州县科折盐酒①。

先是，孝宗初即位，免杨存中所献酒坊逋负钱四十万缗。乾道二年二月，蠲诸路酒坊逋负。淳熙三年六月，减四川酒课四十七万余缗。七年十一月，禁淮南诸司州郡抑配民酒。九年九月，以旱减恭合渠昌州今年酒课。十一年七月，蠲减浙东败阙坊场酒课。十六年四月，光宗即位，以四川应起经总制钱，存留二年，代输盐酒重课。又以两浙犒赏酒课隶诸州，岁入六十五万，寻减三十万。绍熙三年正月，蠲四川盐酒重额钱九十万缗。五月，仍以两浙犒赏酒库隶诸州，令户部郎官提领，岁以四十五万缗为额。至是年乃有浙、闽科折盐酒之禁。

《宋史·高定子传》曰：宁宗时，定子知夹江县。前是酒酤贷秋于商人，定子给钱以籴，且宽榷酤，民以为便。后为四川总领所立管文字。总领所治利州，倚酒榷以佐军用。吏奸盘错，定子躬自究诘，酒政遂平。后来者复欲增课，定子曰：前以吏蠹亦既革之，今又求益，是再榷也。乃止。

---

① 科折，征收赋税时，不按原定项目征收，而改征其他，如以物折钱、以钱折物等。

十六年五月，诏：复潭州税酒法。

　　湖南安抚使知潭州真德秀奏曰：榷酒一事，重为潭害，积弊已极，不容不更；旧法俱存，不容不复。窃唯酒之有榷，可行于江浙诸路，不可行于广南、福建。盖瘴乡炎峤，疾疠易乘，非酒无以御岚雾，而民贫俗犷，势不能使之必沽于官，故特弛其禁，以从民便。若荆湖以南，虽非闽广比，而密邻桂笭，旁接连贺，风土气候往往相似，故今全永郴道等州，或听民自酿，而输税于官；或夏秋正赋并输酒息，未有专行禁榷，如江浙诸路者。独潭州自绍兴元年，兵革未息，城市萧条，幕府适有练达之人，建议于州募酝户造酒城外，而募泊户卖之城中。入城之时，数罌以税官，无尺薪斗米之费，而坐获利入，民无逮捕抑配之扰，而得饮醇美。其后名公巨卿，相继典州，皆因而不改。旁郡如衡，依仿其法，迄今遵行。至乾道二年，刘珙讨平郴寇，增置亲兵，又乞屯军郴、桂，一时调度百出，亦不敢轻变税法，但增置糯米场，添剑南北、楚三湘，量从官卖，稍分酝户之利而已。及辛弃疾创置飞虎一军，欲自瞻养，多方理财，取办酒课，乃始献议于朝，悉从官卖，变税为榷，皆谓不便，人多移徙，墟市一空。孝宗皇帝丞从给事中芮辉所奏，降旨住罢。及开禧二年，赵善恭又欲尽笭其息，不待奏闻，遽行官榷，酝户失业，犯法者多。甫及数年，其弊遂极。曹彦约到任时，官卖之额日朘月减，幕府相视束手无策。彦约以为，若行榷酒，则利在官吏，而百姓蒙其害。一为税酒，则利在百姓，而官吏有不便。此议一起，每指以为难行，皆官吏自为计，非为公家计，为百姓计者也。以嘉定三年官卖本息计之，虽名收二十万八千五百贯有奇，而米曲柴水本钱与官吏食钱，却计一十二万二千三百余贯，除本收息，仅八万六千二百余贯，是一日所得，止二百五十余贯。若官卖一分，税酒二分，则日税之额不过一百六十余贯，当不难办。于是参用官私俱酝之议，许城外百姓自行造酒，搬运入城，上秤收税。每酒一斤，税钱七文，不税而入，谓之私酒。既而安丙视事，即议改榷，且限三日打并[①]，投醪江流，椎罌破瓮，在在怨嗟。凡酒家一孔之利，钩抉靡遗，酒贵米贱，既相辽绝，重法以禁，亦不

---

① 打并，即清理、清查之意。

为止，搜逻之卒，旁午达道，连坐之人，填溢犴圄①，所至骚然，人不堪命，其害不止，一州且及一路。由是观之，税与榷孰便孰否，大略可观矣。自彦约复行税法，卫泾继之，每岁所入净息，率不下八万余贯，视昔之榷无大相过，是不科籴，不抑配，不搜捕，薪水之费，官吏之给，皆十去其七。而确然一定之息，踵门自至，顾何所惮而不为哉！谨议目下措置，复行税酒旧法，所虑人微望轻，不足镇压异议。既行之后，他时或有变更，则为酤户者重罹荡析之祸，是臣实误之也。望圣慈嘉惠湘民，特降睿旨，从臣所请，当琢石镌刻，立之通衢，以为本州一定不易之制。

理宗宝庆二年三月，以久雨，诏大理寺三衙、两浙运司、临安府诸属县榷酒所：凡赃赏等钱，罪已决者，一切勿征，毋锢留妻子。

自是霖潦寒暑皆免。

绍定二年十月，诏：台州水灾，除茶、盐、酒酤诸杂税，郡县抑纳者，监司察之。

时杨瑾摄华亭，弛酒税。

嘉熙二年十二月，诏：四川诸州县盐酒榷额，自明年始更减免。三年，其四路合发总所纲运者亦免。

开庆元年，严私醋之禁。

景定三年十月，诏：蠲四川制总州县盐酒榷额。

五年六月，命董宋臣兼主管御前酒库。

度宗咸淳元年十月，减四川州县盐酒课，始自景定四年正月一日，再免征三年。

至四年十月，又诏：已减四川州县盐酒课，自咸淳四年始，再免征三年。

《日知录》曰：先王之于酒也，先以礼坊之，后以刑纠之。天子无甘酒之失，卿士无酣歌之愆。至幽王而天不湎尔之诗作②，其教严矣。汉萧何造律，群饮罚金，既失坊民之意于前，曹参代之，闻吏醉

---

① 犴圄，监狱。

② 天不湎尔之诗，指《诗·大雅·荡》中的诗句"天不湎尔以酒"，意为上天并未使你沉湎于酒。

歌呼而亦取酒与相应和，复失纠民之意于后。桑弘羊踵此，从而榷酤，遂以为利国之一孔，而禁酒之弛，实滥觞于此。然自孝宣以后，时禁时开，至唐代宗诏天下州县，各量定酤户，随月纳税，自此名为禁而实许之酤，意在榷钱，不在酒矣。宋仁宗初，言者犹以天下酒课，月比岁增，无有艺极，非古禁群饮以节用之意。孝宗淳熙中，李焘奏：设法劝饮以敛民财。周辉杂志以为唯恐饮不多，而课不羡，此榷酤之弊也。近既不榷缗，亦无禁令，遂以酒为日用之需，犹饔飧之不可阙，而厚生正德之论莫有起而持之者矣。

辽制，凡头下军州酒税赴纳上京①。

《辽史·地理志》曰：头下州军，官位九品之下及井邑商贾之家征税，各归头下，唯酒税课纳上京盐铁司。

太祖神册时，辽东新附地不榷酤，盐曲之禁亦弛。

至圣宗太平中，冯延休、韩绍勋相继商利，欲与燕山平地例加绳约，其民病之。

兴宗景福元年，禁职官不得擅造酒糜谷。有婚祭者，有司给文字始听。

道宗清宁十年十一月，诏：南京不得非时饮酒。

金太宗天会三年，始命榷酤。官以周岁为满。

金榷酤，因辽宋旧制，至是始有是命。

十三年正月，时熙宗已即位。诏：公私禁酒。

世宗大定初，以国用不足，设官榷醋以助经用。

至二十三年，以府库充牣，罢之。

三年，诏：严禁私酿，设军巡察。

先是，诏：宗室私酿者，从转运司鞠治。至是，省奏：中都酒户多逃，以故课额愈亏。帝曰：此官不严禁私酿所致也。命设军百人，隶兵马司，同酒使副合千人巡察，虽权要家亦许搜索。奴婢犯禁，杖其主百。且

---

① 头下军州，辽朝的一种地方行政区域，最初是将领、贵族以战争中俘获的人口聚集建成。这种区域既是国家所属的地方区划，又是建立者的领地。

令大兴少尹招复酒户。

　　臣等谨按：《金史·梁肃传》：大定二年，肃为大兴少尹。时以
用度不足，上疏言：自汉武帝用桑弘羊，始立榷酤法，民间粟麦岁为
酒所耗者，十常二三，宜禁天下酒曲，自京师及州郡，官务仍旧不得
酤贩出城，其县镇乡村权行停止。不报。至此，严禁私酿。又命大兴
少尹招复酒户，盖仍用其奏也。

　　八年，更定酒使司课及五万贯以上者，依旧例通注文武官，余并右
职①，有才能、累差不亏者为之。

　　次年，大兴县官以广阳镇务亏课而惧夺其俸，乃以酒散部民使输其
税。大理寺以财非入已，请以赎论。帝曰：虽非私赃而贫民亦受其害，若
止从赎，何以惩后，特命解职。至十九年三月，尚书省奏亏课院务，颜葵
等六十八人各合削官一阶。帝曰：以承荫人主榷酤，此辽法也。法弊则当
更张。唐宋法有可行者则行之。

　　十八年三月，命戍边女直人遇祭祀婚嫁节辰，许自造酒。

　　二十六年，更定酒课功酬法。

　　尚书省奏：盐铁酒醋自定课后，增各有差。帝曰：监临官唯知利已，
不知利从何来。若恢办增羡者酬，迁亏者惩，殿仍更定并增并亏之课，无
失原额，横班秖亏者与余差一例降罚，庶有激劝。又如功酬合办二万贯，
而止得万七八千，难选两酬者，向多止纳万贯，辄以余钱入已。今后可令
见差使内不选酬余钱，与后差使内所增钱通算为酬，庶钱可入官。又监官
食直，若不先与，何以责廉，今后及格限而至者，即用此法。时梁肃为吏
部尚书，举同安主簿高旭除平阳酒使。肃奏明君用人，必器使之。旭儒
士，优于治民，若使坐列肆榷酒醋，非所能也。请诸道盐铁使依旧文武参
注，其酒税使副以右选三差俱优者为之。帝称善。

　　罢酒税司杓栏人②。

　　梁肃拜参知政事，上疏论生财舒用八事：二曰罢酒税司杓栏人，五曰
罢榷醋以利与民，七曰随路酒税许折纳诸物。诏议行之。

---

　　① 右职，指高费重要的职位。
　　② 杓栏，造酒、卖酒的店铺。杓栏人，负责管理酒事务的官吏。

二十七年，命天下院务依中都例，改设曲课，听民酤。

初，二十四年七月，帝在上京会宁，尹富察通言：可罢上京酒务，令民自造以输税。帝曰：先滦州诸地，亦尝令民煎盐，后以不便罢之，今岂可令民自沽邪。二十六年，帝以上京酒味不嘉，欲如中都曲院取课，庶使民得美酒。至是，遂议以天下院务依中都例，改收曲课而听民酤，并议遣官询问辽东来远军，南京路、新息、虞城、西京路、西京酒使司、白登县德呼勒部族、天城县七处除税课外，愿自承课者卖酒。帝曰：自昔盐官多私官钱，若令百姓承办，庶革此弊，其试行之。

章宗明昌元年正月，更定新课，令即日收办。

承安元年七月，定中都曲使司以大定二十一年至明昌六年为界，通比均取一年之数为额。

中都曲使司大定间岁获钱三十六万一千五百贯，至是，年岁获四十万五千一百三十三贯；西京酒使司大定间岁获钱五万三千四百六十七贯五百八十八文，至是年岁获十万七千八百九十三贯，乃定通比均取法。至泰和四年九月，省奏在都曲使司自定课以来，八年并增宜依旧法，以八年通该课程均其一年之数，仍将新增诸物一分税钱并入，通为课额，以后之课，每五年一定其制。又令随处酒务元额上通取三分，作糟酵钱。

　　臣等谨按：《章宗纪》：承安元年七月，帝御紫宸殿受贺，赐诸王宰执酒，敕有司以酒万尊置通衢，赐民纵饮。九月，赐右丞相襄酒百尊。又都人进酒三千一百瓶，诏以赐边军吏。盖酒禁之开，莫甚于是岁也。

三年三月，复榷醋。

先是，明昌五年，以有司所入不充所出，言事者请榷醋息，遂令设官榷之。其课额俟当差官定之。寻罢。至是，省臣以国用浩大，遂复榷醋，五百贯以上设都监，千贯以上设同监一员。

五年四月，令酌收杓栏钱。

省奏旧随处酒税务所设杓栏人，以射粮军历过随朝差役者充。大定二十六年罢去其随朝应役军人，各给添支钱粟酬其劳。今拟将元收杓栏钱以代添支，令各院务验所收之数，百分中取三，随课代输，更不入比，岁约得钱三十余万以佐国用。

泰和六年制，院务卖酒数各有差。若数外卖及将带过数者，罪之。

宣宗贞祐三年十二月，议酒税设使司，依大定之制。

御史田迥秀言：大定中酒税钱及十万贯者始设使司，其后二万贯亦设。今河南使司五十余员，虚费月廪，宜依大定之制。至元光元年，复设曲使司。

哀宗天兴二年九月，禁公私酿酒。

元太宗二年正月，定酒课验实息，十取一。

三年，立酒醋务坊场官，榷酤办课。

仍以各州府司县长官充提点官，隶征收课税所，其课额验民户多寡定之。

六年，颁酒曲醋货条。禁私造者，依条治罪。

　　邱浚《大学衍义补》曰：谷麦既已纳税，用谷为酒，又税之。造麦为曲以酿酒，又税之。以米与糟为醋，又税之。是则谷麦一物，农耕以为食，官既取之，商籴于农以为酒与曲醋，官又取之三四出税，岂上天生物养民，人君代天子民之意哉！

世祖中统三年三月，免高丽酒课。

至元二年四月，敕上都商税酒醋等课毋征。

四年八月，申严平滦路私盐酒课之禁。互见盐铁考。

九月，申严西夏中兴等路僧尼道士商税酒醋之禁。互见征商考。至十四年五月，申严大都酒禁。犯者籍其家赀，散之贫民。十八年五月，禁甘肃瓜、沙等州为酒。十九年十月，禁大都及山北州郡酒。二十年四月，《元典章》作十五年七月。申严酒禁，有私造者财产女子没官，犯人配役。

七年九月，山东饥，敕益都、济南酒税以十之二收粮。

十年四月，定葡萄酒三十分取一例。

时大都酒使司欲于十分中取一。省部议，葡萄酒浆虽以酒为名，实不用米曲，自六年七年立为课额，止三十分取一，宜令如旧。从之。

十五年正月，弛女直硕达勒达酒禁。

二月，以川蜀地多岚瘴①，弛酒禁。四月，以时雨沾足，稍弛酒禁。民之衰疾饮药者，官为酝酿，量给之。十一月，开酒禁。

十六年二月，以大都、河间、山东酒醋等课并入盐运司。

二十二年正月，诏禁私酒。

右丞卢世荣言：京师富豪户酿酒，价高而味薄，以致课不时输，宜一切禁罢，官自酤卖。向之岁课，一月可办。从之。至二月，又申禁私造酒曲。

三月，罢上都醋课。

九月，罢榷酤。

初，民间酒听自造，米一石，官取钞一贯。卢世荣以官钞五万锭立榷酤法，米一石取钞十贯，增旧十倍。至是罢之，听民自造，增课钞一贯为五贯。

臣等谨按：《食货志》云：是年二月，命随路酒课依京师例，每石取一十两。三月，用右丞卢世荣等言，上都酒课改榷酤之制，令酒户自具工本，官司拘卖，每石止输钞五两，是因世荣言而课从轻也。以《奸臣传》考之，二十一年十一月，世荣居中书，言：京师富豪户酿酒酤卖，价高味薄，且课不时输，宜一切禁罢，官自酤卖。明年正月奏：古有榷酤之法，今宜立四品提举司以领天下之课，岁可得钞千四百四十锭。二月又奏：大都酒课日用米千石，以天下之众比京师当居三分之二，酒课亦当日用米二千石。今各路但总计日用米三百六十石而已，奸欺盗隐，不可不禁，已责各官增旧课二十倍，后有不如数者重其罪。皆从之。四月，以言者劾，始下世荣于狱。然自是虽罢榷酤，犹增前一贯者为五倍，盖言利之臣贻害如此，《志》称：用其言改输十两为五两，误矣。唯乡民造醋者免收课，乃世荣所奏九事之一，因怒之者众，聊托此以要誉者。《元典章》言：先是，乡村农民造醋，与城市一体收课。是年二月，命并免之，是其事也。典章又言：酒课，除大都河西务、杨村所管州城依例榷酤外，所有腹里、大都、上都、江南、福建、两广乡村内百姓，皆听自造酒办课。所谓罢榷酤之实如此。

---

① 岚瘴，山林间湿热有毒的瘴气。

二十五年二月，禁辽阳酒。

至六月，禁上都、桓州、应昌、隆兴酒。二十七年七月，禁平地、忙安仓酿酒，犯者死。十月，禁大同路酿酒。十一月，禁上都山后酿酒。二十八年三月，太原饥，严酒禁。十月，严山后酒禁。三十一年，成宗即位，六月，以甘肃等处米价涌贵，诏禁酿酒。

《元史·刑法志》曰：私造萨满阿喇克酒者，同私酒法，杖七十，徒二年，财产一半没官，有首告者于没官物内一半给赏，蒙古汉军酿造私酒、醋曲者，依常法；犯禁饮私酒者，笞三十七；犯界酒十瓶以下，罚中统钞一十两，笞二十七；十瓶以上，罚四十两，笞四十七，酒给原主。酒虽多罚，止五十两，罪止六十。

四月，以武冈、宝庆二路荐经寇乱，免今年酒税课。

至二十七年八月，又免大都、平滦、河间、保定四路流民租赋及酒醋课。

七月，弛宁夏酒禁。

至二十七年九月，武平地震，盗贼乘隙剽劫，民愈忧恐。平章政事特穆尔以便宜蠲租赋，罢商税，弛酒禁。二十九年四月，弛太原、甘肃酒禁，仍榷其酤。八月，弛平滦酒禁。十月，弛上都酒禁。

二十九年正月，江西、福建酒税课悉归有司。

自二十五年二月，改江西茶运司为都转运使司，并榷酒醋税。至是，从江西行省左丞高兴言，诏：江西酒醋之课不隶茶运司，福建酒醋之课不隶盐运司，皆依旧令，有司办之。

三月，令湖广、龙兴、南京分办杭州酒课十之三。

丞相完泽等言：杭州省酒课，岁办二十七万余锭，湖广、龙兴岁办止九万锭，轻重不均。于是减杭州省十分之三，令湖广、龙兴、南京三省分办。

臣等谨按：《元典章》：是年正月，阿喇卜丹以此为言，中书省议行之。阿喇卜丹，江西行省也。

成宗元贞元年闰四月，弛甘州酒禁。

大德元年七月，免上都酒课三年。

至二年五月，罢荨麻林酒税羡余。三年五月，鄂、岳、汉阳、兴国、常、澧、潭、衡、辰、沅、宝庆、常宁、桂阳、茶陵，免其酒课。五年九月，江陵、常德、澧州皆旱，免其门摊酒醋课。

十一月，禁和林酿酒。

至五年四月，又禁和林酿酒。其诸王驸马许自酿饮，不得酤卖。六年十一月，禁和林军酿酒，唯安西王、阿南达诸王、呼喇珠托克托、布哈伊奇哩、驸马曼济、台鸿吉哩岱、雅尔哈许酿。八年六月，开和林酒禁。立酒课提举司。

五年十月，以岁饥，禁酿酒。

至十一月，诏谕中书省：近因禁酒，闻年高需酒之人有豫市而储之者，其无酿具者勿问。六年正月，又禁民酿酒。十二月，禁诸路酿酒。七年正月，以岁不登，禁河北、甘肃、陕西等郡酿酒。

　　臣等谨按，《元典章》：是年以各路犯界，酒货有断没入官，有给付原主者，归断不一，罚钞数亦不同。都省议：断决追罚，仍依定例，所获酒数给主，仍勒出境，毋致侵课。至七年，定决杖七十七，追中统钞一百贯付告人充赏。

七年二月，并大都盐运司入河间运司，其所掌京师酒税课，令户部领之。

五年，开上都大都酒禁，其所隶两都州县及山后、河东、山西、河南尝告饥者，仍悉禁之。

闰五月，又诏：上都路、应昌府、伊奇喇斯、和林等处依内郡禁酒。

十月，弛太原、平阳酒禁。

十二月，又弛京师酒课，许贫民酿酒。

八年，大都酒课提举司设槽房一百所。

至九年并为三十所，每所一日，所酝不许过二十五石之上。十年，复增三所。武宗至大三年，又增为五十四所，岁输十万余锭。

　　《大学衍义补》曰：槽房每所一日酝二十五石，总计日费七百五十石，月费二万二千五百石，岁费二十七万石矣。

九年七月，禁晋宁、冀宁、大同酿酒。

至十一年，武宗即位。九月，中书省言：杭州一郡，岁以酒糜米麦二十八万石，禁之便。河南、益都诸郡亦宜禁之。制曰：可。十二月，以饥，故禁山东、河南、江浙民酿酒。

十一年七月，时武宗已即位。江浙水，民饥，诏：酒醋门摊课程免一年。

十一月，诏：免建康路今年酒醋课。

武宗至大元年九月，弛诸路酒禁。

十月，又以大都艰食，罢榷酤。闰十一月，以杭州、绍兴、建康等路岁比饥馑，免今年酒课十分之三。

仁宗延祐元年正月，除四川酒禁。

至七年，英宗即位。五月，弛陕西酒禁。八月，罢上都、岭北、甘肃、河南诸郡酒禁。

禁兴元、凤翔、泾州、邠州酒。

以岁荒故也。至十二月，又以汴梁、南阳、归德、汝宁、淮安水，敕禁酿酒。四年四月，禁岭北酒。五年三月，禁和宁、净州路酒。十月，又禁大同、冀宁、晋宁路酒。十一月，禁开成、庄浪等处酒。六年三月，禁甘肃行省所属郡县酒。六月，济宁等路水，禁酒。九月，禁山东诸路酒。七年，英宗即位。四月，申严和林酒禁。

六年三月，定私造酒曲依匿税科断例。

常德路副达噜噶齐哈尚言：比来水旱相仍，小民无以为生，沽卖酒浆，无知犯法，若无问斗升一体科断，虽有籍没之名，贫家小户财产几何？况私茶止没物货，而卖酒匿税反重于彼，似乎不伦。部议：榷酤之法，既已改革，酒醋课程普散于民，除认纳门摊，许令酝造饮用外，其自备工本造卖酒曲，不行赴务包认关由者，止依匿税例。

英宗至治元年正月，以奉元路饥，禁酒。

十二月，又以真定、保定、大名、顺德等路水，民饥，禁酿酒。至二年二月，以河间路饥，禁酿酒。三月，以河南、两淮饥，禁酿酒。四月，以恩州饥，禁酿酒。五月，以彰德府饥，禁酿酒。三年五月，以岭北米贵，禁酿酒。

十一月，以营田提举司征酒扰民，命有司兼榷之。

二年十二月，弛河南、陕西等处酒禁。

泰定帝泰定二年闰正月，以河间、真定、保定、瑞州四路饥，禁酿酒。

四月，又禁山东诸路酒。九月，禁大都、顺德、卫辉等十郡酒。十二月，以大宁路凤翔府饥，禁酿酒。至三年二月，禁汴梁路酿酒。五月，以泾州饥，禁酿酒。四年十一月，禁晋宁路酿酒。

十二月，弛瑞州路酒禁。

至三年九月，弛大都、上都、兴和酒禁。十一月，弛宁夏路及成都酒禁。

文宗天历元年十一月，以汴梁、河南等路及南阳府频岁旱蝗，禁其境内酿酒。

十二月，又诏：被兵郡县免杂役，禁酿酒。至二年十月，禁奉元永平酿酒。

十二月，开上都酒禁。

至二年三月，开辽阳酒禁。十二月，开河东冀宁路、四川崇庆路酒禁。

二年十二月，令所拨赐酒课，仍输官。

大都槽房，累朝以课程拨赐诸王、公主及各寺者凡九所，至是，中书省言：诸王公主自有封邑，岁赐官寺亦各有常产，其酒课悉令仍旧输官为宜。从之。

顺帝至元三年五月，以兴州、松州民饥，禁上都、兴和造酒。

至至正四年十一月，以河南民饥，禁酒。六年五月，以陕西饥，禁酒。八年五月，以四川旱，禁酒。十四年九月，禁河南、淮南酒。十五年闰正月，以上都路饥，严酒禁。

元代天下每岁酒醋课总入之数。

腹里酒课五万六千二百四十三锭六十七两一钱；

辽阳、河南、陕西、四川、甘肃、江浙、江西、湖广各行省酒课共四十一万二千三百一十一锭二百两九钱；

云南行省酒课肥二十万一千一百一十七索；

腹里及辽阳、河南、陕西、四川、江浙、江西、湖广七行省醋课共二万二千五百九十一锭二百三十五两八钱。

明太祖庚子岁二月，从中书省请，定征酒醋之税。

丙午岁二月，禁民种糯。

自初定金陵即定禁酒令，至是，又令曰：余自创业江左十有二年，军国之费科征于民，效顺输赋固为可喜，然竭力畎亩，所出有限，而取之过多，心甚悯焉。曩因民间造酒，糜费米麦，故行禁酒之令。今春米麦价稍平，颇有益于民，然非塞其源而欲遏其流，不可也。今岁农民毋种糯米以塞造酒之源，欲使五谷丰积而价平，吾民得所养以乐其生，庶几养民之实也。

洪武六年十一月，令太原勿复进葡萄酒。

谕省臣曰：朕饮酒不多，太原岁进葡萄酒，自今令其勿进。国家以养民为务，岂以口腹累人哉！又西番兆日之地，旧有造葡萄酒户三百五十家。至七年七月，其酋长以所造酒来献。又谕中书省曰：物非常有，而求之者必有非常之害。昔元时造葡萄酒，使者相继于途，劳民甚矣，岂宜效之！且朕性不喜饮，况中国自有秫米供酿，何用此以劳民。其却之，使无复进。

十八年，命酒醋课折收金银钱钞，着为令。

凡卖酒醋之家，不纳课程者笞五十，酒醋一半入官，内以十分之三付告人充赏。务官攒拦自获者不赏，其造酒醋自用者不在此限。

英宗正统七年，命各处酒课州县收贮以备用。

臣等谨按：邱浚言：明朝不立酒曲务，唯摊其课于税务中，而醋则自来无禁。唐宋来苛征醋敛，一切革之。又谓：民间酒肆报官纳课，罢肆则已，未尝如前代借为经费。然考《实录》及《会典》，太祖初起已有征酒醋之令。至十八年，又折收金银钱钞，则酒醋未尝无征。英宗有收贮备用之命，则酒课亦未尝不借为经费也。

景帝景泰二年，定酒曲每十块收税钞、牙钱钞、塌房钞各三百四十文。

六年十二月，宛平知县王纪言：岁歉民饥，宜加拯恤，请裁减酒醋曲局酒户，从之。

宪宗成化四年，命张家湾宣课司并在京都税司，凡遇客商淮曲投税，每百分取二。

令送光禄寺，准塌房条税课钞，每岁所送十五万斤，如有余，存留支用。凡诸色人踏送酒曲，须赴务投税，方许货卖，违者并依匿税科断，其造酒家自用曲货不在此限。如卖酒家自无曲货，须收买曾经投税曲货造酒货卖，依例办纳酒课。若自行造曲，亦须赴务投税。

《大学衍义补》曰：天下造曲之处，唯淮安一府，糜麦为多，以石计者毋虑百万。淮安当南北之冲，纲运上下商贾往来必经于此，一年之间搬运于四方者不可胜计，前代以国计必不得已而取其利，今日无所利之请。敕有司严加禁约，凡民间造曲器具，悉令拆毁，佣作者勒令归农，有犯与私盐伪钱同。科使每岁存麦百余万石以资民食，亦国家藏富于民之一法也。

世宗嘉靖二十六年，革甘肃原派店户流民酒屠油铺等银。

神宗万历四年，命张家湾宣课司解光禄寺曲块折收银。

光禄寺卿胡执礼奏：抽分曲块不堪酝酿。尚书王国光议岁收之数，每斤折银一分，解寺办用。时抽分曲共一十五万二千八百斤，内供应酒醋局一十万八千八百斤，光禄寺四万四千斤。此后酒醋局解本色，光禄寺折银四千四百两。又宁国府岁造酒瓶一十万件，送南京光禄寺交纳。

钦定续文献通考卷二十二

征榷考

榷茶

宋宁宗庆元初，除隆安县茶课估钱①。

初，元丰开川秦茶场，园户既输二税②，又输土产。隆安县园户二税、土产兼输外，又催理茶课估钱。高宗建炎元年立为额，至是始除之。

六年，诏：四川产茶处，岁输经总制头子钱五千四十一道有奇，又科租钱三千一百四十道有奇。

先是，孝宗淳熙四年七月，严四川入番茶禁。五年六月，减四川茶课十五万余缗。六年九月，四川制置使胡元质奏：祖宗时蜀茶并许通商，熙宁以后始从官榷，当时课息岁不过四十万，建炎军兴，改法卖引，比之熙宁已增五倍。绍兴十七年，主管茶事官增立重额，至二十五年台谏论列，始蒙蠲免。当时郑霭为都大提举，奉行不虔③，实未尽蠲，前官所增，逐户纳数。又越二十余年，其间有产去额存者，实无茶园，止因零卖，官司抑令承额而不得脱者，似此之类，每岁预俵茶引于合同，官场逐月督取。张松为都大提举，日又计兴洋诸场，一岁茶额，直将茶引俵与园户，不问茶园盛衰，不计茶货有无，止计所俵引数，按月追取，以致茶园百姓更加穷困。乞行茶马司将无茶之家并行停阁，茶少额多之家，即与减额。诏命减放虚额凡一百四万三千斤有奇，其引息及土产税银共十五万二千九百九

---

① 茶课估钱，宋代对种茶园户征收的一种税。
② 二税，唐代以后，因田赋分夏秋两季征收，故又名二税。
③ 不虔，不敬。

十四贯有奇①。至是，乃复有是诏。

嘉泰元年五月，除茶盐赏钱。

至嘉定二年五月、七年九月又除之。八年二月，蠲临安府茶盐赏钱。十年五月，又蠲茶盐赏钱。

三年八月，置四川提举茶马二员，分治茶马事。

至十二月，又命四川提举茶马通治茶马。

孝宗时，吏部郎阎苍舒陈茶马之弊曰：夷人不可一日无茶以生。祖宗时，一驮茶易一上驷，陕西诸州岁市马二万匹，故岁运茶二万驮。今陕西未归版图，西和一郡岁市马三千匹耳。而用陕西诸郡二万驮之茶，其价已十倍，又不足，而以银绢绅及楮币附益之。其茶既多，夷人遂贱茶而贵银绢绅行，而茶司之权遂行于他司。今岩昌四尺四寸，下驷一匹，其价率用十驮茶。若其上驷，则非银绢不可得。祖宗时，禁边地卖茶极严，自张松大弛永康茶之禁，诸番因尽食永康细茶，而岩昌之茶贱如泥土。且茶愈贱则得马愈少犹未足道，而因此利源，遂令洮岷叠岩之土番深至腹心内郡，此路一开，其忧无穷。今后必支精好茶而渐损其数，又严入番茶之禁，则马政渐举，而边境亦安矣。

臣等谨按：明邱浚谓：自唐世回纥入贡，以马易茶，盖西北人嗜茶有自来矣。西北多嗜奶酪，奶酪滞膈而茶性通利，能荡涤之故。虽不用于三代，而用于唐，不独中国用之，而外国亦莫不用焉。宋人所以始置茶马司也。

理宗端平间蠲新城茶租钱。

先是，光宗绍熙四年八月蠲绍兴丁盐茶租钱八万二千余缗。至是，陈政为新城令，民困于茶租钱，政请于朝，特蠲二千八百贯，不强其所无，以纾民力。

金世宗大定十六年十二月，定榷场香茶罪赏格。

金代茶自宋人岁供之外，皆贸易于宋界之榷场，至是以多私贩，乃更定罪赏格。

---

① 士产，应为“土产”，可见《宋史·食货志》。

章宗承安三年八月，命设官制茶。

时以茶为费国用而资敌，遂命设官制之。以尚书省令史承德郎刘成往河南视官造者，以不亲尝其味但采民言谓为温桑，实非茶也。还，白帝，帝以为不干，杖七十罢之。

四年三月，命淄、密、宁海、蔡州各置一坊造茶。

依南方例，每斤为袋，直六百文。以商旅狎未贩运，命山东、河北四路转运司以各路户口，均其袋数，付各司县鬻之。买引者纳钱及折物，各从其便。

《金史·贾铉传》曰：铉改左司谏，上书论山东采茶事，言：茶树随山皆有，一切护逻已夺民利①，因而以拣茶树执诬小民，吓取货赂，宜严禁止。仍令按察司约束。从之。

五月，定山东人户造卖私茶比煎矾例罪，徒二年。

泰和元年二月，去造土茶律。

四年，禁诸路桩配食茶并减茶价。

帝谓宰臣曰：朕尝新茶，味虽不嘉，亦岂不可食也。比令近侍察之，乃知山东、河北四路悉桩配于人，既曰强民，宜抵以罪。此举未知运司与县官孰为之，所属按察司亦当坐罪。自今其令每袋价减三百文，至来年四月不售，虽腐败无伤也。

五年春，罢造茶坊。

至三月，又谕省臣曰：今虽不造茶，其勿伐茶树，其地则恣民耕樵，次年令河南茶树槁者补植之。

六年十一月，定食茶制。

尚书省奏：茶者，饮食之余，非必用之物。比岁上下竞啜，农民尤甚。市井茶肆相属，商旅多以丝绢易茶，岁费不下百万，是以有用之物而易无用之物也。若不禁，恐耗财弥甚。遂命七品以上官，其家方许食茶，仍不得卖及馈献。不应留者以斤两立罪赏。至七年正月更定食茶制。

八年七月，令以盐及杂物博易宋茶。

言事者以茶乃宋土草芽，而易中国丝绵锦绢有益之物不可也。国家之

---

① 护逻，护卫、巡逻。

盐货出于卤水，岁取不竭，可令易茶。省臣以为所易不广，遂奏令兼以杂物博易。

宣宗元光二年三月，复定茶禁。

省臣以国蹙财竭，奏曰：金币钱谷，世不可一日阙者也。茶本出于宋地，非饮食之急。而自昔商贾以金帛易之，是徒耗也。泰和间尝禁止之，后以宋人求和乃罢。兵兴以来，复举行之。然犯者不少衰，而边民又窥利，越境私易，恐因泄军情或盗贼入境，令河南、陕西凡五十余郡，郡日食茶率二十袋，袋直银二两，是一岁之中，妄费民银三十余万也。奈何以吾有用之货而资敌乎！乃制亲王、公主及见任五品以上官，素蓄者存之，禁不得卖馈，余人并禁之，犯者徒五年，告者赏宝泉一万贯。

<u>臣等谨按：茶价，承安四年，每袋价六百文。泰和四年减三百文。是后无考。至是，省臣奏每袋银二两，当国蹙财竭之际，不应遽增如是之多，且上云五十余郡，郡日食茶二十袋，合五十余郡计之，每日当食一千余袋，合一岁三百六十日计之，每岁当食三十六万余袋，每袋二两，则每岁当费银七十二万余两，不应仅费三十余万也。二两，疑即一两之讹。时军旅倥偬，故其价与承安泰和稍不同耳。</u>

元世祖至元五年，榷成都茶。

用运使白赓言：榷成都茶于京兆、巩昌，置局发卖。私自采卖者，其罪与私盐同。至六年七月，立西蜀四川盐榷茶场使司。八年九月，诏：以四川民力困散，免茶盐等课税。仍敕有司，自今有言茶盐之利者，以违制论。

<u>《元史·张庭瑞传》曰：先是，官买蜀茶，增价鬻于羌，人以为患。张庭瑞为诸蛮夷部宣慰使，更变引法，使每引纳二缗而付文券与民，听其自市于羌，羌蜀便之。</u>

十二年，榷江西茶。

时既平宋，用左丞吕文焕言榷江西茶，以宋会五十贯准中统钞一贯。

十三年，定长引短引之法，以三分取一。

长引每引茶一百二十斤，收钞五钱四分二厘八毫；短引茶九十斤，收钞四钱二分八毫。是岁，征一千二百余锭。十四年，取三分之半增至二千三百余锭。十五年，长引收钞一两八分五厘六毫，短引八钱四分五厘六毫，增至六千六百余锭。十七年，除长引，专用短引，每引收钞二两四钱五分，草茶每引收钞二两二钱四分。至十八年，增额至二万四千锭。

十四年正月，置江淮榷茶都转运使司。

至十六年四月，立江西榷茶运司。十七年，置榷茶都转运司于江州，总江淮荆湖福建之税。二十五年二月，改江西茶运司为都转运使司。

　　臣等谨按，《元典章》：二十五年三月，中书省奏：茶运司改都转运司，所办课程浩大，乞降条画：一、所办茶课，依茶引事理；一、运茶纲船，官司不得拘运官物；一、运茶河道，尽拔去桩橛；一、卖毕旧引，依限缴纳；一、诸色人等毋许妄行煽惑沮坏茶课；一、经过使臣等不得将催办课程骑坐马匹及贩茶车船头匹夺取走递；一、旧来茶园诸人，不得斫损；一、诸色人等毋许图利聚党，恃势匿税；一、所差句当之人，以慎行止、有家产、无过犯者充之；一、办课行茶地颇广远，如差巡查句当，不得夹带取罪；一、提点办课，依例用管民正官；一、所办课程，依原额并增羡，尽实纳官，毋许欺隐，如有亏兑勒，令赔偿，更治其罪；一、蒙古军人等毋得非理于茶司索取饮食杯酒等物。凡十余条，与中统二年六月恢办盐法课程大约相同云。

　　又按，邱浚谓：至元十七年置榷茶都转运司，其时有末茶，有叶茶，唐宋用茶皆以细末制为饼片，至临用而碾之。卢仝诗所谓首阅月团，范仲淹诗所谓碾畔尘飞是也。元犹有末茶之说。今则闽广之地，间用末茶。若叶茶之用遍天下，几不复知有末茶矣。

十八年，定贩茶据批引例。

客旅兴贩茶货，纳正课钞，出给公据，前往所指山场装茶出山，赍据赴司缴纳给引，赍引随茶验引发卖毕，三日内限赴所在官司批纳引目，违匿者杖六十。因而转用或改抹字号，或增添夹带斤重及引不随茶者，并同私茶法。

十九年，命江南茶课，官为置局。

是年二月，饶州总管姚文龙言：江南财赋岁可办钞五十万锭，诏以文龙为江西道宣慰司兼措置茶法。至是，置局令官卖引，通行货卖，岁终增二万锭。

二十一年六月，革抑配茶课，增茶引价。

转运司言：各处食茶课程抑配于民非便，于是革之。而以其所革之数于正课每引增一两五分，通为三两五钱。至二十三年三月，又以榷茶提举李起南言：江南茶每引增为五贯，因即令起南为转运使，是年征四万锭。至二十六年，又从丞相僧格议，每引增为十贯。

　　臣等谨按，《元典章》：自宋以来，别无食茶课额。至元十七年，运司卢世荣创立门摊食茶课程，不问有无产茶之处，一概椿配百姓①，凡一千三百六十余锭，每岁添搭入额。十九年，考较作八千六百锭。二十年，江州榷茶都转运使言：若每年纳卖三十五万引，草茶一引，原价二两二钱四分者，增为三两三钱三分；末茶二两四钱九分者，增为三两五钱，计办钞二万四千锭，并贩茶课四千锭，共二万八千，殊过于世荣之数。却将食茶革去，庶百姓不扰，课额亦不亏。从之。盖是时虽免椿配之害，而课额则递年增多矣。又草茶增一两九分，末茶增一两一分，而《志》云每引增一两五分，盖并两引而通计之也。但谓增一两五分通为三两五钱，则与典章不合耳。

二十四年五月，重定私茶罪。

先是，命私茶同私盐法科断，至是，定：但犯私茶者杖七十，茶一半没官，一半付告人充赏。应捕人亦同。茶园磨户犯者及运茶车船主知情夹带亦与同罪。有司禁治不严，致私茶生发，罪及官吏。茶过批验去处不批验者，杖七十。其伪造茶引者斩，家产付告人充赏。诸私茶非私自入山采者，不从断没法。

九月，禁阻挠江南茶课。

至二十六年八月，又诏：两淮、两浙都转运使司及江西榷茶都转运使诸人，毋得阻办课。三十年正月，又申严之。

三十年，改江南茶法。

先是，有常湖、平江等处榷茶提举司。二十三年二月，复立岳、鄂、

---

① 椿配，"椿"字当为刊刻之误。繁体桩字为"椿"，两字形相近而误。

常德、潭州、静江等提举司。二十七年二月，复立南康、兴国提举司。至是，凡管茶提举司一十六所，罢其课少者五所，并入附近提举司。茶引之外，又有茶由，以给卖零茶者。初，每由茶九斤，收钞一两。至是，三斤至三十斤分为十等，随处批引局同。每引收钞一钱。

  《元典章》曰：是年九月，中书省奏：茶由局事，应依二十九年实办之数，不失原额。令产茶之地有茶树之家多寡均办，所司随地租、门摊一年两次催敛起解，既已抱纳，听民自便，不得因而将无文引茶货偷贩出境，如告发到官，即同私茶断没。如客旅赍据诣茶户造茶，依例办课。或外方客人赍有引茶货入境，听从货卖。

  臣等谨按：榷茶十六提举司：曰杭州，曰宁国，曰龙兴，曰建宁，曰庐州，曰岳州，曰鄂州，曰常州，曰湖州，曰潭州，曰静江，曰临江，曰平江，曰兴国，曰常德府，曰古田、建安等处，亦详见《元典章》。

  成宗元贞元年正月，增江南茶课。

  时有献利者言：旧法，江南茶商至江北者又税之，其在江南卖者亦宜加税，如江北之制。于是朝议复增江南课三千锭，而弗税。二月，以其数添入江西榷茶都转运司税额。是年，凡征八万三千锭。

  大德元年四月，命优恤茶户。

  九月，令断没私茶盐钱运司依例结课。

  七年八月，申定贩卖私茶罪。

  凡茶园磨户，但有买茶客旅，须验所赍引据，依数发卖，如不验由引夹带多卖，买卖之人同私茶罪。若告捕得实，依例赏给。提调正官及首领官吏等比盐官加等治罪。

  武宗至大元年，以龙兴、瑞州为皇太后汤沐邑，其茶课入徽政院[①]。

  仁宗皇庆元年二月，遣官同江西、江浙省整治茶盐法。

  二年七月，置榷茶批验所并茶由局官。

  自至大四年增茶额至一十七万一千一百三十一锭。至是，更定江南茶法，又增至一十九万二千八百六十六锭。

---

  ① 徽政院，元代官署，是负责太后生活的机构。

延祐五年十一月，敕江西茶运司岁课以二十五万锭为额。

用江南茶副克尔格木穆言：立减引添课之法，每引增税为一十二两五钱，通办钞二十五万锭。至七年，遂增至二十八万九千二百一十一锭。

臣等谨按：元茶课，初平宋时，所征止一千二百余锭，自后历年递增，遂至二十八万九千余锭，视原额几及三百倍，此《食货志》所以云元之茶课由约而博也。

六年七月，诏谕江西官吏、豪民毋阻挠茶课。

命江西诸处茶课增羡，尽实入官，诸人不得阻坏，所在官司毋将运茶船只拘运官物，官吏等亦不得桩配百姓作弊。

十月，命有司追理茶钱。

浙江行省言：茶司强差，无俸司吏恣意句扰，害及良民，自后民间告欠茶钱，乞令有司追理立案，以备照刷，庶革滥扰之弊。部议，着为例。

文宗天历二年，罢榷茶司。

先是，延祐六年，邓文原为江东道廉访司，徽、宁国、广德三郡岁入茶课钞三千锭，后增至十八万锭，竭山谷所产不能充其半，余皆凿空取之民间，岁以为常，转运司官动以犯法诬民，又得专制，有司凡五品官以下皆杖决，州县莫敢如何。文原请罢其专司，俾州县领之，不报。英宗至治二年，地震，诏议弭灾。文原为集贤直学士，申请罢榷茶转运，又不报。至是，始罢榷司而归诸州县。其岁征之数，与延祐同。

顺帝元统元年十一月，复立江西、湖广、江浙、河南榷茶运司。

《元史·食货志》曰：文宗至顺之后，榷茶事无籍可考，他如范殿帅茶，西番大叶茶，建宁胯茶，亦无从知其始末，故皆不著。

至元二年，添印江西茶由。

从茶运司同知万家闾言也。户部定拟，江西岁办公据十万道，引一百万，计钞二十八万九千二百余锭。茶引便于商贩，而山场小民全凭茶由为照，岁办茶由一千三百八万五千二百八十九斤，每斤一钱一分一厘一毫二丝，计钞五千八百一十六锭七两四钱一分，减引二万三千二百六十四张。茶引一张，造茶九十斤，纳官课十二两五钱。如于茶由量添二分，计二百六十一万七千五十八斤，每斤添收钞一钱三分八厘八毫八丝，计钞七千二百六十九锭七两，积出余零钞数，官课无亏，而便于民用。命如所拟行之。

至正二年，申定江州给付据引之制。

先是，江州设立榷茶都转运司，于各路出茶之地设立提举司七处，专任散据卖引，规办国课。每年十二月初，差人句集各处提举司官吏，关领次年据引，旬月之间，司官不能偕聚，吏贴需求各满所欲，方能给付据引及还本司。春月已过，方欲点对给散，又有分司官吏到处验户散据卖引，每引十张，除正纳官课一百二十五两外，又取中统钞二十五两，名为搭头事例钱，以为分司官吏馈赆之资，及茶户得据还家，已及五六月。又存留茶引二三千，本以茶户消乏为名，转卖与新兴之户，每据又多取中统钞二十五两，上下分派，各为己私。茶户得据在手，碾磨方兴，吏卒踵门，催并初限。是时茶未发卖，无从得钱。充裕之家必须别行措办，其力薄者例被拘监，至典鬻家私以应官限，及终限不能足备上司紧并重复句追，非法苦楚，茶户日见消乏。至是李宏陈言：江州茶司据引不便，请申明旧制，每岁正月，运司尽将据引给付提举司，随时派散，无得停留在库，多收分例，妨误造茶时月，如有过期，别行定罪。仍不许运司分司自行散卖据引，违者从肃政廉访司依例纠治。诏：如所言行之。

明太祖辛丑岁二月，始立茶法。

中书省议：榷茶之法，历代资之以充国用。今疆宇日广，民物滋盛，懋迁颇众，而茶法未行，唯兴安等处旧有课额，其它产茶郡县并宜立法征之。乃定制官给茶引，付产茶府州县，凡商人买茶，具数赴官，纳钱请引，方许出境货卖。每引茶百斤不及引者，谓之畸零，别置由帖付之。仍量地远近，定以程限，于经过地方执照。若茶无由引及茶引相离者，听人告捕。又于宁安府及溧水州置茶局，批验引由，秤较茶货，有茶引不相当，或有余茶者，并听执问。卖茶毕，即以原给引由赴所在官司投缴。府州县各委官一员掌其事。茶引每一道初定纳钱二百，后定纳钱一千文照茶一百斤，由一道纳钱六百文照茶六十斤，诸人但犯私茶，与私盐法一体治罪。如卖茶毕，停藏原引不即缴纳，及将已批验截角退引入山影射照茶者，并同私茶论。山园茶主将茶卖与无引由客兴贩者，初犯笞三十，仍追原价没官；再犯笞五十，三犯杖八十，倍追原价没官。客商贩茶经批验所，须依例批验，将引由截角，别无夹带方许放行，违越者笞二十，其伪造茶引者死，籍没家产，告捕人赏银二十两。凡卖茶之处，赴宣课司依例三十分抽一分。芽茶叶茶各验价纳课。贩茶不拘地方。

洪武三年，命以茶给河州军。

时宁正为河州卫指挥使，上言西民转粟饷军甚劳，而茶布可易粟，请以茶布给军，令自相贸易，省挽运之苦。诏从其请。

四年十二月，令采汉中茶以易马。

户部言：陕西汉中府金州、石泉、汉阴、平利、西乡诸处茶园，共四十五顷七十二亩，茶八十六万四千五十八株。每十株官取一，其民所收茶官给直买之，无主者令守城军士薅培，及时采取，以十分为率，官取其八，军取其二。每茶五十斤为一包，二包为一引，令有司收贮，于西番易马。从之。

五年二月，置四川茶盐都转运司。

四川产巴茶凡四百七十七处，茶二百三十八万六千九百四十三株，茶户三百一十五。是月，户部奏定为制，每十株官取其一，征茶二两；其无主者令人薅种，以十分为率，官取其八，岁得茶一万九千二百八十斤，令有司收贮以易番马，并置都转运司及茶马司等官。至十二月，都转运司言：碉门、永宁、筠连诸处所产茶名剪刀粗叶，唯西番夷獠用之，自昔商贩未尝出境。既非茶马司巴茶之比，宜别立茶局征其税，易红缨、毡衫、米、布、椒、蜡，可资国用。其居民所收之茶，亦宜依江南茶法，于所在官司给引贩卖。于是设茶局五：永宁一，曰界首镇，雅州一，曰碉门，成都三，曰灌州、安州、筠连州，共岁收九十一万六千三百八十斤。既收则征其什一于官。至六年八月，从四川按察司佥事郑思先言：开、达、巴三州之茶，自汉中运至秦州，道远难致，人力多困，即令汉中收贮，渐次运之。七年十一月，罢四川茶盐运司。十九年正月，罢永宁茶马司。至英宗正统八年，裁筠连茶课司。

置秦州茶马司，设司令丞官。

至七年十月，置河州茶马司，官制与秦州同外，又有洮州茶马司。十六年七月罢，以河州茶马司总之。三十年四月，改秦州茶马司为西宁茶马司，迁其治于西宁。永乐九年，复设洮州茶马司。十一年五月，又设甘肃茶马司于陕西行都司地，正统八年裁，嘉靖四十二年复设。

臣等谨按：明代茶课，唯川陕为最重，其它产茶之地，南直隶则常、庐、池、徽，浙江则湖、严、衢、绍，江西则南昌、饶州、南康、九江、吉安，湖广则武昌、荆州、长沙、宝庆，而四川尚有成都、重庆、嘉定、夔、泸，皆有常课。

十一年七月，遣光禄寺少卿徐英以茶纸等往罕东市马。

十六年八月，定永宁以茶易马之价。

先是，河州茶马司定例：凡上马一匹，给茶四十斤；中三十斤，下二十斤。至是，命永宁如河州之例。至十七年五月，又定乌撒、乌蒙、东川、芒部，马一匹，给茶一百斤。

二十一年正月，命四川岩州立茶仓，易番马。

礼部主事高唯宁自长河西、鱼通、宁远等处还，言：番民所处老思冈之地，土瘠人繁，每贩碉门乌茶等博易羌货，以赡其生，乞许天全六番招讨司八乡之民悉免徭役，专蒸乌茶运至岩州，置仓收贮，以易番马，比之雅州易马，其利倍之。且于打箭炉原易马处相去甚近，而价增于彼，则番民如蚁慕膻，归市必众。岩州既立仓易马，则番民运茶出境，倍收其税，其余货物至者必多。从之。明年六月，岩州卫奏：每岁长河西诸处番商以马易茶，其路由岩州经黎州始达雅州，茶马司定价，每马一匹，给茶一千八百斤，令碉州茶课司支给，不唯番商往复路远，实亦给茶太多，乞量减马价，将碉门茶课司所贮茶运至岩州，设茶马司，马至则验其高下，以茶给之。诏：茶马司仍旧，唯定其价上马一匹，茶一百二十斤，中七十斤，驹五十斤。番商有不愿者听。

又命川茶听民自采。

四川布政司奏：川中产茶，曩者西番诸羌以毛布毛缨之类相与贸易，故岁课不亏。近颁定课额，立仓收贮，专用市马，民不敢私采，每岁课程，民皆赔纳。乞仍令民间采摘，与羌人交易，非唯民得其便，亦且官课不亏。报可。

二十五年五月，河州番族献马，以茶给之。

尚膳太监而聂等至河州以敕谕，台必里诸番族皆感恩，意争出马以献。于是得马万三百四十余匹，以茶三十余万斤给之，诸族大悦。聂遣使入奏，命以马分给河南、山西、陕西卫所骑士。

三十年二月，命官军巡察松潘等处私茶出境。

敕右军都督府曰：朵甘、乌思藏、长河西一带西番，自昔以马入中国易茶，迨因私茶出境互市者少，马日贵，而茶日贱，渐启番人玩侮之心，即檄秦、蜀二府，发都司官军于松潘、碉门、黎、雅、河北①、临洮及入西番关口，巡察私茶之出境者。至三月，又遣驸马都尉谢达谕蜀王椿，命布政司都司严为防御。又敕兵部以禁约事宜谕川陕卫所及西番。

四月，命署佥都御史邓文铿、刘观、景清往川陕讥察私茶。

　　臣等谨按：王圻《续通考》载，永乐十三年，差御史三员巡督陕西茶马。《明史·食货志》因而述之。考《实录》及《会典》并无其事，盖圻误以洪武三十年为永乐十三年。又所谓三御史者，即邓文铿等三人也。文铿《志》亦讹作文鉴。

六月，驸马都尉欧阳伦坐贩私茶，赐死。

时严禁私贩，有以巴茶私出境者，置以重法。伦在陕西倚势暴横，令布政司檄所属备车载茶往河州，家人周保因索车至五十辆。兰县河桥巡检司吏不堪捶辱，以事闻。帝大怒，以布政司官不言，并伦赐死，保等皆伏诛，茶货没官。以河桥吏能不避权贵，遣使赍敕嘉劳之。

七月，听四川等处纳米易茶。

时遣人按视川陕茶园，因命陕西汉中以茶易马。四川松茂之茶与陕西同。其碉门、黎、雅则听商人纳米市易。次年四月，又令四川成都、重庆、保宁三府及播州宣慰司，各置仓储茶，以待客商纳米中买。及与西番易马，各设官掌之。

　　《明史·食货志》曰：明制，有官茶，有商茶，贮边易马。官茶间征课钞，商茶输课，略如盐制。太祖设茶司，定税额。陕西二万六千斤，四川一百万斤。自碉门、黎、雅抵朵甘乌思藏行茶之地，五千余里，山后归德诸州，西方诸部落无不以马售者。

是年，始月遣行人于陕西河州、临洮、四川碉门、黎、雅等处，省谕把隘关口，禁约私茶出境。

成祖永乐三年二月，弛番商夹带茶禁。

----
① 河北，按文中所述区域而言，应与河北无涉。《明史·食货志》作"河州"，当是。

四川布政司言：诸番以马易茶，例禁夹带私茶、布帛、青纸等物出关。今番商往往以他货易布帛，有司遵例虑杜绝远人。帝曰：边关立互市，所以资国用，来远人也，其听之。

四年，停止茶马金牌。

洪武初，令陕西洮州、河州、西宁各茶马司收贮官茶，每三年一次，遣在京官选调边军，赍捧金牌信符往附近番族，将运去茶易马，给与边军骑操。尝命曹国公李景隆赍入番，与诸番要约，篆文上曰"皇帝圣旨"，左曰"合当差发"，右曰"不信者斩"，凡四十一面。洮州火把藏思囊日等族牌四面，纳马二千五十四；河州必里卫西番二十六族牌二十一面，纳马七千七百五匹；西宁曲先阿端罕东安定四卫、巴哇申中申藏等族牌十六面，纳马三千五十四；下号金牌降诸番，上号藏内府以为契，三岁一遣，官合符。其通道有二：一出河州，一出碉门，至是停止金牌。至宣德时，复给之。未几，番人为北狄所侵掠，徙居内地，金牌敬失，而茶司亦以茶少，止以汉中茶易马，且不给金牌，听其以马入贡而已。

七年正月，严边关茶禁。

初，帝怀柔远人，递增茶斤，由是市马者多而茶禁少弛。碉门茶马司用茶八万三千五十斤，仅易马七十匹，又多瘦损，故有是命。

十年七月，免四川通江县茶课。

凡三百七十万四千四百斤有奇，以贫民岁输不足故也。至十一年二月，什邡县言：县民自五年至十年亏官茶十六万六百五斤，乞折输钞。帝谕户部曰：此因近岁役民伐木妨其采办，如又令纳钞，民何以堪！况蕞尔小邑，亏以万计，累年所负，取偿一时，有司逼迫之必有鬻田产子女以免责者，其悉蠲之。至宣德五年九月，天全六番招讨司奏：旧额岁办乌茶五万斤，二年一次，运赴碉门茶马司易马。今户部再令办芽茶二千二百斤，山深地瘠，茶多枯死，难以采办，乞减其数。帝曰：边民当宽以抚之，止令办芽茶，其乌茶悉免。十月，知县蒋永亨言：宣德二年，筠连茶课已收二万五百五十斤，为蛮民烧毁，令茶户赔纳，尚欠二千三百余斤，今诉贫难，乞蠲免。帝以茶已纳官，岂可复征，边民宜恤，其悉免之。又四川江安县茶户诉：旧有茶八万余株，年深枯朽，户丁亦多死亡，今存者皆给役于官，无力培植，积欠茶课，责征日急。乞赐减免，并除杂役，专办茶课。命悉免之。至景泰元年十二月，免四川筠连及永宁等处失收茶课，以被劫扰故也。

十月，令四川江安县茶课折收钞。

至正统四年，又令播州宣慰使司茶仓，其茶课折收钞。八年，令筠连、高珙、宜宾等县茶课，每斤折钞一贯。景泰二年十一月，筠连、高珙以民不便，复改征茶。成化二年十一月，巡抚副都御史李浩奏：贵州所属岁办官抽芽茶，所收者多不堪用，请自今应输者收钞贯。部议行之。

十三年二月，仍许四川番人以马易茶。

自洪武三十年以私贩者多，申严西番茶禁。至是，长河西、鱼通、宁远等处军民宣慰司言：西番无他土产，唯以马易茶为业，近年禁约之后，生理甚艰，乞仍开中，庶几民有所养。从之。

《大学衍义补》曰：产茶之地，江南最多，皆无榷法，独于川陕禁法甚严，盖为市马故也。夫以中国无用之茶而易外夷有用之马，虽曰取茶于民，然因是可得马以为民卫，视山东河南养马之役，固已轻矣。但愚民无识，怨讟易生；又其地素贫而易变，唯在司国计者能调停而优待之，俾两得其便。一方之民，不胜幸甚。

仁宗洪熙元年，命以四川积茶折官俸。

诏：四川保宁等府所属原额官茶，照洪武年间例办纳，罢买民茶。其官仓见积茶堪中换马者，仍留支，其芽茶依当地时价，作官吏俸给支销。其不堪换马叶茶，具奏覆验烧毁。

宣宗宣德十年四月，时英宗已即位。改定禁约私茶，每三月遣行人一次。

自洪武三十年后，每岁四月至九月，月遣行人四员，分往川陕隘口，半年间计遣二十四员，往来络绎不绝。至是，户部奏：三阅月遣官一次，庶免沿途供费。从之。

五月，令四川保宁府巴县官地茶，依民地例起科。

先是，巴县官地茶起科一万二千四百余斤，承佃人户艰于办纳，至是乃命如民地茶例。

九月，革南川等县茶仓。

四川布政司奏：重庆府南川等四县茶课数少，而仓官虚旷，宜革其课，令本府征收。从之。至十月，重庆知府孙曰良言：重庆有茶仓一所，每岁收茶仅六千余斤，其正副官宜各裁一员，命部议行之。正统四年，革播州宣慰司茶仓。

十月，令召商运茶西宁，给以盐引。

西宁卫奏：茶马司缺茶买马，而四川成都诸府积有官茶，请召商运，每茶百斤，加耗十斤，不拘资次支与淮湘盐六引。从之。乃定例中茶者，自遣人赴西宁，而支盐于淮浙以偿费。并定运茶甘州者，每百斤支淮湘盐八引。自后商人恃文凭恣收贩，官课数年不完。都御史罗亨信言其弊，乃令官运如故，以京官总理之。

英宗正统五年，各布政司府州县批验茶引所无茶课者，俱裁之。

臣等谨按：明初，陕西茶引有火钻峪批验所，而江浙等处茶引皆买于应天、常州、杭州三批验所。又洪武五年十一月，移置山西平阳津太阳津批验茶课所于豆津，此皆批验所之可考者。其余批验茶课之所不能详矣。

六年，命以甘肃积茶折官俸。

凡甘肃仓所收茶，自宣德及正统元年以前者，按月准给陕西行都司并甘肃左等卫所官员俸及布绢，每茶一斤，折粮一斗。自后所积茶，多悉照此例，挨陈折给。至八年六月，又从佥都御史曹翼请，令甘肃仓茶折支军官俸给，每斤准米一斗五升。

景帝景泰二年，令陕西、四川二布政司各委官巡视关隘，禁约私茶出境，罢遣行人。

至四年，复遣行人如故。

《大学衍义补》曰：国家捐茶利予民，而不利其所入以目奉①，凡前代所谓榷务、贴射、交引、茶由诸种名色，今皆无之。唯四川置茶马司一，陕西置茶马司四，间于关津要害置数批验茶引所而已。及每年遣行人赍榜于行茶地方张挂，俾民知禁。又于西番入贡为之禁，限每人许顺带有定数，所以然者，祇欲资外国之马以备边，岂若前代夺民生日用之资以为经费哉！

① 目奉，当为"自奉"之误。

五年四月，户部奏：禁革私茶，乞如盐法例。从之。

凡军民人等官吏马快等船并车辆头匹挑担驮载私茶者，官司盘获茶货车船头匹入官，巡捕人员受财纵放者一体究问如律。引由照茶依例批验，截角缴销；若有过期者，批验茶引所查报上司，转行追问，仍照例送销。自后批验所给散引由，务籍记茶商姓名、籍贯、茶斤引数，每引由一道，纳钞一贯。中夹纸一张送部，钞送库，交收纸存印引。成化十八年，有兴贩夹带五百斤者，照私盐例充军。

是年，令四川界首茶课司于南京户部印给茶引，折支官军俸粮。

英宗天顺二年，定番僧夹带私茶之禁。

先是，景泰四年八月，巡抚湖广都御史李实奏：四川番僧进贡毕日，许带食茶回还。因此货买私茶至万数千斤及铜铁磁锡等器，沿途多用船载，至成都陆路起夫扛抬。如卭县至雅州，其间半系嫚夷土民，不习肩挑，多是背负送运，不前，又令妇人抬至四五百里之程，及其至日，诬以偷取茶物，逼令赔补。且山岭险峻，人烟稀疏，日则野行，夜则荒宿，以彼淫秽之俗，乱我淳美之风。又经过驿站，重索酒食，稍有不从，辄用兵刃伤人，虽有伴送武弁，难以钤束，乞敕禁之。至是，定：凡番僧夹带奸人并军器私茶违禁等物，许沿途官司盘检，茶货等物入官，伴送夹带人送所在官司问罪。若所在官司纵容，收买茶货，及私受馈送增改关文者，听巡按等官察究。至成化七年，又禁进贡回回番僧人等，于在京及沿途收买私茶。

宪宗成化三年，遣御史一员于陕西巡查，一年更代。

既而番人不乐御史，马至日少，至九年十月，以巡按陕西御史范英言，复诏御史免差，止令抚按官并行人严禁之。《会典》作十一年取回陕西巡茶御史，仍遣行人。十四年，仍遣御史于陕西巡茶。

以西宁洮河茶马司积多余茶折收银。

初，川陕茶课皆收本色，以易番马。永乐后，番马悉由陕西道，川茶多浥烂，乃令以三分为率，一分收本色，二分折银。至是，西宁等处亦折收银，粗茶百斤、芽茶三十五斤，皆量收五钱；无银收丝绢等，俱解本省，有司支用。至五年，令金川等处茶课仍收本色，其原折收银布，俟丰年收买茶斤以备易马。弘治八年，命四川自弘治二年后所逋茶课，俱减轻征之。芽茶二斤银一分五厘，叶茶一斤银一分。

七年，罢遣行人四川巡茶。令按察司分巡官往来禁约。

孝宗弘治三年，复令陕西招商中茶，官收其十之四。

御史李鸾言：茶马司所积渐少，各边马耗，而陕西岁稔，无事易粟，请于西宁、河西、洮州三茶马司招商中茶，每引不过百斤，每商不过三十引，官收其十之四，余者始令货卖，可得茶四十万斤，易马四千匹，数足而止。从之。

　　臣等谨按：茶马之法，洪、永时三年一次，官运保宁等处，至西宁等处贮仓易马，后此例不行，止取汉中等处民茶及巡获私茶以充用。至是，令巡按及各布政司出榜，召商报中，给引赴产茶处收买茶斤，运赴原定茶马司，以十分为率，六分听商自卖，其四分贮官。此变官运而为商运也。

七年，以陕西岁饥，开中茶二百万斤，召商派缺粮处纳仓备赈。

至八年，又令中茶四百万斤以资边储。十二年十二月，巡按陕西御史王宪言：河州等处设茶马司，收茶易马，大得驭番之道。比来抚臣建议，从权开中粮茶，遂致私茶难禁，易马不利。今闻连岁稍稔，而粮茶未见其益，只见其弊，宜罢。诏暂停之。至十四年，又以榆林、环、庆、固原，粮饷缺乏，命量开洮河、西宁茶四五百万斤，召商纳银，类解边仓，余卖粮料。十五年十二月，以御史王绍言：复停召商开中。

十六年五月，以督理马政都御史杨一清兼巡茶。

给事中徐蕃等言：巡茶所督之茶，积贮于官司者，多不暇究。其美恶乞取回御史，凡茶事皆责任都御史杨一清，俟事有成效，仍差巡察，三年一代。从之。至正德元年，一清请复设巡茶御史，兼理马政，乃复遣御史。

十七年，复命召商运茶于陕西。

时命召商买茶给银，定限听其自运。至各茶司取实收查验，仍委官于西宁、河州二卫发卖。至正德元年，都御史杨一清议商人不愿领价者，以半与商令自卖。遂著为例。

　　臣等谨按：孝宗十四年，令召商中茶，纳银余粮。是输银于茶司而给引卖茶也。若是年给银，听其自运，则又运茶于茶司，而给商以价银矣。

武宗正德元年，都御史杨一清请复金牌信符之制。不行。

时一清亲诣西宁等卫，凡番官偕国师等，各赍原降金牌信符来谒，一清责以近年不纳茶马，皆北面稽首称不敢违，乃疏请复洪武金牌信符之制。疏上，以久废不及复。自后武宗宠番僧，许西域人例，外带私茶而法遂坏。至嘉靖时，御史刘仑、总督尚书王以旂等请复给诸番金牌信符。兵部议：番族变诈不常，北狄钞掠无已，金牌亟给亟失，殊损国体。番人纳马意在得茶，严私贩之禁则番人自顺，虽不给金牌，马可集也。若私贩盛行，吾无以系其心，制其命，虽给金牌，马亦不至。乃定议，发勘合予之。

杨一清请复金牌信符疏曰：自唐世回纥入贡，以马易茶。宋熙宁间遂定为制，以摘山之例，易充厩之良。戎人得茶，不能为害；中国得马，足为我利。至我朝纳马，谓之差发。如田之有赋，身之有庸，彼既纳马，我酬以茶。我体既尊，彼欲亦遂，较前代曰互市、曰交易，大不相侔。且金城之西，绵亘数千里，以马为科差，以茶为酬价，使知远夷皆臣民，不敢背叛。如一不得茶，则病且死，以是羁縻之实①，贤于数万甲兵矣。此制西番以控北狄之上策也。自金牌制废，私贩盛行，虽有抚按巡茶之官，卒莫能禁，坐失茶马之利垂百六十年。查洪武时颁降金牌于洮河、西宁三卫番族，凡四十一面，纳马一万四千五十一匹，每三年一次，遣官赍捧，议马给茶。后因边方多事，停止有年。如库春安图诸卫，渺不相通，恐数十年后近番亦不复知有茶马矣。乞复旧制，以弘治二十年为招易之期，遣使赍上号金牌，不必调军深入，恐滋骚扰，唯会同臣等住札三卫，调取原降下号金牌前来纳马给茶赏劳，以后三年一次，中间二年，仍照常晓谕，有愿以马易茶者听，如不受约束调兵诛剿，以警其余，庶恩威并施，番人怀畏，藩篱永固矣。

十年，定茶篦数。

番人市茶不辨权衡，止用篦中马。篦大则官亏其直，小则商病其繁。至是，巡茶御史王汝舟约为中制，每千斤为三百三十篦，篦六斤四两，每

---

① 羁縻，《史记·司马相如传》曰："羁，马络头也；縻，牛靷也"，引申为笼络控制。

正茶三斤，篦三斤四两。至嘉靖三年，御史陈讲以商茶低伪，悉征黑茶，地产有限，乃第茶为上中二品，印烙篦上，书商名而考之。

王圻曰：初招商中茶，上引五千斤，中引四千斤，下引三千斤。每十斤蒸晒一篦，运至茶司，官商对分，官茶易马，商茶给卖。每上引仍给附茶一百篦，中引八十篦，下引六十篦，名曰酬劳。经过地方，责令掌印官盘验，佐贰官催运。

世宗嘉靖五年，复位四川茶引价。

四川税亩课茶，照旧征收。其商贩茶至百斤以上，俱赴管茶官处报中。凡中芽茶，每引定价三钱，叶茶二钱，俱报中价银赴司上纳。其腹里产茶地，凡茶不及百斤俱赴州县报数，每十斤纳银一分，给票照卖。

十二年，令陕西金州、西乡、石泉、汉阴、紫阳五州县茶户，巡茶御史每十年一次清审，量为增减，均平茶课。

十三年，令开茶之期，商人报中，每岁至八十万斤而止。

至二十六年，户部以全陕灾震，边饷告急，国用大绌，上言：先时正额茶，易马之外多开中，以佐公家，有至五百万斤者。后止开正额八十万斤并课茶。私茶通计仅九十余万，宜下巡茶御史议，召商多中。御史杨美益言：岁祲民贫，即正额尚多亏损，安有赢羡！今第宜守每年九十万斤招番易马之规，凡通内地以息私贩，赠开中以备振荒。悉从停罢，毋使与马分利。户部又以帑藏方匮，请如弘治六年例，易马外仍开百万斤召纳边镇，以备军饷。从之。至四十三年三月，御史潘一桂又言：召商中茶，近增至百万，滞矣。止宜岁中五六十万，招商以五百五十人为率。报可。

十五年，敕陕西三茶马司止留一年之用。

御史刘良卿言：私茶出境与关隘失察者，律并凌迟处死。盖西陲藩篱莫切于诸番，番人恃茶以生，故严法以禁之，易马以酬之，以制番人之死命，壮中国之藩篱，非可以常法论也。洪武初，民间蓄茶不得过一月之用。弘治中召商中茶，或以备振，或以储边，然未尝禁内地之民使不得食茶也。今减通番之罪，止于充军。禁内郡之茶，使不得食。又使商私课茶，悉聚于三茶马司。夫茶司与番为邻，私贩易通，而禁复严于内郡，是驱民为私贩而授之资也。以故大奸阑出，而漏网小民负升斗而罹法。今计三茶马司所贮，洮河足三年，西宁足二年，而商私茶课日益增积，腐烂无用，茶法之弊如此。番地多马而无所市，吾茶有禁而不得通，其势必相求而制之之机在我。今茶司居民窃易番马以待商贩，岁无虚日，及官易时则马反耗矣。请敕三茶马司止留二年之用，每年易马当发若干，正茶之外分毫毋得夹带。令茶价涌贵番人受制，良马将不可胜用。且多开商茶，通行内地，官榷其半以备军饷，而河、兰、阶、岷诸近番地禁卖如故，更重通番之刑如律例。洮、岷、河责边备道，临洮、兰州责陇右分巡，西宁责兵备，各选官防守，失察者以罢软论。奏上，报可。于是茶法稍饬矣。

二十六年，定造假茶及贩私罪例。

各商有原无资本，混报茶批，通同园户蒸造假茶。及将验过真茶盗卖，沿途采取草茶纳官，至五百斤千斤以上者，商人园户并知情转卖之人，各充发附近极边有差。不及前数者，依私盐法。又凡行茶地但有豪强出本雇觅，十人以上挑贩私茶者，照例问罪。巡捕通同卖放首恶及挟诈良民，官吏俱治罪。

穆宗隆庆三年，均四川边腹茶引。

四川茶引，旧额五万道，内黎雅一万道，松潘二千道，腹里三万八千道。嘉靖三十一年，定黎雅二万道，松潘四千道，腹里二万六千道。至是，以边引茶少而易行，腹引茶多而常滞，乃裁引万二千，以三万引属黎雅，四千引属松潘诸边，四千引留内地，税银共万四千余两，解部济边以为常。

五年，定销引迟速赏罚例。

商人假以附茶为由，任意夹带短贩，有二三年不到茶司者，十数年不销原引者，于是定例：一年完者厚赏，二年量赏，三年免究，四年问罪。附茶一年入官，五年问罪，附茶尽入官，不准再报；六年照例问遣。

复定买茶中马事宜。

各商自备资本，执引赴官，比号相同，收买好茶，无分黑黄正附，一例蒸晒，每篦重不过七斤，蒸晒毕，所在官司催发起程，仍填注日期，运至汉中府辨验真假黑黄斤篦，各另秤盘，经过置口巡检司火钻、批验所巩昌府查验篦数，稽考夹带。苏溪关遵例每正茶一千斤，计照散茶一千五百斤。若有多余，方准抽税，各照格填注钤印截角，限赴洮州茶司，对分贮库，取实收销缴。如有夹带多少，伪造低假正附，篦斤不符，即从重问罪。又令甘州茶司仿洮河、西宁三茶司事例，岁以六月开中听调番族，限两月内不拘儿骒骟马堪骑征者，中纳八百匹，毋许过期。

臣等谨按：明代召商中茶，如洪武三十年。弘治七年，以米易茶，所谓粮茶事例也。宣德八年，以茶易盐，所谓盐茶事例也。若弘治三年，令运茶至茶司而给以引，十四年令纳银于茶司而给以引，十七年又令运茶至茶司而给以银，皆随时立法，举废不常，唯以茶易马所谓以采山之利易充厩之良，不唯固番人心，且以强中国，故自洪武四年立法后，迄崇祯末年，太仆卿王家彦犹恺切言之，直与明代相终始者。

神宗万历四年二月，巡按陕西御史傅元顺条陈茶马三事。从之。

其一，抚番族以安地方，谓洮西熟番古陆阿尔答等，国初受敕中纳茶马，与西脑生番下沙麻儿等原不同谋，不得一概大征，有妨招中；一、留茶篦以戒不虞，谓番人以茶为命，每岁中马六千有奇，中国恃以制番。近议与西海丙兔开市，即以招番余茶用易北马，将使番人仰给于北，彼此势合贻患匪细，宜照原议，与北狄市唯易缎绢布粮等物，茶篦仍留招番；一、定期限以定遵守，谓每年招番中马日期，洮河茶司宜定以五月，河、甘二茶司定以六月，西宁茶司定以七月，番市告竣而后北酋赴市，庶经过中马番族，可保无虞，不致骚扰。皆诏行之。

五年，谙达请开茶市，勿许。

谙达款塞请开茶市①，御史李时成言：番以茶为令，北人若得借以制番，番必从之，贻患匪细。部议给百余篦，而勿许其市易。

十三年，开西安、凤翔、汉中茶禁。

旧制，内地与番邻者禁食茶。以御史刘良卿言：禁稍弛。嘉靖四十三年，御史潘一桂又言：松潘与洮河近，私茶往往阑出，与番夷通，宜停松潘引目。报可。至是，以西安、凤翔、汉中不与番邻，开其禁，招商给引，抽十之三入官，余听自卖。于是御史钟化民又以私茶每多阑出，请分任责成。陕之汉中关南道督之，府佐一人，专驻鱼渡坝。川之保宁，川北道督之，府佐一人专驻鸡猴坝，率州县官兵防守。从之。

二十三年，议禁湖茶。

初，中茶易马，唯汉中保宁，而湖南产茶直贱，商人率越境私贩，中汉中保宁者仅一二十引，茶户欲办本课，辄私贩出边，番人利私茶之贱，

---

① 款塞，诚恳友善地来到关前。款，诚恳地；塞，城塞。

因不肯纳马，至是，御史李楠请禁湖茶，言：湖茶行，茶法马政两弊。宜令巡茶御史召商给引，愿报汉兴保赙者悉准中，越境下湖南者禁止。且湖南多假茶，食之刺口破腹，番人亦受其害。既而御史徐侨言：汉川茶少而直高，湖南茶多而直下，湖茶之行，无妨汉中；汉茶味甘而薄，湖茶味苦于酥酪为宜，亦利番也。但宜立法，严以遏假茶。户部折衷其议，以汉茶为主，湖茶佐之。各商中引，必先给汉川毕乃给湖南，如汉引不足，则给以湖引。报可。

二十九年，令汉中等所属州县茶课仍输本色。

陕西巡按御史毕三才言：课茶征输，岁有定额，先因茶多，余积园户，解纳艰难，以此改折。今商人绝迹，五司茶空，请令汉中五州县仍输本色，每岁招商中五百引，可得马万一千九百余匹。部议：西宁、河、洮、岷、甘、庄浪六茶司共易马九千六百匹，着为令。至天启元年八月，又以茶马御史彭际遇言，增中马二千四百匹。时商人正引之外多给赏由票，使得私行番人上驷尽入奸商，茶司所市者，乃其中下也。番既得茶，叛服自由，而将吏又以私马窜番马，冒支上茶，茶法马政边防于是俱坏矣。

臣等谨按，王圻《续通考》：陕西茶课，初二万六千八百六十二斤一十五两五钱，万历时五万一千三百八十四斤一十三两四钱；系汉中府属金州、紫阳、石泉、汉阴、西乡五州县岁办分解各茶马司。四川茶课，初一百万斤，后减为八十四万三千六十斤；至正统九年，又减其半；景泰二年停止；成化十九年，每岁运十万斤，万历时本色一十五万八千八百五十余斤存本处，听候支用；系石泉、建始、长宁等县并建昌、天全、乌蒙、镇雄、永宁九姓土司办纳。折色三十三万六千九百六十三斤，共征银四千七百二两八分，内三千一百五两五钱五分存本省赏番，实解陕西巡茶衙门易马银一千五百九十六两五钱三分，系保宁府属巴州、通江、广元、南江四州县解纳。万历六年，巡茶御史册报新收银一千六百九十四两六钱九分五厘。盖茶课莫多于四川云。

愍帝崇祯十五年十一月，太仆卿王家彦上料理茶苑京马疏，敕议行之。

时马政日弛，家彦尝请改西番茶马之制，帝褒纳其言，是年迁太仆卿。因言：崇祯元年，每岁茶马给边给苑外，额中京马一千五百匹，五司所积之茶易马赏番，岁额二十万篦；又陈茶变价尚得银十万七千余两，抵甘固军饷，此当日召商广积之明验也。数年来茶篦减黄增黑，茶道不通，茶商裹足，敝茗羸驲，约略充数，其应给各镇者，且议改折帮价矣。乞复金牌制及严收良茶法。帝手其疏语执政曰：家彦奏皆善。敕议行。然军兴方亟，不能尽举也。

钦定续文献通考卷二十三

征榷考

坑冶

宋理宗端平三年九月，诏：诸路州县坑冶①毋扰害民。

先是，孝宗熙十年六月，广西运司奏：昭州金坑五，递年所入不多，乞废罢以裕民。遂罢昭州岁贡金。光宗绍熙二年八月，宽两淮榷铁之禁。至是祀明堂，大赦。诏曰：诸路州县坑冶，兴发在观寺祠庙、公宇②、居民坟地及近坟园林地者，法不许人告，亦不得受理；访闻官司利于告发，更不究实，多致扰害，自今许人户越诉，官司并讼者重置典宪，及有坑冶停闭、苗脉不发之所③，州县勒令坑户虚认岁额，提点铸钱司核实追正。

《宋史·陈俊卿传》曰：孝宗朝，俊卿参知政事。时四明献银矿，将召冶工即禁中锻之。俊卿奏：不务帝王之大，而屑屑有司之细，恐为有识所窥。罢之。

又《赵必愿传》曰：宁宗时，必愿移泉州，罢白土课，及免差吏榷铁。

臣等谨按：坑冶诛求抑勒，有极扰民者记载。绍定五年五月，臣像言：积阴霖淫，自夏徂秋，疑必有致咎之征。比闻蕲州进士冯杰，本儒家，都大坑冶司抑为炉户，诛求日增。杰妻以忧死，其女继之。弟大声因赴诉死于道路，杰知不免，毒其二子一妾，举火自经而死。

---

① 坑冶，中国古代对采矿和冶炼业的称呼。
② 公宇，此指官府所在地。
③ 苗脉，矿苗和矿脉。

民冤至此，岂不上干阴阳之和？乃诏罢都大坑冶魏岘职，观此则理宗时坑冶之害，有不可胜言者矣。

辽太祖五年十月，置铁冶。

帝始并室韦①，其地产铜铁金银，其人善作铜铁器。又有特穆尔部者多铁，特穆尔，国语铁也。部置三冶，曰柳湿河，曰三黜古斯，曰手山。

神册初，平渤海，置采炼铁户。

时得广州，本渤海铁利府，改曰铁利州，地亦多铁。东平县，本汉襄平县故地，产铁矿，置采炼者三百户，随赋供纳。以诸坑冶多在国东，故东京置户部司，长春州置铁帛司。又帝征幽、蓟，师还，次山麓，得银铁矿，命置冶。

　　《辽史·地理志》曰：银州本渤海富州。太祖以银冶更名所属新兴县，即渤海置银冶地。又太祖伐渤海，迁其民于辽城，建长乐县，户四千，内一千户纳铁。泽州，本汉土垠县地，太祖俘蔚州民立寨居之，采炼陷河银冶。

太宗时，置五冶太师。

自太祖之父撒刺的以土产多铜，始造钱弊②，后遂袭用之，以开帝业。至是乃设官，以总四方钱铁。

圣宗太平五年十二月，禁工匠不得销毁金银器。

七年五月，西南路招讨司奏：阴山中产金银，请置冶。从之。复遣使循辽河源求产金银之所。

　　《辽史·食货志》曰：帝于潢河北、阴山及辽河之源，各得金银矿兴冶采炼，自此以迄天祚，国家皆赖其利。

　　又《国语解》曰：山金司以阴山产金，置冶采炼，故以名司，后改为统军司。

---

　　① 室韦，古部族名，居于黑龙江和额尔古纳河流域，自北朝以后归附中原王朝。其中的一支蒙兀室韦是蒙古族的祖先。
　　② 弊，当为"币"字之误。《辽史·食货志》记此事为"先代撒刺的以土产多铜始造泉币"。

兴宗重熙二年十二月，禁夏国使沿路私市金铁。

道宗清宁九年正月，禁民鬻铜。

十年十一月，禁南京不得私货铁。

咸雍六年十一月，禁鬻生熟铁于回纥、准布等界。

金海陵天德四年十一月，买珠于乌尔古德呼勒部及扶余路。禁百姓私相贸易。仍调两路民夫采珠一年。

正隆二年十月，初禁铜越外界。

以议鼓铸故也。

三年二月，遣使检视随路金银铜铁冶。

时初置钱监，因有是命。

世宗大定三年，制金银坑冶，许民开采，百分中取一为税。金银税，互见征商门。

五年，听人射买宝山县银冶。

九年七月，罢东北路采珠。

十二年正月，以铜少，命尚书省遣使诸路规措铜货，能指坑冶得实者赏。

至十六年三月，又遣使分路访察铜矿苗脉。

《金史·食货志》曰：正隆而降，始议鼓铸。民间禁铜，甚至铜不给用，渐兴窑冶。凡产铜地脉，遣吏境内访察无遗，且及外界。而民用铜器不可阙者，皆造于官而鬻之。既而官不胜烦，民不胜病，乃听民冶铜造器，而官为立价以售。此铜法之变也。

十二月，诏：金银坑冶，听民开采，毋得收税。

二十七年，尚书省奏：听民于农隙采银，承纳官课。

《金史·张大节传》曰：大定中，定襄退吏诬县民匿铜者十八村。大节为户部郎中，廉得其实，抵吏罪，民砢石颂之。章宗时授震武军节度使，部有银冶，有司以为争盗由此生，付众议，皆以官榷为便。大节曰：山泽之利，当与民共。且贫而无业者，虽严刑能禁其窃取乎？宜明谕民，授地输课，则其游手者有所资，于官亦便。从之。

二十九年十二月，时章宗已即位。甄官署丞丁用楫言开采铜矿之弊。

时立代州、曲阳二钱监，雁门五台民诉：自立监铸钱以来，有铜矿之地，虽曰官运，其雇直不足，则令民共偿，乞与本州司县均为差配。遂命用楫往审其利病。还，言：所运铜矿，民以物力科差济之，实非所愿，雇直既低，更有刻剥之弊，而相视苗脉工匠，妄指人之垣屋及寺观谓当开采，因以取贿。又随冶工匠日办净铜四两，多不及数，复销铜器及旧钱送官以足之，病民多费，未见利便。遂罢二监。

章宗明昌三年，禁采铜于天山界外。

旧尝以夫匠逾天山北界外采铜，至是，监察御史李炳言：项闻有司奏，在官铜数可支十年，若复每岁令夫匠过界远采，不唯多费，复恐或生边衅。若支用将尽之日，止可于界内采炼。帝是其言，遂不许出界。

三年，以提刑司言，封诸处银冶，禁民采炼。

五年九月，初令民扑买随处金银铜冶。

御史台复奏，请令民采炼随处金银铜冶。帝命尚书省议之。宰臣议，谓：国家承平日久，户口增息，虽尝禁之，而贫人苟求生计，聚众私炼，上有禁之之名而无杜绝之实，故官无利而民多犯法。如令民射买，则民壮者为夫匠，老稚供杂役，各得均齐，而射买之家亦有余利，如此则可以久行，比之官役雇工、糜费百端者有间矣。遂定制，有冶之地，委谋克县令借数召募射买，禁权要、官吏、弓兵、里胥皆不得与。视旧场之例，令州府长官一员提控，提刑司访察而禁治之。帝曰：此终非长策。参知政事胥持国曰：今姑听如此，后有利然后设官可也。譬之酒酤，盖先为坊场，而后官榷也。帝亦以为然，遂从之。坟山西银山之银窟凡百一十有三。

宣宗兴定三年七月，汝州、鲁山、宝丰、邓州置铁冶。

从摄京西路三司李复亨奏也。复亨言：民间销毁农具以供军器，臣窃以为未便。汝州、鲁山、宝丰、邓州南皆产铁，募工置冶，可以获利，且不厉民。诏尚书省行之。

元兴，凡金银、珠玉、铜铁、水银、朱砂、碧甸子、铅锡之类，皆因土人呈献而定其岁入之课。

金之所产，在腹里曰益都、檀景，辽阳省曰大宁、开元，江浙省曰饶、徽、池、信，江西省曰龙兴、抚州，湖广省曰岳、澧、沅、靖、辰、潭、武冈、宝庆，河南省曰江陵、襄阳，四川省曰成都、嘉定，云南省曰威、楚、丽江、大理、金齿、临安、曲靖、元江、罗罗、会川、建昌、德昌、柏兴、乌撒、东川、乌蒙。

银之所产，在腹里曰大都、真定、保定、云州、般阳、晋宁、怀孟、济南、宁海，辽阳省曰大宁，江浙省曰处州、建宁、延平，江西省曰抚、瑞、韶，湖广省曰兴国、郴州，河南省曰汴梁、安丰、汝宁，陕西省曰商州，云南省曰威楚、大理、金齿、临安、元江。

珠之所产，曰大都，曰南京，曰罗罗，曰硕达勒达，曰广州。

玉之所产，曰于阗，曰费里沙。

铜之所产，在腹里曰益都，辽阳省曰大宁，云南省曰大理、澄江。

铁之所产，在腹里曰河东、顺德、檀景、济南，江浙省曰饶、徽、宁国、信、庆元、台、衢、处、建、宁化、邵武、漳、福、泉，江西省曰龙兴、吉安、抚、袁、瑞、赣、临江、桂阳，湖广省曰沅、潭、衡、武冈、宝庆、永、全、常宁、道州，陕西省曰兴元，云南省曰中庆、大理、金齿、临安、曲靖、澄江、罗罗、建昌。铁之在各省者，独江浙、江西、湖广之课为最多。凡铁之等不一，有生黄铁、有生青铁、有青瓜铁、有简铁，每引二百斤。

朱砂、水银之所产，在辽阳省曰北京，湖广省曰沅潭，四川省曰思州。

碧甸子之所产，曰和林，曰会州。

铅锡之所产，在江浙省曰铅山、台、处、建宁、延平、邵武，江西省曰韶州、桂阳，湖广省曰潭州。

太宗八年，始置河东及檀景等处铁冶。

铁在河东者，是年立炉于西京州县，拨冶户七百六十煽之。次年，立炉于交城县，拨冶户一千煽之。至世祖至元五年，始立洞冶总管府。七年，罢之。十三年，立平阳等路提举。十四年又罢之。其后废置不常。成宗大德三年九月，置河东山西铁冶提举司。十一年，听民煽炼，官为抽分。武宗至大元年，复立河东都提举司掌之。所隶之冶八：曰大通、兴国、惠民、利国、益国、闰富、丰宁。丰宁之冶有二。仁宗延祐三年十月，敕五台云鹫寺置铁冶提举司。

在檀景等处者，是年始于北京拨户煽之。至世祖中统二年，立提举司掌之。至元二十年十月，罢北京盐铁课提举司。其后亦废置不常。大德五年正月，始并檀景三提举司为都提举司，所隶之冶七：曰双峰、暗峪、银崖、大峪、五峪、利贞、锥山。

世祖中统三年正月，诸王塔齐尔请置高丽铁冶。从之。

六月，敕武宁府岁输所产铁。又立小峪、芦子、武宁军、赤泥泉铁冶四所。

四年正月，领部阿哈玛特请兴河南等处铁冶。从之。

四月，以漏籍户一万一千八百，附籍四千三百，于各处起冶，岁课铁四百八十万七千斤。五月，以礼部尚书马伊克努尔领已括户三千，兴煽铁冶，岁输铁一百三万七千斤，就铸农器二十万事，易粟四万石输官。河南随处城邑市铁之家，仍旧鼓铸。至元九年五月，减铁冶户。十三年九月，阿哈玛特等以军兴，国用不足，议复立都转运司，量增课程原额，鼓铸铁器，官为局卖。十九年二月，立铁冶总管府，罢提举司。泰定帝致和元年六月，罢河南铁冶提举司归有司。

铁在济南等处者，是年拘漏籍户三千煽之[1]。至元五年，立洞冶总管府。二十六年四月，以莱芜铁冶提举司隶山东盐运司。其后废置不常。至大元年，复立济南都提举司，所隶之监五：曰宝城、通和、昆吾、元国、富国。顺帝元统二年十一月，以济南莱芜县饥，罢官铁冶一年。

在顺德等处者，至元二十五年八月，以河间等路盐运司兼管顺德、广平、綦阳三铁冶。三十一年，拨冶户三千煽之。大德元年，设都提举司掌之。十一月，以真定铁冶隶顺德都提举司，罢保定紫荆关铁冶提举司。武宗至大元年闰十一月，罢顺德、广平铁冶提举司，听民自便，有司税之如旧。三年正月，复立广平、顺德路铁冶都提举司。至仁宗延祐六年始罢两提举司，并为顺德、广平、彰德等处提举司，所隶之冶六：曰神德、左村、丰阳、临水、沙窝、固镇。

《元史·刑法志》曰：诸铁法，无引私贩者，比私盐减一等，杖六十，铁没官，内一半折价付告人充赏；伪造铁引者，同伪造省部印信论罪，官给赏钞二锭付告人。监临正官禁治私铁不严，致有私铁生发者，初犯笞三十，再犯加一等，三犯别议黜降。客旅赴冶支铁引后，不批月日出给，引铁不相随，引外夹带，铁没官。铁已卖，十日内不赴有司批纳引目，笞四十。因而转用同私铁法。凡私铁、农器、锅釜、刀镰、釜杖及被坏生熟铁器不在禁限。江南铁货及生熟铁器，

---

① 煽，冶炼。

不得于淮汉以北贩卖，违者以私铁论。

至元二年二月，令各路民户从实淘金办课，毋得科断钞数。

先是，行省从长办课，未经定额，许令桩配百姓包纳，每金一钱，折价一十五两至十八两。至是，江南新附，因科金课甚觉扰民，御史台以为言，乃革淘金总管府并入宣慰司，令民从实采办。

金在益都者，至元五年闰正月，命于从刚、高兴宗以漏籍民户四千，淘于登州栖霞县，每户岁输金四钱。十五年又以淘金户二千金军者，付益都、淄莱等路淘金，总管府依旧淘金。其课于太府监输纳。二十年十月，遣官检核益都淘金欺弊。二十六年十一月，诏山东东路毋得沮淘金。二十八年十一月，禁沮扰益都淘金。至成宗大德八年十二月，复立益都淘金总管府。文宗至顺三年五月，置山东益都等处金银铜铁提举司。

在辽阳者，至元十年，听李德仁于龙山县胡碧峪淘采，每岁纳课金三两。十三年，又于辽东双城及和州等处采之。二十一年六月，命伊苏岱尔所部军六十人淘金双城。仁宗延祐三年五月，置辽阳金银铁冶提举司。七年，英宗即位。七月，以辽阳金银铁冶归中政院。

在江浙者，至元十九年十二月，以建康淘金总管府隶建康路。二十四年，立提举司以建康等处淘金，夫凡七千三百六十五户，隶之所辖金场凡七十余所。未几，以建康无金，革提举司，罢淘金户。其徽、饶、池、信之课，皆归之有司。成宗元贞元年十一月，立江浙金银铜冶转运司。大德二年二月，罢转运司，以淘金户还元籍，岁办金悉责有司。

在江西者，至元二十三年，抚州乐安县小曹周岁办金一百两。顺帝元统元年十一月，罢富州金课。

在湖广者，至元二十年，拨常德、澧、辰、沅、靖民万户，付金场转运司淘焉。

在四川者，元贞元年九月，以其病民，罢其淘金户四千还元籍，罪初献言者。

在云南者，至元十四年，诸路总纳金一百五锭。二十八年，从参政齐喇言，建都地多产金，可置冶，令旁近民炼以输官。从之。

《刑法志》曰：诸产金之地，有司岁征金课。正官监视人户自执权衡，两平收受，其有巧立名色，广取用钱，及多秤金数，克除火耗、为民害者，从监察御史廉访使纠之。

三年十二月，立诸路洞冶所。

四年正月，立诸路洞冶都总管府，专掌金、银、铜、铁、丹粉、锡绿，恢办课程。

凡系官拨户兴煽及见设官员自备工本洞冶并听，总管府催督。若诸路山川有旧立洞冶，都总管府即将所出之物，取勘见数，赴制国用使司入状，立额兴煽，毋许势豪之家影占阻挠①。各处炉冶户供炉矿炭等役，所司不得擅行科差。总管府设官吏合千人等，所在官司如有相关公事，同总管府取问归断。

银在大都者，中统四年八月，从博尔欢等请，以宣德州德兴府等处银冶付匠户，岁取银及石绿、丹粉输官。至元十一年，听王庭璧于檀州奉先等洞采之。十五年，令关世显等于蓟州丰山采之。泰定帝泰定二年闰正月，罢永兴银场，听民采炼，以十分之一输官。文宗至顺二年四月，全宁民王脱欢献银矿，诏设全宁银场提举司。

在云州者，至元二十七年，拨民户于望云煽炼，设官掌之。二十八年，又开聚阳山银场。十一月，置望云银冶。二十九年，立云州等处银场提举司。成宗元贞元年二月，立云州银场都提举司。武宗至大中，巴图鲁斯言：云州、朝河等处产银，令往试之，得银六百五十两。三年六月，诏立上都、中都等处银冶提举司，以巴图鲁斯为达噜噶齐。十一月，中书省言：巴图鲁斯去岁输银四千二百五十两，今岁复输二千五百两，且言：复得新矿，银当增办，乞加授嘉议大夫，从之。四年六月，复云州银场提举司。英宗至治三年正月，罢上都、云州、兴和、宣德、蔚州、奉圣州及鸡鸣山、房山、黄芦、三义沽金银冶②，听民采炼，以十分之一输官。

在辽阳者，至元二十九年十月，命赵德泽、吴荣领逃奴无主者二百四十户，于广宁浿州耕田并淘银。仁宗延祐二年四月，谕晋王伊苏特穆尔，以先朝所赐惠州银矿洞归还有司。至七月，复赐之。四年，于惠州银洞三十六眼立提举司办课。

在江浙者，至元二十一年，建宁、南剑等处立银场提举司煽炼。二十

---

① 影占，冒占。

② 三义沽金银冶，《元史·英宗纪》作"三义诸金银冶"。三义，地名。

九年正月，从江西行省左丞高兴请，罢福建银铁提举司。八月，以福建行省参政魏天佑献计，发民一万，凿山炼银，岁得万五千两，而天佑赋民钞市银输官，私其一百七十锭，台臣请追其赃而罢福建银冶。从之。十二月，中书省又言：宁国路六百户凿山冶银，岁额二千四百两，皆市银以输官。未尝采之山，乞罢之。诏可。成宗元贞元年三月，罢福建银场提举司，以有司领其岁额。闰四月，罢徽州路银场。

在湖广者，至元十九年十二月，罢湖广行省金银铁冶提举司，以其事隶各路总管府。二十三年，韶州路曲江县银场，听民煽炼，每岁输银三千两。

在河南者，延祐三年，李允直包罗山县银场，课银三锭。四年，李珪等包霍邱县豹子崖银洞，课银三十锭，其所得矿大抵以十分之三输官。

《刑法志》曰：诸烧造伪银者徒。造卖伪银，买主不知情，价钱给主；伪银内销，提真银没官，依本犯科罪。

铜在益都者，至元十六年，拨户一千于临朐县七宝山等处采之。

在辽阳者，至元十五年，拨采木夫一千户，于锦、瑞州鸡鸣山、巴山等处采之。

在澄江者，至元二十三年，拨漏籍户于萨矣山煽炼，凡一十有一所。

《刑法志》曰：诸出铜之地，民间敢私炼者禁之。

铅锡在湖广者，至元八年，定铅锡课。令辰、沅、靖等处转运印造锡引，每引计锡一百斤，官收钞三百文。客商买引赴各冶支锡贩卖，无引者比私盐减等，杖六十，其锡入官。

八年十二月，宣徽院请以阑遗、漏籍等户淘金，以劳民止之。

九年五月，罢西番多罗干等处金银矿户为民。

十年，命乌玛喇采碧甸子于和林。

至二十一年，云南会川输碧甸子一千余块。二十七年十一月，罢会川采碧甸子。

十一月，增费里沙淘玉户及采朱砂、水银于北京、湖广诸处。

穆尔玛哈穆特阿里三人言：谦淘玉之户，旧有三百，经乱散亡存者止七十户，其力不充，而费里沙之地旁近有民户六十，每同淘焉，于是免其差徭，与淘户等所淘之玉，于古都斯、和尔锡喇、卜丹三人所立水站递至京师。

朱砂、水银在北京者，是年命蒙古达实以恤品人户于济喇敏之地采炼。

在湖广者，沅州五寨萧雷发等每年包纳朱砂一千五百两，罗管赛包纳水银二千三百四十两，潭州安化县每年办朱砂八十两，水银五十两。

十二年九月，禁私造铜器。

十六年二月，拨民万户隶明里淘金。

二十年三月，罢淮安等处淘金官，唯计户取金。

七月，罢淮南淘金司。至二十八年正月，罢江淮淘金提举司。七月，又罢淘金提举司。

六月，命福建根访铜矿。

中书省奏：铜铁系国家必用之物，除铁货已煽炼外，铜坑未曾经理，宜访产铜之处，募人兴炼，禁止沮坏。从之。

八月，立怀来淘金所。

十二月，罢女直出产金银禁，并罢云南造卖金箔规措所。

二十一年二月，放檀州淘金五百人还家。

至二十五年九月，又罢檀州淘金户。顺帝至正元年十二月，诏：革王巴延彻尔等所献檀、景等处产金地土。

二十六年四月，高丽置银冶。

以高丽国多产银，遣工即其地发旁近民，冶以输官。

二十七年五月，尚书省遣人行视云南银洞，获银四千四十八两，奏立银场官。

十二月，湖广省上二年宣课珠九万五百一十五两。

珠在大都者，成宗元贞元年，听民于杨村直沽口捞采，命官买之。

在南京者，至元十一年，命奇唻安山等于松阿哩江、阿推勒古江、呼兰果斯江采之。

在广州者，采于大步海。仁宗延祐四年十二月，复广州采金银珠子都提举司。至七年，英宗即位。六月，罢徽政院广东采珠提举司，以有司领其事。泰定帝泰定元年七月，罢广州福建等处采珠蜑户为民，仍免差税一年。顺帝至元三年二月，参知政事纳琳等请复立广东采珠提举司，且以采珠户四万赐巴延。六年二月，出巴延为河南省左丞相，罢采珠提举司。

　　《元史·张珪传》曰：泰定元年六月，中书平章政事张珪等奏，广州东莞县大步海及惠州珠池，始自大德元年，奸民刘进、程连言利，分蜑户七百余家，官给之粮，三年一采，仅获小珠五两，六两入水，为虫鱼伤死者众，遂罢珠户为民。其后同知广州路事塔齐尔等又献利于实勒们，创设提举司监采。廉访司言其扰民，复罢归有司。既而内正少卿魏温都尔冒启中旨，驰驿督采，耗廪食，疲民驿，非旧制，请悉罢遣归民。从之。

　　外又有鄂诺多喇珲塔哈三河之珠。至元五年，徙凤格等户捞之胜州、延州、纳颜等城之珠。十三年，命多喇卜丹等捞焉。
　　二十八年七月，罢江南诸省买银提举司。
　　三十一年十月，时成宗已即位。弛江西银冶课额。
　　江西行省言：银场岁办万一千锭，而未尝及数，民不堪命，命自今从实办之，不为额。
　　成宗元贞二年九月，命各路铁冶官为兴煽发卖。
　　中书省言：各路系官铁冶，累年积铁，为数甚多，虽百姓自备工本，二八抽分，而纳官之数额不尽实。请罢其制，官为煽卖。从之。至大德元年十一月，又命将见在铁货及官铁，从实核计亏短追赔外，仍讲究如何兴煽备细保结。
　　大德元年十一月，禁权豪、僧道及各位下擅据矿炭山场。
　　十二月，命漳州采水晶。
　　福建平章高兴言：漳州漳浦县大梁山产水晶，乞割民百户采之。帝曰：不劳民则可，劳民勿取。
　　二年十一月，罢徐邳炉冶所进息钱。
　　七年六月，命还西京所鬻瑟瑟①。
　　西京道宣慰使帕哈里鼎以瑟瑟二千五百余斤鬻于官，为钞一万一千九百余锭。帝命除御榻所用外，余未用者悉还之。至武宗至大元年八月，仁宗为皇太子兼尚书令，金州献瑟瑟洞，詹事府院请遣使采之。仁宗曰：所

――――――――――

　　① 瑟瑟，碧绿的宝石。

宝唯贤，瑟瑟何用焉！若此后勿复闻。

武宗至大四年四月，时仁宗已即位。买卖铜器，听民自便。

仁宗皇庆二年二月，谕左右勿鬻回回宝玉。

先是，至大二年八月，帝以皇太子兼尚书令，近侍言：贾人有售美珠者，曰：吾服御，雅不喜饰。以珠玑生民膏血，不可轻耗。汝等当广进贤才，以恭俭爱人相规，不可以奢靡蠹财相导。言者惭而退。淮东宣慰使萨敦献玉观音、七宝帽顶、宝带、宝鞍，却之。戒谕如初。至是，谕左右曰：回回以宝玉鬻于官，朕思此物何足为宝，唯善人乃可为宝。善人用则百姓安，兹国家所宜宝也。

延祐二年正月，禁民炼铁。

七年二月，时英宗已即位。括民间系官山场河泊窑冶庐舍。

英宗至治二年十二月，免回回人户屯戍河西者银税。

泰定帝泰定二年十月，罢蒙山银冶提举司。

先是，至元二十九年正月，江西行省巴延阿喇卜丹言：蒙山岁课银二万五千两，初制炼银一两，免役夫田租五斗。今民力日困，每两拟免一石。世祖曰：重困吾民，民何以生。从之。至是，罢提举司，命瑞州路领之。

文宗天历元年，金、银、铜、铁、铅、锡岁课之数：

金课，腹里四十锭四十七两三钱；江浙、江西、湖广、河南、云南五省共四百四十六锭一百十六两二钱；四川省麸金七两二钱。

银课，腹里一锭二十五两；江浙、江西、湖广、云南四省共一千五百五十六锭八十六两。

铜课，云南省二千三百八十斤。

铁课，江浙省额外铁二十四万五千八百六十七斤，课钞一千七百三锭一十四两；江西省二十一万七千四百五十斤，课钞一百七十六锭二十四两；湖广、河南、陕西、云南四省共四十二万一千二百二十六斤。

铅锡课，江浙省额外铅粉八百八十七锭九两五钱，铅丹九锭四十二两二钱，黑锡二十四锭一十两二钱；江西省锡一十七锭七两；湖广省铅一千七百九十八斤。

顺帝至元元年六月，有司言：甘肃萨尔斡产金银，请遣官税之。

至正十二年三月，立饶州铜冶。

中书省言：张理献言，饶州德兴三处胆水浸铁可以成铜，宜即其地各立铜冶场。直隶宝泉提举司即以张理为铜冶场官。从之。

五月，罢苂儿棚等处金银场课。

明太祖洪武元年三月，近臣请开山东银场。不许。

时右丞相徐达下山东，近臣因进言：旧有银场可兴举者。帝谓：银场之弊，利于官者少，损于民者多，况今凋瘵之余，岂可以此重劳民力。言者惭而退。

六年四月，命各省置铁冶凡一十三所。

初，甲辰岁四月，中书省言：湖广所属州县，故有铁冶，请募工兴炼，以资军用。从之。至是各省置冶：江西进贤、新喻、分宜，湖广兴国、黄梅，山东莱芜，广东阳山，陕西巩昌，各一所，山西平阳二所，富阳、丰国、太原、大通、潞州、润国、泽州、益国，各一所，岁岁输铁共七百八十三万一千余斤。至十二年三月，又于湖广茶陵置铁冶所。

十五年四月，廉州巡检王德亨请开阶州水银坑冶。不许。

德亨言：家本阶州，界于西戎，有水银坑冶及青绿紫泥，愿得兵取其地以归于朝。帝谓户部曰：尽力求利，商贾所为。开边启衅，帝王深戒，此途一开，小人规利，劳民伤财，为害甚大，岂可听耶！自后水银场有四川、梁山、山西、五台、陕西、宁羌、略阳及云南等处，皆采水银、青绿。又贵州铜仁、大万山、长官司、大崖、土黄坑有水银、朱砂场局。宣德五年四月，裁副使一员，其思印江、长官司、婺川县板场局，亦皆有水银课。景泰三年，命蠲思印江课，婺川如旧。弘治十八年，裁板坑局大使等官，令本县掌印官带理征课事。

五月，广平府吏王允道请开磁州铁冶，杖而流之。

允道言：磁州临水镇地产铁，元时尝于此置铁冶都提举司，总辖沙窝等八冶，炉丁万五千户，岁收铁百余万斤。请如旧置炉冶铁。帝曰：朕闻治世天下无遗贤，不闻天下无遗利。各冶铁数尚多，军需不乏，而民生业已定，若复设此，必重扰之，是又欲驱万五千户于铁冶中也。命杖之，流海外。

《日知录》曰：太祖尝黜言利之御史，谓侍臣曰：君子得位，欲行其道；小人得位，欲济其私。行道者心存于天下国家，济私者心存于伤人害物。十三年五月，御史周姓《宝录》不载其名。此即唐太宗责权万纪之遗意也。若杖允道、流岭南，其不肩好货之意，可谓至深切矣!

十二月，罢济南、青、莱三府采铅。

三府奏：岁役民二千六百六十户，采铅三十二万三千四百余斤，及今年久凿山愈深，而得铅愈少，乞停其役。从之。

十八年，罢各布政司铁冶。

既而工部言：山西交城产云子铁，旧贡十万斤，缮治兵器，他处无有，乃复设之。二十六年八月，复置武昌府兴国铁冶。二十七年正月，复置吉州丰国、富国二铁冶。二十八年二月，复置袁州府分宜铁冶。至闰九月，以库内储铁已多，复诏罢各处铁冶，令民自采，而岁输课程，三十分取其二。三十年四月，以山西交城之大通、吉州之丰国、富国、江南临江之新喻、袁州之分宜、湖广武昌之兴国、河南之钧州新安、四川蒲江之新市，凡九冶，采炼病民，悉革罢之。至永乐时，又设四川龙州、辽东都司三万卫铁冶。景帝时，办事吏请复陕西宁远铁矿，工部劾其违法，下狱。给事中张文质以为不宜塞言路，乃释之。

二十年，增福建银屏山银课额。

延平府尤溪县银屏山尝设场局煎炼银矿，置炉冶四十二座，岁办银二千一百两，至是增其额。时又有请开陕西银矿者。帝曰：土地所产，有时而穷，岁课成额，征银无已，言利之官，皆戕民之贼也。不许。至永乐间，有河池民言采矿，亦斥之。

二十六年十二月，令云南丽江府土民以马代所输白金。

西平侯沐春奏：丽江府土民，每岁输白金七百六十两，皆摩些洞所产，土民以马易金，不谙真伪，请令以马代输为便。许之。

成祖初，遣中官采珠于广东。

令于珠池起取，蜑户采之。每户给与口粮。

永乐十二年，遣提督官采办湖广辰州、贵州铜仁等处金银场课。

时又开陕西商县凤凰山银坑八所、福建浦城县马鞍等坑三所，设贵州太平溪、交趾宣光镇金场局、葛溪银场局、云南大理银冶，其不产金银者，亦屡有革罢。

十九年，遣御史及监生等榷办浙江、福建银课。

自后各省提督银课及巡察开采，布政司则参议主之，按察司则佥事主之，废置不一，其御史中官亦时遣焉。

仁宗时，命坑冶官设守禁者悉予民。

至宣德三年闰四月，广东奏采番禺铅砂。六年九月，河南奏开嵩县银矿。八年九月，四川奏开梁山铜冶。始皆诏行之，寻以所得不偿所费而止。

宣宗宣德三年九月，免江西德兴、铅山浸铜丁夫杂役。

二县铜场，岁浸铜得五十余万斤，所用铁炭丁夫自备，其差徭科征皆不免，岁额累亏，因诏有司悉免杂役，税粮附近输纳。仍令广、信、饶、徽等府办纳铁炭之家免杂役之半，税粮则运输南京淮安。又令增设县丞各一员，专管纳课。递年所欠铜课，悉予蠲免。

四年三月，命巡禁四川会川所属诸矿。

黔国公沐晟言：东川府会川卫所属山内产青绿银铜诸矿，军民往往潜取之，其地与云南武定府金沙江及外夷接境，恐生边患，乞令四川、云南三司巡禁。从之。

五年十一月，命审浙江温、处二府银冶实弊。

布政司王泽言：平阳、丽水等七县银冶，自永乐间遣官闸办①，共岁额八万七千八百两，至今十年，各场所产有仅足额者，有不足者，有矿尽绝者，闸办官督令坑首冶夫纳课，不敢稍失岁额，赔累之民，富者困敝，贫者逃亡他处，坑冶其害亦然。乞暂停其役。因命户部遣官审其实弊，或减额，或罢役，不可重困吾民。

十年正月，时英宗已即位。诏各处金银、朱砂、铜铁等课悉停免，坑冶封闭。其闸办内外官员即赴京。

时命金银、朱砂办收在官者，俱即解京；铜铁所在寄库，唯系洪武年旧额，岁办课银并差发金不在停免之例。至八月，管银坑太监山寿奏：云南新兴等七场及四川密勒山场，以封闭坑冶，铅矿在库，旁近盗起，每至焚毁藏库，戕害守者，劫掠铅矿，乞严禁捕。令总兵三司捕诛之。明年正月又罢贵州铜仁金锡局。

《明史·食货志》曰：岁办，皆洪武旧额也。闸办者，永、宣所新增也。

---

① 闸办，指开办。

英宗正统三年，定私煎银矿罪。

凡福建、浙江等处军民私煎银矿者，处以极刑，家口迁化外；其遁逃不服追问者，调官军剿捕。至五年，又定聚众偷挖者，发云南边卫充军。成化元年九月，从巡抚陕西御史项忠言：敕陕西河南及有矿处，凡窃取者，依律治罪，仍枷号示众。若三犯，则奏请裁处。其伤人或聚众不散者，处死。六年，又令偷掘银矿初犯照例枷示，仍充发辽东；其有资给衣粮器具及走报事情者，照初犯例。

九年闰七月，命户部侍郎王质往浙江、福建重开银场。

洪武间，福建各场岁课银二千六百七十余两，浙江税课二千八百余两；永乐间，福建增至三万二千八百余两，浙江增至八万二千七十余两；宣德间，福建又增至四万二百七十余两，浙江又增至九万四千四十余两。自是地方竭而民不堪矣。帝初即位，下诏封坑冶，民大苏息，至是有盗矿脉相斗杀者。御史孙毓、福建参政宋彰、浙江参政俞士悦，各言复开银场，则利归于上，而盗无所容，事下二处三司议。浙江按察司轩輗等奏：复开银场，虽一时之利，然凡百器具皆出民间，恐有司横加科敛，人心摇动，其患甚深。为今之计，莫若择官典守，严加禁捕，则盗息矣。朝廷是輗言。已而给事中陈传复请开场，中官与言利之臣相与附和，及乃命质往经理，合福建岁课银二万一千一百二十余两，浙江四万一千七百余两，虽较宣德时减半，而较洪武时已增十倍矣。至内外官属供亿费殆过公税，厥后民困而盗益众。至十三年八月，遂有邓茂七之乱①。

十年，令各银场额课不敷，不许派民包纳。

凡额数不敷，皆许于别坑有矿处煎补。又不敷者，具奏处置，其提督官吏及诸坑首匠作称课不及额，培敛民财，侵盗官银者，依律治罪。

景帝景泰元年二月，复罢采浙江、福建诸处银课。

先是，福建贼邓茂七以开矿作乱。正统十四年正月，免浙江、福建银课。二月，御史丁瑄等斩茂七于延平，民始安戢。至是从御史毕鸾等奏，取回闸办官，令都布按三司巡矿官提调，各府县护守坑场。又从佥都御史陈诏言，以浙江处州银课二万五千二百两即留本处，赏给有功民快人等。

六年十二月，擢献宝石屠宗顺、屠芝官。

————

① 邓茂七之乱，指邓茂七（? —1449）和叶宗留（1404—1448）领导的起义，其成员相当部分是掘矿工徒。

升宗顺为副千户，芝为百户，仍于御用监办事。

英宗天顺二年，仍开浙江、福建等处银矿。

自景泰元年封闭银场后，寻以盗矿者多，从兵部尚书孙原贞请，开浙江银场，因并开福建。至是，各遣内使一员，办事官一员，照旧煎办。令各镇守太监提督。至四年，命中官罗永之浙江，罗珪之云南，冯让之福建，何能之四川。课额：浙闽大略如旧，云南十万两有奇，四川万三千有奇，总十八万三千有奇。

四年，命云南杂犯死罪以下无力者，俱发新兴等场充矿夫，采办银课。

七年，复诏封闭各处坑场，停止煎办银课，取回内外官员。

八年，遣内使一员监守广东平江珠池。

自成祖初遣中官采珠后，宣宗时，有请令中官采东莞珠池者，系之狱。景泰中，尝遣中官采珠于雷、廉、平江等珠池。至是，复有采珠之役。因遣中官监守之。至成化九年，令监守廉州杨梅珠池，奉御兼营永安珠池。二十年，又遣中官一员守雷州乐民珠池。二十三年，令取回广东新添守珠池官。弘治七年，又遣中官一员监守杨梅、青莺、平江三珠池，兼巡捕廉、琼二府，带管永安珠池。

梁斗辉曰：按《粤通志》珠池率十年一采，守池中官并参随人员，每岁供应等费银万余两，计十年则为数十万余，而临采复费以万计，虽有所得，不偿所失矣。

宪宗成化三年，仍遣内使提督浙江、福建银课。四川、云南令镇守中官提督采办。

时又开湖广金场，武陵等十二县凡二十一场，岁役民夫五十五万，死者无算，得金仅五十三两，于是复闭。而浙江银矿以缺额量减，云南屡开屡停。

九年三月，减云南银课十之五。

巡按御史胡泾等奏：云南所属楚雄、大理、洱海、临安等卫军全充矿夫，岁给粮布采办之。初，洞浅矿多，课额易完，军获衣粮之利，未见其病。近日洞深利少，军士多以瘴毒死，煎办不足，或典妻鬻子赔补其数，甚至流徙逃生，哨聚为盗，以致军丁消耗，乞行停免。诏减银课之半，矿夫称之。

十七年，定云南私贩铜货罪。

自成化五年，定四川军民偷采白铜者，为首枷示，依律治罪。至是，因封闭云南路南川铜场，免征铜课。乃定路南凡私贩铜货出境，本身处死，全家发烟瘴充军。二十年，又定云南宁州等处军民客商，有偷采铜矿私煎及潜贩出境者，照路南州例究治。

孝宗弘治五年，诏：豁减浙江、福建诸处岁办银课。仍填塞矿穴，取回诸添设巡矿官。

时云南减二万两，温、处万两余，罢浦城废坑银冶。四川、山东矿穴，亦先后封闭。十八年二月，又禁密云私开银场。

《大学衍义补》曰：圣王取民之赋，无所谓金银铜铁之征者，岂不以山泽之利，取之有穷，而生之不继乎。我朝坑冶之利，比前代不及什之一二，间或有之，随取随竭。曩者，浙之温、处，闽之建、福，开场置官，内臣守之，宪臣督之，而所得不偿所费，乃多行革罢，均其课于民赋中。然今不徒无其利，而又受其害，各处不逞之徒，往往以竞利起乱焉。所宜严守捕法，筑塞之栅堑之，庶不至聚众争夺，贻祸于一方生灵耳！

十二年，罢广东监守珠池中官①。

十三年四月，申定盗掘矿砂罪，着为例。

凡盗掘银铜锡水银等矿砂，但系山洞捉获，曾经持杖拒捕者，不论人之多寡，矿之轻重，及聚众至三十人以上，分矿至三十斤以上者，俱不分初、再犯，发边卫充军。若不及数，又拒捕，初犯，枷号发落；再犯免枷号，亦发边充军，其私家收藏、道路背负者，止理见获，照常发落。不许巡捕人员逼令，展转攀指，违者参究治罪。

十一月，免云南判山等场银课。

巡抚都御史李士实奏：云南银场凡九，近年矿脉甚微，各卫俱以矿夫口粮赔纳，岁折银三万四百三十四两，名曰矿夫口粮。余丁或三五人朋当一名，岁办银二万一千九百四十五两，名曰夫丁干认。今判山、窝村、广

---

① 中官，此处指宦官。

运、宝泉四场，矿脉久绝，赔纳无已。乞自十二年为始，将四场银课暂免，军丁退还各卫备操，口粮移文有司收贮，以备军饷。则减者少，而增者多矣。部覆从之。

十四年，定盗珠人罪例。

除将军器下海为首真犯死罪外，但系在珠池盗珠、驾黑白艚船专用采网、持杖拒捕、聚至二十人以上，盗珠至十两以上者，俱照盗矿例，发云南、广西边卫充军。其不及数不拒捕者，初犯枷号，再犯充军。如系附海居民，用手拾蚌取珠，所得不多者，免枷示，照常发落。

十七年二月，广东民因开铁治作乱①，旋讨平之。

归善县清溪等处山产铁矿，有巫琮、招古、三仔等，就山煽铁。因啸聚为盗，官军捕之，获三仔等，会番禺民张文俊等奏请，立官炉纳课，土人唐大鬓者，亦率其党与焉。文俊等于课外索赂，大鬓等憾之，入乌洋潭为盗，三仔遂逸去与大鬓合，徒党日盛，佥事徐纮等督军捕之不克，总督刘大夏驰榜招降之，既而赍榜者索贿不已，大鬓复叛，调兵会剿始平之。

武宗正德三年，令封闭河南宜阳等县洞穴。

宜阳之赵保山唤乡洼，永宁之秋树坡，卢氏之高觜儿，嵩之马槽山等洞，俱照旧封闭。时又从中官秦文等奏，复开浙、闽银矿。既而浙江守臣言：矿脉久绝，乃令岁进银二万两。刘瑾诛，乃止。

六年，封闭云南银场九处，免其课。

至九年，军士周达又请开云南诸银矿并铜场青绿。诏可。遂次第开采。十五年，又令云南银矿新兴场及新开处所一并封闭，以后不许妄开。嘉靖初，又命闭云南大理矿场。

十四年六月，置广东铁税厂，以盐课提举司领之。

厂一所置省城外，以盐课副提举专管铁课，其惠、潮、揭阳三处及雷、琼等行铁地，有走税夹带漏报诸弊者，俱依盐法事例施行。

世宗嘉靖八年八月，提督两广侍郎林富谏采珠。不从。

珠池自天顺采珠后，弘治十二年又采，岁久珠老得最多，费银万余，获珠二万八千两，遂罢监守官。十五年十一月，又以广东守臣言，停南海采办。正德九年，复诏采办。嘉靖五年，又采之。珠小而嫩，亦甚少，至是又复诏采。富因上言：祖宗时，率数十年而一采，未有隔两年一采者。

---

① 铁治，刊刻有误，应为"铁冶"。

五年之役，死者五十余人，得珠仅八千八十两，天下谓以人命易珠。恐今虽以人易珠亦不可得。给事中王希文亦言：雷、廉珠池，祖宗设官监守，不过防民争夺。正德间，逆竖用事，传奉采取流毒海滨。陛下御极，革珠池少监。未久，旋复驱无辜之民，蹈不测之险，以求不可必得之物而责以难足之数，非圣政所宜有。皆不听。

　　臣等谨按，《经世实用编》：梁斗辉谓嘉靖元年，谕广东看守珠池太监，不许干预廉、琼、高、雷等地方事，严其防也。至八年，又纳张璁、胡世宁言，罢各镇守中官并采珠，间欲用珠，则发银贸于商，为数有限。百年大患，一旦扫除，是八年采珠即于本年罢也。与《志》异。斗辉，广东新会人，亲历见闻，自当有据。

九年，令兰州等处获盗矿者，照腹里例治罪。

兰州等隘口，凡渡黄河出境入境，赍有矿砂及烧成银两并它矿器具者，不分人之多寡，矿之轻重，及初、再犯，或持杖拒捕者，俱依腹里盗矿例充发。其把隘官兵纵放，与守备官不严堤防者，俱参究治罪。

十六年，命广开山东等处银矿。

山东巡按李松言：沂州宝山开矿七十八所，得白金一万一千三百两，宜将龙爬山、石井山以次开采。帝责户部推诿，命抚按力任之。至十九年，又令四川建昌卫并会川密勒山矿场及陕西甘州大黄山等矿洞，俱照旧封闭，自后蓟、豫、齐、晋、川、滇所在复进矿砂金银，俱议开采，以助大工。既获玉旺峪矿银，又谕阁臣广为开采。户部尚书方钝等请令四川、山东、河南抚按，严督所属，一一搜访，以称天地降祥之意。于是公私交鹜，矿利天下，渐多事矣。

三十四年，开建宁、延平诸府铁冶。

自后铁冶率因旧制，无特开者。

四十三年二月，始命广采云南宝石。

时云南进宝石七百六十余两，帝嫌其碎小，命采青红色二寸、黄色径寸并紫英等石以献。至十月，又谕户部发银五万两买黄金香料。四十五年二月，户部又进黄白玉五百余斤，仍命多行访买黄玉，并采大小珠一号至十号者以进。三月，户部进珠一百三十两有奇，仍再命取五号者五千颗，九号者二万颗。五月，又命户部催买云南九成金二千，八成七成金三千，银万两，并催广东、云南珠石未至者。

《食货志》曰：世宗中年以后，营建斋醮，采木、采香、采珠玉
宝石，吏民奔命不暇，用黄白蜡至三十余万斤，沉香、降香、海漆诸
香至十余万斤。又分遣购龙涎香，十余年未获，使者因请海舶入澳，
久乃得之。方泽朝日坛，爵用红黄玉，求不得，购之陕西边境，遣使
觅于阿丹，去吐鲁番西南二千里。太仓之银颇取入承运库，办金宝、
珍珠，于是猫儿眼、祖母碌、石绿、撒孛尼石、红刺石、北河洗石、
金刚钻、朱蓝石、紫英石、甘黄玉，无所不购云。

三月，浙江、江西矿贼作乱，命设兵备官，禁闭山场。

时开化德兴矿，贼劫掠徽、宁诸处，其势日炽。二月，终乃突入婺
源，焚烧县治，大掠而去。兵部议，设兵备副使一员，于浙江驻札衢州，
以杜盗源，其云雾山矿洞宜严加封闭。从之。

穆宗隆庆二年九月，谕买猫睛琭宝石，从给事中魏时亮言，罢之。十
二月，复谕收买诸宝石。

时亮言：猫睛，无用物也。而一颗价至百金，孰非生灵之膏血乎！天
下旱荒，不言赈恤；外夷方强，不言防秋，而急急于珠宝之妄费，何倒置
如此！帝命罢之。至十二月，复谕收买。时亮又上疏谏，帝切责之。又尚
衣太监崔敏，以急缺年例黄金，命严征以进。给事中李已劾敏假公用以充
私橐，误国欺君，速宜罢斥。不听，下已狱。时又有给事陈吾德亦谏购珠
宝，削籍。六年，诏：云南进宝石二万块，广东采珠八千两。

神宗万历四年六月，承运库内监请采买金珠宝石。从之。

帝初即位，停罢云南进宝石，广东采珠，至是，太监崔敏等以大婚用
金珠宝石等引例，请行户部采买。给事中光懋言：事关君德，虽微必矜；
费出民膏，虽公必惜。项各边年例，约于古而倍于今，而议修河开海，蠲
赈无虚日。且两广军兴，捉襟露肘，乃忽责办金珠宝石。夫器用财贿燕私
等物，内府所掌，大司农则典邦计以供军国之需者也，俾之货买金珠等岂
可为训！帝不允。御史张宪翔亦疏请停止，仅报闻而已。自后以太后进
奉，诸王皇子公主册立分封婚礼，令岁办金珠宝石。二十七年六月，以采
买珠石，典礼所需，顺天府坐视玩法，夺府尹诸臣官有差，仍督商人随买
随进，于是户部月进珍珠香料并琥珀等宝珠，价增旧二十倍。尚书陈蕖

言：库藏已竭，宜加撙节。中旨切责。至末年，至移济边银供采造焉。

二十二年九月，令抚按官勘报各处矿洞。

自隆庆初罢蓟镇开采，南中诸矿山亦勒石禁止，矿弊稍息。万历十二年奸民屡以矿利中帝心，诸臣立陈其弊，帝虽从之，意怏怏。至是，复有开矿之议。户部议以开矿所系重大，廷臣得之耳闻，抚按得之目睹，应令亲勘情形，获利而又能弭害，方可举行。乃下是诏。寻以抚按玩视，夺俸二月。

二十四年，诏：开各处矿冶。

指挥王允中奏开山东青州府沂水等州县矿。百户吴应麒奏开山西平阳府夏县等处矿，指挥陈永寿等奏开河南等处矿，千户郑一麟等奏开横岭路矿，千户余润奏开涞水房山银矿，百户李方春奏开永平银矿，千户陶寿等奏开房县等矿，指挥袁友松等奏开山东文登县矿，千户李纶奏开房山县矿，指挥曾守约奏开山东青州临朐县七宝山等处矿，百户王果等奏开山西太原、平阳、潞安、盂、曲沃、翼城、平陆、夏等处矿，百户段大奎等奏开陕西西安等处矿，百户邱继勋等奏开蓝田等处矿，百户曲守正奏开信阳等处矿，太监田进奏开蓟、永等处矿。皆诏行之。

山西巡抚魏允贞奏：停开矿之役，曰开矿一事，大约武臣谓其有利，部臣科臣谓其无利有害，利少害多。陛下乃从其言。开者而不从其言，罢者岂在廷，皆不达国计，独此武弁数言可信耶。臣窃谓矿自开辟以来，即有古圣帝明王，不闻开采良以所宝者，常在善人，不在珠玉。且陛下亦安用此开矿为也。今富有四海，米帛则取诸吴越，绒绸则取诸秦晋，金则取之滇，扇则取之蜀，磁器则取之江西，太仓为库，太仆为厩，光禄为厨，何求不得，而必以开矿为利乎！即大工肇兴，户兵工三部自足给之，其有不敷四方，且开例百官，且开俸必无借于矿也。况岁征多欠，水旱告灾，天鼓时鸣，地震不已，流星无度，寇儆日至，小民嗜利而不惮为盗，若天性然。今言开矿者皆利臣，绝无廉节远识；所用皆矿徒，习于作奸亡命，安保无事于异日，万一关中有急，山西近河诸处皆属可虑，而内地素少兵马，当此时内外东西，将何以防御乎！且物产有限，民欲无穷，计开矿近不可过终年，远不过二三年，彼时差官已去，矿徒犹在，此辈岂能归故里，事农业者，正恐不知所终矣。乞将倡议之人置诸法，即停其役。如必以开矿为足国裕民大计，请先开一方以验之，如果有利然后尽开，由河南而北直隶、山东、山西未晚也。倘以诸武臣为必可信，以臣愚阁书生，不知大利，乞即罢去，别遣有心计善变通者，使抚山西，与阉人、武弁言利之臣共事可耳。

二十五年二月，又命开采，续报矿洞。

山西开矿太监张忠奏进夏县三岔等洞样银及砂，并开各洞事理及官民续报矿洞，命开采之；五月，百户王遇桂奏开宁国、池州等处银矿；百户张杰奏开山东济宁等处金银铅矿；百户韩应桂奏开湖广德安等处银矿及大青铜锡诸物。嗣是百户刘心泽奏开浙江衢州等处产金银矿；百户张钦奏开河南彰德等处矿洞三十二所，俱命内官一并开采。是年，浙江巡抚刘元霖奏：全浙地方，半滨江海，即有山场，石多土少，前曾开采，得不偿失。正统时矿盗叶宗留等交结福建剧贼邓茂七，聚众作乱，杀伤官兵，此皆往事，有可征者。况今倭谋巨测，大汛戒严，将备内，则外忧岛夷之乘虚，将防外，则内虞奸徒之启衅。乞念两浙为财赋重地，防汛届期，亟停开矿，或待倭款既坚，采木已竣，年岁丰稔，方议奉行。巡按方元彦亦奏：两浙开采之矿利，杭严所属不足偿所费十之二，湖衢所属不足偿十之三，金华所属不足偿司矿一日之费，乞权其得失。河南巡按姚思仁亦言开矿大可虑者八。俱不报。

姚思仁疏曰：中原八郡，实天下枢机。臣自入境以来，巡行郡邑，问民病苦，其开矿之大可虑者有八：矿盗啸聚召乱，可虑一也；矿头累极土崩，可虑二也；矿夫残害流亡，可虑三也；雇民粮缺噪呼，可虑四也；矿洞偏开浪费，可虑五也；矿砂银少逼买，可虑六也；民皆开矿失业，可虑七也；奏官强横激变，可虑八也。今矿头以赔累死，平民以逼买死，矿夫以倾压死，以争斗死，自初开至今，已逾八月，而所解不过四千，及今不止，恐祸起萧墙，变生肘腋，虽倾府库之藏，竭天下之力，亦无济于存亡矣。

二十六年六月，开采雷、廉、琼三府珠池。

兵仗局内使王朝奏开珠池，命中官李敬督原奏人采办之。两广总督陈大科上疏谏止。不允。至二十七年五月，敬进大珠三，中珠一千一百十两；六月，又进珠五百二十七两有奇。二十八年七月，中官李凤又进珠二千四百七十三两。给事中包见捷力谏。不纳。

二十九年三月，湖广开矿内官陈奉激民变，命回京。

先是，开采矿银，中使四出。昌平则王忠，真、保、蓟、永、房山、蔚则王虎，昌黎则田进，河南之开封、彰德、卫辉、怀庆、叶县、信阳则鲁坤，山东之济南、青州、济宁、沂州、滕、费、蓬莱、福山、栖霞、招远、文登则陈增，山西之太原、平阳、潞安则张忠，南直之宁国、池州则郝隆、刘朝用，湖广之德安则陈奉，浙江之杭、严、金、衢、孝丰、诸暨则曹金，后代以刘忠，陕西之西安则赵鉴、赵钦，四川则邱乘云，辽东则高淮，广东则李敬，广西则沈永寿，江西则潘相，福建则高寀，云南则杨荣，皆给以关防，并偕原奏官往。矿脉微细，无所得，辄勒民偿之。而奸人假开采之名，乘传横索，民财陵轹，州县有司恤民者罪以阻挠逮问罢黜，暴横酷虐，帝纵不问。至是，奉在湖广参逮佥事冯应京，激变地方，杀伤多命，百姓喧哗，甘心于奉，奉避匿楚府得免。又疑巡抚支可大庇护，焚其公廨。科道连章奏请，未下。寻以湖口征税太监李道奏，始令巡抚遣官送奉回京处分，而以守备内官杜茂兼理矿税。至七月，巡抚湖广赵可怀疏论奉。不报。

　　赵可怀疏曰：楚地困苦极矣！以矿言之，初议四六分，而山不皆出矿，矿不皆出银，年年开凿，生长难继，是以不能四六分而买砂，而赔银矣。既而赔矿产尽，遂令合县包赔。复有奸人乘机借势，指富家大族，则曰因私开矿，取其赀入官，不从，祸立至；良宅好坟，则曰下有矿，取其赀方免，不从即掘凿，再抗，祸立至矣。此皆土著者报复嫌怨，或诬告家主，或其亲朋小民径拿绅士，胁以参奏，家家破碎，人人受怨，而群奸犹未厌也。或执砂地名派定岁纳金若干，或发零银买金若干，或指称有金银二窖，欲掘之，而诈银二千两；又或指家有金帛，有奇玩，或墓金，以数百人围而搜之，有司睥睨不敢救，男子幸脱而缚其妇女，甚至断人手足，没之江流。夫奉固一虎耳，委官之为虎者，又数百人参随，各役之为虎者又千数百人，楚人几何，日受吮嚼至数年久也。乞念根本重地，曲加哀怜，即罢矿税，则无疆之福也。

三十二年，停广东珠池采珠。

先是，广东巡抚李时华奏防池事宜。雷、廉、西海珠池错落，地之南岛孤悬，名曰涠州，峙屹中央，内有腴田千余亩。又有港澳可容数百舟，沿海盗珠者，皆视为窟宅。先年添设游击扎守之，数年来贼稍屏迹。近因内臣李敬于白龙厂设立厂舍，采珠之际，官私船只云集，人众易以生变，议为两全之策。从之。乃命游击移守白龙厂，封池后仍回涠州。是年，始停采珠。

　　梁斗辉曰：采珠以船，官造船，计费不赀，遂转取民间，彼民俯仰所资者独此船，一报船户，里井骚然，巧者或贿吏胥而漏网，愚者仅以身待命，则掳船之害也；采珠之人，裹粮扬帆，曾无约束，掠乡村，劫客商，民房被烧，民被打伤，而总兵参将等虽经目击，莫可谁何，则纵劫之害也；珠池市舶，各有分任，乃市舶中使，瞰重利，欲兼收之，必至相角不下，延蔓无已，茫茫大海，杀人如麻，则互争之害也；始议官四民六，皆称便矣，然楛子有包藏，督哨有搜括，参随有背手，至中使前仅循资交纳，而中使复大半归己橐，朝廷无实利而受空名，则骗匿之害也；私贩虽有禁，而远方来贩者，率市井无赖之人，一入其手，视为得赢，有飘然遁耳，乃今不问之，若辈而听棍徒妄指富户曰：是曾市珠者也。假威凌虐，何求不得，则嫁祸之害也。夫国家采珠，本以待用，讵意为害至此哉！

　　又曰《廉州志》载：郡无耕稼，所资珠玑，然曩之采珠，祇沿海蜑户，以铜铛凌万顷入寻丈采之人犹畏其难而不敢，自招抚李茂始以竹为楛，维以绯缅投之海中，顺风遡流，力不劳而得甚奢。自鲛人荡子至闾巷小民，皆安然为之。然漭瀁险隈之区①，狂飙乍发，翦焉倾覆，害一。或属有天幸得返故里，身利两全，华衣甘食，适长其奢淫僭逾之习，害二。若珠船到圻，债主填门取偿，胥徒乘机吓噬；又分珠多者或能自爱惜，犹以羡补绌，否则三五为群，未抵家而赀财已尽矣。放辟邪侈，何所不为，害三。且名为采珠，实则行劫，此等不逞之徒，居恒犹攘臂攫金，探囊胠箧，况岛屿无人之境，何所顾忌，害四。又其甚者，洋海一带，东达日本，西接安南，万一夷情叵测，

---

① 漭瀁，广大貌。

与狫獞者援引为奸，乘潮击桨，瞬息千里，重为内地忧，害五。五害
如此，则虽听民自采，亦有所不可者。

三十三年二月，大同巡抚张㮼请矿课归税使。不报。

时以矿使弗戢，有广昌之变，㮼因言岁包矿课①，业有定数，应归并
税使为便。疏留中。至六月，礼部以陵寝风霾，郊坛雷火，言：第一阙失
莫如矿税，每迷惑圣心，以致诸事阻遏不行，乞先罢采榷以应天变。亦
不报。

十二月，谕户工二部：凡矿差内外官，并令回京，其矿洞悉令封闭。

自二十五年至是年，诸珰所进矿税银几三百余万，群小借势诛索不啻
倍蓰。至是，以矿砂微细，不偿所费，始停免焉。

罢采广东珠池、云南宝井。

时以皇长孙生，诏：广东珠池蜃蚌日虚，不宜竭泽，即令封闭云南宝
井。干涉夷方易乱难安，今矿洞既闭，一体停止。至四十一年，以指挥倪
英言，复开广东珠池。

熹宗天启三年正月，顺天巡抚岳和声请设冶局。从之。

和声奏：滦州所辖偏山铅矿，堪以采炼。查遵化旧亦有铁矿，后竟封
闭，宜各设一厂采铸，以佐军需。更闻滦州有铜矿一所，质粗脉微，工价
稍费，当铜绌之日，堪为铸钱之资，宜专委兵工司官一员，刻期采铸铅
铁，随给局匠打造盔甲刀铳诸器及铅弹等物，以济宝源阜财之用。命议行
之。至七年七月，太监杨潮奏：一片石西界忽有铅矿可资火器。帝命会同
督抚道臣开采，务严杜军民侵盗，其安炉煅法启闭，委官俱如议行。

七年三月，丰城侯李承祚请开珠池、铜矿。不许。

吴肃公读书论世曰：天启朝，奸民陈有继请开采，帝怒而诛之。
吾宣昆山故有银矿，明末有芮四者献策中官，中官以己赀率百人开
采，恣扰乡民，得不偿失。芮四亦为乡人殴毙。噫！即使开采有微
利，而绎骚烦扰，召盗府奸，顿使乡里受无穷之害，况得不偿失，官
民交受其累耶！

---

① 㮼，应为"㮼"，指张㮼。

愍帝崇祯元年四月，济阳卫指挥卓铭疏请开采。命夺其俸。

帝以国家经费，本有定额，偶当时绌剂量，亦自有权，卓铭欲借变通之名，兴开采之役，生事酿害，殊干法纪。命夺俸五月，并禁以后琐屑言利者。至八年三月，宣大总督杨嗣昌请开金银铜铁锡铅诸矿，以诱流贼解散，时论非之。

臣等谨按：愍帝纪九年十月，命开银铁铜铅诸矿，殆从嗣昌请也。

十二年十一月，巡抚湖广陈睿谟请免临武蓝山开矿。报闻。

睿谟言：临蓝系江粤接壤，四方亡命骈集，顷者刘新宇等一方倡乱，四省震惊。究其祸源，实因上下百里矿洞二十余处，狂徒数百，倏忽千万；七宝山党集，而桂阳围，黄冈温塘群聚，而常宁破，金竹麻江积寇而高紫空，此皆已然之验，一一可指者。除患消萌，惩前毖后，宜严禁开矿为要务。

臣等谨按：睿谟疏，特欲严禁开矿以杜盗源，而是时流贼之势已炽，亦无暇计及矿徒矣。

钦定续文献通考卷二十四

征榷考

杂征敛 山泽津渡

宋宁宗嘉定二年十月，减公私房廊白地钱什之三①。

初，南渡后，杂征甚多，孝宗淳熙九年，言者谓：有司理财，一切用衰陋褊隘之策，至于卖楼店，括草田，鬻官地，而所在争献羡余，此风一炽，恐天下苍生无宁岁矣。然自隆兴以后，蠲减不一。光宗绍熙二年十月下诏，守令毋征敛病民。帝嘉泰时，尝蠲黄河铁缆钱及内外诸军营运息钱，详蠲贷门。至是复有是命。

四年二月，罢广西诸州牛税。

五年九月，罢沿海诸州海船钱。

十七年十二月，时理宗已即位。雪寒，免京城官私房赁地门税等钱。

自后祥庆灾异寒暑皆免。

理宗宝庆元年十二月，诏行都及诸路公私僦舍钱，未经减者减三分。

从谏议大夫朱端常请也。

三年七月，诏被水州县勿征竹木等税。

至绍定四年，蠲砖瓦竹木芦泊之征三月。六年，诏两浙转运司，临安嘉兴府，徽、严、安吉州再蠲竹木之征三月。

《宋史·赵必愿传》曰：理宗端平元年，必愿以直秘阁知婺州，至郡即免催绍定六年分小户绫罗钱三万缗有奇，奏乞宽减内帑绫罗，

---

① 公私房廊白地钱，房廊钱是房屋的租金，白地钱，古代对闲置或撂荒土地所征的税。

申省免用旧例预解诸色窠名钱，罢开化税场。

又《郑清之传》曰：理宗淳祐九年，拜左丞相兼枢密院。先是，沿江算船之赋素重，清之次第停罢，如池之雁汉有大法场之目，其钱分隶诸司，清之奏罢，其并缘渔取者，盖数倍公家之入，合分隶者，从朝廷偿之。报下，清之方与客饮，举杯曰：今日饮此酒殊快。

景定四年十二月，诏：无为军巢县已升为镇，巢军使从沿江制司节制，其月收坊场河渡钱分项支解。

度宗咸淳元年四月，寿崇节，免征临安官私房僦地钱。

是月，乾会节，如前免征。自是祥庆灾异寒暑皆免。

十月，减田契税钱什四①。

《宋史·杨文仲传》曰：文仲添差通判扬州牙契，旧额岁为钱四万缗，累增至十六万，开告讦以求羡。文仲曰：希赏以扰民，吾不为也。卒增十八界一而已。

十年九月，时恭帝已即位。天瑞节，免临安府公私房赁钱十日。

辽圣宗统和十五年十月，弛东京道鱼泺禁。

开泰八年六月，弛大摆山猿岭采木之禁。

道宗寿隆六年三月，弛朔州山林禁。

天祚帝乾统三年二月，以武清县大水，弛陂泽之禁。

金海陵贞元元年七月，征原赐朝官京城隙地钱。

京城隙地，以是年五月赐随朝大小职官及护驾军，至是各征钱有差。

世宗大定三年，诏：山东西路坊场河渡逋欠，如监临制，以年岁远近为差蠲减。

以尚书工部令史刘行义言，定城郭出赁房税之制。

五年，以前此河泺罢设官，复召民射买②，两界之后，仍旧设官。

至二十九年，章宗即位，户部言：天下河泺已许与民同利，其七处设官可罢之，委所属。禁豪强毋得擅其利。

---

① 田契税钱，对土地买卖契约所征收的契税。征收契税可以防止土地的非法买卖。
② 射买，有特定目的物的购买。

臣等谨按：《金史·宗尹传》：大定时，拜平章政事。民间苦钱币不通。帝问之，对曰：钱者有限之物，积于上者滞于下，所以不通。海陵军兴，为一切之赋，有菜园房税，养马等钱。大定初，军事未息，调度不继，因仍不改。今天下无事，府库充积，悉宜罢去。帝嘉其留意百姓，始罢养马等钱。是当时征敛无艺，河泺赁房之外，其杂税尚多也。

章宗明昌元年二月，免赁房税。

至二年，又诏减南京出赁官房及地基钱。

三年，谕提刑司：禁势力家不得固山泽之利。

定司竹监竹税额。

司竹监岁采八破竹五十万竿，春秋两次输都水监备河防，余边刀笋皮等卖钱三千贯，革钱二千贯为额。

泰和二年四月，复扑买河泺法①。

宣宗兴定三年四月，同提举榷货司王三锡请榷油。不行。

三锡建议榷油，岁可入银数十万两。平章政事珠格高琪以用度方急，力主行之。尚书左丞高汝砺上言曰：古无榷法，自汉以来始置盐铁酒榷均输官，以佐经费。末流至有算舟车、税间架，其征利之术固已尽矣，然亦未闻榷油也。盖油者世所共用，利归于公则害及于民，故古今皆置不论，亦厌苛细而重烦扰也。国家自军兴河南一路，入税租不啻加倍。又有额征诸钱，横泛杂役，无非出于民者，而更议榷油，岁收银数十万两，夫国以民为本，当此之际，民可以重困乎！若从三锡议，是以举世通行之货为榷货，私家常用之物为禁物，自古不行之法为良法，窃为圣明不取也。若果行之，其害有五，臣请言之。河南州县当立务九百余所，设官千八百余员，而胥隶工作之徒不与焉。费既不赀，而又创构屋宇，夺买作具，公私俱扰，殆不胜言。至于提点官司，有升降决罚之法，其课一亏，必生抑配之弊，小民受病，益不能堪，其害一也。油之贵贱，所在不齐，商旅转贩，有无相易，所以其价常平人易得之。今既设官，各有分地，辄相侵犯者有罪，是使贵处常贵，而贱处常贱，其害二也。民家日用不能躬自沽

---

① 扑买，宋、元时的包税制度，扑买对象可以是酒、醋、陂塘、墟市、渡口等税收，由官府核计应征数额，招商承包。承包者按定额向官府纳税，再向纳税者征收，超额的部分归承包人。

之，必借转鬻。转鬻者，增取利息，则价不得不贵，而用不得不难，其害三也。盐铁酒醋，公私所造不同，易于分别，唯油不然，莫可辨记，今私造者有刑，捕告者有赏，则无赖辈因之得以诬构良民，枉陷于罪，其害四也。油户所置屋宇作具用钱已多，有司按业推定物力，以给差赋，今夺其具，废其业，而差赋如前，何以自活，其害五也。惟罢之便。帝是之，然重违琪意，乃诏集百官议于尚书省，众以为不可。帝曰：古所不行者，而今行之，是又生一事也。乃罢之。

《金史·食货志》曰：租税之外，算其田园、屋舍、车马、牛羊、树艺之数，及藏镪多寡征钱，日物力；物力之征，上自公卿大夫，下逮民庶，无苟免者，近臣出使外国，归必增物力钱，以其受馈遗也。物力之外，又有铺马、军须、输庸、司吏、河夫、桑皮故纸等钱名目，琐细不可殚述。

元太宗元年八月，故蒙古民有马百者输牝马一，牛百者输牸牛一，羊百者输羒羊一，为永制。

二年正月，诏：杂税三十取一。

《元史》太宗、定宗《本纪》曰：太宗之世，华夏富庶，羊马成群，旅不赍粮，时称治平。迨定宗嗣立，在位三年，诸王及各部遣使于燕京迤南，诸郡征求货财弓矢鞍辔之物，或于西域回鹘索取珠玑，海东捜取鹰鹊，驿骑络绎，民力益困，而太宗之政衰矣。

世祖中统二年五月，弛诸路山泽之禁。

至元元年四月，以四川茶盐、商、酒、竹课充军粮。

二年二月，禁山东东路私煎硝磠。

三年六月，申严陕西、河南竹禁。

十二月，减辉州竹课。

先是官取十之六，至是减其二。

四年，始命制国用。使司印造怀孟等路司竹监竹引一万道。

初，腹里之河南、怀孟、陕西之京兆、凤翔，皆有在官竹园，立司竹监掌之，每岁令税课所，官以时采斫，定其价为三等，易于民间。至是，命：凡发卖皆给引，每道取工墨一钱。至九年十月，京兆府人辛至告贩到紫竹扇杆五千六百条，所司作私竹断没，应纳钞七十五两，驴二头。中书省议将元断钞数驴畜付本人收管，仍支价收买外，今后紫竹扇杆赴卫辉路总管府，扣算工本脚力盘费，官为收买，给引与本处熏竹相兼发卖。

《元史·刑法志》曰：卫辉等处贩卖私竹者，竹及价钱并没官，首告得实者，于没官物约量给赏，犯界私卖者，减私竹罪一等。若民间住宅内外并阑槛竹不成亩，本主自用外，货卖者依例抽分，有司禁治不严者罪之。仍于解由内开写。

五月，命官司和买诸物，亦依例抽税。

五年七月，定磁窑以二八抽分，着为例。

七年二月，令鱼池勿与河泊同课。

中书省奏：近水之家许凿池养鱼，畜鹅鸭及栽莲藕、菱芡、蒲苇以佐衣食，如无力者，召人种佃，勿致荒废。其出卖物色，止令赴务依例投税，不同河泊办课，一致阻民增修。从之。

十二年三月，免诸路军杂赋。

十三年二月，诏谕临安新附人等：山林河泊，除巨木、花果外，余物权免征税。

十二月，诏浙东西、江东西、淮东西、湖南北竹货、河泊等皆从实办课。凡故宋圣节上供、经总制钱等百余件悉除免之。

十四年五月，以河南、山东水旱，除河泊课，听民自渔。

十五年十月，弛山场樵采之禁。

十六年七月，以每岁圣诞节及元辰日礼仪费用皆敛之民，诏天下罢之。

十九年四月，弛西山薪炭禁。

五月，免福建山县镇店宣课。

至十二月，又以福建濒海瘴地，难同诸路收税。将不应税者，若书画、蕈荐、砖瓦、柴炭、草鞋、草索、铁线、铜线、扫帚、条帚、曲货、糯米、竹笋、山药、诸色灯、诸般菜及牛、马、驴、骡、羊、鸡、鸭、鹅生子犊不系货卖，俱榜示免之。

二十年十一月，命江南等省于本处印造契本。

先是, 各省收纳商课, 例给契本, 岁由户部印发, 无契本者同盗税。至是以大都相去不远, 除四川、甘肃中兴行省、陕西宣慰使所辖依旧印发外, 江南四行省部发契本铜版一, 铜印一, 即令于本处和买纸墨印造。

二十一年五月, 定税务不使契本、盗税文契、欺隐课程者, 止罪官吏, 买主不坐。

至二十二年正月, 又以福建各务契税不用元降契本, 只粘务官契尾, 更有连数契作一契押印者, 俱命禁之。至仁宗皇庆元年五月, 又以户部主事张承直言: 务司作弊多端, 命买主无契本者同匿税, 外结揽之人加等追断, 务官通同。及税非本境成交者, 依律断罪。正官有失关防, 纵容亲戚家人入务索取财物者, 同枉法论罪。

二十二年正月, 诏天下民间买卖金银, 怀孟诸路竹货, 江淮以南江河鱼利皆弛其禁。

先是, 江南鱼户, 官司募人自备工本, 认办课一百锭。至是以百姓赔累, 令官私招收鱼户, 给以网索拦闸外, 计鱼十分为率, 官收七分, 发卖毋得滋扰。又以竹货系百姓恒产, 有司拘禁发卖, 妨夺生计, 乃罢各路司竹监, 听民自卖输税。至二十三年九月, 又用钞纸坊大使郭畯言, 于卫州复立竹课提举司, 凡辉怀、嵩洛、荆襄、益都等处竹货皆隶焉。在官者办课, 在民者输税。又命陕西竹课提领司, 差官于辉怀办课。至二十九年十月, 以丞相完颜泽言, 怀孟竹课, 频年斫竹已损, 课无所出, 科民以输, 宜罢其课, 长养数年。从之。

三月, 增商税契本, 每一道为中统钞三钱。

初, 典卖物业应立契据者, 验实价直, 依例收办正税外, 将契用印关防, 每本宝钞一钱, 至是增至三钱。至武宗至大三年, 又令每本改收至元钞三钱, 不结正课, 另项作数。

二十四年十一月, 弛太原、保、德河鱼禁。

十二月, 免浙西鱼课三千锭, 听民自渔。二十五年正月, 敕弛辽阳渔猎之禁, 唯毋杀孕兽。二月, 敕江淮勿捕天鹅, 弛鱼泺禁。二十八年三月, 以杭州、平江等五路饥, 弛湖泊捕鱼之禁。四月, 弛杭州西湖禽鱼禁, 听民网罟。二十九年三月, 中书省言: 汉地河泊隶宣徽院, 除大官外, 宜弛其禁, 便民取食。从之。

二十九年三月, 定湖南门摊课例。

先是, 湖南民户纳商税酒醋常课外, 不问有无地, 户每年滚纳门摊地亩一两二钱，岁计钞二万余锭，比腹里包银更加数倍，贫户乏力受刑，典卖妻子，尚苦不敷，因而逃亡为寇。所遗逋课，或勒官吏揭借，或令见户赔纳。是年正月，行省以为言，乞行除免。户部侍郎张奉政言：宋时本无此例，归附后始有之。乃定自本年为始，通行依额认办。除离城十里内，并镇店立务办课处依旧例纳米外，其离城十里外乡村，验亩均科。许令百姓自造酒醋食用，包容各家佃户，不复纳税。余无地下户，并行除免。

十一月，禁所在私渡。命关津讥察奸宄。

成宗元贞元年六月，浙江省大水，无禾，民乏食，弛江湖河泊之禁，听民采取。

至大德元年闰十二月，淮东饥，弛湖泊之禁。二年正月，建康、龙兴、临江、宁国、太平、广德、饶、池等处水，弛泽梁之禁，听民渔采。三年五月，江陵路旱蝗，弛湖泊之禁。四年二月，湖北饥，弛山泽之禁。七年正月，弛饥荒所在山泽湖泊之禁。七年八月，以太原、平阳地震，山场河泊，听民采捕。八年正月，以灾异弛山场湖泊之禁，听民采捕。九年八月，以冀宁岁复不登，弛山泽之禁，听民采捕。十一年，武宗即位，五月，诏被灾处山场河泊课程，权且停罢，听贫民采取。七月，从和林省臣请，以网罟赐贫民。九月，江浙饥，开山场河泊禁，免其课。

二年二月，诏：江南道士贸易田者输田商税。

五月，诏：民间马牛羊百取其一，羊不满百者亦取之，惟色目人及数乃取。

大德十一年十二月，时武宗已即位。以明年改元，弛山场、河泊、芦荡禁。

武宗至大元年四月，以浙西、江东水，罢山场河泊课。

苏、湖、常、秀等路，自春徂夏，阴雨连绵，塘岸崩颓，稻秧浸烂，米价腾贵，除遣官振给盐菜米粮外，山场河泊开禁免课。至十一月，绍兴旱灾，山场河泊商税截日免之；诸路小稔，审被灾者亦免之。二年九月，以薪价贵，禁权豪蓄鹰犬之家，不得占据山场，听民樵采。

二年正月，诏天下弛山泽之禁。

仁宗皇庆二年七月，诸被灾地并弛山泽之禁。

至延祐六年六月，以济宁等路水，开河泊禁，听民采食。七年，英宗即位。九月，沈阳水旱害稼，弛山场河泊之禁。

延祐七年九月，时英宗已即位。禁五台山樵采。

十一月，以明年改元，开燕南、山东河泊之禁，听民采取。

英宗至治二年闰五月，真定、山东诸路饥，弛河泊之禁。

三年十二月，时泰定帝已即位。以改元，诏禁献山场河泊之利。

泰定帝泰定三年十一月，弛永平路山泽之禁。

四年十一月，以岁饥，开内郡山泽之禁。

文宗天历元年，岁课及额外课之数。

硝碱课：晋宁路二十六锭七两四钱。

竹木课：腹里，木六百七十六锭一十五两四钱，额外木七十三锭二十五两三钱，竹二锭四十四两，额外竹一千一百三锭二两二钱；江浙省，额外竹木九千三百五十五锭二十四两；江西省，额外竹木五百九十锭二十三两三钱；河南省，竹二十六万九千六百九十五竿，板木五万八千六百条，额外竹木一千七百四十八锭三十两一钱。

臣等谨按：以上皆岁课也。外尚有金课，银课，铜课，铁课，铅课，锡课，矾课，各岁额详见坑冶盐铁二门。

历日课：内分大历每本钞一两，小历每本钞一钱，回回历每本钞一两，总三百一十二万三千一百八十五本。腹里及行省总计中统钞四万五千九百八十锭二十二两五钱。

契本课：总三十万三千八百道，每道钞一两五钱，腹里及行省总计中统钞九千一百一十四锭。

河泊课：腹里及行省总计钞五万七千六百四十二锭二十三两四钱。

山场课：腹里及行省总计钞七百一十九锭四十五两一钱。

窑冶课：腹里及行省总计钞九百五十六锭四十五两九钱。

房地租钱课：腹里及行省总计钞一万二千五十三锭四十八两四钱。

门摊课：湖广、江西、湖南三省总计钞二万六千八百九十九锭一十九两一钱。

池塘课：江浙、江西二省总计钞一千九锭二十六两五钱。

蒲苇课：腹里及行省总计钞六百八十六锭三十三两四钱。

食羊等课：大都、上都、兴和、大同四路及羊市煤木所总计钞一千七百六十锭二十九两七钱。

荻苇课：河南、江西二省总计钞七百二十四锭六两九钱。

煤炭课：大同路及煤木所总计钞二千七百一十五锭二十六两四钱。

撞岸课：般阳路宁海州恩州总计钞一百八十六锭三十七两五钱。

山查课：真定、广平、大同三路总计钞七十五锭二十六两四钱。

曲课：江浙省钞五十五锭三十七两四钱。

鱼课：江浙省一百四十三锭四十两四钱。

漆课：四川省广元路一百一十二锭二十六两。

醋课：腹里永平路及江西省总计钞二十九锭三十七两八钱。

山泽课：彰德、怀庆二路总计钞二十四锭二十一两一钱。

荡课：平江路八百八十六锭七钱。

柳课：河间路四百二锭一十四两八钱。

牙例：河间路二百八锭三十三两八钱。

乳牛课：真定路二百八锭三十两。

抽分课：黄州路一百四十四锭四十四两五钱。

蒲课：晋宁路七十二锭。

鱼苗课：龙兴路六十五锭八两五钱。

柴课：安丰路三十五锭一十一两七钱。

羊皮课：襄阳路一千锭四十八两八钱。

磁课：冀宁路五十八锭。

竹苇课：奉元路三千七百四十六锭三两六钱。

姜课：兴元路一百六十二锭二十七两九钱。

白药课：彰德路一十四锭二十五两。

臣等谨按：以上皆额外课①。

《元史·食货志》曰：岁课者，元兴，因土人呈献而定其岁入之数；额外课者，凡岁课皆有额，而此课不在其中也。课之名凡三十有二，其岁入之数，惟天历元年可考云。

十二月，诏被兵郡县：弛山场、河泊之禁。

次年四月，河南廉访司言：兵旱民饥，乞弛山林川泽之禁。从之。

二年九月，立温州路竹木场。

---

①　额外课，元王朝对各地常赋之外的征取。

十月，弛陕西山泽之禁以与民。

至顺元年十二月，诏宣忠扈卫亲军都万户府：凡立营，司境内所属山林川泽，其鸟、兽、鱼、鳖，悉供内膳；诸猎捕者坐罪。

顺帝至元三年二月，以浙江等处饥，开所在山场河泊之禁，听民樵采。

九月，立皮货所于宁夏。

设提领使副主之。

六年二月，罢大都东路里山查提领所。

《元史·王思诚传》曰：南皮民父祖尝濒御河种柳，输课于官，名曰柳课。后河决，柳俱没，官犹征之，凡十余年，其子孙益贫不能偿。至正中，思诚为河间路总管，连请于朝除之。

明太祖洪武初，设抽分竹木局及河泊所。

凡龙江大胜港俱设立抽分竹木局。客商兴贩芦柴、茅草等，三分取一；杉木、棕毛等三十分取二；松木、杉板、柴炭等，十分取二。又令军卫自设场收贮柴薪，按给禁军孤老等竹木堆垛在场，奏申知数，以凭度量关支。如营造数多，抽分不敷，或给价收买，差人斫办。凡河泊所鱼课，通计天下，勘合六百八十九道，皆以河字为号，分发收掌，各记所收米钞，年终进缴。其底簿仍送户部，以凭查考。

臣等谨按：《明史·食货志》谓河泊所唯大河以南有之。河此止盐山一县。考《会典》，则此直隶顺天府有武清、河间有盐山，更有静海也。

十三年六月，罢天下抽分竹木场。

十四年，令以野兽皮输鱼课，制裘以给边卒。

十五年十二月，定河泊所官制。

吏部奏：凡天下河泊所二百五十二，岁课米五千石以上至万石者，设官三人，千石以上者二人，三百石以上者一人。制可。

十八年，令毛缨、棕毛等课解本色，其余鱼及茶、酒、醋、矾等俱折收金银钱钞。

二十七年，各城市没官房屋系军官军人住者，不许取赁钱。

三十年，令革怀庆等处鱼课及鱼户。

令自怀庆以下至沙河口一带，黄河两岸，听从百姓采取鱼鲜食用，不收课程。原设河泊所革去鱼课，并开除鱼户。

　　明大诰曰：凡沟港山涧及灌溉塘池，民间自养鱼鲜池泽，皆已照地起科，并非办课之处，如有夺民取采鰕鱼器，搜求扰民者，许拿赴有司。有司不理，拿赴来京议罪。又所在湖池民舟经涉其河泊，官敢有妄取水面钱者，罪不赦。

成祖永乐六年，设通州、白河、芦沟、通积、广积五抽分局。

至十三年，令以三十分为率，凡竹木柴炭砖瓦等，取一至取十五，各有差。

宣宗宣德四年，征两京蔬果园课钞。

时以钞法不通，凡两京蔬果园，不论官私，种而鬻者，悉令纳钞。

五年，置易州柴炭山厂。

永乐中，后军都督府供柴炭，役宣府十七卫所军士采之边关。宣德初，以边木可扼敌骑，且边军不宜他役，诏免其采伐令，岁纳银二万余两，后府召商买纳。至是置厂，命工部侍郎督之，佥北直、山东、山西民夫转运，而后府输银，召商如故。至英宗天顺八年，又坐派易州厂柴炭四百三十余万；宪宗成化元年，增至六百五十余万；二年，又增至一千一百八十余万；三年，又增至一千七百四十余万；孝宗弘治时，增至四千万余斤。转运既艰，北直、山东、山西乃悉输银以召商。武宗正德中，用薪益多，增直三万余两，凡收受柴炭，加耗十之三，中官辄私加数倍，逋负日积，至以三年正供补一年之耗。尚书李鐩议：令正耗相准，而主收者复私加至以四万斤为万斤。又有输纳浮费，民弗能堪。世宗登极，乃酌减之。

　　臣等谨按：《会典》：初供应柴炭，悉于沿江芦洲并龙江瓦屑二场取用。及永乐迁都于北，则于白羊口、黄花镇、红螺山等采办。宣德间，始设易州山厂，专官总理。景泰间移于平山，又移于满城。英宗复辟，初仍移于易州，而自后增办之数，乃多至四倍焉。

七年三月，令湖广、广西、浙江鱼课办纳银者，俱折收钞。

至正统十年，令云南大理所属河泊所鱼课米，中半纳钞。

九年，令蔚州及美峪九宫口、五龙山、龙门关等山场，除成材大木不许采取，其小木及椽枋之类，听人货卖，经抽分处取十之三。

英宗正统元年，设真定抽分竹木局。

令真定府税课司带管，凡木植抽三十分之四，编号印记从滹沱河。运至通州抽分竹木局交收，其后知府委通判一员，督税课司官吏抽分，每年终，内官监差人印烙起解。至天顺时，又设保定抽分，令唐县委官至倒马关抽分木植二十分之六。

二年，令荆州所属鱼课钞，俱留为王府禄米及官吏俸给。

至弘治二年，令以湘潭河泊所与吉府管业。

《大学衍义补》曰：明制，凡有河泊处皆立官，以司鱼课，岁有定额。河泊之所遍天下，而惟湖广最多，一藩十二所，四州共百四十余处。沔阳一州乃至有三十一处，岁纳课钞有定数，使钞法果行，则所得不赀，足资国用矣。不然是虚费官吏之俸，徒为下民之扰，而所得不足偿所费也。

三年七月，蠲甘肃所属菜果园课钞。

边地菜果园，向俱依内地纳钞。至是，兵部尚书王骥等言：甘肃十三卫所，僻居极边，寒早暖迟，虽有山桃野杏，俱酸涩不堪食。又商旅少，通钞甚难得，请悉蠲之。报可。至八月，以钞法通，蠲京城外菜地税钞。景泰五年七月，又以钞法阻滞，征菜果园钞。寻暂免。嘉靖十年，令宣课司小民发卖瓜果蔬菜，毋得抽税。

四年，令各处鱼课，有湖地湮塞坍塌，无从采捕，累民包纳者，所在官申勘分豁。

至七年，湖广所属府县河泊所①，岁办课钞不及三千贯、油鳔黄白麻不及三千斤、翎毛不及万根者，俱令裁革。应办课程，归并附近河泊所，其无河泊所处，府州县带办。天顺元年，诏各处河泊所课程，悉照永乐旧

---

① 河泊所，元代在东南省区设置的掌收鱼税的官署。明代广为设置。

额征收，其收钞不及万贯者，令所在有司带管。成化十八年，又令湖广河泊所课程少者，附近河泊所兼理之。

《刘孜传》曰：成化中，孜巡抚江南时，民间多积困，南京廊房既倾圮犹征钞，上元、江宁农民代河泊所网户采鲥鱼，应天都税宣课诸司额外增税；六合、江浦官牛岁征犊，孜皆疏罢之。

景帝景泰元年，大理卿薛瑄言：抽分薪炭等匿不报者，准舶商匿番货罪，尽没之，过重，请得比匿税律。从之。

六年，令湖广等处各委官取勘鱼户，凡新造船有力之家，量船大小定与课米，编入册内，以补绝户课额。

至天顺元年，又令各处河泊所，业户逃亡事故者，有司查勘，以新增续置船只罾网，照名补替。

宪宗成化四年，遣太监一员，往真定会同知府委官抽印木植。

从内官监奏也。至正德十三年，令委府佐贰官抽分，内臣回京。嘉靖十一年，以各工木植缺用，又从内官监奏，仍差官抽印。二十二年，差内臣于滹沱河督同真定府税课司抽印木植，运赴张家湾料砖厂，内官监委员验收。

六年，通州等五处抽分竹木局，各差主事、给事中、御史一员，按季更换。

七年，令每岁止遣御史一员。又设杭州、荆州、太平三处抽分，每岁工部差官三员，凡竹木等物抽十分之一。十五年，令南京龙江瓦屑坝二抽分局，每年工部、都察院各委官，会同监督官查盘现数，听候领用变卖。十七年，设兰州抽分，本州卫掌印官会同将河桥上岸捉获木植，每十分抽其二，过河桥捉获者尽数入官。至嘉靖元年，定通州抽分竹木局，凡商贩竹木，曾经真定九一抽分，取有印信执照者，止用九一抽分，通前合为二八；其未经抽分者，仍用二八抽取。六年，裁革白河抽分竹木局官吏军人，其例应抽分竹木柴炭砖瓦等，令广积局带管，仍听巡按御史督察。十年，芦沟抽分竹木局堆积木植朽坏，每年终，工部委官盘查变卖，银两解部作正支销。

九年，更定芦柴木柴折银例。

景泰间，应天等处岁办芦柴，以十分为率，减免四分，三分折钞，三分本色折钞，每束二贯五百文，每一万贯又折收银二十二两五钱。至是，令于芦柴三分本色内以一半折银，每束二分，俱送应天府收贮支用。其折纳木柴者，每百斤折银四分。至抽分竹木原钞者，至是亦折银，渐益至数万两。

《明史·何遵传》曰：正德中，授工部主事榷木荆州。下令税自百金以下减三之一，风涛败赍者勿算。入算者手实其数自识之，藏于郡帑，数日一会，所入比去不私一钱。

邱浚曰：竹木之税，始于唐德宗，时取其利以为常平本，后代则用之以为官宇什器耳。国初，设抽分竹木局。至成化时，太平之芜湖、荆州之沙市、浙江之杭州，遣工部属官亲临其地，抽分变卖，取其价值银两解京，以供工部缮造之费，免科征于民，是诚良策。然商贩无常，难为定数，后来者务逾前人之数以徼能名，岁增一岁，无有纪极，窃恐后来难继，商贾折阅，兴贩不至，而官与民两失其利，宜量为中制，因地定额，多者不以为优，不及数者不以为劣，庶几可以久行也。

武宗正德元年，天下河泊所税课司系王府奏讨管业者，不分久近，令尽取归官。

至嘉靖八年，以王府分封日增，税粮日益不足，凡河泊所税课并山场湖陂，除洪武、永乐以前所赐不动外，其余一应奏讨之数，自本年为始，将所入照数征收，存留府县仓库，抵补王府禄米。二十七年，令各王府奏讨山场税课等地，并楚府鱼课税课芦洲店房俱还官，征租备边。

十一年，始收泰山碧霞元君祠香钱。

时镇守太监黎雅请收香钱为祠中缮修费，都给事中石天柱言：祀典惟有东岳神，无所谓碧霞元君者。淫祀非理不可许。帝不省，自是遂为税额。万历中，岁入二万两。

世宗嘉靖九年，令凡山泽之利，除禁例并民业外，其空闲处听民采取及入官备振。

十年，令煤炸已经芦沟抽分者，通积等局不许重征。

十四年，煤炸每十分取其一。至二十四年免抽分。

二十五年，户部尚书王杲请收山场湖陂河道等税，以济边储。从之。

穆宗隆庆元年八月，命太监陈学抽木于真定，勿以郡佐参预。

初，滹沱河设税课司抽印木植，主以通判，而内臣止岁终印烙。嘉靖四十五年，命同知协同太监抽分，至是，太监李芳奏荐学廉静可任，始专委之。工部吴时来力争。弗听。次年六月，乃诏：真定抽分厂免差内官，每岁首发一印信号簿，令真定府掌印官委同知，逐日将抽到各木登记，随时变卖银两贮库，候冰合之日缴部。至万历二年，真定抽分即令易州山厂主事带管，每年水发时，商木凑集，督同府佐，照例抽分。三年，又从内官监奏，真定抽分仍差内官抽印。

四年，通州等五局除商贩竹木板枋等照旧抽分外，其驮运木炭柴草俱免抽税。

五年四月，免林衡署果户房号税。

初，永乐时有果户三千余，后渐逃窜，仅存七百余户。嘉靖间，复征其房号。至是，果户奏诉贫难，帝亦悯之，故有是命。

神宗万历六年，定天下所入鱼课钞银等数。

直隶永平、保定、河间、大名四府，钞共三万八千二百八十贯四十一文；应天、苏州、镇江、庐州、扬州五府，共二十五万四千二百七十一贯三百六十二文；常州府三万四千九百一十八贯九百五十五文，钱六万九千九百六十四文；浙江十八万二千九百六十九贯六百二十文；湖广一百二十六万五千四百二十四贯；山东三百四十四贯；河南七千二百六十八贯七百四十二文；陕西二万三千九百十二贯九百四文；广西二千七十九贯五百三十文。

松江府银五百五十七两四钱六分有奇；太平府一百十七两二钱四分有奇；江西一千四百八十两五钱有奇；福建七千一百两；四川三百三十七两五钱七分有奇；云南一千三百五十三两七钱有奇，米麦三百五十石有奇。

二十八年正月，令矿监王虎兼督理宝坻鱼厂。

初，永乐时，设宝坻银鱼厂。隆庆时止令估值备庙礼上供，至是始以中官坐采，又征其税。武清等县非产鱼之处，增苇网诸税，且及青县、天津矣。

内官陈增奏：收南直云台山三官庙每岁香税一千余两，应比泰山事例。从之。

三十三年十一月，免畿辅煤窑税课。

内官监陈永寿进秋冬煤课银，帝曰：畿辅煤窑，系小民日用营生，除官窑煤炸内监采用外，民窑税课尽停免之。

熹宗天启三年闰十月，以皇子生，诏：芦课灶课等杂税不分起运存留，除已征在官外，其小民逋欠者，尽数蠲免。

钦定续文献通考卷二十五

市籴考

臣等谨按：马端临作《市籴考》，其于市则始自周官泉府之法，而迄于宋宁宗嘉泰时；其于籴则始自齐管仲、魏李悝粜籴敛散之法，而迄于宋宁宗嘉定时。凡历朝之得失，于兹略具。已以市法而言，宋自宁宗以后，屡讲求和买而有重额之弊，有暗科之弊，贻害实多。金、元时，每申抑配需索之禁。明初，凡民间货物价值，令亲民官按月申报，以凭照价收买。其后中使四出，以采办为名，任意虐取，而民不胜其滋扰。若夫市舶、互市之法，辽、金各有榷场。元既定江南，始立市舶之制。明初于沿海设三市舶司，逮倭患既兴，而市舶寻罢。至于马市之设，原所以戢边。嘉靖时，宣府、大同之马市，朝议以为大害，其实总由于威令不行，驾驭无策，非尽互市之必不可开也。以籴而言，则常平、义仓、和籴之制，辽、金、元及明，虽时废时置，亦曾兼采而用之。然或沿为具文，或视为利薮，名存实亡，故诸弊丛出，而非尽古法之必不可行于后也。今自宋庆元而后，以至于明，凡市籴之可考者，俱依次胪载，庶知法与人之不可偏废，而裕国利民之道亦未尝不相资云。

均输市易和买

宋宁宗庆元二年五月，减诸路和市折帛钱三年。

帝初即位，即诏两浙、江东西：和买绸绢折帛钱太重，可自来年四减钱一贯五百文，三年后，别听旨所减之钱，令内藏、封桩两库拨还。事在绍熙五年十月。至庆元元年，户部侍郎袁说友上言：临安、余杭二县和买科取之弊，乞将余杭县经界元科之额，配以绢数，不分等则，以二十四贯定数一匹，衮科而下，足额而止，捐其余以惠末产之民，如此则吏不得而制民，民无资于诡户，亦救弊之良策也。诏令集议。是年议，上如所奏行之。

《宋史·赵必愿传》曰：必愿知处州，陈折帛纳银之害。如所请除之。

《大学衍义补》曰：宋朝预买绸绢，谓之和买绢。夫买而谓之和，必两无亏损，上下同欲而无抑配之谓也。当时所谓和买，犹是民以乏钱而须卖，官以先期而便民。乃其后之弊且至与夏税并输，民家营运生息之具悉从折计，而为民无穷之害矣！

开禧三年，诏绍兴府均敷和买。

先是，孝宗乾道九年，秘书郎赵粹中言：两浙和买莫重于绍兴，而会稽为最。缘田薄税重，诡名隐寄，多分子户，自经界后至乾道五年，累经推排减落，物力走失愈重，民力困竭，若据亩均输，可绝诡户之弊。淳熙八年，诏两淮漕臣吴琚与帅臣张子颜措置。子颜等言：势家豪民分析板籍，以自托于下户，是不可不抑，然弊必有原，谓如浙东和买，凡二十八万一千七百三十有八，合台、明、衢、处、婺之数不满一十三万，而绍兴一郡独当一十四万六千九百三十有八，则是以一郡视五郡之输，而又赢一万有奇，此重额之弊也。又如赁牛物力，以其有资民用，不忍科配酒坊、盐亭户，以其尝趁官课，难令再敷。至于坍江落海之田，坏地漂没僧道寺观之产，或奉诏蠲免，而省额未除，不免阴配民户，此暗科之弊也。二弊相乘，民不堪命，于是规避之心生，而诡户之志起。旧例：物力三十八贯五百为第四等，降一文以下即为第五等，为诡户者志于规避，往往止就二三十贯之间立为砧基。今若自有产有丁系真五等，依旧不科；其有产无丁之户，将实管田产钱一十五贯以上并科和买，其一十五贯以下则存而不敷，庶几伪五等不可逃，真五等不受困。于是诏绍兴府攒宫田园诸寺观、延祥庄并租牛耕牛合蠲和买，并于省额除之。坊场盐亭户见敷和买物力及坍江田、放生池合减租税物力，并核实取旨。十一年，臣僚言：两浙东西四路和买不均之弊，送户部给舍等官详议。郑丙邱崈议：亩头均科之说至公至平。诏施行之。十六年，知绍兴府王希吕言：均敷和买。襄者巫于集事，不暇核实，一切以为诡户而科之，于是物力自百文以上皆不免于和买，贫民始不胜其困。乞将创科和买二万五十七匹有奇尽放，则民被实惠矣。于是诏下户和买二万五十余匹，住催一年。又减元额四万四千匹有奇，均敷一节，令知绍兴府洪迈从长施行。光宗绍熙元年，迈定其法上之，诏依所措置推行。至是，又申此诏，绍兴贫民下户稍宽矣。

　　绍定时，侍御史李鸣复奏曰：会稽郡赋重民贫，以和买一色言之，其为额当一路之半，虽淳熙特与蠲减，绍熙并与均科，而民仍困于供输，此无他，其为额太重故也。祖宗时货轻而钱重，钱之在官者先期而给，绢之在民者易岁而输，官民相资，是谓和买。时异事变，名存实亡，价直勿偿，凿空科取，无复有所谓买矣。送输稍缓，鞭挞即加，无复有所谓和矣。嘉定庚辰，朝廷将累岁实催之数，按为定额，一半理估，行之十四载，民力稍宽。端平初元，复催正色。二年，仍行理估。三年，又催正色。今以侍郎赵与欢申请将列郡和买一体施行，难乎其为辞矣。臣自到官以来，士夫论议，民庶陈情，莫不以和买为重困。今不敢乞如淳熙之减额，得如嘉定之一半理估足矣。或曰放行一郡，恐有援例而起者，何以拒之，是不然会稽之特加优恤，以其为额太重也，以其有陵寝在也，以其为毓圣之地也，无是三者，而何例之援乎！前淳熙十六年，诏绍兴府和买绢，内特减四万四千余匹，不闻他郡援例也。况鉴湖古未有租，今变为湖，田输于大农者六万，此会稽额外之产也。朝廷独知取而不知予乎！乞将和买绢一项，仍照嘉定十三年例，一半理估施行，使怨咨之气消，歌颂之声作，此实祈天永命之一，非但为一郡设也。

　　嘉定二年，命临安府物价俱给见钱。

　　以臣僚言，辇毂之下，买物于铺户，无从得钱。凡临安府未支物价，令即日尽数给还，是后买物须给见钱，违者许陈诉于台。

　　理宗嘉熙三年，令诸路州县官司买物，并以时直，不许辄用官价，违者以赃定罪。

　　自隆兴元年，诏：军兴以来，一应收买军需，盖造营寨之类，并系科拨钱粮。和买措置，尚虑官吏贪缘掊敛，不即还直，许令人户越诉监司，按治以闻。淳熙元年，罢市令司，诏官司收买物色，并依民间市价，不得科抑减克，如违以违制论。临安府及属县交易偿保钱豁减十之五。七年，诏诸路州县亦如之。至是，臣僚言：今官司以官价买物，行铺以时值计之，什不得二三，重以迁延岁月而不偿，胥卒并缘为奸，积日既久，类成白著①，至有迁居以避其扰，改业以逃其害者，甚而日用所需琐琐之物，贩夫贩妇所资锥刀以营升斗者，亦皆以官价强取之，终日营营，而钱本俱成干没，商旅不行，衣食路绝，乞申严禁。从之。

　　《大学衍义补》曰：官中用度，或有所阙，不能不求之市肆。然不必设场务专官，使遇有所用，遣廉谨之人赍见钱，随时价，两平交易，而不折以他物，不限以异时，不易以坏币，则官府有实用而小民无怨声矣。

度宗咸淳元年闰五月，以钱三十万，命临安府通变平物价。
辽太宗置南京城，北有市，百物山偫，命有司治其征，余四京及他州县货产贸迁之地，置亦如之。
时南京外城谓之汉城，分南北市，中为看楼，晨集南市，夕集北市。又上京南城亦谓之汉城，南当横街，各有楼对峙，下列井肆。

　　周广顺中，胡峤记曰：上京西楼有邑屋，市肆交易无钱而用布，有绫锦。

天显四年七月，观市。
圣宗统和三年十一月，禁行在市易布帛不中尺度者②。时以西幸，又将东征，故云行在。

　　《辽史·食货志》曰：令有司谕诸行宫，布帛短狭不中度者不鬻于市。

六年七月，观市。

---

① 白著，宋朝官府向民户和买物品，往往拖欠、抵赖价款，最终成为白拿，时人称为白著。
② 行在，皇帝巡行暂住之处。

至十九年七月，又观市。二十一年五月，又观市。

七年三月，诏：开奇峰路通易州市。

时以南北府市场人少，宜率当部车百乘赴集，故有是诏。

《辽史·耶律隆运传》曰：统和中，隆运为大丞相，以南京平州岁不登，奏免百姓农器钱及请平诸郡商贾价。并从之。

兴宗重熙十六年七月，观市。

至二十一年七月，又观市。

道宗咸雍七年四月，禁布帛短狭不中尺度者。

至太康七年十一月，除布绢尺度短狭之令。

太康六年七月，观市。

金海陵正隆六年四月，诏汝州百五十里内州县，量遣商贾赴温汤置市。

时幸汝州温汤，故有是诏。

世宗大定二十四年八月，诏免上京今年市税。时以五月至上京。

章宗明昌元年七月，诏罢西北路虾蟆山市场。

承安元年五月，以久旱徙市。

越数日，诏复市如常。

五年正月，如春水。谕点检司：车驾所至，仍令百姓市易。

泰和三年四月，谕省司：官中所用物，如民间难得，毋强市之。

宣宗兴定三年正月，议行均输。又敕和市。边城军需无至抑配贫民。

元世祖中统四年九月，民间所卖布帛，有疏薄狭短者，禁之。

至元元年正月，立诸路平准库。

主平物价，使相依准，不至低昂。至二十年十月，又立和林平准库。

十三年正月，立回易库于诸路，凡十有一，掌市易币帛诸物。

敕大都路总管府，和雇和买，权豪与民均输。按：此与上条所系年月相连，应系同时降敕。

三月，又敕上都和雇和买并依大都例，至十八年九月敕大都新安县民和雇和买。

十九年九月，命军站户出钱助民和雇和买。

先是十六年十月，张融诉西京军户和雇和买，有司匿所给价钞计万八千锭，官吏坐罪，以融为侍卫军。至是又有是命。至二十八年二月，伊苏岱尔等言：近制和雇和买不及军家，今一切与民同。诏自今军勿输。三十年十一月，敕中书省：凡出征军，毋以和雇和买烦其家。

二十二年正月，从右丞卢世荣奏，立市易司。

世荣奏：随朝官吏增俸，州郡未及，可于各都立市易司，领诸牙侩人，计商人货物，四十分取一。以十为率，四给牙侩，六为官吏俸。国家以兵得天下，不借粮馈，唯资羊马。宜于上都、隆兴等路，以官钱买币帛，易羊马于北方，选蒙古人牧之，收其皮毛、筋骨、酥酪等物，十分为率，官取其八，二与牧者。马以备军兴，羊以充赐予。帝善之。

成宗元贞元年十二月，诏大都路：凡和雇和买及一切差役，以诸色户与民均当。

二年正月，诏圝两都站户和雇和买。

至大德元年十二月，免上都至大都并宣徽等十三站户和雇和买。七年三月，追收原降除免和雇和市玺书。

大德二年十二月，诏诸路：和市价直随给其主，违者罪之。

武宗至大四年三月，时仁宗已即位。禁诸王驸马经过州郡，不得非理需索，应和雇和买，随即给价。

仁宗延祐七年十一月，时英宗已即位。平章政事特们德尔言：和市织弊薄恶①，由董事者不谨，请免右丞高昉等官，仍令郡县更造，征其原直。不许。

《元史·奸臣传》曰：英宗即位，特们德尔即奏委平章王毅、右丞高昉等征理在京仓库，所贮粮亏七十八万石，责偿于仓官及监临出内者，所贡弊帛纰缪者②，责偿于本处官吏之董其事者。仍立程严督，违者杖之。

明制：内外军民官司并不得指以和雇和买扰害于民，如果官司阙用之物，照依时直，两平收买。或客商中买物货，随即给价。如减驳价值及不即给价者，赴告上司，以不应治罪。

---

① 织弊，弊字当为刊刻之误，应为织币。《说文》曰：币，帛也。《续资治通鉴》卷200叙及此事作"织币"。

② 弊帛，当为"币帛"，弊字为刊刻之误，可见《元史·奸臣传》。

凡民间市肆卖买货物价值，须从州县亲民衙门，按月从实申报上司，以凭置办；军需等项，照价收买。又各府州县每月初旬取勘诸物时估，逐一覆实，依期开报，毋许高抬少估，亏官损民。上司收买一应物料，照依按月时估两平收买给价，毋致亏民及纵吏胥铺甲克落作弊。

《明史·食货志》曰：洪武时，官禁中市物，视时估率加十钱，其损上益下如此。

太祖洪武元年十二月，命较勘斛斗秤尺，并定时估物价。

诏中书省：命在京兵马司并营市司，三日一次较勘街市斛斗秤尺，并依时估定其物价；在外府州各城门兵马，一体兼领市司。

《大明令》曰：斛斗秤尺，司农司照中书省原降铁斗铁升较定，则样制造，发直隶府各州及呈中书省转发行省，令各府依法制造较勘，付各州县仓库收支行用。其牙行市铺，须赴官印烙；乡村人民所用，与官降相同方许行使。

顾炎武《日知录》曰：法不一则民巧生，故古帝王必以谨权量为先务。其于天下，则五岁巡狩而一正之。虞书同律度量衡是也。其于国中，则每岁而再正之。《礼记·月令》：日夜分，则同度量钧衡石角斗甬，正权概是也。今北方之量，乡异而邑不同，至有以五斗为一斗者；一哄之市，两斗并行。至其土地，以二百四十步为亩，亦有三百六十步、七百二十步为亩者；其步弓以五尺为步，亦有六尺、七尺、八尺为步者，此之谓工不信度也。

成祖永乐五年五月，命有司岁办物料，悉给官钱，非土地所有者，禁勿取。

开平卫卒蒋文霆言：今有司岁办各色物料，里长所领官钱悉以入已，名为和买，其实强取于民，万不偿一。若其土产尚可措办，况非土地所有，须多方征求，以致倾财破产者有之。凡若此者，非止一端。今后宜令有司，除常赋外，妄取民一钱者，以受财枉法论。其各色物料，非土地所有者，禁勿取。从之。

《明史·食货志》曰：永乐初，斥言五色石者，且以温州输矾困民，罢染色布，然内使之出始于是时，工役繁兴，征取稍急非土所有，民破产购之，军器之需尤无算。

仁宗洪熙元年六月，时宣宗已即位。趣中官在外采办者还，罢所市物。

诏：各处闸办金银钞造纸札，坐买靛青，除已闸办造完见收在官者解送外，余悉停罢，以苏民力。其原差官员等速即回还，如托故稽迟，以违制论。又巡按浙江御史尹崇高奏：所差内官内使于浙江市买诸物，每物置局，拘集动扰，供给繁劳，朝廷所需甚微，民间所费甚大，宜皆取回，唯令有司买纳。帝谕尚书吴中等曰：差遣中人，本出权宜，岂知劳扰如此。今诏书已罢买诸物，若买完者即令回京，未完者悉皆停止。又谕尚书夏原吉等曰：各处军民艰难已甚，凡在先有坐派造办纻丝、纱罗、毬段、香货、银朱、金箔及海味、果品等物，即遣人驰驿往谕，已办完在官者，令原差监办官管运回京，未办者悉停罢，如岁额不在此例，仍前科扰民者，罪不赦。

《大学衍义补》曰：今宫闱官府有所匮乏，辄一切取之州郡，州郡则取之于民。盖于常赋外敛钱收买以应征求，及领价之际，文移上下，展转伺候，动经旬月，所得不偿所费。凡买办皆如此，九重上何由知之哉！

七月，谕工部：察惩有司买办物料短给价者。

副都御史戈谦言：朝廷买办诸色物料，有司给价十不及一，况展转克减，物主所得几何。且一夫耕作，除夏秋二税，所存无几，苟再侵耗，民不贫困者寡矣。愿今后欲有买办，如果不系军需急用之物，乞且停止，候民力完实，年谷丰稔，然后派买，实为民便。帝曰：科买诸物，每令实与价钱，亏价损民，有司之过，宜速行戒约，有不悛者，必加之罪。

八月，内官郑和等奏：奉敕修理南京宫殿，当用金箔，请令有司市买。命于天财库支钞买用，须依时直，勿亏小民。

时应天府尹薛均奏：自永乐二十年至今年六月，工部及光禄寺买民间缎匹等物价钞，乞于南京天财库给民。帝谕户部曰：有司不恤民如此，其速支给。今后官买物不即给直者，罪坐有司。十一月，尚书吴中言：制造御用物料不足。帝曰：服食器用，当从朴素，所用物料，就库藏中给取，不必买于民。十二月，尚书夏原吉奏：官买顺天府民丝漆等物，当给价钞，而所司折以靛青，未便。帝曰：靛青非染工不用，如不言，几亏民矣。其悉给钞，靛青收贮以俟别用。

宣宗宣德二年三月，敕买事神之物，毋得扰民。

太常寺奏：牺牲所羊少不足供祭，请支价遣官收买于平阳府。帝曰：朕昔侍皇考，见太常寺奏买牺牲，圣意惓惓，以事神为重，爱民为心。盖事神之物若有一毫损民，民心不悦，神必不享，尔等当体此意。自是年之后，每遇祀事，必以为诫。

四月，停陕西买办。

谕尚书吴中曰：陕西去年薄收，百姓艰难，一切买办之物悉停止。

三年三月，命各仓斗斛，一准洪武中制度。

各仓官为较勘，印烙木筹上刊年月及提调官吏姓名，亦用印烙。凡官斛筹非官印烙者不用，私造者问罪。至七年，令重铸铁斛，每仓各以一给之，永为法则，较勘行使。

四月，令从公买办，毋蹈前弊。

帝闻买办物件支官钱，屡有告讦克减者，故有是令。

五年二月，诏：凡土产之处，如收买数多，量免他役以优恤之，不许概于不产之地收买科扰。

至八年，令各处买卖诸色对象，听差殷实大户，赍价于出产地方收买供用。四月，以各处旱，下宽恤诏。凡坐派买办、采办物件及亏欠孳牧牲口并一应纸札，悉行蠲免。九年正月，以扬州、淮安、凤阳、徐州等府州县，连岁亢旱，敕巡抚侍郎曹弘，一切买办，尽行停止。越数日，又诏：买办铜铁诸物，俱待秋成后减半解纳，所遣官员，即令回部。十年正月，复敕停罢南京工部及各处买办物料。

六年十二月，内官袁琦等以采办为名，虐取财物，伏诛。

内官袁琦狡险欺谩，假以干办公务，奏遣内官内使，凌辱官吏，毒虐军民，恣肆贪婪金宝锦绮以千万计，特伏凌迟，并斩阮巨队等十人。敕天下诸司知之。

《食货志》曰：帝因泰安税课局大使郝智言，召还所遣官，敕自今更不许辄遣。自军器军需外，凡买办者尽停止。然宽免之诏屡下，内使屡敕撤还而奉行不实。宦者辄名采办，虐取于民，诛袁琦、阮巨队等十余人，患乃稍息。

九年，令应天府买办物料，于都税司支钞给主。

英宗初，罢诸处采买及造下西洋船木诸冗费。

正统元年，令部颁铁斛等于仓库。

各布政司府州县仓分岁收粮五十万石及折收仓库岁收布绢等物十万匹以上者，工部各给铁斛一，铜尺、木秤各一。

是年二月，陕西按察副使金濂奏：西安原降铁斛、铜尺、木秤，便于收支。今甘肃等卫仓库，因无前项斛与尺秤，作弊多端，乞行各布政司及直隶府州悉照原式成造，以凭收支较勘。九月，攒运粮储总兵官、各处巡抚侍郎至京，会议军民利便事宜一，苏松诸处官仓，原有洪武中颁降铁斛升斗，年久废失，出纳之际，军民受弊，应令府县量给合用铁斛升斗备料，送付南京工部，会官依式铸造，颁给备用，命准行之。

二年，命御史会同户部及府县官监视买办物料。

凡买办物料，户部委官一员，会同府县委官，拘集行铺，估计时价，关出官钱，仍委御史一员，会同给与铺户，收买送纳。至三年，又令遇有买办之类，皆估计价钞数目，照旧具奏，限一月内赴库领散，不许过违。八年，又令朝廷所用物件，免有司买办查出产地方，于存留粮内折收解京，沿途官司应付船只脚力，南直隶府并山东者送北京该衙门收，江南、广东、浙江、湖广、江西、四川者送南京该衙门收，岁终具奏。九年，令岁用果品厨料，照旧支领官钱派买，不许于存留粮内折征。又凡遇造作等项急用物料，止于官库关用，有不敷者方许具奏，先给官价派买。

四年四月，敕辽东都司卫所：凡祭祀仪物，俱照洪武定例支取官钱，两平收买，毋许科敛害人。

从署都指挥佥事毕恭言也。

景帝景泰二年，颁等秤天平于内外。

令工部成造等秤天平各四十，颁给户部及在外收支衙门掌管用使，其所属各许依式成造应用。

六年，令京城内不系长久开铺及小本买卖，俱免置办。

宪宗成化元年六月，命光禄寺祭祀筵宴等俱循旧例买办。

每年牲口不许过十万，果品不许粘砌。至四年，给事中陈越言：光禄市物概以势取，负贩遇之如被劫掠。夫光禄所供，昔皆足用。今不然者，宣索过额，侵渔妄费也。大学士彭时亦以为言，请照宣德正统间例，斟酌供用，禁止买办。于是减鱼果岁额十之一。

二年五月，命内官监斟酌年例物料，其急于用者出内帑银市之，不急者姑已之。

工部奏：内官监请促办年例物料，若松木黑炭等共计七百七十七万有奇。缘四方水旱相仍，民困已甚，若复征需，似乖初年明诏与民休息之意。帝以小民贫困，正当宽恤，故有是令。

五年，命重发铁斛，依式置造，以为永久定规。

以新旧铁斛大小不一，仍命工部照洪武年间铁斛式样重新铸造，发江南、江北、山东、河南兑粮诸处，令兑粮官员依式制造木斛，送漕运衙门较勘，印烙给发交兑。至十五年，又令铸铁斛颁给江西、湖广二布政司及各兑粮水次并支粮仓，分较造木斛印烙收用，其铁斛仍识以"成化十五年奏准铸成，永为法则"十三字及监铸官员匠作姓名于上。

是年，又令京城内外并顺天府所属地方，凡诸色货物，行人依式制造平等斛斗、秤尺、天平等，赴官较勘印烙，方许行使。违者如律治罪，知情扶同互相借用者，事发，一体究治。

孝宗弘治元年，命光禄减增加供应。

初，光禄俱预支官钱市物，行头吏役因而侵蚀，乃令各行先报纳而后偿价，遂有游手号为报头①，假以供应为名，抑价倍取以充私橐。御史李鸾以为言，帝命禁止。

七月，罢镇守内外官采办。

先是，仁宗时，令中官镇守边塞。英宗复设各省镇守。又有守备分守，中官布列天下。及宪宗时，益甚，购书、采药之使，搜取珍玩，靡有

---

① 报头，民间包揽官府购置需求而从中渔利的恶棍。

孑遗。抑卖盐引，私采禽鸟，糜官帑，纳私赂，动以巨万计。太岳、太和山降真诸香，通三岁用七千斤，至是倍之。内府物料有至五六倍者。孝宗立，颇有减省。至是时，甘肃巡抚罗明言：镇守分守内外官，竞尚贡献，各遣使于所属边卫搜方物，名曰采办，实扣军士月粮马价，或巧取番人犬马奇珍，且设膳乳诸房金厨役造酥油诸物，比及起运，沿途骚扰，乞悉罢之。报可。

十八年八月，时武宗已即位。令各处岁办非土产及有事故，皆酌价赴京收买。

给事中戴铣言：各处岁办多非土产，劳费不堪，宜令实开土产有无造册，送部会派之时，有者仍纳本色；其非土产及兵荒事变，令通融酌量贵价，赴京收买。从之。至正德元年正月，给事中周玺等言：近来工作日繁，科派日增，皆近幸好兴土木，借此占役军夫，规取料价，且因劳以邀赏耳！今后物非土产，宜勿派工役，果不可已者，令部科估计后奏行。下所司知之。

武宗正德元年，颁铜法。

时议准工部行宝源局如法制造铜法三十二副，每副大小二十个，俱錾正德元年宝源局造字号，送部印发浙江等布政司及各运司并南直隶府州，各依式样支给官钱，一体改造用使。

二月，命重刊戒谕收纳之旨于诸司，永示遵守。

给事中邹轩等奏：内府各监局，各库各仓场及各门内官内使人等，每缘收纳钱粮，刻削无厌。先帝晚年，洞察民隐，颁旨戒谕。今复玩愒，恬不知畏，诸所解纳，百方巧取，粟米布绢，价倍时估，民甚苦之。宜令诸司重刻谕旨，悬布遵行。凡故违者罪无赦。

世宗嘉靖二年，定市易诸法。

凡城市乡村诸色牙行及船埠头，准选有抵业人户充应，官给印信文簿，附写客商船户住贯、姓名、路引字号、物货数目，每月赴官查照，私充者杖。诸物行人评估物价，或贵或贱，令价不平者，计所增减之价论罪；买卖诸物两不和同，而把持行市，专取其利及贩鬻粥之徒通同。牙行共为奸诈者杖。若见人有所买卖，在旁高下比价以相惑乱而取利者笞。凡私造斛斗秤尺及作弊增减者，官降；不如法者、提调官失勘者，其在市行使不经官司较勘印烙者，仓库官吏私自增减官降，收支不平者，监临官知而不举及失觉察者，凡造器用之物不坚固、真实及绢布等纸薄短狭而货卖者，各定罪有差。

四月，令京城办纳物料，皆先给与价。

给事中汪应轸等请革京城铺户，言：古者徙豪杰以实京师，我朝亦有富户，皆重根本。至于和买之法，则自宋南渡始，殊非善政，今和买不给直，独累京城以戕根本，其不善尤有甚焉！臣以为革之便。如不可革，则宜照例给价，务在两平。事下户部议覆，请今户、工二部，凡办纳物料，皆当先给以价。从之。

二十七年五月，给事中罗崇奎等言诸商重困之弊，帝嘉纳之。

时户部言：京师召集诸商纳货取直，内则据诸司之通关实收，外则据两县总部九门官之时估，情法适中，公私均便。迩者民伪日滋，初意渐失，其入官应役者，皆佣贩贱夫漂流弱户，有司利其无援，辄百方牟夺之，而富商即有一二置籍，往往诈称穷困，旋入旋出，非所以安人心而一治体也。请以十年为率，命科道官一为清理，贫者除之，富者即豪强不得隐匿。帝命科道官如议，选委命审核户口，遍置尺籍，务在公平，足以经久，既而崇奎等复言部臣之说，意在革弊，而未悉弊源。窃谓今日诸商所以重困者，其弊有四：夫物有贵贱，价有低昂，今当事者贱则乐于减，贵则远嫌而不敢增，一也；诸商殚力经营，计早得公家之利，而收纳不时，一遭风雨，遂不可用，二也；既收之后，经管官更代不常，不即给直，或遂以沈阁，三也；幸给直矣，而官司折阅于上，番校觊觎于下，名虽平估，而所得不能半之，四也。四弊不除，窃恐编审未久，而溃乱又随之矣。臣以为宜先去四弊，而不必复为编审。即编审亦不必科道其各场监收主事，满一岁然后代，毋数更易。帝嘉纳其言，令户部参酌行，编审用科道官，仍如前议。

臣等谨按：先是上供之物，任土作贡。曰岁办不给，则官出钱以市；曰采办其后，本折兼收。采办愈繁，于是召商置买，物价多亏，商贾匿迹，至是户部以核实编审为请。崇奎等复言诸弊，若除商自乐赴。帝虽纳其言，而仍编审如部议。至二十九年，工科又奏：铺商编审之日，旧商报之，臣等核之。报之不实，则失在旧商；核之不真，则失在臣等；若豪猾之徒，公以贿免，则罪在奸商。乞敕部，即令新商投认供役，其有迁延迟误贿托求退者，许送法司究罪，则铺商无编累之苦，而科臣等亦可免公役耽延之虑矣。盖当时召商及编审之弊，大略如此。

三十一年，更定时估法。

自本年为始，每半年一次，将供用等库并各仓场合用粮草等项，令山东、河南二道管粮官员查访行，令宛、大二县，造册送科道与巡视中城御史及该司，与九门委官公同参酌，如先估与市价相合，不必更易。其间物料，时有贵贱，价有低昂，应增应减，务酌量时直，上半年不过正月，下半年不过七月，依期照例会估。三十三年，又行令十三布政司、南北直隶所属，凡遇会派，年例钱粮，务以京估为准，有余者减，不足者增。

穆宗隆庆四年六月，户部条议恤商六事。从之。

一、定时估，物价与时低昂，而钱粮因时办纳，若先时估计，则贵贱无凭，此后估价上半年定于五月，下半年定于八月，务随时估价，不得执一。一、议给价，太仓关各草场料草，原数少给以全价，数多者给以三分之一，完日补给，皆以时估为率。一、严禁革，各库监局及牛羊象马房等仓，西安等门典守官吏，有索求抑勒者，悉治其罪。一、裁冗费，量减各仓场草束斤数及脚夫库秤之冗食。一、酌坐买，凡草料数多，一时难猝办者，量于秋冬孟月坐买，不得仍前全坐，致费高价，陈草发卖；或如数补放，未给价者速给之。一、公金报，各商果贫困，不能供役者，具状验实，方许举保富户更代。

神宗万历九年，命加减物料价银。

令九门盐法委官会同科道，将各仓场料草及各库物料价银，参酌往年近日旧册量加增减，着为定规。以后非物价大相悬绝，不得再行会估。

熹宗天启元年三月，户部尚书汪应蛟覆奏甲丁库钱粮四款。从之。

一、免税，谓丁字库油漆铜锡等项，既派商办纳，复照单比税，各商何堪，宜移知宣课司，凡召办俱免纳税，以滋重困。一、革铺垫，谓外解钱粮铺垫，已属陋规，此外复有茶果见面科敛名色，宜严谕库珰，尽行裁革。一、截支，谓商价不给，辄以揭借倾家，今后召买，必先给价，如恐领银虚冒，应照截支之议，钱粮收到，即给价银；未完之数，另行追比；续完之价，再为截支。一、平估，谓京师物价腾贵，先年会估，较今价不啻天渊，容移知巡视诸臣及札九门盐法部司等官，会同估直，照时价通融增减，仍责商人召办物料，依期进纳。悉从所请。至三年六月，给事中郭兴言等奏：京师有上纳之钱粮，便有铺垫之常例，敲骨剥髓，牢不可破。先年巡青商人，止借办草场草料，尚苦不支，后因十库商人巧为脱卸，致令巡青商人代办十库钱粮，贫役重累，膏尽血竭。查万历四十八年以前，商人无十库之累，夏秋估价，毫不假借，每岁费银止二十七万余两。自天启元年代办十库钱粮，商人称苦，议价不免稍宽，岁费几至三十五万。今正值春估之时，增之则病国，减之则病商，展转反复，计无所出，莫若查照旧规，免其代办。敕令巡视十库诸臣，照旧招商供办，事有专属，责无他诿，一举而两得矣。诏付部议。

臣等谨按：《食货志》：自岁办改为采办，不免加派，累及铺户。然嘉靖末年，岁用止十七万两，隆庆时裁为十五万，万历初年减至十三四万，中年渐增几三十万，而铺户之累滋甚。时中官进纳索贿，名铺垫，钱费不资，所支不足相抵，民不堪命，相率避匿。乃佥京师富户为商令下，被佥者如赴死，重贿营免，官司密钩，若缉奸盗。至天启时，而商累益重，乃有不得一钱者矣。

五年七月，巡青，给事中霍维华等以商人苦累，酌议规则，命如议行之。

一、议估价，物价与时消长，原无一定，乃从前估价，止就旧数稍为增减，今议依季定估，照市价不得一毫任意增减。一、议放银，各商领银，漫不称兑，且如搭钱，而复折银，暮四朝三，总属敝政，今议着各商公同敲针，照数称兑，不得分毫短少，其办完料价，及时给放，毋得因循滋累。一、议佥报，商人每遇佥报，或求情面幸免，或挟风恨妄报，株连蔓引，延累无穷。今议定编审之期，即着旧役商人，各自查访，每一人许报二名，二名择佥一名，如报者不堪，即着旧商，仍自充役，或不及编审之年，有物故消乏，查审情真者，亦酌此法行之，则事不烦而民不扰，亦足免衙役市棍诈骗之害矣。命如议，申饬行之。

《大学衍义补》曰：昔人谓：市者，商贾之事。古之帝王，其物货取之任土作贡而有余，未有市物者也。市昉于周官泉府，初立法时，本以懋迁有无，曲为贫民地，初无一毫征利富国之意焉。后世则争商贾之利，利民庶之有，岂古人立法之初意哉！市卖之事，乘时贵贱以为敛散，则是以人君而为商贾之所为，虽曰推抑商贾居货待价之谋，而贫吾民也。富亦吾民也，彼之所有，孰非吾之所有，况物货居之既多，则价何至甚贵哉！

钦定续文献通考卷二十六

市籴考

市舶互市

宋宁宗开禧三年，住博买①乳香。

初，茶、盐、矾之外，唯香之为利博，故以官为市。高宗建炎四年，泉州抽买乳香十三等八万六千七百八十斤有奇。诏取赴榷货务打套给卖②，陆路以三千斤、水路以一万斤为一纲③。绍兴元年，诏广南市舶司：抽买到香，依行在品搭成套，召人算请，其所售之价，每五万贯易以轻货，输行在。孝宗淳熙二年，郴、桂寇起，以科买乳香为言④。诏湖南路：见有乳香并输行在榷货务，免科降。十二年，分拨榷货务乳香于诸路给卖，每及一万贯，输送左藏南库。十五年，以诸路分卖乳香扰民，令止就榷货务招客算请。光宗绍熙三年，以福建舶司乳香亏数，诏依前博买。至是乃住博买。至嘉定十二年，臣僚言：以金银博买，泄之远夷为可惜。命有司止以绵帛、锦绮、瓷漆之属博易，听其来之多寡，若不至，亦任之，不必以为重也。

《宋史·王居安传》曰：宁宗初，居安知兴化军，条奏便民事。

---

① 博买，宋朝政府按一定比例强行收买外商输入商品，也叫抽买。
② 榷货务，官署名，宋、金时置，掌国家专卖货物的买卖及其税收政令。打套，品搭成套。
③ 纲，唐宋时期大规模运输货物的方式，如生辰纲。这种运输方式的一个批次，叫作一纲。
④ 科买，强行收购。

言：番舶多得香犀象翠，崇侈俗，泄铜镪，有损无益，宜遏绝禁止。

又《儒林传》曰：番舶至泉州者畏苛征，岁不三四。嘉定中，真德秀以右文殿修撰知泉州，首宽之。至者骤增至三十六艘。

理宗宝祐六年八月，诏申严倭船入界之禁。

景定四年七月，置榷场于樊城。

时潼川安抚副使刘整以泸州叛，率所部入于元。四川宣抚使吕文德复泸州，进开府仪同三司。整言于元世祖曰：南人唯恃吕文德耳，然可以利诱也。请遣人以玉带馈之，求置榷场于襄阳城外，乃使使请于文德，文德许之。元使者曰：南人无信，安丰等处榷场，每为盗所掠，愿筑土墙以护货物。文德为请于朝，开榷场于樊城，外筑土墙于鹿门山外，通互市，内筑堡壁。元又筑堡于白鹤，由是敌有所守，以遏南北之援，出兵哨掠，兵威益炽。文德弟文焕知为所卖，以书谏止。文德始悟，然事已无及，唯自咎耳。

臣等谨按：《食货志》及《孝宗纪》：乾道元年，襄阳邓城镇、寿春花靥镇、光山县中渡市皆置榷场，以守臣措置、通判提辖。五年，省提辖官。淳熙二年，臣僚言：溪峒缘边州县，置博易场①，官主之。七年，以塞外诸戎贩珠玉入黎州，官常邀市之，黩货启衅，非便，止令商贾百姓收买。八月，诏禁黎州官吏市番商物。

又《汪大猷传》：孝宗时，大猷知泉州，毗舍耶尝掠海滨居民，岁遣戍兵防之。戍兵以真腊大贾为毗舍耶犯境。大猷曰：毗舍耶面目黑如漆，语言不通，此岂毗舍耶耶！遂遣之。故事，番商与人争斗，非伤折罪，皆以牛赎。大猷曰：安有中国用岛夷俗者，苟在吾境，当用吾法。三佛齐请铸铜瓦三万。泉、广二州守臣督造，付之大猷。奏法铜不下海，中国方禁销铜，奈何为其所役，卒不与。皆系宁宗以前互市事。马端临考所未载。今附记之。

恭帝德祐元年三月，诏复茶盐市舶法。

五月，罢市舶分司。令通判任舶事。

---

① 博易场，宋朝政府在与少数民族交界地区设置的互市场地，有官员管理。

先是，乾道二年，罢两浙路提举，以守倅及知县监官共事，转运司督之。三年，诏广南、两浙市舶司：所发舟还，因风水不便，船破樯坏者，即不得抽解。至是，复有是令。

臣等谨按：《食货志》：旧法，细色纲龙脑珠之类，每一纲五千两。其余犀象紫矿乳檀香之类为粗色，每纲一万斤。凡起一纲，遣衙前一名部送，支脚乘赡家钱一百余缗。大观以后，张大其数，象犀紫矿皆作细色起发，以旧日一纲分为三十二纲，多费脚乘赡家钱三千余贯。至乾道七年，诏广南：起发粗色香药物货，每纲二万斤，加耗六百斤，依旧支破水脚钱一千六百六十二贯有奇。淳熙二年，福建广南市舶司粗细物货并以五万斤为一纲。光、宁以后不可考矣。

辽太宗时，雄州、高昌、渤海立互市，以通南京、西北诸部、高丽之货。

时女真以金、帛布、蜜蜡、诸药材，及铁离、靺鞨、于厥等部以蛤珠、青鼠、貂鼠、胶鱼之皮，牛、羊、驼、马、毳罽等物，来易于辽者，道路衔属。

《辽史·地理志》曰：上京南门之东有回鹘营，回鹘商贩留居上京，置营居之。

会同二年五月，禁南京鬻牝羊出境。

圣宗统和十五年七月，禁吐谷浑别部鬻马于宋。

二十三年，振武军及保州并置榷场。

时北院大王耶律舒噜以本部倅羊多阙，部人贫乏，请以嬴老之羊及皮毛岁易南中之绢，彼此利之。

臣等谨按：是年，即宋真宗景德二年也。先是，二十二年十二月，澶渊之役，彼此议和。至是年二月，复置榷场于振武军。马端临考亦载景德初通好北戎，乃复于雄、霸州、安肃军置三榷场，当亦在是时。

兴宗重熙八年正月，禁朔州鬻羊于宋。

十一年六月，禁毡、银鬻入宋。

辽邻国市易物。

熟女真国以金、帛、布、黄蜡、天南星、人参、白附子、松子蜜等于边上交易讫，即归本国。契丹商贾人等亦入其国交易。

乌舍国、阿里眉国、波斯噜国等岁以大马蛤珠、青鼠皮、貂皮、胶鱼皮、蜜腊诸物贩与北番仕便往来交易。

铁离国、阿里眉国以王马蛤珠、鹰鹘、青鼠、貂鼠等皮、胶鱼皮等物交易。

靺鞨国以细鹰鹘、鹿、细白布、青鼠皮、银鼠皮、大马胶鱼皮等交易。

铁离喜失牵国以羊、马、牛、驼皮毛之衣交易。

蒙古里国、于厥国、别古里国、达达国各以牛、羊、驼、马、皮毳之物交易。

金初于西北招讨司之燕子城、北羊城之间置榷场，以易北方牧畜。

《金史·食货志》曰：榷场者，与敌国互市之所也。皆设场官，严厉禁，屋宇以通二国之货。岁之所获，亦大有助于经用焉。

熙宗皇统元年正月，夏国请置榷场。许之。

至世宗大定二年四月，夏使朝辞乞互市。从之。三年，市马于夏国之榷场。十二年，帝谓宰臣曰：夏国以珠玉易我丝帛，是以无用易我有用也。乃减罢保安、兰州榷场。二十一年正月，夏国王李仁孝上表，乞复置榷场，帝以保安、兰州无所产，而且税少，唯于绥德为要地，可复设互市，命省臣议之。宰臣以陕西邻西夏，边民私越境盗窃，缘有榷场，故奸人得往来，拟东胜可依旧设。陕西者并罢之。帝曰：东胜与陕西道路隔绝，贸易不通，其令环州置一场。寻于绥德州复置一场。章宗明昌二年正月，谕有司：夏国使可令馆内贸易一日。尚书省言：故事许贸易三日。从之。承安二年九月，以夏使朝辞诏答许复保安、兰州榷场。

二年五月，许宋人之请，遂各置榷场于两界。

九月，命寿州、邓州、凤翔府等处皆置榷场于两界。至海陵正隆四年正月，罢凤翔府、唐、邓、颍、蔡、巩、洮等州并胶西县所置者，而专置于泗州。寻伐宋，亦罢之。世宗大定四年，以尚书省奏，复置泗、寿、蔡、唐、邓、颍、密、凤翔、秦、巩、洮诸场。十七年二月，谕宰臣曰：宋人喜生事背盟，或与达实交通，谓西辽耶律达实。恐枉害生灵，不可不备。其陕西沿边榷场，可止留一处，余悉罢之。令所司严察奸细。承安三年，宋界诸场以伐宋皆罢。泰和八年八月，以与宋和，宋人请如旧置之，遂复置于唐、邓、寿、泗、息州及秦凤之地。

> 臣等谨按：皇统二年，即宋高宗绍兴十二年也。是年五月，亦置淮西、京西、陕西诸路榷场。正隆四年，即绍兴二十九年也。是年二月，亦罢沿边榷场，存其在盱眙者。盖宋金榷场置罢，大略皆遥相应云。

海陵正隆五年八月，命榷货务起赴南京。

> 《金史·地理志》曰：海陵贞元元年，更号汴京为南京。府三，一曰开封，有药市四榷场。

世宗大定七年，禁秦州场不得卖米面及羊豕之腊，并可作军器之物入外界。

至宣宗贞祐元年，秦州榷场为宋人所焚。二年，陕西安抚副使乌库哩扬珠复开设之。

> 《金史·完颜弼传》曰：乌库哩扬珠置秦州榷场，弼为陕西路统军使，以擅置，移文问之。扬珠曰：近日入见，许山外从宜行事。秦州自宋兵焚荡榷场几一年矣，今既安帖，复宜开设，彼此获利，岁收以十万计，对境天水军移文来请，如俟报可，实虑后时。弼奏其事。宰臣以扬珠虽擅举而无违失，苟利于民，专之亦可。帝曰：朕固尝许其从宜也。

十三年正月，宽榷场误犯边界罪。
尚书省奏：南客车俊等因榷场贸易，误犯边界，罪当死。帝曰：本非故意，可免罪发还，毋令彼国知之，恐复治其罪。

二十一年十二月，禁寿州榷场受分例。

《食货志》曰：分例者，商人贽见场官之钱币也①。

章宗明昌二年七月，修泗州等处榷场。

尚书省以泗州榷场自前关防不严，遂奏定从大定五年制，官为增修屋舍，倍设阑禁，委场官及提控所拘榷，以提刑司举察。唯东胜、静、庆州、来远军者仍旧，余皆修完之。

承安二年，秦州非子场复置于保安、兰州。

《食货志》曰：泗州场，大定间岁获五万三千四百六十七贯，承安元年增为十万七千八百九十三贯六百五十三文，宋亦岁得课四万三千贯。秦州非子城场，大定间岁三万三千六百五十六贯，承安元年岁获十二万二千九十九贯。又兴定元年，集贤咨议官吕鉴言：尝监息州榷场，每场获布数千匹，银数百两。兵兴之后皆失之。

三年十月，开榷场于锡喇努，寻定见钱入外界罪②。

从行枢密院奏也。先是九月，行枢密院奏：萨察等告，开榷场拟于锡喇努安置，许自今年十一月贸易，寻定制。随路榷场若以见钱入外界与外人交易者，徒五年；三斤以上死。

宣宗贞祐三年七月，议听榷场互市，用银计数，税之。

时共议于帝前，帝曰：如此是公使银入外界也。平章穆延尽忠参知政事，乌库哩德升曰：赏赐之用莫如银绢，而府库不足以给之，互市虽有禁而私易者自如，若税之，则敛不及民，而用自足。平章珠格高琪曰：小人敢犯，法不行耳，况许之乎！今军未息，而产银之地皆在外界，不禁则公私指日罄矣。帝曰：当熟计之。

兴定二年四月，侍御史完颜苏呼请宣谕高丽复开互市。从之。

时参知政事伊尔必斯贷粮，高丽不应，辄以兵掠其境，诏遣人往谕，使知兴兵非上国意，故苏呼有此请。

---

① 贽见，携礼物求见。
② 定见钱入外界罪，因货币外流会引起本国货币缺乏，流通困难，且金属货币可改铸为武器，因此，以钱入外界有罪。

《金史·完颜苏呼传》曰：苏呼言：臣近请宣谕高丽复开互市事，若令行省遣谕之，不过邻境领受，恐中间不通于高丽，无由知朝廷本意。彼世为藩辅，未尝阙礼，如遣信使，明持恩诏谕之，贷粮、开市二者必有一济，苟俱不从，则其曲在彼，然后别议图之可也。帝是其言。

元世祖中统元年四月，置互市于涟水军。禁私商不得越境，犯者死。

七月，又立互市于颍州、涟水、光化军。

臣等谨按：是年，即宋理宗景定元年也。时贾似道当国，称臣纳币，而帝以初立，内难未宁，故设为互市以通和好焉。

二年五月，申严沿边军民越境私商之禁。私贩马匹者死。

八月，宋私商七十五人入宿州，议置于法。诏宥之。还其货，听榷场贸易。仍檄宋边将，还北人之留南者。

七月，于高丽鸭绿江西立互市。

从巴尔斯岱尔请也。至次年正月，罢高丽互市。诸王塔齐尔请置之。不从。

三年三月，获私商南界者四十余人，命释之。

十月，中书省奏：与宋互市，庶止私商及复遗民之陷于宋者，且觇涟、海二州。不允。

四年五月，以礼部尚书马甲济见兼领颍州光化互市。

至元元年正月，罢南边互市。申严贩马越境私商之禁。

五月，释宋私商五十七人，给粮遣归其国。二年三月，罢南北互市。括民间南货，官给其直。九年十二月，遣宋议互市使者南归。

十一年正月，立建都宁远都护府兼领互市监。

十二年二月，议以中统钞易宋交、会，并发蔡州盐贸易药材。

十三年四月，敕南商贸易京师者毋禁。

十四年四月，置榷场于碉门、黎州与吐番贸易。

是年，立泉州等处市舶司。

帝既定江南，凡邻海诸郡与番国往还，互易舶货者，其货以十分取一，粗者十五分取一，以市舶官主之。其发舶回帆，必着其所至之地，验其所易之物，给公文为之期日。大抵皆因宋旧制而为之法。至是，始立市舶司一于泉州，令孟古岱领之。立市舶司三于庆元、上海、澉浦，令福建安抚司杨发督之。每岁招集舶商于番邦博易珠翠、香货等物，及次年回帆，依例抽解，然后听其货卖。时客船自泉、福贩土产之物者，其所征亦与番货等。上海市舶提控王楠以为言。于是定双抽、单抽之法。双抽者，番货也；单抽者，土货也。

《元史·刑法志》曰：诸舶商大船给公验，小船给公凭。每大船一，带柴水船八，橹船各一，验凭随船而行。或有验无凭，及数外夹带，即同私贩，犯人杖一百七，船物并没官。内一半付告人充赏。公验内批写货物不实及转变渗泄作弊，同漏舶法。舶司官吏容隐，断罪不叙。

十五年十一月，诏谕沿海官司通日本国人市舶。

是年八月，诏行中书省索多、蒲寿庚等曰：诸番国列居东南岛屿者，皆有慕义之心，可因诸舶番人宣布朕意，诚能来朝，朕将宠礼之。其往来互市，各从所欲。至是复有是诏。至二十九年六月，日本来互市，风坏三舟，唯一舟达庆元路。十月，至四明，求互市。舟中甲仗皆具，恐有异图。诏立都元帅府令哈喇岱将之，以防海道。

臣等谨按：《宋史·瀛国公纪》：初，蒲寿庚提举泉州舶司，擅番舶利者三十年。景炎元年十一月，端宗欲入泉州诏抚寿庚，而寿庚有异志，及舟至泉，寿庚来谒，请驻跸，张世杰不可，或劝世杰留寿庚，则凡海舶不令自随。世杰不从，纵之归。既而舟不足，乃掠其舟，并没其资。寿庚乃怒，杀诸宗室及士大夫与淮兵之在泉者。十二月，遂以城降元。又考《元世祖纪》：至元十五年即宋景炎三年。三月，诏孟古岱、索多、蒲寿庚行中书省事，于福州镇抚平海诸郡，故至八月复诏之如此，此蒲寿庚畔宋入元之始末也。

十八年九月，诏商贾：市舶物货已经泉州抽分者，诸处贸易止令输税。

十九年，令以钱易海外金珠货物。

用中书左丞耿仁言，以钞易铜钱，令市舶司以钱易海外金珠货物，仍听舶户通贩抽分。十月，泉州市舶司孟古岱言：舶商皆以金钱易香木。于是下令禁之，唯铁不禁。

二十年六月，定市舶抽分例，舶货精者取十之一，粗者取十之五。

二十一年，设市舶都转运司于杭、泉二府。

官自具船给本，选人入番贸易诸货，其所获之息，以十分为率，官取其七，所易人得其三。凡权势之家，皆不得用己钱入番为贾，犯者罪之，仍籍其家产之半。其诸番客旅就官船买卖者，依例抽之。

九月，并市舶入盐运司，立福建等处盐课市舶都转运司。

至二十二年正月，又诏立市舶都转运司。六月，又省市舶司入转运司。二十三年八月，以市舶司隶泉府司。十一月，改广东转运市舶提举司为盐课市舶提举司。十二月，复置泉州市舶提举司。二十四年闰二月，改福建市舶都转运司为都转运盐使司。

臣等谨按：《食货志》云：二十二年，并福建市舶司入于盐运司，改曰都转运使，领福建漳泉盐货市舶。考《元典章》又作二十三年三月，合并市舶转运司，俱与《纪》异。

罢禁海商。

二十三年正月，禁赍金银铜钱越海互市。

二十四年四月，发新钞十一万六百锭、银千五百九十三锭、金百两，付江南各省与民互市。

从江淮行省参政实都请也。

二十五年，禁广州官民毋得运米至占城诸番出粜。

四月，从行泉府司沙布鼎乌玛喇请，置镇抚海船千户所、市舶提举司。

二十六年正月，江淮行省平章沙木鼎请上市舶司，岁输珠四百斤，金三千四百两。诏贮之以待贫乏者。

闰十月，江西宣慰使胡颐孙援沙布鼎例，请至元钞千锭为行泉府司，岁输珍异物为息。从之。

二十八年六月，禁蒙古人往回回地为商贾者。

二十九年闰六月，回回人和卓穆苏售大珠，帝以无用却之。

二十九年六月，禁两浙、广东、福建商贾航海者。

以征爪哇故，暂禁之。俟舟师已发后从其便。时伊克默色又招其濒海诸国，皆遣使者来附，亦以禁商泛海留京师。及三十一年十月，弛商禁，皆遣还其国。

十一月，命市舶验货抽分。

中书省定抽分之数及漏税之法。凡商旅贩泉、福等处，已抽之物，于本省有市舶之地卖者，细色于二十五分之中取一，粗色三十分之中取一，免其输税。其就市舶司买者，止于卖处收税，而不再抽；漏舶货物，依例断没。

三十年四月，定市舶抽分杂禁。

行大司农燕公楠、翰林学士承旨留梦炎言：泉州、上海、澉浦、温州、广东、杭州、庆元市舶司凡七所，上海等皆十五取一，独泉州三十分取一。自今诸处宜悉依泉州为定制，从之。所以温州市舶司并入庆元，杭州市舶司并入税务，凡金银、铜铁、男女并不许私贩入番。行省行泉府司市舶司官每年于回帆之日，皆前期至抽解之所，以待舶船之至，先封其堵，以次抽分，违期及作弊者罪之。

《刑法制》曰①：诸市舶金银、铜钱、铁货、男女人口、丝棉段匹、销金绫罗、米粮军器等，不得私贩下海，违者舶商船主、纲首、事头、火长各杖一百七，船物没官。有首告者以没官物内一半充赏。廉访司常加纠察，诸市舶司于回帆物内三十分抽税一分，辄以非理受财者计赃以枉法论。番国遣使奉贡，仍具贡物报市舶司称验。若有夹带不与抽分者，以漏舶论。海门镇守军官，辄与番邦回舶头目等人通情，渗泄舶货者，杖一百七，除名不叙。

臣等谨按：《元典章》载，是年八月所定市舶则法二十二条，除《元史》食货、刑法二志，撮其大要外，一、权要富户兴贩舶船，恃势欺隐，被人首告，断没治罪，即于钱物内以三分之一充赏。一、所司官员，勒令舶商带货取利，作弊者被人首告，纠断如前例。一、僧道、伊噜勒昆、达实密过番兴贩，一例抽分。一、冬汛北风发时，请

---

① 《刑法制》，当为《刑法志》，《元史》诸志之一。

领公据公凭，明填所往何处，不许越过他国，至次年夏汛，南风回帆，止赴原舶司抽分，不许越投他处。一、大小船所领公验公凭，各在船随行，违者即是私贩，许诸人告捕，给赏断罪。一、番船南船，请给公验公凭，或回帆有被风遭劫事故，须往官司陈验得实，方许销原给凭验字号，如妄称者，依例断罪。一、海商自番国及海南买贩物货，虽赴市舶抽分，而在船巧为藏匿者，即断如漏舶。一、舶商稍水人等趁办课程，应优恤其家，所在有司，除免杂役。一、舶商开船，市舶司轮差正官一员，亲行检视，各无违带之物，方许开洋并附载之。

九月，立海北海南博易提举司税依市舶司例。

三十一年，时成宗已即位。诏有司勿拘海舶，听其自便。

成宗元贞元年闰四月，诏禁行省行泉府司抽分市舶船货，而同匿其珍细者。

又以舶船至岸，隐漏物货者多，命就海中逆而阅之。

二年八月，禁舶商毋以金银过海。诸使海外国者，不得为商。

是年又禁海商，以细货于马八儿、呗喃、梵答刺亦纳三番国交易，别出钞五万锭，令沙木鼎等议规运法。

大德元年，罢行泉府司。

次年併澉浦、上海入庆元市舶提举司，直隶中书省。

二年，置制用院。

七年，以禁商下海，罢之。

三年六月，申禁海商以人马兵仗往诸番贸易。

七年二月，禁诸人毋以金银、丝线等物下番。

九年八月，商胡塔齐尔以宝货来献，以钞六万锭售其直。

十年四月，倭商有庆等抵庆元贸易，以金铠甲为献。命江浙行省平章阿喇卜丹等备之。

武宗至大元年，复立泉府院，整治市舶司事。

十一月，中书省言：行泉院专以守宝货为任，宜禁私献宝货者。闰十一月，追回回商虎符。次年，罢行泉府院，以市舶提举司隶行省。四年，仁宗即位，又罢之。六月，拘收泉府司元给诸商贩玺书。

二年九月，诏海舶兴贩金银、铜钱、绵丝、布帛下海者，禁之。

仁宗延祐元年，复立市舶提举司。

仍禁人下番，官自发船贸易回帆之日，细物十分抽二，粗物十五分取二。

《元史·奸臣传》曰：延祐改元，特们德尔为右丞相，奏：往时使富民往诸番商贩，悉获厚利，商者益众。中国物轻，番货反重。今请以江浙右丞曹立领其事，发舟十纲，给牒以在，归则征税如制。私往者没其货。从之。

又《王克敬传》曰：克敬除江浙行省左右司都事。延祐四年，往四明监倭人互市。先是，往监者惧外番人情叵测，必严兵自卫，如待大敌。克敬至，悉去之，抚之以恩，皆帖然无敢哗。

七年四月，时英宗已即位。罢市舶司，禁贾人下番。

以下番之人将丝银细物易于外国，因并提举司罢之。

英宗至治二年三月，复置市舶提举司于泉州、庆元、广东三路，禁子女、金银、丝绵下番。

三年，听海商贸易，归征其税。

泰定帝泰定元年，令诸海舶至者止行省抽分。

文宗天历元年，以中买宝货蠹耗国财，诏加禁止。

中买宝货之制，泰定三年，命省臣依累朝呈献例给价。是年，以蠹耗国财禁之。凡中献者以违制论。九月，中书左丞相拜布哈又言：回回人哈哈达自至治间贷官钞，违制别往番邦，得宝货无算，法当没官，而都尔苏私其种人不许，今请籍其家。从之。

十一月，诏：日本舶商至福建博易者，江浙行省选廉吏征其税。

顺帝元统二年十一月，中书省请发两艘船下番为皇后营利。

明太祖洪武初，设市舶司于太仓黄渡，寻改于浙江、福建、广东设三市舶司。

三年二月，罢太仓黄渡市舶司，凡番船至太仓者，命军卫有司封籍其数，送赴京师。八月，琼州海商以香货入京，道溺死，有司请验数征其什一入官。帝曰：其人既不幸死，将谁征？令同行者与鬻之，而归所货资于其家。寻复设市舶司于宁波、泉州、广州。宁波通日本，泉州通琉球，广州通占城、暹罗、西洋诸国。

《明史·食货志》曰：海外诸国入贡，许附载方物与中国贸易，因设市舶司置提举官以领之，所以通远情，抑奸商，俾法禁有所施，因以消其衅隙也。

二年九月，定朝贡附至番货，欲与中国贸易者，官抽六分，给价偿之，仍免其税。

时定番王朝贡礼，遂着为令。

臣等谨按：《明律》曰：凡泛海客商舶船到岸，将货物尽实报官抽分，不得停拓沿港土商牙侩之家，违者有罪。

四年，谕福建行省：占城海舶货物皆免征，以示怀柔之意。

是年九月，户部言：高丽、三佛齐入贡，其高丽海舶至太仓，三佛齐海舶至泉州海口，并请征其税。诏勿征。

臣等谨按：邱浚《大学衍义补》曰：虽沿前代市舶司之名，而无抽分之法，唯浙、闽、广三处设官以待海外诸番之进贡者，盖怀柔远人，实无所利其人也。今考《实录》，则官抽六分固未尝无法，第给价以偿，勿征其税，则依然无所利之意耳。

八年五月，遣内使往河州市马。

初，西番素产马，其所用货泉与中国异，自更钱币，马之至者益少，乃命内使赵成以罗绮绫帛并巴茶往市之，仍命河州守将善加抚循，以通互市，马稍来集，率厚其直偿之。成又宣谕德意，自是番酋感悦，而山后、归德等州西番诸部皆以马来售矣。

九年五月，禁秦蜀军民毋得入西番互市。

二十年三月，高丽表请不受马直。不听。

时仍谕延安侯唐胜宗、俟高丽马至，择其可用者以直偿之，驽弱不堪者量减其直。

二十五年二月，谕令西番回回来互市者毋入城。

先是，曾遣回回使西域诸国，留其家属居于西凉，逗留五年不还。其余回回居边上者，又数劫掠，为边将所获。事闻，帝以回回使者朝贡往来，恐其因生边衅，命徙居扬州，既而复有愿挈家回本地者。帝始疑其为觇我中国①，至是命番使止甘肃城外三十里，毋令入城。若朝贡之使欲入城者，听至。建文四年九月，时成祖已即位，陕西行都司奏：回回可古思于宁夏市马，请官市之，以资边用。从之。命有司偿其直。上、中、下马各给绢布有差，军民私市者禁之。至十月，又敕宁夏总兵白福曰：回回来市马者，须立官市于城外，定其价，官与收马，为长久法。仍严出境之禁。永乐元年十月，又谕都督宋晟曰：凡进贡，回回有马欲卖者，听于陕西从便交易，须约束军民，勿侵扰之。

二十七年正月，命严禁私下诸番互市者。

帝以海外诸国多诈，绝其往来。唯琉球、真腊、暹罗许入贡。而缘海之人，往往私下诸番贸易香货，因诱蛮夷为盗。命礼部严禁绝之，违者必置之重法。凡番香、番货，皆不许贩鬻。其见有者，限以二月销尽。其两广所产香本听土人自用，亦不许越岭货卖，盖虑其杂市番香，故并及之。

成祖永乐元年八月，设三市舶提举司。

帝以海外番国朝贡，附带物货交易者，须有官专主之。遂命吏部依洪武初制，于浙江、福建、广东设市舶提举司，隶布政司。至三年九月，以海外诸番贡使益多，命福建、浙江、广东市舶提举各设驿以馆之：福建曰来远，浙江曰安远，广东曰怀远。

　　按：洪武时既设市舶司，至是乃定为提举一员，副提举二员，吏目一员，分从五、从六、从九品有差。互见职官考。

九月，日本国贡使所载兵器，命官为市之。

礼部尚书李至刚奏：日本贡使已至宁波，凡番使入中国，不得私载兵器鬻于民，具有禁令，宜命有司会检番舶中刀槊之类，籍封送京。帝不许。至刚复奏：刀槊之类在民间不宜私有，则亦无所鬻，唯当籍封送官。帝曰：无所鬻则官为准中国之直市之，毋拘法禁，以阻远人归慕之心。

十月，西洋琐里及剌泥国来互市，免征税。

西洋琐里国王遣使来贡，附载胡椒，与民互市，有司请征税，命勿

① 觇，偷偷察看。

征。又剌泥国回回哈、只马哈没奇、剌泥等来贡，因附载胡椒，与民互市，有司请征其税，帝亦不听。

《大学衍义补》曰：国家每岁恒以番夷所贡胡椒、苏木折支京官常俸，盖不扰中国之民而得外邦之助。以视前代算间架、经总制钱之类滥取于民者，岂不犹贤乎哉！

三年三月，福余卫部属来市马。

谕兵部曰：福余卫指挥使鼐尔布哈等奏，其部属欲来货马，计两月始达京师，今天气尚热，边人畏夏，可遣人往辽东，谕保定侯孟善令，就广宁开原择水草便处立市，俟马至，官给其直，即遣归。至五年二月，敕镇守辽东保定侯孟善缘，边夷人来贡及互市者，悉从其便。但禁戢士卒勿扰之。六年十一月，辽东总兵巫凯上广宁马市，所市福余卫马牛之数。帝曰：中国非无马牛，而与为市，盖其服用物皆赖中国，若绝之，必生怨心。朝廷许其互市，亦是怀柔之仁也。

十二月，命河、洮、西宁诸处与西番易马，给以好茶。

帝闻守边头目等多用茶之恶谬者欺之，甚且侵损其财物，故谕兵部：令巡按御史采察之。

《食货志》曰：明初，东有马市，西有茶市，皆以驭边省戍守费。永乐间，设马市三：一在开原南关，以待海西；一在开原城东五里；一在广宁，皆以待朵颜三卫。定直四等：上直绢八匹，布十二；次半之；下二等各以一递减。既而城东广宁市废，唯开原南关马市独存。

四年冬，朵颜、福余、泰宁三卫饥，请以马易米。帝命有司第其马之高下，各倍价给之。

既而阴附鞑靼掠边戍，复假市马来窥伺。帝下诏切责。令以其马赎罪。十二年春，纳马三千于辽东。帝敕守将王真，一马各予布四匹。

六年正月，设交址、云屯市舶司。

置提举及副各一员，接西南诸国朝贡者。

按《食货志》，云南作云屯。今从《实录》。

宣宗宣德八年六月，命严私通番国之禁。

八月，复敕漳州卫指挥同知石宣等，严通番之禁。至英宗正统十四年六月，从福建巡海佥事董应轸言：旧例，濒海居民私通外国，贸易番物，泄漏事情及引海贼劫掠边地者，正犯极刑，家人戍边，知情故纵者罪同。比年民往往嗜利忘禁，复命申明禁之。景帝景泰三年六月，命刑部出榜禁约福建沿海居民，毋得收贩中国货物，置造军器，驾海船交接琉球国，招引为寇。时有言黄萧养之乱多由海寇，故禁之也。

《大学衍义补》曰：国家富有万国，固无待于海岛之利，然中国之物自足于用，而外国不可无中国之物，故私通滥出断不能绝，虽律有明禁，而利之所在，民不畏死，每犯法而罪之又再犯者，并因以罪应禁之官吏，盖不徒无其利而又有其害矣。

英宗正统三年四月，立大同马市。

时卫喇特遣使贡马，尚书魏源等请援辽东开原例开马市。帝以马市劳军民，勿置。寻以大同巡抚卢睿言：大同立市，庶远人驼马军民得与平价交易，且遣达官指挥李原等通译语，禁货兵器铜铁。从之。

四年四月，禁番人市耕牛及铜铁器。

辽东都指挥佥事毕恭奏：夷人归自京师，道过边境，辄以所得彩币或驾马市耕牛及铜铁器，臣以耕牛边人所恃以为生，而铜铁器外国所资以为用，乞禁勿与市。命如所奏。

景帝景泰三年五月，爪哇国使臣乞以赐物贸易油麻之类于广东。许之。

宪宗成化二年八月，以茶及青稞与西番市马。

兵部奏：陕西各边屡奏缺马，西宁至甘州番族多产马地，彼所缺者茶与青稞。若与互市，则善马一匹不过用茶百斤、青稞十五石，价直既轻，较之京师关领又免路途瘦损，宜查陕西官茶并籴买青稞，就彼互市。从之。

十四年三月，复开辽东三卫马市。

时陈钺抚辽东，复开之。通事刘海、姚安肆侵牟，朵颜诸部怀怨扰广宁，不复来市。兵部尚书王越请令参将、布政司官各一员监之，毋有所侵克，遂治海、安二人罪。寻令海西及朵颜三卫入市，开原月一市，广宁月二市，以互市之税充抚赏。

孝宗弘治元年五月，命北人入贡者听其贸易。

给事中夏祐等言：彼外称纳贡，内蓄奸谋，恐译字、通事等贪其贿赂，以中国情事告之，为害匪浅。尚书余子俊以为待之不厚，恐伤向化之心①，但乞榜示京师军民，不许欺凌，听其公平贸易为便。祐等遂复劾子俊。帝曰：开市亦旧例，唯禁约私交，毋泄漏情事，有司其知之。十八年五月，福余卫酋长诺海等款塞悔过，请通互市如故。至武宗正德时，令验放入市者依期出境，不许挟弓矢，非互市日毋辄近塞垣。

武宗正德元年十月，以御马监刘彝管福建市舶司事。

三年十月，命各番进贡，毋得入境市物，其以物售之者治以重罪。

通事王喜等奏：哈密使臣舍音和善等来贡，夹带私物，虚糜供给。礼部奏：各番朝贡，例许稍挟私货。盖羁縻远人，宜俯顺其情也。且哈密城池之役，舍音和善亦与有劳，须加宽假以示恩意，其获赐钞锭数多，输之于彼，既无所用；而载之于途，大有所费，宜移文镇巡官等，听其量带方物来京贸易，但不可入境市物，以劳驿传，帝从之。故有是命。

十二月，许、泰、宁等三卫番人入贡，还，市牛及田器。

礼部请遣通事伴回为之平市。仍命镇抚官戒之，勿杂市违禁器物，因扰害地方。制可。

四年三月，诏以内官监毕真代熊宣倾广东市舶司。

暹罗国船有为风漂泊至广东境者，镇巡官会议税其货，以备军需。市舶太监熊宣计得预其事以要利，乃奏请于帝。礼部议阻之。诏以宣妄揽事权，令回南市办事，以真代之。至五年七月，真言：旧制泛海诸船，皆市舶司专理，近领于镇巡及三司官，乞如旧便。礼部议：市舶职司进贡方物，其泛海客商及风舶番船非敕旨所载，例不当预。中旨令如熊宣旧例行。宣先任市舶，尝以奏请兼理，为礼部所劾。而刘瑾私真，乃谬以为例云。

世宗嘉靖二年，罢市舶司。

时日本使宗设、宋素卿分道入贡，互争真伪，市舶中官赖恩纳素卿

① 向化，向往归化，归服。

赇，右素卿，宗设遂大掠宁波。给事中夏言言：倭患起于市舶。遂罢之。市舶既罢，日本海贾往来自如，海上奸豪与之交通，法禁无所施，转为寇贼。二十六年，倭寇百艘久泊宁台，数千人登岸焚劫。浙江巡抚朱纨访知舶主皆贵官大姓，市番货皆以虚值，转鬻牟利，而值不时给，以是构乱，乃申严海禁，毁馀艎，奏请镌谕戒大姓。不报。然是后通番大猾纨辄以便宜诛之。御史陈九德劾纨专杀启衅。帝逮纨听勘。纨既黜，奸徒益无所惮，外内交讧，酿成大祸。汪直、徐海、陈东、麻叶等起，而海上无宁日矣。三十五年，倭寇大掠福建，浙直都御史胡宗宪遣其客蒋洲、陈可愿使倭宣谕，还报倭志，欲通贡市。兵部议不可，乃止。

《大学衍义补》曰：查户律有舶商匿货之条，固未尝禁人泛海为商也。第当如前代互市之法，庶几置市之名，与事相称。或者谓恐招边患，则以前代史册考之海上诸番，从未有为边寇者。且暹罗、爪哇隔越涨海，地势不接，非西北诸番比，唯日本号为倭奴，人工巧而国贫窘，屡为沿海之寇，当遵祖训不与之通。若他国，当令滨海之处，有欲经贩者，先期赴告舶司审勘无碍，即许自陈造舶若干料，收贩货物若干种，经行某国，何时回还，并不敢私带禁物，透漏情事，待其回帆，差官封检抽分之余，方许变卖，如此则岁计常赋之外，未必不得其助，亦足国用之一端也。

臣等谨按：王圻《考》谓：祖训有云，日本限山隔海，得其地不足以供给，得其民不足以使令，毋使兴兵致伐，但夷中百货皆中国不可缺者，夷必欲售，而中国必欲得之，故设立市舶司。自市舶罢而利孔在下，奸豪外交内讧，海上无宁日矣。圻之意盖以海舶不可罢也。然若邱浚《大学衍义补》则谓诸番可以泛海互市，唯日本常为寇，断宜遵祖训不与之通云。

三十年三月，以总兵仇鸾言，诏于宣府、大同开马市，命侍郎史道总理之。

谙达以去岁冬自宣府求贡，朝议不允。入春请求，益数屡叩。宣大诸边陈款求通贡市，于是宣大督抚苏佑等以其事闻，略曰：去年谙达逆天犯顺，震惊畿辅，今者复屡以贡市为请，虽变诈难以遽信，而揆情度势有难直拒者。在谙达，以求贡为名，其词顺。而朝廷许之，其体尊第当不忘戒备。外示羁縻，内修战守，令其将各部人众于宣、大、延宁分投开市，以我之布帛米粮易彼之牛羊骡马，既可以中彼所欲，亦可因以壮我边备。诏兵部会廷臣议。咸宁侯仇鸾等议：永乐、成化间，谙达等求开马市，皆尝设于辽东，以待海西女真及朵颜三卫诸国。今宜比照辽东事例，暂为允许，请命练习边事大臣一员，奉敕诣大同，选委彼所素服之参游一员，会同总督镇巡，召集部落，宣谕威德，许于大同五堡边外开立马市，兵部发马价银十万两，买绸缎等物充用。其宣府延宁诸镇，听各督抚酌量地方，与就近各国部落开市，每年四次，俱于季终约限马数，仍谕各镇严兵益备用，戒不虞，其绥抚防范事宜，悉听差去大臣酌议，务求经久可行，俟市易毕日还京。帝意犹未决，以问大学士严嵩。嵩以一年四次，期密而费广，唯许开二次为宜。乃命岁开二次，马价如议。给发各总镇，仍严缉奸细，毋令私自交通争利、启衅，泄漏边情，违者重治不贷。寻又谕吏部致仕侍郎史道，以原职兼佥都御史，前赴大同经略边事。兵部员外郎杨继盛以仇耻未雪而遽议和示弱，大辱国，乃奏言十不可、五谬疏入。帝颇心动，仍下鸾及大学士严嵩、尚书赵锦等议。鸾攘臂詈曰：竖子目不睹寇，宜其易之。诸大臣遂言：遣官已行，势难中止。已而谙达数败盟入寇，大同市则寇宣府，宣府市则寇大同，币未出境，警报随至。帝始悟之，召道还。然诸部嗜马市利，未敢公言大举，而边臣亦多畏慑，以互市啖之。明年，罢大同马市。宣府犹未绝，抄掠不已，乃并绝之。

继盛疏略曰：去岁谙达悖逆，大肆猖獗，今求开马市之书，大肆无状，宜决策北伐，问罪兴师。而廷议以开市许之，请陈其不可者有十。夫开马市者，和议之别名也。彼辱我如是，不能声讨，反与之和，忘天下之大仇，一不可也；顷下北伐之命，天下方引领以望王师，而一旦改为和议，失天下之大信，二不可也；以堂堂天朝，而下与彼为市，损国家之大威，三不可也；天下豪杰莫不思决一死战，闻马市既开，则谓朝廷无意于报仇，灰豪杰效用之志，四不可也；自去岁来，天下颇习武事，和市既成，则封守日溃，将士日偷懈天下修武之心，五不可也；宣大吏民，向虽私通，犹畏法而不敢肆，今以互市为解私通句引，开边方交构之门，六不可也；天下罹水旱征役之苦，人人思乱，特畏威而不敢动耳，今谓国家兵威不足，将启百姓不靖之渐，七不可也；去岁深入，虽未一战，犹以我仓卒无备也，今议兵半年，而竟许和市，长外国轻中国之心，八不可也；彼变诈无常，今我遣重臣、载金帛至边，彼或违约不来，或因互市而斩关以入，或今日互市而明日入寇，或遣众而驾言别部落，或以羸马而过索重价，或因市马而过要重赏，或别有分外不堪之求，是堕边人狡猾之计，九不可也；岁费数十万，得马数万匹，互市不已，则彼马日少，而我财亦乏，计将安出？不为国家深长之虑，十不可也。夫为此议者曰：我外为市以羁縻之，而内宽我力以修武备。夫寇欲无厌也，万一不能尽如其意，势必败盟，则彼之入寇为有名，我之不应其求为失信，曾足以羁縻之乎？如果修武备以图战守，则固无借此为矣。其谬一曰：方今急缺马，正欲市之。夫马不过为北征计耳，如互市可无事，则又安用马？况彼安肯以良马予我乎！其谬二曰：暂许市以结其心，渐将通贡可为永利。夫今称贡者，岂古所为咸宾来王者乎？不过赂以重利以苟安目前耳，况市则我犹得以少偿其费，贡则彼徒手取重利矣。其谬三曰：彼既利我，必不失信，不知丑类日众，其用日繁，市马之利，足尽供其众乎！不足安肯守小信而自困，纵可羁縻，不过二三年，将何以善其后哉！其谬四曰：佳兵不祥，与其劳师动众于千里之外，而胜负难必孰若，暂开马市休兵息民，而急修内治之为上，噫，是犹人身痛疽，内攻而惮用药石可乎！损国威养寇患，必自此始，其谬五。此十不可、五谬者，人皆知之。然有为陛下主其事者，故公卿大夫莫敢一言。乞陛下奋独断，悉按言开互市者，更发明诏，选将练兵，不出十年，臣请为陛下竿谮达之首于藁街，以示天下万世。

三十九年正月，淮扬巡抚唐顺之议复三市舶司。部议从之。

顺之先以右通政视师浙直，既擢淮扬巡抚，乃条上海防善后事宜。凡七事：其一谓浙、福、广三省，原设三市舶司，所以收其利权而操之于上，使奸民不得乘其便。今数者既废坏，宜令诸路酌时修举。从之。

王圻曰：吴莱论市舶，引辛毗对魏文帝言：罢我互市，任彼贸易，中国免徼利之名，外国知效顺之实，计莫便于此。盖唯商道不通，而利之所在，人必趋之，不免巧生计较，商转而为寇，商道既通，则寇复转而为商，彼既犯国禁，思图苟安，因啖引势家，惹起奸图。按国初禁海之例，始因倭夷违论而来，继恨林贤巨烛之变，见

《明史·外国传》。故欲闭绝之。非以通商之不便也，唯不通商而止通贡，所以正德年间，各道争贡以规市利，在彼国则强请勘合，倭王遂不能制。在中国，则有宗设、宋素卿之祸，而漳宁恶少负固横行。推厥所由，各有行商之意，而终贻地方之害耳！

四十四年九月，罢宁波市舶司。

先是，言者尝欲比广东事例，开市舶以通海夷。至是，浙江巡抚刘畿言：宁波旧设市舶司，听其贸易，征其舶税。行之未几，以近海奸民侵利启衅，故议裁革。今人情狃一时之安，又复议复，不知浙江沿海港口多而兵船少，最难关防，此衅一开，则岛夷啸聚，其害有不可胜言者。户部亦以为然，事遂寝。

穆宗隆庆五年九月，复开宣大等处互市。

先是，嘉靖三十九年正月，寇犯宣府，洗马林等堡，副总兵马芳督兵拒却之。又福余卫酋长博啰等入开原马市，索赏不遂，夜袭，杀哨军，遁出关。至隆庆四年十月，谙达孙巴罕鼏济来降。五年八月，许河套部互市。九月，三镇贡市成，盖自封贡互市之议起，而宣大互市复开，边境稍静，然抚赏甚厚，要求滋甚边费反过当矣。

臣等谨按：《外国传》：谙达请输马与中国铁锅、布帛互市，总督王崇古条议立互市，其规如弘治初北部三贡例，番以金银、牛马、皮张、马尾等物，商贩以缎绸、布匹、釜锅等物，开市日来者以三百人驻边外，我兵五百驻市场，期尽一月。市场，陕西三边有原立场堡。大同于左卫北威远堡边外、宣府于万全右卫张家口边外、山西于水泉营边外，兵部采其议定市，令秋市成。西部济农等亦请市，诏予市江山堡暨清水营。又谙达二子：曰宾图，居松山，曰巴图，居西海，并求互市，多桀骜。谙达谕之亦渐驯，自是约束诸部，无入犯，岁来贡市，西塞以宁。此所谓互市复开，边境稍宁者也。

神宗万历二十七年二月，分遣中官领浙江、福建、广东市舶司。

自嘉靖末年，福建开而复禁，至是复通福建互市，唯禁市硝黄。已而两市舶司悉复，以中官领职如故。

　　王圻曰：今之论者，一曰市舶当开，一曰市舶不当开，皆非也。贡舶与市舶，一事也。凡外夷贡者，皆设市舶司领之，许带他物，官设牙行与民贸易，谓之互市。是有贡舶即有互市，非入贡即不许其互市矣！西番琉球从未寇边，其通贡有不待言者。日本叛服不常，故独限其人舟之数，定以十年之期。今第言市舶当开，而不论是期非期，是贡非贡，则分贡与市为二，不必俟贡而常可互市，紊祖宗之典章矣。市舶与商舶，二事也。贡舶为王法所许，司于市舶贸易之公也。海商为王法所不许，不司于市舶贸易之私也。日本原无商舶，乃西洋原贡诸夷，载货泊广东之私澳，官税而贸易之，既而欲避抽税，省陆运，福人导之改泊海沧月港，浙人又导之改泊双屿，每岁夏来冬去，岂可与贡舶相混乎！顾海商常恐遇寇，海寇唯恐不遇商，自甲申岁凶，双屿货壅，而日本贡使适至，海商遂贩货以随售，倩倭以自防，官司禁之不得，西洋船原回私澳，东洋船徧布海洋而向之，商舶悉变为寇舶矣！故不知者谓倭寇之患起于市舶不开，市舶不开由于入贡不许。许入贡，通市舶，中外得利，寇志泯矣。是不然。夫贡有定期，使其来以时，未尝不许，则市舶未尝不通，何开之有！使其来无定时，验无左证，虽欲许得乎！贡不可许，市舶独可开乎！大抵善施恩者施之于威伸之后，则人知恩。今寇犯顺数年，虽屡大捷而祸犹未殄。倭未知畏，须肃清之后，俟其请罪来贡，然后许之，则抚下之仁、事上之义，两得之矣。

二十三年，开辽东义州木市。

　　从巡抚李化龙请也。二十六年，又从巡抚张思忠奏，罢之。遂并罢马市。

　　《李化龙传》曰：万历二十二年，化龙巡抚辽东，边塞耆服，进兵部侍郎，明年小德沁悔祸款塞，请开木市于义州，化龙许之。上疏言木市开有五利：河西无木皆在边外，叛乱以来，仰给河东，以边警又不时至，故河西木甚贵，市通则材木不可胜用，利一；所疑于德沁者无信耳，彼重市为生路，当市时必不行掠，即今年市而明年掠我，已收今年不掠之利矣，利二；辽东马市，成祖所开，无他赏本，听商民与交易，木市与马市等有利于民，不费于官，利三；大举之害酷而希，零窃之害轻而数小，德沁不掠锦义，零窃少矣；又西不助长昂，东不助绰哈，则敌势渐分，即宁前广宁患亦渐减，且大举先得报，又得预为备，利四；零窃既希，边人益得备，利五。疏入，从之。化龙寻以病去。木市亦停。其后总兵官马林复议开市，与巡抚李植相左，论久不决。小德沁遂复为寇云。

二十九年十二月，诏复朵颜马市。

时长昂与董呼哩等皆纳款，又请复宁前木市，亦许之。

《李成梁传》曰：是年成梁再镇辽东，时土蛮长昂及巴图尔已死，寇抄渐稀，而开原广宁之前，复开马木二市，诸部耽市赏利，争就款，以故成梁复镇。八年，辽左少事。

三十年闰二月，复河套诸部贡市。

至三十三年夏，诏革东部市赏。三十五年，许东部齐桑及哈尔吉等复贡市。闰六月，复河套诸部贡市。

熹宗天启三年正月，红夷遣人求互市。

福建巡抚商周祚言：红夷入我澎湖，专人求市，辞尚恭顺，及见所请不允，突驾五舟犯我内地，被官兵杀伤后乃遣人请罪，仍求互市。盖夷虽无内地互市之例，而闽商给引贩咬噌吧者，原未尝不与红夷交易。今许止遵旧例，仍往咬噌吧市贩，不许在内地另开互市之名，谕令速离澎湖，扬帆归国。诏兵部议。至四月，周祚以红夷遵谕拆城徙舟报闻，命兵部知之。

臣等谨按：《明实录》：红毛国者，乃西南贺兰国远夷，从来不通中国，唯闽商每岁给引贩大泥国及咬噌吧红夷，就彼地转贩。万历三十二年，有奸民潘秀贾大泥国，句引以来①，据澎湖求市，中国不许，第令仍旧于大泥贸易。嗣因途远，商船去者绝少，即给领该澳文引者，或贪路近利多，阴贩吕宋。夷滋远望，疑吕宋之截留其贾船也。大发夷众，先攻吕宋，复攻香山澳，俱为所败，不敢归国，遂流

---

① 句引，勾引。句，通勾。

突闯海澎湖，城而据之，辞曰自卫，实为要挟求市之计。但此夷所恃巨舰大炮，便于水而不便于陆。又其志不过贪汉财物耳，既要挟无所得，渐有悔心，诸将惧祸者复以互市饵之，彼拆城远徙，故饵令听命，实未尝一大创之也。

四月，诏：发马价银赴大同，预备明年互市。

太仆寺发银三万，解赴大同，预备四年互市马价之用，从枢臣董汉儒请也。五年正月，又于常盈库贮马价银内动支一万两，差官解赴陕西备五年互市。五月，通政使参议杨绍震言：宜令各官抚赏，俱用折色，而别以布帛茶酒及奇异玩好等物，置为官市，高其价而货之，使彼中我术而莫喻，利归我而不知。部覆请移咨枢辅，采择施行。帝然之。至愍帝崇祯元年，革广宁及蓟镇塞外诸部赏。诸部饥，告籴，不许。自此，遂无复有贡市事。

钦定续文献通考卷二十七

市籴考

常平义仓和籴

宋宁宗庆元元年，诏户部右曹专领义仓。

是年，又以两浙转运副使沈诜言，岁比不登，米价翔踊，凡商贩之家，发其囤积，尽使出粜，于是告藏之令设矣①。

嘉定八年八月，禁州县遏籴②。

先是，孝宗淳熙七年九月，禁诸路遏籴。十一年七月，以浙西、江东水，禁诸路遏籴。光宗绍熙五年二月，禁湖广、江西遏籴，至是，复有是诏。

九年正月，罢诸路旱蝗州县和籴及四川关外科籴。

乾道初，尝罢诸路和籴一年。李蘩知兴安府，安抚利州东路，汉中久饥，剑外和籴，在州者独多。蘩尝匹马行阡陌间，访求民瘼。有老妪进曰：民所以饥者，和籴病之也。泣数行下。蘩感其言，奏免之。至淳熙三年，廷臣言：四川岁籴军粮，名为和籴，实科籴也。诏制置使范成大同蘩相度以闻。蘩奏：诸州岁籴六十万石，若从官籴，岁约百万缗；如变科籴为官籴，贵贱视时，不使亏毫忽之价；出纳视量，勿务取圭撮之赢③，则军不乏兴，民不加赋。诏如其议，尽免蜀中和籴一年，民始知有生之乐。会岁大稔，米价顿贱，父老以为三十年所无，梁洋间绘蘩像祠之。于是，成大奏：关外麦熟，倍于常年，实由罢籴，民力稍纾，得以尽于农亩。帝

---

① 告藏之令，荒歉之年，政府发布的鼓励告发粮商囤积不售行为的命令。
② 遏籴，灾荒之年，地方政府为满足本地区需要，禁止粮食出境的行为。
③ 圭撮，古代两种很小的容量单位。

览之曰：免和籴一年，田间和气若此，乃知民力不可重困也。十年三月，又免四川和籴三年。十三年四月，再蠲四川和籴军粮三年。是年复诏罢之。

《宋史·真德秀传》曰：嘉定十五年，德秀以宝谟阁待制、湖南安抚使知潭州，罢榷酤，除斛面米，申免和籴以苏其民。民艰食，既极力振赡之。复立惠民仓五万石，使岁出籴。又易谷九万五千石，分十二县置社仓，以遍及乡落；别立慈幼仓，立义阡①。惠政毕举，月试诸军射，捐其回易之利及官田租，凡营中病者、死未葬者、孕者、嫁娶者，赡给有差。

理宗宝庆三年，诏州县：和籴，毋得科抑。并申严遏籴之禁。

监察御史汪刚中言：和籴之弊，其来非一日矣。欲得其弊而革之，非禁科抑不可。夫禁科抑，莫如增米价，此已试而有验者也。诏所司奉行之。又言：丰穰之地，谷贱伤农；凶歉之地，济籴无策。唯以其所有余济其所不足，则饥者不至于贵籴，而农民亦可以得利。乞严禁过籴。凡两浙、江东西、湖南北州县有米处，并听贩鬻流通，违者许被害人越诉，官按劾，吏决配，庶令出唯行，不致文具。从之。

立常平收籴黜陟法。

侍御史李知孝言：郡县素无蓄积，缓急止仰朝廷，非立法本意。曩淮东总领岳珂任江东转运判官，以所积经常钱，籴米五万石，桩留江东九郡，以时济籴，诸郡皆蒙其利。其后史弥忠知饶州，赵彦悈知广德军，皆自积钱籴米五千石。以是推之，监司州郡苟能节用爱民，即有赢羡，若立之规绳，加以黜陟，所籴至万石者旌擢，其不收籴与扰民及不实者镌罚，庶郡县趋事蓄积岁增，实为经久之利。诏行之。

《宋史·袁甫传》曰：先是，甫通判湖州，考常平弊，原以增积贮、核隐产、增附婴儿局。寻知徽州，请下转运、常平两司，豫蓄常平义仓，备荒、兴修陂塘、创筑百梁。继知衢州，岁拨助养士千缗，西安、龙游、常山三邑积窖，豫借为代输三万五千缗，蠲放四万五千

---

① 义阡，即义冢，收埋无人认领尸骸的墓地。

缗。郡有义庄，买良田二百亩益之。

又《汪纲传》曰：纲知兰溪，岁旱，郡倚办劝分。纲谓：劝分，所以助义仓，一切行之，非所谓安富恤贫也。愿假常平钱为籴本，使得循环迭济。及提举淮东常平，淮米越江有禁，纲念淮民有警，则室庐莫保，岁凶则转徙无归，丰年可以少苏，重以苛禁，自分畛域，岂为民父母意哉！请金陵籴三十万以通淮西之运，京口籴五十万以通淮东之运。又言：平江积米数百万，陈陈相因，久而红腐，宜视其收贮近久，取饷辇下百司诸军，中都路仓亦当广籴以增其数。

又《高定子传》曰：定子知夹江县，会水潦浸饥，贫民竞诉无所于籴①。定子曰：汝毋忧，汝第持钱往常所籴家以俟。乃发县廪给诸富家，俾以时价粜，至秋而偿，须臾米溢于市。

又《牟子才传》曰：子才知太平州，郡有平籴仓，以米五千石益之。又以缗钱二十余万创抵库，岁收其息以助籴本。

绍定元年，锡银、会、度牒于湖广总所，令和籴米七十万石饷军。

自乾道六年四月，赐发运使史正志缗钱二百万为均输和籴之用。淳熙五年七月，以岁丰，命沿江籴米百六十万石以广边储。九年正月，籴广南米赴行在。绍熙三年正月，命夔路转运使通融漕计，籴米以备凶荒。至是复有是令。

五年许民以米代输缗钱。

臣僚言：若将民间合输缗钱使输斛斗，免令贱粜。输钱在农人亦甚有利，此广籴之良法也。从之。

嘉熙二年十二月，诏诸路和籴，给时值，平概量，毋得科抑。

先是，乾道元年，臣僚言：江西、湖南和籴，其弊非一：不问家之有无，例以税钱均敷，一弊也；州县各以水脚、耗折为名，收耗米什之二三，二弊也；公吏斗脚百方乞觅，量米有使用，请钱有糜费，三弊也；以关引偿价，许还以输官，及至输官，则不肯受，四弊也。诏漕臣并提举往来巡按：务尽和籴之意，以革四弊。如安坐不恤，奉行简慢，必罚无赦。二年，王曮言：和籴之弊，朝廷抛降有定数，而州县额外倍科，朝廷降籴本于州县，而州县什不支一二。诏令州县各申严条法。三年，刘珙自

---

① 愬，通诉。

汝南召还，初入见，亦论和籴之弊，湖南、江西为尤甚，谓：州县既乏缗钱，将何置场收籴；民间关引无用，则与白著一同。乞诏止之。五年，臣僚言：陛下临御之初，令州县受纳苗米，不得多收加耗，法禁甚严。而近年以来，所收增多，逮和籴时，却以出剩之数虚作籴到，所得价钱尽资妄用。乞申严州县，杜绝其弊，以宽民力。皆从之。至帝绍定四年七月，臣僚奏：建、剑之间，秋霜害稼，令诸司措置般运广米，应济市籴。又言：乞严饬州县科籴，及人户投籴，不即给钱，多取斛面，其州县折苗并依成法，止以下户畸零减直折钱，违者劾置宪典。五年，又奏：令沿边和籴，高价招诱，不可均敷民户。并从之。是年，复有是诏。

　　湖北安抚使彭龟年，乞权住湖北和籴，疏曰：去年以淮浙并饥，江湖小熟，遂下和籴之令，禁遏籴之禁，惠甚渥也。然州县亟欲集事，未免敷籴于民，商贾竞起趋利，又复争籴于下，江淮两浙司仓以至总司戎帅，皆散遣官吏，多赍钱物，四处收籴。其所差人争先趋办，迭增价值以相倾夺。米价既长，害及细民。细民日添钱籴米，富豪愈闭籴自丰。遂使江湖小熟之地，反有饥饿不给之民。江西、湖南皆病于此，湖北愈甚。常平米价每石若及两贯已为极贵，今米直陡添数倍而犹未已。况既有补籴①，又有和籴，数目既多，不能顿足，其初定价正当秋成米贱之际，只据一时市直，每石作一贯五百具申，及后来米值陡贵，官司但以事干朝廷，只执原价，不敢增添，致令百姓受钱于米贱之初，而输米于增价之后，甚者家无见储，不免转籴以偿于官，焦熬如此，可不速为之计哉！
　　陈耆卿奏曰：臣闻丰歉在天，而制其丰歉者在人。制歉之法莫如和籴，和籴将以利民，而民或以为害，其故何哉？夫有粟者之欲钱，犹有钱者之欲粟也。彼既欲之，则唯恐和籴之不行，而乃以为害者，非其懵于事情，盖由民与民为市，此其所乐也；民与官为市，此其所畏也。畏官而复虐于官，故宁闭户以失利，毋价困以贾害。市之价增，官之价减，一害也；市无斛面，官有斛面，二害也；市以一人操概量②，无他费焉，官之监临者多，诛求无厌，三害也；市先得钱，

---

① 补籴，灾后，官府向殷实之户收购粮食，以补义仓之不足。
② 概量，概和斗斛等量器。

而官先概粜，有候伺之苦，有钱陌不足之弊，四害也。四害不去，故凶年未有其利，而丰年已罹其扰，名虽为和，实则强也。若果播告有司，每遇收粜，必增其价而先与之钱，蠲其斛面俾自操概量，吏有骚动，取赢者必真之罚。如是，则虽一日万斛，彼将乐趋之不暇矣。裕民实边，实两利焉。

四年九月，诏诸路提举常平司核所部州县常平义仓之储，以备振济。仍饬制总司今后毋辄移用，违者坐之。

孝宗隆兴二年，尝遣司农少卿陈良弼点检浙东常平等仓。乾道六年，知衢州胡坚奏广籴常平。福建转运副使沈枢奏水旱州郡，请留转运使和籴米以续常平。诏即施行。八年，户部侍郎杨倓奏：义仓在法，夏秋正税，斗输五合，不及斗者免输。凡丰熟县九分以上即输一升，令诸路州县岁收苗米六百余万石，其合收义仓米数不少，间有灾伤，支给不多，访闻诸州军皆擅用，请稽之。淳熙六年，帝曰：义仓米专备水旱以济民，今连岁丰稔，常平米正当趁时收籴，可严催诸路，以常平钱尽数籴之。七年，三省奏：去岁丰稔，今岁米贱，所在和籴告办，仓廪盈溢，其江东路诸郡上供米，初令就近赴金陵镇江仓，今两处守臣皆云无可盛贮，乞依旧发赴行在丰储西仓。十五年，臣僚言：丰储仓为额一百五十万石，不为不多，然积之即久，宁免朽腐，乞令户部相度，以每岁诸州合解纳行在米数若干、诸处坐仓收籴若干，预行会计，以俟对兑，不尽之数，如常平法，许其于陈新未接之时，择其积之久者，尽数出粜，俟秋成日尽数补籴，则是五十万石之额，永无销耗。此亦广储蓄之策也。从之。光宗绍熙二年正月，命两淮行义仓法。宁宗时，黄畴若为殿中侍御史，乞拨买官田充籴本，以广常平之储。赵必愿知崇安县，旧有均惠仓，无所储，必愿捐缗钱增籴至二千石，迨知泉州，秋旱，力讲行荒政，乞拨永储、广储二仓米振救之。又知婺州，措置广惠仓及诸仓积谷。至帝绍定元年，资政殿学士曾从龙知潭州，奏州县振民之法有三：曰济，曰贷，曰粜。济不可常，唯贷与粜为可久。今拨缗钱一千万有奇，分下潭州十县，委令佐籴米置惠民仓，乞比附常平法。从之。其弟用虎知兴化军事，立平籴仓，捐楮币万六千缗为籴本，益以废寺之谷，岁歉价高则发仓以粜之，岁丰价平则散诸寺易新谷藏焉。又其时，常楙辟差平江府百万仓检察不受和籴事例，戢吏卒苛取。六年二月，臣僚言义仓为官吏蠹耗。帝曰：此自是民户寄留于官，专为水旱之备，务令觉察。至是以江、湖、浙东、建、剑、汀、邵旱伤，故有是诏，从右谏议大夫徐荣叟请也。

淳祐三年八月，诏申严郡县社仓科配之禁。

初，孝宗淳熙八年，浙东提举朱熹言：乾道四年，民艰食，请于府得常平米六百石振贷，夏则受粟，冬则加息，随年敛散，歉则蠲息之半，大饥则尽蠲之。凡十有四年，得息米，造仓三间，还府元数，见储米三千一百石以为社仓，不复收息，每石只收耗米三升，虽遇凶年，人不阙食，请以是行于仓司。时陆九渊在敕令局，叹曰：社仓，几年矣。有司不复举行，所以远方无知者。十二月，遂下其法于天下。嘉定末，真德秀帅长沙行之。凶年饥岁，人多赖之。然事久而弊，或移用而无可给，或拘催无异正赋，良法美意，胥此焉失。至是，又申严科配之禁。其后，黄燔添差江西运司干办公事，念社仓之置，仅贷有田之家，而力田之农不得沾惠，遂倡议衰谷创社仓以贷佃人。赵景纬知台州，建黄岩县社仓至六十有六。又广德军官置社仓，民困于纳息，至以息为本，而息皆横取，民穷至自经，人以为朱子之法不敢议。黄震为通判，曰：是不然，法出于尧舜，二代圣人犹有变通，安有先儒为法不思救其弊耶？况朱子之法，社仓归于民，而官不与。官虽不与，而终有纳息之患。乃为别买田六百亩，以其租代社仓息，约非凶年不贷，而贷者不取息焉。

十年七月，复申和籴害民诸禁。

谕辅臣：和籴本非朝廷之得已，若官司奉行无扰，则人户自乐与官为市。访闻近年所在和籴，未得朝廷抛降豫行，多敷富室大家，临期卒以赂免，而中产下户，反被均敷之害，以至散钱则吏胥减克，纳米则斛面取赢，专计诛求，费用尤伙，民间所得籴本，每石几耗其半，其何以堪。可申严约束。

《宋史·叶梦鼎传》曰：淳祐六年，梦鼎知袁州转运司，和籴米三万斛。梦鼎言：袁山多而田少，朝廷免和籴已百年，自今开之，百姓子孙受无穷之害，则无穷之怨从之。

又《赵汝愚传》曰：赵崇宪知江州郡，民岁苦和籴。崇宪疏于朝，永蠲之。且转籴旁郡，谷别廪贮之，以备岁俭。

又《张癕传》曰：癕知南康转运司，以钱万二千缗置平籴于郡。癕复出钱万二千缗以增益之，民赖其利。

开庆元年，命诸路并视时以一色会子籴米以供军饷。

沿江制置司招籴米五十万石，湖南安抚司五十万石，两浙转运司五十万石，淮浙发运司二百万石，江东提举司三十万石，江西转运司五十万石，湖南转运司二十万石，太平州一十万石，淮安州三十万石，高邮军五十万石，涟水军一十万石，庐州一十万石。

景定元年九月，赦诸路诸义米赔纳钱。

赦曰：诸路已籴义米价钱，州郡以低价抑令上户补籴，正税逃阁，义米受亏。常平司责县道赔纳，县道遂敷吏贴保正常揽户等人均纳。自今视时收籴，见系吏贴等人赔纳之钱，并与除放。至五年，监察御史程元岳奏：随粳带义，义法也。今粳糯带义之外，又有所谓外义焉者，绢、䌷、豆也。岂有绢䌷豆而可加之义乎！纵使违法加义，则绢加绢、䌷加䌷、豆加豆，犹可言也。州县一意榷剥，一切理苗而加一分之义，甚者，赦恩已蠲二税，义米依旧追索，贫民下户所欠，不过升合，星火追呼费用，不知几百倍。破家产，鬻妻子，怨嗟之声有不忍闻。望严督监司，止许以粳带义，其余尽罢，其有循习病民者，重其罚。从之。

是年，诏临安府收籴米四十万石。

初，临安府平籴仓储米数十万石，籴补循环。其后，用而不补，所存无几。至是，用平籴仓钱及封桩库十七界会子收籴四十万石。

二年，以都城全仰浙西米斛，诱人入京贩粜，其赏格比乾道七年加优。

命和籴兼科御前庄米。

帝曰：递年和籴，止及民户。今岁水潦，凡御前庄米，亦照民间所科之数输之有司，以示上下一体之意。

度宗咸淳八年六月，以钱千万，命京湖制司籴米百万石，转输襄阳府积贮。又以钱五百万缗命四川制司诣湖北，籴运上峡入夔米五十万石。

九年，命交纳和籴，选清强正佐等官。

臣僚言：州县交量科籴之弊，乞令下江西、湖南运司各遴选诸郡清强正佐幕职等官，互往邻郡交纳和籴，不许差右选及权豪等贪谬之人充[1]，

---

[1] 右选，宋代吏部选官法之一。《通考·职官考》：武官升朝官自皇城使、职事官自金吾卫仗司以下非枢密院宣授者，归尚书右选，……自借差监当至供奉官军使，归侍郎右选。

应仍各遍牒本路州军守倅①，毋使奸吏生事，淹滞所委之官，如有违戾，从御史台觉察闻奏。

恭帝德祐元年七月，令权籴公田今年租，每石以钱十贯给田主，十贯给种户。其镇江、常州、江阴被兵者勿籴。又籴浙西邸第、寺观田米十之三。

辽圣宗统和十三年十月，诏诸道置义仓。

岁秋，社民随所获，户出粟庤仓，社司籍其目，岁俭发以振民。

十五年三月，诏：免南京旧欠义仓粟。

道宗大安九年十月，诏：广积贮以备水旱。

> 臣等谨按：《辽史·食货志》：道宗时，东京如咸、信、苏、复、辰、海、同、银、乌、遂、春、泰等五十余城内，沿边诸州各有和籴仓。依祖宗法出陈易新，许民自愿借贷，收息二分，无虑二三十万石。虽累兵兴，未尝用乏。迨天祚帝天庆间，金兵大入，尽为所有。会帝播迁②，耶律迪里等逼立梁王雅里，令群牧人户运盐泺仓粟，人户侵耗，议籍其产以偿。雅里自定其直：粟一车偿一羊，三车一牛，五车一马，八车一驼。从者曰：今一羊易粟二斗尚不可得，乃偿一车，此直太轻。雅里曰：民有则我有。若令尽偿，民何以堪。虽其时土崩瓦解，事已不可为，然使天未绝辽，斯言未始不足以彰君惠而收人心。惜夫雅里，乘乱窃位之君，所谓名不正言不顺，而事不成者也。

金熙宗皇统二年十月，燕西、东京、河东、河北、山东、汴京等路秋熟，命有司增价和籴。

世宗大定二月③，遣官和籴于山东。

帝以正隆之后，仓廪久匮，遣太子少师完颜守道等山东东西路收籴军粮，除户口岁食外，尽令纳官，给其直。至三年，谓宰臣曰：国家经费甚大，向令山东和籴，止得四十五万余石，未足为备。自古有水旱所以无患者，由蓄积多也。山东军屯处，须急为二年之储，若遇水旱，则用振济自

---

① 守倅，指州郡的主官和副职。

② 播迁，流亡迁徙之意。

③ 大定二月，参考他本，应为二年。

余。宿兵之郡，亦须籴以足之。京师之用甚大，所须之储其敕户部，宜急为计。

六年八月，命诸路广籴以备水旱。

先是，帝尝责宰臣曰：朕谓积贮为国本，当修仓廪以广和籴。今闻外路官，文具而已。卿等不留心，甚不称委任之意。至是，乃敕有司，秋成之后，可于诸路广籴以备水旱。至十二年十二月，又申此诏。

九年正月，诏：诸州县和籴，毋得抑配百姓。

谕宰臣曰：朕观宋人虚诞，恐不能久遵誓约，其令将臣谨饬边备，以戒不虞。去岁河南丰，宜令所在广籴以实仓廪，并毋许抑配。

十二年十二月，诏：在都和籴以实仓廪，且使钱币流通。

自十年十月，帝以官钱不得流通，责户部官。又谓：随处时有振济，往往近处无粮，取于他处，往返既远，人愈难之。何为不随处起仓，年丰则多籴以备振济，设有缓急，亦岂不易办乎！而徒使钱充府库，将安用之。至是，遂有是诏。

十四年，诏定常平仓制，中外行之。

十六年五月，以西边自来不备储蓄，谕右丞相赫舍哩良弼，令所在和籴以备缓急。

十七年四月，命东京等路振济，就邻道增直以籴。

先是，尚书省奏：先奉诏振济东京等路饥民，三路粟数不能给。帝曰：朕尝谕卿等，丰年广籴以备凶歉，皆言天下仓廪盈溢。今欲振济，乃云不给。自古帝王皆以蓄积为国长计，朕之积粟岂云独用。即令不给，可于邻道取之。自今多备，当以为常。至是尚书省奏：东京三路十二明安尤阙食者，已振之矣。尚有未振者，诏遣官诣复州哈斯罕路，检视富家蓄积有余，增直以籴。令近地居民就往受粮。

十八年四月，命泰州所管诸明安，西北路招讨司所管明安，咸平府庆云县雾松河等处遇丰年多和籴。

章宗明昌元年八月，复设常平仓。

自大定十四年行常平仓，其法寻废。至是，御史请复设。敕省臣详议以闻。省臣言：大定旧制，丰年则增市价十之二以籴，俭岁则减市价十之一以出，平岁则已。夫所以丰则增价以收者，恐物贱伤农；俭则减价以出者，恐物贵伤民。增之减之，以平粟价，故谓常平，非谓使天下之民专仰给于此也。今天下生齿至众，如欲计口使余一年之储，则不唯数多难办，又虑出不以时而致腐败也。况复有司抑配之弊，殊非经久之计。如计诸郡县验户口例，以月支三斗为率，每口但储三月，已及千万数，亦足以平物价，救荒凶矣。若令诸处自官兵三年食外，可充三月之食者免籴，其不及者俟丰年籴之，庶可久行也。然立法之始，贵在必行。其令提刑司各路计司兼领之。郡县吏沮格者纠，能推行者加擢用。若中都路年谷不熟之所，则依常平法减其价三之一以籴。帝从之。

三年八月，敕以常平仓丰籴俭粜、有司奉行勤惰褒罚之制，遍谕诸路，其奉行灭裂者提刑司纠察以闻。

又谓宰臣曰：随处常平仓，往往有名无实，况远县人户岂肯跋涉，直就州府粜籴。可各县置仓，命州府县官兼提控管勾，遂定制：县距州六十里内就州仓，六十里外则特置。旧拟备户口三月之粮，恐数多致损，改令户二万以上备三万石，一万以上备二万石，一万以下五千以上备万五千石，五千户以下备五千石。河南、陕西屯军储粮之县不在是数。州县有仓仍旧，否则创置，郡县吏受代。所籴粟无坏，一月内交割给由，如无同管勾，亦准上交割，违限委州县并提刑司差官催督，监交本处。岁丰而收籴不及一分者，本等内降，提刑司体察，直申尚书省，至日斟酌黜陟。

十月，敕置常平仓之地，州府官提举之，县官兼董其事，以所籴多寡酌量升降，为永制。

命上京置常平仓。

谕尚书省曰：上京路诸县未有常平仓，如亦可置，定其当备粟数以闻。

四年七月，诏：凡官籴，俟秋收日，依常平仓例收籴。

谕户部曰：闻通州米粟甚贱，若以平价官籴之何如？有司奏：中都路去岁不熟，今其价稍减者，以商旅运贩继至故也。若即差官争籴，恐市价腾涌，贫民愈病，请俟秋收日依常平仓条理收籴。诏从之。

九月，诏：权罢常平仓和籴。

尚书省奏：明昌三年始设常平仓，定其永制。天下常平仓总五百一十九处，见积粟三千七百八十六万三千余石，可备官兵五年之食。米八百一十余万石，可备四年之用。而见在钱总三千三百四十三万贯有奇，仅支二年以上。见钱既少，且比年稍丰，而米价犹贵，若复豫籴，恐价腾涌，于民未便。遂诏：权罢中外常平仓和籴，俟官钱羡余日举行。

十月，罢上京常平仓。

尚书省奏：今上京扶余，率宾哈喇呼尔罕等路，明安穆昆民户计一十七万六千有余，每岁收税粟二十万五千余石，所支者六万六千余石，总其见数二百四十七万六千余石。臣等以为，此地收多支少，遇灾足以振济，常平仓似不必置，遂止。

《金史·冯璧传》曰：章宗承安中，璧调辽滨主簿，县有和籴粟未给价者余十万斛，散贮民居，以富人掌之，有腐败则责偿于民，民殊苦之。璧白漕司，即日罢之。民大悦。

宣宗贞祐三年八月，定沿河遮籴法①，取其八以抑贩米之弊，仍严禁私渡。

至四年四月，河北行省侯挚言：比商贩粟渡河，官遮籴其什八，商遂不行，民饥益甚。请罢其令。从之。又制，凡军民客旅粟不于官籴处粜，而私贩渡河者，杖一百。沿河军及讥察权豪家犯者，徒年、杖数并的决从重，以物没官。

《金史·侯挚传》曰：贞祐四年，河北大饥，挚上言：今河朔饥甚，人至相食，观沧州等斗米银十余两，殍殣相属。伏见沿河上下，许贩粟北渡，然每石官籴其八，彼商人非有济物之心也。所以涉河往来者，特利其厚息而已，利既无有，谁复为之，是虽有济物之名，而实无所渡之物，其与不渡何异！昔春秋列国，各列疆界，然晋饥则秦输之粟，及秦饥晋闭之籴，千古讥之。况今天下一家，河朔之民皆陛下赤子，而遭罹兵革，尤为可哀，其忍坐视其死而不救欤？人心唯危，臣恐弄兵之徒得以借口而起也。愿止其籴，纵民输贩为便。诏尚书省行之。

十月，命尚书右丞高汝砺籴于河南诸郡。
时令民输挽入京，复命在京诸仓籴民输之余粟。侍御史洪果纳绅言：汝砺所籴，足给岁支，民既于租赋之外转挽而来，亦已劳矣，止将其余以为归赉，而又强取之，可乎！且籴此有日矣，而止得三百余石，此何济

_____

① 遮籴，金朝实行的在渡口强行收购欲运输过河的粮食的做法。

也。诏罢之。

十二月，议禁京师谷出境，不行。

时行贞祐宝券，帝以附近郡县多籴于京师，谷价腾涌，乃令尚书省集户部讲议所、开封府、转运司议所以制之者。户部及讲议所言：以五斗出城者，可阑籴其半。转运司谓宜悉禁其出。开封府谓：宝券初行时，民甚重之，但以河北、陕西诸路所支即多，人遂轻之。商贾争收，入京以市金银。金银价昂，谷亦随之。若令宝券路各殊制，则不可复入河南，河南金银贱，则谷自轻，若直闭京城粟不出，则外亦自守不复入京，谷当益贵。宜谕郡县小民，无妄增价，官为定制，务从其便。帝从开封府议。

四年，复行遮籴法。并命丰稔之日增价和籴。

帝以河北州府钱多，其散失民间颇广，命尚书省措画之。省臣奏：已命山东、河北榷酤及滨沧盐司以分数带纳矣。今河北艰食，贩粟北渡者众，宜权立法以遮籴之。拟于诸渡口南岸选通练财货官，先以金银、丝绢等博易商贩之粮，转之北岸，以回易籴本，兼收见钱，不唯杜奸弊，亦使钱入京师。从之。又上封事者言：比年以来，屡艰食，虽由调度征敛之繁，亦兼并之家有以夺之也，收则乘贱多籴，因急则以贷人，私立券质，名为无利而实数倍，饥民唯恐不得，莫敢较者，故场功甫毕，官租未了，而囷已空矣。此富者益富，而贫者益贫也。国朝立法，举财物者月利不过三分，积久至倍，则止今或不期月，而息三倍，愿明敕有司，举行旧法，丰熟之日，增价和籴，则在公有益而私无损矣。诏宰臣行之。

兴定元年，以和籴太重，百姓弃业者多，命宰臣加意体察。

六年，立和籴赏格。

八年，权陕西行六部尚书杨贞奏，籴贩粮济河者之半以宽民。行之。

哀宗天兴二年八月，蔡州设四隅和籴官。时帝在蔡州，故仅于城四隅设之。

元世祖中统二年九月，置和籴所于开平，以户部郎中宋绍祖为提举和籴官。

始以钞一千二百锭于上都、北京、西京等处，籴三万石。四年三月，又命扎玛拉鼎籴粮，仍饬军民官毋沮。五年，谕北京、西京等路市籴军粮。至元元年正月，敕北京、西京宣慰司隆兴总管府和籴以备粮饷。三年，于南京等处和籴四十万石。七年三月，尚书省言：河西和籴，应僧人豪官富民一例行之。制可。八年二月，敕往辉和尔地市粟万石，又验各处粮粟价直增十分之一，和籴三十九万四千六百六十石。

《元史·食货志》曰：和籴之名有二：曰市籴粮，曰盐折草，率皆增其直而市于民。于是边庭之兵不乏食，京师之民不乏刍，而民亦用以不困。

四年，以解盐引一万五千道和中陕西军储。

至至元四年，命沔州等处中纳官粮续还其直。十六年，以两淮盐引五万道，募客旅中粮①。二十一年，以河间、山东、两浙、两淮盐引募诸人中粮。是年九月，又发盐引七万道、钞三万锭于上都和籴。二十四年，官发盐引，听民中粮。至顺帝至正三年，平章政事特穆尔达实言：岭北地寒，不任稼事，岁募富民和籴为边饷，民虽稍利，而费官盐为多，请别输京仓米百万斛储于和林以为备。从之。

至元六年，始立常平义仓法。

常平仓法：丰年米贱，官为增价籴之；歉年米贵，官为减价粜之。八年，以和籴粮及诸河仓所拨粮贮之。二十一年十月，又立常平仓，以五十万石价钞给之。二十三年，定铁法，又以铁课籴粮充焉。义仓法，社置一仓，以社长主之，丰年每亲丁纳粟五斗，驱丁二斗②，无粟听纳杂色，歉岁就给社民。二十一年，新城县水，二十九年，东平等处饥，皆发义仓振之。

《元史·马亨传》曰：至元三年，亨为户部尚书，建言立常平义仓，谓备荒之举，宜亟举行。而时以财用不足，止设义仓。

又《奸臣传》曰：至元二十二年，右丞卢世荣奏：国家虽有常平仓，实无所蓄，臣将不费一钱，但尽禁权势所擅产铁之所，官立炉鼓铸为器鬻之，以所得利合常盐课，籴粟积于仓，待贵时粜之，必能使物价恒贱而获厚利。国家虽立平准，然无晓规运者，以致钞法虚弊，诸物踊贵，宜令各路立平准周急库，轻其月息以贷贫民。如此，则贷者众，而本且不失矣。

---

① 中粮，招募商人将粮食运送到指定地点，酬以盐引，准其领盐贩卖。
② 亲丁，家族中有血缘关系的成年男子。驱丁，列名于家族中的奴仆。

十三年，置应昌和籴所。

十五年六月，置甘州和籴提举司，以备给军饷，振贫民。

至十九年九月，又命和籴于隆兴、德兴府、宣德州粮九万石。二十年正月，以征日本，发钞三千锭，籴粮于察罕诺尔以给军匠。又命诸军习舟楫，给钞八千锭，于隆兴、宣德等处和籴以赡之。十二月，给钞四万锭和籴于上都。《食货志》，是年以钞五千锭市于北京，六万锭市于上都，二千锭市于应昌，与《纪》异。二十一年四月，以钞四千锭于应昌市籴。九月，发盐引七万道，钞三万锭于上都和籴。二十二年，以钞五万锭，令茂巴尔斯和籴于上都。是年二月，诏：江南民田，秋成官为定例收籴，次年减价出粜。十月，以钞五千锭和籴于应昌府。二十三年，发钞五千锭市籴沙静隆兴军粮。二十四年十二月，以扬州、杭州盐引五十万道兑换民粮。二十五年四月，僧格言：自至元丙子置应昌和籴所，其间必多盗诈，宜加钩考。从之。二十七年，和籴西京粮，其价每一十两之上增一两。

成宗大德元年三月，遣阿里以钞八万锭籴粮于和林。

至武宗至大元年十月，以大都艰食，粜米十万石，减价振之，以其钞和籴于江南。十一月，尚书省言：窃计国之粮储，岁费浸广，而所入不足，今岁江南颇熟，欲遣使和籴，恐米价暴增，请以至大钞二千锭分之江浙、河南、江西、湖广四省，于来岁诸色应支粮者，视时直予以钞，可得百万，不给则听以各省钱足之。制可。

武宗至大二年九月，随处路府州县设立常平仓，以权物价。

丰年收籴粟麦米谷，俟青黄不接之时，比附时估，减价出粜，以遏沸涌。十月，御史台言：常平仓本以益民，然岁不登遽立之，必反害民。罢之。便命与省臣议之。

仁宗延祐三年，中籴和林粮二十三万石。

其后五年、六年，又各和中二十万石。

四年二月，敕郡县各社复置义仓。

自至元六年立义仓后至末年，各社仓多空乏。东平赵天麟尝论之。皇庆二年，尝复申其令，然亦皆名存实亡，至是，乃敕郡县复置义仓。

　　赵天麟上策曰：隋开皇五年，长孙平令军民当社共立义仓。至元六年，亦每社立一义仓。自是以来，二十余年矣。然社仓多有空乏之处，顷来水旱相仍，蝗螟蔽天，饥馑荐臻，四方迭苦，转互就食，老

弱不能远移，而殍者众矣。彼隋立义仓而富，今立义仓而贫，岂今民
不及隋民哉！臣试陈之，盖计丁纳粟之故也。伏望普颁明诏，详谕农
民，凡一社立社长、社司各一人，社下诸家共穿筑仓窖一所为义仓。
凡子粒成熟之时，纳则计田产顷亩之多寡而聚之，凡纳例常平每亩粟
率一升，稻率二升，凡大有年，听自相劝督而增数纳之。凡水旱螟
蝗，听自相免，凡同社丰歉不均，宜免其歉者，所当纳之数，凡饥馑
不得已之时，则计口数之多寡而散之。凡出例每口日一升，储多则每
口日二升，勒为定体。凡社长、社司掌管义仓，不得私用。凡官司，
不得拘检借贷及许纳杂色，皆有前诏在焉。如是，则非唯共相振救，
而义风亦行矣。

泰定帝泰定二年九月，以郡县饥，诏：运粟十五万石贮濒湖诸仓，以
备振救。仍敕有司治义仓。

至四年正月，燕南廉访司请立真定常平仓。不报。

文宗至顺二年十月，命和籴于通、潞、陵、沧等处。

中书省言：江浙、平江、湖州等处水伤稼，明年，海漕米二百六十万
石，恐不足，宜令运百九十万，而命河南发三十万，江西发十万。又遣官
赍钞十万锭，盐引三万五千道，于通、潞、陵、沧四州，优价和籴米三十
万。又以钞二万五千锭，盐引万五千道，于通、潞二州和籴粟豆十五万
石，钞三十万锭往辽阳、懿锦二州和籴粟豆十万石。并从之。

顺帝至元元年十一月，以改元，诏立常平仓。

至元七年，分海漕米四十万石，置沿河诸仓，以备凶荒。

至十五年，江浙省臣言：至正十五年，税课等钞内除诏书已免税粮等
钞，较之年例海运粮并所支钞不敷，乞减海运以苏民力。户部定议：本年
税粮除免之外，其寺观并拨赐田粮。十月，开仓尽行拘收。其不敷粮拨至
元折中统钞一百五十万锭，于产米处籴一百五十万石，贮濒河之仓，以听
拨运。从之。

《元史·太平传》曰：至正二年，中书左丞太平以粟贵，而金银
贱，请出官本，委官收市之，所得不赀，其后兵兴卒获其用。

又《伊噜布哈传》曰：至正五年，伊噜布哈除吏部员外郎，奉
命至江浙籴粟二十四万石，至则第户产之高下以为籴之多寡，民不扰

而事集。既而军饷不给，又奉命出籴于江浙，召父老谕之曰：今天子宵衣旰食，唯恐泽不下民，而民不得其所耳，然奈盗贼何。夫讨贼者，必先粮饷，以我不汝扰故，命我复来，盖讨贼即所以安民耳，父老其谓何？众咸应曰：公言是也。不逾月，粮事以毕。

又《贡师泰传》曰：至正十四年，江淮兵起京师，食不足，命吏部侍郎贡师泰和籴于浙右，得粮百万石以给京师。二十年，除户部尚书，俾分部闽中，以闽盐易粮，由海道转运给京师，凡为粮数十万石，朝廷赖焉。

明太祖洪武初，设预备仓。

朝廷出楮币，诏行省：各选耆民运钞籴粮储之乡村，以备振济，即令掌之。其后州县充积而籴犹未已。至二十四年八月，帝恐耆民缘此以病民，乃罢耆民籴粮。

二十二年三月，命遣官运钞市籴以备振。

诏户部：遣官运钞往河南、山东、北平、山西、陕西五行省，俟夏秋粟麦收成，则于乡村辐辏之处市籴储之，以备岁荒振济。

《大学衍义补》曰：天生万物，唯谷于人为最急，而不可一日无者，乃农民无远虑，一遇丰收，视如土芥，变谷以为钱，又变钱以为服食日用，曾未几时，随即馨尽。不幸有荒年，则伐桑枣，卖子女，流离失所，凡草芽木皮无不食者。是在举李悝平籴之法，各立常平司，每司注户部属官三员，量地大小，借与官钱为本，岁临所分属县，亲验麦熟几分，粟熟几分，与夫大小豆之类，皆定分数申部。而因种类之丰荒，随时价之多少，收籴在官。不分是何米谷，逐月验地之所收，市之所售，粟少则发粟，麦少则发麦，诸谷俱不收，然后尽发之。若易朽腐者，又临时斟酌，随处立仓，通融搬运分散，量时取直。凡货物可用者皆售之，不必专取银钱。所得货物，可资国用者，具数送官，其余听从变卖以为籴本，使农与人两不伤，丰与歉两俱足，亦养民足食之一助也。

成祖永乐中，令天下府州县多设仓储，移置预备仓于城内。

先是，洪武三年，建临濠、临清二仓以供转运。各州县设预备仓，东西南北四所以振凶荒。二十四年，储粮十六万石于临清，以给训练骑兵。至是，预备仓在四乡者移置城内。迨会通河成，始设仓于徐州、淮安、德州，而临清因洪武之旧并天津仓凡五，谓之水次仓，皆以资转运。

仁宗洪熙元年六月，时宣宗初即位。敕申明预备仓旧制。

帝谕尚书夏原吉等曰：预备仓储，正为百姓，比之前代常平最为良法，若处处储积完备，虽有水旱灾伤，百姓可无饥窘。此太祖皇帝良法美意，宜遍行天下，申明旧典，务存实惠，勿事虚文。

宣宗宣德二年正月，令泰安州民所借预备仓粮，听家业成后偿官。

山东泰安州奏：永乐十七年、十八年，人民艰食，于预备仓借粮二万一千三百石振之。洪熙元年秋成，止偿四千余石，多因逃徙复业，欲待年丰悉得偿官。帝谕户部曰：逃民初复，且当优恤，常虑有司不体人情，今所奏良协朕心，其听家业已成后，年谷有收，则令偿官。

三年四月，命遣官巡视郡县预备仓，有慢令及欺蔽者罪之。

给事中宋征言：洪武中，所粜郡县预备仓谷，岁歉则散，秋成则还，数年来，有司官吏与守仓之民或假为已有，或私贷与人，俱不还官，仓厫颓废，宜令郡县修仓征收，以备荒歉。帝谕户部曰：此备荒良策废弛如此，皆有司之过，即遣官巡视整理之。

四年六月，复议行置仓积粟预备法。

吏部听选官欧阳齐言：洪武中，于各州县置仓积粟，今各仓多废，一遇荒歉，民无所望，乞令府县如旧修理仓厫，原有储粮给散未还者悉征还官。其民户繁而积粟少者，丰年令所司支官钱，于有谷之家平粜收贮，庶凶岁无虞，小民有赖。命议行之。河南布政司参议邢旭亦奏：洪武中，直隶、安庆等府、宿松等县四乡俱有预备仓粮，今河南州县俱无之。帝下部议，部言：宜令各处州县，未设仓者皆设如例。或于今岁税粮内存留，或秋成支官钱平粜。帝曰：此固善策，须俟年丰行之。五年五月，佥都御史李浚亦以河南、山西向有预备仓储，乞如法修仓收粜。从之。七年五月，巡抚湖广御史朱鉴言：洪武间，各府州县皆置东、西、南、北四仓以贮官谷，遇有水旱饥馑以贷贫民，民受其惠。今各处有司以为不急之务，仓厫废弛，谷散不收，乞令府州县备仓厫，谨储积，给贷以时，征收有实。仍令布按巡按等巡察，违者罪之。帝谕户部曰：此祖宗良法美意，比由守令不得人，遂致废弛，言者比比而未有兴复之者，尔部亦岂能无过！其有违者，从按察司、监察御史劾奏。

英宗正统元年七月，命所在有司增设社仓。

顺天府推官徐郁言：建立义仓，本以济民，然一县止一二所，民居星散，振给之际，追呼拘集，动淹旬月，不免饿殍。乞令所在有司增设社仓，仍取宋儒朱熹之法，参酌时宜，定为规画，以时敛散，庶凶荒有备而无患。帝以其言甚切，命有司速行之。

二年五月，令江浙丰收处，敛籴以备荒振。

户部奏：洪武中，各府县俱设预备仓粮，随时散敛，以济贫民，实为良法。近岁有司视为泛常，仓廪颓塌而不葺，粮米逋负而不征，岁凶缺食往往借贷于官。今江浙诸处丰收，请令所司出价敛籴，以备荒振。从之。

三年四月，巡抚河南、山西侍郎于谦奏：请于本年起运万金等卫粮料内，改拨六万石赴大同府仓收纳备用。从之。

谦巡抚河南、山西，小有水旱，辄上闻。至六年，疏言：河南、山西积谷各数百万，请以每岁三月，令府州县报缺食下户，随分支给，先菽秫，次黍麦，次稻，俟秋成偿官，而免其老疾及贫不能偿者。州县吏秩满当迁，预备粮有未足，不听离任，仍令风宪官以时稽察。诏行之。

《食货志》曰：太祖时，天下州县多所储蓄，后渐废弛，唯于谦抚河南、山西，修其政。周忱抚南畿，别立济农仓，他人不能也。

四年十月，遣廉干京官往督州县平籴，以举废为殿最。

大学士杨士奇言：太祖笃意养民，备荒有制，天下郡县悉出官钞籴谷贮仓，以时散敛，岁久弊滋，豪猾侵渔，谷尽仓毁，稍遇凶荒，民无所赖。请择遣京官廉干者，往督有司，凡丰稔州县，各出库银平籴，储以备荒，即以举废为殿最。风宪官各务稽考，欺蔽怠废者具奏罪之，庶官有备荒之积，民无旱潦之虞，仁政所施莫切于此。帝曰：此祖宗良法美意，命户部速行之。五年正月，令六部、都察院推选属官，领敕分诣两畿各省府州县立预备仓，发所在库银籴粮贮之。军民中有能出粟以佐官者，授以散官，旌其门。

十一月，命查北直隶各府州县散过预备仓粮，及官降籴粮折钞数，俟秋成令有司照旧修置仓廒，收积粮储，以备振贷。

从大理寺少卿李畛彦言也。

　　《食货志》曰：正统时，重预备仓侵盗之罪，至佥妻充军①。且定纳谷千五百石者奖为义民，免本户杂役。凡振饥米一石，俟有年纳稻谷二石五斗还官。

　　景帝景泰三年二月，募军民运米纳开原、铁岭仓。

　　都御史王翱奏：开原、铁岭急缺仓储，请募军民于辽东运米千石赴开原，海州运米千石赴铁岭，俱冠带荣身。从之。三月，命广西巡抚李棠榜谕军民，有出米自五百石至一千五百石纳仓者，给冠带及授官职有差。

　　宪宗成化元年四月，改设德州、临清县预备仓于城内。

　　先是，二处预备仓各置于城外，官私难于出纳。至是，从有司奏，城内各有空廒，请即以为仓，储预备粮。而名临清曰常盈，德州曰常丰，设官主其事。

　　二年八月，以各处折粮银四万两，命官平籴米粟以实临清、德州水次仓。

　　从户部请也。时给事中邱宏又言：山东迭报岁歉，宜将淮安府库振济银四万两内拨二万两，分遣公正官召商籴米于临清、济宁、德州及凤阳、淮安、徐、邳诸处储积，委官监临收放，仍行各府州县，亦量为储积，以时敛散。从之。

　　六年四月，命甘肃籴粮储预备仓。

　　甘肃巡抚徐廷章言：河西一带居人别无营业，止是耕牧，丰年上纳籽粒外，所余无几。今甘肃仓库收有余剩粮价，乞量借二三年之数，督同管粮官于秋成之际，委官照依时直，籴粮于预备仓收储，春放秋收，以备兵荒之用，后有赢余，尽数留边为官军月粮。事下所司。

　　十八年正月，命南京籴常平仓粮。

　　时岁饥，米价腾贵，而常平所储粮八万六千余石。户部请减价籴之以济民，候秋成平籴还仓。其籴于民多不过五斗，务使贫民得蒙实惠。报可。

　　孝宗弘治三年三月，限州县卫所积谷数，以多寡为殿最。

　　命天下州县预备仓积粮，计里之多寡，自十里以下至八百里以下，积谷万五千石至十九万石，各有差，及数者为称职，过额者奏请旌擢，不及

───────────

　　① 佥妻充军，就是犯人被判充军，妻子必须同行。

者罚之。各府州正官亦视所属粮足否以为黜陟，其军卫亦略仿此数以示劝惩。从给事中罗鉴奏也。

《食货志》曰：十里以下积万五千石，二十里积二万石，卫千户所万五千石，百户所三百石。考满之日，稽其多寡以为殿最。不及三分者夺俸，六分以上降调。

十八年八月，时武宗已即位。令赎罪赃罚银皆籴谷入预备仓。

先是，六年，从尚书马文升言：命州县四仓复古制，兼设法措置，俾储蓄充而凶荒有备。至是，从御史沈赉等言，储蓄事宜，令在外司府州县赎罪、赃罚等银，悉折纳谷，以备振济。仍具册报部稽考。正德元年正月，陕西巡抚杨一清以预备救荒事宜，上请廷臣议，问刑赎罪楮价，听收纳粟米谷麦贮预备仓以备振贷。十二月，太常寺少卿乔宇亦以此为言。俱从之。后又令囚纳楮者，以十之八折米入预备仓，军官犯者纳谷准立功。

臣等谨按：《武宗实录》：正德四年十月，部议总督苏、松等处粮储。副都御史罗鉴所陈事宜，可行者七：一、户部初奏荒政，各府州县验里分多寡以为积粮等第。今宜查照册籍，额定等数，以便措置，仍查职掌官员支放数足，方许给由升调，是即弘治三年从鉴所奏而行之者也。二、清查囚犯赃罚纸札，置立文簿，各照年月日期填写，不许漏隐，是即帝初即位所著为令者也。三、放支预备仓粮，务在年岁荒歉，人户极贫，不许冒领，仍革里书滥放之弊。四、各府州县多有空闲田地并湖荡池塘，税粮尽入预备仓收贮，宜委官查理，俟年荒给放。五、旧例，客商引钱一分，而官二分，收买米谷，以备振济；近年引钱并米谷迄无定数，宜稽考以治侵匿之罪。六、人户纳解钱粮违限者，每日罚米一升，此系见行事例，宜申明施行。七、仓廒损坏坍塌，所在官司官宜即修盖。诏依拟行焉。

武宗正德三年七月，诏：以预备仓粮数少及不完者，皆所在官司侵盗所致，其迁官去任、致仕为民者，命遣官及抚按官查提，加倍赔纳以闻。

户部奏：天下军卫有司预备仓粮额数俱有题准事例，今湖广巡抚张子麟缴到粮册，唯武昌等府、崇阳、澧州、随州、襄阳四州县足原拟之数，余多不及。盖因各府州县卫所正官不能措置，分巡分守管粮等官又不依期比较。宜行各处抚按官，督同司府州县掌印等官，将各仓粮斛，自弘治十年以后，备查放过并见在之数，通算三年之内，某处足数并不及、有余，备开等第，年终盘粮造册，咨部以凭奏处。其放过振济之数，自弘治十六年蠲免以后，务于秋成抵计追还。此外，或纸价引钱，量留三分之一于本处籴买，或地方有力之家可以劝借，或山林川泽之利可以区画，俱听所在官司尽心处置，务使三年之内补足原拟粮数。遂有是诏。并命差去侍郎韩福等查提倍偿。

五年十一月，革除天下预备仓仓官。

初，预备仓皆设土仓官，至是革之。令州县正官或管粮官领其事。

命运银赴大同召商籴买粮料。

总理大同粮储郎中解经奏：科粮缺乏，乞并太原府以北俱征本色，府南不为常例。部议：太原府南折征已定，其府北例征本色，顷因小民乐于简便，官吏惮于催征，任情更改，以致阙乏，宜照旧征纳。户部仍运送银十万两至彼，召商籴买。从之。

《大学衍义补》曰：考耿寿昌初立常平时，兼请立于边郡。今窃以为内地行之不能无弊，唯用之边郡为宜。宜于辽东、大同、宣府极边之处，各立常平司，每岁收成之候谷不必一种，唯其贱而收之。官不必定价，随其时而予之。可久留者储之以实边，不可久者随时给廪食之人。凡诸谷，一以粟为则，如粟直八百，豆直四百，则支一石者，以二石与之，他皆仿此。然后计边仓之所有，预行应运边储州县，俾依价收钱以输于边，如此则不独可以足边郡，亦可以宽内郡矣。

又论和籴曰：马端临言：唐以前所谓籴者，聚米以振民。宋以后所谓籴者，聚米以养兵。今日宜以振民者行之内郡，置常平司于辽以东，淮以北；养兵者行之边郡辽东、大同诸处，前已言之，未必无补于储蓄之计也。

世宗嘉靖初，令有司仿常平法，并定积谷数。

谕德顾鼎臣言：成弘时，每年以存留余米入预备仓，缓急有备。今秋粮仅足兑运，预备无粒米，一遇灾伤辄奏留他粮，及劝富民借谷以应故事。乞急复预备仓粮以裕民。帝乃令有司设法多积米谷，仍仿古常平法，春振贫民，秋成还官，不取其息，府积万石，州四五千石，县二三千石为率。既又定十里以下万五千石，累而上之八百里以下至十九万石。

《食货志》曰：自后积粟尽，平粜以济贫民，储积渐减。至隆庆时，剧郡无过六千石，小邑止千石，久之数益减，科罚亦益轻。万历中，上州郡至三千石止，而小邑或仅百石，有司沿为具文。屡下诏申饬，率以虚数欺罔而已。

元年正月，命委官召商籴买米麦以济缓急。

守备紫荆关太监耿忠奏：新城等仓放支略尽，军无见粮，乞行所在征纳本色，或召商籴买以济缓急。户部议：往者，夏秋税粮皆不画一，承解包纳之徒得以候时贵贱，自择本折去取，肆其渔猎。顷奏行折收召买之例，谷贱召买，贵折银，而官价不亏，谷贵放本色，谷贱放折色，而军士沾惠计无便于此者，但本、折二色未定。关支月分，委官乐折支之便，召买坐废而军饷恒苦不给，请自今为始，本折间月关支其折色，每石如例给银四钱五分。其本色听委官召买支用，或价直太高，召买不及每石加银二钱给之，候米麦价平，及期贸易本色，务足半年之用。报可。

八年，令设社仓。

先是，弘治中，江西巡抚林俊尝请建常平及社仓，至是乃令各抚按设社仓，令民二三十家为一社，择家殷实而有行义者一人为社首，处事公平者一人为社正，能书算者一人为社副。每朔望会集，别户上中下，出米四斗至一斗有差，斗加耗五合，上户主其事。年饥，上户不足者，量贷，稔岁还仓。中、下户酌量振给，不还仓。有司造册送抚按，岁一察核，仓虚罚社首出一岁之米。其法颇善，然其后无力行者。

十二月，令以赎锾、引税籴谷备振[1]。

户部尚书许赞言：郡县赎锾引税多干没无稽，宜令籴谷备振。从之。

穆宗隆庆三年七月，诏天下有司实修积谷备荒之政。

神宗万历二十九年十二月，福建有倡仪建常平等仓者，命奖励之。

巡抚金学曾以乡官陈长祚、林鸣盛等倡仪建常平仓于官，劝义仓于

---

[1] 赎锾，赎罪收入。引税，指盐税，因盐以引为单位计量。

民。又有义廪以倡缙绅之尚义者，乞量加服色以示奖励。从之。

三十九年四月，设边镇常平仓。

时辽东巡抚熊廷弼上设常平仓、括镪籴谷备边之数。帝曰：常平有裨边镇，令以后接管官照例奏报，仍载入考成。

熹宗天启五年二月，令延绥各堡籴买储仓如常平法。

巡按陕西御史蒋允仪言：延绥兵马甲天下，近日民运逋欠，京运愆期，仓库荡然，倘有变故，何以支持！乞清查各堡抚赏节省银两，分发各路监收官，就近委贤能之员，限日籴买，酌量各堡应贮多少，来春价腾出粜，秋入春出，一如常平法。部议从之。

九月，给事中王梦尹奏宽天津籴买米豆之数，事下所司。

梦尹言：天津米豆，全赖真、顺、保、河等府为之籴买输运。今三伏不雨，继以秋旱，定、兴等处，飞蝗蔽天，米值一斗至一钱四五分，豆一斗至一钱二三分，秋成且然，况明春乎！畿辅近地，与宗社相关，原派关门米豆之数，当照灾伤轻重、道里远近、价值高下，逐一酌量，庶宽一分，民受一分之赐。疏下部议。

钦定续文献通考卷二十八

土贡考

臣等谨按：马端临作《土贡考》，谓古之土贡①，即在赋税之中，犹曰当其租入云尔。后世则租自租，而贡自贡矣。唐代每年常贡，马氏皆依诸郡分列，而于宋之土贡，则云土产，已见《地理考》。唯录罢免蠲除之诏旨，然于元丰间，圣节南郊，进奉之数，仍备载之。当时诸路所奉，皆金银钱帛之属，不尽任土所有也。辽之军国经费，多仰给于邻国岁币及诸属国岁贡方物，史载诸部之入贡者，往往一岁屡见或一月屡见，而名与数俱未及详。金制多仍辽旧，辽时所贡如白鹿、白麝、白雉、白兔等，史所必书，而金史则不多概见。《元史》所载贡献事迹最繁。明初令天下贡土所有以为常额，珍奇不与焉。自中官竟尚贡献，以采办为名而诛求发运，其弊且不可胜言矣。今自宋嘉泰以后，考史志所有者以次胪载。至于外国之贡，原与任土不同。然周官太宰所职，九曰物贡，谓九州岛之外，各以所贵为贽，如肃慎楛矢之属，并足以验声教之所及，故亦附详焉。

历代土贡进奉羡余②
宋宁宗嘉泰元年十月，诏：免瑞庆节诸道入贡。

先是，绍兴三十二年，孝宗即位。七月，罢诸路圣节进奉。隆兴元年，诏：自后内外主兵官进奉，会庆圣节，沉香不得过二十两，马不得过

---

① 土贡，语出《尚书》"任土作贡"之说。指远古各地方部落、方国向宗主国进贡本地特产。其实是赋税的原始形态，后来赋税制度正式形成，土贡变成了地方官员或封藩向君主的额外奉献。

② 羡余，原意是盈余、剩余，唐以后专指地方官员以赋税盈余的名义向朝廷进贡的财物。

四匹，余物并不得投进。乾道八年，天中圣节，知光州滕瑞自书圣寿万岁四字，约二丈余，兼造山棚，高三丈，余凡用绢五十四幞背投进。帝曰：滕瑞不修郡政，以此献谀，特降一官。淳熙十五年正月，诏免诸州军会庆节进奉。二年，至是复有此诏。

是年，真里富国献驯象二。

至开禧元年十二月，又献瑞象。

嘉定五年九月，遵义砦夷杨焕来献马。

理宗绍定五年，免陵寝进献。

诏大行皇太后陵寝，诸路监司、州府、军监、寺止进慰表，其余礼物并令免进。仍勿以助修奉攒宫为名有所贡献。

六年，却归正番臣康守正、王全所献马。

初，绍兴三十一年，高宗谓辅臣曰：近大将入觐，有以宝货鞍马献者，唯马不可缺，余皆却之。至是，帝既却所献，复出御札赐辅臣曰：近康守正、王全以马来献，朕方禁饬臣下勿受馈遗，岂肯自开此门，兼恐远人以此窥朕好尚。昔汉文却千里马，朕素慕之，卿等以为何如？辅臣乞宣付史馆。从之。

　　《宋史·董槐传》曰：槐提点广西刑狱，邕州之地，西通诸蛮夷，南引交趾及符奴、月乌、流麟之属，数寇边，槐与约，毋相侵，推赤心遇之，皆伏不动。又与交趾约五事：一、无犯边，二、归侵地，三、还所掠生口，四、奉正朔，五、通贸易。于是遣使来献方物大象。

景定元年，诏监司、郡守，今后移易窠名，辄行献羡者，依祖宗故典行之，着为令。

先是，绍兴三十一年，两浙转运司献趱积钱二万缗[①]，临安府献五万缗，命桩留外府，并下诸路，切戒毋得科敷。孝宗隆兴元年十二月，诏诸路州军：岁起上供钱物，例有拖欠，监司郡守却以羡余进献，侥冒赏典。今后上供钱物，须官依限起发数足，如辄行率敛进献，本部按劾以闻。于是广东提刑司献缗钱十五万，诏即拨赐广西充今年上供钱。乾道三年，湖

---

① 趱积，指积聚。

南安抚使刘珙入见，论羡余之弊，曰：州县赋入有常，大郡仅足支遣，小郡往往匮乏，而近者四方尚有以赢余献者，不过重折苗米，或倍税商人，此民之未便者也。望诏止之。帝嘉纳焉。淳熙二年十一月，提点坑冶王楫进羡余十万缗，诏却之。互见坑冶考。五年四月，知绍兴府张津进羡余四十万缗，诏以代民输和买、身丁之半。五月，禁诸路州军责属县进羡余。六年正月，蠲夔州路上供金银。至是，以倪厚献羡希赏，再削一官。仍着是令。

　　孝宗乾道九年，侍御史苏峤奏曰：伏睹广南提举廖颙札子，广州都监仓有积下盐本银，计钱十一万一千余贯；又本路州府逐年拘收常平诸色钱物，内有宽剩钱五万贯，欲行起发，少助朝廷经费。奉旨并赴南库送纳者。臣窃谓：陛下即位以来，屡却羡余之献，故近年监司州县稍知遵守，此盛德之事，而小人急于自进，时以一二尝试，朝廷只缘乾道七年提举官章潭献钱二十万贯，特转一官，不及期年，转为广西运判；廖颙实继其后，故到官未几，便为此举，愚弄朝廷，莫此为甚。访闻此钱并系盐本钱①，潭到任时，尚有三四十万缗，皆是前官累次储积，不敢妄用，潭取其半以献。今颙所献止十一万缗，已是竭泽，所余无几，后人何以为继。异时课额不登，谁任其咎，乞特降旨，却而不受，即以此钱付本司，依旧充盐本常平宽剩钱，亦乞桩留本路，为水旱赈贷之备。诏从之。
　　《宋史·叶颙传》曰：颙知处州青田，令陈光献羡余百万，颙以所献充所赋。继知常州，初至郡无旬月，储未一年，余缗钱二十万，或劝献羡，颙曰：名羡余，非重征，则横敛，是民之膏血也。以利易赏，心实耻之。

二年十一月，安南国贡象二。
　　初，孝宗淳熙十年十一月，广西奏：安南牒办章表，投进方物。帝曰：象乃无用之物，经由道路，重困吾民，除不受外，将入贡之物十分为率，止受一分，就界上交纳。至是复贡象。五年五月，安南国奉表谢恩，又进方物。诏却之。仍赐金帛以奖恭顺。

---

　　① 盐本钱，预贷给盐民的生产本钱。

《刘珙传》曰：乾道时，安南贡象，所过发夫除道，毁屋庐，数十州骚然。珙为湖南安抚使，奏曰：象之用于郊祀，不见于经，驱而远之，则有若周公之典，且使吾中国之疲民，困于远夷之野兽，岂仁圣之所为哉！

度宗咸淳二年八月，安南国遣使贺登位，进方物。

九年六月，安南国又进方物，特赐金五百两，帛百匹。

荆湘贡茶片。

荆南府租额钱三十一万五千一百四十八贯三百七十五文，纳潭、鼎、澧、岳、归、峡州、荆南府片、散茶共八十七万五千三百五十七斤。

汉阳军租额钱二十一万八千三百一十一贯五十一文，纳鄂州片茶二十三万八千三百斤半。

蕲州蕲口额钱三十五万九千八百三十九贯八百一十四文，纳潭州、兴国军片茶五十万斤。

麻城场买茶二十八万四千二百七十斤，卖钱一万二千五百四十贯。

蕲州洗马场买茶四十万斤，卖钱二万六千三百六十贯。

王祺场买茶一十八万二千二百二十七斤，卖钱一千九百五十三贯九百九十二文。

石桥场买茶五十五万斤，卖钱三万二千八十贯。

福建路每年常贡。

福州荔枝，干荔枝，煎生荔枝，绍兴初贡，二十四年罢。红蕉花布，大中祥符、天圣、元祐间俱贡，绍兴初罢。干姜沙鱼，建炎三年罢。鹿角菜，紫菜，俱宣和七年罢。蕉干，建炎初罢。上供银六万八千七百四十一两四钱，大礼银，每遇郊祀年别进奉九千两。上供钱六千贯，无额上供钱一万五千五百一十八贯七百五十文，甲叶六万八千九百一十五片，黄牛皮九百四段六十尺，羊皮一千八百一十二张一十丈，认发建宁府黄牛皮四十八段，羊皮八十九张，泛抛每岁两科甲叶三万五千片，黄牛皮八百段，羊皮七百张。

建宁府上供细色茶五纲，粗色茶七纲，练布。又年额上供银九千七百五十四两，大礼助赏银三千七百五十六两，圣节银、大礼进奉银各一千七百两，提点司进奉银三十七两五钱。以上俱建安、瓯宁、嘉禾、松溪、政和五县所贡。

泉州蕉布、永春县出。生苎布各二十匹，绵一百两，南安县出。俱淳祐
中贡。山姜花三十朵，橄榄子上色一万颗，次色三万颗，治平六年罢。绵一
百两，蕉布、葛布共五十匹，元丰中贡。松子五百斤，宣和六年诏减后罢。
上供银九千六百四十二两三钱，上供钱一万五千七百六十五贯七十五文，
大礼赏给钱一万八千九百九贯三百九十五文，春冬衣赐钱二万六千二百贯
五百二十五文，犒军钱三千七百二十三贯四百文。

漳州鲛鱼皮，柑橘。

汀州蜡烛二百条，上供银七千九百四十五两八钱三分五厘，圣节进奉
银、大礼银各二千两，上供钱九千七百七十贯九百一文。

南剑州土茴香、茶又银六千三百七十两。此顺昌一县所供。

邵武军上供银一千四百四十一两四钱，干会圣节银二百五十两，大礼
银四百两。

兴化军绵一百两，葛布一十匹，上供钱七千五百四十贯文，节旦上供
银共一千八百三十三两三钱三分四厘。

　　臣等谨按，王圻《续通志》及《谢方叔传》①：孝宗淳熙六年，
赵雄等奏谢赐新荔枝、流香酒。帝曰：朕却献方物，四方珍味佳果俱
不至。昨太上皇帝赐到新荔枝，即以分赐卿等。朕闻，旧日京师谓之
献时新，远方奔走争先，劳人动众，害物甚多，朕欲痛革此事，故尽
却时新之物。盖世俗既竞时新，则不待物性成就，争先采摘，甚可惜
也。及度宗即位，谢方叔既罢相归豫章，以琴一、鹤一、金丹一来
进，盖以旧学故也。贾似道疑其有希望再相，意讽权右司郎官卢越等
劾之，以为不当诱人主以声色之好。制置使吕文德愿以已官赎其罪，
方得免。论者曰：专权忌能，似道固不能无责，而闲居以玩好丹剂为
人主寿，坐受贬削，有愧金镜多矣。

辽太祖二年八月，幽州进合欢瓜。
五年七月，萨勒题泊诸蕃使来贡。
七年十月，和州回鹘来贡。

---

① 王圻《续通志》，王圻所著当为《续文献通考》。本书（清代官修《续文献通考》）对
王著多有采用。

九年十月，新罗国遣使贡方物。

至天赞三年十一月，又来贡。

高丽遣使进宝剑。

吴越王钱镠遣滕彦休来贡。

至神册元年六月，彦休复来贡。五年五月，吴越王遣滕彦休贡犀角、珊瑚，授官以遣。天赞二年四月，复遣使来贡。太宗天显七年二月，又遣使献宝器。会同三年正月、九月，四年十月，六年三月，俱来贡。

　　臣等谨按：辽会同六年，即晋天福七年，吴越忠献王佐初立之年也。嗣是又三十余年而后纳土于宋，今考《辽史》则自会同六年后，即不复贡于辽矣。

神册三年三月，晋、吴越、渤海、高丽、回鹘、准卜、党项及幽、镇、定、魏、潞等州，各遣使来贡。

　　臣等谨按：是年，即梁太祖贞明四年也。欧阳修《五代史》载，唐哀帝天祐元年，晋王李克用会契丹安巴坚于云中，约为兄弟，至是其子存勖嗣立已十年，犹称唐天祐十五年，不载通贡于辽事。

天赞二年六月，波斯国来贡。

辽属国可纪者五十有九，朝贡无常，波斯其一也。

三年九月，大食国来贡。

至圣宗开泰九年十月，贡象及方物。

回鹘、巴哩遣使来贡。

四年四月，回鹘乌穆珠可汗遣使贡谢。圣宗开泰五年六月，回鹘献孔雀。兴宗重熙二十一年十一月，回鹘阿尔斯兰遣使贡名马、文豹。道宗大安五年五月，回鹘贡良马。七年七月，回鹘遣使贡异物，不纳。厚赐遣之。

十月，高丽、日本二国来贡。

国外乌尔古迪里八部等共十部来贡。

此十部不能成国，附庸于辽，时叛时服，各有职贡，犹唐人之有羁縻州云。

太宗天显三年正月，黄龙府娄尼河女直达噜噶来贡。

二月，达噜噶来贡。

二月，特哩衮尼噜古进白狼。

至会同元年二月，室韦进白鹰。六年六月，锡尔古勒济部进白麞。穆宗应历二年十月，司徒隆科等献白雉。圣宗统和十四年闰七月，五院部进穴地所得金马。兴宗重熙二十一年九月，平州进白兔。道宗大安七年六月，倒塌岭人进古鼎，有文曰万岁，永为宝用。

　　臣等谨按：辽之土贡，史未及详。以上所录，皆非常贡。又天显九年正月，南京进白獐。会同六年六月，莫州进白鹊。穆宗应历二年十一月，朔州民进黑兔。十五年六月，伊楞古进良马。圣宗统和九年八月，东京进三足乌。十二年十二月，高丽进妓乐，却之。二十年七月，高丽进本国地理图。二十六年五月，又进龙须草席。兴宗重熙二十一年九月，平州进白兔。道宗太康三年九月，玉田贡嘉禾。天祚帝天庆三年六月，乌梁海国贡良犬。凡此类亦非常贡也。

十月，唐遣使遗玉笛。

七年七月，遗红牙笙。其卢龙军节度使赵德钧进时果。

五年三月，人皇王献白纻。

十月，又进玉笛。

七年十一月，准卜贡海东青鹘三十连。

至兴宗重熙十七年六月，准卜献马驼二万。十八年六月，准卜贡马驼珍玩。二十二年七月，准卜大王通特古斯率诸部长献马驼。道宗太康四年六月，准卜诸酋长进良马。

九年正月，党项进驼鹿。

九月，黑车子室韦贡名马。穆宗应历二年四月，铁骊进鹰鹘。十三年五月，乌梁海国所进花鹿、生麝。圣宗统和十三年五月，高丽进鹰。十二月，铁骊遣使贡鹰马。二十四年八月，沙州炖煌王曹寿进大食国马及美玉。太平元年十月，迪里酋长颇白来贡马驼。兴宗重熙十九年六月，辉发哈斯罕博罗满达部各贡马。道宗清宁八年五月，武都温特哩衮图图尔噶等

乞岁贡马驼，许之。大安元年正月，五国酋长来贡良马。寿隆二年八月，
颇里八部进马。

十二年三月，晋遣使来贡。

十一年十一月，册石敬瑭为大晋皇帝，至是遣使来贡。六月，遣使请
上尊号及归雁门以北与幽蓟之地，仍岁贡帛三十万匹。诏不许。八月，复
遣使来贡。至会同元年十月，遣使来谢册礼，复进独峰驼及名马。二年正
月，贡珍币并遣使谢免沿边四州钱币。七月，进犀带。八月，贡岁币。奏
输戌亥二岁金币于燕京。三年四月，进茶药。又进端午节物。五月，进弓
矢。九月，贡名马。十月，贡布。四年二月，进香药。三月，以许祀南
郊，遣使来谢，进黄金十镒。四月，进樱桃。七月，进水晶砚。八月，进
犀弓竹矢。五年四月，进射柳鞍马。六月，晋齐王重贵遣使来贡。时敬瑭
殂，重贵立，称孙不称臣，帝始有南伐之意。六年二月，晋遣使进先帝遗
物。六月，遣使贡金。八月，复贡金。七年十月，天授节①，诸国进贺，
唯晋不至。至九年，而晋亡矣。

八月，太原刘知远遣使来贡。

至穆宗应历元年十二月，汉遣使献弓矢、鞍马。二年十月，又进葡萄
酒。三年三月，进球衣及马。九月，贡药。四年二月，进茶药。十二月，
遣使来贡。七年五月，遣使来贡。十六年八月，贡金器铠甲。十二月，遣
使来贡。十九年三月，进白鹰。景宗保宁二年十二月、三年十月、五年正
月，皆来贡。七年二月，汉雁门节度使刘继文来朝，贡方物。九年八月，
遣使进葡萄酒。

> 臣等谨按：叶隆礼《契丹国志》：辽太宗既立石敬瑭为晋帝，临
> 别时言：刘知远等皆创业功臣，无大故勿相弃也。然不载。十二年八
> 月，刘知远遣使来贡，事至会同十一年六月，知远称帝于晋阳，未及
> 四载，即为后周广顺元年，知远弟崇自立于太原，为周所攻，乃于世
> 宗天禄五年六月遣使称侄乞援，且求封册。嗣是传三世，凡二十余
> 年，皆进贡于辽。追景宗干亨元年六月，刘继元降宋，辽不能救，而
> 汉遂亡。

---

① 天授节，辽太宗耶律德光在位期间，辽国以其生日为天授节。

是月，南唐李昪遣使来贡。

至会同元年六月，南唐来贡。二年五月，又遣使来贡。三年四月，进白龟。四年正月，又遣使来贡。穆宗应历二年正月，进犀兕甲万属。三月、五月，复来贡。三年三月、五年十月、七年六月俱来贡。

臣等谨按：《契丹国志》载：会同元年五月，吴徐诰欲结辽取中国，遣使以美女珍玩泛海修好，辽太宗亦遣使报之。七月，诰称帝，国号南唐，复姓名李昪。则此称南唐李昪，亦从后追书之词耳。又天会元年，南唐建国，即晋天福二年，自此至应历七年，凡二十二年，书贡不绝。而七年后不复见者，盖其时为周所伐。又十余年，且俘于宋矣。

世宗天禄五年正月，周遣使致良马。

时郭威自立，国号周，遣朱宪来告，即遣使致良马。

圣宗统和元年十月，命每岁诸节度使贡献如契丹官例，止进鞍马。

从燕京留守裕悦休格言也。

十二月，以显州岁贡绫锦分赐左右。

四年十月，西夏遣使来贡。

时李继迁叛宋始来附。自后六年、七年俱来贡。八年三月，又来贡。十二月，遣使封继迁为夏国王。十年十月来贡。十二年又入贡。十三年三月来贡。八月，进马。十四年正月、十五年二月、十二月、十六年二月，俱来贡。十九年，遣李文冀来贡。冀，《本纪》作贵。二十年正月，进马驼。二十二年三月，继迁薨，其子德昭遣使上遗物。开泰元年四月，德昭遣使进良马。太平元年十二月来贡。十一年，圣宗崩，报哀于夏，遣使来进赙币。兴宗重熙元年，德昭薨，子元昊立。二年正月、七年三月，遣使来贡。十二年四月，进马驼。十三年十月，进方物。十四年正月，进鹘。闰五月来贡。十七年，元昊薨，子谅祚立。三月，遣使上遗物。十八年六月，遣使来贡，留之不遣。二十年五月，谅祚母表乞如党项，权进马、驼、牛、羊等物。二十三年正月，贡方物。五月，谅祚乞进马驼。诏岁贡之，是月，遣使来贡。道宗咸雍四年，谅祚薨，子秉常立。三月，遣使献遗物。十二月，遣使来贡。九年十二月，来贡。太康五年十月、八年六月，俱来贡。大安二年，秉常薨，子干顺立，遣使上遗物。天祚帝乾统五年六月，遣使贡方物。天庆三年六月，遣使来贡。

六年五月，诏威裕悦部：自今止进牛马。

威裕悦部以岁贡貂鼠、青鼠皮非土产，皆于他处贸易以献，乞改贡。故有是诏。

十五年三月，乌舍乌哲图以地远，乞岁时免进鹰、马、貂皮。诏以生辰正旦贡如旧，余免。

四月，罢奚王部岁贡麛。

十月，罢奚王诸部贡物。

二十一年十二月，罢三京诸道贡。

二十二年三月，罢番部贺千龄节及重五、冬至贡。

十二月，宋遣李继昌请和，愿岁输银十万两，绢二十万匹。许之。

至二十三年十月，宋岁币始至。后为常。

开泰七年三月，命东北约啰、都图阿里、鄂罗木博、诺里、铁骊等五部，岁贡貂皮六万五千，马三百。

八年七月，诏准卜依旧岁贡马千七百，驼四百四十，貂鼠皮万、青鼠皮二万五千。

九年十月，诏遣官督党项部宋犀族贡。

西南招讨奏：党项部有宋犀族，输贡不时，常有他意，宜以时遣使督之。诏曰：边鄙小族，岁有常贡，边臣骄纵征敛无度，彼怀惧不能自达耳。第遣清慎官将示以恩信，无或侵渔，自然效顺耳。

兴宗重熙十一年闰九月，北院枢密副使耶律仁先遣人报，宋岁增银绢十万两匹，文书称贡。

时宋请增岁币银绢以偿十县地产，谓取晋阳及瓦桥以南十县。仁先与翰林学士刘六符使宋，仍议书贡，宋难之，仁先曰：曩者石晋报德本朝，割地以献，周人攘而取之，是非利害灼然可见。宋无词以对。六符曰：本朝兵强将勇，海内共知，人人愿从事于宋，若恣其俘获，以饱所欲，与进贡字孰多。况大兵驻燕，万一南进，何以御之。顾小节忘大患，悔将何及。宋乃定议岁币称贡。至十八年六月，以辽师伐夏，遣使致赆礼。二十四年正月，遣使馈驯象。道宗寿隆四年正月，遣使馈锦绮。天祚帝天庆五年七月，遣使致助军银绢。

臣等谨按：《宋史·富弼传》曰：契丹谓南朝遗我之词当曰献，

否则曰纳，弼争之。契丹主曰：南朝既惧我矣，于二字何有。若我拥兵而南，得无悔乎！弼曰：本朝兼爱南北，故不惮更成何名为惧，或不得已。至于用兵，则当以曲直为胜负，非使臣之所知也。契丹主曰：卿勿固执，古亦有之。弼曰：自古唯唐高祖借兵于突厥，当时赠遗或称献纳，其后颉利为太宗所擒，岂复有此礼哉！弼声色俱厉。契丹知不可夺，乃曰：吾当自遣人议之，复使刘六符来。弼归，奏曰：臣以死拒之，彼气折矣，可勿许也。朝廷竟以纳字与之，并无称贡之说也。即后此亦但称致，称馈，则文书称贡之为诬更可见矣。

十二年五月，斡鲁、蒲卢毛朵部二使来贡，失期，宥而遣之。
道宗太康三年正月，省诸道春贡金帛及停周岁所输尚方银。
大安三年四月，免诸路贡输之半。
十月，罢节度使以下官进珍玩。
四年四月，减诸路常贡服御物。
寿隆三年六月，诏罢诸路驰驿贡新。
先是，太康八年二月，诏北、南院官：凡给驿者必先奏闻，唯贡新许驰驿。至是罢之。
天祚帝乾统九年十二月，高丽遣使来贡。

臣等谨按：辽《本纪》及《兵卫志》，高丽、西夏、女直俱在五十九属国之中，而高丽与辽相为始终二百余年。先是，圣宗太平九年，大延琳作乱，南北女直皆从延琳，高丽亦稽其贡。十年，贼将杨详世夜开南门纳辽军，擒延琳，渤海平。高丽仍岁贡不绝。是后女直起兵，建国号金，反索岁贡方物于辽。天庆十年，乞兵于高丽以御金，金人责之。未几而辽亡。保大二年，天祚播迁，夏兵来援，为金所败，请临其国。六月，遣使册李乾顺为夏国皇帝，而天祚被执归金，盖属国之中二国最大，而尤恭顺也。

新罗国进贡物。
金器二百两；金抱肚一条，五十两；金钞罗五十两；金鞍辔马一匹，五十两；紫花绵䌷一百匹；白绵䌷五百匹；细布一千匹；粗布五千匹；铜器一千斤；法清酒醋共一百瓶；脑先茶十斤；藤造器物五十事；成形人参不定数；无灰木刀摆十个；细纸墨不定数。不论年岁，唯以八节贡献。

又横进物为粳米五百石，糯米五百石，织成五彩御金不定数。

西夏国进贡物。

细马二十四；粗马四十四；驼一百；绮锦二百匹；织成锦被褥五合；菠蓉、甘石、石井盐，各一千斤；沙狐皮一千张；兔鹘五只；犬子十只。不论年岁，唯以八节贡献。

高昌国、龟兹国、于阗国、大食国、小食国、甘州、沙州、凉州诸小国进贡物。

玉，珠，犀，乳香，琥珀，硇砂，玛瑙器，宾铁，兵器，斜合黑皮，褐里丝，门得丝，怕里丝，褐里丝以下皆细毛织成，以二丈为匹。皆三年一次贡献。

金太祖天辅四年，高丽贡方物。

至太宗天会四年，高丽国王王楷奉表称藩，自后贡使不绝。海陵贞元二年十二月，遣使贡方物。先是，高丽使者别有私进礼物，以为常。至世宗大定五年万春节，帝以使者私进不应典礼，诏罢之。十七年，贺正旦礼物，玉带乃石似玉者。有司请移问。帝曰：彼小国无辨识者，误以为玉耳。且人不易物，唯德其物，若复却之，岂礼体耶！乃止。章宗泰和七年正月，是时用兵伐宋，夏亦有故，独高丽遣使来。迨宣宗迁汴，辽东道路不通。兴定三年，辽东行省奏：高丽复有奉表朝贡之意。乃遣使抚谕，终以道路不通，未遑迎逄。诏行省且羁縻，勿绝其好。然自是不复通问矣。

七年正月，宋遣赵良嗣言：若得燕京，即纳银绢二十万匹，绫二万匹，以代燕地租税。

至太宗天会三年十月，伐宋。十二月，宋给事中李邺等奉金百铤，请复修好。四年正月，都统宗望许宋修好，增岁币。六年七月，宋贬号称臣，遣使奉表。容州观察使曹勋来，许岁币。自是每春季差人至泗州交纳。熙宗皇统二年二月，宋遣使来，许岁币、银绢二十五万两匹。世宗大定五年正月，宋遣使以国书来，奉岁币二十万。二十八年二月，遣使献先帝遗留物及朝辞，以所献礼物中玉器五，玻璃器二十及弓剑之属，使还遗宋曰：此皆尔国前主珍玩之物，所宜宝藏，以无忘追慕。今受之义有不忍，归告尔主使知朕意也。自此往来不绝。至泰和中构兵后，复以书币乞和。至八年二月，复请增岁币至三十万。迨宣宗贞祐三年三月，宋贺长春节，使朝辞请减岁币如大定例。帝以本自称贺，不宜别有祈请，谕遣之。

兴定元年四月，以宋岁币不至，命乌古论度寿经略南边，贡使遂绝。

太宗天会二年正月，夏人奉誓表请朝贡。

夏国王李干顺请自今以后，凡岁时朝贺，贡进表章，使人往复等事，一切依臣事辽国旧例。至熙宗天眷二年，子仁孝嗣位。世宗大定八年，其臣任得敬专国政，欲分割夏国，因贺正旦，乞良医，亦附表进礼物。帝却之。十年，复却得敬贡物。八月，仁孝诛得敬，深念世宗恩厚。十七年，献本国所造百头帐。帝曰：夏国贡献自有方物，可却之。仁孝再以表上曰：所进帐本非珍异，使人亦已到边，若不蒙包纳，则下国深诚无所展效四方，邻国以为夏国不预大朝眷爱之数，将何所安，乃许与正旦使同来。至章宗以后，虽通使如故，而无纳贡事矣。

四年八月，新城县进白乌。

五年正月，回鹘哈喇可汗遣使入贡。

十月，沙州回鹘呼喇伞可汗遣使入贡。熙宗天眷元年八月，回鹘遣使朝贡。

　　臣等谨按：《金史》：属国贡献不多，概见，而回鹘独著。至贞元时，以回纥与宋、高丽、夏并称，殆以其国为较大欤。

熙宗皇统七年十一月，兵部尚书秉德进三角羊。

海陵大德三年四月，罢岁贡鹰隼。

闰四月，命大官常膳唯进鱼肉，旧贡鹅、鸭等悉罢之。

贞元元年正月，诏有司受宋、高丽、夏、回纥贡献。

以皇弟兖莞，不视朝故也。

世宗大定三年十一月，罢贡金线段匹。

四年正月，罢路府州元日及万春节贡献。

十三年七月，罢岁课雉尾。

二十年十月，诏：罢西北路招讨司所进马、驼、鹰、鹘等物。

二十六年十二月，罢递送荔枝。

帝退朝，御香阁，左谏议大夫黄久约言：递送荔枝非便。帝谕之曰：朕不知也，今令罢之。越二日，帝谓宰臣曰：有司奉上，唯沽办事之名，不问利害如何，朕尝欲得新荔枝，兵部遂于道路特设铺递。比因谏官黄久约言，方知之。夫为人无识，一旦临事，便至颠倒。宫中事无大小，朕尝亲览者，以不得人故也。如使得人，宁复他虑。次日，又谓宰臣曰：朕年来唯以省约为务，常膳止四五味，已屡饫之，比初即位十减七八。宰臣曰：天子自有制，不同余人。帝曰：天子亦人耳，妄费安用。又久约使宋，还道经宿、泗，见贡新枇杷子者，州县调民夫递进，亦奏罢之。

二十七年五月，罢太府监日进时果。

时并罢海兰路所贡海葱。诏曰：葱果应用几何？徒劳人耳。唯上林诸果，三日一进。

二十九年十二月，时章宗已即位。密州进白雉。

章宗明昌四年正月，谕东京路副使王胜毋进鹰。

遣谕之曰：汝职非轻，民间利害、官吏邪正略不具闻，而乃以鹰进，此岂汝职也，后毋复尔。

泰和元年十一月，谕工部：毋以进柑扰民。

谕曰：比闻怀州有橙结实，官吏检视，已尝扰民，今复进柑，得无重扰民乎！其诫所司，遇有则进，无则已。

宣宗贞祐三年九月，陈州镇防军段仲连进羊三百，诏迁三官。

<u>臣等谨按：史臣论宣宗南开宋衅，西启夏侮，兵力既分，功不补患，乃至以羊迁官，亦可慨矣！</u>

哀宗正大元年正月，邠州节度使伊喇玛纳布，贡白兔。却之。

诏曰：得贤臣辅佐，年谷丰登，此上瑞也，焉事此为令，有司给道里费，纵之本土，礼部其遍谕四方，使知朕意。

六年五月，陇州防御使舒穆噜栋尔进黄鹦鹉。

诏曰：外方献珍禽异兽，违物性，损人力，令勿复进。

天兴元年四月，许州进樱桃。

时帝在南京。

诸路贡物

上京路会宁府，岁贡秦王鱼，大定十二年罢。又贡猪二万，大定二十五年罢。海兰路贡海葱。大定二十七年五月罢。

东京路复州，贡鹿筋。大定八年十月罢。

西京路大同府贡玛瑙环子、玛瑙数珠；蔚州贡地簟。

中都路涿州贡罗，平州贡樱桃、绫。

河东南路京兆府同州贡圆筋茧、角羊。大定十一年罢。

以上俱据《地理志》所载，姑录如右，然其详不可得考矣。

元太祖二年，伊德尔讷呼部、阿勒达尔部皆遣使来献名鹰。

王圻曰：按马贵舆考①，凡外国贡献俱不录，岂以不列《职方》，非任土欤。元起沙漠，版图遍海外，视诸国犹六服耳。故稍摘其雅驯者著于篇，且亦以志当时之好尚焉。

臣等谨按：王圻《续通考》：于辽、金二代曾载与国之贡，而元独缺焉。其它所载，挂漏亦多，今详稽《纪》《传》，事以类叙，使后有考云。

九年三月，金遣使奉金帛、童男女五百，马三千以献。

初，帝贡岁币于金，金主使卫王允济受贡于静州。帝见允济不为礼，允济归，欲请兵攻之，会庚午岁金主璟殂，允济嗣位，有诏至国，传言当拜受，帝问新君为谁，曰卫王也。帝遽南面唾曰：我谓中原皇帝是天上人，做此等庸懦亦为之耶，何以拜为！即乘马北去。金使还言，允济益怒，欲俟帝再入贡，就进场害之。帝知之，遂与金绝，益严兵为备。辛未岁二月，帝自将南伐，屡败金兵。至是年，甲戌春三月，驻跸中都北郊，诸将请乘胜破燕，帝不许。乃遣使谕金主曰：汝山东、河北郡县悉为我有，所守唯燕京耳。天既弱汝，我复迫汝于险，天其谓我何。我今还军，汝不能犒师以弭我诸将之怒耶！金主遂遣使求和，奉卫绍王女岐国公主及金帛等以献。

臣等谨按：元纪，太祖称帝，岁在丙寅，即金章宗泰和六年也。至二十一年，遣唐庆责岁币于金。太宗元年，金遣使来归太祖赗。却之。复遣使来聘。不受。六年，金遂亡矣。

十三年，高丽请岁贡方物。

① 马贵舆，《文献通考》作者马端临，字贵舆。

至世祖中统二年六月、三年六月、四年三月，俱遣使入贡。至元元年四月，诏：修世见礼，遣其臣来贡。二年八月，贡方物。八年正月，遣使奉岁贡。五月，遣贡方物。九年正月，遣使奉岁贡。十一年正月、十二年正月，俱遣使奉岁贡。十六年正月，奉岁币，又献方物。十八年正月，遣使奉岁帛。十九年正月，遣使贡细布四百匹。二十二年六月，遣使来贡。二十五年五月、十月、十二月、二十六年正月、二十七年正月、二十八年正月，俱遣使来贡及方物。成宗大德十年正月，遣使来贡。泰定帝致和元年正月，遣使献方物。文宗天历二年正月、至顺三年十一月，俱遣使贡方物。

臣等谨按：《元史·外国传》：太祖十一年，契丹人金山元帅陆格等，领众九万余，窜入高丽国。十二年九月，攻拔江东城，据之。是年，帝遣哈斋济达喇等领兵征之。国人洪大宣诣军中降，与哈斋济等同攻，围之。高丽王名缺奉牛酒出迎王师，且遣其枢密院使赵冲，共讨灭陆格。冲请岁输贡赋。达喇曰：尔国道远，难于往来，每岁可遣使十人来贡。自后连七岁绝信使。至太宗三年八月，命萨喇达征其国，乃有王暾遣其弟怀安王倎请和事，则此云太祖十三年，乃太宗三年之讹也。又当定宗、宪宗之世，岁贡不入。故自定宗二年至宪宗八年，凡四命，将征之，拔其城十有四。宪宗末暾遣其世子倎入朝。世祖中统二年三月，遣使入贡。六月，倎更名植。三年十月，诏谕植籍编民出师旅，输粮饷助军储。是月，遣使入贡。四年，自三月至于六月，凡三遣使入贡。五年，改元，又遣使入贡。自是终世祖三十一年，其国入贡者凡三十有六。又自成宗元贞至仁宗皇庆二年暾传其子植，植传其子昛，昛传其子源，源传其子焘，焘传其弟暠，数十年间，岁修职贡不绝焉。

宪宗七年九月，禁回鹘献珍玩。

时所献水精盆、珍珠伞等物，可值银三万余铤。帝曰：方今百姓疲弊，所急者钱耳。朕独有此何为，却之。赛音谔德齐以为言，稍偿其直，且禁其勿复有所献。

八年二月，安南遣使献方物。

至世祖中统二年九月、至元二年七月、四年九月、十一月、七年十一月、十年十月，俱遣使来贡。十六年七月、十七年十二月，俱遣使贡驯象。十八年闰八月，遣使贡方物。十九年九月，遣使进犀兕、金银器、香药等物。二十年八月，以方物来献。二十一年闰五月，遣使贡玉杯、金瓶、珠条金领及白猿、绿鸠币帛等物。七月，以方物来献。二十三年五月、二十四年四月、九月、二十六年四月、闰十月、二十七年正月、二十八年九月，俱遣使贡方物。成宗元贞元年三月、二年五月，俱遣使献方物。大德二年九月，圣诞节，交趾贡方物。十一月，又贡方物。六年六月，以驯象二及朱砂来献。八年十月、十年十月，俱遣使贡方物。仁宗皇庆二年四月、延祐四年六月、五年正月，俱遣使贡方物。七年，英宗即位，十月，遣其臣贡方物。至治二年正月、十一月，俱遣使贡方物。泰定帝泰定元年十月、二年三月、四年十月、十二月，俱遣使贡方物。致和元年五月，安南国及八洞蛮酋遣使献方物。文宗天历元年九月、至顺二年五月、三年四月、十年十二月、十五年六月，俱遣使来贡。十六年七月，交趾贡驯象。十七年正月、六月，俱奉岁贡并方物。

《外国传》曰：中统二年，安南遣人诣阙献书，乞三年一贡，遂从其请。三年九月，复诏：自中统四年始，每三年以苏合油、光香、金银、朱砂、沉香、檀香、犀角、玳瑁、珍珠、象手、绵、白磁盏等物来贡。至元三年十二月，遣使上表三通：其一进献方物。六年十一月，上书陈情谓陛下须索巨象数头，此兽躯体甚大，步行甚迟，不如上国之马，候于后贡之年当奉献。又具表纳贡。七年十一月，中书省移牒，令以所索之象与岁贡偕来。又责前所贡药物，品味未佳。十一年，遣使来贡。十四年、十五年，贡方物及驯象。二十四年九月，遣使入贡。二十六年四月，遣使贡方物。二十七年，遣使来贡。三十年，遣陪臣来贡。又是年五月，成宗即位，遣使上表进方物。大德十一年，武宗即位，下诏谕之，屡遣使来贡。至大四年八月，遣使奉表来朝。自仁宗延祐初元以及英宗至治之使，疆场宁谧，贡献不绝。泰定帝泰定元年，遣陪臣来贡。文宗至顺三年四月，遣其臣来贡方物。

臣等谨按：《元史·纪传》所载土贡事，每多大同小异，今具录之，以备参考。

世祖中统二年六月，敕平阳路安邑县葡萄酒自今毋贡。

至成宗元贞二年三月，罢太原平阳路酿进葡萄酒。其葡萄园民恃为业者，皆还之。

至元元年正月，东川都元帅杨大渊进花罗红边绢各百五十匹，优诏谕之。

诏曰：所贡币帛，已见忠勤，卿守边陲，宜加优恤。今后以此自给，俟有旨乃进。

八月，禁勿以官物进献。

二年正月，布敦奇尔雅苏来朝，贡银鼠皮二千。

四年正月，百济遣其臣梁浩来贡。

七年十二月，金齿、骠国三部酋长阿匿福、勒丁、阿匿瓜来内附[①]，献驯象三，马十九匹。

至二十五年十一月，金齿遣使贡方物。二十六年三月，金齿人塞完以人户来归，仍进象三。二十九年十二月，木忽鲁匈金齿土官入见，贡方物。三十一年，成宗即位。六月，云南金齿路进驯象三。大德二年九月，圣诞节，金齿国贡方物。武宗至大四年，仁宗即位。五月，金齿诸国献驯象。

八年五月，牢鱼国来贡。

十三年四月，敕以硕达勒辽分地，岁输皮革，自今并入都。

九月，敕常德府岁贡包茅。

十六年六月，云南都元帅爱鲁克尼雅斯拉鼎等军还，献驯象十二。

至二十二年九月，云南贡方物。三十一年成宗即位，十二月，曲靖、澄江、普安等路夷官各以方物来贡。大德五年八月，云南武定路土官群则献方物。七年闰五月，云南行省平章伊苏岱尔入朝，以所获军中金五百两为献。帝曰：是金，卿效死所获者，赐钞千锭。泰定帝泰定三年九月，云南行省诸路土官并奉方物来献。致和元年三月，云南土官撒加布降奉方物来献。文宗天历元年九月，云南孟定路土官来贡方物。十月，云南银罗匈土官哀赞等、彻里路土官习赛等来贡方物。十二月，云南土官普双等及姚州知州高明各来贡方物。二年十一月，云南威楚路土官脆放来朝贡。至顺元年二月，云南麓川等土官来贡方物。三月，云南木邦路土官浑都来贡方物。二年二月，云南景东甸蛮官阿只弄遣子罕旺来朝献驯象，乞升甸为景

---

① 阿匿瓜，《元史·世祖纪》作"阿匿爪"。

东军民府阿只弄知府事，罕旺为千户，常赋外岁增输金五千两，银七百两。从之。五月，云南威楚路之蒲蛮猛吾来朝贡，愿入银为岁赋。顺帝元统元年十月，云南傀罗土官浑邓马弄来贡方物。二年正月，云南土酋姚安路高明来献方物。至元四年八月，云南老告土官八那遣侄那赛赍象马来朝。十五年八月，云南死可伐等降，令其子莽三以方物来贡。十六年正月，云南土官阿芦降，遣侄腮斡以方物来贡。

是月，占城、马八儿诸国遣使以珍物及象犀各一来献。

至十七年八月，占城、马八儿国皆遣使奉表称臣，贡宝物犀象。十八年九月，占城国来献方物。十九年十一月，马八儿国遣使以金叶书及土物来贡。二十一年正月，马八儿国遣使贡珍珠异宝缣段。八月，占城国王乞回唆都军愿以土物岁修职贡，遣使奉表诣阙，献三象。二十一年十一月，占城国奉表贺圣诞节，献礼币及象二。二十二年九月，真腊、占城贡乐工十人及药材、鳄鱼皮等物。二十三年正月，马八儿国遣使进铜盾。九月，马八儿及须门那等凡十国，各遣其子弟上表来觐，仍贡方物。二十四年二月，马八儿贡方物。三月，遣使进奇兽一，类骡而巨，毛黑白间错，名阿塔必即。二十六年十二月，马八儿进花驴二。二十八年八月，马八儿遣使进花牛二，水牛、土彪各一。武宗至大四年，仁宗即位，十二月，占城遣使奉表贡方物。皇庆元年十一月，占城国进犀象。延祐元年闰三月，马八儿国王昔剌木丁遣其臣爱思丁贡方物。英宗至治二年正月，占城遣使来贡方物。三年七月，占城国王遣其弟保佑八剌遮奉表贡方物。泰定帝泰定四年五月，占城贡方物。七月，占城献驯象二。致和元年正月，占城贡方物，且言为交趾所侵。诏谕解之。文宗至顺二年二月，占城遣其臣高暗都剌来朝贡。三年三月，占城遣使奉金书表及方物来贡。顺帝至元二年五月，占城遣使献方物，且言交趾遏其贡道，诏遣使宣谕交趾。

臣等谨按：《外国传》：至元十六年十二月，遣使至占城，谕其主入朝。至十七年二月，始遣使贡方物，奉表降。十九年，以负固弗服，遣兵征之。二十年正月，乃使人奉国王信物、杂布二百匹、大银三锭、小银五十七锭、碎银一瓮为质来归款。嗣后迁延不肯出降。二十一年三月，官军遂回。四月，又奉表归款。是年，命发兵假道交趾伐占城，然亦不果行。盖与《纪》所载有不同者。若马八儿国，则自至元间奉表称藩。二十三年，海外诸国凡十：曰马八儿，曰须门那，日僧急里，日南无力，《纪》作南马里。日马兰丹，日那旺，日丁呵儿，日来来，日急兰亦胖①，日苏木都剌。皆遣使贡方物。自此以后，事多不载。

七月，阿尔哈雅入觐，献金三千五百八十两，银五万三千一百两。

　　胡粹中曰：世祖天资仁厚，宇量宽宏，独好利之心差胜耳。得江南后，即陈宋宝玉于殿廷，又检核新旧钱谷。置征理司，立规措所，榷茶，酤卖。及阿尔哈雅入朝，受所献金银，又受江浙行省平章蒙古岱献真珠一百斤，事在二十一年正月。故令权奸若哈玛特、僧格、卢世荣皆以言利进，盖上有好者，下必有甚焉者矣。至于阿里玛欲杀崔斌，则诬以盗粮四十万，僧格欲害郭孝，杨居宽则奏其亏欠钞六千余锭，蒙古岱谋陷刘宣则言其阻坏钱粮，终至元之世，江南三省盗起不止，皆由于钩考理算，刻剥生民，盖好利之弊一至于此。当时，阿喇卜丹坐盗钞二万，嘉木扬喇勒智发宋陵，取金银八千五百两，受献钞十余万，宝玉无算。卢世荣盗官物、金银二万余锭，他物称是。苟上之人不欲，曷至此哉！

十二月，巴喇呼贡海青。

回回等所过供食羊，非自杀者不食，百姓苦之。帝曰：彼吾奴也，饮食敢不随我朝乎！诏禁之。

十八年五月，免耽罗国今岁贡白纻。

至二十八年十一月，遣使贡东纻百匹。成宗天德二年五月，以方物来贡。

闰八月，命播州每岁亲贡方物。

至二十七年二月，播州安抚使杨汉英进雨毡千。又是时同进者，驸马铁托卜齐罗罗斯雨毡六十，刀五十，弓二十。五月，叙州等处诸部蛮夷进雨毡八百。仁宗延祐五年十月，播州南宁长官洛么遣人以方物来觐。是后，泰定帝泰定四年七月，播州蛮谢乌穷来献方物。

十九年九月，招讨使杨庭坚招抚海外南番，皆遣使来贡。

---

①　急兰亦胖，《元史·外夷传》作"急兰亦瞳"。

先是，十七年十一月，翰林学士承旨和尔果斯等言：俱蓝、马八、阇婆、交趾等国，俱遣使进表乞答。诏从之。至是年七月，阇婆国贡金佛塔。是月俱蓝国主遣使奉表进宝货黑猿一。苏木达国相臣那里八合剌摊赤因事在俱蓝国闻诏，代其主打占儿遣使奉表进指环、印花绮缎及锦衾二十，合寓俱蓝国伊啰勒昆主绰和尔萨勒达，亦遣使奉表，进七宝项牌一，药物二瓶。

　　臣等谨按：《外国传》海外诸番，唯马八儿与俱蓝足以纲领诸国，而俱蓝又为马八儿后障。先是十六年十二月，遣广东招讨使达噜噶齐杨廷璧招之。十七年三月，附表以进，言来岁遣使入贡。至二十三年，诸国凡十皆来降。已见十六年占城国条。与《纪》所载年月小异。

二十一年正月，桑阿克达尔遣使进缅国所贡珍珠、珊瑚、异彩及七宝束带。

二十六年闰十月，缅国遣使来贡方物。三十一年，成宗即位，十月，遣使贡驯象十。元贞元年二月，缅国来献舍利宝玩。八月，进驯象三。二年十一月，缅王遣其子来贡方物。大德四年四月，遣使进白象。七月，缅人以方物来朝。五年六月，遣使进驯象九。十月，遣使入贡。七年八月，遣使献驯象四。武宗至大元年正月，进驯象六。五月，又进驯象六。仁宗延祐二年六月，缅国王遣其子脱剌合等来贡方物。六年七月，缅国赵钦撒以方物来觐。泰定帝泰定元年十月，缅国王子吾者那等争立，岁贡不入。命云南行省谕之。三年正月，缅国乱，遣使乞师，献驯象方物。文宗至顺三年，遣使奉方物来朝贡。

　　臣等谨按：《外国传》：先是，诏宗王桑阿克达尔等，将兵征缅。二十年十一月，破江头城。至二十四年，缅始平，乃定岁贡方物。则此时所进，未必即其所贡也。又是年四月，《本纪》载：云南行省为破缅国江头城，进童男女八十人并银器币帛，则亦俘掠得之，用以进献耳。嗣是大德元年二月，缅王遣使入朝，请岁输银二千五百两，帛千匹，驯象二十，粮万石。三年三月，复自陈部民为金齿杀掠，率皆贫乏，以致上供金币不能如期输纳，乃止。命间岁贡象。四年四月，遣使进白象。七月，奉方物入朝。十月，遣使来贡。亦与《本纪》

所载有异。

九月，海南贡白虎、狮子、孔雀。

十一月，福建行省遣使入巴噶鲁斯，招降南巫、里别里剌、理伦、大力等四国，各遣其相奉表以方物来贡。

十二月，荆湖占城行省遣八番刘继昌，谕降龙昌、宁龙、延万等赴阙，奉羊、马、白毡来贡。

二十二年九月，敕：自今贡物唯地所产，非所产者毋辄上。

二十三年十月，马法国进鞍勒甲。

二十四年六月，百官献马以给卫士。

以职守不得从征，乃颜故也。

七月，弘州匠官以犬兔毛制如西锦者以献，授匠官知弘州。

八月，女人国贡海人。

至二十六年闰十月，罗斛、女人二国遣使贡方物。

二十五年五月，乌玛喇来献璞玉。

九月，鬼国建都，皆遣使来贡方物。

二十六年四月，置浙东、江东、江西、湖广、福建木绵提举司，责民岁输木绵十万匹。

至二十八年五月，罢江南六提举司岁输木绵。

六月，西番进黑豹。

二十七年九月，金竹府知府扫闾贡马及雨毡。

二十八年八月，咀喃藩邦遣使进金书宝塔及黑狮子、番布、药物。

十月，罗斛国王遣使上表，以金书字，仍贡黄金、象齿、丹顶鹤、五色鹦鹉、翠毛、犀角、笃耨、龙脑等物。是月，中书省言：洞蛮请岁进马五十匹，雨毡五十，被刀五十，握丹砂、雌雄黄等物，率二岁一上。诏从之。十一月，新添葛蛮安抚率洞官阿汾青贵来贡方物。十二月，八番洞官吴金叔等以所部内附，诣阙贡方物。二十九年二月，金竹酋长骚驴贡马、毡各二十有七，从其请，减所部贡马，降诏招谕之。赐新附黑蛮衣袄，遣回命进所产朱砂雄黄之精善者，无则止。是月，斡罗斯招附桑州生苗、罗甸国古州等峒酋长三十一，诣阙贡献。十一月，提督溪锦州铜人等洞酋长杨秀朝等入见，进方物。

二十九年闰六月，罢福建岁造象齿、幣带。

是月，回回人和卓穆苏售大珠。却之。

三十年二月，回回玛哈玛进滨等献大珠，邀价钞数万锭。帝曰：珠何为？当留是钱以赒贫者。

三十年正月，敕福建毋进鹘。

二月，却江淮行省枢密院官布琳济达带进鹰，仍敕自今禁戍军官无从禽扰民，违者论罪。至成宗大德八年四月，诏：诸王驸马进捕鹰鹞皆有定户，自今非鹰师而乘传冒进者罪之。十年四月，诏：凡匿鹰犬者，没家资之年笞三十，来献者给之以赏。武宗至大二年正月，德呼特穆尔布哈进鹰犬，命岁以币帛千匹，钞千锭与之。

三十一年五月，时成宗已即位。云南部长边习四用散毛洞主单顺等贡方物。

六月，必齐罕布哩页甘珠尔丹遣使来贡。

是时，赵天麟上策曰：方今纂组绫锦金珠璧贝，殊方异物，珍羞美馔，以至俳优贱物，亦已多矣。彼斑斓之兽，粲错之马，有之不足增光，无之不足为歉。近年来，重译来呈，望风并凑，府无虚月，史不绝书，若以帝王大体珍禽异兽不育于国，不宝远物，则远人格，真知言者也。且异物荡心，其害一；使外国闻之，以国家有嗜好，其害二；水陆转运役人非细，其害三。有三害而无一利，伏望诏四远之纳款者，听书檄奏闻而不献物，子弟入朝而不纳贿，则化天下以德，示天下以无欲，将见西番东徼之主君，毳幕灵州之酋长，承恩来享，慕道来王矣。

成宗元贞元年六月，诏：辽阳省进海东青鹘。

九月，爪哇遣使来献方物。

至大德二年九月，圣诞节又贡方物。英宗至治三年二月，天寿节遣使来贡。泰定帝泰定二年三月。遣使奉表及方物来朝贡。三年二月，遣使贡方物。四年十二月，遣使献金文豹、白猴、白鹦鹉各一。文宗至顺三年三月，遣其臣奉金书表及方物来朝贡。顺帝至正二十三年五月，遣使淡蒙加加殿进金表，贡方物。

　　臣等谨按：《外国传》：只书世祖至元二十九年、三十年征爪哇国事，不载奉表入贡。兹从《本纪》。

二年正月，回纥布尔罕献狮豹、药物。

五月，罢四川马湖进独本葱。

是月也，伊克默色进紫檀。

十一月，答马剌一本王遣其子进象十六。

大德元年二月，蒙阳甸酋长遣其弟献方物，且请岁贡银千两。

是月，减福建提举司岁织缎三千匹。其所织者，加文绣，增其岁输衲服二百，其车渠带工，别立提举司掌之。

六月，罢亦奚不薛岁贡马及毡衣。

三年正月，暹番没剌由罗斛诸国各以方物来贡。

五月，海南速古台速龙探奔奚里诸番，以虎、象及桫罗木舟来贡。

五年二月，永宁路总管琼磋来朝，献马三十余匹。

八月，征缅，万户曳剌福山等进驯象六。

七年二月，禁诸人非奉旨毋得以宝货进献。

七月，叛贼麻你降，贡金五百两，童男女二百人及马牛羊。却之。

八年七月，诸王哈赞自西域遣使来贡珍物。

九年四月，东川路蛮官阿葵以马二百五十匹、金二百五十两及方物来献。

十年三月，崆古王遣使来贡。

十月，青山叛蛮红犵獠等来附，仍贡方物。

十一年七月，时武宗已即位。使鄂勒哲偕奇尔台鄂诺往征奇尔济苏部达噜噶骠马、鹰、鹞。

武宗至大元年正月，豳王彻伯尔进玉六百一十五斤。

九月，太尉托克托奏：泉州大商哈济特济格进异木沈檀，可构宫室者。敕江浙行省驿致之。

是月，泉州大商玛哈丹达尔进珍异及宝带、西域马。

闰十一月，罢江南进砂糖及辽阳省进雕豹。

二年四月，令自今远方以奇兽异宝来者，依驿递。其商人因有所献者，自备资力。

中书省言：江浙杭州驿，半岁之间使人过者千二百余，有僧乌逊宝合鼎等进狮、豹、鸦、鹊，留二十有七日，人畜食肉千三百余斤，因以此为请。从之。

九月，占八国王遣其弟来贡白面象。

四年五月，时仁宗已即位。罢鬼蛮来贡方物。

六月，诸王达尔玛吉尔迪遣使进驯象。

是月，罢只合尺巴喇噶逊所造上供酒。

仁宗皇庆元年二月，西北诸王额森布哈遣使贡珠宝、皮币、马驼。

三月，西北诸王额森布哈等遣使以橐驼方物入贡。

二年二月，西北诸王额森布哈进马驼、璞玉。

八百媳妇来献驯象二。

九月，其大小萨尔满献驯象及方物。延祐二年十月，遣使贡驯象二。至泰定帝泰定三年五月，八百媳妇蛮招南通，遣其子招三听奉方物来朝。七月，又遣使来献驯象方物。四年二月，招南通来献方物。致和元年五月，遣子哀招献驯象。文宗天历元年十一月，使者哀昭以方物来贡。

延祐元年三月，暹国王遣其臣爱耽入贡。

至六年正月，暹国遣使奉表来贡方物。英宗至治三年正月，暹国遣使来贡。

五年五月，顺元等处军民，宣抚司阿昼以洞蛮酋黑冲子子昌奉方物来觐。

九月，太平路总管率士官黄法扶何凯并以方物来贡。

七年四月，时英宗已即位。却献七宝带。

时有献七宝带者，因近臣以进。帝曰：朕登大位不闻卿等荐贤，而为人进带，是以利诱人也。其还之。七月，禁献珍宝，制衮冕。

九月，遣茂札木等使占城、占腊、龙牙门索驯象。

十月酉阳，土官冉世昌遣其子率大小石堤洞蛮入贡。

英宗至治二年二月，诸王奇卜遣使进文豹。又遣使进海东青、鹘。

十月，押济思国遣使来贡方物。

三年正月，八番洞蛮酋长遣使来贡。

征东摩济地沃，济以貂鼠、水獭、海狗皮来献。诏存恤三岁。

二月，天寿节，宾丹等国遣使来贡。

四月，故罗罗斯宣慰使迷古妻漂末权领司事，遣其子婆住那来献方物。

泰定帝泰定元年正月，八番生蛮韦光正等及杨黄五种人以户来附，请岁输布二千五百匹，置长官司以抚之。

二月，诸王彻伯尔博啰各遣使来贡。

至三月，诸王保赛音遣使朝贡。四月，诸王保赛音遣使来贡。诸王彻伯尔等遣其宗亲特穆尔布哈等奉驯豹。西马来朝贡。二年正月诸王彻伯尔遣使贡方物。九月，诸王活济遣使贡金浮图。又诸王牙郎贡马。十二月，诸王保赛音遣使贡珠。三年正月，诸王保赛音遣使献西马。五月，藩王彻伯尔遣使来献豹。七月，诸王保赛音献驼马。八月，保赛音又遣使献玉及独峰驼。十一月，又遣使来献虎及马。是月，诸王谔斯伯献文豹。四年三月，诸王绰斯巴勒保赛音等以文豹、西马、佩刀、珠宝等物来献。保赛音遣使献文豹、狮子。七月，周王和实拉及诸王揭珠济达等来贡。十月，诸王图鲁卜穆尔哈尔满等献玉及葡萄酒。十二月，诸王索罗遣使贡硇砂。致和元年二月，诸王伊济遣使来贡方物。

高昌王伊都呼特穆尔布哈遣使进葡萄酒。

三月，月直延民真只海、阿答罕来献大珠。

六月，广西左右两江黄胜许、岑世兴乞遣其子弟朝贡。许之。

至九月，岑世兴遣其弟兴元来朝贡。四年十二月，右江诸寨土官岑世忠等献方物。致和元年三月，云南安隆寨土官岑世忠与其兄世兴相攻，籍其民户来附，岁输布三千匹，请立宣抚司以总之。不允。

二年五月，龙牙门蛮遣使奉表贡方物。

七月，大小车里蛮来献驯象。思州洞蛮扬银千等来献方物。三年三月，八番岩霞洞蛮来降，愿岁输布二千五百匹，设蛮夷官镇抚之。至至顺二年五月，八番西蛮官阿路马奉方物入贡。三年二月，八番苗蛮骆度来贡方物。顺帝至正六年三月，八番龙宜来进马。

五月罢造福建岁供蔗饧。

八月，西番土官撒加布来献方物。

四年七月，巴喇呼部晃忽来献方物。

八月，敕应猎者捕禽兽以进。

时奉元路治中单鹄言：令民采捕珍禽异兽不便，请罢之。故有是诏。

九月，阿察赤的斤献木绵大行帐。

湖广土官宋王保来献方物。

致和元年三月，雅济国遣使献方物。

文宗天历元年十月，以河南、江西、湖广入贡驾鹅太频，令减其数，以省驿传。

十一月，云南威楚路土官脮放失等九十九寨土官必也姑等，各以方物来贡。

至二年二月，广西思明路军民总管黄克顺来贡方物。云南行省蒙通蒙算甸土官阿三木、开南土官哀放、八百媳妇、金齿九十九洞银沙罗甸咸来贡方物。九月，思明州土官黄宗永遣其子来贡虎豹方物。至顺元年八月，忠州土官黄祖显遣其子宗忠来朝献方物。十月，乌蒙路土官阿朝归顺遣其通事阿累等贡方物。

二年四月，占腊国来贡罗香木及象、豹、白猿。

至顺元年二月，凡遇庆礼进表赞献令如旧。

中书省言：旧制：正旦天寿节，内外诸司各有赞献。顷者罢之。今江浙省臣言：圣恩公溥覆帱无疆，而臣等殊无补报，请如旧制为宜。从之。

三月，茂勒斯来贡葡萄酒。

又西番哈喇和卓来贡葡萄酒。诸王哈尔满遣使来贡葡萄酒。至二年正月，哈尔满又遣使来贡葡萄酒。六月，诸王绰斯本伊特甘布哈尔满、驸马鄂勒哲博尔遣使来献葡萄酒。十二月，西域诸王图坚特穆尔遣使献西马及葡萄酒。三年二月，诸王达尔玛实哩哈尔满各遣使来贡葡萄酒、西马、金鸦、鹘。

七月，舒苏台苏尔嘉额勒锦伯克等部献人口、牧畜，命酬其直。

二年二月，诸王声苏额布根贡牦牛。

至十月，雅克特穆尔取牦牛五千于西域来献。十一月，荆王伊苏额布根献牦牛四百。

四月，奇彻台以名园为献。命御史台给赃罚钞千锭酬其直。

六月，怀德府洞蛮二十一洞田先什用等以方物来贡。

八月，西域诸王麻答遣使来朝贡。

十月，保赛音使者还西域，诏酬其所贡药物价直。

是月，布色台之孙伊噜特穆尔玛鲁额森来献实喇努。

三年四月，诸王保赛音遣使贡方物。

七月，保赛音遣使以七宝水晶等物来贡。十月，宁宗已即位，保赛音遣使来贡塔里牙八十斤，佩刀八十。

是月，四川师璧散毛盘速出洞蛮野王等二十三人来贡方物。

又四川大盘洞谋者什用等十四人来贡方物。至顺帝元统二年正月，大盘洞蛮谋各什用遣男谋者什用来贡方物。

诸王不别居法郎遣使贡方物。

至是月诸王达尔玛实哩等遣使来贡虎豹。北边诸王月即别遣使来朝贡。

顺帝元统二年十月，却天鹅之献。

至元二年十一月，宗王伊逊特穆尔进西马三匹。

至至正十二年八月，齐王实勒们献马一万五千匹于京师。十三年八月，亲王奇尔济苏特穆尔献马。

至正二年七月，拂郎国贡异马，长一丈三尺三寸，高六尺四寸，身纯黑，后二蹄皆白。

至十三年九月，西威喇岱僧格实哩献马一百匹。又札你驯之地献大萨哈连察察尔密实勒刀、弓、锁子甲及青、白西马各二匹。

福州路贡物。

锦荔枝二十万颗，锦圆眼二十万颗，柑二千二百颗，橙三千颗，俱闽侯官怀安县贡。鲨鱼皮一百二十张，福清州、闽侯官、怀安、长乐、罗源五县贡。鲨鱼皮一百五张，福清州、闽侯官、长乐、连江、罗源五县贡。绣段一百匹，衲袄三百领，刺白系腰。

泉州路贡物。

砂哩别金樱煎及金樱子一十石。

福宁州贡物。

鲨鱼皮一十五张，御茶。建宁贡。

臣等谨按：王圻《续通考》谓：各省所贡，唯闽可考，聊录于左。

钦定续文献通考卷二十九

土贡考

历代土贡进奉羡余

明太祖吴元年三月，宣州贡新茶。

洪武元年四月，诏四方：非朝廷所需者毋妄献。

时蕲州进竹簟。帝谓廷臣曰：古者方物之贡，唯服、食、器用，故无耳目之娱，玩好之失，今进竹簟，固为用物，但无命来献，恐天下闻风急进奇巧，劳民伤财自兹始矣。却之，仍下是诏。

是年，湖广土司入贡。

时保靖奉表贡马及方物，自是朝贡如制。九年，永顺贡马及方物。成祖永乐三年，保靖算子坪等三十五寨生苗各入贡。九年，保靖来贡。十六年，永顺土官部长六百六十七人贡马①。二十一年，保靖贡马。宣宗宣德元年，保靖又来贡。宪宗成化五年，礼部奏：施州容美土官进贡不及数，宜停其赏，并移知所司。而八安抚司名奏：所进马已付边卫，而诸卫收马，文移不至，恐有虚诈。仍饬令勘实给赏。十五年，保靖两江口长官违例进贡，命镇巡官谕之。孝宗弘治八年，永顺进马。是年施州容美贡马及香，香不及数，马多道毙，又无文验，命予半赏。武宗正德元年、二年，永顺俱进马。四年，施州容美宣抚并椒山玛瑙长官司所遣通事等赴京进贡，沿途驿传多需索计千余金，部臣以闻。帝以远蛮宥之，散毛宣抚并五峰石宝，水尽源通，塔平长官司入贡后，期部议半赏。从之。十年，永顺宣慰彭世麒献大木三十，次者二百。其子所贡如之。十三年，世麒及其子

---

① 土官，古代官员分类之一，是相对于流官而言的，一般设在少数民族地区，可以世袭。

俱献大楠木。嘉靖七年，施州容美及龙潭两安抚，每朝贡，率领千人，所过扰害，命所司照旧制入贡人数申饬之。忠孝安抚，伪造关文，违例入贡，禁之。二十六年，腊壁洞等长官司入贡，以印文诈伪，革其赏。四十四年，永顺复献大木。神宗万历四十七年，永顺贡马。

广西土司入贡。

时，镇安府朝贡如例。二年，太平府、思明府、田州府、龙州、向武州俱入贡。十二年，东兰州贡方物。十四年，泗城州贡方物。十五年，思明来贡。十六年，龙州遣使贡马及方物。十九年，上隆州来贡。二十二年，田州土知府遣其子思恩州知州贡方物。二十四年，思明贡马及方物。二十六年，泗城及奉议州各遣人贡马及方物。二十七年，思陵州贡马及方物。二十九年，思明土官入贡。三十年，安隆峒贡马。至永乐二年，向武州贡马。三年，思明之凭祥县。四年，泗城之上林长官司俱遣人贡方物。十二年，安隆峒来贡。洪熙元年，上隆土知州之母来朝，贡马。果化州贡马及方物。宣德元年，泗城女土官遣族人贡马及银器等物。二年，利州、思恩州，各遣使贡马。四年，向武州及思陵州贡马。正统元年，泗城入贡。四年，利州贡银器方物。七年，思明土官遣使入贡。八年，泗城入贡。九年，思明土官贡解毒药味。正德十二年，泗城及程县各遣官族来贡。万历二年，泗城贡马及香炉等物。四十一年又贡方物。

二年六月，安南入贡。

时安南贡方物，寻又遣使谢封来贡。四年贡象。七年遣使请贡期，诏三年一贡。旋遣使来贡，帝命所司谕却，且定使者毋过三四人，贡物无厚。十年后频贡，奄竖金银紫金盘、黄金、酒尊、象马之属。十四年，以安南寇思南，不纳其贡。二十一年，复进象。帝以其频繁且贡物侈，命仍三岁一贡，毋进犀象。二十六年，以安南擅废立，绝其朝贡。二十七年，仍由广东入贡。帝怒却之。明年，复诡峒入贡，帝虽恶其弑逆，不欲劳师远征，乃纳之。至永乐元年来贡。宣德四年，黎利贡方物及代身金人。五年、六年、八年皆来贡。自后其君长皆有二名，以一名奏天朝，贡献不绝如常制。正统元年四月，遣使进香。寻又进方物。闰六月，复贡。景泰元年、二年、四年皆来贡。英宗天顺元年、二年、六年皆来贡。成化元年，遣使进香。十七年，入贡。嘉靖十五年，礼官夏言：以安南不贡已二十年，且国内叛逆昭然，议征讨，不果。十九年，命仍三岁一贡以为常。神宗万历三年，莫氏来进方物，又补累年所缺之贡。二十五年、三十四年皆来贡。至愍帝崇祯六年、八年、十年犹来贡。

秋，高丽贡方物。

自是贡献数至。三年贡方物。五年贡马。谕三年一聘，贡物唯所产，毋过侈。六年贡马五十匹，道亡其二，以私马足之。帝恶其不诚，却之。七年，遣使来贡，表请每岁一贡，贡道从陆由定辽毋涉海，其贡物称送太府监。中书省言：元时有太府监，本朝未尝有。言涉不诚，帝命却其贡。是岁，又贡马及方物，却不受。冬遣使贺明年正旦，责令岁贡马千四。明年贡金百斤，银万两，良马百，细布万。十年，贡使五至，以嗣王未立，却之。十一年来贡。十二年贡黄金百斤，白金万两，以不如约却之。十七年六月，贡马二十四，且言：金非地所产，愿以马代输，余皆如约。许之。十八年正月，贡使至，命损其贡数，令三年一朝，贡马五十四。至二十一年正旦乃贡。十九年二月，贡布万匹，马千匹。九月，表贺，贡方物。其后贡献辄逾常额，且未尝至三年也。二十五年，改国号仍名朝鲜。二十六年二月，进马九千八百余匹。六月，又贡马及方物。二十七年入贡。永乐元年，入贡者六，自是贡献岁辄四五。至成化三年，献海青、白鹊，却之。天启二年八月来贡。十一月，复进方物。崇祯元年，改每岁两贡为一贡，盖朝鲜虽称属国，而无异域内，故终明之世，朝贡络绎，锡赉便蕃，殆不胜书。

是年，占城贡象虎、方物。

自后或比岁贡，或间岁、或一岁再贡。六年，以所获海寇苏木七万斤奉献，帝嘉之。十二年入贡。十六年贡象牙二百枝及方物。十九年献象五十四。明年复贡象五十一及伽南犀角诸物。二十四年来贡，帝以其有篡事，却之。三十年后，复连入贡。永乐元年来贡。四年贡白象及方物。五年又贡方物。六年又贡象及方物。英宗正统元年，以比年一贡，劳费实多，令三年一贡。番人利中国市易，迄不遵。景帝景泰及天顺复辟，俱来贡。成化五年至世宗嘉靖二十二年，俱来贡。

三年九月，瓜哇遣使奉金叶表①，来贡方物。

五年、八年，俱来贡。十年，遣使朝贡。其国又有东蕃、西蕃两王，各遣使来贡。十二年、十三年，瓜哇又来贡。十四年，贡黑奴三百人及他方物。明年，又贡黑奴男女百人，大珠八颗，胡椒七万五千斤。二十六

① 瓜哇，应为爪哇。

年、二十七年，又贡。至永乐元年，爪哇西王、东王各遣使朝贡。四年，西王灭东王，惧罪，献黄金万两。悉却之。自后比年一贡，或间岁一贡，或一岁数贡。十三年，贡方物。十六年后，朝贡，每岁一。至宣德七年，贡表书一千三百七十。六年，盖汉宣帝元康元年，乃其建国元年也。正统八年，敕三年一贡。十一年，复三贡，后乃渐稀。景泰三年、天顺四年、成化元年，俱入贡。弘治十二年，贡使遭风舟坏，止通事一舟达广东。礼官请敕所司量予赐赉，遣还其贡物，仍进京师，制可。自是贡使鲜有至者。

臣等谨按：爪哇旁近有碟里日罗夏治。俱于永乐三年附其使臣入贡。又有合猫里亦遣使附贡，则其地当近吕宋也。

冬，西番锁南普等入朝，贡马及方物。

自是番酋日至。至永乐时，又令诸卫僧岁一朝贡。由是诸僧及诸卫土官辐辏京师，如西宁、河州、洮、泯州等番族诸卫，皆得奉贡矣。

是年，西洋琐里遣使奉金叶表献方物。

至永乐元年，又遣使来贡。二十一年，偕古里阿丹等十五国来贡。

四年八月，诏谕拂菻入贡。

时其国遣使来贡，后不复至。

十月，日本遣使奉表称臣，贡马及方物。

又七年七月，其臣遣僧赍书上中书省，贡马及方物而无表，帝命却之。未几，其别岛守臣遣僧奉表来贡，以无国王之命，且不奉正朔，亦却之。命礼臣移牒责越分私贡之罪。九年四月，遣僧来贡。十二年又来贡。十三年复贡，无表，乃却之。十四年、十九年，复来贡，再却之。嗣以胡惟庸欲借日本入贡，助己为乱，事露乃决意绝之，朝贡不至。永乐初，诏日本十年一贡，人止二百，船止二艘，不得携军器，违者以寇论。乃赐以二舟为入贡用。后悉不如制。三年十一月，日本修贡。五年、六年频入贡。自九年后久不贡。十六年四月，遣使来贡。宣德初，申定要约，人毋过三百，舟毋过三艘，而倭人贪利，贡物外所携硫黄、苏木、刀、扇、漆器之类增十倍，大获利。十年十月，英宗嗣位，遣使入贡。景泰四年十一月，遣使贡马及方物。成化四年夏贡马。十一月复来贡。十三年、二十年，俱来贡。弘治十八年冬，武宗已即位，日本来贡，命如故事铸金牌勘合给之。正德四年、五年，俱来贡。七年，复来贡。嘉靖时不通贡者十七年，至十八年七月，遣使来贡，部议贡限期十年，人不过百，舟不过三。二十三年七月，复来贡，以未及期，且无表文，却之。二十六年，遣使先期来贡，帝以先期非制，且人船越额，敕守臣勒回。二十七年，复来贡。三十一年后，倭寇猖獗，无复贡事。

　　臣等谨按：《明会典》：信符金牌始置于永乐二年，给云南徼外土官，其制铜铸，五面，内阴文者一，上有"文行忠信"四字，与四面阳文者合编，某字一号至一百号批文勘合底簿，其字号如车里以车字为号，缅甸以缅字为号，阴文信符勘合俱付土官，底簿付布政司，其阳文信符四面及批文一百道藏之内府。凡朝廷遣使，则赍阳文信符及批文各一，至布政司比同底簿，方遣人送使者。以往土官比同阴文信符及勘合即如敕奉行。信符之发，初以文字号，次以行字号，次忠、次信，周而复始云。

是年，浡泥遣使奉表笺入贡。

所贡鹤顶生、玳瑁、孔雀、梅花、大片龙脑、米龙脑、西洋布、降真诸香。表用金笺，用银字，近回鹘皆镂之以进。至永乐三年冬，遣使入贡。六年八月，来朝，进方物，陈之文华殿，宴赉有差。十月，定为三年一贡，俦从唯所遣，并敕爪哇国免其岁贡片脑四十斤。八年九月，遣使入贡。自十三年至洪熙元年，朝贡者四。后贡使渐稀。

三佛齐遣使奉金叶表入贡。

所贡黑熊、火鸡、孔雀、五色鹦鹉、诸香、苾布、兜罗被诸物。六年、七年，俱表贡。八年入贡者再，十年贡犀牛、黑熊、火鸡、白猴、红绿鹦鹉、龟筒及丁香米脑诸物，旋为爪哇所役，属贡使遂绝。三十年，遣使谕令来贡，而国已亡。华人流寓者往往起而据之，如永乐初有梁道明、郑伯可、陈祖义、施进卿皆入贡。洪熙元年，进卿子济孙遣使入贡。其后朝贡渐稀。

暹罗遣使来贡。

时遣使贡驯象、六足龟及方物。五年，贡黑熊、白猴及方物。明年复来贡，其王之姊别遣使贡方物于中宫。却之。复贡，又却之。又国王之伯父主国事遣贡方物。已而新王遣使来贡，使者亦有献，帝皆不纳。旋遣使贺明年正旦，贡方物，且献本国地图。七年，谕诸国毋频贡，而来者不止。其世子亦遣使上笺于皇太子，贡方物。八年，再入贡。其旧明台王世子亦遣使奉表朝贡。十年，遵朝命，称暹罗比年一贡，或一年两贡，或数年一贡。二十年，贡胡椒一万斤，苏木一万斤。二十一年，贡象三十，番奴六十。二十二年，世子遣使来贡。二十三年，贡苏木、胡椒、降香十七万斤。二十八年，遣使来贡。至永乐二年、六年、七年，俱贡马及方物。宣德八年、正统三年、十一年、景泰元年、六年、成化九年、十七年、十八年、弘治十年，俱入贡。正德十年，进金叶表，朝贡。嘉靖三十二年，遣使贡白象及方物，象死于途，使者以珠宝饰其牙，盛以金盘并尾来献。隆庆六年，遣使入贡。其后奉贡不替。崇祯十六年犹入贡，所贡物有象、象牙、犀角、孔雀尾、翠羽、龟筒、六足龟、宝石、珊瑚、片脑、米脑、糠脑、脑油、脑柴、蔷薇、水碗石、丁皮、阿魏、紫梗藤、竭藤、黄硫黄、没药、乌爹泥、安息香、罗斛香、速香、檀香、黄熟香、降真香、乳香、树香、木香、丁香、乌香、胡椒、苏木、肉豆蔻、荜茇、乌木、大枫子、白豆蔻及撒哈剌西洋诸布。

真腊遣使入贡。

时，遣使进表贡方物，贺明年正旦。六年、十二年、十三年、十六年俱来贡。二十年贡象五十九，香六万斤，旋又遣使贡象及方物。明年，复贡象二十八，象奴三十四人，番奴四十五人。二十二年，三贡。明年复贡。至永乐二年，遣使朝贡。三年、六年、十二年、十五年、十七年，并入贡。宣德、景泰中，亦遣使入贡，自后不常至。

四川土司入贡。

大兵下蜀，马湖土官遣子朝贡。五年，播州、酉阳各贡方物。六年，茂州及所领之陇木静州来朝贡。天全六番贡方物。自是俱三年一入贡。七年，石砫贡方物，马湖贡马。八年，黎州入贡。十二年，马湖贡香楠木。十四年，黎州贡马。定松潘十三族每三年入贡。十五年，建昌贡马百八十四，松潘所属占藏先结等贡马一百三匹，茂州之迭溪郁氏凡三年贡马四匹。十六年，建昌土官及酋先后贡马及方物。马湖入朝，献马十八匹；乌蒙、乌撒、东川、芒部诸部长百二十人贡方物。十七年，定乌撒岁输赋税二万石，毡衫一千五百领；乌蒙东川芒部皆岁输八千石，毡衫八百领。是年，乌撒女酋贡马。十八年，石砫贡方物。二十年，播州入朝，贡马十四。二十一年，建昌故土官之妻来朝，贡马。乌撒献马三百匹，米四百石于征南将军，以资军用。二十五年，建昌致仕，指挥贡马。二十六年，西番思曩日等族进马百三十四。二十九年，乌蒙贡马及毡衫。自是诸土知府三年一贡为常，或有恩赐，则进马及方物以谢。至永乐五年，酉阳贡方物。十年，天全贡马。十二年，马湖所领泥溪、平夷、蛮夷、沐川四长官司贡方物。宣德二年，松潘外麻儿币、顺化喇嘛遣人贡献。八年，松潘八部及思曩儿十四族朝贡，平夷献马二匹。正统后，罢石硅岁办铅课五千一百三十斤。正德二年，茂州所辖卜南村曲山等寨番人向化，令入贡，给赏。八年，酉阳献大木二十二，十年所献亦如之。嘉靖五年，令乌撒等诸土官三年一朝，贡马十二匹。自后又有黎州徼外大小木、瓜种分三枝愿岁贡马、方物，令输粮于峨嵋县。万历十四年，播州献大木七十。十七年，酉阳献大木二十。

贵州土司入贡。

初，太祖略地湖南，思南及思州来归，置两宣慰使，朝贡不绝。至是，故元安抚来朝，贡马。五年，贵阳水西、水东两宣慰使贡方物与马。十六年，金筑贡方物。十八年又遣人来贡。二十年施秉土官贡马。水西宣慰之妻与子亦进马。二十五年，水西宣慰之妻又进马六十六匹。洪熙、宣德改元及正统五年，后金筑俱贡马不绝。正德元年，普安土官朝贡。万历六年，都匀之苗坪天漂皆请奉贡。

五年正月，吕宋遣使偕琐里诸国来贡。

时，吕宋偕琐里来贡，琐里并献其国土地、山川图。帝谓中书省曰：西洋诸国素称远蕃，涉海而来，难计岁月，其朝贡无论疏数，厚往薄来可也。嗣后，永乐八年，吕宋复与冯嘉施兰来贡。此后久不至。至万历四年又入贡。

琉球中山贡方物。

国有三王：曰中山，曰山南，曰山北，而中山最强。是年遣弟入朝，贡方物。七年冬、九年夏复入贡。明年遣使贡马十六匹，硫黄千斤。又明年复贡。山南亦朝贡。十五年春，中山来贡。明年，与山南并来贡。继而山北亦偕二王使朝贡。十八年后，屡奉贡，中山尤数。二十三年，中山来贡。二十六年，中山两入贡。二十九年春，山北来贡。帝以琉球修职勤，赐闽中舟工三十六户，以便贡使往来。至惠帝嗣位后，三王亦奉贡不绝。永乐元年春，三王并来贡。山北最弱，故朝贡亦最稀。三年，又入贡。后至十三年四月始入贡。其后为中山、山南所并，而中山大富一岁常再贡、三贡。四年，中山进阉临数人，命礼部还之。其后山南自宣德四年两贡，终帝世不复至。亦为中山所并。唯中山一国朝贡不绝。成化十一年，礼臣请定令二年一贡，毋过百人，不得附携私物骚扰道途。帝从之。孝宗弘治元年七月，其贡使自浙江来，礼官言：贡道向由福建，今既非正道，又非贡期，宜却之。其使臣复以国王移礼部文来，上言：非敢违制，乃纳之。三年，使者至，言：近岁贡使止许二十五人入都，物多人少，虑致疏虞，诏许增五人。十七年，遣使补贡，宴赉如制。正德二年，使者来请比年一贡，许之。嘉靖二年，从礼部议，敕二年一贡，如旧制。自是至四十四年并入贡。隆庆中，凡三贡。万历三年入贡，其后修贡如常仪。至三十三年后，日本方强，有吞灭意。琉球外御强邻，内修贡不绝。四十四年，其国残破已甚，乃定十年一贡之例。明年，修贡如故。又明年，再贡。福建守臣遵朝命，却还之。熹宗天启三年三月，遣使贡硫黄、马匹。礼官言：旧制二年一贡。后为倭寇所破，改期十年。今休养未久，暂拟五年一贡。自是迄崇祯末，并修贡如仪。后唐王立于福建，犹遣使奉贡，虔事天朝为外蕃最。

十二月，乌斯藏僧南巴藏布贡使至京。

时，先遣使朝贡。至明年二月，躬自入朝。七年，其徒入贡者。再九年，达尔玛巴拉遣使来贡。十一年、十四年，复来贡。至永乐元年，达尔玛遣人入贡。自是迄正统末，入贡者八，已而久不奉贡。弘治八年，始遣使来贡。十二年，其岁再贡。礼官以违制请裁赐赉，从之。正德元年、十年，俱来贡。后此嘉靖迄神宗朝，入贡不绝。万历七年，有僧索诺木嘉勒灿亦来通贡。

六年十一月，罢太原岁进葡萄酒。

时上贡简省。郡县贡香米、人参、葡萄酒。帝以为劳民，悉却之。

是年，乌斯藏怕木竹巴僧章阳沙加使酋长来贡。

时贡佛像、佛书、舍利，寻又进表及方物。二十一年后，每三年一贡。永乐元年，特遣使入贡。十一年后，贡使频数。宣德二年、九年，俱入贡。成化元年，礼部言：宣正间诸贡不过三四十人，景泰时十倍，天顺间百倍，乞敕如洪武旧制，三年一贡。从之。十七年，以长河西诸番多假番王名朝贡，命给敕书勘合，以防奸伪。二十二年，遣使四百六十人来贡，以人数逾额，令为后日两贡之数。正德三年，复逾额，亦令为后年应贡之数。嘉靖三年，偕辅教王及大小三十六番请入贡。自后以入贡为利，虽屡申约束，而来者日增。隆庆三年，再定阐化阐教辅教三王俱三年一贡。万历以后，奉贡不替，所贡物有画佛、铜佛、铜塔、珊瑚、犀角、氆氇、左髻、毛缨、足力麻、铁力麻、刀剑、明甲胄之属，诸王所贡亦如之。

诏：朵甘等入贡。

七年六月，萨里辉和尔遣使贡铠甲、刀剑诸物。

明年正月，遣使来贡。二十九年，其酋长贡马。至永乐二年，安定卫请纳差发马五百匹。三年，请岁纳孳畜什一。十一年五月，后朝贡不辍。又自正统十一年冬，历景泰、天顺、成化三朝，频入贡。

是年，阿南达功德国遣使贡物及解毒药。

是后不复至。又有和林国亦遣使献铜佛、舍利、白哈丹布。明年又献佛像、舍利，马二匹，后亦不复至。

九年，览邦遣使来贡。

自后永乐、宣德中，尝附邻国朝贡，厥贡孔雀、马、檀香、降香、胡椒、苏木。

十年，淡巴遣使贡方物。

厥贡芰布、兜罗绵被、沉香、速香、檀香、胡椒。

十一年，阇婆奉表贡方物。

彭亨遣使赍金叶表贡番奴六人及方物。

至永乐九年、十二年复入贡。十四年，与古里、爪哇诸国偕贡，所贡象牙、片脑、乳香、速香、檀香、胡椒、苏木之属。

百花遣使奉金叶表入贡。

厥贡白鹿、红猴、龟筒、玳瑁、孔雀、鹦鹉、哇哇倒挂鸟及胡椒、香蜡诸物。

十四年五月，哈梅里贡马。

二十五年又遣使贡马骡。

十五年，云南土司入贡。

时景东献马百六十四，银三千一百两，驯象二；寻甸贡马及方物。十六年，曲靖沾益州贡马及猡猡刀、甲毡衫、虎皮；寻甸贡马及虎皮毡衫等物；武定丽江土官并贡马；车里贡方物。十七年，临安府土官等俱朝贡。鹤庆贡马及方物；元江贡象；平缅献方物；车里复来贡。又永宁贡马，定三年一贡如例。二十年，广西府土官各遣人贡马，自后朝贡如例。二十一年，八百媳妇国入贡。二十二年，平缅以象、马、白金、方物入贡。二十四年，车里及八百俱贡象及方物。二十六年，丽江以马代岁输金七百六十两；姚安贡马。二十七年，元江来贡；平缅来朝，贡马、象、方物。二十八年后，曲靖诸土官皆按期朝贡。三十五年，孟定土酋来朝，贡方物。永乐元年，平缅来朝，贡马；车里贡马；木邦诸土官来贡；云南大理诸土官按期入贡，进马及方物。七月，孟养贡方物及金银器。二年，平缅木邦孟养来贡；八百贡马及方物，命五年一朝贡。三年，八百奉金镂表文贡金结丝帽及方物，仍命受之；元江来贡；镇沅土知州贡方物；孟艮土知府遣人来朝，请岁办差发黄金六十两；千崖长官遣头目奉表贡马及犀、象、金银物。四年，以车里、孟定道里辽远，命三年一贡，着为令；木邦贡象、马、方物，自后每三年贡象、马。五年，平缅所隶孟外头目来朝，贡象及金器；老挝及千崖俱来贡。六年，广南富州土官、平缅贡马及方物；老挝又贡象、马、方物；孟艮贡象及金银器。七年，平缅来贡；老挝进金银器屏、象、方物，自是连年入贡。八年，茶山及黑麻两长官司俱贡马。九年，元江贡马及金银器；蒙化土知州等来朝，贡马；潞江长官司遣子贡马及方物，寻升为安抚，复来朝贡象、马、金银器；临安所辖溪处甸土官来贡马及金银器，除其岁纳海𧵆七万九千八百索；平缅遣使来贡。十一年，平缅遣头目贡象六、马百匹及金银器皿等物。十二年，元江贡方物。二十年，平缅又奉表来贡。宣德元年，潞江及富州贡马。五年，潞江广邑土知州等贡方物；景东岁增贡银五十两。七年，八百来贡。八年，永宁缅甸入贡。九年，并靖安与车里为一岁贡，如例姚安贡马。正统元年，元江所辖因远，罗必甸来贡马。五年，命八百进贡，依永乐间例；通事督催驿使护送。八年，免木邦岁办金万四千两。十一年，免木邦岁办银八锭。三年、十二年，缅甸贡方物。景泰七年，平缅以差发银五百两、象三、马六及方物等遣使入贡；陇州遣人贡象、马及金银器皿方物。成化中，孟养及金沙江思陆发遣人贡象、马。又其时木邦所辖孟密蛮妇贰于木邦，遣人从间道抵云南至京献宝石、黄金。十五年，永宁贡大木。二十年，八百入贡。弘治元年，缅甸来贡。二年，八百贡方物。九年，木邦及孟密各来贡。十一年，老挝来贡者再。正德四年，武定贡马。嘉靖四十四年，老挝进舞牌牙象二、母象三、犀角十。万历十二年，耿马奉朝贡。十三年，孟养贡象及方物；车里献驯象、金屏、象齿诸物。二十六年，老挝复修职贡。三十一年，又入贡。天启元年十二月，镇康州进牝象及方物，巡抚沈儆炌乞即解进，以抵本省采办朝象之数。报可。

十六年，西番打箭炉入贡。

先是，河西土官遣使来朝，贡方物。至是复来贡。三十年，又入贡，为置长河西鱼通宁远宣慰司，自是修贡不绝。至永乐二十一年七月，二十四人来朝，贡马。成化四年，申诸番三岁一贡之令，唯长河西比岁一贡。六年，颁定二年或三年一贡之例，贡使不得过百人。十九年，其部遣僧徒来贡至千八百人，守臣劾其违制，诏止纳五百人，余悉遣还。二十一年，长河西以连岁失贡，至是补进三贡，定制：道梗者不得再补，今贡物已至，命顺其情纳之，而量减赐赍。弘治十二年，长河西及乌斯藏诸番一时并贡，使者至二千八百余人。谕守臣无滥送。然其后来者愈多，卒不能却。嘉靖三年定令不得过一千人。隆庆三年，定五百人全赏，遣八人赴京之制。其贡物则珊瑚、氆氇之属。诸番贡如之。

须文达那遣使朝贡。

所贡马二匹，幼苾布十五匹，隔着布、入的力布各二匹，花满直地二番绵绸、直地二兜罗绵二斤，撒剌八二个，幼剌革着一个，撒哈剌一个及蔷薇水、沉香、降香、速香诸物。

十七年，云南以金银、贝布、漆、丹砂、水银代秋租。

至三十年，谕户部：自二十八年以前天下逋租，许任土所产折收米、绢、绵花及金银等物，着为令。永乐中，既得交趾，以绢、漆、苏木、翠羽、纸扇、沈速安息诸香代租赋。

臣等谨按：以物代租，正合任土作贡之意，其详已载《田赋考》，不赘录。

是年，尼八剌贡金塔、佛经及名马、方物。

二十三年，再贡。终太祖世，数岁一贡。永乐七年、十一年、十二年、十六年俱来贡。宣德后不复至。

二十年四月，撒马儿罕遣使来朝，贡马十五，驼二。

自是频岁贡马、驼。二十五年，兼贡绒六匹，青梭幅九匹，红绿撒哈剌各二匹及镔铁刀、剑、甲胄诸物。二十七年八月，奉表贡马二百，明年命使报之。其贡马一岁，再至以千计。至永乐五年六月，贡方物。自后或比年、或间一岁、或三岁辄入贡。宣德五年秋、冬再入贡。正统四年，贡良马，色玄，蹄、额皆白，帝爱之，命图其像，赐名瑞鸬。景泰七年，贡马、驼、玉石。成化中三入贡。十九年，偕亦思罕酋长贡二狮，至肃州，其使者奏请大臣往迎。职方郎中陆容言：无用之物，宜勿受。礼官周洪谟等言：往迎非礼。帝卒遣中使迎之。弘治二年，其使由满剌加至广东贡狮子、鹦鹉诸物。礼官耿裕、给事中韩鼎等言：不可受。帝曰：珍禽奇兽，朕不受献。况来非正道，其即却还。明年又偕吐鲁番贡狮子及哈剌虎剌诸兽，由甘肃入。巡按御史陈瑶请勿纳，帝以贡使既至，不必却回。十六年，又来贡。明年复至。正德中犹数至。嘉靖二年，贡使又至。十二年，偕天方吐鲁番入贡，称王者至百余人。礼官夏言等论其非。十五年，入贡复如故。二十六年入贡，迄万历中不绝。

臣等谨按：西域《撒马儿罕传》附载，旁近东有沙鹿海牙，永乐中，其酋遣使奉贡云。

二十三年十二月，诏：罢天下岁织文绮。
先是，置四川、山西诸行省，浙江绍兴织染局又置蓝靛所于仪真、六合，种青蓝以供染事。未几悉罢。至是复有是诏。

《明会典》曰：织造所用物料，除苏木、明矾，官库足用，蚕丝、红花、蓝靛，于所产处税粮内折收。湖州府蚕丝六万斤，山东、河南红花共万五千斤，应天、镇江、扬州、淮安、太平五府蓝靛各二万斤。槐花、栀子、乌梅于所产令民采取，按岁进纳。衢州、金华、严州、徽州、宁国、广德五府州槐花共五千斤，乌梅共八千四百斤，栀子共二千四百斤。
臣等谨按：《食货志》：天顺四年，苏、松、杭、嘉、湖五府织造，常额外增彩缎七千匹。至正德元年后，以赏滥日增。万历中，苏、松、杭、嘉、湖五府织造之外，又令浙江、福建、常、镇、徽、宁、扬、广德诸府州分造，增万余匹。陕西织造羊绒七万四千有奇，南直、浙江纻、丝、纱、罗、绫、细绢帛，山西潞绸，皆视旧制加丈尺而费不赀矣。

二十四年七月，巴实伯里遣使贡马及海青。
至永乐二年，贡玉璞、名马。四年，夏秋冬三入贡。明年夏，又贡。

九年，贡名马、文豹。自是奉贡不绝。宣德二年入贡。三年贡驼、马，自是连岁来贡。正统元年，遣使贡方物，后亦频入贡。景泰三年，贡玉石三千八百斤。礼官言不堪用，诏悉收之，每二斤赐帛一匹。成化元年，定西域贡期：三岁、五岁一贡，使者不得过十人，朝贡遂稀。

九月，诏：建宁岁贡上供茶，听茶户采进，有司勿与。

天下产茶之处，岁贡皆有定额，而建宁茶品为上，其所进者必碾而揉之，压以银板，为大小龙圆。帝以重劳民力，罢造龙团，唯采茶芽以进。其品有四：曰探春、先春、次春、筍。置茶户五百，免其徭役，俾专事采植。有司恐其后时，常遣人督之。茶司畏其逼迫，往往纳赂。帝闻之，故有是命。

是年，沙州遣使贡马及璞玉。

至永乐时，置卫授官，朝贡不绝。正统五年，遣使入贡。六年，贡驼、马。

二十五年五月，建宁府民贡品茶千六百余斤。

各处岁进茶芽额数。

直隶、宜兴、六安、广德、建平、四州县共五百斤。

浙江长兴、嵊、会稽、永嘉、乐清、临安、富阳、慈溪、丽水、缙云、青田、遂昌、兰溪、金华、龙游等，临海等，建德、淳安、遂安、寿昌、桐庐、分水各县共五百二十二斤。

江西南昌、南康、赣州、袁州、临江、九江、瑞州、建昌、抚州、吉安、广信、饶州诸府及南安府南新县共四百五十斤。

湖广兴国、临湘、武冈、邵阳、新化、安化、宁乡、益阳八州县共二百斤。

福建建宁府建安县一千三百六十斤，内探春二十七斤，先春六百四十三斤，次春二百六十二斤，紫筍二百二十七斤，荐新二百一斤。崇安县九百九十斤，内探春三十二斤，先春三百八十斤，次春一百五十斤，荐新四百二十八斤。共二千三百五十斤。

《明会典》云：各处岁进茶芽及木瓜、药材，俱从土产之处解送供用。以上乃茶芽之定数也。木瓜、药材，并列于左。

直隶宁国府宣城县岁进木瓜二千三百个；上瓜一千八百个，中瓜五百个。

广西思明府岁进解毒药五方三十四味共三十八斤；锦地萝一味，重二斤；消食药十味，重十二斤；消毒药十八味，重十九斤；大冲药一味，重一斤；塞住药四味，重四斤；

四川成都府岁进药材七味。天雄二十对，附子五十对，川乌三十，对漏蓝二十斤，仙茅二十一斤，补骨脂十五斤，巴豆四斤。

三十年，罕东酋遣使入贡。

永乐元年后数入贡。正统六年夏，来贡马。

《罕东左卫传》曰：罕东部人奄章与种族相仇杀，逃居沙州境，许其耕牧，岁纳马于肃州。自宣德至天顺朝，朝贡不废。

成祖永乐元年，剌泥入贡。

其国中回回哈只马、哈没奇、剌泥等来贡方物。

《外国剌泥国传》曰：剌泥而外有数国，曰夏剌比，曰奇剌泥，曰窟察泥，曰舍剌齐，曰彭加那，曰八可意，曰乌沙剌踢，曰坎巴，曰阿哇，曰打回。永乐中，亦尝遣使朝贡。

十一月，哈密遣使贡马百九十四。

明年六月，复贡，封昂哈特穆尔为忠顺王。又贡马谢恩。既而其兄子托克托袭，比岁朝贡。八年十一月，其从弟推穆特穆尔袭封为忠义王。十年，贡马谢恩。自是修贡唯谨。十七年，贡马三千五百余匹及貂皮诸物。二十一年贡驼三百三十四，马千四。至仁宗洪熙元年再入贡。宣德元年，以托克托子布达实哩嗣忠顺，入贡。明年，贡驼马方物。三年，又以忠义弟托欢特穆尔嗣忠义，自是二王并贡，岁或三四。至正统五年，遣使三贡。廷议以为烦，定令每年一贡。景泰三年，遣使朝贡。成化元年，礼官姚夔等言：哈密贡马二百匹，而使人乃二百六十人，议定岁一入贡，不得过二百人。五年，与瓦剌吐鲁遣使三百余人来贡，廷议却之。寻命遣十之一赴京。自后服属土鲁番犹令其比岁一贡。迄隆庆、万历朝，入贡不绝。

西域僧端竹监藏遣使入贡。

四年，又贡。十一年，封阐教王。后比年一贡。至成化四年，申三年一贡之制。迄嘉靖世，修贡不辍。

二年，朵颜头目二百九十四人来贡马。

自是朵颜、福余、泰宁三卫，朝贡不绝。十二年春，纳马三千于辽东，敕一马各予布四匹。宣宗初，三卫入贡。景泰初，三卫受也先旨，数以非时入贡，遣使往来，伺察中国。旧制：三卫每年三贡，其贡使俱从喜峰口验入。时有自独石及万全右卫来者，边臣以为言：敕止之。自正德十三年至天启五年，俱贡马，朝贺不绝。

九月，周王橚来朝，献驺虞。

百官请贺。帝曰：瑞应依德而至，驺虞若果为祥，在朕更当修省。至十一年五月，曹县献驺虞，礼官请贺。不许。

三年九月，苏门答剌遣使贡方物。

自是比年入贡，终成祖世不绝。至宣德六年，遣使奉贡者再。八年，贡麒麟。十年后，贡使渐稀。成化二十二年又贡。自后贡使不至。所贡有宝石、玛瑙、水精、石青、回回青、善马、犀牛、龙涎香、沉香、速香、木香、丁香、降真香、刀弓、锡锁服、胡椒、苏木、硫黄之属。

臣等谨按：《外国传》又载，那孤儿在苏门答剌之西，黎伐又在那孤儿之西南。永乐中，其酋长常入贡方物云。

满剌加遣使贡方物。

五年、六年、十年，俱入贡。十二年后，或连岁、或闲岁入贡以为常。至宣德八年，贡驼马、方物。景泰六年，贡马及方物。天顺三年、成化十年、正德三年，俱入贡，所贡有玛瑙、珍珠、玳瑁、珊瑚树、鹤顶金母、鹤顶璅服、白苾布、西洋布、撒哈剌犀角、象牙、黑熊、黑猿、白鹿、火鸡、鹦鹉、片脑、蔷薇露、苏合油、栀子花、乌爹泥、沈香、速香、金银香、阿魏之属。

《外国传》曰：正德中，佛郎机据满剌加之地。十三年，遣使入贡。

古里遣使贡方物。

自是比年入贡。十三年、十四年、十七年、十九年、二十一年，俱偕诸蕃来贡。至宣德八年，遣使偕苏门答剌等国入贡。正统元年后不复至。

所贡有宝石、珊瑚珠、琉璃瓶、琉璃枕、宝铁刀、拂郎双刃刀、金系腰、阿思模达途儿气、龙涎香、苏合油、花毡单、伯兰布、苾布之属。

四年八月，冯嘉施兰贡方物。

至六年四月，其酋玳瑁里欲二人，各率其属朝贡。八年，复来贡。

十二月，婆罗国东、西二王并遣使奉表朝贡。

明年又贡。厥贡玳瑁、玛瑙、砗磲珠、白焦布、花焦布、降真香、黄蜡、黑小厮。

是年，广东琼州知府刘铭，率土黎峒首王贤等来朝，贡马。

十一年，临高生黎又来朝，贡马。十四年又朝贡。令三年一贡，着为令。十六年，感恩峒首来贡马。十九年，宁远峒首来朝贡。宣德元年，乐会及万州黎来贡。弘治二年，崖州土舍人朝贡。

安图卫入贡方物。

又正统朝数入贡。

察逊卫入贡。

自是屡入贡。宣德初贡驼马。六年四月，复贡马。正统七年，贡玉石。

于阗国遣贡方物。

是年，又遣使贡玉璞。十八年，偕哈烈八答黑商诸国贡马。二十年，贡美玉。二十二年，贡马及方物。仁宗后，贡使渐稀，迄万历朝亦间入贡。

西域僧著思巴儿监藏遣使入贡。

明年，封赞善王。自是迄正统，或间岁一来，或一岁再至。至成化元年，始定三岁一贡之例。五年，四川都司言：赞善诸王，不遵定制，遣使率各寺番僧百三十二种入贡，且无番王印文，令王留十余人守贡物，余已遣还。礼官言：番地广远，番王亦多，若遵例并时入贡，则内郡疲供亿，莫若令应贡之岁，各具印文取次而来。今贡使已至，难拂其情，乞许作明年应贡之数，报可。十八年，礼官言：定制，番王三岁一贡，贡使百五十人。近赞善王连贡者再，已遣四百十三人，今请封袭，又遣千五百五十人，违制。宜却乞以三百人为后来两贡之数，余悉遣还，亦报可。自弘治至嘉靖后，犹入贡如制。

西域僧宗巴干遣使入贡。

明年封护教王，遂频岁入贡。洪熙、宣德中并入贡。

五年，阿鲁入贡。

其后九年，又遣使附古里诸国入贡。十五年、十九年、二十一年，俱入贡。宣德五年后，贡使不至。

小葛兰入贡。

时遣使附古里、苏门答剌来贡，厥贡唯珍珠、伞白棉布、胡椒。

土鲁番遣使贡玉璞。

明年，其国番僧又入贡。自是其徒来者不绝，贡名马、海青及他物。二十年，其酋与哈密共贡马千三百四。正统六年，朝议吐鲁番久失贡，以钞币赐之。明年，遣使入贡。景泰三年、天顺三年复贡。成化元年，礼官姚夔等定议，吐鲁番或三年、或五年一贡，贡不得过十人。五年、六年俱来贡。九年，使来者三，入贡者再。十四年又来贡。弘治元年又来贡。三年春，偕撒马儿罕贡狮子。四年秋，遣使再贡狮子。六年，朝议却其贡物。十年冬，款关来贡。十七年，修贡如故。正德四年后，谋逆犯边。至嘉靖三年，寇掠失利，于是卑词求贡。十二年称王，入贡者多至十五人。二十六年，定令五岁一贡。其后贡期如令，而来使益众，逮世宗末，番文至二百四十八道。隆庆三年、五年俱来贡。迄万历朝，奉贡不绝。天启元年八月，遣使进玉石、钢钻等物。

柳城遣使入贡。

七年复入贡。十一年，两入贡。二十年，与哈密其贡羊二千。宣德五年、正统五年、十三年并入贡，自后不复至。

火州入贡。

时，贡玉璞方物。七年，遣使偕哈烈撒马儿罕来贡。十一年夏，又偕俺的干失剌思等九国来贡。十三年，使来贡。自是久不至。正统十三年复贡，后遂绝。

六年九月，榜葛剌遣使贡方物。

明年二月，贡使凡再至，携从者二百三十余人。自是比年入贡。十二年九月，遣使奉表谢封，贡麒麟及名马方物。正统三年，又贡麒麟。明年，又入贡，后不复至。

十年，瓦剌马哈木等来朝，贡马。

瓦剌之渠三：曰马哈木，曰太平，曰把秃博啰。时各入贡请封。八年春，瓦剌复贡马谢恩，自是岁一入贡。十三年春，贡马。十六年复奉贡。天顺中，屡遣使入贡。弘治初，瓦剌中称太师者一曰火儿忽力，一曰火儿古倒温，皆遣使朝贡。

七年，哈烈遣使朝贡。

明年，又遣使朝贡。十一年，撒马儿罕诸酋各遣使偕哈烈使臣贡狮子、西马、文豹诸物。十三年，哈烈诸国复遣使贡文豹、西马及他方物。十四年、十五年、十六年、十八年、二十年俱来贡。宣德二年，贡马。七年，随朝使贡驼马、玉石。明年秋及正统三年并来贡，自后不以时贡，久之，朝贡遂绝。

八年十二月，鞑靼阿鲁台遣使贡马。

明年冬，又贡马。自是岁或一贡，或再贡，以为常。至二十二年，仁宗即位。十一月，又贡马。自是岁贡如永乐时。正统二年，鞑靼长托克托布哈岁来朝贡。景帝立，上皇归。自也先所托克托布哈修贡益勤。六年，其子小王子遣使入贡。天顺二年，毛里孩遣使入贡。五年，字来遣使来贡，请改大同旧贡道，而由陕西兰县入。明年，敕字来使臣仍从大同入贡。七年，冬贡，使及关帝，却之。以大学士李贤言：乃止。是时，满鲁都等亦数遣使朝贡。弘治元年，又有小王子及巴延猛可王等屡入贡。隆庆二年，俺答表请封贡。总督王崇古议，贡额每岁一入，贡俺答马十四，使十人；老把都吉能黄台吉八匹，使四人。诸部长各以部落大小为差，大者四匹，小者二匹，使各二人，通计岁贡马不得过五百匹，使不得过百五十人。其使岁许六十人进京，余待境上。贡期、贡道以春月及万寿圣节，四方来同之会，使人、马匹及表文自大同左卫验入，给犒赏。驻边者分送各城，抚镇验赏。入京者押送自居庸关入。从之。五年，俺答贡马，告庙受贺。

是年，俺都准入贡。

自是至十四年俱偕哈烈通贡。后不复至。

九年，赤斤卫贡马。

阿鲁遣使随古里诸国入贡。

自是之后，十七年、十九年、二十一年俱入贡。宣德后，贡使不至。

柯枝遣使入贡。

十年后，连二岁入贡，自后间岁入贡。

加异勒遣使贡方物。

十年后，凡三入贡。宣德八年，又偕阿丹等十一国来贡。

南巫里遣使贡方物。

十四年再贡，后不复至。

急兰丹遣使朝贡。

董卜韩胡遣使贡方物。

时谕使比年一贡，至正统七年后，比岁入贡。景泰六年、天顺元年，俱遣使入贡。成化四年，申诸番三年一贡之例，董卜许比年一贡，自是迄万历后，朝贡不替。

十年九月，南渤利遣使附苏门答剌入贡。

终成祖世，比年入贡。其王子沙者罕亦遣使入贡。

十一年二月，乌斯藏僧昆泽思巴入朝，贡舍利、佛像。

封大乘法王，自是历洪熙、宣德、成化、弘治、正德、嘉靖，俱遣使来贡，其至期不在三年之例。

六月，失剌思遣使偕哈烈等八国入贡方物。

十三年冬，其酋又遣使朝贡。十七年，遣使偕亦思弗罕诸部贡狮子、文豹、名马。时北征乏马，遣官市之诸国，其酋又即遣使贡马。宣德二年，贡驼马方物，嗣后久不贡。成化十九年，与黑娄诸国共贡狮子。嘉靖三年，与旁近三十二部并遣使贡马及方物，自后贡使不至。

是年，俺的干与哈烈并贡。

地小不能常贡，后竟不至。

哈实哈儿遣使贡方物。

至宣德时，亦来朝贡，其后不常至。

西域思达藏僧南渴烈思巴入贡。

封辅教王。至景泰七年又来贡，自后数通贡使。至成化六年，申旧制：三年一贡。弘治十二年，辅教等四王及长河西宣慰司并时入贡，使者至二千八百余人，礼官以供费不赀，遵制却还。历正德、嘉靖，世奉贡不绝。

十三年，甘巴里遣使贡方物。

至十九年再贡。宣德五年，又遣使来贡。

忽鲁谟斯奉金叶表，贡马及方物。

自是凡四贡，后不复至。宣德五年，复遣使至其国，乃遣使来贡。其后遂绝。所贡有狮子、麒麟、驼鸡、福禄灵羊，常贡则大珠、宝石之类。

十一月，麻林及诸番进麒麟、天马、神鹿。

时贡使将至，礼部尚书吕震请表贺，帝曰：往儒臣进五经四书，大全请上表，朕许之，以此书有益于治也。麟之有无，何所损益，其已之已。而麻林与诸番使者以麟及天马、神鹿进，帝御奉天门受之，百僚稽首称贺。帝曰：此皇考厚德所致，亦赖卿等翊赞，故远人毕来，继自今益宜秉德补朕不逮。十四年，又贡方物。

十四年，木骨都束遣使与不剌哇麻林诸国奉表朝贡。

后再入贡。至二十一年，贡使又至。

《外国传》曰：有与木骨都束接壤者，曰不剌哇，所产有马哈兽，状如獐；花福禄，状如驴，及犀、象、骆驼、没药、乳香、龙涎香之类，尝以充贡。又有竹步国，亦接壤，永乐中尝入贡。

沙里湾泥遣使来献方物。

锡兰山入贡。

时海外诸番咸服，贡使载道。其王屡入贡。宣德八年，遣使来贡。正统十年，偕满剌加使者来贡。天顺三年，遣使来贡。嗣后不复至。所贡有珠、珊瑚、宝石、水晶、撒哈剌西洋布、乳香、木香、树香、檀香、没药、硫黄、藤竭、芦荟、乌木、胡椒、碗石、驯象之属。

溜山遣使来贡。

自后三贡，并与忽鲁谟斯国偕。宣德五年后竟不至。

阿丹遣使贡方物。

自是凡四入贡。宣德时诸番久缺贡，命宣谕之，即遣使来贡。正统后不复通使，贡亦不至。

剌撒遣使来贡。

后凡三贡，皆与阿丹不剌瓦诸国偕。宣德后竟不复贡。

火剌札遣使朝贡。

至弘治五年，其地回回怕鲁湾等由海道贡玻璃、玛瑙诸物，孝宗不纳，赐道里费遣还。

《西域传》曰：永乐中，又有乞力麻儿遣使来贡，唯兽皮、鸟羽、㲲褐，又白松虎儿及答儿密纳失者，罕敏真城沙哈鲁亦尝入贡。

十五年八月，瓯宁人进金丹，却之。

帝曰：此妖人也，命自饵之，毁其方书。

是年，西洋苏禄东、西峒王来朝贡。

凡家属头目三百四十余人，浮海来贡，进金镂表文，献珍珠、宝石、玳瑁诸物。至十八年，西王遣使入贡。十九年，东王之母遣使贡大珠一，重七两有奇。二十二年复入贡，自后不复至。

乌斯藏僧释迦也失亦遣使来贡。

先是封大慈法王，至是入贡。后二十一年复贡。逮世宗崇道教，黜浮屠，自是鲜至中国者。

十六年，沙哈鲁遣七十七人来贡。

千里达遣使贡方物。

时又有古里班卒亦常入贡。

十七年，亦思弗罕偕邻国失剌思共贡狮豹、西马。

至成化十九年，与撒马儿罕共贡狮子、名马、番刀、兜罗锁幅诸物。宣德六年，有亦思把罕遣使朝贡，或云即亦思弗罕。

八达黑商入贡。

至天顺五年，其王马哈麻遣使来贡。明年复贡。

阿速遣使贡马及方物。

以地远不能常贡，后不复至。

十八年八月，古麻剌朗入贡。

其王斡剌义亦奔敦率妻子陪臣来朝，贡方物。

十九年，祖法儿遣使偕阿丹剌撒诸国入贡。

二十一年，贡使复至。宣德八年，复遣使入贡，有驼鸡，颈长，类鹤，足高三四尺，毛色若驼，行亦如之，常以充贡。

二十年，卜花儿入贡。

《西域传》曰：自成祖以武定天下，遣使四出招徕，北穷沙漠，南极溟海，东、西抵日出没之处，凡舟车可至者无所不届，自是殊方异域，鸟言侏㒧之使辐辏阙廷，岁时颁赐，库藏为虚。而四方奇珍异宝名禽殊兽进献上方者，亦日增月益。宣德、正统朝犹多重译而至，今采故牍，常奉贡通名者，曰哈三、曰哈烈儿、曰沙的蛮、曰哈的兰、曰扫兰、曰乜克力、曰把力黑、曰俺力麻、曰脱忽麻、曰察力失、曰干失、曰卜哈剌、曰怕剌、曰你沙兀儿、曰克实密尔、曰帖必力思、曰火坛、曰火占、曰苦先、曰牙昔、曰牙儿千、曰戎、曰白、曰兀伦、曰阿端、曰邪思城、曰舍黑、曰摆音、曰克乩，计二十九部，以疆域褊小，止称地面，与哈烈哈实、哈儿赛蓝、亦力把力失剌思沙鹿海牙、阿连把丹，皆由哈密入嘉峪关，或三年、五年一贡，入京者不得过三十五人；其不由哈密者，更有乞儿麻米、儿哈兰、可脱、乩蜡烛、也的、干剌竹、亦不剌因、格失迷、乞儿吉、思羽奴思、哈辛十一地面亦尝通贡。

仁宗洪熙初，给事中黄骥极陈贡使之害。帝感其言，召礼官吕震责让之。遂罢遣使西域。

先是，永乐时，成祖欲远方万国，无不臣服，故西域之使，岁岁不绝，诸番贪中国财帛，且利市易，络绎道途，商人率伪称贡使，多携马驼、玉石，声言进贡，既入关，则一切舟车、水陆晨昏饮食之费，悉取之有司。邮传困供亿，军民疲转输。比西归辄缘道迟留，多市货物，东西数千里间，骚然繁费，公私上下，罔不怨咨。廷臣莫为言，天子亦莫之恤也。至是，帝感骥言，不复遣使西域，贡使亦渐稀。

宣宗宣德元年，白葛达遣使入贡。

其使臣言：遭风破舟，贡物尽失，国主惓惓忠敬之忱，无由上达，乞恩贷其罪，赐之冠带，俾得归见国主知陪臣实诣阙廷，庶几免责。帝谕之曰：仓卒失风，岂人力能制，归语尔主，朕嘉其诚，不在物也。许附邻国贡舟还国。

《外国传》曰：又有黑葛达亦于宣德时来贡。

二年，亦力把里入贡。

自是至八年，岁入贡。英宗十年、十一年，俱入贡。

五年，坤城使臣来朝，贡驼马。

其后亦常贡。

六年九月，讨来思遣使来贡方物。

是后，以地小不能常贡。

七年，黑娄遣使贡方物。

至正德二年、六年，俱来贡。景泰四年，偕邻境三十一部男女百余人，贡马二百四十有七，骡十二，驴十，驼七及玉石、硇砂、镔铁刀诸物。天顺七年，复来贡。成化十九年，与失利思等国共贡狮子。弘治三年，又与天方诸国贡驼马、玉石。

八年闰八月，西域贡麒麟。

时苏门答剌、古里、柯枝、锡兰山、佐法儿、阿丹、甘巴、里勿鲁谟斯、加异勒、天方等国，或戎王、或子弟、或大酋，各泛海数千万里而来，贡麒麟、狮象、珠玉、珍贝奇异之品。麒麟凡四，而出非一所。帝御奉天门受之。尚书胡濙以麒麟瑞物，率群臣称贺。帝曰：远方之物，朕非有爱，但念其尽诚远来，故受之，不足贺也。

臣等谨按：王圻《续通考》载：九年，甘肃以龙献。考《宣宗实录》无其事。

英宗正统元年，浮梁民进瓷器五万余，命偿以钞。

《食货志》曰：隆庆时，诏江西烧造瓷器十余万。万历十九年，命造十五万九千，既而复增八万，至三十八年未毕工。自后役亦渐寝。

六年，米昔儿入贡。

先是，永乐中遣使朝贡，至是复来贡，后不复至。

景帝景泰七年，把丹沙入贡。

至成化十九年，与失剌思黑娄偕至。弘治三年，又与天方诸国贡驼马、玉石。

宪宗成化三年，命进贡番僧自乌斯藏来者，皆由四川，不得径越洮、岷，着为例。

陕西副使郑安上言：番僧自乌斯藏来者不过三之一，余皆洮、岷寺僧，诡名冒贡，进一羸马，辄获厚直，所赐币帛，制为战袍，以拒官军。本以羁縻之，而益致寇掠，是虚国帑而赍盗粮也。廷臣议，行陕西文武诸臣计定贡期、人数及存留起送之额奏上，遂有是命。

六年五月，命减各夷入贡之数。

工部奏：四夷朝贡人数日增，岁造衣币赏赍不敷，乃命礼部议减。尚书邹干等具例以闻。又令已定年数，入贡不得违越。干等以乌斯藏原无定例，议赞善阐教，阐化辅教四王，三年一贡，每贡遣使百人，多不过百五十人，由四川路入，国师以下不许贡。其长河西、董卜韩胡二处，一年一贡，或二年一贡，遣人不许过百；松茂州番僧，每年亦许三五十人来贡，其附近乌思藏地方入贡年例，亦如乌斯藏，不许过五六十人，乞行四川镇守等官，委官审辨，有印信文字者方许放入。仍敕各番王，谕以番僧入贡定数，至期将僧人姓名及所贡方物各具印信番文，以凭验入。至八年，礼官言：定例生番，三年一贡，大族三五人，小族一二人。今边臣专事通番，以纾近患，洮岷诸卫送各族番人赴京，多至四千二百余人，乞降敕切责，务遵前令。从之。

十八年，广东布政司彭韶请罢贡献。不听。

先是，云南镇守太监钱能进金灯，扰道路，韶劾之，不报。十四年，韶由四川按察使迁广东布政使，中官奉使纷沓，镇守顾恒市舶，韦眷珠池，黄福皆以进奉为名，所至需求，民不胜扰。韶先后论奏，最后梁芳弟锦衣镇抚德，以广东其故乡，归采禽鸟花木，害尤酷，韶抗疏极论之。二十一年正月，星变又言：四方镇守，中官争献珍异，动称敕旨，科扰小民，此持俭之道未终也。帝得疏不悦。

二十年正月，诏减贡献。

以京师地震，敕群臣修省，乃有是诏。

二十三年八月，时孝宗初即位。禁镇守等官额外进贡。

诏在外镇守、分守、守备等，近年假以进贡为名，贻害地方，今后不许额外进贡，沿途扰害军民。嗣是给事中王质等陈四事：一曰罢进献，欲将近年以来进献宝石玩器诸物之徒通行查究，追夺原领内府银两并所得官秩俸禄。时帝已因给事中韩重、御史陈毅劾奏李孜省等下所司查处矣。弘治元年七月，浙江巡按畅亨言弭灾三事：一曰除奸弊，谓太监张庆以进贡为名，敛百姓财物，岁计数万，而所贡之物，仍出民间，卖钞鬻盐，岁时馈献，商税之利，锱铢不遗，金玉珍玩，奇禽异卉，充满第宅；土木人功，无时休暇。而又擅作威福，滥受词讼，官吏受其辱挫，军民受其荼毒。乞下庆于理，籍其所积，以助军费。奏下吏部议，令所司行之。

<u>臣等谨按：《食货志》：凡上供之物，任土作贡，曰岁办不给，</u>
<u>则官出钱以市；曰采办，自中官竞尚贡献，名为采办，而扣克巧取，</u>

起运骚扰，奸弊百出。至孝宗立，从甘肃巡抚罗明言，悉罢之。互详均输市易和买门。

孝宗弘治元年，日落国入贡。

先是，永乐中来贡，至是复来贡。

三年春，天方国王阿黑麻遣使偕撒马儿罕、吐鲁番入贡。

先是，宣德五年，遣陪臣来贡。正统六年，又以珍宝来贡。至是又贡马驼、玉石，自后正德十三年，遣使贡马驼、梭幅、珊瑚、宝石、鱼牙刀诸物。嘉靖四年，又贡马驼方物。明年贡玉石。十一年、十七年、二十二年俱贡马及方物。后五六年一贡，讫万历中不绝。

臣等谨按：王圻《续通考》载，侍郎倪岳请绝阿黑麻等所贡狮子。疏《明史·西域传》亦载阁臣刘吉等言，宜绝其贡使，不应召番人入大内，看戏狮子。因言：饲狮日用二羊，十岁则七千二百羊矣。守狮日用校尉五十人，一岁则一万八千人矣。若绝其喂养，听其自毙，传之千载，实为美谈。帝不能用。秋，又遣使从海道贡狮子。乃命却之。

八月，命太监王举所贡物解送来京。

巡抚云南都御史王诏等言：故镇守太监王举，不遵诏例，造作奇玩器物，额外进贡，请以其物之重大难致，如屏风、石床之类，发本处库藏收贮；金银器皿熔化之，与宝石、珍珠、象牙、漆器等物解送户、工二部备用；其寄养象只，堪充仪卫者解京，不堪者付与近卫土官，令出马以给驿递。帝乃并令解送至京。

十七年三月，尚书马文升请量减南京每岁进鲜船，以苏民困。命所司议行之。

南京进鲜船，本为奉奉先殿荐新而设，时用夫挽运，多者至千人，沿途需索，少不如意，即加以不敬罪，且扬、徐间荒旱特甚，重以此役，民甚惊扰。文升请念古者凶年杀礼之意，量为减省。疏入，帝题之。

文升奏略曰：太宗迁都北平，其南京并各处进贡方物，尚未有皇马快船之差。至宣德、正统以后，或装载荐新品物，及南京所造筛簸等项，用船数多，州县动拨夫千百名，系附近州县卫所出银雇觅，一年之间，自仪真抵通州，所用银不下数十万，皆军民膏脂，而不系赋税。皇马快船，其弊固多，而进鲜者其害为甚。窃念进鲜乃朝廷敬奉祖宗之意，固不可缺，若青梅、小竹笋、芮、苔菜、宣州梨，盖因高皇帝践祚时所用，故犹进奉，供荐于京师；果品、蔬菜、雪梨、青杏，比南京尤佳，随时供荐，亦可将敬，奚待南京！况列圣以爱养黎元为心，虽皇上笃于大孝，以奉祖宗，而在天之灵，悯念军民困苦，亦必为之不怿。乞将前项荐新量免进奉，省少船只，唯杨梅、枇杷、鲥鱼，北方不产者，照旧奉供，其余马槽筛簸之类，止运竹木来京，着落匠役编造应用，仍敕南京兵部差拨马快船务，照事例满船装载，不许多拨，沿途扰人，庶军民俱免害矣。

南京岁进贡物共三十起。
司礼监二。
制帛二，计共二十杠。笔料一。
守备并尚膳监等二十八。
用冰物件六。

守备处鲜梅一，枇杷一，杨梅一。各四十杠或三十五杠。
尚膳监鲜笋一，四十五杠。头起鲥鱼一，二起鲥鱼一。各四十四杠。

不用冰物二十二。

守备处鲜藕、荸荠、橄榄等物一，共五十五杠。鲜茶一，木樨花一，各十二杠。石榴柿子一，四十五杠。柑橘、甘蔗一，五十杠。尚膳监天鹅等物二，二十六杠。腌菜台等物一，共一百三十坛。糟笋一，一百二十二坛。蜜饯樱桃等物一，七十坛。干鲥鱼等物一，一百二十盒坛箱。紫苏糕一，二百四十八坛。木樨花酱等物一，一百五坛。鹁鸠等物一，十五杠。

司苑局荸荠一，七十杠。姜种、芋苗等物一，八十杠。苗姜一，一百担。鲜藕一，六十五杠。十样果一，一百四十杠。

内府供用库香稻一，五十杠。苗姜等物一，一百五十五杠。十样果一，一百一十五杠。

御马监苜蓿种一，四十杠。

　　以上俱《会典》所载，实用船一百六十二艘。

　　每岁祭祀及供御，并岁时筵宴，各处岁办野味额数。

　　计湖广三千，江西一千，直隶七千五百，河南一千二百，浙江八百，山东七百五十，共一万四千二百五十只。至弘治时，岁办一万四千五百一十四只。又岁进供亿野味活鹿二百六十七只，活天鹅三百二十只。

　　各处岁办杂色皮张额数。

　　计江西、浙江、湖广、北平、山西各二万，河南、山东各一万五千，福建、四川、广西、广东各一万，直隶二万二千。共二十一万二千张。至弘治时，岁办杂皮三十四万七百六十一张。

　　各处岁办翎毛额数。

　　计江西、浙江各三百万，河南、山东各六十万，福建、陕西、北平各五十万，四川、广西、广东各一十万，湖广二百万，山西五十万四千，直隶二百五万二千，共一千三百五十五万六千根。至弘治时，岁办翎毛二千二百七十二万六千五百五十根。

　　以上皆《会典》所载。王圻所谓诸贡视昔已增者也。

　　武宗正德初，镇守中官率贡银万计。

　　时任用刘瑾，渔利无厌，故中官多贡献皇店①，诸名不一，岁办多非土产，诸布政使来朝，各呈进贡之害，皆不省。

　　六年，巴喇西入贡。

　　使臣进金叶表，贡祖母绿一，珊瑚树、琉璃瓶、玻璃盏各四，及玛瑙珠、胡黑丹诸物。

　　十六年六月，时世宗已即位。禁天下不许进献禽兽。

　　十一月，罢广西进香。

　　初，镇守中官岁以零陵香进，费至二千金。帝即位，诏却诸献。而广西征香贡如故，至是从布政司王启等请，仍遍谕各处中官，凡额外之征，皆罢之。

　　世宗嘉靖时，闽广进羡余。

　　户部请责他省巡按岁一奏献如例。

---

　　①　皇店，明朝皇帝私人所有的店铺。此制始于明正德年间。

臣等谨按：马端临《考》谓进奉羡余，上下相蒙，重困百姓。而明自成祖时，中官出使，即滋弊端。迨矿税之使四出，而进羡余者不可胜数矣。以详《征榷考》，不具载。

元年三月，中都镇守内官贡新茶。

初，诏罢天下额外贡献，至是内官张阳复贡新茶。礼部请遵诏禁，不许。给事中张翀以诏墨未干，旋即反，汗人将窥测朝廷，玩侮政令，且阳名贡茶，实杂致他物，四方效尤，何所底极！愿守前诏，无堕奸谋。又宁夏岁贡红花，大为军民害，内外镇守官莅任，率贡马谢恩，皆请罢。帝虽是其言，不能从。

张翀疏略又言：查《会典》，内府织造所用红花，于所产处税粮内折收。如山东、河南二处俱有定数，而宁夏镇总所贡红花，不系令甲。宁夏孤悬河外，虽有平衍田畴，类多碛卤、寒冷地，而所入之花，播种采择，岁无丰凶，例取登足，出钱赔补，操切严峻，计其所耗者百倍于贡矣，至镇总等到任未几，辄行献马，名为谢恩，其流弊至中官旁午道路，依凭别旨，以发府库之财，假托供奉以縻县官之物，此陛下所深知而痛心疾首者。方今物力凋耗，军民困苦，先年实征钱粮，岁办织造等项皆已量免，凡不系有司额赏者，乞不许贡献，以扰军民，庶不失诏旨之初意，而邦本安固不摇矣。

三年四月，鲁迷遣使贡狮子、西牛。

给事中郑一鹏言：鲁迷非常贡之邦，狮子非可育之兽，请却之以光圣德。礼官席书等言：鲁迷不列王会，其真伪不可知。近吐鲁番数侵甘肃，而边吏于鲁迷册内察有吐鲁番之人，其狡诈明甚，请遣之出关，治所获间谍罪。帝竟纳之，而令边臣察治。五年冬，复以二物来贡。既颁赐其使臣，言：长途跋涉，费至二万二千，余金请加赐。御史张禄言：华夷异方，人物异性，留人养畜，不唯违物，抑且拂人。况养狮日用二羊，养西牛日用果饵，兽相食与食人食，圣贤皆恶之。又调御人役，日需供亿，以光禄有限之财，充人兽无益之费，殊为拂经，乞返其人，却其物，薄其赏，明中国圣人不贵异物之意。不纳。乃从礼官言，如弘治撒马儿军例益之。二十二年，偕天方诸国贡马及方物。二十七年、三十三年并入贡。四十三年又贡狮子。其贡物有珊瑚、琥珀、金刚钻、花瓷器、锁服撒哈喇帐、羚羊角、西狗皮、舍利狲皮、铁角皮之属。

四年，诏浙东贡币，悉以银充。

宁波知府杨最言：本郡僻处海阳，地不产桑，所贡绮缯，乞改贡价料。从之。令今岁诸币未具音，俱听入金，民以为便。

　　臣等谨按：《食货志》：嘉靖间，数行一条鞭法，土贡方物，亦计亩征银，折办于官云。

十年七月，郑王厚烷献白雀二，命荐之宗庙，献两宫传示。百寮多献白雀颂赋者。

　　臣等谨按：此乃王圻所谓非常贡者也。考《纪》与《实录》，十一年十一月，四川巡抚宋沧献白兔。十二年正月，河南巡抚吴山献白鹿，群臣并表贺。自后诸瑞异表贺以为常。三十七年十月，礼部进瑞芝一千八百六十本，诏广求径尺以上者。四十三年八月，御医王金献万寿香山三座，聚芝三百六十本为之。是岁天下臣民进法秘、仙桃、瑞芝及建醮祝厘者甚众。各赏赉有差。四十四年四月，方士赵天寿进法秘三十二种。五月，医人申世人进法秘三种。八月，尚书王用宾等各献颂祝万寿，胡宗宪进法秘十四种，俱留览。又山西阳曲县生员邓登高以白兔献，赐金帛。九月，交城王表𣏌进白鹿，奏言得之平阳府藐姑射山仙洞之侧，并撰颂以献，诏赐金帛。四十五年六月，太医院吏目李乾献白兔。七月，永忠王新壿献白鹿，皆遣官告庙，百官表贺。当时崇道教，信瑞应，故所贡有之。

二十六年三月，都御史杨博条上贡夷事宜，下所司议之。

一、诸夷入关虽早，今及五年之期，请行起送；一、例当起送五十，存留二百，阻回五百有奇，今诸夷守候已久，请于阻数内更留百人，减半给赏，不为例；一、哈密夷使止九十三人，马止七十八匹，并无夹带，请分进存起送如例；一、诸夷马例止二百四十五匹，今已验收九百八十六匹，当退还者七百四十一匹，业已给军给驿，请偿其值；一、方物验退者听于甘肃开市；一、贡既届期，廪给五十，口粮一百，听支如例。所增百人，亦量给口粮；一、各夷番本三百余道，先令边臣审问，不合理法者退还勿奏；一、阻回诸夷口粮，俱已住支，今称归途恐瓦剌遮击之，愿候贡夷同出关，住久或生事端，请径自督发。议入，帝曰：贡夷事宜，姑如议行。先抚镇官，滥放入关，新巡抚官不即参论，并究治，夺俸有差。

四十三年二月，云南进宝石。

七月，又进六百五十余两。至四十四年四月，巡抚吕光洵奏进宝石及紫英，帝以不堪用，欲罪之。寻命再采以进。

五月，广东进珠。

先是，正月，帝谕户部：两广托倭扰无用心采珠者，云南无事何不催取？至是进二千两。帝少之，命户部别采大珠以献。

四十五年二月，命查验贡物多寡，参酌装运。

巡按直隶御史尹校以徐、沛、萧、砀间运道淤塞，请暂免进鲜，以苏民困。部覆：校言良是。但岁时奉先进御之需，不当慨议裁削，唯舟船繁滥，非尽贡物宜。查验贡物多寡，参酌船之大小，定拨其数，取足装运，毋容虚滥。仍痛革夹带需索一切扰民宿弊，有仍踵故习者，抚按官参奏之。报可。

穆宗隆庆元年，禁属国献珍禽异兽。

时又停止承天香米，罢宝坻鱼鲜。凡荐新之物，领于光禄寺，勿遣中官。又命停征加增细粳米，白青盐，一依成、弘间例。

三年，令番夷不得假袭职谢恩，别贡方物。

又各处远近不齐，贡期不拘三年，但未及三年，不许来贡。不愿者不强，如贡不及期与例外多贡者，准作下次例贡之数。

　　臣等谨按：万历十九年，礼部主事张我绪奏：诸夷之种曰朵颜，曰泰宁，曰福余，每岁入贡以六百人计；曰海西，曰女直，每岁入贡以千人计。名修贡而实规利，到馆则索当房馆夫银，起程则索车户马头靴布，所过州县驿递，挟索多端，有司不敢治，伴送不敢拂，东京一带，一闻夷属将至，不啻大敌入寇。夫北夷来贡，俱听宣大总督代进，其赏赐亦转发幕府给之，此隆庆中事也。今之朵颜、泰宁、福余三卫、海西、女直诸处，独不可放而行之耶！乞大破拘牵循北夷事例，如其不然，亦宜照西番事例，减其人数。在彼之赏赉未尝少，而在我则关隘不使其惯习，虚实不令其窥窥，沿途驿递不至于摧残，州县居民庶免其惊扰，斯内外之防未必无补，而久安长治之策亦在是矣。盖以修贡为名，实图厚利，故借端违期，往往有之。

神宗万历九年，禁科敛贡夷财物。

各馆通伴员役有指称引领交易，替代使用名色科敛者，责令提督主事，不时呈报，轻重治罪有差。

七年，定番夷贡回之限分三等。

朝鲜国、朵颜等卫限一月有十日。安南、琉球、暹罗各国，陕西崇教、能仁等寺，四川金川寺、加渴瓦寺、长河西等处，各番僧族限一月有二十日。乌斯藏董卜韩胡番王及僧，吐鲁番、哈密等夷，罕东等卫，限两月。

二十三年二月，添四川贡扇额。

先是，命四川年例，贡扇常数外添造二千六百柄，至是解进内府，命着为例，自后天启五年三月，免蜀中扇柄。又令明岁止进二万，俟地方事平，照旧解进。

二十五年，诸珰各进奉矿税银两。

自是年至三十三年，所进几及三百万两。

二十九年，意大里亚国人利玛窦进方物。

先是，九年，利玛窦泛海九万里抵香山澳，至是入京师，中官马堂以其物进献，礼官奏劾之。不报。

熹宗天启元年七月，敕贡船毋夹带私货。

尚书卫一凤等奏：历朝敕谕内监，严禁贡船，即进鲜船只各有限数，具载《会典》。今船夫动增数倍，上供十无二三，夹带十尝六七，宜敕部移会管船主事，开明数之多寡，船之大小，仍会兵科挂号，上水止填二十名，私货附黄船马快船者，依律问遣，货物入官，庶祖制可复，民力可纾。乃敕贡船不得夹带私货，仍严饬。有不遵者，依律究拟。

八月，诏停浙江织造。

以火灾故也。

三年二月，命停南京进鲜。

先是，正月，周、唐二藩例进石榴、山药、干鱼、鲜柿，帝以军兴后驿传疲累，差役往来不无骚动，特谕停免，着为令。至是复有是命。

十月，命湖广贡鲟，止照原额办进。

其续加并改折添补，俱免办，以省驿地之累。至五年十一月，命宁国府岁贡木瓜暂行停免，以彰恤民德意。

愍帝崇祯朝，番夷入贡甚稀。

自元年至十六年，乌斯藏、吐鲁番、哈密各一，安南三，暹罗四，琉球五，余俱不至。

历年贡献事例。

凡贡献金银、器皿、珍珠、缎匹，先日具奏，次日照进内府，俱付长随，内使收受苏木、胡椒、香蜡、药材等，则所在布、都、按三司，检视物货，呈报数目，差解至京。

　　臣等谨按：《食货志》，明内府凡十库：一曰承运，收贮缎匹、金银、宝玉、齿角、羽毛；二曰广积，收贮丝、纻、绫罗、硫黄、硝石；三曰甲字，收贮布匹并各颜料；四曰乙字，收贮胖袄、战鞋、军士裘帽；五曰丙字，收贮棉花、丝纩；六曰丁字，收贮铜铁、兽皮；七曰戊字，收贮军仗；八曰赃罚，收贮没官物；九曰广惠，收贮钱钞；十曰广盈，收贮纻丝、纱罗、锦、绸绢。又有天财库，收贮各衙门管钥，亦贮钱钞；供用库，收贮粳稻、熟米及上供物，皆谓之内库。其会归门、宝善门迤东及南城磁器诸库，皆谓之外库。至内府诸监司局，又各以所掌收贮应用诸物，更可见当时贡物之大概矣。

钦定续文献通考卷三十

国用考

臣等谨按：马端临作《国用考》，自周官九赋九式以迄宋代内藏之制，大要以善制用者民裕而其国充，不善制用者民怨而其国促，所谓君有余财、民有余赀者，非厚敛多藏之谓矣。宋自宁宗而后，帑藏渐竭，调度方殷，卒无济于国事。辽起朔漠，既建五京，置盐铁诸司，其时钱谷充羡，国用富饶者，以防边省费，而经理得人也。金代始则攻宋，后则敌元，征战无已，财用缺如。元成宗敕核会计，量节赐予，乃其后岁课之入日增月益，而国用寖广，度支不给，则以不能量入为出故耳。明初天下府库各有存积，武宗以后，费出无经，至神宗而降，内帑之所出浮于成额，闾阎之所入困于科征，助之以搜括，继之以加派，公私兼窘，以至于亡。盖外库之虚，民力之竭，有由来矣。

今自宋末至明代，国用之具于史者，依次胪载，而财用之本末与国运之盛衰，可以参观而见其漕运、赈恤、蠲贷之制，亦依马《考》之例附载焉。

历代国用

宋宁宗庆元二年三月，有司上《庆元会计录》①。

先是，孝宗乾道三年，命自后宫禁内人并百官将校军兵诸司人，每月

---

① 《会计录》，封建王朝关于国家年度岁入岁出的记录。"庆元"，南宋宁宗年号，1195—1200 年。

初五日，国用房开具前月请给数目并杂泛支用，造册进呈，外路军马亦降式付诸总领，逐月开呈，永为定式。四年，度支赵不敌言：方今内外支用，岁约五千五百万缗有奇，若诸路供亿以及务场别无减欠，则所入尚足以支所用。然赋入科名猥多，分隶于户部之五司，如僧道免丁、常平免役、坊场酒课之类，则左右曹掌之；上供折帛、经总、无额茶、盐、香矾之类，则金部掌之；度支则督月桩，仓部则专籴本，虽各为催理，而悉经度支籍之，即古者量入为出之义，则度支一司安可不周知所入之数也。兹置都籍会稽窠名，总为揭帖簿书，草具条目，灿然乞付本曹，自今为始，岁一易之，庶有司久远遵行，不唯财赋易以稽考，且胥吏无所容奸矣。光宗绍熙初，以秘书郎郑湜言，修《绍熙会计录》，至是有司复上之。

嘉泰四年十二月，诏：总核内外财赋。

时以陈自强兼国用使，费士寅、张岩同知国用事。

臣等谨按：宋初天下混一，岁入缗钱千六百余万。太宗以为极盛，两倍于唐室。是后日增岁广，至熙丰间，合苗役、市易等钱，乃至五千余万。渡江初，东南岁入不满千万，上供才二百万缗。至吕颐浩在户部始创经制钱六百六十余万缗①，孟庾为执政，又增总制钱七百八十余万缗②。朱胜非当国，又增月桩钱四百余万缗③。绍兴末，合茶、盐、酒、算、坑冶、榷货、籴本、和买之入，凡六千余万缗，而半归内藏。昔时，中都吏禄、兵廪之费，一岁不过百五十万缗，元丰间月支三十六万，宣和崇侈支百二万，南渡时连年用兵，月支犹不过八十万，其后休兵浸久，用度滋益，户部尝患无余。至绍兴三十一年，金人逾盟，军书旁午④，户部侍郎刘岑等至借江浙、荆湖等路坊场净利钱以备军赏。三十二年，总领四川财赋王之望至括民质剂未税者以资调度。殿中侍御史吴芾请核实内外兵以节养兵之费。礼部侍郎

---

① 经制钱，宋代为筹措军政费而加征的捐税的总名目。徽宗宣和末年，方腊在浙东起义宋王朝命陈遘以发运使经制东南七路财赋，他创立增收卖酒钱、印契钱、头子钱等税钱，称为经制钱。

② 总制钱，南宋为筹措军政费而加征的捐税的总名目。绍兴五年（1135），翁彦国总制东南财赋，仿经制钱法征收捐税，以官名号税名。

③ 月桩钱，是南宋为支应军饷而加征的税款名目，因系按月备办钱物，故称月桩钱。

④ 旁午，交错纷杂之意。军书傍午，代指战争频繁。

黄中请入内帑者悉以归左藏①。孝宗隆兴元年三月，始诏户部置局，
议节浮费。至是年六月，诏侍从、台谏两省集议，裁抑滥赏；又诏诸
路监司核实诸州桩积钱米。是月，复命总核内外财赋焉。自是以后，
理财益急，国用益不足矣。

开禧元年二月，诏：国用司立考核财赋法。
七月，以韩侂胄兼国用使②。
二年正月，更名国用司为国用参计所。
嘉定元年闰四月，置拘榷安边钱物所。
二年正月，诏内外有司疏陈节用之事。

是后，驾部员外郎李鸣复奏曰：《记》云③：国无九年之蓄曰不
足，无六年之蓄曰急，无三年之蓄曰国非其国也。今试思之，其有九
年之蓄否乎？今日之国计，版曹实司之。分版曹之责任者，内则司
农，外则四总领是也。臣家于蜀，尝究观蜀赋总入之数，以缗钱计
之，岁约二千二百余万。向也和议未绝，烟尘不警，尚可支吾。今也
边戍倍增，用度益广，每难酬应。朝廷以数不敷，岁降七百万缗以助
其费，此其大略也。迩者忝丞农扈，亦尝究观农寺岁催之额米一百三
十余万石，钱一百六十余万缗，以既入之钱，籴未足之米，总约二百
余万，而后可敷岁支之数，亦其大略也。蜀之所产未足供一岁之用，
农寺之所催仅可为一岁之出，求储积以备不时，盖无有也。类而推
之，湖广、淮东、西总计犹是也，此所以经费之外，卒有缓急，取办
于朝廷之桩管，其散在他所者，不得而知也。其米斛之在京城者，可
得而言也，曰两丰储，曰中下界，凡四仓，总不过二百万石。水旱之
科拨，岁寒之赈济，闰月之贴降，皆于是取之，此犹曰常程也。最可
虑者，江西、湖广，粒米狼戾，昔为乐土，今为盗区，赋输不入，纲
运转亏，诸总以匮乏告尝，截大农之纲以周其急矣。寇贼未平，漕运
未至，则其告匮必不能已也。农寺以贴降请尝，拨桩管之数以偿其亏

---

① 左藏，即左藏库，国库之一，始建于晋朝，与皇室的内藏库区别开来。
② 国用使，全称三省户房国用使。乾道二年（1166）由宋孝宗赵昚设置，由宰相兼任，总
管财政，参知政事同知国用事。
③ 《记》，指《礼记》，儒家经典之一。

矣。截拨有令，不容不行，则其求偿又当与之。俱也移东补西，已非得已，若捉襟见肘，不知计又安施也。去岁浙右之地，皆以稔告朝廷，和籴视旧有加。庙算深长，动中事会，独惜任是职者不务大体，锱铢必较，则负贩之徒，安能奔走以听命。网罗交设，则藏积之家不免怀疑而待价，名为和籴，实类科籴。始于趁时，终于失时，然犹幸其可助国计，他不足问也。今日之势迫矣，所积有限，而仰给无穷，将何以为计，愿轸念事变之来，急为根本之虑，其于时政实非小补。

三年四月，出内库钱二十三万缗赐临安军民。

十一年正月，以度僧牒千给四川军费。

知成都曹彦约奏曰：今日财用之弊，朝廷则窘于应办，州县则窘于支遣，总饷则今非昔比，戎司则今不一律。臣始守汉阳军，当湖北最窘处，适敌骑入境，催科束手，犹且解发，不改常度，是十年以前州郡犹可为也。越二年，而摄事湖广总饷，乃搬江州之银券以足襄阳，运德安之铁锱以实随、枣。移东就西，截长补短，支撑数月仅不废事。及正官交割后，其用益窘，有请于朝，久无画降，其人至投缳自杀，以救得免。矫制展官会，界分二百万，乃始集事。是八年以前，总饷已不可为矣。又二年而得守长沙，亦当应办之时，朝廷科拨未至，诸郡纲运尚阙，帅司移文本州，未免那兑其间，小小名色，不负责偿。值朝廷称提官会则多，出库钱以便百姓。二年之后，比交割原数尚有增羡，是七年以前，州郡犹可为也。又二年，而节制利州兼领郡事，则知利州已不得如长沙时矣。用兵之后，事力更改，有节度使寄居奉祠，则岁费增数千缗；有总管钤辖路分，添差作阙，则岁费又增万缗，黾勉尽瘁，仅了原额。又二年，而守豫章则知豫章，又不得如利州时矣。调发既多，则酒课不办，榷场不通，则税课渐减，虽搏节用度不致亏数，而所以为经费者甚岌岌也。戎司之事，虽未亲历，然在利州，闻管军二万四千人，交承钱物不过二三万缗，支吾不行，至有夺前政宅库之物以为公用者。又闻被旨巡边，有回避戍卒支犒，以葬妻为名行于小路者，是数年来不特州郡不可支遣，戎司亦穷陋至甚也；而朝廷之财，臣不得尽知，但见招募军兵，修筑城堡，额外和籴遍满天下，是用财之处比前日为多也。楮券不足，加以增印；

度牒不足，助以告敕，是生财之路比前日为广也。国用司本以蓄藏币之数，而没入平民，渐生枝叶，安边所本以籍权奸之产，而变久征榷颇动观听。大宁监之盐本已竭，而转运司之增羡不已，宕昌之马价未偿，而茶马司之献纳不废，是取财之道比前日为苛也。民力竭矣，上下煎熬一至此极，将何以救之哉！尝论天下之财未足以了天下之用，位置分画，要得其所，截然条目，不可移易。绍兴、隆兴间，外寇犯顺，朝廷调发虽费若河海，而州县常赋无窘迫之态，百姓安业无怨怼之患。大郡交割之数，有缗钱积至百万，小郡亦有数十万者。若民间积粟，往往上户十万斛，中产亦数千斛。上恬下熙，相安无事。淳熙、绍熙，其俗未改。近者公私之计，穷陋万状，皆云开禧以来，兵议才起，取常平义仓以供纲运，则救荒无先备，拨官告、度牒、茶盐引为籴本，则交易无见价。军器之有制造，弓兵之有调发，桩积之有水脚，招军之有赏犒，非时泛用，一切取办许于交承。钱内支破而州郡所积渐无遗蓄矣。调发有劈券则月粮有倍费，功赏有转资则食钱有添请，拆洗有往来之费，暴露有特喝之赏，便宜从事，一切取办朝廷，应付稍不如期，而转饷移兑即亏旧额矣。戎司之事，虽不欲穷问本末，然窘于开禧之后，不窘于开禧之前，亦必有以致此。望与大臣议立定制，以官兵之常数责州郡，而不责以非时之需；以岁时之常用责诸司，而不责以不测之费，总所应兑者悉与抛降，使之任乏兴之罪。课利有增羡者，不许申奉使之备，循环之费，其一切调发，则朝廷自任其责。当科降者即科降，不必徒为勘究；当支拨者速支拨，不许故为迟留。如八月当和籴，则七月先科降；十月当调发，则九月先支拨。久监司郡守之任以宽其迎送，严刻剥羡余之禁以沮其观望。使有志者可以募士养兵，谨重者可以备水旱、修城郭，设有缓急，亦得以仰成而取办。至于戎司，尤当知其事力，宽其利源，上可以慰其心，下可以飨其士，伸缩自如，可以展布。若大农之不继，则在陛下图回而斡旋之耳。绍兴和戎，以内帑了岁币；中间用兵，以内帑激将佐中兴之法，昭若日星，可举而行之也。虽然又有说焉！军政在戎帅，则总领为急务；军政在宣制，则总领为赘员，何也？盖军政在戎帅，则民事不得与知，命人以总领其事，无可疑者。军政在宣制，则财赋轻重当出其手，总领之职，特一有司耳！今欲招一军而听命于朝论，移一屯而分券于总所，使朝论疲于应酬视为常事，总所耻于督办递相萋斐，宣制不可为矣。诚使四总所之财，听命于宣制，如张浚之用赵开就粮折运，唯意所欲，如吴世将之处吴玠，不胶柱调瑟，不凿空取办。或欲减一军以宽用度，或欲增一军以临边塞，效用有奇，杰者可升为背嵬，民兵有精悍者，可选为效用。审缓急之宜，量出入之数，宣制得专之，他司不能挠之，非有大变革不必俟命而后行，非有大调发不待乞钱而后举，则州县总制皆得自用其财，而大农之财亦可得而稽考矣。

理宗端平元年，编类《端平会计录》。

都省言：近来户部财赋会计不明，度用无节，诏令尚书省计簿房置局稽考，委都司官同枢密院编修官编类《端平会计录》，仍令条具来上。权置检阅文字二员。

侍御史李鸣复奏曰：古者冢宰制国用，必于岁之杪，视年之丰耗，量入以为出。夫量入为出，一有司事耳，而必为之制，必归之冢宰，何也？盖天下之财，入有丰耗之不常，出有增损之各异，权多寡以酌费用，是之谓制，此制一定，虽人主不得越制过取，有司不得越制擅支，制与不制之间，民生之休戚，天下之理乱系焉，此岂一有司所能办哉！国朝财用，虽掌之三司使，而制国用之说，忧国者每每及之。张方平论支费，数广则乞下中书、枢密院审加图议。范镇论财匮民困，则乞使中书、枢密院通知兵民财利大计。至孝宗乾道间，则又特命宰相兼制国用，使参政同知国用事。当时虽九重邃密之地，亦未尝不朝夕在念也。今日之财用匮矣，府库已竭而调度方殷，根本已空而耗蠹不止。庙堂之上不闻他策，唯添一撩纸局以为生财之地。穷日之力，增印楮币以为理财之术[①]。楮日益多，价日益减，号令不足以起其信，继以称提；称提不足以强其从，重以估籍；估籍之令行而民不聊生矣。往者会计有局，检阅有官。在上者若致思国计矣，然置邮旁午，徒抚空文，岁月迁延，莫究实效。又论造楮，有疏论省费，有疏在下者，若致忧国用矣，然位卑言高，听之者未必信；事大体重，闻之者未必行。臣愚欲陛下远体周人制国用之遗意，近法孝宗任宰执

---

① 楮币，纸币的旧称。楮皮可以造纸，因此统称纸为楮。

之成规，明诏大臣，条陈经画，何道而可以足一岁之用，何术而可以致九年之蓄，所入不足于何取办，所出不敷于何减损，揆事理之当然，度时宜而裁酌，当必有转移阛阓之用以副朝廷之责望者。

嘉熙元年正月，初置财用司。

至二年二月，大宗正丞贾似道奏：裕财之道，莫急于去赃吏。艺祖治赃吏，杖杀朝堂；孝宗真决刺面。今日行之，则财自裕。

淳祐六年正月，置国用所。

是后宝祐四年九月，监察御史朱熠言：境土蹙而赋敛日繁，官吏增而调度日广。景德、庆历时，以三百二十余郡之财赋，供一万余员之俸禄，今日以一百余郡之事，力赡二万四千余员之冗官。边郡则有科降、支移，内地则欠经常纳解，欲宽民力，必汰冗员。帝纳焉。

臣等谨按：是时财赋之官，有总领，有提领。如淳祐元年四月，以贾似道为太府少卿、湖广总领财赋。至是年，置国用所，命赵与篡为提领官。九年九月，诏赵与篡提领户部财用。十一月，又以与篡为资政殿学士，提领国用。宝祐元年八月，以马光祖为司农卿、淮西总领财赋。五年二月，命赵葵兼湖广总领财赋，余晦淮西总领财赋。六年二月，以马光祖为京湖制置司兼夔路、策应湖广总领财赋。开庆元年四月，以吕文德兼四川总领财赋。十一月，以印应雷为军器监、淮西总领财赋兼江东转运判官。景定元年四月，命马光祖兼淮西总领财赋。二年十一月，光祖提领户部财赋。盖汲汲为国用计，故命重臣专司，其事如此。

开庆元年二月，出内库缗钱三千万助边用。

至九月，诏：出内府钱千万缗，银五万两，帛五万匹给宣司；钱五百万缗、银三万两、帛三万匹给沿江副司犒师。又出内库钱五百万缗，银二万两、帛二万匹给两淮制司；钱三百万缗、银万两、帛万匹给沿江制司以备军赏。十一月，诏：江东、西宣抚使赵葵便宜行事，以钱五百万缗、银五万两给其用。闰十一月，又诏：出内帑缗钱五千万，犒内外诸军。

臣等谨按：是时屡值军兴，赐钱不资，其见于《本纪》者，是年后至景定元年正月，元帅北还，诏以缗钱三千万犒师，并示赏功之典。又赐鄂州战守将士缗钱三千万。度宗咸淳六年正月，以钱二百万赐夔路策应司备御赏给。十月，遣范文虎总统殿司、两淮诸军往襄樊会合，备御赐钱百五十万犒师。十一月，诏：襄郢屯戍将士隆寒可悯，赐钱二百万犒师。七年六月，以钱百万，银五千两，命知嘉兴府眷万寿修城浚濠，缮甲兵备御遏。又诏：以蜀闸调度浩繁，赐钱二百万给用。又以隆暑给钱二百万，赐襄郢屯戍将士。八月，以钱三百万，遣京湖制置李廷芝诣郢州，调遣犒师。又命沿江制置副使夏贵，会合策应，以钱二百万随军给用。十二月，以钱三十万，命四川制司下渠洋、开州、宁西、镇抚使张朝宝创司犒师。八年二月，以钱二百万给犒襄郢水陆战戍将士。九年四月，以钱二百万给兵部尚书、湖广总领汪立信开闸犒师。又以钱六十万，给沿江制置赵淯江防捍御。十月，以李庭芝为两淮安抚制置使，赐钱二百万给犒备御。十一月，以夏贵为淮西安抚制置使，赐钱百万给犒备御。十年六月，以银二万两，命寿春府措置边防。盖军书旁午，尚籍此以维持十余年，诚亦激劝之一术耳。

恭帝德祐元年十二月，嘉兴府告急，给封桩库钱为兵备。又出安边封桩库金付浙东诸郡为兵备。

王圻曰：宋太祖、太宗设三司主计有度支之目。又有提举帐司磨勘理欠等司，皆为会计财用也。唐李吉甫尝录元和国计，著为成书。宋景德、皇祐、治平、熙宁、元丰主计者，皆有录上之。其户口之籍，舆地之图，调度之多寡，锡予之厚薄，莫不毕具。各内藏与天下封桩，非三司所领者不与焉。《元祐会计录》，苏辙所著，盖取元丰八年会计之实而别其五：曰收支，曰民赋，曰课入，曰储运，曰经费，谓一岁之入不足以供一岁之出。且论宗室，为节度防御观察者数倍于皇祐百官，为大夫者数倍于景德。稍裁减宗室及百官，任子恩泽，见任者无损，方来者有限，亦至计也。自罢三司，理财无法，而渡江以后，典籍散亡，一切会计事置之不讲，苟且目前，议者惜焉。

辽制：五京及长春、辽西、平州置盐铁、转运、度支、钱帛诸司，以掌出纳。

《辽史·百官志》曰：辽国以畜牧、田渔为稼穑财赋之官，初甚简易，自聂呼教耕织，而后盐铁诸利日以滋殖，既得燕代，益富饶矣。

道宗咸雍中，马人望为南京三司度支判官，公利交裕①。

至天祚帝时，人望迁中京度支使，始至，府廪皆空。视事半岁，积粟十五万斛，钱二十万镪。及拜参知政事判南京三司使事时，钱谷出纳之弊，唯燕为甚。人望以缣帛为通历，凡库物出入，皆使别籍，名曰临库。奸人黠吏，莫得轩轾。

太康元年六月，知三司使事韩操，以钱谷增羡，授三司使。

《辽史·食货志》曰：辽地半沙碛，三时多寒，春秋耕获，黍稌高下，盖不得与中土同矣。然自初年农谷充羡，赈饥恤难用不少，斩旁及邻国，沛然有余，此无他，劝课得人、规措有法故也。

王圻曰：辽起朔漠，经费皆不可考。唯日有宴，月有赐，赐之多者银至二三千金，又鞍马衣匹佐之，然亦不至告匮，岂防边之费既省，而又借宋人以为外府欤！

金太宗天会十一年八月，黄龙府置钱帛司。

海陵天德二年正月，诏中外节财用。

臣等谨按：《金本纪》：海陵在位十余年，每饰情貌以御臣下，却尚食进鹅，以示俭。及游猎顿次不时，需索一鹅一鹑，民间或用数万售之。有以一牛易一鹑者，或以散裘覆衣，以示近臣；或服补缀，令记注官见之；或取军士陈米饭与尚食同进，先食军士饭几尽。而比昵群小，官赏无度。常置黄金裀褥，间有喜之者，令自取之。至营南京宫殿，运一木之费至二千万，牵一车之力至五百人，宫殿之饰遍傅黄金，而后间以五彩，金屑飞空如落雪，一殿之费以亿万计。成而复

---

① 公利交裕，语欠通。《辽史·马人望传》作"转南京三司度支判官，公私兼裕。"

毁，务极华丽。其南征造战舰江上，毁民庐舍以为村①，煮死人骨以为油，殚民力如牛马，费财用如土苴，空国以图人，国遂至于败。天德之诏，不过饰情貌之一端耳！

世宗大定二年六月，出内府金银给征契丹军用。

二十一年，参知政事梁肃上疏，论生财舒用八事。

先是，肃奏曰：方今斗粟，三百人已困饿，以钱难得故也。计天下岁入二千万贯以上，一岁之用余千万，院务、坊场及百姓合纳钱者，通减数百万。院务、坊场可折纳谷帛，折支官兵俸给，使钱布散民间，稍稍易得。帝曰：县欠院务许折纳可也。乃复上疏论生财舒用八事：一曰罢随司通事；二曰罢酒税司杓栏人；三曰天水郡主本族已无在者，其余皆远族，可罢养济；四曰裁减随司契丹吏员；五曰罢榷醋，以利与民；六曰量减盐价，使私盐不行，民不犯法；七曰随路酒税，许折纳诸物；此与罢杓栏人，罢榷醋，俱互见榷酤考。八曰今岁大稔，乞广籴粟麦，使钱货流出。帝曰：赵氏养济一事，乃国家美政，不可罢。其七事，宰相详议以闻。

臣等谨按：世宗自奉俭约，见于《本纪》者不可胜书，而赏赉臣下又甚厚，其略见于《列传》中者，如独吉义罢为益都尹，赐金五十两、银五百两。乌雅扎拉击斡罕有功，以为宿直将军，赐银三百两、重彩二十端。富珠哩定方与宋战，为人所害，赙银五百两、重彩二十端。图克坦、喀齐喀平陕西，将士明安赏银五十两、重彩五端、绢十匹，权正同之正军人给钱三十贯，伊勒希十贯，战没者皆赐钱有差，及喀齐喀薨，赙银一千二百五十两及重彩币帛。赫舍哩志宁宿州之胜，以御服金线袍玉、吐鹘宾铁佩刀使就军中赐之，凡有功将士、明安穆昆并如陕西。迁赏佛宁重彩三端、绢六匹，旗鼓笛手吏人各赐钱十贯。还军睢阳，复以御服、玉佩刀、通天犀带赐之，诏兵士死者人赙钱三十贯，明安三百贯，穆昆二百贯，富埒珲一百贯，权明安二百贯，权穆昆一百五十贯，权富埒珲七十贯。及还京师，又以玉杓及黄金五百两赐之。及薨，赙银千五百两、重彩五十端、绢五百匹。完

---

① 毁民庐舍以为村，"村"字当为刊刻之误，《金史·海陵本纪》作"毁民庐舍以为材"，当是。

颜思敬献斡罕俘于京师，赐金百两，银千两、重彩四十端、玉带、厩马、名鹰。完颜爽薨，赙银千两、重彩四十端、绢四百匹。完颜阿苏卒，其赙数同完颜宗敏，屡立功，历官得民心，为海陵所杀，赐金五百两、重彩二十端、绢三百匹。张浩薨，赙银千两、重彩五十端、绢五十匹。完颜宗宪薨，赙银一千五百两、重彩五十端、绢五百匹。完颜永元卒，赙银三百两、彩十端、绢百匹。诺延温都乌达薨，赙银千两、重彩四十端、绢四百匹。刘玩，除定海军节度使，赐厩马、金带、彩十端、绢百匹，及卒，赙银三百两、重彩三十端。盖俭于己而不俭于人，其深得用财之道如此！

二十九年章宗已即位。五月，诏罢送宣钱。

六月，又罢送赦礼物钱。

章宗明昌六年三月，运粮北边，发银钱等备支给赏劳。

以银五十万两、钱二十三万六千九百贯备支给，银五万两、金盂二千八百两、金牌百两、银盂八千两、绢五万匹、杂彩千端、衣四百四十六袭以备赏劳。

五月，命减万宁宫陈设九十四所。

永安元年十二月，劳赐北边将士。

遣提点太医近侍局使李仁惠劳赐之。授官者万一千人，授赏者几二万人，凡用银二十万两，绢五万匹，钱三十二万贯。

二年四月，降空名度牒等助军储。

世宗大定初，以边事未定，财用阙乏，自东、南两京外，令民进纳补官，及卖僧道尼女冠度牒、紫褐衣师号及寺观名额。五年罢。至是，尚书省又奏：比岁北边调度颇多，请降僧道空名度牒、紫褐师德号以助军储。从之。三年，西京饥，又卖度牒以济。至卫绍王崇庆元年五月，又诏卖空名敕牒。宣宗贞祐四年，以军储不足，许纳粟充僧道官。其纳粟入官，详见《选举考》。

十月，初设讲议所，官十员，共议钱谷。

三年正月，诏罢之。互见《职官考》。

宣宗贞三年三月，减刍粮券例。

先是，承安四年三月，尚书省奏：减亲军武卫军额，及太学女直、汉儿生员，罢小学官及外路教授，以省俸给。诏学校仍旧，武卫军额再议，余报可。至是，御史台言：在京军官及委差官刍粮券例，悉同征行，乞减其给。枢密院委差有俸，人吏非征行不必给。皆从之。四月，以调度不给，凡随朝六品以下官及承应人，罢其从己人力输佣钱。有禄官吏被差，不出本境者，并罢给券；出境者以其半给之。修内司军夫亦减其半。七月，诏：河北郡县军须并减河南之半。又诏：致仕官俸给，比南征时减其半。

七月，裁损宫中岁给有差。

九月，立募民进粮赏格。

诏：司县官能募民进五千石至二万石以上，各减资考及升迁有差。详见选举考。

兴定三年四月，定募民入粟法。

高汝砺请备防秋之粮，宜及年丰于河南州郡验直立式，募民入粟。帝与议，定其法而行之。

哀宗正大三年正月，诏尚书省议，省减用度。

十一月，诏谕陕西两省：凡戎事，三品以下官，听以功过赏罚之，银二十五万两，从其给赏。

六年七月，罢陕西行省军中浮费。

天兴元年八月，括民间粟①。

寻诏罢括粟，复以进献取之。九月，罢贫民进献粮，寻再括京城粟。

《金史·锡默爱实传》曰：天兴元年八月，括京城粟，以转运使完颜珠赫、张俊民、伊喇克忠等置局，以推举为名，既而罢括粟，令复以进献取。前御史大夫内族哈昭复冀进用建言，京城括粟，可得百余万石。朝廷信之，命权参知政事与左丞李蹊总其事。先令各家自实，壮者存石有三斗，幼者半之，仍书其数门首，敢有匿者，以升斗论罪。京城三十六坊，各选深刻者主之。内族完颜玖珠尤酷暴，有寡妇二口，实豆六升，内有蓬子约三升，玖珠执而令于众，妇泣诉曰：妾夫死于兵，姑老不能为养，故杂蓬籹以自食耳，非敢以为军储也。且六升者，三斗之余。不从，竟死杖下。京师闻之股栗，尽投其余于粪涵中。爱实上奏：请罢括粟。不报。时所括不能三万斛，而京城益

---

① 括，搜刮、搜求财物。此种行为只为满足一时急需，不需要任何税费名目。

<u>萧然矣。</u>

三月，出内府金帛器皿赏战士。

至七月，出内府及两宫物赐军士，十二月，御端门发府库及两府器皿、宫人衣服赐将士。

二年九月，括蔡城粟。

时帝奔蔡城，遣使如宋借粮，宋不许。元兵筑长垒围之，故又括粟也。

《金史·食货志》曰：太祖肇造，减辽租税规模远矣。熙宗、海陵之世，风气日开，兼务远略，君臣讲求财用之制，切切然以是为先务，虽以世宗之贤，储积之志，曷尝一日而忘之。章宗弥文猥兴，边费亦广，食货之议，不容不急。宣宗南迁，国上日蹙①，污池数罟②，往往而然，盖法之初行，唯恐不密，言事者谓其厉民，即命罢之。罢之未久，会计者告用乏，又复举行。其罢也志以便民，而民未见德；其行也志以足用，而用不加饶。及其亡也，括粟阑籴，一切掊克之政，靡不为之。加赋数倍，豫借数年。或欲得钞，则豫卖下年差科。高琪为相，议至榷油进纳。滥官辄受空名宣敕，或欲与以五品正班。僧道入粟，始自度牒，终至德号、纲副威仪、寺观主席，亦量其资而鬻之。甚而丁忧，鬻以求仕，监户鬻以从良，进士出身鬻至及第。又甚而叛臣剧盗之效顺，无金帛以备赏激，动以王爵固结其心。重爵不蕺则以国姓赐之。名实混淆，伦法斁坏，皆不暇顾，国欲不乱，其可得乎！迨夫宋绝岁币而不许和，贪其淮南之蓄，谋以力取。至使枢府武骑，尽于南伐，额尔克时全之出，初志得粮，后乃尺寸无补，三军偾亡。元师压境，兵财俱困，无以御之。《传》曰③：作法于凉，其弊犹贪④。作法于贪，弊将若何。使其初用唐之永业、口分以制民产，仿其租庸调之法以足国计，何至百年之内，纷纷如此，急一时之

---

① 国上日蹙，其中"上"字当为"土"字之误。可见《金史·食货志》。
② 污池数罟，用细密的渔网在很小的池塘里捕鱼，意即征榷制度细密，竭泽而渔。
③ 《传》，指《左传》。
④ 作法于凉，其弊犹贪，语出《左传·昭公四年》，意为君子很严肃、很翔实、很诚信地制作法律，弊害仍然很多。

利，踵久坏之法，鄙辽俭朴，袭宋繁缛之文，惩宋宽柔，加辽操切之
政，弃其所长，而并用其所短，宜乎！国用匮而民心益离也。

元世祖至元十九年十月，敕禁中出纳分三库。

御用宝玉、远方珍异隶内藏，金银、济逊、衣段隶右藏，常课、衣
段、绮罗、缣布隶左藏。

　　臣等谨按：《元史·百官志》，三库皆属太府监。《武宗纪》，成
宗大德十一年十二月，中书省言：太府院为内藏，世祖成宗朝，遇重
赐则取给中书，今所赐有逾千锭至万锭者，皆取之太府。比者太府取
五万锭已支二万矣。今复以乏告请，自后内府所用数多者，仍取之中
书。帝曰：此朕特旨，后当从所奏。盖元代至武宗即位初，国用渐
多，而帑藏已乏矣。

二十九年十月，左丞相鄂勒哲等请节用。

鄂勒哲等言：一岁天下所入，凡二百九十七万八千三百五锭，今岁已
办者才一百八十九万三千九百九十三锭，其中有未至京师而在道者，有就
给军旅及织造物件馆传俸禄者。自春至今，凡出三百六十三万八千五百四
十三锭，出数已逾入数六十六万二百三十八锭矣。自后赐诸近侍亦宜有
节。帝嘉纳之。

　　臣等谨按：王圻本载，是年十一月，中书省言：自正旦至二月中
旬，费五十万锭。臣等兼总财赋，自今侍臣奏请赐费，乞令臣等预
议，帝是之。又载十二月僧格言：有分地之臣，例以贫乏为辞，希觊
赐与。财非天坠地出，皆取于民，苟不慎其出入，恐国用不足。帝
曰：自今不当给者，汝即画之。当给者，宜覆奏，朕自处之。考
《世祖纪》及《僧格传》皆无其事。且僧格已于十八年秋伏诛，王本
所载，不知其何所本，聊存其说，以备考焉。

成宗元贞二年十二月，定诸王朝会赐与。

太祖位金千两，银七万五千两；世祖位金各五百两，银二万五千两，
余各有差。至成宗大德十一年六月，武宗已即位，中书右丞相哈喇哈斯达

尔罕等言，前奉旨命议诸王朝会赐与，臣等议：宪宗、世祖登宝位时，赏赐有数。成宗即位，承世祖，府库充富，比先例赐金五十两者增至二百五十两，银五十两者增至百五十两。帝命遵成宗所赐之数赐之。

《元史·食货志》曰：元制，凡诸王及后妃公主岁赐银币，始定于太宗之时，而增于宪宗之日。及世祖平江南，以至成宗亲亲之义，复加厚焉。至于勋臣亦然，又所以大报功也。

臣等谨按：王圻本载，元贞元年，中书省言：朝会赐与之外，余钞止有二十七万锭，凡议钱粮者，乞量给之，仍定西平王鄂拉齐、宁远王库克楚、镇南王托欢及额森特穆尔，大会赏赐，例金各五百两，银五千两，钞二千锭，币帛各二百匹；诸王特穆尔、布哈伊、扎尔布哈等金各四百两，银四千两，钞一千六百锭，币帛一百六十匹。考《成宗本纪》不载其事，即所定之数，亦与此不符，想是年又更定之也。

大德二年二月，敕会计每岁出入之数。

谕中书省曰：每岁天下金银钞币所入几何，诸王驸马赐与及一切营建所出几何，其会计以闻。右丞相鄂勒哲言：岁入之数，金一万九千两，银六万两，钞三百六十万锭，然犹不足于用。又于至元钞本中借二十万锭。自今敢以节用为请。帝嘉纳焉。罢中外土木之役。

十一年八月，时武宗已即位。命自今凡以赏为请者，勿奏。

中书省言：以朝会应赐者为钞总三百五十万锭，已给者百七十万，未给犹百八十万两，都所储已虚。自今特奏乞赏者，宜暂停。故有是命。至九月，晋王伊苏特穆尔以诏赐钞万锭，止给八千为言。中书省言：帑藏空竭，常赋岁钞四百万锭，各省备用之外，入京师者二百八十万锭，常年所支止二百七十余万锭。自陛下即位以来，已支四百二十万锭，又应求而未支者二百万锭，臣等虑财用不给，敢以上闻。帝曰：卿之言然，自今赐予宜暂停，诸人毋得奏请。可给晋王钞千锭，余移陕西省给之。

武宗至大元年十一月，中书省请节用度。

省臣言：帑藏空虚，中都建城，大都建寺，及为诸贵人营私第，军民不得休息。迩者用度愈广，每赐一人，辄至万锭，唯矜察之。

三年十月，令分减宣徽院廪给。

尚书省言：宣徽院廪给日增，储偫虽广，宝不能给，宜加分减。帝曰：比见后宫饮膳与朕无异，有是理耶！其令巴达克善与宣徽院官核实分减之。

四年十一月，时仁宗已即位。诏：凡营缮悉罢之。

先是，三月，谕太府监曰：财用足则可以养万民，给军旅。自今虽一缯之微不言于朕，毋辄与人。至是参政李孟奏：钱粮为国之本，世祖朝量入为出，恒务撙节，故仓库充韧。今每岁支钞六百余万锭，又土木营缮百余处，计用数百万锭，内降旨赏赐复用三百余万锭，北边军需又六七百万锭，今帑藏见贮止十一万余锭。若此，安能周给，宜停罢浮费。帝纳之，故有是诏。

英宗至治二年三月，以国用匮竭，停诸王赏赍及皇后达尔玛实哩等岁赐。

至四月，中书省请节赏赍以纾民力。帝曰：朕思所出倍于所入，出纳之际，卿辈宜慎之。朕当撙节其用。

泰定帝泰定二年五月，舒玛尔节以国用不足，请减厩马，汰卫士，及节诸王滥赐。从之。

至七月，以国用不足，罢书金字藏经。

《元史·张珪传》曰：帝以灾异，诏百官集议。珪与枢密院等官极论当世得失，有曰中卖宝物。世祖时，不闻其事，自成宗以来，始有此弊，分珠寸石，售直数万。当时民怀愤怨，台察交言，且所酬之钞，率皆天下生民膏血，锱铢取之，从以捶挞，何其用之不吝。夫以经国有用之宝，而易此不济饥寒之物，又非有司聘要和买，大抵皆时贵与鄂托克中宝之人，妄称呈献，冒给回赐，高其直且十倍。蚕蠹国财，暗行分用。如沙布鼎之徒，顷以增价，中宝事败，且存吏牍。陛下即位之初，首知其弊，下令禁止，天下欣幸。臣等比闻中书乃复奏，给累朝未酬宝价四十余万锭，较其原直利已数倍，有事经年，远者三十余万锭，复令给以市舶番货，计今天下所征包银差发，岁入止十一万锭，已是四年征入之数，比以经费弗足，急于科征。臣等议：番舶之货，宜以资国用，纾民力，宝价请俟国用饶给之日议之，国家经赋皆出于民，量入为出，有司之事。比者建西山寺，损军害民，费以亿万计，刺绣经幡，驰驿江浙，逼迫郡县杂役男女，动经年岁，穷奢致怨。近诏虽已罢之，又闻奸人乘间奏请，复欲兴修，流言喧播，群情惊骇。臣等议：宜守前诏，示民有信。其创造刺绣事，非岁用之常者悉罢之。中外军民署置官吏，有非世祖之制及至元三十年后改升创设者，员冗俸滥，宜悉减并除罢之。僧徒奏请增修布施，贪慕货利一事，所需金银钞币，不可数计，岁用钞数千万锭，数倍于至元间，凡所供物，悉为己有，布施等钞，复出其外，生民脂膏纵其欲取。彼既行不修洁，适足?慢天神，宜罢功德，使司不得妄增醮祠佛事名目。又比年游惰之徒，妄投宿卫部属，及宦者女红、太医阴阳之属，不可胜数。一人收籍，一门蠲复，一岁所请，衣马刍粮数十户，所征入不足以给之。议如世祖时支请之数，余悉简汰。兵戎之兴，号为凶器，擅开边衅，非国之福。蛮夷无知，劫杀使臣，利其财物而已。至用大师，期年不戢，伤我士卒，费国资粮，宜明敕守吏，简罢冗兵。又比年赏赐泛滥，近侍之人窥伺喜悦之际，或称乏财无居，或称嫁女娶妇；或以伎物呈献，殊无寸功小善，递互奏请，要求赏赐回奉，奄有国家金银珠玉及断没人畜产业，无功受赏，既伤财用，复启幸门。臣等议：非劳迹着明，不宜加赏。帝不从。

三年五月，中书省会岁钞出纳之数，请节用以补不足。从之。

至九月，中书省言：今国用不继，当法世祖之勤俭以为永图。臣等在职，苟有滥承恩赏者，必当回奏。帝嘉纳之。次年正月，御史辛钧言：西商鬻宝，动以数十万锭。今水旱民贫，请节其费。不报。

文宗天历二年正月，中书省言：度支今岁刍槁不足，常例支给外，凡陈乞者宜勿予。从之。

时中书省又言：朝廷赏赉，不宜滥及周功。鹰、鹘、狮、豹之食，旧支肉价二百余锭，今增至万三千八百锭；控鹤旧止六百二十八户，今增二千四百户。又佛事岁费，以今较旧增多，金一百五十两，银六千二百两，钞五万六千二百锭，币帛三万四千余匹，请悉拣汰。从之。中正院又言：皇后日用，所需钞十万锭，币五万匹，绵五千斤。诏：钞予所需之半，币给一万匹。九月，御史中丞史唯良上疏言：今天下郡邑被灾者众，国家经费若此之繁，帑藏空虚，生民凋瘵，此正更新百废之时，宜遵世祖成宪，汰冗滥蚕食之人，罢土木不急之役，事有不便者咸厘正之。如此，则天灾可弭，祯祥可致。不然，将恐因循苟且，其弊渐深，治乱之由自此而分矣。帝嘉纳之。是岁会赋入之数：金三百二十七锭，银千一百六十九锭，钞九百二十九万七千八百锭，币帛四十万七千五百匹，丝八十八万四千四百五十斤，绵七万六百四十五斤，粮千九十六万五十三石。

至顺元年七月，中书省陈滥费五事。

言近岁帑廪空虚，其费有五：曰赏赐，曰作佛事，曰创置衙门，曰滥冒支请，曰续增卫士鹰坊。请与枢密院、御史台各集赛官，同加汰减。从之。

顺帝至正十九年三月，御史台以募兵虚冒为言。不能用。

先是，召募义兵费用银钞一百四十万锭，多近侍权幸冒名关支，率为虚数。御史台以为言，乞令军士，凡已领官钱者，立限出征。诏从之。已而复止不行。至二十二年，枢密副使李士瞻上疏，极论时政凡二十条：其二日罢造作以快人心，九日察近幸以杜奸弊，十一日省佛事以节浮费，十二日绝滥赏以足国用，十四日减常岁计置为诸宫用度。二十四年八月，博啰特穆尔请诛狃臣图噜特穆尔、波迪哇儿祃，罢三宫不急造作，沙汰宦官，减省钱粮，禁止西番僧人好事。

《元史·食货志》曰：元于宗戚则有岁赐，于凶荒则有赈恤，大率以亲亲爱民为重。世祖尝命中书斟酌赐与。成宗尝命丞相鄂勒哲等会计出入。是以元之治，以至元、大德为首。厥后国用浸广，除税粮、科差二者之外，凡课之入，日增月益，至天历之际，视至元、大德之数益增二十倍矣，而朝廷未尝有一日之蓄，则以其不能量入为出故也。

明太祖洪武十三年二月，诏：发丹符，验天下金谷之数。

成祖永乐十九年十一月，遣官核两京及天下库藏出纳之数。

内府凡十库：承运库贮缎匹、金银、宝玉、齿角、羽毛，广积库贮硫黄硝石，甲字库贮布匹、颜料，乙字库贮胖袄、战鞋、军士裘帽，丙字库贮棉花、丝纩，丁字库贮铜铁、战皮苏木，戊字库贮甲仗，赃罚库贮没官物，广惠库贮钱钞，广盈库贮纻丝、纱罗、绫锦、绸绢。六库皆属户部，唯乙字库属兵部，戊字、广积、广盈库属工部。又有天财库亦名司钥库，贮各衙门管钥，亦贮钱钞。供用库贮粳稻、熟米及上供物。以上通谓之内库。其在宫内者，又有内东裕库、宝藏库，谓之里库。凡里库不关于有司。其会归门、宝善门迤东及南城碰器诸库，则谓之外库。若内府诸监司局、神乐堂、牺牲所、太常、光禄寺、国子监，皆各以所掌收贮应用诸物。太仆则马价银归之。其在外诸布政司、都司、直省州府县卫所，皆有库以贮金银钱钞丝帛赃罚诸物。各运司皆有库贮银。又凡府州县税课司局、河泊所岁课商税、鱼课、引由、契本诸课程，令所司解州县府司以至于部。是时，分遣中官杨实、御史戴诚等查勘其出纳之数。

二十年十月，分遣官核天下仓粮出纳之数。

初，京卫有军储仓。洪武三年，增置至二十所。各行省亦皆有仓，官吏俸取给焉。边境有仓，收屯田所入以给军。州县设预备仓以赈凶荒。是时，分遣中官及朝臣八十人查核之。

仁宗洪熙时，罢行用库。

初，尝置行用库于京城及诸府州县，以收易昏烂之钞，至是罢之。互见钱币考。

宣宗宣德十年二月，时英宗初即位。罢诸司冗费。

初，凡事皆敕从简省，至是从尚书胡濙等议，一切冗费皆裁减之。

臣等谨按：《明史·食货志》曰：英宗初政，减南畿孳牧黄牛四万，糖蜜、果品、脡脯、酥油、茶芽、粳糯米、药材皆减省有差。《实录》又载：是年八月，减光禄膳夫四千七百余人，盖即位数月，多所撙节矣。

英宗正统元年，内库岁进金花银百万两有奇。

初，金银多入内承运库，岁赋偶折征者送南京供武臣等及各边缓急。至是额折漕粮岁百万，尽解内承运库为御用矣。互见田赋考。

七年，设户部太仓库，专以贮银。

各直省派剩麦米十库中，绵、丝、绢、布及马草、盐课、关税，凡折银者皆入太仓库。籍没家财、变卖田产、追收店钱、援例上纳者，亦皆入焉。以其贮银故，又谓之银库。至十年，又设通济库于通州。世宗时罢。

景帝景泰五年十二月，减光禄寺供应靡费。

户部主事余子俊言：光禄寺日逐供应上用有限，而内外官吏厨役等通同侵盗，不可数计。各寺观逐日斋醮，轻用钱帛，动以万计，乞敕减省，庶国用不亏。疏入，以斋醮已有定规，但令礼部移文光禄寺禁约。

《食货志》曰：天顺八年，光禄果品物料凡百二十六万八千余斤，增旧额四之一。成化初，诏：光禄寺牲口不得过十万。明年，寺臣李春请增。礼部尚书姚夔言：正统间，鸡鹅羊豕岁费三四万，天顺以来增四倍，暴殄过多，请从前诏。后二年，大学士彭时、给事中陈越亦以为言，请照宣德、正统间例，斟酌供用，禁止买办。于是减鱼果岁额十之一。

宪宗成化十二年三月，减内府供用物。

七月，以用度不节，工役劳民，自责。十六年三月，以岁歉，减光禄寺供用物。

十七年十一月，取太仓银三分之一入内库。

至孝宗弘治时，内府供应繁多，每收太仓银入内库。又置南京银库。武宗正德时，内承运库中官数言内府财用不充，请支太仓银。户部执奏不能沮。世宗嘉靖初，内府供应视弘治时，其后乃倍之。初，太仓中库积银八百余万两，续收者贮之两庑，以便支发，而中库不动。遂以中库为老库，两庑为外库。及是时，老库所存者仅百二十万两。二十二年，特令金花子粒银应解内库者，并送太仓备边用。然其后复入内库。

王圻曰：先是内帑积金凡十窖，每窖凡若干两，盖历朝储之以备边虞者。景泰末年，赏赐甚侈，颇多浪费。英宗居南城，闻而叹曰：累世之积殆将尽乎！甫复位，亟往观焉，止缺其一角，旋节他费以补之。迨成化时，内官梁芳韦兴等作奇技淫巧，并祷祀宫观，屡购宝石，然后十窖俱罄矣。

孝宗弘治元年，兵部尚书马文升疏请节用。从之。

文升疏谓：为国莫先爱民，爱民莫先节用，节用之道，必自内府减省始。乞敕户、礼、工三部，各查内府自洪武至正统年间供应之物，逐一上陈，断自宸衷，量加减省，即为定例，不许增添，尤望自今凡百用度赏赐，更加撙节，罢不急之修造，裁冗食之人员，则帝王克俭之盛德复见于今，而民困少苏矣！帝题其言。寻从御史李蕙言：命光禄减增加供应，并禁假供应之名，抑价倍取者。九月，禁内侍加派供御物件。三年十二月，减供御品物。七年九月，停苏松诸府所办物料。十一年十一月，免陕西织造羊绒，罢福建织造彩布。十五年九月，放减内府所蓄鸟兽。十七年二月，又减供用物件。

十五年，裁减光禄中官，岁省银八十余万两。

初，光禄寺之设，唯供奉内府御膳、备办使臣外夷宴飨而已，自成化以后，添坐家长随八十余员，传添汤饭中官百五十余员，天下常贡已不足用，乃责买于京师铺户，市井负累。兵部尚书刘大夏因天变言光禄日办桌面，不胜查算，日杀牲口无虑数百，既以损民之财，尤亏爱物之仁。疏入，帝为恻然，乃有裁减之命。

《食货志》曰：是年，光禄卿王珩列上内外官役酒饭及所畜禽兽料食之数，凡百二十事。乃降旨有仍旧者，有减半者，有停止者，于是放去乾明门虎，南海子猫，西华门鹰犬，御马监山猴，西安门大鸽等，减省有差，存者减其食料。

十月，户部上会计盈缩之数。

户部以今岁天下灾伤，粮税减损，而国家费出无经，乃会计其盈缩之数上之。

其略曰：每岁天下税粮各项俱有常额。比岁有遇事故停减而岁入不及原额者，如起运京边粮料等。八年，因地方灾伤，特少起运之类。有逐年加添而岁支过于原额者，如官军折俸。景泰六年，一季支一万三千三十余两。弘治十四年，一季支十三万九千九十余两，多十二万七千两之类。在内固然矣，在外官用不足，如河南岁存税粮一百二万七千二百四十余石，而诸司及各王府岁支一百一十六万五千二百九十余石，少一十四万余石之类。民财尽耗，如先年解边折粮，榆林每石不过二钱五分，宣府不过八钱五分。近因边方多事，改折本色，每石用银至一两八九钱之类。皆以常入之赋，或停减；而不足常用之数又加添而过多，则知在内在外，一岁所入俱不足供一岁所出。况灾伤迭见，供饷频繁乎。洪武定都金陵，当时供给南京为重，各边次之。自永乐都燕，京师为重，南京次之，各边又次之。然当时供给，各定省分，今湖广、江浙诸处，既供南京，又供京师直隶诸处；既供京师，又供各边。且正统以前，国用减省，民之输纳不出堂额之外。自景泰至今，供用日盛，额外加增。又往岁丰登，运河易达，边郡无调发，州县无流徙，有司得以借先年之积，制一岁之用。今太仓无数年之积，而冗食日加于前，内帑缺见年之用，而给费日加于后，郡县旱潦之不时，边方请给之不已，万一漕运迟误，边郡有警，则京储求岁入三百七十万之数，边饷须四百万两之银，亦已难矣！倘不幸复加数千里之水旱，数十万之军旅，又将何所取给哉！疏入，命会议以闻。

武宗正德元年五月，命廷会筹经制之宜。

户部侍郎陈清等极言国用不足，当亟筹经制之宜。乃命廷臣会议。尚书韩文等议：京库岁入一百四十九万两有奇，岁用给边折俸及内府成造宝册之类，为一百万两余，皆贮之太仓，或多至四百万，少亦半之。近岁则一年所用，乃五百余万矣。海内虚耗，兵荒相仍，乞痛惩侈靡，务为省缩。因条具经制八事：一、崇节俭，凡上用舆马服饰器用玩好，屏去淫巧，务从朴素。光禄寺查减内外近侍日常滥费酒馔，使臣民向化，悉革奢靡；一、裁冗食，凡内外诸司，事少官多者，文武官传升乞升者，军士投充占用者，光禄寺厨料非急用者，内府各监局人匠非额设者，内官等监派办物料，在所当缓者尽为裁省；一、节冗费，先朝财赋，以十之七为经费，而储其三备兵荒。近费出无经，国用愈困，乞查正统以前岁用之则，酌行永守。自今非成造上用器物及王府宝册，不得用金；非圣旦千秋诸重事，不得用银，每年输银于承运库不得过五十万两；凡庄严佛像斋醮赏赉之类，俱不得妄求浪费；一、赎锾备用，通行天下，将一应赎罪赃罚等物，暂行折银解部备用；一、处置盐法，凡盐徒私贩势要占中，乃土豪强夺芦荡、奸灶侵欺课额，皆遣官清理究治；一、清查积朽，各省司府库藏所贮钱帛珍宝赃罚等物，岁久腐烂者，命官查盘，估计易银送部；一、钱钞折银，两京广惠等库所贮钱，颇足支用，乞通行天下，将明年该征先年逋欠户口食盐钱钞起解之数，暂令折银；及崇文门分司税商钱钞，亦折银俱解部；发太仓贮库给边；一、清查草场，坝上等十九马房草场，乞敕官亲勘，旁近地量留若干牧马，余给附近军民佃种，照例岁办子粒银解部应用。诏是之，仍令详究支用多至数倍之由，及运送各边已用未用之数，并有可行长策，仍议以闻。

　　臣等谨按：明代冗食之员莫如传奉官[1]，考《本纪》，成化二十一年二月，放免传奉文武官五百六十余人。二十三年十月，孝宗已即位，汰传奉官。弘治十七年五月，兵部尚书马文升又疏请清传奉，以节冗费，谓：国初稽古建官，非效劳任事者，额外未尝轻授，是以府库财用虽遇兵荒，未尝告乏。至成化年间，始开传奉之门，冗官渐多，嗣因星变，廷臣奏罢，尚有退之未尽者。弘治初，从谏官言，命尽汰之。近年来大小官员传奉者复多，其它亦有白衣人送中书处食粮习字，得授中书舍人者，一年支俸粮至数万石，皂隶银不止万余两。况今亲王已至三十余府，郡王、将军等不下千数，禄粮约百万石，而两京军职比洪永时增数倍，加以军国之费，使内外仓廪空虚，帑藏匮竭，一遇兵荒，辄至卖官鬻爵，措置无方。唯裁革冗员，庶名器不滥，国用稍足耳。盖其时冗食之员复未及汰，如此，若是年韩文等虽议裁文武官传升乞升，及军士投充占用之人。考《实录》，正德十六年五月，世宗已即位，始命革传升官。七月，革锦衣卫所及监、局、寺、厂、司库、旗校、军士、匠役、投充、新设者，凡十四万八千余人，则亦仅以其议为是，而究未及裁矣。

　　二年六月，命罢修边垣，输其费于京师。

　　总制杨一清于二月内修筑边垣，其籴买口粮已费帑银十万余，而又助以户役银十六万两，以及犒劳、药饵、拨米、采运所费已多，奏饬后任成功，乃有是命。

　　八月，以接济工程，令纳银充职。

　　时方修理南海子殿宇桥梁，制造元宵灯火及诸项工费，动以万计。自正月以来，约用银三十余万两，故工部奏请为此权宜之计也。

　　《食货志》曰：帝以太素殿初制朴俭，改作雕峻，建乾清宫，用银二千万余两，役匠三千余人，岁支工食米万三千余石。又修凝翠、照和、崇智、光霁诸殿，御马监、钟鼓司、南城豹房新房、火药库皆鼎新之，权幸阉宦庄园，祠墓香火寺观，工部复窃官银以媚焉。

---

① 传奉官，即未经过吏部选拔升授，而由皇帝直接任命的官员。

三年四月，命中官韦霈备核广东钱谷之数。

初，遣霈至两广查盘银两。总督陈金等奏：梧州见存盐粮军赏银四十余万两，及广东布政司库贮银三十七万两有奇，乞量留以备急用。命止解五十万两入京。寻解盐粮银二十八万两。至霈奏广东库贮银视前多二十七万。户部复以请命霈于已解之外，仍解五十万两，各府历年收贮钱谷，仍备核其数以闻。盖刘瑾欲检括遗利尽归京师，于是天下仓库多空虚矣。

《食货志》曰：初，天下府库各有存积，边饷不借支于内，京师不收括于外。成化时，巡盐御史杨澄始请发各盐运提举司赃罚银入京库。弘治时，给事中曾昂请以诸布政司公帑积贮征徭羡银尽输太仓。尚书周经力争之，以为国用不足者，以织造、赏赉、斋醮、土木之故，必欲尽括天下财，非藏富于民意也。至刘瑾用事，遂令各省库藏尽输京师。

九年十二月，加天下赋以营乾清宫。

是年正月，乾清宫火。是月，工部奏：料价工役需银百万两。乃命加天下赋如其数以营建之。

十六年正月，遗诏：停不急工役，收抄没财物及宣府行宫金宝还内库。

各处工程除营建大工外，悉令停止。凡抄没犯人财物及宣府收贮银两，开具册籍，收贮内库以备边储并给赏应用。

王圻曰：正统时，天下岁征，入数共二百四十三万两，出数共一百余万两。自正德后，出多入少，国用尽不支矣。

世宗嘉靖时，以太仓库匮，运南京户部库银八十万两实之。

又户部条上理财事宜：临、德二仓积钱二十万两，录以归太仓。

臣等谨按：《明实录》：旧制，太仓库银以七分经费，每存积三分备兵歉以为常。嘉靖二十八年以前，岁支多不过二百万，少仅七八十万。及二十九年，备御边警饷额倍增。三十四、五年间，宣、大被寇，募军赈恤诸费取给内帑，岁无纪极，所入二百万之额，不能充所出之半，由是度支为一切之法，箕敛财贿、题增、派括、赃赎、算税契、折民壮、提编、均徭推广事例兴焉。初，亦赖以济匮，久之，诸所灌输益少，值四方多事，有司往往奏留请乞，如浙直以备倭，川贵以采木，山陕、宣大以兵荒，即岁入二百万额，且亏三之一，而内廷之赏格、斋殿之经营，帝时以夜半出片纸，征取无敢延顷刻者。至三十七年二月，会大同告警，发银二十六万有奇，民运至太仓者，银仅七万，帑储不及十万两。边臣奏讨日棘，户部尚书方钝等忧惧不知所出，乘间进陈帑藏空虚状。帝切责以谋国不忠，令再议。盖世宗时，国用不节以致匮乏如此。

三十七年，令岁进内库银百万两，外加预备钦取银。
后又取没官银四十万两入内库。

　　《食货志》曰：凡甲字诸库主事偕科道巡视太仓，库员外郎主事领之，而以给事中巡视，至嘉靖中，始两月一报出纳之数。又其时修工部旧库，名曰节慎库，以贮矿银，尚书文明以给工价。帝责诘之，令以他银补偿。自是专以给内用焉。其在外布都等诸库，巡按御史三岁一盘查；各运司库，岁终，巡盐御史委官察之。若府州县税课等，国初令所司解州县府司以至于部，部札之库，其原封识不擅动也。永乐时，始委验勘中方起解至部复验，同乃进纳。至嘉靖时，建验试厅，验中给进状寄库，月逢九会巡视库藏，科道官进库验收，不堪者驳易。

十二月，命岁遣御史一员，查刷光禄寺钱粮，每月一具揭帖进览。
　　先是，厨役之额，仁宗时仅六千三百余名，及宪宗增四之一，帝初年减至四千一百名，岁额银撙节至十三万两。中年复增至四十万，额派不足，借支太仓。太仓又不足，乃令原供司府依数增派。于是帝疑其干没，下礼部问状，责光禄寺具数以闻。复降旨诘责，乃命御史稽核，两月间省银二万余两。自是岁以为常。

　　《食货志》曰：世宗十五年以前，名为汰省，而营建经费已六七百万，其后增数十倍。斋宫秘殿并时而兴，工场二三十处，役匠数万人，军称之岁费二三百万。其时宗庙万寿宫灾，帝不之省，营缮益急，经费不敷，乃令臣民献助。献助不已，复行开纳，劳民耗财，视武宗过之。

穆宗隆庆元年八月，命御史四人分查天下军需剩羡。

帝初即位，罢一切斋醮工作及例外采买，至是问户部：京帑贮金以赡军国，足备几年。奏言：所存仅足三月，计今岁尚亏九月有奇。边军百万，悉无所需。帝大骇曰：军储缺乏一至此乎！朕一切服用正供之外，未尝妄费纤毫，卿其悉心经理，毋忽。乃又奏：乞令中外臣工，各陈理财之策。遂遣御史马明谟、赵岩、谭启、张问明分查天下军需剩羡，以补元年所蠲之数。

十二月，谕户部：查内库、太仓银出入数。

尚书马森奏：太仓见存银一百三十五万四千六百五十二两，岁支官军俸银一百三十五万有奇，边储二百三十六万有奇，补发年例一百八十二万有奇，通计所出五百五十三万有奇，以今数抵算，仅足三月。京仓见存粮六百七十八万三千一百五十一石，岁支官库月粮二百六十二万一千五百余石，遇闰又加二十二万余石，以今数抵算，仅足二年。因言：祖宗旧制，河淮以南，以四百万供京师；河淮以北，以八百万供边境，一岁之入，足供一岁之用，边境固未尝求助于京师，京师亦不烦搜括于天下。后边庭多事，支费渐繁，一变而有客兵年例，再变而有主兵年例，然其初止三五十万，近渐增至二百三十余万。屯田十亏七八，盐法十折四五，民运十逋二三，悉以年例补之。在各边则士马不加于昔，而所费几倍于先；在太仓，则输纳不益于前，而所出几倍于旧。如是则边境安得不告急，京师安得不告匮。乞乘朝觐之期，广集众见，采酌施行。报可。

四年正月，内承运库中官以空札取户部银十万两，廷臣疏谏，皆不听。

前此数取太仓银入内库。至是户部尚书刘体乾疏称：京帑重寄，乃以片纸取之，安辨真伪，乞寝前命。诏如数以金进。嗣是又数取光禄太仆银。工部尚书朱衡极谏，不听。

是岁七月，户部尚书张守直又疏曰：国家贡赋，在量入为出，尝计天下钱谷，一岁所入仅二百三十万有奇，而中多积逋，灾免奏留者，一岁所出，京师百万余，而边饷至二百八十余万，其额外请乞者不与焉。二年用四百四十余万，三年则三百七十九万，此其最少者，而出已倍于入矣。近者遣四御史括天下府藏，二百年所积者尽归之太仓。然自老库百万之外，止二百十万有奇，不足九边一年之用。自嘉靖十八年被兵已来，边臣日请增兵，本兵日请给饷，自五十九万增至二百八十余万，士马岂尽实数，刍粮岂尽实用，请第以近年一二镇言之，如宣府之主兵一也，嘉靖四十二年发银二万，三年止一万，乃今至十二万；大同之主兵一也，嘉靖三十六年发银二十二万，次年二十三万，乃今至二十七万。又以加兵，复费一十万。举主兵而客兵可知，举二镇而九边可知，宜令廷臣酌议减省，不得过岁入。常数之外，臣亦移文督抚，俾以岁用实数报部，具借以进，望留神省览。其用财约于往昔者，必忠臣也，则有赏；其靡费滥于故常者，必非忠也，则有罚。一切出入，许臣执奏上闻，国计幸甚。从之。命各边督抚从实议处以闻。

臣等谨按：明《本纪》，隆庆三年五月，御史詹仰庇请罢靡费，斥为民。四年五月，给事中李已谏买金宝以节省请，诏廷杖下狱。是时滥于国用，又不止谏而不听已也。若五年六月，山西巡抚靳学颜疏谓：周之镐洛，汉之两都，皆空名也。今两京并建，官卒丛集，坐糜公帑，一费也；宋宗室亲疏有等，散处民闲，通名仕籍，今则出城有禁，入仕无阶，不农不商，坐食常饩，二费也；天下之兵曰边兵，曰京兵，曰留都兵，曰腹内卫所兵，四者坐食虽同，而缓急则异。其目曰见伍，曰招募，曰征调，曰清句，曰充发，五者中见伍、招募不可已也。清句、充发，按册则可观责，效则无实；征调以资摆守，而虚彼实此，徒费赉送。山东义勇、诸省民壮，原非祖制，今乃供句摄扫除之役，请征其饷以实边储。而守兵之不可汰者，亦请责以轮番戍守之法。其大指在于核兵，盖与守直之意略同焉。

神宗万历九年四月，户部进《万历计录》。

先是，尚书王国光编辑部中前后条例成书，帝览之，嘉其留心国计，乃命详订以进。至二十二年，户部遵先朝故事，录上国计，每岁终，会计王侯禄米、百官俸廪、边腹军士月粮及漕运本折色、己未征、天下财赋出入各数目进呈。

《神宗实录》：是月，辅臣张居正奏赋税所入，宜量入为出，加意撙节，并禁止施舍一节，与其惠及缁黄，不若宽恤百姓。帝曰：然。今宫中用度节省，赏赐亦照常例，无所增加。居正奏：所谓常例，亦近年相沿，非祖宗旧制。即如嘉靖中用度最为浩繁，然内库银两尚有余积。隆庆初，东裕库尚积百余万，今每岁金花银一百二十万①，按季预进，随取随足，常称缺乏，有限之财，安能当无穷之费，唯在留神省察。帝题其言。

臣等谨按：《明史·艺文志》载：汪鲸《大明会计录类要》十二卷，张学颜《万历会计录》四十三卷，刘斯洁《太仓考》十卷。又王圻云：邱浚尝欲仿唐人《国计录》、宋人《会计录》、令掌财计之臣，将洪武、永乐以来，凡天下秋粮、夏税、户口、课程等，每岁起运若干，存留若干，供给边方若干，一一开具，仍查历年内府亲藩及文武官吏卫所旗军并内外在官食粮人数，与每岁祭祀、修造、供给等费共若干，通以一年岁计出入最多者为准，每朝为一卷，通为一书，以备参考，并呈御览，使国计大纲了然在目，庶乎量入为出，国计不亏矣。

十二月，命太仓、光禄寺各进银十万两。
时以皇女生，命进银以备宫中赏赐。诸臣交章谏，不听。
十六年八月，诏：太仓银二十万充阅陵赏费。
时以赏赐繁多，内库不给，取银进用。户部尚书奏帑之乞免。不听。

《食货志》曰：初，世宗时，太仓所入二百万两有奇，至万历六年，太仓岁入凡四百五十余万两，而内府岁供金花银外，又增买办银二十万两以为常。后又加内操马刍料银七万余两。久之，太仓、光禄、太仆银括取几尽。边赏首功向发内库者，亦取之太仆矣。

二十三年二月，户部以公私兼窘，陈时政之要。从之。

_____

① 金花银，明代税漕粮折收的银两。原意为足色而有金花的上好银两，又名折色银或京库折银。

疏略云：内帑岁出浮于成额，闾阎民力竭于科征，公私兼窘，莫有甚于此时者。顾各边镇且额外加添以示宽容，自四十余万增至二百八十余万，数已极矣。乃蓟密等镇，续又加饷四十余万两，今又增银五万六千有奇；陕西各镇，自刘哱叛后，岁增一十九万六千有奇；辽镇添募标兵，近又增银万六千余两。当此匮乏之秋，更行请益，此岂安社稷者之计乎！大抵钱粮冒破，全在军马逃亡及征调时以少报多，亡则隐匿不报。乞行严查军丁逃故者，按日扣除，新补者照日报收；马匹倒失者随即报官，新买者照日收册。至于征调军马，逐一验查，毋容虚冒。又山人墨客、星相俳优，往往遨游塞外，携资以归，莫非脧剥兵粮，更当严行禁止也。至二十七年闰四月，以诸皇子婚，诏取太仓银二千四百万。户部告匮，命严核天下积贮。至二十八年八月，给事中王德完奏：国家岁入仅四百万，而岁出至四百五十余万，居恒无事，已称出浮于入。年来意外之警，不时之需，因事渐加，如宁夏用兵甫数月，约费饷银一百八十七万八千余两；朝鲜用兵，首尾七年，约费饷银五百八十三万二千余两；又地亩米豆、援兵等饷，约费银三百余万两；平播之师，未及期年，约费银一百二十一万六千余两，连川中凑办共约二百余万两。婚礼珠宝等项，约估银九百三十四万三千余两；又婚礼传造袍服四万一千余匹，约工料银一百万四千余；陕西潞绸续织四千七百余匹，婚礼传买缎一万二千七百余匹，共约费银十万余两；磁器节传二十三万五千余件，约费银二十余万两；挑三仙口、赵家圈等处，约费银二十四万余两；而直省灾伤，欠缎价料银一百二十四万五千两；又欠厨料银九万六千余两。积而算之二千六百余万。当此之时，唯有节省一字最为吃紧，请减织造以拯民。命止营建以赡边储，停珠玉以垂燕翼，审采办以济国用，发内帑以救燃眉。疏入，不省①。

二十九年十月，以上皇太后徽号，借用老库银。

御用监把总张润泽等请尊上徽号，合用金宝珍珠等，令太仓银库给商办进。户部奏：见贮库银无银可发。及查老库，止有银一百十万两，而该监所请珠宝价银不下二十五万，大礼吉期已迫，并无可那银两，且各商因欠冠婚价银四十余万。一闻此信，鸟惊鱼游，虽设法招徕，无一至者。不得已许借老库银十万给发，旋收金宝等随数解进，乃该监犹求多未已。夫此老库银两，自祖宗北迁来近二百年，仅积此数，非至紧迫万无借动之

---

① 不省，不予理会。

理。即如九边饷银，欠及一百四十余万，尚不敢借动老库。今以创办金宝，辄行借动，乞俯念该监原供内廷经费，而国计艰难，臣等万分难措，将老库银准与开销，其未完之数，及今后典礼，通令承运库办发。若一应军国需用，臣等殚力支撑，庶内外均平，获免后艰。诏老库银两准开销。

三十年七月，边饷缺，命严催积逋。

至三十八年十一月，以军乏饷，谕廷臣陈足国长策，不得请发内帑。四十六年八月，辽师乏饷，有司请发各省税银，不报。

　　臣等谨按：《食货志》：万历后，每事溢经制数倍，且征调开采，阉人僭侈，由是二百年财力殚竭靡遗矣。

熹宗天启六年四月，命南京守备内官，搜括应天各府贮库银充殿工兵饷。

谕工部、都察院曰：殿工肇兴，所费宏巨，今虽不日告成，但所欠各项价银既至二十万，况辽东未复，兵饷浩繁，若不尽力钩稽，多方清察，则大兵必致乏误，而边疆何日救宁。殊非仰补三朝阙典之怀，亦非臣下子来奉上之谊也。览南京操江宪臣范济世两疏所陈，凿凿可据，所管应天、扬州府等处库贮银两，前已有旨，尽行起解到京之日，照数察收，似此急公事上之诚，足为大小臣工模范，使天下有司皆同此心，又何忧乎鼎建殿繁、军饷难措哉！范济世所奏，奉旨已久，其银何尚未解到，即行文速催以济急用。

七年正月，以财用匮乏，分遣内臣总理，稽核各处仓库实数。

太监涂文辅总督太仓银库、节慎库，崔文升、李明道提督漕运河道，核京师通州诸仓。

庄烈帝崇祯元年五月，兵部尚书王在晋奏请发饷。以内帑无厚积，不听。

帝因近发帑金五十万，请帑非所乐闻，而在晋请俯恤户部之急，颇不怿，阁臣亦力为言之，终以内帑空乏，唯命诸臣严催外解而已。六月，给事中颜继祖以缺饷，请令百官捐俸。帝曰：百官禄入不多，若令捐助，势必取偿于外，何以养廉？亦不听。

四年九月，命内臣监理粮饷。

王应朝、邓希诏等监视关宁、蓟镇兵粮，及各边抚赏，张彝宪总领户、工二部钱粮，给事中宋可久等相继谏。不听。至十一月，太监李奇茂监视陕西茶马，吕直监视登岛兵粮、海禁。群臣合疏谏，亦不听。六年六月，太监高起潜监视宁镇兵饷。

八年四月，给事中何楷上节财大端疏。

时户部奏报两饷出入数：旧饷岁入四百二十三万九千两有奇，岁出四百二十九万三千两有奇；新饷岁入八百五十七万三千两有奇，岁出七百八十六万两有奇。合而计之，该存剩银六十五万九千两有奇。而频年征调转输络绎，以及留者、蠲者、逋者、缓者，在在见告，是岁缺额遂至二百三十余万两。楷因言：疲军冗兵，坐食无用，亟思变计，实节之大者。又言：海内民力竭矣，祖宗朝岁入京师者未满四百万，今且一千二百余万，尚可以用度，不足，更责输将于百姓乎！唯轸念民穷，深怀国恤，作何节财之法，庶可备水旱而应缓急耳！

九年七月，谕廷臣助饷。

至十六年十月，命有司以赎锾充饷。十七年正月，大学士李建泰自请措饷，治兵讨贼。许之。

钦定续文献通考卷三十一

国用考

漕运

宋宁宗嘉泰二年六月，浚浙西运河。

初，孝宗淳熙八年十月，浚行在至镇江府运河，至是复浚之。

《宋史·食货志》曰：嘉定兵兴，扬、楚间转输不绝，濠、庐、安、丰舟楫之通亦便矣。而浮光之屯，仰馈于齐、安、舒、蕲之民，远者千里，近者亦数百里。至于京西之储，襄、郢犹可径达，独枣阳陆运，夫皆调于湖北鼎、澧等处，道路辽邈，夫运不过八斗，而资粮扉屦，所在邀求，费常十倍中产之家。雇替一夫，为钱四五十千。单弱之人，一夫受役，则一家离散，至有毙于道路者。

理宗时，抚州请复转般法①。

知安庆黄干代抚州守臣奏，略曰：国家纲运，资以饷军，比年以来，法纪弛坏，非唯军饷不继，抑亦公私受毙②，其未离岸有江水浅涸、坐食靡费之弊；其已离岸，有监官侵亏、船梢盗窃之弊；而其既败，有摊赖平民之弊。虽知其弊，莫之能革。且以江西一路言之，如

---

① 转般法，宋代漕运方式之一，即设有中转仓库的漕运方式。起源于唐。自开宝五年（972）起，陆续在漕运路上泗、楚、真、扬四州设转般仓，卸纳东南六路漕粮，再换船转运至京师。实行后六路所需淮盐也可利用回空船只装载。
② 毙，疑刊刻有误，当为"弊"。

抚州建昌，纲之折阅，每以水道浅涸，不能巨舟延引，有岁终而未起隔岁之纲者。一纲吏卒、水手，动数百计。又所招集并皆游手无赖之人，目度官吏侵盗，大数已亏，恣情极用，无所顾忌，估籍所偿，不能万分之一，官司不免纵之，摊赖平民，侵削国本，为害不细。今若于隆兴置转般仓一所，取每岁一路纲运，水脚之费，养水军数百人，命一武臣为之长，造数十巨舰，部以军法，责之转输，近里州军止以小舟运载，纳之转般仓，却令水军专一护送，更往迭来，不假召募，纲纪素定，部分素严，舟楫素具，较之乌合尝试，实相万万。如此，则非惟可以省官纲之折阅①，抑足以增国家之武备，戢江湖之群盗，脱士夫之罪戾，免平民之摊，赖是一变法而群害悉去，众利并兴矣。

　　臣等谨按：宋初都汴，东南六路，自浙江至淮甸为转般仓七，以达于京。徽宗崇宁时，蔡京用曾孝广言，改转般为直达，而其法始坏。大观时，谭稹已论之。详马端临漕运门。南渡后，都临安，漕米多取于江西，而置仓于隆兴，盖亦仿江浙至淮甸旧制也。

度宗咸淳二年正月，诏：免湖广漕司积年运上峡米耗折遄直。

　　《宋史·杨文仲传》曰：文仲知衡州，运饷有法而民不扰。以所当得米八千石，立思济仓。

七年六月，命镇江府转输米十万石于五河新城积贮。
十年六月，以钱五百万缗，命四川制司请湖北籴运上峡入夔米五十万石。
辽圣宗太平时，燕地饥，户部副使王嘉请造船，募习海漕者，移辽东粟饷燕。
既而水路艰险，船多覆没，民皆怨而思乱。九年八月，东京锡里军详衮达林乘之为乱首，杀嘉以快其众。
金置漕运司，掌河仓漕运之事。
有提举句当等官，置于景州、肇州。

---

① 折阅，减价销售商品。

《金史·刘玑传》曰：大定初，玑除同知漕运司事，奏言：漕户雇直太高，虚费官物，宜约量裁损，若减三之一，可省官钱一十五万余贯。世宗是其言，既又谓宰臣曰：玑言漕运省费事，尽心公家，不厚赏无以劝来者，乃赐钱三千贯。

章宗明昌六年三月，以北边粮运，括群牧所三招讨司、明安穆昆随乣及德呼勒唐古部诸抹、西京太原官民驼五千充之，惟民以驼载为业者勿括。

泰和五年正月，调山东、河北军夫改治漕渠。

宣宗贞祐三年七月，置陈颍漕运提举官，以户部句当官往来督察。

四年正月，开沁水以便馈运。

尚书右丞侯挚尝言：宜开沁水，以便馈运。至是，诏有司开之。

元光元年六月，造舟运陕西粮，由大庆关渡抵湖城①。

元世祖中统元年六月，诏燕京、西京、北京三路宣抚司，运米十万石输开平府及抚州沙井、靖州鱼儿泺以备军储。

先是，太宗朝立军储所于新卫，以收山东、河北丁粮，后唯计直取银帛，军行则以资之。岁壬子，帝请于宪宗，设官筑五仓于河上，始令民入粟。岁癸丑，募民受盐入粟，转漕嘉陵，至是复有是诏。二年七月，命西京宣抚司造船备西夏漕运。八月敕西京运粮于沙井，北京运粮于鱼儿泺。九月，敕今岁田租输沿河近仓，官为转漕，不可劳民。四年五月，诏：北京运米五千石赴开平，其车牛之费并从官给。

十月，命运在京米输行在。

时驾驻昔光之地，命给官钱雇橐驼，运米万石输行在所。

三年八月，开玉泉山以通漕运。

从提举诸路河渠郭守敬请也。详见《田赋考》。至元元年二月，疏双塔漕渠。十二月，命选善水者一人，沿黄河计水程达东胜，可通漕运，驰驿以闻。二年正月，徙诺海特们岱尔炮手人匠八百名，赴中都造船运粮。二十四年，浚河西务漕渠。二十六年，浚河西务至通州漕渠。

九月，立漕运河渠司。

至元元年三月，立四川漕运司。三年六月，立漕运司。十四年三月，

---

① 大庆关，古蒲津关，宋称大庆关，故址在今陕西大荔东。

以行都水监行漕运司事。十五年六月，罢漕运司，以其事隶行中书省。

四年八月，命成都路运米万石饷潼川。

至仁宗延祐五年十二月，省成都岁漕万二千石。

至元十三年九月，遣庐州屯田军四千转漕重庆。

十九年初，通海道运粮。

初，巴延平江南时，尝命朱清、张瑄等以宋库藏图籍，自崇明州从海道载入京师①；而运粮，则自浙西涉江入淮，由黄河逆水至中滦旱站，陆运至淇门。中滦在封邱县西南旧黄河北岸，淇门在濬县西南，即古枋头。入御河以达于京。又开济州泗河，自淮至新开河，由大清河至利津河入海，因海口沙壅，又从东阿旱站运至临清入御河。又开胶莱河道通海，劳费不赀，卒无成效。至是年，巴延追忆海道载宋图籍之事，以为海运可行，于是请于朝廷，命上海总管罗璧、朱清、张瑄等造平底海船六十艘，运粮四万六千余石，从海道至京师。然创行海洋，沿山求屿，风信失时，明年始至直沽，朝廷未知其利。是年十二月，立京畿江淮都漕运司二，仍各置分司督纲运，每岁令江淮漕运司运粮至中滦，京畿漕运司运至大都。二十年，又用王积翁议，令阿巴齐等广开新河。然新河候潮以入，船多损坏，民亦苦之。而孟古岱言，海运之舟，悉皆至焉。于是罢新开河，颇事海运，立万户府二，以朱清为中万户，张瑄为千户，孟古岱为万户府达噜噶齐。未几，又分新河军士水手及船于扬州、平滦两处运粮；命三省造船二千艘于济州河运粮，犹未专于海道也。

　　胡长孺曰：杭、吴、明、越、楚、幽、蓟、莱、密，俱岸大海，舟航可通，相传朐山海门水中流积淮淤江沙，其长无际，浮海者以竿料浅深。此浅生角，曰料角，不可度越。淮江入海之交多洲，号为沙，朱清尝杀人亡命，引舟东行三日，夜得沙门岛，又东北过高句丽水口，见文登夷维诸山。又北见燕山与碣石，往来十五六次，后就招怀，与其徒张瑄随宰相入见，受金符千户，遂言海漕事，试之良便，遂兴海运。

　　虞集曰：至元十二年，既平宋，始通江南粮，以河运弗便。至十九年，用巴延言初通海道漕运，抵直沽以达京城，立运粮万户府三，

────────────────

① 崇明州，元升崇明县为州。

以南人朱清、张瑄、罗璧为之。初，岁运四万余石，后累增至三百万余石。春夏分二运，至舟行风信有时，自浙西不旬日而达于京师，内外官府、大小吏士至于细民，无不仰给于此。

臣等谨按：《元本纪》，至元十九年十月，设南北两漕运司，命游显专领江浙行省漕运。二十年八月，济州新开河成，立都漕运司。十月，中书省言：阿巴齐新开河二处皆有仓，宜造小船分海运，从之。二十一年二月，浚扬漕河，罢阿巴齐开河役，以其军及水手各万人运海道粮。九月，中书省言：福建行省军饷绝少，必于扬州转输，事多迟误，不若并两省为一，分命省臣治泉州为便。诏从之。二十二年二月增济州漕舟三千艘，役夫万二千人，四月，以征日本，船运粮江淮。《食货志》所以谓至元二十四年以前未专海运，《大学衍义补》亦谓时犹有中滦之运，不专于海道也。

二十一年，定运粮脚价①。

每石给中统钞八两五钱，其后递减至六两五钱。武宗至大三年，以福建、浙东船户至平江载粮者，道远费广，通增为至元钞一两六钱，香糯一两七钱。四年又增为二两，香糯二两八钱，稻谷一两四钱。延祐元年，斟酌远近，复增其价，福建船运糙粳米每石一十三两，温、台、庆元船运糙粳香糯每石一十两五钱，绍兴、浙西船每石一十一两，白粳价同稻谷，每石八两，黑豆每石依糙白粮例给焉。

二十二年二月，诏：运江淮米由海道至京。

是时，罢胶莱所凿新河，以军万人载江淮米泛海，由利津达于京师。二十三年十一月，中书省言：朱清等海道运粮，以四岁计之，总百一万石，斗斛耗折，愿如数以偿风浪覆舟，请免其征。从之。遂以朱清、张瑄并为海道运万户，仍佩虎符。

二十四年，始立行泉府司，专掌海运。

增置万户府二，总为四府。是年，遂罢东平河运粮。二十五年，内外分置漕运司二，其在外者于河西务领接运海道粮事。二十八年，又用朱清张瑄之请，并四府为都漕运万户府二，止令清、瑄二人掌之，其属有千户、百户等官，分为各翼，以督岁运。

① 脚价，是赋税运输过程中的各项支出总称。

臣等谨按：《元本纪》，二十四年十一月，命京畿济宁漕运司分掌漕事。十二月，以朱清张瑄海漕有劳，遥授宣慰使。二十五年二月，改济州漕运司为都漕运司，并领济之南、北漕，京畿都漕运司惟治京畿。至二十八年，立都漕运万户府以督岁运。而武宗至大中，以江淮、江浙财赋府每岁所办粮充运。《食货志》及《大学衍义补》谓自此以至末年，专仰海运矣。

二十五年四月，增立直沽海运米仓。

至二十六年正月，海船万户府言：山东宣慰使乐实所运江南米，陆负至淮安易闸者七，然后入海，岁止二十万石；若由江阴入江至直沽，仓民无陆负之苦，且米石省运估八贯有奇。乞罢胶莱海道运粮万户府，而以漕事责臣，当岁运三十万石。从之。

邱浚曰：海运之法，自秦已有之。而唐人亦转东吴粳稻以给幽燕，见唐杜甫诗。然以给边方之用而已，用之以足国则始于元也。

十月，诏：明年海道漕运江南米百万石。

时海都犯边，僧格请明年海运须及百万石。制可。

《元史·罗璧传》曰：二十四年，纳延叛璧，复以漕舟至辽阳，浮海抵锦州小凌河，至广宁十寨，诸军赖以济。二十五年，督漕至直沽仓，潞河决，水溢及仓，璧树栅率所部畚土筑堤捍之。

二十六年七月，初，开会通河①，岁运数十万石。

以寿张县尹韩仲晖等言，自安民山开河北至临清，凡二百五十里，引汶绝济，直属漳御，建闸三十有一，度高低，分远近，以节蓄泄，赐名会通河。

邱濬曰：会通河之名，始见于此。然当时河道初开，岸狭水浅，

① 会通河，元至元二十六年（1289）始开，从今山东梁山县安山西南，向北到临清达御河（今卫河），长二百五十余里。

不能负重，每岁之运，不过数十万石，非若海运之多，故终元之世，海运不绝。

臣等谨按：《元本纪》，至元二十五年十月，僧格言：安山至临清为渠二百六十五里，开浚之工三百万，当用钞三万锭，米四万石，盐五万斤，其陆运夫万三千户复罢为民，其赋入及刍粟之估为钞二万八千锭，费略相当。然渠成亦万世之利，请今冬备粮费，来春浚之。制可。次年秋，渠成，河渠官礼部尚书张孔孙等言：开魏博之渠，通江淮之运，古所未有。诏赐名会通河。今以《大学衍义补》考之，则会通河始于寿张县尹韩仲晖等倡其议，而僧格因以为请，遂成功，以迄于今也。

九月，罢济州汶泗漕运使司。

二十七年四月，罢海道运粮万户府。又改利津海道运粮万户府为临清御河运粮上万户府。二十八年十一月，罢海道运粮镇抚司。成宗大德七年十一月，并海道运粮万户府为海道都漕运万户府，给印二。仁宗延祐六年十一月，增京畿漕运司同知、副使各一员，给分司印。

二十八年十二月，浚运粮坝河，筑堤防。

二十九年八月，郭守敬言：浚通州至大都漕河十有四，役军匠二万人。三十年三月，以平章政事范文虎董疏漕河之役。七月，赐新开漕河名曰通惠①。三十一年八月，成宗已即位，立新河运粮千户所。大德二年六月，禁权豪斡脱括大都漕河舟楫。四年正月，复淮东漕渠。七年六月，命甘肃行省修阿合潭曲尤濠以通漕运。八年五月，中书省言：吴淞江实海口故道，海运由是而出，宜仍设行都水监以董其浚治。从之。十年正月，浚吴淞江等处漕河。又浚真、扬等州漕河。至武宗至大三年二月，浚会通河，给钞四千八百锭，粮二万一千石以募民。仁宗延祐元年十二月，遣官浚扬州、淮安等处运河。二年正月，发卒浚漳州漕河。三年十一月，复浚扬州运河。英宗至治三年十二月，泰定帝已即位，浚镇江路漕河。文宗天历二年四月，浚漳州漕河。八月，发诸卫军浚通惠河。

---

① 通惠，即通惠河，是元代开挖的漕运河道，最初从昌平县白浮村神山泉经瓮山泊（今昆明湖）至积水潭、中南海，自文明门（今崇文门）外向东，在今天的朝阳区杨闸村向东南折，至通州高丽庄（今张家湾村）入潞河（今北运河故道），今大部分河段已淤积消失。

《罗璧传》曰：大德三年，除璧都水监，通州多水患，凿二渠以分水势。又浚阜通河而广之，岁增漕六十余万石。

二十九年，以海运路险，复开生道。

初，海运之道，自平江刘家港入海，今在苏州府太仓。经扬州路、通州海门县黄连沙头，万里长滩，开洋沿山峵而行，抵淮安路盐城县，历西海州、海宁府、东海县、密州、胶州界放灵山洋投东北，路多浅沙，行月余始抵成山，计其水程，自上海至杨村马头，凡一万三千三百五十里。至元二十九年，朱清等言：其路险恶，复开生道，自刘家港开洋至撑脚沙转沙觜，至三沙洋子江过匾担沙、大洪，又过万里长滩，放大洋至青水洋，又经黑水洋至成山，至刘岛，至之罘、沙门二岛，放莱州大洋抵界河口，其道差为径直。明年，千户殷明略又开新道，自刘家港入海，至崇明州三沙放洋，向东行，入黑水大洋，取成山转西至刘家岛，又至登州沙门岛，于莱州大洋入界河，当身行风信有时，自浙西至京师不过旬日而已，视前二道为最便，然风涛不测，粮船漂溺者无岁无之。间亦有船坏而弃其米者。至正二十三年，始责偿于运官，人船俱溺者乃免。然视河漕之费，则其所得盖多矣。

三十年二月，减河南、江浙海运米四十万石。

至三十一年十月，朱清、张瑄从海道岁运粮百万石，以京畿所储充足，诏止运三十万石。成宗元贞二年十一月，增海运明年粮为六十万石。大德元年九月，增海漕为六十五万石。二年十月，增为七十万石。五年、十年，增明年海运为一百二十万石。七年十月，以浙江年谷不登，减海运粮四十万石。八年十一月，增海漕米为百七十万石。十一年十月，武宗已即位，中书省言：常岁海漕粮百四十五万石，今江浙岁俭，不能如数，请仍旧例，湖广、江西各输五十万石，并由海道达京师。仁宗皇庆元年九月，增江浙海漕粮二十万石。延祐五年十一月，增海漕四十万石。六年九月，增海漕十万石。英宗至治三年七月，减海运粮二十万石。

《元史·食货志》曰：元都于燕，去江南极远，百司庶府之繁，卫士编氓之众，无不仰给于江南。自丞相巴延献海运之言，江南之粮分为春夏二运，民无挽输之劳，国有储蓄之富，岂非一代之良法欤。

成宗元贞元年十二月，减海运脚价钞一贯，计每石六贯五百文，着为令。

至大德三年十月，江浙省言：曩者朱清、张瑄海漕米岁四五十万至百十万，时船多粮少，雇直均平。今岁运三百万，漕舟不足，遣人各处和雇，百姓骚动。本省左丞沙布鼎言其弟和必斯及玛哈穆特丹达浦杨家等皆有舟，且深知漕事，乞以为海道运粮。都漕万户府官各以己力输运官粮，万户、千户，并如军官例，承袭恤漕户，增雇直，庶有成效。尚书省以闻。制可。

武宗至大四年，遣官至江浙议海运事。

时江东宁国、池、饶、建康等处运粮，率令海船从洋子江逆流而上，江水湍急又多石矶，走沙涨浅，粮船俱坏，岁岁有之。又湖广、江西之粮，运至真州泊入海，船大底小，亦非江中所宜。于是以嘉兴、松江秋粮并江淮、江浙财赋，府岁办粮充运，海漕之利，至是益博。

仁宗延祐三年二月，调海口屯储汉军千人，隶临清运粮万户府，以供转漕，给钞二千锭。

七年十一月，时英宗已即位。以海运不给，命江浙行省以财赋府租益之，还其直。

英宗至治元年五月，海漕粮至直沽。

三年二月，亦如之。

　　臣等谨按：历代甲子图至治元年为辛酉，三年为癸亥。时以祭海神，故记之。非海运粮必待次年至京师也。

泰定帝泰定二年九月，海运江南粮百七十万石至京师。

至文宗天历二年六月，海运粮至京师凡百四十万九千一百三十石。

文宗天历二年九月，命江浙行省明年漕运粮二百八十万石赴京师。

十月，又命江西、湖广分漕米四十万石以纾江浙民力。至顺元年二月，中书省言：江浙民饥，今岁海运为米二百万石，其不足者，来岁补运。从之。九月，江浙行省以夏秋大水，明年海运本省止可二百万石，余数令他省补运为便。从之。二年八月，中书省言：明年海运粮二百四十万石，已令江浙运二百二十万，河南二十万。今请令江浙复增运二十万，从之。三年十月，宁宗已即位，以江浙岁比不登，其海运粮不及数，俟来岁补运。

《元史·王艮传》曰：艮迁海道漕运都万户府经历，绍兴之官粮入海运者十万石，城距海十八里，岁令有司拘民船以备短送，吏胥得并缘以虐民。及至海次，主运者又不即受，有折缺之患。艮执言曰：运户既有官赋之直，何复为是纷纷也。乃责运户自载粮入运船，运船为风所败者，当核实除其数，移文往返，连数岁不绝。艮取吏牍披阅，即除其粮五万二千八百石，钞五百五十万缗，运户乃免于破家。

至元至天历海道岁运之数。

至元二十年，四万六千五十石，至者四万二千一百七十三石；所失者三千八百七十八石，细分之每石欠八升四合余。

二十一年，二十九万五百石，至者二十七万五千六百一十石；所失者一万四千八百九十石，细分之每石欠五升一合。

二十二年，一十万石，至者九万七百七十一石；所失者九千二百二十九石，细分之每石欠九升二合余。

二十三年，五十七万八千五百二十石，至者四十三万三千九百五十石；所失者一十四万四千五百七十石，细分之，每石欠二斗四升九合余。

二十四年，三十万石，至者二十九万七千五百四十六石；所失者二千四百五十四石，细分之每石欠八合余。

二十五年，四十万石，至者三十九万七千六百五十五石；所失者二千三百四十五石；细分之，每石欠九合余。

二十六年，九十三万五千石，至者九十一万九千九百四十三石；所失者一万五千五十七石，细分之，每石欠一升六合余。

二十七年，一百五十九万五千石，至者一百五十一万三千八百五十六石；所失者八万一千一百四十四石，细分之，每石欠五升余。

二十八年，一百五十二万七千一百五十石，至者一百二十八万一千六百一十五石；所失二十四万五千五百三十五石，细分之，每石欠一斗六升。

二十九年，一百四十万七千四百石，至者一百三十六万一千五百一十三石；所失者四万五千八百八十七石，细分之，每石欠三升二合余。

三十年，九十万八千石，至者八十八万七千五百九十一石；所失者二万四百九石，细分之，每石欠二升二合余。

三十一年，五十一万四千五百三十三石，至者五十万三千五百三十四石；所失者一万九百九十九石，细分之，每石欠二升一合余。

元贞元年，三十四万五百石；至如数。

二年，三十四万五百石，至者三十三万七千二十六石；所失者三千四百七十四石，细分之，每石欠一升余。

大德元年，六十五万八千三百石，至者六十四万八千一百三十六石；所失者一万一百六十四石，细分之，每石欠一升五合余。

二年，七十四万二千七百五十一石，至者七十万五千九百五十四石；所失者三万六千七百九十七石，细分之，每石欠四升九合余。

三年，七十九万四千五百石；至如数。

四年，七十九万五千五百石，至者七十八万八千九百一十八石；所失者六千五百八十二石，细分之，每石欠八合余。

五年，七十九万六千五百二十八石，至者七十六万九千六百五十石；所失者二万六千八百七十八石，细分之，每石欠三升三合余。

六年，一百三十八万三千八百八十三石，至者一百三十三万九千一百四十八石；所失者五万四千七百三十五石，细分之，每石欠三升九合余。

七年，一百六十五万九千四百九十一石，至者一百六十二万八千五百八石；所失者三万九百八十三石，细分之，每石欠一升八合余。

八年，一百六十七万二千九百九石，至者一百六十六万三千三百一十三石；所失者九千五百九十六石，细分之，每石欠五合余。

九年，一百八十四万三千三石，至者一百七十九万五千三百四十七石；所失者四万七千六百五十六石，细分之，每石欠二升五合余。

十年，一百八十万八千一百九十九石，至者一百七十九万七千七十八石；所失一万一千一百二十一石，细分之，每石欠五升余。

十一年，一百六十六万五千四百二十二石，至者一百六十四万四千六百七十九石；所失者二万七百四十三石，细分之，每石欠一升二合余。

至大元年，一百二十四万一百四十八石，至者一百二十万二千五百三石；所失者三万七千六百四十五石，细分之，每石欠三升余。

二年，二百四十六万四千二百四石，至者二百三十八万六千三百石；所失者七万七千九百四石，细分之，每石欠三升一合余。

三年，二百九十二万六千五百三十二石，至者二百七十一万六千九百十三石；所失者二十万九千六百一十九石，细分之，每石欠七升一合余。

四年，二百八十七万三千二百一十二石，至者二百七十七万三千二百六十六石；所失者九万九千九百四十六石，细分之，每石欠三升四合余。

皇庆元年，二百八万三千五百五石，至者二百六万七千六百七十二石；所失者一万五千八百三十三石，细分之，每石欠七合余。

二年，二百三十一万七千二百二十八石，至者二百一十五万八千六百八十五石；所失者三十五万八千五百四十三石，细分之，每石欠六升八合余。

延祐元年，二百四十万三千二百六十四石，至者二百三十五万六千六百六石；所失者四万六千六百五十八石，细分之，每石欠一升九合余。

二年，二百四十三万五千六百八十五石，至者二百四十二万二千五百五石；所失者一万三千一百八十石，细分之，每石欠五合余。

三年，二百四十五万八千五百一十四石，至者二百四十三万七千七百四十一石，所失者二万七百七十三石，细分之，每石欠八合余。

四年，二百三十七万五千三百四十五石，至者二百三十六万八千一百一十九石；所失者七千二百二十六石，细分之，每石欠三勺余。

五年，二百五十五万三千七百一十四石，至者二百五十四万三千六百一十一石；所失者一万一百三石，细分之，每石欠三合余。

六年，三百二万一千五百八十五石，至者二百九十八万六千一十七石；所失者三万五千五百六十八石，细分之，每石欠一升二合余。

七年，三百二十六万四千六石，至者三百二十四万七千九百二十八石；所失者一万六千七十八石，细分之，每石欠四合余。

至治元年，三百二十六万九千四百五十一石，至者三百二十三万八千七百六十五石；所失者三万六百八十六石，细分之，每石欠九合余。

二年，三百二十五万一千一百四十石，至者三百二十四万六千四百八十三石；所失者四千六百五十七石，细分之，每石欠一合余。

三年，二百八十一万一千七百八十六石，至者二百七十九万八千六百一十三石；所失者一万三千一百七十三石，细分之，每石欠四合余。

泰定元年，二百八万七千二百三十一石，至者二百七万七千二百七十八石；所失者九千九百五十三石，细分之，每石欠四合余。

二年，二百六十七万一千一百八十四石，至者二百六十三万七千五十一石；所失者三万四千一百三十三石，细分之，每石欠一升二合余。

三年，三百三十七万五千七百八十四石，至者三百三十五万一千三百六十二石；所失者二万四千四百二十二石，细分之，每石欠三升六合余。

四年三百一十五万二千八百二十石，至者三百一十三万七千五百三十二石；所失者一万五千二百八十八石，细分之，每石欠四合余。

天历元年，三百二十五万五千二百二十石，至者三百二十一万五千四百二十四石；所失者三万九千七百九十六石，细分之，每石欠一升二合余。

二年，三百五十二万二千一百六十三石，至者三百三十四万三百六石；所失者一十八万一千八百五十七石，细分之，每石欠五升一合余。

　　臣等谨按：以上岁运之数，乃元《食货志》所载，《大学衍义补》复详其所失而分系之如右①。

顺帝至元二年八月，以徽政院、中政院财赋府田租六万三千三百石，补本年海运未敷之数，令有司归其直。

至正元年十月，中书省奏：海运不给，宜令江浙行省于中政院财赋府拨赐诸人、寺观田粮总运二百六十万石，从之。十二年五月，海道万户李世安建言：权停夏运。从之。十二月，托克托言：近畿水利不烦海运，而京师足食。帝命议行之。

　　《食货志》曰：元自世祖用巴延之言，岁漕东南粟，由海道以及京师，始自至元二十年至于天历、至顺，由四万石以上增而为三百万以上，其所以为国计者大矣。历岁既久，弊日以生，水旱相仍，公私俱困，疲三省之民力以充岁运之恒数，而押运监临之官，与夫司出纳之吏，恣为贪黩，脚价不以时给，收支不得其平，船户贫乏，耗损益甚，兼以风涛不测，盗贼出没，剽劫、覆亡之患，自仍改至元之后，有不可胜言者矣。

九月，海运粮至京师。

是岁，岁运之数渐不如旧。至至正元年，益以河南之粮，通计江南三省所运，止得二百八十万石。二年，又令江浙行省及中政院财赋总管府拨赐诸人、寺观之粮，尽数起运，仅得二百六十万石。

　　《贾鲁传》曰：至元九年，鲁以行都水监调都漕运使，建言漕事凡二十余条，朝廷取其八事：一、通州和籴；二、优恤漕司旧领漕

---

　　① 言以上所言至元至天历海道岁运之数，每年统计数字，左边大号字为《元史·食货志》所载，右边小号字，介绍"所失"之数，系据《大学衍义补》所记而列。右，竖排版的书自右向左读，故文在右。

户；三、接运委官；四、通州总治，豫定委官；五、船户因于土夫，海粮坏于坝户；六、疏浚运河；七、临清运粮万户府当隶漕司；八、宣忠船户付本司节制。事未尽行。

至正十二年，海运不通。

自后汝颍倡乱，湖广、江右相继陷没，而方国珍、张士诚窃据浙东、西之地，虽縻以好爵资为藩屏，卒之贡赋不供，剥民自奉，于是海运之舟不至京师者积年矣。

臣等谨按：《元本纪》：顺帝至正六年三月，两淮运使宋文瓒言：世皇开会通河千有余里，岁运米至京者五百万石，今骑贼不过四十人，劫船三百艘而不能捕，恐运道阻塞，乞选能臣率千骑捕之。后沿江盗起，剽劫无忌，有司莫能禁。文瓒复以为言，俱不听。当是时，御史张桢言：海寇敢于要君阃帅，敢于玩寇，盖运道所由阻固已久矣。

十四年十一月，诏：江浙等处粮尽数赴仓候海运。

江浙应有诸王、公主、后妃、寺观、官员拨赐田粮，及江淮财赋稻田、营田各提举司粮，尽数赴仓，听候海运，以备军储，价钱依本处十月时估给之。

十五年六月，命拨钞籴米，贮濒河仓以备运。

江浙省言：本年税课等钞内，除诏书已免税粮等钞，较之年例，海运粮并所支钞不敷，乞减海运糟以省民力。户部定拟本年税仅除免之外，其寺观并拨赐田粮，十月开仓，尽行拘收，其不敷粮拨至元折中统钞一百五十万锭，于产米处籴一百五十万石贮濒河之仓，以听拨运。从之。

十六年，枢密院判董搏霄建议人运之法。

搏霄言：海宁一境，不通舟楫，惟可陆运。陆运之方，每人行十步，三十六人可行一里，三千六百人可行百里。每人负米四斗，以夹布袋盛之，用印封识，人不息负，米不着地，排列成行，日行五百回，计路二十八里，日可运米二百石，人米一升，可给二万人。此百里一日运粮之术也。

胡粹中曰：此法可施之路近而兵少、敌小而期促者耳。大敌在前，拥兵数十万，千里馈粮，旷日持久，未易行也。

邱濬曰：用兵远道，决不可行。惟施于救荒，就用饥民接运，因以哺之，借其力以达粟于无食之地。盖两得其济，与夫漕黄河者，其于三门底柱之险，其间一带似可用此法。然亦可暂而不可常也。

十九年九月，遣官以御酒、龙衣赐张士诚征海运粮。

诏遣兵部尚书巴特穆尔，户部尚书齐履亨征海运于江浙，由海道至庆元抵杭州。时达实特穆尔为江浙行中书省丞相，张士诚为太尉，方国珍为平章政事，诏命士诚输粟，国珍具舟，达实特穆尔总督之。既达朝廷之命，而方、张互相猜疑。士诚虑方氏载其粟而不可输于京也。国珍恐张氏掣其舟而因乘虚以袭己也。巴延特穆尔白于丞相，正辞以责之，巽言以谕之，乃释二家之疑，克济其事，先率海舟，俟于嘉兴之澉浦，而平江之粟展转以达杭之石墩，又一舍而后抵澉浦，乃载于舟，海滩浅涩，躬履艰苦，粟之载于舟者为石十有一万。二十年五月赴京，是年秋，又遣户部尚书王宗礼等至江浙。二十一年五月，运粮赴京，如上年之数。九月，又遣兵部尚书彻辰布哈、侍郎韩琪往征海，运一百万石。二十二年五月，运粮赴京，视上年之数仅加二万而已。九月，遣户部尚书托克托、观察尔、兵部尚书特穆至江浙。二十三年五月，仍运粮十有三万石赴京。九月，又遣户部侍郎博啰特穆尔、监丞赛音布哈往征海运，士诚托辞以拒命。由是东南之粟给京师者，止于是岁云。

二十年，户部尚书贡师泰以闽盐易粮，由海道运京师。

时，师泰以江浙行省参知政事，除户部尚书俾分部闽中以盐易粮，运给京师，凡为粮数十万石，朝廷赖焉。

邱浚曰：尝考《朱子文集》，其奏札言：广东海路至浙东为近，宜于福建、广东沿海去处招邀米客。元至顺帝末年，河南、山东之路不通，国用不继，议遣贡师泰往福建，以盐易粮，其后陈友定亦自闽中海运，进奉不绝。然则其道若通闽广纲运，亦可以来，不但两浙也。

王圻曰：元之海漕，其利甚溥，其法亦甚备。船有仙鹤哨船，每船三十艘为一纲，大都船九百余艘，漕米三百余万石，船户八千余户。又分其纲为三十，每纲设有押纲官二人，以常选正八品为之。其行船者又雇募水手，移至扬州，先加教习。领其事者则设专官，秩三品，而任之又专责清、瑄辈，但加秩耳，不易其人，此所以享其利几及百年。当全盛之时，固无庸论，至正之末年，天下分崩，犹借张士诚给数年，岂非以措置得宜而不变哉！

明太祖洪武元年二月，命征南大将军汤和提督海运。

大军方北伐，命和造舟明州，运粮输直沽，海多飓风，输镇江而还。

二年，令户部于苏州太仓，储粮三十万石以备海运，供给辽东。五年，命靖海侯吴桢督海运，总舟师数万，由登州饷辽阳。二十五年，令海运苏州太仓米六十万石给辽东官军，下年同。

《万历会计录》曰：此时未有漕运也。

《明史·食货志》曰：太祖北伐，命浙江、江西及苏州等九府，运粮三百万石于汴梁。已而大将军徐达令忻、崞、代、坚、台五州，运粮大同。中书省符下山东行省，募水工发莱州洋海仓饷永平卫，其后海运饷北平、辽东为定制，其西北边则浚开封漕河饷陕西，自陕西转饷宁夏、河州，其西南令川贵纳米中盐，以省远运。于是各路皆就近输，得利便。

四年正月，命卫国公邓愈督饷给征蜀军。

是年，令青州府官军运山东粮给辽东定辽边卫。

又兰、凉、河、岷等卫军粮，每岁令西安等府送纳大路官仓，转运边卫。二十九年，以陕西各府州县民转运边饷道远，令于驿道有军民处置仓，各就近地计程接递。

十九年十二月，发北平、山东、山西、河南民运粮于大宁。

三十年十月，停辽东海运。

以辽东军饷赢羡，第令辽东屯种，罢海运。

成祖永乐元年，初，转漕北京。

从户部尚书郁新请也。新以自淮抵河，多浅滩跌坡，运舟艰阻，请别用浅船载三百石者。自淮河沙河运至陈州颍溪口，跌坡下复用浅船载二百石者，运至跌坡上，别用大船运入黄河，至八柳树诸处，令河南车夫陆运入卫河，转输北平，与海运相参。时驾数临幸，百费仰给，不止饷边。

《万历会计录》曰：此河运兼用水陆也。

三月，命官督海运饷辽东、北平。

命平江伯陈瑄都督，佥事宣信充总兵官，督海运四十九万余石饷辽东、北平，岁以为常。

《食货志》曰：淮海运道凡二，而临清仓储河南、山东粟，亦以输北平，合而计之为三运，淮海运用官军，其余则皆民运。

臣等谨按：《万历会计录》，是年，令江南民粮悉运太仓州，于平江刘家港用海船绕出登莱大洋，以达直沽，岁六十万一千二百三十石。而《本纪》云四十九万余石，殆如宋尚书礼所称海运艰阻，辄多漂没，故据运到辽东、北平之数而纪之也。

冬，命运淮安、仪真粮，由卫河转输北京。

先是，沈阳军士唐顺言：若开卫河而距黄河，百步置仓廒，受南运粮饷，至卫河交运，公私两便。命廷臣议，未行。至是，命都督佥事陈浚运淮安、仪真仓粮百五十万余石赴阳武，由卫河输京师。

臣等谨按：卫河，宋元时名御河，合漳、沁、淇、洹诸水，北流至临清会闸河以济运，所谓卫漕也。

四年，令海陆兼运。

平江伯陈瑄每岁运粮百万石，建百万仓于直沽尹儿湾城，天津卫籍兵万人戍守，乃命江南粮一由海运，一由淮黄陆运赴卫河，入通州以为常。

《万历会计录》曰：此河海兼运也。

臣等谨按《会典》：永乐二年，命总兵官统领官军海运，又以海运粮到直法，用三板划船装运至通州等处交卸。水路阁浅迟误，海船回还，令于小直沽收粮一十万四千石，河西务收粮一十四万五千石，转运北京。五年，令山东量起车夫，将济南府并济宁州仓粮运送德州仓，候卫河船接运。《万历会计录》曰：此民运也。六年，令海船运粮八十万石于京师，其会通河、卫河以浅河船相兼转运。八年，令湖广、江西、浙江仓粮，除本处支用外，各督起运。十二年，令湖广造浅船三千艘。王圻本云：先是海船有一千料，有四百料，名钻风海船。永乐中改海运，遂改四百料为浅船。浅船因海船得名。岁于淮安仓支粮运赴北京，其太仓旧纳粮悉改纳淮安仓收贮，盖是时驾驻北平，诸费浩繁，又会通河未开，故海陆兼运如此。

九年，命开会通河，兼复旧黄河道，以便转漕。

会通河道始自元至元时，然岸狭水浅，不任重载，故终元世海运为多。明初输饷辽东、北平，亦专用海运。洪武年间，会通河淤。永乐初，建北京，河海兼运，海运险远多失亡，河运民苦其劳，至是济宁州同知潘叔正上言：旧会通河四百五十余里，淤者乃三之一，浚之便。于是命工部尚书宋礼及刑部侍郎金纯、都督周长往治之，二十旬而工成。此河既开，海陆并罢，南北运道三千余里，总名曰漕河，其别曰白漕、卫漕、闸漕、河漕、湖漕、江漕、浙漕，因地为号，流俗所通称也。

十二年正月，发山东、山西、河南及凤阳、淮安、徐、邳民十五万，运粮赴宣府。

十九年十一月，又发直隶、山西、河南、山东及南畿应天等五府，滁、和、徐三州丁壮，运粮至宣府。至正统二年，令山西岁运宣府税粮一半，改运大同。十二年，令每岁运银十五万两于宣府籴买粮料。景泰三年，令五军等营拨军七万，运粮七万石于怀来。

　　臣等谨按：《明会典》载漕运，又载边饷。凡漕粟北京给官府廪食外，皆边饷也。

十三年，罢海运，始兴支运。

先是，十年，以御史许堪言：卫河水患，命工部尚书宋礼前往经画。礼还言：海运经历险阻，每岁船辄损败，有漂没者，有司修补，迫于期限，多科敛，为民病，而船亦且不坚。计海船一艘，用百人而运千石，其费可办河船，容二百石者二十船，用十人，可运四千石，以此而论，利病较然。请拨镇江、凤阳、淮安、扬州及通州粮合百万石，从河运给北京。

其海道则三岁两运，已而平江伯陈瑄治江淮间，诸河工亦相继造竣，于是河运大便利，漕粟益多，至是年遂罢海运。令苏、松、常、镇、杭、嘉、湖等府秋粮，除存留并起运南京及供给内府等项外，其余并坐太仓海运之数，尽拨运淮安仓。又扬州、凤阳、淮安三府秋粮内岁拨六十万石，徐州并兖州府秋粮内岁拨三十万石，俱运济宁仓。令浅河船于会通河以三千艘支淮安粮运到济宁，以二千艘支济宁粮运赴通州，岁运四次。其天津并通州等卫，各拨军于通州接运至京。又令浙直军自淮运徐，京卫军自徐运德，各置仓收囤。山东、河南军自德运通交收。淮安常盈仓、徐州仓，部委主事监督收放。其攒运粮，每石俱两平斛斗收放，官军攒运止一尖一平，定为例，此支运所自始也。

《食货志》曰：自浚会通河，命都督贾义、尚书宋礼以舟师运。礼以海船，大者千石，工窳辄败，乃造浅船五百艘，运淮、扬、徐、兖粮百万以当海运之数。平江伯陈瑄继之，颇增至三千余艘。时淮、徐、临清、德州各有仓，江西、湖广、浙江民运粮至淮安仓，分遣官军就近挽运。自淮至徐，以浙直军；自徐至德，以京卫军；自德至通，以山东、河南军，以次递运，岁凡四次，可三百万余石，名曰支运。

五年，定给运军行粮数。

各卫所运粮官军行粮，每员名不分远近，俱支三石。至宣德九年，令止支二石。正统元年，增为二石七斗。山东、河南、北直路近者不增。

十五年正月，平江伯陈瑄督漕运米赴北京。

自十三年后，仍以瑄董漕运。议造浅船三千余艘，初运三百万石，浸至五百万石，国用以饶。时江南漕舟抵淮安，率陆运过坝逾淮达清河，劳费甚巨。五月，瑄用故老言，凿清江浦导湖水入淮，筑四闸以时宣泄。又缘湖十里筑堤引舟，由是漕舟入达于湖，省费不赀。是年运京粮共五百八万八千五百四十四石。

臣等谨按：《明会典》：十六年，令浙江、湖广、江西并直隶、苏、松、常、镇等府所属税粮，除存留及起运南京外，余粮坐拨二百五十万石，令粮里人户自备船艘，运赴北京通州河西务等处上仓。

《万历会计录》云：此仍民运也。至宣德二年，始令军民并运矣。

十七年，以口外粮料数少，令于京仓支拨，选军攒运。

十九年，以宣府等处缺粮，令法司因人运粮赎罪。

自杂犯死罪至笞罪运十石至二石有差。至宣德七年，准遣官押法司囚犯赴通州各卫仓支粮，自备车辆运山海。十二年，令永平府永平、卢龙等卫罪囚运山海仓粮赴辽东宁远赎罪。景泰四年，令法司及直隶罪犯于通州仓支豆运赤城，直隶并万全都司等处罪囚于隆庆卫仓支米运龙门。六年，令法司罪囚领运通州仓粮赴宣府，不完者发巡抚处减半，自备米纳宣府，斩绞至杖罪二十石至一石四斗有差。

二十年二月，隆平侯张信、兵部尚书李庆，分督北征军饷。

役民夫二十三万五千有奇，运粮三十七万石。

二十一年，令每岁漕运以两运赴京仓，一运赴通州仓交纳。

至宣德五年，又令官军运粮五百万石，以三分为率，通州仓收二分，京仓收一分。

仁宗洪熙元年，令官军运粮，船内许附载物货，资给盘剥、折耗之费。

至宣宗宣德二年，又令运粮军船工部及诸衙门不许拨载他物，致误攒运。

《明史·陈瑄传》曰：仁宗即位之九月，瑄上疏陈七事：其一，天下岁运粮饷，湖广、江西、浙江及苏松诸府并去北京远，往复逾年，上逋公租，下妨农事，乞令转至淮、徐等处，别令官军接运至京。又快船、马船所载，不过五六十石，每船官军足用，有司添差，军民递送，拘集听候，至有冻馁，请革罢；其一，漕运官军，每岁北上，归即修船，勤苦终年，该卫所又于其隙杂役以重困之，乞加禁绝。帝览奏，以其言皆当令所司速行。

宣宗宣德二年五月，命大将军薛禄督饷开平。

四年六月，复命禄督饷开平。五年，令岁运开平粮四万石，自京师至独石，立十一堡，每堡屯军一千名，各具运车，以六十日为限。其开平备御官军，轮班于独石搬运。六年，令卫军摆堡攒运粮料一十万石赴独石等处。景帝景泰四年，令召人自通州仓运米赴独石。

《食货志》曰：九边之地输粮，大率以车。至宣德时，饷开平亦然。而兰甘松潘则往往使民背负矣。

是年，令军民并运。
浙江、江西、湖广及直隶、苏、松等府起运淮安、徐州仓粮，拨民自运赴通州仓，其运粮军士于淮安、南京仓支运。

《万历会计录》曰：此军民并运之始。

三年，命运粮给遵化官军。
行在户部遣官以九月终，发永平府属县民及东胜诸卫军，兼运林南东店仓粮于遵化城内，供给官军。
四年四月，命工部尚书黄福、平江伯陈瑄经略漕运。
初，支运之法，支者，不必出当年之民纳；纳者，不必供当年之军支，通数年为衰益，期不失常额而止，由是海陆二运皆罢，惟存遮洋船，每岁于河南、山东小滩等水次兑粮三十万石，十二输天津，十八由直沽入海输蓟州而已。不数年，官军多所调遣，遂复民运，道远数愆期。至是年，瑄及福建议复支运，乃令江西、湖广、浙江民运百五十万石于淮安仓，苏、松、宁、池、庐、安、广德民运二百七十四万石于徐州仓，应天、常、镇、淮、扬、凤、太、滁、和民运二百二十万石于临清仓，令官军接运入京、通二仓。民粮既就近入仓，力大减省，乃量地近远、粮多寡抽民船十一，或十三、五之一以给官军，唯山东、河南、北直隶则径赴京仓，不用支运。寻令南阳、淮、庆、汝宁粮运临清仓，开封、彰德、卫辉粮运德州仓。其后山东、河南皆运德州仓。

《明史·河渠志》曰：先是，永乐十三年，罢海运，唯存遮洋一，总运辽、蓟粮。至正统十三年，减登州卫海船百艘为十八艘。嘉靖二年，遮洋总漂粮二万石，溺死官军五十余人。五年，停登州造船。四十五年，从给事中胡应嘉言，革遮洋总。隆庆五年，徐、邳河淤，从给事中胡良佐言，复设遮洋总，存海运遗意。

六年十一月，始令官军兑运民粮。

平江伯陈瑄言：江南民运粮，诸仓往返几一年，误农业，令民运至淮安瓜州，兑与卫所官军运载至北，给与路费耗米，则军民两便，是为兑运。命群臣会议。吏部蹇义等上官军兑运民粮加耗则例，以地远近为差，每石湖广八斗，江西、浙江七斗，南直隶六斗，北直隶五斗。民有运至淮安，兑与军运者，止加四斗。如有兑运不尽，仍令民自运赴诸仓。不愿兑者，亦听其自运。军既加耗，又给轻赍银，为洪闸盘拨之费，且得附载地物，皆乐从事，而民亦多以远运为艰，乃令官军运粮，各于附近府州县水次交兑。江南府州县民运粮于瓜洲、淮安二处交兑；河南所属民粮运至大名府小滩兑与遮洋船，官军领运，自是兑运者多，而支运者少矣。

《万历会计录》曰：此支运渐为兑运及兑运加耗之始也。

臣等谨按：《食货志》及《明会典》：军与民兑米，往往恃强勒索，帝知其弊，敕户部委正官监临，不许私兑。已而颇减加耗米，远者不过六斗，近者至二斗五升，以三分为率，二分与米，一分以他物准正粮斛面。锐耗粮俱平概。运粮四百万石，京仓储十四，通仓贮十六，临徐淮三仓各遣御史监收。至英宗正统初，运粮之数四百五十万石，而兑运者二百八十万余石，淮、徐、临、德四仓支运者十之三四耳。又按《明会典》，是年准浙江等省、苏松等府佥拨民丁及添发卫军，与见运军士分两班更替攒运。七年，又令增拨各卫所军，余并见运军，共一十六万攒运粮储。王圻所谓攒运之初皆支运，而渐为兑运者，此也。

七年十一月，召督漕平江伯陈瑄、侍郎赵新等岁终至京，议粮赋利弊。

至十年，又令漕运总兵官每年八月赴京议事。

《食货志》曰：宣宗令运粮总兵官、巡抚、侍郎，岁八月赴京会议明年漕运事宜。及景泰二年，设漕运总督则并令总督赴京，至万历十八年后始免。

英宗正统元年，令陕西递运粮至各卫。

各府岁纳甘州各卫税粮，民运至兰县，起发军夫运至凉州，分运各卫。七年，令苏州等府起运南京粮折银五万两，运赴陕西，转运至甘肃籴粮给军。

七年，定漕船遭风漂流改拨令。

令漕运官军，若一卫有数船遭风漂流者，委官核实，全卫改拨通州及天津仓上纳。八年，又令粮船损坏，拨附近地方产有物料于清江卫河提举司修造，每处工部差官监收督造，各卫所仍差拨官军盖立厂房，相兼匠作工用及贴办物料。

十三年，定仓粮收放及加耗例。

各处解纳在京并通州仓粮及民粮送纳临清、淮安仓者，每石俱一尖一平斛收，两平斛放支。官军攒运俱一尖一平斛支，赴京、通二仓交收。又令湖广、江西、浙江加耗，俱六斗五升；南直隶五斗五升，江北、扬州、淮安、凤阳四斗五升，河南民粮于萧县水次兑者四斗；民自运至瓜淮等处兑军运者三斗，其兑运料豆加耗亦准此例。

十四年八月，时景泰帝监国。移通州粮入京师。

是年，令苏州府委官督粮里及殷实大户人等自运京储，旗军退回屯守。

时因土木之变，复尽留山东、直隶操备，苏、松诸府运粮仍属民。至景泰六年，乃复军运。

景帝景泰元年七月，停山西民运粮大同。

是年，令都御史总督漕运。

洪武时，命武臣督海运，尝建漕运使。寻罢。成祖以后，用御史，又用侍郎、都御史，催督郎中、员外分理主事督兑，其制不一，至是始设漕运总督于淮安，与总兵参将同理漕事。漕司领十二，总十二万军，与京操十二营军相准。

《食货志》曰：凡岁正月，总漕巡扬州，经理瓜、淮过闸。总兵驻徐、邳，督过洪入闸；同理漕参政管押赴京，攒运则有御史郎中，押运则有参政；监兑理刑，管洪管厂管闸管泉监仓则有主事，清江卫河有提举，兑毕过淮过洪。巡抚、漕司、河道，各以职掌奏报。有司米不备、军卫船不备、过淮误期者，责在巡抚；米具船备，不即验放，非河梗而压帮停泊，过洪误期，因而漂冻者，责在漕司。船粮依限，河渠淤浅，疏浚无法，闸坐起闭失时不得过洪抵湾者，责在河道。

二年正月，诏天下朝觐官当黜者，运粮口外。

七年，更定运军行粮数有差。

时复军运，令扬州迤南卫所运粮官军，每员名支行粮三石，淮安迤北卫所每员名二石。至成化三年，又令各卫所支三石至二石，及米麦二石八斗、二石六斗不等。

英宗天顺六年，定州县与卫交兑例。

从尚书年富言。凡一州一县，止许与一卫交兑，兑支不尽，方派别卫。不许将一州一县分作三、四卫，并不许将一卫分作三、四州县，及以远派近，以近派远。

八年，宪宗即位。命运军纳粮，每石加耗五升，毋溢，勒索者治罪。

时兑运法久，仓人觊耗余，入庾率兑斛面，且求多索，军困甚。宪宗即位，漕运参将袁佑上言便宜。帝曰：律令明言，收粮令纳户平准，每石耗不过五升，今运军愿明加，则仓吏侵害可知，仍令自概毋溢，并禁勒索，后从督仓中官言，加耗至八升，久之复溢收如故。屡禁不能止也。

漕运总兵万表曰：太仓起剥则例，一厫兑正粮一万二千石，每石加耗米七升，共计八百四十石，约定四百八十石作正支销，余准作耗数，数外间有余剩者，则是多收之数，不敢别作支销。节年于仓中隙地堀窖埋之，后主收者日苛，剩余者渐多。嘉靖十三年，侍郎周叙初督仓场，见余米岁埋岁多，心切惜之，乃言于梁，大司徒材梁曰：此出耗米附余四百四十石之外，若欲具题作正支销，主收放者法应参究，况起此附余之端，他日害大计矣。宁复弃之，不敢作俑也。周乃贮之空厫，以数作一手本报部，梁亦不受，令总督厅自计，乃知老臣识体，恐后之流弊至于多收也。宣德年间，京通二仓收受斛米，一尖一平，尖斛淋尖，平斛概行，后将淋尖斛外余米俱入官，有亏旗甲。参将袁佑奏：每石不分平尖，明加一斗，俱各铁斛收受。部议只加耗

五升。佑唯目前之图，而无长久之虑，彼当事者有存宽厚之意耳。户
部又题加八升，是每石兑运加耗七升，原为尖斛而增，今于加耗外复
收斛面为附余，耗外又加耗矣。当正德十六年，表总浙运时，每石止
加七升，以进仓即足交纳，常有余剩，今每石加二五，进仓尚有挂
欠，若不革去耗外斛面，概行平收，则军逃运散，虽有善者，亦无如
何，虽取之斛面，余米不多，而国计根本所系，为害者大，固当革此
弊，以存大计也。

宪宗成化元年，许运船附载土宜，免征税钞。

运船之数，永乐至景泰大小无定，为数至多。天顺以后，定船万一千
七百七十，官军十二万人。是年，准各处运粮旗军附带土产物货，河西
务、张家湾等处免其税课。孝宗时，限十石。神宗时至六十石。

《食货志》曰：船三年小修，六年大修，十年更造。每船受正耗
米四百七十二石。其后船数缺少，一船受米七八百石，附载夹带日
多，所在稽留违限，一遇河决，即有漂流，官军因之为奸，水次折
干，沿途侵盗，妄称水火，至有凿船自沈者。

三年九月，定仓粮尖平通算加耗例。

部议：各仓粮，旧例一尖一平，但南京地卑湿，米易浥烂亏折，守支
官攒往往因之得罪，盖因收受耗米多寡不同。旧例收粮尖斛约有五升，平
斛三升，以备折耗，今后每石尖平通算耗米八升，俱令平斛收受，纳户亲
自行概。从之。

六年十月，罢民运粮船带砖纳税及禁包揽之害。

时巡抚漕运等官，以苏、松、常、嘉、湖输运内府并各府部粳糯米十
六万石，官给以船，沿途砖厂钞关，必欲如民船带砖纳钞，兼遇水涸守
闸，又为运军凌逼，及抵扬州等处，则揽头包揽，巧肆刻削，是以留滞日
久，困于负贷，俱请严禁。仍令船皆鱼贯而行，其有漂流粮米，以该纳京
仓者改纳通州，省脚价，补其数。从之。

七年，议改兑之制。

应天巡抚滕昭，令运军赴江南水次交兑，加耗外复石增米一斗，为渡
江费。至十年，乃命准、徐、临、德四仓支运七十万石之米，悉改水次交

兑，由是悉变为改兑。而官军长运遂为定制。

《万历会计录》曰：此改兑之始也。先是，兑粮水次：宣德七年，江南于瓜淮、河南于小滩、山东于济宁，正统九年，江西于九江。至是，罢瓜淮交兑，令里河官军径赴江南水次交兑。至正德元年，湖广于长沙、汉口，嘉靖十九年，江西吴城归并于进贤门外。万历元年，湖广衡永荆岳长沙原在城陵矶交兑者，改并汉口。

八月，定运粮京师额四百万石，自后以为常。

初，运粮京师未有定额，至是始定北粮七十五万五千六百石，南粮三百二十四万四千四百石。其内兑运者三百三十万石，由支运改兑者七十万石。兑运之中，湖广、山东、河南折色十七万七千七百石。通计兑运改兑加以耗米入京通两仓者，凡五百十八万九千七百石，而南直隶正粮独百八十万，苏州一府七十万，加耗在外。浙赋视苏减数万，江西、湖广又杀焉。天津、蓟州、密云、昌平共给米六十四万余石，悉支兑运米。而临、德二仓储预备米十九万余石，取山东、河南改兑充之。遇灾伤则拨二仓米以补运，务足四百万之额，不令缺也。

臣等谨按：是年，准脚价耗米照六年折银事例，即令彼处收粮，委官折收解部，听候支用。每正粮一石，脚价米九升。《会计录》云：此脚米之始也。

又按，《万历会计录》：水次领兑军船，每石原征脚米一斗三升，后蠲免七升，其六升仍折银给运官等买办物料、修艌并置备什物，兑本府粮米者同之。是九升又减为六升也。

又立运船至京期限。

北直隶、河南、山东五月初一日；南直隶七月初一日，其过江支兑者，展一月；浙江、江西、湖广九月初一日。通计三年考成，违限者运官降罚。

《食货志》曰：武宗时，又立水程图格，按日次填行止站地，违限之米顿德州诸仓曰寄囤。世宗时，又定过淮程限：江北十二月，江南正月，湖广、浙江、江西三月，神宗时改为二月。又改至京限，五月者缩一月，七、八、九月者，递缩两月。后又通缩一月。

十年，更定加耗之令。

湖广、江西、浙江每石四斗，应天等府一斗五升，徐州二斗，山东、河南一斗五升。十六年，又令各处运粮通加耗一斗，各把总官变卖时价，解送清江卫河提举司，给与官军造船。其有司木料并抽分木植价银停止。

臣等谨按：《万历会计录》：是年，准将徐、淮、临、德四仓民运粮，各就水次，改兑与军，加与耗米领运，此改兑加耗之始。又各仓粮斛，每石收耗八升，仍照正统十三年例，一尖一平收受，此进仓加耗之始也。

二十三年，令改造遮洋运船为浅船，从新河攒运。

先是，十六年，遮洋船运粮蓟州者，如遇风水漂流，照浅河船例改拨补数。至是令改造浅船攒运，其该运粮并人夫，亦照浅船例均派。

臣等谨按：是年，侍郎邱濬进《大学衍义补》，因请寻海运故道与河漕并行。大略言：海舟一载千石，可当河舟三，用卒大减；河漕视陆运费省什三，海运视陆省什七，虽有漂溺患，然省牵卒之劳，驳浅之费，挨次之守，利害亦相当。宜访素知海道者，讲求勘视其说，后人亦多有言之者。然究未行也。

孝宗弘治元年，诏：加运军造船费，并禁科害搜检之弊。

都御史马文升疏论运军之苦，言：各直省运船，皆工部给价，令有司监造。近者漕运总兵以价不时给，请领价自造。而部臣虑军士不加爱护，议令本部出料四分，军卫任三分，旧船抵三分。军卫无从措办，皆军士卖资产、鬻男女以供之。此造船之苦也。正军逃亡数多，而额数不减，俱以余丁充之。一户有三四人应役者，春兑秋归，艰辛万状。船至张家湾，又雇车盘拨，多称贷以济用，此往来之苦也。其所称贷运官，因以侵渔责偿倍息，而军士或自载土产以易薪米，又格于例禁，多被夺掠。今宜加造船费，每艘银二十两，而禁约运官及有司科害搜检之弊，庶军困少苏。诏从其议。

二年，又定加耗及收受例。

官军上纳京通二仓，兑运者加耗七升，改兑加耗四升，支运并遮洋船仍旧一尖一平收受。

臣等谨按：《万历会计录》云：遮洋加耗六升，兑运、改兑、支运者俱同此例，与《会典》异。

五年，定折漕之制。

户部尚书叶淇言：苏松诸府，连岁荒歉，民买漕米每石银二两，而北直隶、山东、河南岁供宣大二边粮料，每石亦银一两。去岁苏州兑运已折五十万石，每石银一两。今请推行于诸府，而稍差其直，灾重者石七钱，稍轻者石仍一两，俱解部转发各边，抵北直隶三处岁供之数，而收三处本色以输京仓，则费省而事易集。从之。

《食货志》曰：遇岁灾辄权宜折银，以水次仓支运之粮充其数，而折价以六七钱为率，无复至一两者。

十年六月，命侍郎刘大夏、李介理宣府大同军饷。

至十四年四月，命工部侍郎李燧总督延绥边饷。十七年七月，命副都御史阎仲宇、通政司参议熊伟分理边饷。

十五年，准江西粮不拘兑运、改兑，每石加过湖米七升，通给运军作过湖脚耗及添物修船之用。

九江府每石征七升，其饶、抚、广信、建昌、铅山五所，赴进贤水次兑本省粮，每石征四升，折银一分二厘，于布政司库贮过湖米内支给。若南昌、袁、赣三卫，吉安、安福、永新三所，则无过湖米云。

武宗正德二年，诏：疏通水次仓储。

先是，成化间，行长运之法，江南州县运粮至南京，令官军就水次兑支，计省加耗输挽之费，得余米十万石有奇，贮预备仓以资缓急之用。弘治五年，巡抚都御史以支兑有弊，请令如旧上仓，而后放支。户部言：兑支法善，不可易。诏从部议，以所余就贮各卫仓作正支销。又从户部言，山东改兑粮九万石，仍听民自运临、德二仓，令官军支运。至是，漕运官请疏通水次。仓储言：往时民运至淮、徐、临、德四仓，以待卫军支运，后改附近州县水次交兑。已而并支运七十万石，亦令改兑。但七十万石之外，犹有兑交不尽者，民仍运赴四仓，久无支销，以致陈腐，请将浙江、江西、湖广正兑粮米三十五万石，折银解京，而令三省卫军赴临德等仓支运，如所折之数。则诸仓米不腐，三省漕卒便于支运，岁漕额外又得三十五万折银，一举而数善具矣。帝命部臣议，如其请。

《食货志》曰：临、德二仓之贮米也，凡十九万，计十年得百九十万。自世宗初，灾伤补拨日多，而山东、河南以岁歉，数请轻减。且二仓囤积多朽腐，因此改折之议屡兴，而仓储渐耗矣。

十年，令轻赍银随正粮带征。

至嘉靖十一年，准轻赍银两解赴漕司验兑，每帮先给十分之三，备沿途起剥支用，十分之七鞘封，到京会验给散。山东、河南轻赍银不先给，蓟州粮每石先给一分，以资添办什物。

《食货志》曰：轻赍银者，宪宗以诸仓改兑给路费始，各有耗米、兑运米，俱一平一锐，故有锐米自随船给运四斗外，余折银，谓之轻赍，凡四十四万五千余两，后颇入太仓矣。

世宗嘉靖初，革漕政诸弊。

初，漕政每加优恤。仁、宣禁役漕舟，宥迟运者。英宗时，始扣口粮均摊，而运军不守法度为民害，自后漕政日弛，军以耗米易私物，道售稽程，比至反买仓米补纳，多不足数。而粮长率搀沙水于米中，河南、山东尤甚，往往蒸湿汜烂不可食。权要贷运军银以周厚利，至请拨关税、给船料以取偿。漕运把总率由贿得，仓场额外科取岁至十四万。世宗初政，诸弊厘革，然漂流违限，二弊日以滋甚。中叶以后，益不可究诘。

元年，令轻赍银酌量支用实数以羡余修船。

臣等谨按：《会计录》：轻赍银有二四、二六、三四、三六之不同。如应天苏松等府耗米每石五斗六升，尖米一斗，共六斗六升，内除四斗随船作耗，余二斗六升，折银一钱三分，谓之二六轻赍；内扣留米二升，折银一分，止征二斗四升，谓之二四轻赍；浙江、江西、湖广有三六、三四，山东、河南则有一二，皆因米及耗折之多寡而得名。至嘉靖十四年，准轻赍银以次减省扣留，收解太仓银库。除一六照旧外，二六者改为二四轻赍，扣留米二升，折银一分；三六者改为三四轻赍，扣留米二升，折银一分。扣留以备修河等项之费，量减以免小民输纳之艰。万历七年，以近日漕河无虞，起剥诸费虽觉稍省，然不可据以为常，且运军罢困，亦当宽恤，轻赍银仍照议分为三七，以三分给本帮，备沿途挖贴诸费，其羡余先给回南旗军一分外，候完掣通关之日，查无挂欠，亦即与运官领回分给，不必扣贮，是则三分之外入太仓者多矣。《食货志》所谓颇入太仓者，此也。

又按《食货志》：凡诸仓应输者有定数，其或改拨他镇者，水次应兑漕粮，即令坐派，镇军领兑者给价。州县官督车户运至远仓，或给军价就令关支者，通谓之挖运云。

穆宗隆庆元年十月，巡按御史蒋机奏运解白粮事宜。从之。

机言：运解白粮，必以府佐贤者任其事，毋概委之首领。及验发批单水程限簿，勿令稽延。又通行关津量免其税。帝如所请。

臣等谨按：《食货志》：初，漕粮之外，苏、松、常、嘉、湖五府输运内府白熟粳糯米十七万四十余石，内折色八千余石；各府部糙粳米四万四千余石，内折色八千八百余石令民运，谓之白粮。船自长运法行粮，皆军运，而白粮民运如故。船户之求索，运军之欺陵，洪闸之守候，入京入仓，厥弊百出。嘉靖初，民运尚有保全之家。十年后，无不破矣。至明末时，苦弊更甚。

五年，山东巡抚梁梦龙极论海运之利，命量拨近地漕粮十二万石行之。

先是，嘉靖二十年，总河王以旗议复海运，言：海运虽难行，然中间平度州东南有东北新河一道，元时建闸，直达安东南北，悉由内洋而行，路捷无险，所当讲求。帝以海道迂远，却其议。三十八年，辽东巡抚侯汝谅言：天津入辽之路，自海口至右圈河通堡，其中多可湾泊处。部覆行之。四十五年，顺天巡抚耿随朝勘海道，自永平西下海至天津，皆傍岸行舟，可避风。初允其议，寻以御史刘翾疏沮而罢。至是时，漕船从河运者行新溜中多漂没，梦龙言：海道南自淮安至胶州，北自天津至海仓，岛人商贾所出入，遣卒自淮胶各运米至天津，无不利者。遂命量拨漕粮，俾梦龙行之。六年，王宗沐督漕，请行海运。诏令运十二万石，自淮入海，抵天津卫，凡三千三百九十里。万历元年，即墨福山岛坏粮船七艘，漂米数千石，溺军丁十五人，给事御史交章论其失，于是罢，不复行。二十五年，自登州运粮给朝鲜军，山东副使于仕廉复言：饷辽莫如海运，海运莫如登、莱，登、莱至旅顺，其中天设水递，止宿避风势便而事易。时颇以其议为然，而未行也。

《食货志》曰：当嘉靖中，廷臣纷纷议复海运。漕运总兵官万表言：在昔海运水溺不止，十万载米之舟，驾船之卒，统卒之官，皆所不免。今人策海运辄主邱浚之论，非达于事者也。至隆庆时，运道艰阻，议者欲开胶莱河复海运，由淮安清江浦口历新坝马家壕至海仓口，径抵直沽，止循海套，不泛大洋。疏上，遣官勘报，以水多沙碛而止。

七年七月，时神宗已即位。初通漕运于密云。

神宗万历初，定开兑并改折等制。

十月开仓，十一月兑竣。大县限船到十日，小县五日，十二月开帮，二月过淮，三月过洪入闸，皆先期以样米呈户部，运粮到日，比验相同乃收。凡灾伤奏请改折者，毋过七月。题议后期及临时改题者，立案免覆，漂流者抵换食米。大江漂流为大患，河道为小患，二百石外为大患，二百石内为小患。小患把总勘报，大患具奏，其后不计多寡概行勘奏。

四十六年八月，海运饷辽东。

山东巡抚李长庚奏行海运，特设户部侍郎一人督之。

《明史·李长庚传》曰：辽东用兵，议行登、莱海运。长庚言：自登州望铁山西北口至羊头凹，历中岛、长行岛抵北信口，又历兔儿岛至深井达盖州，剥运一百二十里抵娘娘宫，陆行至广宁一百八十里，至辽阳一百六十里，每石费一金。部议以为便，遂行之。特设户部侍郎一人兼右佥都御史出督辽饷，驻天津。即以长庚为之。

　　臣等谨按：《食货志》：明代漕政，至神宗末年而敝已甚，盖自兑运久行，临德尚有岁积，而淮徐二仓无粒米。当神宗时，折银渐多，漕运抵京者渐少，京通二仓往往入不敷出。万历三十年，漕运抵京仅百三十八万余石。又考《经世实用编》劳养魁言：万历三十年，京仓见存米仅四百四十余万石，不足以支两载。盖灾伤折银，本折漕粮以抵京军月俸，其时混支以给边饷，遂至银米两空，仓储渐匮，漕政益弛矣。

　　熹宗天启二年三月，诏：饬漕政。
　　漕运总督余合中疏请饬漕政三款：一、漕之苦在漂沈，今后宜裁革造船私耗，倍加匠料；一、漕之迟在贸易，今后漕船定以千石为限，不许多带私货，庶推挽易举；一、漕之难在浅涩，今后务尽力挑浚，管河部司总其成，沿河州县分其任，随淤随浚，无使复滋浅涩。诏如议。
　　五年正月，御史陆世科请变通漕政，部议行之。
　　世科疏：欲以漕折地方，暂那北新、浒墅等关，应解户部税银，抚按委官往丰熟省分买米，加以水脚，运实京仓。旋将州县所征折色，解补缺额，如纳监纳级等项，照例俱准输粟，因酌时价，稍增其值，以偿载运之费。不侍招商远致，持筹恒足。敕令部议行。
　　七年正月，遣内监崔文升提督漕运。
　　至崇祯四年十一月，遣内监吕直监视登岛兵粮海禁。群臣合疏谏。不听。
　　庄烈帝崇祯六年，漕运愆期，夺总河尚书朱光祚官。
　　时良城至徐塘，淤为平陆，以致漕运愆期。命夺朱光祚官。
　　十二年十月，中书沈廷扬复陈海运之便，且辑海运书五卷进呈。命造海舟试之。
　　廷扬崇明人，十三年六月朔①，乘二舟，载米数百石，由淮安出海，望日抵天津②，守风者五日，行仅一旬。帝大喜，加廷扬户部郎中，命往登州与巡抚徐人龙计度。山东副总兵王允思，亦上海运九议，帝即令督海运。先是，宁远军饷率用天津船赴登州，候东南风转粟至天津，又候西南

――――――――――――
　　① 朔，农历初一。
　　② 望日，农历十五日。

风转至宁远。廷扬自登州直输宁远，省费多。寻命赴淮安经理海运，为总漕侍郎朱大典所沮。乃命易驻登州，领宁远饷务。

臣等谨按：《崇祯疏钞》：廷扬疏，大要以漕运费为海运费，不惟不必出诸帑藏，而岁省造船及军粮治河等费千百万，且国家都燕，唯此漕河一线以为命，必须有他道备之，宜选通晓海务者细询委曲，经理其事。将截漕三十万，并扣买辽粮，依洪永年间运给辽东六十万之例，先试行之，而后大运云。

十三年三月，给事中张元始疏陈白粮苦弊①。

元始奏：白粮每正米一石，加耗五升，车脚银一两，未尝有亏百姓也。二十年前，粮解一名，费银不过二百两。近年每费至一千五百两。夫充是役者，必选殷实良民，领解来京，例赴鸿胪报名入朝，待以臣礼。今日费累百般，苦难枚举，乞令白粮改在漕粮之前，三月开帮，五月抵湾，毋拘军前民后之说。而光禄供用库引户一节，比照禄米仓例，解户亲手交纳，尤为省便也。

臣等谨按：元始疏言白粮解运之苦。始领水脚既苦扣克，兑粮时派费多端，开运后又苦船户之索，借水手之挟诈。且白粮船压于漕船之后，全漕既过，河水已枯，雇船剥运，费既不赀，及至抵京，例由引户包纳，粮长不得自交，斛面浮米，恣意索诈缺额，则官司专比粮长，不比引户，往往有引户侵蚀而解户代比者，其累诚不可枚举也。

---

① 白粮，明清向江南五府征收的粳、糯米，为专供宫廷和百官用的额外漕粮。

钦定续文献通考卷三十二

国用考

振恤①

宋宁宗庆元元年正月，诏两浙、淮南、江东路荒歉诸州收养遗弃小儿。

初，闽人生子多不举。高宗绍兴中，朱子请立举子仓②。孝宗乾道五年三月，诏福建路贫民生子，官给钱米。光宗绍熙初，赵汝愚知福州，括绝没之田产，召佃输租，仍发籴本建仓收储，遇受孕五月以上者，则书于籍，逮免乳日，人给米一石三斗。七年，帝览饶州知州王秬振济条画言：饥岁民多遗弃小儿，命付诸路收养，如钱物不足，可具奏，于内藏支降。至是复有收养之诏。五月又诏：诸路提举司置广惠仓，修胎养令③。至嘉泰中叶，筠知南剑州，州贫生子多不举，筠亦请立举子仓振给之。开禧元年三月，严民间生子弃杀之禁。仍令有司月给钱米收养。嘉定二年七月，诏荒歉州县，七岁以下男女听异姓收养，着为令。

以久雨，振给临安贫民。

至五年五月，以久雨民多疫，命临安府振之。嘉定三年五月，以久雨，发米振贫民。

四年，临安大疫，出内帑钱为贫民医药、棺敛费，及赐诸军疫死者家。

---

① 振恤，振通赈，即赈济与抚恤的意思。
② 举子仓，资助贫困家庭抚养婴儿的专门仓库。
③ 胎养令，政府鼓励人口生育的法令，规定妇女在妊娠期间可获取一定的补助，其家庭亦可免去一定的赋役。

自高宗绍兴二十一年六月，命岁给大理寺三衙及州县钱和药剂疗病。孝宗淳熙三年二月，置广南烟瘴诸州医官。八年六月，以临安疫，分命医官诊视军民，至是又有是诏。自后，嘉泰元年四月，诏有司：振恤被灾居民，死者给银瘞之①。又内降钱十六万缗，米六万五千余石，振被灾死亡之家。嘉定二年三月，命浙西及沿江诸州给流民病者药；又出内库钱十万缗，为临安贫民棺椁费。四月，赐临安诸军死者棺钱。三年四月，诏临安府给细民病者棺椟②。四年三月，命临安府振给病民，死者赐棺钱。四月，出内库钱瘞疫死者、贫民。

《宋史·常楙传》曰：楙为浙东安抚使，值水灾，捐万楮以振之。复请籴于朝，得米万石，蠲新苗三万八千。又以诸暨被水尤甚，给二万楮付县折运，民食不至乏绝。两浙及会稽山阴死者暴露，与贫而无以为殓者，以十万楮置普惠库③，取息造棺以给之。

又《傅伯成传》曰：伯成知漳州，创惠民局济民病④，以革祈鬼之俗。知镇江府，全活饥民，瘞藏野莩不可胜数。

又《黄甎传》曰：甎知台州，为济粜仓，为抵当库，葬民之栖寄暴露者棺千五百，置养济院。又创安济坊以居病囚，皆自有子本钱。

五年十二月，命广东水土恶弱诸州，建安仁宅、惠济仓库，给士大夫死不能归者。

是年，饶、信、江、抚、严、衢、台七州，建昌、兴国军，广东诸州皆水，振之。

先是，绍熙五年，帝即位。八月，命三省议振恤诸路郡县水旱。是岁，两浙、淮南、江东西路水旱，振之，仍蠲其赋。至是振水灾。六年，建宁府，徽、严、衢、婺、饶、信、南剑七州水，建康府，常、润、扬、楚、通、泰、和七州，江阴军旱，振之。嘉泰元年，浙西、江东、两淮、利州路旱，振之，仍蠲其赋。二年。建宁府，福、汀、南剑、泸四州水，邵州旱，振之。四年四月，振恤江西水旱州县。开禧元年，江浙、福建、

---

① 瘞，收殓、掩埋。
② 细民，与豪民对称，指一般小民。
③ 普惠库，宋朝政府用其经营利息救济贫困死者，舍给棺木的纸币库。
④ 惠民局，宋代官设医药机构名。

二广诸州旱，两淮、京西、湖北诸州水，振之。三年二月，振给旱伤州县贫民。嘉定三年十二月，临安、绍兴二府、严衢二州大水，振之，仍蠲其赋。六年闰九月，诏湖北监司守令振恤旱伤。是岁，两浙诸州大水，振之。九年六月，振恤浙西被水州县，宽其租税。十一年六月，诏湖州振恤被水贫民。十四年，浙东、江西、福建诸路旱，沔、成、阶、利四州水，振之。十五年三月，诏江西提举司振恤旱伤州县。十六年九月，诏江淮诸司振恤被水贫民。十一月，以太平州大水，诏振恤之。十七年七月，命福建路监司振恤被水贫民。

嘉泰元年七月，振被火贫民。

至四年三月，命临安振焚室。

三年十一月，复置福田居养院①，命诸路提举常平司主之。

四年十一月，诏两淮、荆襄诸州值荒歉，奏请不及者，听先发廪以闻。

《宋史·杨大异传》曰：大异摄龙泉令，适岁饥，提刑司遣吏籴米二万石于邑，米价顿增，民乏食。大异即以提刑所籴者如价发粜民，甚德之。大吏坐以方命罪移安远尉。

开禧二年正月，发米粮给贫民。

至嘉定元年八月，发米振贫民。九月，出安边所钱一百万缗，命江淮制置大使司籴米振饥民。二年八月，发米十万石振两淮饥民。七年十月，出内帑钱振临安府贫民。八年五月，发米振粜临安府贫民。七月，发米三十万石振粜江东饥民。十年十一月，诏浙东提举司发米十万石给贫民。十五年十二月，发米振给临安府贫民。十六年三月，以道州饥，诏发米振之。

嘉定元年二月，诏临安府振给流民。

八月，又发米三十万石振粜江淮流民。至十六年正月，命淮东制置司振给山东流民。

---

① 福田居养院，即福田院和居养院，都是负责收养鳏寡孤独的老年人与孤儿，以及城中衣食无着的饥民的机构。宋代福田院设于首都开封，居养院在全国多有开办。

　　袁甫进《区处流民故事》曰：区处流民，唯富弼之法，最为简要。所谓简要者，曰散处其民于下，而总提其纲于上而已。金陵诸邑流民群聚，皆来自淮西沿江，出兵驱之，其在句容境者轶入金坛，若宣城，若池阳，若当涂，所在蚁聚，剽劫成风，逃亡之卒皆入其党，江南奸民率多附和。乞行下督府及诸阃与安抚，总漕诸司作急措置，自一路推之诸路，由诸路推之诸郡，每处流民，随所在分之。凡赡养之费，唯分则易供；居止之地，唯分则易足，此非臣臆说也。弼择所部五州，劝民出粟，得十五万斛，益以官廪，随所在贮之。又择公私庐舍十五万区，散处其人，以便薪水，可谓委曲详尽矣。今果推行此策，非但劝民出粟而已，或发上供之数，或发桩管之钱，或乞科降上下视如一家，或请团结彼此联为一体，而所谓团结者，又须不止一途。能劳苦者庸其力，有伎艺者食其业，其间有为士者散于庠序，为商者使之贸迁，俱令心有所系而奸无所萌，此皆分之说也。分之愈多，则养之愈易，而其要在督府制阃以及总漕诸司为之领袖。所谓散处其民而总提其纲者此也。愿朝廷使长吏任责，一如青州故事，流民幸甚，宗社幸甚。

　　《宋史·黄畴若传》曰：畴若为殿中侍御史，都城谷腾贵，诏减价粜桩管米十万石，于是淮浙流民交集，临安府按籍振济不满五千人，以三月后麦熟罢振济，各给粮遣归。畴若谓此实驱之使去耳。遂奏乞核实近甸之人，愿归就田者勿问，其有未能归者更振两月，淮民见在都城者，其家既破又无赢资，必难遽去，仍与振恤，俟早熟乃罢。于是诏振至六月乃止。

三年五月，淮东平，诏宽恤残破州县。

四月，出内库钱二十三万缗，赐临安军民。

四年闰二月，诏诸路帅臣、监司、守令格朝廷振恤之令者，重罪之。

自孝宗乾道九年，浙东等处旱伤，臣僚言：今岁旱伤，民多艰食，州郡或有讳境内灾伤，不即申陈，致失检放条限，或有曾经申陈措置振济，朝廷未令举行，窃念救荒之政，譬如拯溺救焚，势不可缓，乞委官作速巡历，如不曾检放，或检放不实者，将今年苗米依合减分数，权行倚阁，俟来年秋熟带纳。其有和籴米斛及诸色科买，并住罢一年。应振粜振济之处，许提举官将常平义仓通融拨借。其有诸州已条画到措置事宜，朝廷速降指挥，庶官吏即可奉行，百姓早被实惠。诏从之。至是，复有是诏。

　　《宋史·儒林传》曰：嘉定时，真德秀为江东转运副使。江东旱蝗，广德、太平为甚，德秀与留守宪司分所部九郡，大讲荒政，而自领广德、太平，亲至广德，与太守魏岘同以便宜发廪，使教授林庠振给，竣事而还，百姓数千人送之郊外，指道旁丛冢泣曰：此皆往岁饿死者，微公，我相随入此矣。

　　又《袁甫传》曰：甫提举江东常平，适岁旱蝗，发仓庾之积，凡州县窠名隶仓司者①，无新旧皆住催，为钱六万一千缗，米十有三万七千，麦五千八百石，遣官分行振济，饥者予粟，病者予药，尺籍之单弱者，市民之失业者，皆曲轸之。又告于朝曰：江东或水而旱，或旱而水，重以雨雪连月，道殣相望，至有举家枕籍而死者，此去麦熟尚赊，事势益急，诏给度牒百道助费。移司番阳，霜杀桑，春夏雨久，湖溢，诸郡被水，连请于朝，给度牒二百道振恤之。又岁大旱，请于朝，得度牒缗钱绫纸以助振恤；疫疠大作，创药院疗之。前后持节江东五年，所活殆不可数计。

七年十一月，命浙东监司发常平米振灾伤州县。

初，乾道四年，知温州赵与可以支常平钱五百贯并系省钱五百贯，振被灾之户，自劾。谕之曰：国家积常平米，正为此也，可勿罪。淳熙八年，诏去岁江浙、湖北、淮西旱伤处，已行振粜，其鳏寡孤独贫不自存、无钱收籴者，济以义米。至是复有是命。

　　《宋史·赵必愿传》曰：必愿知崇安县，擅发光化社仓，活饥民，帅怒，逮吏欲惩之。必愿曰：刍牧职也，吏何罪。束担俟谴，帅无以诘而止。

　　又《汪纲传》曰：纲调桂阳军平阳县令，岁饥，发粟振粜，民赖以安。改知兰溪县，躬劝富民浚筑塘堰，大兴水利，饥者得食其力，全活甚众。郡守张抑及部使者列纲为一道荒政之冠。

　　又《刘应龙传》曰：理宗时，应龙言时政四事：广发廪以振民

---

　　① 窠名，款目，条项。

饥，通商贩以助民食，劝分富室以助官籴，严等第以核民数，稽检放以苏民穷，严戢盗以除民害。会京师米贵，应龙为劝粜歌，宦者取以上闻。至景定三年，湖南饥，起应龙提举常平，以救荒功迁广南东路转运判官。

理宗宝庆元年二月，发廪振在京细民。

四月，又发廪振在京细民。十一月，雪寒，在京诸军给缗钱有差，出戍之家倍之。自是祥庆灾异、霪雨雪寒咸给。三年十二月，发廪振在京细民。至绍定三年十二月，慈明殿出缗钱百五十万犒诸军，振赡在京细民。淳熙十二年八月，诏以缗钱四十万振恤在京军民。宝祐元年十月，诏出缗钱二百万，振恤京城军民。开庆元年二月，发平粜仓米二万，减直振在京民。

七月，滁州大水，诏振恤之。

三年七月，诏振赡被水州县。绍定二年十月，诏：台州水灾，除民田租。淳祐十年十月，诏：郡邑有水患，其被灾细民随处发义仓振之。十一月，福建诸郡旱，锡米二十五万石振粜，一万石振贫乏细民。十二年六月，发米三万石振衢、信饥。又严、衢、婺、台、处、上饶、建宁、南剑、邵武大水，遣使分行振恤存问，除今年田租。宝祐元年七月，温、台、处三郡大水，诏：发丰储仓米并各州义廪振之。开庆元年五月，婺州大水，发义仓米振之。景定二年六月，诏：近畿水灾，安吉为甚，亟讲行荒政。九月，以湖、秀二郡水灾，诏：守令亟劝，分监司申严荒政。

绍定二年五月，诏：成都、潼川路岁旱民歉，制司、监司其急振恤，仍察州县奉令勤惰以闻。

至嘉熙二年四月，诏四川帅臣：招集流民复业，给种与牛，优与振赡。宝祐二年七月，诏：前蜀帅余玠镇抚无状，兵苦于征戍，民困于征求，俾其家输所取蜀财犒师振民，并复并边诸郡田租三年。开庆元年十月，诏：蜀道稍宁，其被兵百姓①，迁入城郭无以自存者，三省下各郡以财粟振之。

《常楙传》曰：绍定时，楙改知嘉定县，岁大水，劝分和籴，按籍均敷。知广德军，郡有水灾，发社仓粟以活饥民，官吏难之，楙先发而后请

---

① 被兵，遭遇战乱。

专命之罪。

五年，臣僚奏：戒饬诸道常平使者遵用淳熙诏令，每岁核州县丰歉分数，或灾伤重处，即与振恤，不许隐蔽不实，违者罪之。

嘉熙四年六月，又诏：有司振灾恤刑。淳祐十一年十一月，又诏：江东西、湖南北、福建、两广有灾伤瘴疠处，虽已振恤，犹恐州县奉行不虔，可令监司守臣，仰体德意，多方救拯。又诏：隆冬严寒，出封桩库十八界官会子二十万振之。开庆元年五月，诏：湖北诸郡，去年旱潦饥疫同江陵常澧岳寿诸州，发义仓米振粜，仍严戢吏弊，务令惠及细民。

《宋史·徐鹿卿传》曰：理宗时，鹿卿为江东转运判官，岁大饥，奏援真德秀为漕时拨钱以助不给。不报①。遂出本司积米三千余石，减半价以粜，及减抵当库息出缗钱万有七千以予贫民，劝居民收字遗孩给以钱米，日所活数百人。

又《孙子秀传》曰：子秀辟淮东总领所，中酒库檄督宜兴县围田租，既还白水灾，总领恚曰：军饷所关而敢若此，独不为身计乎？子秀曰：何敢为身计，宁罪去耳。力争之，遂免，知金坛县，淮民流入以万计，振给抚恤，树庐舍，括田使耕。通判庆元府，水潦所及，则为治桥梁，修堰闸，补城壁，浚水原助葺民庐，振以钱米，招通邻粜，奏蠲秋苗万五千石有奇，尽代纳其夏税，并除公私一切之负，坍溪沙壅之田，请于朝永蠲其税，民用复苏。

又《杜范传》曰：范差知宁国府，于嘉熙三年至郡，适大旱，范即以便宜发常平仓。又劝商工富人有积粟者发之，民赖以安。始至，仓库多乏，未几，米余十万斛，钱亦数万，悉以代输下户粮。

端平元年六月，以盗起，振建阳、邵武诸郡。

臣僚言：建阳、邵武群盗啸聚，变起于上户闭粜②，若专倚兵威以图殄灭，固无不可，然振救之道，一切不讲，饥馑所迫，恐人怀死心附之日众，乞朝廷厉兵选士，荡定已窃发之寇，发粟振济怀来未从贼者之心，庶人知避害，贼势自孤，可一举而灭矣。此成周荒政散利除盗之说也。至淳

① 不报，没有批复。
② 闭粜，屯粮不售。

祐六年七月，泉州岁饥，其民谢应瑞非因有司劝分，自出私钞四十余万，籴米以振乡井，所全活甚众，诏补进义校尉。

八月，以河南新复郡县，久废播种，诏江淮制司：发米麦百万石往济归附军民，仍牓谕开封、应天、河南三京。

嘉熙元年正月，诏：振两淮荆襄流民。

诏曰：两淮荆襄之民，避地江南，沿江州县间有招集振恤，尚虑恩惠不周，流离失所。江宁、镇江、建宁、太平、池江、兴国、鄂、岳、江陵境内流民，其计口给米，期十日竣事以闻。至二年二月，又诏：近览李惠奏，知蜀渐次收复，创残之余，绥抚为急。淮西被兵，恩泽亦如之。其降德音，谕朕轸恤之意。淳祐十年十二月，诏江浙沿江郡县，刷其流民口数，于朝廷桩管钱米内振济，仍许于寺观及空闲官舍居住。宝祐六年十月，诏常州、江阴、镇江，发米振赡淮民。咸淳十年十二月，恭帝已即位，命建康府、太平、池州振避兵淮民。

淳祐四年二月，出封桩库缗钱各十万①，命两淮、京湖、四川制司收瘗频年交兵遗骸，立为义冢。七年六月，诏：旱势未释，两淮、襄、蜀及江、闽内地曾经兵州县，遗骸暴露，感伤和气，所属有司收瘗之。景定三年二月，都省言：临安、安吉、嘉兴属县，水涝溺死颇众，诏各郡守臣给钱埋瘗。

九年正月，诏：给官田五百亩，令临安府创慈幼局，收养道路遗弃初生婴儿。仍置药局疗贫民疾病。

至宝祐五年，诏曰：朕轸念军民，无异一体，常令天下诸州置慈幼局、平粜仓、官药局矣，又给官钱付诸营，置库收息济贫乏，奈何郡守奉行不谨，所惠失实，朕甚悯焉。更有疲毙于疫疠、水灾与夫殁于阵者，遗骸暴露，又不忍闻也。各路清强监司，可严督诸守臣，宣制安抚；可严督主兵官并遵原降指挥，如慈幼则必使道路无啼饥之童，平粜则必使小民无艰食之患，官药则剂料必真，修合必精，军库收息则以时支给，不许稽迟，务在公平，不许偏徇，庶军民皆蒙实惠。

《宋史·儒林传》曰：初，常平有慈幼局，为贫而弃子者设，久

---

① 封桩库，宋初收缴各割据势力所藏金帛至京师，另置库储存，以为救助军族、备防饥馑等需要，称封桩库。

之名存实亡。黄震提举抚州常平，谓收哺于既弃之后，不若乘其未弃保全之。乃损益旧法，凡当免而贫者，许里胥请于官赡之；弃者许人收养，官出粟给所收家，成活者众。

臣等谨按：收养之事，前此已有之。若慈幼局则常楙知嘉定县亦尝置之。此时，乃诏置于临安，故云创也。

度宗咸淳元年四月，发米八万石赡京城民。

闰五月，以久雨，京城减直粜米三万石，自是米价高即发廪平粜以为常。又发钱二十万赡在京小民，二十万赐殿步马司军人，二万三千赐宿卫。自是行庆恤灾，或遇霪雨雪寒，咸赐如上数。十年，恭帝即位。七月，命临安振赡细民。

二年六月，以衢州饥，命守令劝分诸藩邸发廪助之。

至七年三月，发屯田租谷十万石，振和州无为镇、巢、安庆诸州饥。又平江府饥，发官仓米六万石；吉州饥，发和籴米十万石，皆减直振粜。又发米一万石往建德府济粜。五月，发米二万石，诣衢州振粜。六月，瑞州民及流徙者饥，乏食，发义仓米一万八千石，减直振粜。绍兴府饥，振粮万石。

《宋史·食货志》曰：是年，监察御史赵顺孙上言：今日急务莫过于平粜。乾道间，米斗直五六百钱。孝宗闻之，即罢其守，更用贤守。此今日所当法者。今粒食翔踊，未知所由，市井之间，见楮而不见米。推原其由，实富家大姓所至闭廪①，所以籴价愈高，而楮价阴减。陛下念小民艰食，为之发常平义仓。然为数有限，安得人人而济之。愿陛下课官吏，使任牛羊刍牧之责，劝富民使无秦越肥瘠之视，平粜一年，则楮价不因之而轻，物价不因之而重矣。

又《马光祖传》曰：光祖以提领户部财用兼知临安府、浙西安抚使，会岁饥，荣王府积粟不发廪，光祖谒王，辞以故；明日往，亦如之。又明日，又往，卧客次，王不得已见焉。光祖厉声曰：天下孰不知大王子为储君，大王不于此时收人心乎！王以无粟辞。光祖探怀中文书曰：某庄某仓若干。王无以辞。得粟活民甚多。

---

① 闭廪，闭仓不出售。

又《儒林传》曰：黄震通判绍兴府，以抚州饥起知其州，单车疾驰，中道约富人耆老集城中，毋过某日，至则大书闭粜者籍，强籴者斩揭于市，坐驿仓，署文书，不入州治，不抑米价，价日损；亲煮粥食饿者。请于朝给爵赏旌劳者，而后入视州事。转运司下州籴米七万石。震曰：民生蹶矣，岂宜重困。以没官田三庄所入应之。

六年十月，诏台州：发义仓米四千石，并发丰储仓米三万石，振遭水家。

七年六月，诸暨县大雨，暴风雷电，发米振遭水家。八年八月，绍兴六邑水，发米振遭水家。

闰十月，诏：殿步马诸军贫乏阵没孤遗者多，方此隆冬，其赐钱二十万，米万石，振之。

十一月，诏：襄郢屯戍将士，隆寒可悯，其赐钱二百万犒师。至七年十月，诏与六年闰十月同。八年十一月，又以隆寒，殿步马司诸军贫窭并阵殁孤遗者，振以粟米。十年，恭帝即位。十二月，以隆寒劳赐京湖及沿江戍守将士。

十年九月，时恭帝已即位。发米振余杭、临安两县水灾。

余杭灾甚，再给米二千石。

恭帝德祐元年正月，诏：浙东邸第减价出米粜民。

辽太祖天赞元年六月，遣鹰军击西南诸部，以所获赐贫民。

太宗天显三年十二月，诏：东丹民困乏不能迁东平者，许上国富民给赡而隶属之。

时人皇王在东都，遣耶律伊济迁东丹民以实东平。其民或亡入新罗、女直，因有是诏。

会同二年三月，大赉百姓。

景宗保宁八年三月，遣五使廉问四方鳏寡孤独及贫乏失职者，振之。

圣宗统和元年九月，以东京平州旱蝗，诏振之。

至七年六月，诏：出诸畜赐边鄙贫民。八年四月，岁旱，诸郡艰食，振之。十一月，以吐谷浑民饥，又振之。九月三月①，振室韦、乌古诸部。十二年，诏：安集朔州流民。

---

① 九月三月，刊刻有误，应为九年三月，见《辽史·圣宗纪》。

十五年二月，劝丕勒部富民出钱，以赡贫民。

四月，又发义仓粟振南京诸县民。至十六年四月，振崇德宫所隶州县民之被水者。二十三年八月，振党项部。五月，以金帛赐阵亡将士家。二十五年十二月，振饶州饥民。二十八年八月，振平州饥民。二十九年三月，南京平州水，振之。

开泰元年十二月，振奉圣州饥民。

至二年七月，诏：以敦睦宫子钱振贫民。五年四月，振招州民。六年十月，南京路饥，挽云、应、朔、弘等州粟振之。七年四月，振川、饶二州饥及中京贫乏。

诏：饥民质子女者，计佣偿价。

时诸道水灾，饥民多质男女。诏起来年正月，日计佣钱十文价折佣，尽遣还其家。

《辽史·杨佶传》曰：开泰八年，燕地饥疫，民多流殍，以佶同知南京留守事，发仓廪振乏绝，贫民鬻子者，计佣而出之。

太平六年二月，南京水，遣使振之。

兴宗景福元年七月，振蓟州民饥。

十月，又振黄龙府饥民。

重熙八年正月，振丕勒部。

至十一年闰九月，振恤三父族之贫者。十五年十一月，振南京贫民。十七年二月，振页稳彻木衮部。

道宗清宁四年，东路饥，振之。

从宁远节度使耶律图丹奏也。至咸雍二年七月，以岁旱，遣使振山后贫民。四年正月，振西京饥民。三月，振应州、朔州饥民。七年十一月，振饶州饥民。八年二月，振恩、蔚、顺、惠、义、饶等州民。四月，又振易、饶二州民。六月，振易州贫民。又振中京及中兴府。七月，又振饶州饥民。

咸雍三年闰三月，扈驾军营火，赐钱粟及马有差。

八年十一月，赐延昌宫贫户钱。

太康元年正月，振云州饥。

二月，祥州火，遣使恤灾。四月，振平州饥。闰四月，振平、滦二州饥。七月，振南京贫民。九月，以南京饥，免租税一年，仍出钱粟振之。至二年正月，振黄龙府饥。四年正月，振东京饥。五年十月，振平州贫民。七年十一月，诏：岁出官钱振诸宫分及边戍贫户。

《辽史·刘伸传》曰：伸以崇义军节度使致仕，适燕蓟民饥，伸与致仕赵徽、韩造日济以糜粥，所活不胜算。

大安二年七月，赐兴圣、积庆二宫贫民钱。

八月出粟，振辽州贫民。九月，振上京、中京贫民。十一月，振乾显、成懿等州贫民。至三年正月，出钱粟振南京贫民，仍复其租赋。二月，发粟振中京饥。四月，赐中京贫民帛，威乌尔古部亦如之。又诏：出户部司粟振诸路流民及义州之饥。七月，出杂帛赐兴圣宫贫民。四年三月，振上京及平、锦、来三州饥。四月，振苏、吉、复、渌、铁、庆等州贫民，并免其租税。又振庆州贫民。五月，振祖州、春州贫民。七年二月，诏：给渭州贫民耕牛、布绢。八年十月，振西北路饥。十一月，以通州潦，水害稼，遣使振之。九年九月，振西北路贫民；十月，又振之。十年闰四月，赐西北路贫民钱。

寿隆元年正月，振奉圣州贫民。

二月，赐左右二皮室贫民钱。三月，赐东北路贫民绢。至二年正月，市牛给乌尔古德呼勒威乌尔古部贫民。二月，振达木琳巴克部。四月，振西北边军。三年二月，南京水，遣使振之。五年十月，振辽州饥，免租赋一年。十一月，振南北二纠。六年二月，出绢赐五院贫民。

天祚帝乾统四年十一月，时幸南京。御迎月楼，赐贫民钱。

至天庆三年正月，赐南京贫民钱。

《辽史·萧伊苏传》曰：天庆十年，金兵陷上京，诏：萧伊苏兼上京留守、东北路统军使，伊苏为政，宽猛得宜，民之穷困者辄加振恤，众咸爱之。

金太祖天辅七年二月，振恤迁户民。

诏：前后起迁户民，去乡未久，岂无怀土之心。可令所在有司深加存恤，毋辄有骚动。衣食不足者，官振贷之。

太宗天会元年九月，发春州粟振降人之徙于上京者。

又诏：诸明安赋米给户口在内地匮乏者。至二年二月，诏：给宗翰马七百匹，田种千石，米七千石以振新附之民。四月，振上京路、西北路降者及新徙岭东之人。十月，诏：发宁江州粟，振泰州民被秋潦者。又诏：有司运米五万石于广宁，以给南京、润州戍卒。十一月，诏：以米五万石给达兰实古纳。三年三月，振奚、契丹新附之民。九年四月，诏：新徙戍边户，匮于衣食，有典质其亲属奴婢者，官为赎之。戍户及边军资粮不继，籴粟于民，而与振恤。十年二月，振上京路戍边明安民。四月，闻鸭绿、混同江暴涨，命振徙戍边户在混同江者。七月，振泰州路戍边户。

熙宗皇统元年九月，诏：赐鳏寡孤独不能自存者，人绢二匹、絮三斤。

至二年二月，振熙河路。八月，振陕西。四年，以河朔诸郡地震，诏：复百姓一年，其压死无人收葬者，官为敛藏之。陕西蒲、解、汝、蔡等处，因岁饥，流民典雇为奴婢者，官给绢赎为良，放还其乡。

四年十一月，立借贷饥民酬赏格。

世宗大定二年正月，振赐山东民。

诏前工部尚书苏保衡、太子少保高思廉振赐山东百姓粟帛，无妻者具姓名以闻。至三年二月，谓宰臣曰：滦州饥民流散逐食，甚可矜恤，移于山西，富民赡济，仍于道路计口给食。四月，振山西路明安穆昆贫民，给六十日粮。十一月，诏中都、平州及饥荒地，并经契丹剽掠，有质卖妻子者，官为收赎。四年八月，谓宰臣曰：北京、懿州、临潢等路，尝经契丹寇掠；平、蓟二州，近复蝗旱，百姓艰食，父母兄弟不能相保，多冒鬻为奴，朕甚悯之。可速遣使阅实其数，出内库物赎之。九年三月，以大名路诸明安民户艰食，遣使发仓廪减价粜之。十二月，振临潢、泰州、山东东路、河北东路诸明安民。十一年正月，命振南京屯田明安被水灾者。十二年五月，振山东东路和伦明安民饥。十七年三月，振东京、博索、哈斯罕三路。详市籴考。十月，诏：以羊十万付乌库哩实垒部畜，收其滋息以予贫民。十八年闰六月，振西南、西北两招讨司民及乌库哩实垒部转户饥。十九年四月，诏：振西南路招讨司所部民。

二十一年三月，遣人阅实振贷蓟、平、滦等州民。

帝初闻蓟、平、滦等州民乏食，命有司发粟粜之，贫不能籴者贷之。有司以贷贫民恐不能偿，止贷有户籍者。帝至长春宫，闻之，更遣人阅实振贷。以监察御史舒穆噜元礼、郑大卿不纠举，各笞四十。前所遣官皆论罪。至二十八年十一月，又诏：南京、大名府等处被水逃移不能复业者，官与津济钱，仍量地顷亩给以耕牛。

二十九年十一月，时章宗已即位。诏：今后有饥馑处，先行振恤，然后上言。

是年，帝初即位，正月，赐鳏寡孤独人绢一匹，米一石。至是诏有司：今后诸处或有饥馑，令总管节度使或提刑司先行振贷，或振济，然后上言。十二月，又振宁化、保德、岚州饥，其流移复业，给复一年。

> 臣等谨按：章宗即位，虽有是诏。及考《刘仲洙传》，明昌时，为定海军节度使，岁饥，仲洙表请开仓，未报。先为振贷，有司劾之，罪以赎论。是先振贷者仍有罪也。又考《伊喇富森传》：崇庆元年，富森充辽东宣抚副使，岁大饥，出沿海仓粟先振其民，而后奏之。优诏奖谕。以明昌宽闲之时，反不如崇庆扰攘之际，以是知令出惟行，虽贤君犹难之也。

章宗明昌三年五月，振山东、河北饥。

时尚书省已委宣差，所至安抚振济。复遣右三部司范文渊往视之。

六月，预给百官冬季俸。令以时直粜与贫民。

有司言：河州灾伤，民乏食，因谕户部预给百官俸，令就仓粜与贫民，秋成各以其赀籴之，其承应人不愿者听。

七月，命富民出粟振济，以其数充秋粮。

敕尚书省曰：饥民如至，辽东恐难遽得，必有饥死者，其令散粮官问其所欲居止，给以文书，命随处官长计口分散。令富者出粟养之，限以两月，其粟充秋粮之数。

四年正月，振河北诸路被水灾者。

至四月，又振河州饥。五年十月，又振河决被灾人户。

十二月，谕大兴府于暖汤院日给米五石，以赡贫者。

至承安二年十月，大雪，以米千石赐普济院，令为粥以食贫民。四年十月，敕京府州县设普济院，每岁十月至明年四月，设粥以食贫民。泰和五年三月，命给米诸寺，自十月十五日至次年正月十五日，作糜以食贫民。

六年七月，定粜振之制。

先是，五年五月，帝曰：闻米价腾涌，今官运至者有余，可减直以粜之。其明告民，不须贵价私籴也。至是，乃敕宰臣曰：诏制内饥馑之地，令减价粜之，而贫民无钱者，何以得食，其议振济。省臣以为缺食州县，一年则当振贷，二年然后振济，如其民实无恒产者，虽应振贷亦请振济。遂命间隔饥荒之地，可以办钱收籴者减价粜之，贫乏无依者振济。至承安元年六月，以百姓艰食，诏出仓粟十万石，减价以粜。

《金史·内族襄传》曰：明昌中，襄以枢密使兼平章政事屯北京，民方艰食，乃减价出粜仓粟以济之。或以兵食方阙为言，襄曰：乌有民足而兵不足者。卒行之，民皆悦服。

泰和五年十一月，山东阙食，赐钱三万贯以振之。

卫绍王大安元年十二月，诏：平阳地震，贫民死者给葬钱五千，伤者三千。

二年六月，大旱。下诏罪己。振贫民阙食者。

至崇庆元年十一月，又振河东南路、南京路、陕西东路、山东西路、卫州旱灾。至宁元年正月，振河东陕西饥。

宣宗贞祐二年正月，诏：振在京贫民。定权宜鬻恩例格。

知大兴府事胥鼎以在京贫民阙食者众，宜设法振救。乃奏：京师官民，有能赡给贫人者，宜计所振迁官升职，以劝奖之。遂定权宜鬻恩例格，如进官升职，丁忧人许应举、求仕官监、户从良之类。入草粟各有数，全活甚众。

兴定二年正月，诏议振恤。

十二月，谕有司：京师匄食死于祁寒者①，给以后苑竹木，令居获燠所。

至三年十月，命有司葺闲舍，给薪米，以济贫民，期明年二月罢。俟时平则赡之，以为常。五年闰十二月，发上林署粟振贫民。

哀宗正大四年十二月，遣使安抚陕西，以牛千头振贫民。

天兴元年三月，置局养无家俘民。

_____

① 匄，丐，乞食。

十一月，赐贫民粥。

二年八月，设惠民司，以太医数人更直，病人官给以药。

元世祖中统元年，诏天下鳏寡孤独废疾不能自存之人，所在官司以粮赡之。

至元元年，又诏：病者给药，贫者给粮。六年十一月，敕诸路鳏寡废疾之人，月给米二斗。八年正月，令各路设济众院以居处鳏寡孤独者，粮之外，复给以薪。十三年二月，诏谕临安新附府州司县官吏士民军卒人等，鳏寡孤独不能自存之人，量加赡给。二十年，给京师南城孤老衣粮房舍。十月，给硕达勒达鳏寡孤独者绢千匹，钞三百锭。二十八年，给寡妇冬夏衣。

臣等谨按：《元史·食物志》：元振恤之名有二，曰蠲免，详蠲贷门。曰振贷，振贷中有以鳏寡孤独而振者，有以水旱疫疠而振者，有以京师人物繁辏而每岁振粜者，制各不同。此则所谓鳏寡孤独之振也。

八月，平阳旱，遣使振之。

二年，迁伊聂济地贫民就食河南、平阳、太原。三年，济南饥，以粮三万石振之。《世祖纪》系闰九月事。又三万石作三十万石。是年七月，以课银一百五十锭济甘州贫民。四年，以钱粮币帛振东平济河贫民，《纪》云：四月，以东平为军行践踏，振给之。钞四千锭振诸王哲伯特穆尔部贫民。《纪》云：八月，赐银二万两振之。至元二年，以钞百锭振库库楚所部军。五年，益都民饥，验口振之。《纪》云：以米三十一万八千石振之。六年，东平河间一十五处饥，亦验口振之。八年，以粮振西京路急递铺兵卒。十二年，濮州等处饥，贷粮五千石。《纪》云：是年，卫辉、太原、河间等处水旱灾，凡振米三千七百余石，粟二万四千余石。十三年，东平等处水旱缺食，振军民站户米二十二万五千余石，粟四万七千余石，钞四千二百余锭。十四年，振东平、济南等郡米二万一千六百余石，粟二万八千八百余石，钞千一百余锭。十五年，振西京粟万石，咸淳等郡钞千锭，泉州粮五万石。又西京等米八万八百余石，粟三万六千余石，钞二万四千八百余锭。十六年，以江南所运糯米不堪用者振贫民。十九年，真定饥，振粮两月。《纪》云：八月，江南水，真定以南旱，所在官司发粟振之。二十年，以帛千四、钞三百锭振硕达勒达地贫民。二十三年，大都属郡六处饥，振粮三月。二十四年，鄂端民饥，振钞万锭。是年四月，以陈米给贫民。七月，以粮给诸王阿济格部贫民，大口二斗，小口一斗。二十六年，京兆旱，以粮三万石振之。是年，又振左右翼屯田蛮军及阿尔娄部贫民粮，各三月。《纪》云：二十四年十二月，大都物价翔涌，发官廪万石振粜贫民。二十三年十二月，大都饥，发官米，低其价粜贫民。二十八年十二月，大都饥，下其价粜米二十万石振之。二十八年，以去岁陨霜害稼，振宿卫士齐哩克昆粮。二月，以饥振徽州、溧阳等路民粮三月。《纪》云：二月，发粟振徽之绩溪、杭之临安、余杭、于潜、昌化、新城等县饥。二月，杭州平江等五路饥，溧阳、太平、徽州、广德、镇江五路饥，辽阳、武平饥，俱振之。四月，振江南饥。六月，湖广饥，以米七万石振之。七月，大都饥，出米二十五万四千八百石振之。三十一年，复振宿卫士齐哩克昆粮三月。

> 臣等谨按：《食货志》：此则所谓水旱疫疠之振也。考《元史·帝纪》，历代振恤，岁不胜书，极为繁冗，故此从《志》而以《纪》参之，其余亦依马端临《考》。第撮普及诸路与名目颇大者。

二年五月，诏：成都路置惠民药局。

遣王佑于西川等路采访医儒僧道。四年六月，立上都惠民药局，至至元三年五月，敕太医院领诸路惠民药局。五年七月，立西夏惠民药局。十年正月，立京师医药院名广惠司。

> 《食货志》曰：初，太宗九年，始于燕京等十路置惠民药局，以奉御田库库、太医王璧、齐楫等为局官，给银五百锭为规运之本。至是又命王佑开局。四年，复置局于上都，每中统钞一百两，收息钱一两五钱。

六月，宋泸州安抚使刘整举城降，诏：存恤其民。

八月，诏：陕西、四川行省存恤归附军民。至至元元年十一月，诏：宋人归顺及北人陷没来归者，皆月给粮食。三年十一月，诏四川行枢密院，遣人告谕江汉、庸蜀等效顺民无生理者，以衣粮振之；愿迁内地者，给以田庐，毋令失所。十二年二月，振济喇敏新附饥民。二十三年六月，甘肃新招贫民一百十八户，敕廪振之。二十六年四月，博啰岱上巴实伯里招集户，数命甘肃省振之。十二月，给伊啰勒所招集户五百人九十日粮。二十七年二月，振新附民居昌平者。

四年八月，以西凉经兵居民困敝，给钞振之。

至至元二十四年五月，以北京军旅经行，给钞三千锭振之。九月，咸平、懿州、北京以纳延畔，废耕作，又霜雹灾，诏以海运粮五万石振之。二十五年八月，以咸平济经兵乱，发沪州仓振之。二十七年正月，辽阳自纳延叛民甚瘦敝，发钞五千八十锭振之。二十八年七月，辽阳诸路经荒乱，民苦饥，发米二万石振之。

臣等谨按：存抚归附及荒乱之民皆振恤之大者，故载之。

至元元年五月，平阴令马钦发粟振民，诏奖谕之。

钦发私粟六百石振饥民。又给民粟种四百余石。诏奖谕，特赐西锦五端以旌其义。至二十五年十月，乌斯藏宣慰使日诺尔旺布尝振其管内兵站饥户，僧格请赏之，赐银二千五百两。自后英宗至治二年三月，万户哈喇诺延以私粟振军，赐银币，仍酬其直。

臣等谨按：《元史·文宗》：至顺元年正月，衡州路饥，总管王伯恭以所受制命质官粮万石振之。二月，茶陵民饥，同知万嘉努、汪存礼以所受敕质粮三千石振之。顺帝至正三年二月，宝庆路饥，判官文殊努以所受敕牒贷官粮万石振之。论其事与马钦等事正相类，而独不闻旌赐，何耶？

七月，诸王算济所部营帐军民被火，发粟振之。

至十八年二月，扬州火，发米七百八十三石振被灾之家。成宗元贞二年，杭州火，振之。大德三年十一月，杭州火，发粟振之。八年八月，亦如之。九年三月，宜黄、兴国之大冶等县火。十年十一月，武昌路火，并给被灾者粮一月。英宗至治二年四月，真州火；十二月，杭州火。三年十月，扬州江都县火。并振之。泰定帝泰定元年五月，袁州火，以粮振之。二年十一月，杭州路火，振贫民粮一月。三年八月，杭州火，振粮一月。文宗天历元年十一月，杭州火，命江浙行省振被火之家。二年十二月，武昌江夏县火，振其贫乏者二百七十户粮一月。至顺二年七月，杭州火，振被灾民百九十户。十月，杭州火，命江浙行省振其不能自存者。三年五月，杭州火，被灾九十一户；池州火，被灾七十三户，命江浙行省量振之。至顺元年二月，杭州火，振粮一月。

二年闰五月，振诸王乌噜岱部贫民。

命检核其部民贫无孳畜者三万七百二十四人，人月给米二斗五升，四阅月而止。

臣等谨按：《本纪》：世祖于诸王部民，凡所以为振恤者，无岁无之，今不具录。

六月，千户库库楚部民乏食，赐钞振之。

至二十六年十二月，振千户额森所部人户之饥者。二十七年四月，千户额森小库库所部民及实喇布哈等民户并饥，敕河东诸郡量振之。千户额布根所部乏食，敕发粟振之。

七月，益都大蝗，饥，命减价粜官粟以振。

二十四年二月，真定路饥，发沿河仓粟减价粜之。二十五年四月，莱县蒲台旱饥，出米下其直振之。七月，胶州连岁大水，民采橡而食，命减价粜米以振之。二十六年三月，安西饥；四月，宝庆路饥；六月，桂阳路寇乱、水旱，八月，霸州大水，民乏食；大都路霖雨害稼，漷州饥。皆发仓粮减其价振粜之。

九年五月，诏安集达勒巴所部流民。

至十九年九月，振真定饥民，其流移江南者，官给之粮，使还乡里。二十五年七月，发大同路粟振流民。二十六年闰十月，通州河西务饥民有鬻子去之他州者，发米振之。宝坻屯田，大水害稼，给河间、真定等路流民六十日粮。二十七年四月，又命大都路以粟六万二千五百六十四石振通州河西务等处流民。

六月，高丽告饥，转东京米二万石振之。

十年九月，高丽比岁荒歉，敕东京路运米二万石以振之。十七年七月，以高丽国初置驿站，民乏食，命给粮一岁。二十八年十月，高丽国饥，给以米一十万斛。二十九年闰六月，高丽饥，其王遣使来请粟，诏赐米十万石。八月，高丽、女直界首双城告饥，敕高丽王于海运内以粟振之。

　　八月，敕明安仓及靖州预储粮五万石，以备鸿吉哩新徙部民及西人内附者廪给。

　　至大德二年五月，淮西诸郡饥，漕江西米二十万石以备振贷。十一年九月，武宗已即位。江浙饥，中书省请本省官租于九月先输三分之一，以备振给。至大元年十月，中书省请以湖广米十万石贮于扬州、江西，江浙海漕三十万石内，分五万石贮朱汪、利津二仓，以济山东饥民。四年十月，仁宗已即位。浙西水灾，免漕江浙粮四分之一，存留振济。延祐元年四月，敕储称海五河屯田粟，以备振济。七年二月，英宗已即位，命储粮于宣德、开平、和林诸仓，以备振贷、供亿。泰定帝泰定二年九月，以郡县饥，诏：运粟十五万石贮濒河诸仓，以备振救。四年八月，运粮十万石贮濒河诸仓，备内郡饥。文宗至顺二年三月，给云南行省钞十万锭，以备军资民食。

　　十年六月，振甘州等处诸驿。

　　十四年二月，永昌路驿百二十五，疲于供给，质妻孥以应役，诏赐钞一百八十锭赎还之。自后，十七年十月至二十九年正月，凡遇驿站贫困荒乱，俱振恤有差。

　　十月，以赃罚钞一千三百锭振贫乏之民。

　　从御史台之请也。至十九年四月，御史台言：见在赃罚钞三万锭，金银珠玉币帛称是，诏留以给贫乏者。三十年九月，敕以御史台赃罚钞五万锭给卫士之贫者。成宗大德十一年八月，武宗已即位。江南饥，以十道廉访司所储赃罚钞振之。六月，河南、山东大饥，有父食其子者，以两道没入赃钞振之。至大二年九月，御史台言：山东大饥，流民转徙，乞以本台没入赃钞万锭振救之，制可。三年十月，山东徐、邳等处水旱，以御史台没入赃钞四千余锭振之。仁宗延祐二年正月，敕以江南行台赃罚钞振恤饥民。三年四月，河南流民群聚渡江，所过扰害，命行台廉访司以见贮赃钞振之。文宗至顺元年三月，安庆、安丰、蕲、黄、庐五路饥，以淮西廉访司赃罚钞振之。

　　是岁，诸路虫蝗灾五分，霖雨害稼九分，振米凡五十四万五千五百九十石。

　　十一年，诸路蚜蚧等虫灾，凡九所，民饥，发米七万五千四百一十五石，粟四万五百九十九石以振之。三十年九月，登州蝗，恩州水，百姓阙食，振以义仓米五千九百余石。

十四年正月，赐三卫军士之贫乏者八千三百五十二人各钞三锭，币十匹。

二十年十二月，给司阍卫士贫者人钞二十锭。至成宗元贞元年十月，赐各卫士贫乏者钞二万九千三百余锭。成宗至大四年七月，时仁宗已即位，赐上都宿卫士贫乏者钞十三万九千锭。十一月，振钦察卫粮五千七百五十三石。皇庆元年，振宿卫士粮二万石。

十七年十一月，敕别置局院，以处童匠。有贫乏者给以钞币。

十八年六月，谦州织工百四十二户，贫甚，以粟给之。其所鬻妻子，官与赎还。二十年十月，给甘州纳硫黄贫乏户钞。二十七年五月，发粟振御河船户。三十一年十二月，以东胜等处牛递户贫乏，赐钞三十余锭。

二十一年四月，振和尔和等所部饥。

和尔和等所部民户告饥，帝曰：饥民不救，储粮何为。发万石振之。至二十三年正月，噶达苏遣使言：所部军士疲乏者八百余人，乞振赡。宜于托罗托辉处验其虚实。帝曰：比遣人往事已缓矣，其使赡之。

二十二年，始行京师振粜之制。

其法：于京城南城设铺各三所，分遣官吏发海运之粮，减其市直以振粜之。凡白米每石减钞五两，南粳米减钞三两，岁以为常。《纪》云：二十五年五月，减米价振京师。至成宗元贞元年，以京师米贵，益广其制，设肆三十所，发粮七万余石粜之。白粳米每石中统钞一十五两，白米每石一十三两，糙米每石六两五钱。二年，减米肆为十一所，其每年所粜多至四十余万石，少亦不下二十余万石。《纪》云：元贞二年十月，发米十万石振粜京师。大德五年十一月，减直粜米振京师，其老幼单弱不能自存者，廪给五月。武宗至大元年，增两城米肆为一十五所，每肆日粜米一百石。四年增所粜米价为中统钞二十五贯，自是每年所粜率五十余万石。《纪》云：至大四年正月，减价粜京仓米日千石，以振贫民。三月，发京仓米减价粜振贫民。十一月，仁宗已即位，敕增置京城米肆十所，日平粜八百石以振贫民。延祐七年八月，英宗已即位，发米十万石振粜京师贫民。泰定帝泰定二年，减米价为二十贯。《纪》云：泰定元年正月，粜米二十万石振京师贫民。四年十一月，减价粜京仓米十万石以振贫民。致和元年，又减为一十五贯。《纪》云：元年十月，共粜京城米十万石，石为钞十五贯。二年八月，出官米五万石振粜京师贫民。至顺元年三月十一月，共振粜粮二十万石济京师贫民。二年四月、八月，三年正月、五月，各振粜米五万石济京师贫民。

臣等谨按：《食货志》：此则以京师人物繁辏，而每岁振粜以为常者也。以《纪》考之，惟致和石为钞十五贯，与《志》相同耳。

八月，给钞万二千四百锭为米取息，以赡甘、肃二州屯田贫军。

二十三年二月，枢密院奏：前遣蒙古军万人屯田，所获除岁费之外，可粜钞三千锭，乞分廪诸翼军士之贫者。帝悦，令从便行之。二十五年十一月，六卫屯田饥，给更休三千人六十日粮。二十六年闰十月，左右卫屯田新附军以大水伤稼乏食，发米万四百石振之。

臣等谨按：《本纪》：凡振恤屯田军户事最多，以互见《田赋考》，故不具载。

二十五年正月，蛮洞十八族饥饿，死者二百余人，以钞千五百锭有奇市米振之。

至泰定二年七月，庆远溪洞民饥，发米二万五百石平价粜之。

二月，京师水，发官米下，其价粜贫民。

三十年十月，敕减米直粜京师饥民，其鳏寡孤独不能自存者给之。至英宗至治元年九月，京师饥，发粟十万石，减价粜之。二年五月，京师饥，发粟二十万石振粜。三年二月，京师饥，发粟二万石振粜。泰定帝泰定二年十一月，京师饥，振粜米四十万石。三年十月，京师饥，发粟八十万石减价粜之。

臣等谨按：此因灾伤平价，又在常岁粜振之外者。

四月，杭、苏、湖、秀四州水，命审其贫者振之。

尚书省言：近以江淮饥，命行省振之。吏与富民因结为奸，多不及于贫者。杭、苏、湖、秀四州复大水，民鬻妻女易食。请辍上供米二十万石，审其贫者振之。帝是其言，故有是命。至二十七年九月，武平地震，盗贼乘隙剽劫，民愈忧恐。平章政事特穆尔以便宜蠲租赋，罢商税，弛酒禁，斩为盗者。发钞八百四十锭转海运米万石以振之。十月，尚书省言：江阴、宁国等路大水，民流移者四十五万八千四百七十八户。帝曰：此亦何待上闻，当速振之。凡出粟五十八万二千八百八十九石。二十九年二月，山东廉访司申棣州境内春旱且霜，夏复霖潦，饥民啖藜藿木叶，乞振恤。敕依东平例发附近官廪，计口以给。

《元史·贝降传》曰：至元二十九年，贝降迁庆元路，治中岁大饥，状累上行省，不报。贝降曰：民饥，如是而不振之，岂为民父母意耶！即躬诣行省，力请得发粟四万石，民赖全活。

又《王灼传》曰：至元三十一年，灼为翰林直学士知制诰，奉诏振京畿东道饥民，发米五十万石，所活五十余万人，因条疏京东利病十事，请发粟续振之。中书用其言，民获以苏。

八月，振蒙古军东征者家。

诸王琳沁言：臣近将济宁投下蒙古军东征，其家皆乏食，愿赐济南路岁赋银，使易米而食。诏辽阳省给米万石振之。

臣等谨按：《本纪》：凡蒙古贫乏者，类赐银钞，此因出征给米，特优恤之一端也。

二十七年七月，驸马扎济古尔部曲饥，振之。

至成宗元贞元年十二月，以驸马阿布哈所部民贫，赐钞万锭。三年四月，驸马曼济台所部匮乏，以粮十三万石振之。大德八年正月，驸马伊勒噶珠所部民饥，以粮二千石振之。仁宗延祐四年七月，敕齐勒特穆尔颁赉诸王驸马及振济所部贫乏。

成宗元贞元年，诸王阿南达部民饥，振粮二万石。《纪》云：元年正月，安西王阿南达、宁远王库库楚皆言：所部贫乏，赐安西王钞二十万锭，宁远王六万锭。又以阴霜杀禾，复振安西王山后民一万石。二月，以济宁王曼济台所部鸿吉哩人贫乏，赐钞一十八万锭。诸王额琳沁部马牛驿人贫乏，赐钞千锭。三月，国王和通隐所，赐本部贫民钞三百五十锭，命台臣遣人按问以愧之。五月，以诸王阿济格部贫乏，赐钞二十万锭。六月，以安西王所部出征，军兵妻孥乏食，给粮二千石，较《志》所载有不同者。

二年五月，安西王遣使来告贫乏。帝曰：世祖以分赉之难，常有圣训，阿南达亦知之矣。若言贫乏，岂独汝耶！去岁赐钞二十万锭，又给以粮，今与，则诸王以为不均；不与，汝言人多饿死。其给粮万石，择贫者振焉。

二年，诏：各处孤老，凡遇宽恩，人给布帛各一。

至大德二年九月，命平章巴延专领给赐孤老衣粮。三年，诏：各处孤老，遇天寿节人给中统钞二贯，永为定例。六年，给孤老死者棺木钱。

七年，平阳、大名、归德、真定蝗，彰德、真定、曹州、滨州水，怀孟、大名、河间旱，太原、怀孟雹，福建、广西、两江道饥，振粟有差。

大德二年十二月，扬州、淮安两路旱蝗，以粮十万石振之。三年五月，江陵路旱蝗，以粮振之。十一月，又发粟振江陵。至武宗至大元年二月，汝宁归德二路旱蝗，民饥，给钞万锭振之。仁宗皇庆二年七月，兴国属县蝻，发米振之。

大德二年正月，以粮十万石振北边内附贫民。

十一年八月，时武宗已即位，迤北之民新附者，置传输粟以振之。

四月，发庆元粮五万石，减其直以振饥民。

五月，平滦路旱，发米五百石，减其直振之。四年七月，杭州路贫民乏食，以粮万石，减其直粜之。五年四月，以粮二十万石，随各处时值振粜。六年四月，上都大水，民饥，减价粜粮万石振之。七年二月，太原、大同、平滦路饥，并减价粜粮以振之。五月，高唐、南丰等州饥；闰五月，平江等十五路民饥；六月，武冈路饥；七月，常德路饥。凡减直粜粮四十二万九千石以振之。九年七月，潭、郴、衡、雷、峡、滕、沂、宁海诸郡饥，减直粜粮五万一千六百石。十年七月，宣德等处雨雹害稼，大同之浑源陨霜杀禾，平江大风海溢漂民庐舍，道州之武昌、永州之兴国、黄州、沅州饥；八月，成都等县饥；十一月，益都、扬州、辰州岁饥。共减直振粜米十万五千八百余石。

三年正月，置各路惠民局，择良医主之。

臣等谨按：《食货志》：元立惠民药局，官给钞本，月营子钱以备药物。仍择良医主之，以疗贫民，诚深得周官设医师之美意者。先是世祖二十五年，以陷失官本，悉罢革之。至是又准旧例置于各路，凡局皆以正官提调。所设良医，上路二名，下路府州各一名。其所给钞本，亦验民户多寡以为差等：腹里三千七百八十锭，河南、湖广、辽阳、陕西、江浙、江西、四川、甘肃各行省共五千一百五十五锭，云南行省真贿一万一千五百索云。

四月，辽东、开元、咸平蒙古、女直等人乏食，以粮二万五百石，布三千九百匹振之。

至十一年七月，时武宗已即位，山东、河北蒙古军告饥，遣官振之。至大四年四月，时仁宗已即位，诏谕宣徽使伊拉齐，诸蒙古民有贫乏者，发廪振之。

《元史·谢让传》曰：大德三年，让迁户部员外郎。时东胜、云丰等州民饥，乞籴邻郡，宪司惧其贩鬻为利，闭其籴。事闻于朝，让设法禁闭籴者有罪，三州之民赖以全活者众。

五年，始行红贴粮法。

初，京师振粜粮多为豪强嗜利之徒，用计巧取，弗能周及贫民。于是振粜粮之外，复有红贴粮。其法：命有司籍两京贫乏户口之数，置半印号簿文贴，各书其姓名口数，逐月封贴以给，大口三斗，小口半之。其价视振粜之直三分常减其一，与振粜并行。每年拨米总二十万四千九百余石，闰月不与焉。

八月，诏：遣官分道振恤各路被灾重者，免差税一年外，贫乏之家计口振粮，尤甚者优恤之。

《元史·赵世延传》曰：大德六年，世延为安西路总管。时陕西饥，台省请议振于朝。世延曰：救荒如救火，愿先发廪以振，设朝廷不允，世延当倾家财若身以偿。台省从之。所活甚众。

七年八月，地震平阳，太原尤甚。遣使分道振恤，为钞九万六千五百余锭。

九年四月，大同路地震，有声如雷，坏官民庐舍五千余间，压死二千余人。怀仁县地裂，二所涌水尽赤，漂出松柏朽木，遣使以钞四千锭、米二万五千余石振之。是年，租赋税课徭役一切除免。十年八月，开成路地震，王宫及官民庐舍皆坏，压死故秦王妃伊啰斡等五十余人，以钞一万三千六百余锭、粮四万四千一百余石振之。

《元史·陈宇传》曰：大德七年，孚为台州路总管府治中。时奉使宣抚循行诸道，台州旱饥，道殣相望，江浙行省檄浙东元帅托欢彻尔发粟振济，而托欢彻尔不恤民隐，驱胁有司动置重刑。孚曰：使吾民日至殍死不救者，托欢彻尔也。遂诣宣抚使诉其不法蠹民事十九条，宣抚使按实坐其罪，命有司亟发仓振饥，民赖以全活者众。

九年五月，以琼州屡经叛寇，给粮一月。

十年二月，振辽阳千户沙实罕所部贫匮者粮三月。

至英宗至治三年四月，蒙古大千户比岁风雪，毙畜牧，振钞二百万贯。九月，时泰定帝已即位，大宁蒙古大千户部风雪毙畜牧，振米十五万石。泰定元年十二月，察罕淖尔千户部饥，振粮一月。文宗至顺元年闰二月，察罕淖尔宣慰司所部千户察剌等卫，饥者万四千四百五十六人，人给钞一锭。五月，开元路呼尔哈万户府、宁夏路哈喇齐千户所军士饥，各给粮二月。顺帝至元五年三月，巴勒喇实千户所民被灾，遣太禧宗禋院断事官塔海发米振之。

十一年七月，时武宗已即位。江浙、湖广、江西、河南、两淮属郡饥，于盐茶课钞内折粟，遣官振之。

至次年二月，淮安等处饥，从河南行省言，以两浙盐引十万贸粟振之。

臣等谨按：《食货志》载成宗振恤事。元贞元年六月，以粮一千三百石振隆兴府饥民，二千石振千户玛勒图等军。《纪》云：四月，以桂齐万户呼图克布哈等所部为敌所掠，赐钞有差。七月，以辽阳民饥，振粮二月。《纪》云：八月振辽阳被水者粮两月。大德元年，以饥振辽阳硕达勒达等户粮五千石，公主囊嘉特章位粮二千石。是年，临江、扬州等路饥，振粮有差。腹里并江南灾伤之地，振粮三月。《纪》云：三月，道州旱，辽阳饥，并发粟振之。四月，以米二千石振应昌府。六月，以粮四千余石振广平路饥民，万五千石振江西被水之家，二百九十余石振特尔根等四站饥户。七月，宁海州饥，以米九千四百余石振之。九月，卫辉路旱疫，澧州、常德、饶州、临江等路，温之平阳、瑞安二州水，镇江之丹阳、金坛旱，并以粮给之。十月，庐州路无为州江潮泛溢，漂没庐舍，溧阳、合肥、梁县及安丰之蒙城、霍邱，自春及秋不雨，扬州淮安路饥，韶州、南雄、建德、温州皆大水，并振之。十一月，常德路水，常州路及宜兴州旱，并振之。闰十二月，淮东饥，发廪振之。般阳路饥疫，给粮两月。盖所载之繁实，有岁不胜书者。二年，振隆兴、临江两路饥民，又振金、复州屯田军粮二月。四年，鄂州等处民饥，发湖广省粮十万石振之。七年，以钞万锭振归德饥民。九年，澧阳县火，振粮二月。此又《纪》所不及载者。十一年，以饥振安州高阳等县粮五千石，漷州谷一万石，奉符等处钞二千锭，两浙、江东等处钞三万余锭，粮二十万余石。又劝率富户振粜粮一百四十余万石，凡施米者验其数之多寡而授以院务等官。是年，又以钞一十四万七千余锭，盐引五千道，粮三十万石振绍兴、庆元、台州三路饥民。盖以《纪》参之，其详略多有不同者。不特此也，即一《食货志》中，如大德十一年，既载劝率富民施振授官，而后此载入粟补官之制，谓元初未尝举行，直至文宗天历三年，内外郡县亢旱为灾，始用太师达尔罕等言行之。则前后亦互异矣。

武宗至大元年正月，振绍兴等六路饥。

绍兴、台州、庆元、广德、建康、镇江六路饥，死者甚众，饥户四十六万有奇，户月给米六斗，以没入朱清、张瑄物货隶徽政院者，鬻钞三十万锭振之。二月，益都、济宁、般阳、济南、东平、泰安大饥，遣山东宣慰司王佐同廉访司核实振济，为钞十万二千二百三十七锭，粮万九千三百四十八石。六月，中书省言：浙江行省管内饥，振米五十三万五千石，钞十五万四千锭，面四万斤。二年二月，振真定路饥民粮万石，塔坦境六千石。三年九月，内郡饥，诏尚书省如例振恤。

二月，和林贫民北来者众，以钞十万锭济之。仍令大同隆兴等处籴粮以振。

三月，以北来贫民八十六万八千户，仰食于官，非久计。给钞百五十万锭，币帛准钞五十万锭，命太师伊彻察喇、太傅哈喇哈斯分给之，罢其廪给。

六月，大都饥，发官廪减价粜贫民户。

十月，以大都艰食，复粜米十万石，减价以振。闰十二月亦如之。至文宗至顺元年七月，增大都振粜米五万石。

是月，以米钞振江浙流民。

中书省言：江浙行省管内饥，流民户百三十三万九百五十有奇，振米五十三万六千石，钞十九万七千锭。至四年闰七月，仁宗已即位。命振恤岭北流民。皇庆元年二月，敕岭北省振给阙食流民。又振山东流民至河南境者。二年七月，保定、真定、河间民流不止，命所在有司给粮两月。延祐四年五月，黄州、高邮、真州、建宁等处流民群聚，持兵钞掠，敕所在有司，其伤人及盗者罪之，余并给粮遣归。十二月，发廪振给北方流民。五年三月，振净州平地等处流民。四月，遣官分汰各部流民，给粮振济。七年四月，振大都、净州等处流民，给粮马，遣还北边。泰定帝泰定二年十一月，河间诸郡流民就食通、漷二州，命有司存恤之。

三年九月，上都民饥，敕遣刑部尚书斯多卜丹发粟万石，下其价振粜之。

至仁宗皇庆二年六月，上都民饥，出米五千石，减价振粜。

仁宗皇庆元年二月，通、漷二州饥，振粮两月。

八月，宁国路泾县水，振粮二月。延祐元年三月，真定、保定、河间民饥，给粮两月。三年二月，河间、济南、滨、棣等处饥，给粮两月。七年六月，振北边饥民，有妻子者钞一千五百贯，孤独者七百五十贯，边民振米三月。至英宗至治元年正月，蕲州蕲水县饥，振粮三月。二年三月，延安路饥。七月，南康路大水，庐州六安县大雨，水暴至，平地深数尺，民饥。各振粮一月。三年三月，台州路黄岩州饥，振粮两月。

八月，滨州旱，民饥，出利津仓米二万，减价振粜。

至延祐元年闰三月，汴梁、济宁、东昌等路，陇州、开州，青城、齐东、渭源、东明、长垣等县，陨霜杀桑、果、禾苗，归州告饥，出粮减价振粜。自此至六年十月，每遇民饥，并发粟减价粜振之。

《元史·哈喇哈斯传》曰：仁宗初，哈喇哈斯出镇北边，至分遣使者振降户，奏出钞帛易牛羊以给之；近水者教取鱼食。会大雪，民无所得食，命诸部置传车，相去各三百里，凡十传，转米数万石以饷饥民。不足，则益以牛羊。又度地置内仓积粟，以待来者。浚古渠溉田数千顷，治称海屯田，教部落杂耕其间，岁得米二十余万，北边大治。

又《卜天璋传》曰：皇庆二年十二月，天璋改授饶州路总管，县以饥告，即发廪振之。僚佐持不可。璋曰：民饥如是，必俟得请而后振民，且死矣。失申之责，吾独任之，不以累诸君也。竟发藏以振民，赖全活。

延祐元年二月，振济良乡诸驿二月。

四月，西番诸驿贫乏，给钞万锭。六月，察罕淖尔诸驿乏食，给粮振之。六年三月，给钞振济上都西番诸驿。四月，命宣政院振给西番诸驿。九月，特尔根等二十八驿被灾，给钞振之。十月，东平济宁路水陆十五驿乏食，户给麦十石。又振北方诸驿。七年二月，时英宗已即位，振大同、丰州诸驿。三月，振摩琳温都尔等十一驿饥。四月，诺海温都尔驿户饥，振之。六月，振雷家驿户钞万五千贯。七月，以昌平、滦阳十二驿供亿繁重，给钞三十万贯振之。十一月，宣德蒙占驿饥，命通政院振之。自此至至治三年，诸驿贫饥，各振恤焉。

二年五月，振恤秦州成纪县民舍陷没者。

秦州成纪县山移，夜疾风雷电，北山南移至夕河川，次日再移，平地突出土阜，高者二三丈，陷没民居。敕遣官核验振恤。五年五月，德庆路地震，巩昌陇西县大雨，南土山崩，压死居民，给粮振之。至泰定帝泰定二年四月，巩昌路伏羌县大雨，山崩，九月，汉中道文州霖雨，山崩，并以粮钞振之。文宗至顺四年十一月，顺帝已即位，巩昌成纪县地裂山崩，令有司振被灾人民。

四年七月，赐卫士衣敝者钱帛。

帝出见卫士有敝衣者，驻马问之。对曰：戍守边镇十五年，以故贫耳。帝曰：此辈久劳于外，留守臣未尝以闻，非朕亲见，何由知之。自今有类此者，必言于朕，因命赐之钱帛。五年七月，给钞二十万锭，粮万石，命晋王分赉所部宿卫士。

臣等谨按：《本纪》：自此终元之世，凡卫士贫乏及灾饥，皆以粮钞给之。

五年六月，遣乌讷尔巴图尔、济噜海分汰净州北地流民，其隶四宿卫及诸王驸马者，给资粮遣还各部。

七年，振大都、净州等处，给粮马，遣还北边。至治二年七月，录京师诸役军匠病者千人，各赐钞遣还。八月，给庐州复业者行粮。致和元年五月，籍在京流民废疾者，给粮遣还。至正五年四月，大都流民，官给粮遣还乡。五月，诏：以军士所掠云南子女一千一百人，放还乡里，仍给其行粮，不愿者听。至英宗至治二年九月，临安河西县春夏不雨，种不入土，居民流散，命有司振给，令复业。

《元史·盖苗传》曰：延祐五年，苗为济宁路单州判官，济宁路大饥，白郡府未有以应，会他邑亦以告郡府，遣盖苗至户部以请，户部难之。苗伏中书堂下，出糖饼以示曰：济宁民率食此，况不得此食尤多，岂可坐视不救乎！因泣下。时宰大悟，凡被灾者，咸获振焉。有官粟五百石，陈腐以借诸民，期秋熟还官，及秋郡责偿甚急，部使者将责知州，苗曰：官粟实苗所贳，今民饥不能偿，苗请代还。使者乃已其责。

六年七月，赐左右鹰坊及哈喇齐等贫乏者钞一千四万锭。

至文宗天历二年十二月，振居鹰坊八百七十户粮三月。至顺元年十月，玛纳和实衮所居诸牧人三千户及濒黄河所居鹰坊五千户，各振粮两月。十一月，全给鹰坊刍粟，使毋贫乏。十二月，振辽阳行省所居鹰坊户粮一月。二年九月，发粟五千石振兴和路鹰坊。十一月，兴和路鹰坊及蒙古民万一千一百余户，大雪，畜牧冻死，振米五千石。

十二月，敕上都、大都冬夏设食于路，以食饥者。

臣等谨按：《仁宗纪》：延祐四年正月，帝谓左右曰：中书比奏百姓乏食，宜加振恤。朕默思之，民饥若此，岂政有过差以致然欤。向诏有司，务遵世祖成宪，宜勉力奉行，辅朕不逮。然尝思之，唯省刑薄赋，庶使百姓各遂其生也。盖其轸念民瘼如此，考《食货志》，仅载皇庆元年，宁国饥，振粮两月一事。又谓自延祐之后，腹里、江南饥民，岁加振恤。其所振或以粮，或以盐引，或以钞，而仁宗以后皆阙而不书。

七年五月，时英宗已即位。汝宁府霖雨，伤禾，发粟五千石振粜之。至治元年，汴梁、归德饥，广德路旱，共发米十万九千石振粜之。二年，潮州饥，粜米十万石振之。三年十一月，时泰定帝已即位，袁州路宜春县、镇江路丹徒县、澧州、归州饥，共振粜米六万九千石。

英宗至治元年正月，诸王乌鲁斯部饥，发净州平地仓粮振之。

三月，营王额森特穆尔部畜牧死伤，赐钞五十万贯。三年正月，镇西武宁王部饥，振之。至泰定帝泰定元年八月，诸王赫伯等部饥，以粮振之。自此至致和元年，诸王所部灾、饥，各加振恤。

二月，河南安丰饥，以钞二万五千贯、粟五万石振之。

三月，宁国路及益都、般阳饥；四月，江州、赣州、临江霖雨，袁州、建昌旱，民皆告饥，发米四万八千石振之。五月，益都、胶州、濮州饥；七月，南恩、新州及胶州饥；九月，安陆府水溢，坏民田；十月，肇庆路水；十一月，巩昌、成州饥；十二月，庆远路饥，真定路疫，河间路饥，并振之。二年正月，保定、雄州饥，仪封县河溢，伤稼，振之。山东、保定、河南、汴梁、归德、襄阳、汝宁等处饥，发米三十九万五千石振之。二月，真定等路饥，恩州水，民饥疫，顺德路九县水旱；三月，临安路、河南诸县、曹州、滑州、辽阳、哈勒巴民及奉元路饥，濮州水灾；四月，彰德路及徽州、东霸州饥；五月，固安州夏津、永清二县，河南、陕西、河间、保定、彰德等路，巩昌、阶州、奉元路鄠县及成州、兴元、襄城县饥；六月，思州风雹，建德路水，广元路绵谷、昭化二县饥；八月，瑞州、高安县饥，庐州路六安、舒城县水；九月，淮东、奉兴等县饥；十一月，岷州旱疫，宣德府宣德县地屡震；十二月，南康建昌大水，山崩，死者四十七人，民饥。并振之。三年三月，平江路嘉定州及崇明诸州饥，发米七万八千三百石振之。九月，泰定帝已即位，南康、漳州二路水，振之。

《元史·儒林传》曰：至治元年，吴师道调宁国路录事，会岁大旱，饥民仰食于官者三十三万口。师道劝大家得粟三万七千六百石以振饥民。又言于部使者转闻于朝，得粟四万石，钞三万八千四百锭，振之。三十余万人赖以存活。

二年正月，敕有司存恤孔氏子孙贫乏者。

三月，振辽阳女直、汉军等户饥。

五月，岭北戍卒贫乏，赐钞三千二百五十万贯，帛五十万匹。九月，给寿安山造寺役军匠死者钞，人百五十贯。

臣等谨按：《本纪》：自英宗至文宗各有振恤戍兵事。以详兵考中，不具载。

三年正月，曹州禹城县去秋霖雨害稼，县人邢着程进出粟以振饥民，命有司旌其门。

至文宗至顺元年闰七月，大都阿实克坦塔珠、潮州刘仲温输米振贫。二年正月，大名魏县民曹革输粟振陕西饥，并旌其门。五月，益都路宋德让、赵仁各输米三百石振胶州饥民九千户，中书省请依输粟补官例予官，从之。顺帝至正五年六月，庐州张顺兴出米五百余石振饥，旌其门。

泰定帝泰定元年正月，广德、信州、岳州、惠州、南恩州民饥，发粟振之。

二月，绍兴、庆元、延安、岳州、潮州五路及镇远府、河州、集州饥；五月，晋宁、巩昌、常德、龙兴等处饥；八月，延安、冀宁、杭州、潭州等十二郡饥；九月，建昌、绍兴二路饥；十月，延安路饥，各发粟及给钞振之。二年闰正月，保定路及衡州衡阳县民、瑞州蒙山银场丁饥；三月，潮州、蓟州、凤州、延安、归德等处民饥；四月，镇江、宁国、瑞州、桂州、南安、宁海、南丰、潭州、涿州等处及陇西、汉中、秦州饥；五月，巩昌路临洮府饥；九月，琼州、南安、德庆诸路饥；十一月，内郡饥；十二月，济南、延川二路。各振粮钞有差。三年正月，大都路属县饥；三月，永平、卫辉、中山、顺德诸路饥；五月，雄州饥；七月，永平奉元饥；八月，河中府永平建昌、印都、中庆、太平诸路及广西两江饥；十一月，宁夏路万户府、庆远安抚司、汴梁、建康、太平、池州诸路及甘肃额齐讷路饥；十二月，保定路、怀庆路、广西静江、象州诸路及辽阳路饥。并以粮钞振之，以数万计。四年正月，辽阳行省诸郡、彰德、淮安、扬州诸路饥；二月，奉元、庐州、淮安诸路及白登部饥；三月，大宁、广平二路属县，河南行省诸州县，及建康属县饥；四月，河间、扬州、建康、太平、衢州、常州诸路属县，及云南乌散、武定二路饥；五月，河南、江陵属县饥；六月，盐官州及庐州路饥；九月，保定、真定二路，建昌、赣州、惠州诸路饥；十月，卫辉、获嘉等县大名、河间二路属县饥；十二月，京师及河间、河南、延安、凤翔府县饥。并以粮钞数十万振之。

三月，给蒙古流民粮钞，遣还所部。

六月，振蒙古饥民，遣还所部。七月，振蒙古流民，给钞二十九万锭，遣还。至文宗天历二年三月，蒙古饥民之聚京师者，遣往居庸关北，人给钞一锭，布一匹，仍令兴和路振粮两月，还所部。至顺元年四月，沿边部落蒙古饥民八千二百，人给钞三锭，布二匹，粮二月，遣还所部。七月，蒙古百姓以饥乏至上都者，阅口数给以行粮，俾各还所部。三年七月，振蒙古军流离至陕西者四百六十七户粮三月，遣复其居，户给钞五十锭。

是月，临洮狄道县，冀宁石州、离石、宁乡县旱，饥，振米两月。

六月，大都、真定晋州、深州，奉元诸路及甘肃河渠营田等处雨伤稼；十月，河间路、嘉定路龙兴县饥；十二月，延安路雹灾，各振粮一月、二月有差。二年二月蓟州、宝坻县、庆元路象山诸县饥；八月，南恩州、琼州、临江路、归德府饥；十月，宁夏路、曹州属县水，霸州、衢州路饥，并振粮二月。三年二月，河间、真定、保定三路饥，振粮四月。三月，宁夏、奉元、建昌诸路饥，振粮二月。四年二月，永平路饥，振钞三万锭，粮二月。四月，河南、奉元二路及通、顺、檀、蓟等州，渔阳、宝坻、香河等县，永平路饥，各振粮两月。

五月，龙庆、延安、吉安、杭州、大都诸路属县水，民饥，振粮有差。

六月，彰德、汴梁等路雨；八月，汴梁、济南属县雨水伤稼；九月，奉元路长安县大雨，沣水溢，延安路洛水溢，濮州馆陶县水；十二月，温州路乐清县盐场水。各发粟振之。二年闰正月，南宾州①、棣州等处水；三月，荆门州旱；九月，檀州雨雹，开元路三河溢；十一月，常德路水，民饥。凡振粮数万石。三年正月，恩州水；二月，归德府河决，民饥；五月，太平、兴化属县水；六月，奉化、巩昌属县大雨雹，峡州旱，大同属县大水，莱芜等处冶户饥；八月，真定蠡州、奉元蒲城等县及无为州诸处水；九月，扬州、宁国、建德诸属县水；南恩州旱，民饥；十一月，沈阳、辽阳、大宁等路及金、复州水，广宁路属县霖雨伤稼。各振粮钞凡数万计。四年八月，扬州路崇明州、海门县海水溢，汴梁路扶沟、兰阳县河溢，没民田庐，并振之。十月，大都路诸州县霖雨水溢，坏民田庐，振粮二十四万九千石。

六月，顺德、大名、河间、东平等二十一郡蝗，发粟振之。

---

① 南宾州，《元史·泰定帝纪》作"济南宾州"。

三年六月，东平属县蝗；四年七月，籍田蝗，并振之。至文宗天历二年六月，益都莒、密二州春水、夏旱蝗，饥民三万一千四百户，振粮一月。至顺二年四月，衡州路属县比岁旱蝗，仍大水，民食草木殆尽，又疫疠死者十九，湖南道宣慰司请振粮万石。从之。

七月，大都、巩昌、延安、冀宁、龙兴等处饥，振粮有差。

十月，广东道及武昌路江夏县、汴梁、信州、泉州、南安、赣州等路饥，各振粜有差。二年正月，肇庆、巩昌、延安、赣州、南安、英德、新州、梅州等处饥；二月，通、漷二州及大都、凤翔、宝庆、衡州、潭州、全州诸路饥；三月，肇庆、富州、惠州、袁州、江州诸路及南恩州梅州饥，亦振粜有差。五月，大都路檀州大水，平地深丈有五尺；汴梁路十五县河溢，江陵路江溢，洮州、临洮府雨雹，潭州、兴国属县旱，彰德路蝗，龙兴、平江等十二郡饥，振粜米三十二万五千余石。六月，济宁、兴元、宁夏、南康、归州等十二郡饥；七月，梅州、饶州、镇江、邠州诸路饥；八月，衡州、建昌、岳州饥，凡振粜米四十三万八千石有奇。十二月，惠州、杭州等处饥，振粜有差。三年二月，建昌路饥；七月，濠州饥，振粜米麦共三万九千余石。四年六月，镇江、兴国二路饥；九月，奉元、庆远、延安诸路饥，俱振粜有差。致和元年三月，冀宁路平定州饥；五月，峡州属县饥，共振粜粮三万五千石。

八月，振特尔根摩琳等驿户粮钞有差。

十月，大都、上都、兴和等路十三驿饥，振钞八千五百锭。二年闰正月，五花城、苏默图珠、扎干茂三驿饥，振粮二千石。三月，甘州蒙古驿饥，振粮三月。致和元年五月，振陕西临潼、华阴二十三驿、晋宁路十五驿共钞二千六百锭。

二年闰正月，雄州归信诸县大雨，河溢，被灾万一千六百五十户，振钞三万锭。

三年七月，河决郑州阳武县，漂民万六千五百余家，振之。八月，盐官州大风、海溢，坏堤防三十余里，遣使祭海神不止，徙民居千二百五十家。大都昌平大风，坏民居九百家；龙庆路雨雹一天，大风损稼，并发粟振之。扬州、崇明州大风雨，海水溢，溺死者给棺敛之。十一月，锦州水溢，坏田千顷，漂死者百人，人给钞一锭。崇明州海溢，漂民舍五百家，振粮一月，给死者钞二十贯。十二月，大宁路大水，坏田五千五百顷，漂民舍八百余家，溺死者人给钞一锭。四年正月，大宁路水，给溺死者人钞一锭。七月，云州黑河水溢，衢州大雨水，发廪振饥者，给漂死者棺。至致和元年，河间、真定、顺德诸路，陕西诸路，晋宁、卫辉二路及泰安州、燕南、山东东道，及奉天、大同、河间、河南、东平、濮州等处饥，共振钞二十五万二千三百锭有奇。而其他处振粟及钞不与焉。

三年九月，振潜邸贫民钞二十万锭。

四年九月，吐蕃阶州饥，振钞千五百锭。

至文宗至顺元年二月，吐蕃等处民饥，四月，吐蕃等处图沙玛民饥，俱命有司振之。顺帝至元五年十一月，八蕃顺元等处饥，振钞二万二千锭。

文宗天历元年，陕西大饥，以盐课振之。

时张思明为江浙行中书省左丞，会陕西大饥，中书拨江浙盐运司岁课十万锭振之，吏白周岁所入已输京师，当回咨中书。思明曰：陕西饥民犹鲋在涸辙，往复逾月，是索之枯鱼之肆也。其以下年未输者如数与之，有罪吾当坐。朝廷韪之。

臣等谨按：《本纪》自后至顺元年至三年，以盐课钞振济事甚繁，不具载。

十月，振通州被兵之家。

又遣官振良乡、涿州、定兴、保定驿户之被兵者。十一月，北京、山东驿被兵者，振以钞二万一千五百锭。二年四月，振邓州诸县被兵逃户粮三千六百石，振通州诸县被兵之民粮三月。五月，振被兵之民百四十五户粮一月。真定路民被兵者二千七百四十八户，亦命振之。上都德济诸位宿卫士及开平县民被兵者，并振以粮。八月，冀宁之忻州兵后涝饥，振钞千锭。集庆河南府路旱疫，又被兵，振以本府屯田租及安丰务递运粮。三月，莒、密、沂诸州饥，民采草木实，盗贼日滋，振以米二万一千石。九月，上都西阿勒坦库库楚呼喇图地以兵旱，民告饥，振粮一月。至顺元年十一月，振襄、邓、辉和尔民被西兵害者六十三户，户给钞十五锭，米二石；被西兵掠者五百七十七户，户给钞五锭，米二石。十二月，振龙庆州怀来县前来被兵万一千八百六十户，粮两月。

十一月，命郡县招集被兵流亡之民，贫者振给之。

二年六月，陕西、河东、燕南、河北、河南诸路流民十数万，自嵩汝至淮南，死亡相籍，命所在州县官以便宜振之。至顺元年二月，振河南流民复归者，钞五千锭。三年正月，振永昌路流民。

二年正月，振陕西饥。

陕西告饥，命振钞五万锭。行省以大饥乞粮三十万石，钞三十万锭。诏：赐钞十四万锭，遣使往给之。二月，奉元临潼、咸阳二县及辉和尔八百余户告饥，陕西行省以便宜发钞万三千锭振咸阳，麦五千四百石振临潼，麦百余石振辉和尔。遣使以闻。四月，陕西路饥民百二十三万四千余口，诸县流民又数十万，先是尝振之，不足，行省复请令商贾入粟中盐，富家纳粟补官及发孟津仓粮八万石及河南汉中廉访使所贮官租以振。五月，陕西行省言：凤翔府饥民十九万七千九百人，本省用便宜振以官钞万五千锭。又丰乐八屯军士饥死者六百五十人，万户府军士饥者千三百人，振以官钞百三十锭。并从之。

《元史·张养浩传》曰：天历二年，关中大旱，饥民相食，特拜养浩陕西行台中丞，既闻命即散其家之所有与邻里贫乏者，登车就道，遇饥者振之，死者则葬之。又率富民出粟，因上章请行纳粟补官令，闻民间有杀子以奉母者，为之大恸，出私钱以济之。到官四月，未尝家居，止宿公署，夜则祷于天，昼则出振饥民，终日无少息。

振大都等路饥民。

大都路涿州、房山、范阳等县饥，振粮两月。大同路言：去年旱，且遭兵，民多流殍命，以本路及东胜州粮万三千石，减时值十之三振粜之。至四月，常德、澧州、慈利州饥，振粜粮万石。振卫辉路饥民万七千五百余户。河南廉访司言：河南府路以兵、旱、民饥，食人肉，事觉者五十一人，饥死者千九百五十人，饥者一万七千四百余人。乞行入粟补官之令，及括江淮僧道余粮以振。江浙行省言：池州、广德、宁国、太平、建康、镇江、常州、湖州、庆元诸路及江阴州饥民六十余万户，当振粮十四万三千余石，并从之。大都、兴和、顺德、大名、彰德、怀庆、卫辉、汴梁、中兴诸路，泰定、高唐、曹、冠、徐、邳诸州饥民六十七万六千余户，振以钞九万锭，粮万五千石。大都宛平县、保定、遂州、易州振粮一月，靖州振粮九千八百石。永平告饥，振粮五万石。大同告饥，振粜粮万三千石。云需府告饥，振粮一月。六月，益都莒、密二州，春水、夏旱蝗，饥民三万一千四百户，振粮一月。

九月，振甘肃行省沙州彻伯尔等驿钞各千五百锭。

又振陕西临潼等二十三驿各钞五百锭。

臣等谨按：《文宗纪》自此至至顺三年，凡诸驿贫饥及水旱灾伤孳畜疫死莫不振之。

至顺元年四月，诸路饥，命分振之。

中书省言：迩者诸处民饥，累常振救。去岁振钞百三十四万九千六百余锭，粮二十五万一千七百余石。今汴梁、怀庆、彰德、大名、兴和、卫辉、顺德、归德及高唐、泰安、徐、邳、曹、冠等州饥民六十七万六千户，一百一万二千余口，请以钞九万锭，米万五千石，命有司分振。制曰可。

是月，陕西行台言：奉元巩昌、凤翔等路以累岁饥，不能具五谷种，请给钞二万锭，俾分籴于他郡。从之。

五月，卫辉路之辉州以荒乏谷种，给钞三千锭，俾籴于他郡。

闰七月，诏：以钞粟振饥民。

大都、太宁、保定、益都诸属县，及京畿诸卫、大司农诸屯水，没田八十余顷；杭州、常州、庆元、绍兴、镇江、宁国诸路，及常德、安庆、池州、荆门诸属县皆水，没田一万三千五百八十余顷；松江、平江、嘉兴、湖州等路水，漂民庐，没田三万六千六百余顷，饥民四十万五千五百七十余户。诏：江浙省以入粟补官钞三千锭及劝率富人出粟十万石振之。

四年六月，顺帝已即位，大霖雨，京畿水，平地丈余，饥民四十余万，诏：以钞四万锭振之。

八月，鄂尔多斯之地频年灾，畜牧多死，民户万七千一百八十，命内史府给钞二万锭振之。

二年正月，新添安抚司雍河寨主诉他部猺獠蹂躏其禾，民饥，命湖广行省发钞二十锭，市米振之。

三年正月，庆远、南丹等处溪洞军民，安抚司言：所属宜山县饥疫死者众，乞以给军积谷二百八十石振粜。从之。

三月，振浙西诸路饥。

浙西诸路比岁水旱，饥民八十五万余户，中书省请令官私儒学寺观诸田佃民从其主，假贷钱谷自振，余则劝分富家及入粟补官，仍益以本省钞十万锭，并给僧道度牒一万道。从之。七月，湖州安吉县大水暴涨，漂死一百九十人，人给钞二十贯瘗之，存者振粮两月。九月，湖州安吉县久雨，太湖溢，漂民居二千八百九十户，溺死男女百五十七人，命江浙行省振恤之。

三年二月，中书省言：凡远戍军官死而归葬者，宜视民官例给道里之费。

至至元二年八月，诏：云南、广海、八番，及甘肃、四川边远官死而不能归葬者，有司给粮食、舟车护送还乡，去乡远者加钞二十锭。无亲属者，官为瘗之。

七月，给钞万锭，命雅克特穆尔分赐累朝宫分嫔御之贫乏者。

四年十一月，时顺帝已即位。江浙旱饥，发义仓粮，募富人入粟以振之。

至元统二年三月，杭州镇江、嘉兴、常州、松江、江阴水旱疾疫，敕有司发义仓粮，振饥民五十七万二千户。五月，中书省言：江浙大饥，以户计者五十九万五百六十四，发米六万七百石，钞二千八百锭，及募富人出粟，发常平义仓振之。并存海运粮七十八万三百七十石以备不虞。七月，池州、青阳、铜陵饥，发米一千石，及募富民出粟振之。九月，台州路饥，发义仓、募富人出粟振之。十一月，松江府上海县饥，发义仓粮及募富人出粟振之。至元元年八月，道州永兴水灾，发米五千石及义仓粮振之。三年二月，发义仓米振衢州及绍兴饥。三月，发义仓粮振溧阳州饥民六万九千二百人。十月，河南府宜阳等县大水，漂没民庐，溺死者众，人给殡葬钞一锭，仍振义仓粮两月。

顺帝元统二年正月，东平须城县、济宁济州、曹州济宁县①水灾，民饥，诏以钞六万锭振之。

二月，滦河、漆河溢，永平诸县水灾，振钞五千锭。四月，大名路桑麦灾，成州旱饥，诏出库钞及发常平仓米振之。六月，宣德府水灾，出钞二千锭振之。至元三年二月，发钞四十万锭振江浙饥民四十万户。三月，发钞一万锭振大都宝坻饥。十一月，发钞万五千锭，振宣德等处地震死伤者。五年正月，濮州鄄城、范县饥，振钞二千一百八十锭。桓州、云需

---

① 《元史·顺帝纪》作曹州济阴县。

府、兴和、宝昌等处饥，凡振钞二万二千锭。六月，汀州路长汀县大水，平地深可三丈余，没民庐八百家，坏民田二百顷，户振钞半锭，死者一锭。是岁，胶、密、莒、潍等州饥，振钞二万锭。六年三月，淮安路山阳县、顺德路邢台县饥，共振钞五千五百锭。五月，济南饥；六月，济南路历城县饥，共振钞万二千五百锭。至正元年六月，扬州路崇明、通、泰等州海潮涌溢，溺死一千六百余人，振钞万一千八百二十锭。

二月，塞北东凉亭雹，民饥，诏上都留守发仓廪振之。

又瑞州水，振米一万石。至元元年三月，益都路沂水、日照、蒙阴、莒县旱饥，又龙兴路饥，共振粮十万九千八百石。五月，振永兴州饥。又振沅州等处米二万七千七百石。七月，西河、徽州雨雹，民饥，发米振贷之。二年三月，顺州饥；十二月，庆元、慈溪县饥，并振之。三年八月，振济南饥。四年二月，振京师、河南北被水灾者。五年正月，冀宁路交城等县饥，振米七千石。开平县饥，振米两月。十月，辽阳饥，振米五百石。六年正月，邳州饥，振米两月。二月，京畿五州十一县水，每户振米两月。三月，益都、般阳等处饥，振之。十一月，处州、婺州饥，十二月，东平路饥，并振之。至正元年二月，大都宝坻县饥，振米两月。五年三月，大都、永平、巩昌、兴国、安陆等处并屯万户府各翼人民饥，振之。

是年，安丰路旱、饥，敕有司振粜麦万六千七百石。

三月，山东霖雨，水涌，民饥；又淮西饥；八月，南康路诸县旱蝗，民饥；九月，吉安路水灾，民饥。共发粮十八万五千石振粜之。至元元年九月，耒阳、常宁、道州民饥，以米万六千石并常平米振粜之。十二月，宝庆路振粜米三千石。是年，江西大水民饥，振粜米七万七千石。二年，沅州路庐阳县及抚州、袁州、瑞州诸路，安丰路饥，凡振粜米麦十万八千四百石。三年正月，临江路新淦、新喻、瑞州饥，振粜米二万石。四年二月，龙兴路南昌州饥，以江西海运粮振粜之。五月，临沂、费县水，发米三万石振粜之。五年六月，沂、莒二州民饥，发粮振粜之。九月，沈阳饥；十月，衡阳及文登牟平二县饥；又是岁，袁州饥，共振粜米二万一千石。至正元年正月，湖南诸路饥，振粜米十八万九千七十六石。二年二月、八月，冀宁路饥，共振粜米四万五千石。九月，归德府睢阳县因黄河为患，民饥，振粜麦十万石。十五年正月，上都饥，振粜米万石。

四月，诏：云南出征军士亡殁者，人赐钞二锭以葬。

至元六年七月，达勒达之地大风雪，羊马皆死，振军士钞一百万锭。至正八年七月，西北边军民饥，遣使振之。

六月，遣官振云南大理、中庆诸路。

中书省言：云南大理、中庆诸路，曩因托坦巴图反叛，民多失业，加以灾伤，民饥，请发钞十万锭，差官振恤。从之。

至元元年四月，龙兴路南昌、新建县饥，太皇太后发徽政院粮三万六千七百七十石振粜之。

二年七月，振新收阿苏军崖从车驾者，每户钞二锭，死者人一锭。

三年正月，大都南北两城设振粜米铺二十处。

三月，大都饥，命于南北两城振粜糙米。九月，大都南北两城添设振粜米铺五所。四年十二月，大都南城等处设米铺二十，每铺日粜米五十石以济贫民。六年二月，增设京师米铺从便振粜。至正七年四月，发米二十万振粜贫民。

四年十一月，四川散毛洞蛮反，遣使振被寇人民。

至正元年四月，临贺县民被猺寇抄掠，发义仓粮振之。十一年三月，遣使振湖南北被寇人民，死者钞五锭，伤者三锭，毁所居屋者一锭。

五年五月，辉和尔、布拉赛音图布拉、尼格德呼苏、赛音布拉等处六爱满大风雪①，民饥，发米振之。

八月，宗王托劝特穆尔及托罗该图各爱满人民饥，共振钞四万六千二百五十七锭。

至正元年二月，以钞振济南等处饥。

济南、滨州、沾化等县，河间、英州、沧州等处，晋州饶阳、阜平、安喜、灵寿四县饥，共振钞十万八千锭。三月，大都路涿州范阳、房山，及般阳路长山等县饥，共振钞万九千锭。四年闰二月，保定路饥，以钞八万锭、粮万石振之。七年十二月，晋宁、东昌、东平、恩州、高唐等处民饥，振钞十四万锭，米六万石。

三年三月，杭州路火灾，给钞万锭振之。

《元史·博勒奇尔布哈传》曰：顺帝至正二年，博勒奇尔布哈拜江浙行省左丞相，行至淮东，闻杭城大火，烧官廨民庐几尽，仰天挥

---

① 爱满，指部落。

涕曰：杭浙省所治，吾被命出镇，而火如此，是我不德，累杭人也。
疾驰赴镇，即下令录被灾者二万三千余户，户给钞一锭，焚死者亦如
之；给月米二斗，幼稚给其半。又请日减酒课，为钱千二百五十缗；
织坊减原额之半；军器漆器权停一年；泛税皆停。事闻朝廷。从之。

四年二月，四川行省立惠民药局。

八月，陕西行省定惠民药局。

十一月，定入粟补官备振令。

时各郡县民饥，令民入粟补官以备振济。

臣等谨按：入粟补官，详见"选举考""赀选"一门，而《食货
志》谓为救荒之一策，故互见于振恤内。今以详见《选举考》，不
赘录。

六年四月，车驾时巡上都，发米二十万石振粜贫民。

八年二月，前奉使宣抚贾维贞称：职特授永平路总管，会岁饥，维贞
请降钞四万余锭振之。十二年六月，大名路开、滑、浚三州元城十一县水
旱虫蝗，饥民七十一万六千九百八十口，给钞十万锭振之。

明太祖壬寅岁，谕存恤龙兴贫无告者。

时龙兴降，帝告谕父老，除陈氏苛政，罢诸军需，又存恤贫无告者，
民大悦。

乙巳岁七月，令从渡江士卒被创废疾者养之，死者赡其妻子。

洪武元年七月，振恤中原贫民。

八月，以京师火，四方水旱，诏中书省集议便民事。

时又诏将士从征者，恤其家。灾荒以实闻，鳏寡孤独废疾者存恤之。

二年三月，振陕西饥，户米三石。

十二月，振西安诸府饥，户米二石。四年八月，振陕西饥。五年四
月，振济南、莱州饥。六月，振山东饥。六年十二月，振真定饥。七年五
月，振苏州饥民三十万户。八月，振河间、广平、顺德、真定饥。十一年
七月，振平阳饥。十九年二月，振河南饥。六月，振青州及郑州饥。二十
年十二月，振登、莱饥。二十一年正月，振青州饥。三月，振东昌饥。二
十三年十月，振湖广饥。

八月，遣使瘗中原遗骸。

十七年四月，收阵亡遗骸。十八年三月，命天下郡县瘗暴骨。至成祖永乐九年十一月，遣使督瘗战场暴骨。二十二年五月，瘗道中遗骸。宣宗宣德元年五月，敕郡县瘗遗骸。九年五月，瘗暴骸。十年，英宗即位。六月，令天下瘗暴骸。正统九年闰七月，瘗暴骸。十四年九月，景帝即位。瘗土木阵亡将士遗骸。景泰四年六月，瘗土木、大同、紫荆关暴骸。英宗天顺二年闰二月，瘗土木暴骸。宪宗成化元年八月，瘗暴骸。七年五月，瘗京师暴骸。九年四月，瘗京畿暴骸。武宗正德六年十一月，瘗暴骨。世宗嘉靖二十四年八月，瘗暴骸。

五年五月，诏：孤寡残疾者官养之，毋失所。

八年正月，命有司察穷民无告者，给屋舍、衣食。

六年七月，命户部稽渡江以来各省水旱灾伤分数优恤之。

八年十二月，遣使振苏州、湖州、嘉兴、松江、常州、太平、宁国、杭州水灾。九年七月，振永平旱灾。十二月，振畿内、浙江、湖北水灾。十年春，振苏、松、嘉、湖水灾。四月，振太平、宁国，及宜兴、钱塘诸县水灾。五月，振湖广水灾。九月，振绍兴、金华、衢州水灾。十一年五月，存问苏、松、嘉、湖被水灾民，户赐米一石。七月，苏、松、扬、台海溢，遣官存恤。十五年二月，河决河南，命驸马都尉李祺振之。十七年十月，河南、北平大水，分遣驸马都尉李祺等振之。十八年八月，振河南水灾。十九年正月，振大名及江浦水灾。二十三年七月，河决开封，振之。又崇明、海门风雨，海溢，遣官振之。八月，振河南、北平、山东水灾。二十四年十一月，振河南水灾。二十五年五月，振陈州、原武水灾。

七年八月，下存恤之诏。

诏：军士阵殁、父母妻子不能自存者，官为存养；百姓避兵离散或客死，遗老幼，并资遣还；远宦卒官妻子不能归者，有司给舟车资送。

十二年二月，以雨雪，给天下贫民钞。

二十五年，令山东灾伤处，户给钞五锭。

十八年，令有灾伤处，有司不奏，许本处耆宿连名申诉，有司极刑不贷。

二十一年正月，青州饥，逮治有司匿不以闻者。二十二年四月，遣御史按山东官匿灾不奏者。

　　臣等谨按：明《本纪》：先是，十年五月，户部主事振荆蕲迟缓伏诛。盖明祖急于救灾，如此故匿灾者罪不赦也。

　　十九年四月，诏：赎河南饥民所鬻子女。

　　至成祖永乐八年正月，令赎还去年扬州、淮安、凤阳、陈州被水军民所鬻子女。英宗正统七年七月，陕西饥，赎民所鬻子女。

　　六月，诏：有司存问高年贫民。

　　年八十以上，月给米五斗，酒三斗，肉五斤；九十以上，岁加帛一匹，絮一斤，有田产者罢给米。贫民鳏寡孤独不能自存者，岁给米六石。

　　二十六年，令天下有司，凡遇岁饥，先发仓廪振贷，然后具奏。

　　二十七年，定灾伤散粮则例。

　　大口六斗，小口三斗，五岁以下不与。至成祖永乐二年，又定苏、松诸府水淹给米则例：大口一斗，六岁至十四岁六升，五岁以下不与。每户有大口十口以上者，止与一石。其不系全灾，内有缺食者，则定为借米则例。

　　惠帝建文元年二月，诏：赐高年米肉、絮帛，鳏寡孤独废疾者，官为收养。振罹灾贫民，瘗暴骨。

　　成祖永乐元年二月，振北京六府饥。

　　三月，振直隶、北京、山东、河南饥。二年六月，振松江、嘉兴、苏州、湖州饥。七月，振江西、湖广水灾。三年六月，振苏、松、嘉、湖饥。四年五月，振常州、庐州、安庆饥。五年四月，振顺天、河间、保定饥。八年七月，振安庆、徽州、凤阳、镇江饥。十年正月，振平阳饥。十三年六月，振北京、河南、山东水灾。八月，振山东、河南、北京顺天州县饥。十四年正月，北京、河南、山东饥，发粟一百三十七万石有奇振之。十八年十一月，振青、莱饥。

　　四年九月，振苏、松、常、杭、嘉、湖流民复业者十二万余户。

　　五年五月，河南饥，逮治匿灾有司。敕都察院，凡灾伤不以实闻者罪之。

　　至十年正月，振平阳饥，逮治布政司及郡县官不奏闻者。十一年正月，谕通政使礼科，凡朝觐官境内灾伤不以闻，为他人所奏者，罪之。十二年二月，有自陕西来者，言凤翔、陇州民饥。帝谕户部曰：水旱，世恒有之。国家广储积，正以备民之急，朕数诏有司恤民，今乃坐视不言，亟令监察御史发廪振之，并按门长吏坐视不言者罪。十六年七月，敕责陕西诸司，比闻所属岁屡不登，致民流殍，有司坐视不恤，又不以闻，其咎安在。其速发仓储振之。

九年，浙江、湖广、河南、顺天、扬州水，河南、陕西疫，并遣使振之。

十六年十二月，命成山侯王通驰传振陕西饥。

二十年三月，诏有司：遇灾先振后闻。

至二十二年十一月，仁宗已即位，诏：凡被灾不即请振者，罪之。

仁宗洪熙元年三月，振隆平饥。

时户部请以官麦贷之，帝曰：即振之，何贷为。至四月，又振河南及大名饥。

《食货志》曰：仁宗监国时，有以发振请者，遣人驰谕之，言：军民困乏，待哺嗷嗷，尚从容启请待报，不能效汉汲黯耶！

宣宗宣德二年十二月，振陕西饥。

三年闰四月，山西旱灾，命有司振恤。八年春，以两京、河南、山东、山西久旱，遣使振恤。夏，复振两京、河南、山东、山西、湖广饥。九年二月，振凤阳、淮安、扬州、徐州饥。八月，振湖广饥。十月，两畿、浙江、湖广、江西饥，以应运南京及临清仓粟振济。

五年二月，颁宽恤之令。

令省灾伤，宽马政，免逋欠。九年二月，申两京、山东、山西、河南宽恤之令。

《食货志》曰：宣宗时，户部请核饥民。帝曰：民饥无食，济之当如拯溺救焚，岂待勘！盖二祖仁宣时，仁政亟行，预备仓之外，又时时截起运赐内帑，被灾处无储粟者，发旁县米振之；蝗蝻始生必遣人捕瘗；鬻子女者，官为收赎。且令富人蠲佃户租，大户贷贫民粟，免其杂役为息，丰年偿之。皇庄湖泊皆弛禁，听民采取。饥民还籍，给以口粮。京、通仓米平价出粜，兼预给俸粮以杀米价。建官舍以处流民，给粮以收弃婴；养济院穷民各注籍，无籍者收养蜡烛幡竿二寺。其恤民如此。

六年，令福建瘟疫死绝人户遗下老幼妇女儿男，有司验口给米。

英宗正统二年三月，令御史金敬抚辑大名及河南、陕西逃民。

五年二月，命佥都御史张纯、大理寺少卿李畛振抚畿内流民。十年四月，诏所在有司饲逃民复业及流移就食者。十三年五月，命刑部侍郎丁铉抚辑河南、山东灾民。十四年十一月，景帝已即位，命侍郎耿九畴抚安南畿流民。

六月，振河南、江北饥。

十一月，又振河南饥。至三年，振陕西饥者。再五年十一月，振浙江饥。六年七月，振浙江、湖广饥。七年四月、七月、十年六月，俱振陕西饥。

三年八月，以陕西饥，令杂犯死囚以下输银赎罪，送边吏易米。

七年，令各府州县一应赃罚入官之物，俱于年终变卖在官，俟秋成籴粮，预备振济。

五年七月，遣刑部侍郎何文渊等分行天下，修备荒之政。

八月，令各边修举荒政。

九年，令扬州府江潮泛涨，淹死人民，量给钞锭收瘗。

四月，振沙州及齐勤蒙古饥。

六月，振湖广、贵州蛮饥。

十年七月，减粜河南怀庆仓粟，济山、陕饥。

十二月，输河南粟振陕西饥。

十二年五月，命大理少卿张骥振济宁及淮扬饥。

十三年七月，河决大名，没三百余里，遣使蠲振。

景帝景泰元年三月，命真定、保定、河间三府召商纳米中盐，以备振济。

两浙盐七万五千引，每引米一石；长芦三万六千一百六十引，引米五斗，从给事中毛玉请也。

臣等谨按：明代纳米中盐，既以给边储，亦以备振济。考《实录》历纪其事，以详见盐铁门，兹不具载。

四月，振山东饥。

　　至三年八月，振两畿水灾州县。九月，振两畿、山东、山西、福建、广西、江西、辽东被灾州县。四年八月，振河南饥。五年七月，振南畿水灾。六年九月，振苏、松饥民米麦一百余万石。七年十月，振江西饥。十二月，振畿内、山东、河南水灾。

　　振畿内被寇州县。

　　五月，振大同被寇军民。

　　三年五月，河南流民复业者，计口给食。

　　八月，振南畿、河南、山东流民。十一月安辑畿内、山东、山西逃民。

　　九月，以南京地震，两淮大水、河决，命都御史王文巡视安辑。

　　五年正月，命平江侯陈豫、学士江渊抚辑山东、河南被灾军民。三月，学士江渊振淮北饥民，王文抚恤南畿。

　　四年四月，运南京仓粟振徐州。

　　五月，发淮、徐仓振饥民。徐州复大水，民益饥，发支运及盐课粮振之。又发淮安仓振凤阳。

　　是年，定纳米振济赎罪令。

　　山东、河南、江北、直隶、徐州诸处灾伤，令所在问刑衙门，责有力囚犯于缺粮州县仓纳米振济，杂犯死罪六十石，流徒减三之一，递减至笞罪为五斗。

　　六年四月，敕户、兵二部及南畿、山东、河南、浙江、湖广抚按三司官条宽恤事。

　　英宗天顺元年四月，振山东济南饥。

　　户部言：山东灾饥，济南尤甚，缺粮振济，宜将岁办物件及各色课程，如时值折收米麦，在库赃罚如例估计籴买，粜米以振饥。从之。至三年十一月，振湖广饥。七年十月，振西安诸府饥。

　　四年七月，自五月雨至是月，淮水决，没军民田庐，遣使振恤。

　　宪宗成化元年七月，振两畿、浙江、河南饥。

　　二年闰三月，振河南饥。三年九月，振湖广、江西饥。四年九月，振陕西饥。六年，振广西、畿内、山东、河南、山西饥。七年八月，振山东、浙江水灾。八年十二月，振京师饥民。九年，振畿内、陕西饥。振山西者，再山东者。三十年正月，振京师贫民。十三年，振山东、南畿州县饥。十五年正月，振山东饥。十七年十月，振河南饥。十八年三月，振南畿饥。二十一年，振京师及南畿饥。

八月，命工部侍郎沈义、佥都御史吴琛振抚两畿饥民。

二年二月，礼部侍郎邹干巡视畿内饥民。六年七月，都御史项忠、侍郎叶盛振畿辅饥民。十四年七月，遣使振畿南、山东饥。八月，命南京刑部侍郎金绅巡视江西水灾。十八年八月，遣使振畿内、山东饥。二十一年正月，遣侍郎李贤、何乔新、贾俊振陕西、山西、河南饥。

六年六月，振恤京城内外被水军民。

吏部尚书姚夔言：淫雨浃旬，潦水骤溢京城内外军民家，冲倒房屋，损伤人命者无算。乞遣使取勘，房舍冲倒者与米一石，损伤人口者与米二石。凡振恤京城内一千九百二十一户。七月，给事中韩文等勘实通州张家湾诸处二千六百六十户，及漷、武清二县通州左右等七卫被水军民，亦皆称是，命所司振恤之。

十二月，遣使十四人分振畿辅。

先是，十月，巡视北直隶。都御史项忠奏：近京府县水，灾民居荡析，流移道路，困苦万状，请广施粜籴之法，如宋绍兴五年斗米千钱。时参政孟庚、尚书章谊不抑米价，大出陈廪，每升止二十五文，既济于民，次年米贱，令诸路以钱收籴后有赢余，载于史册，足为明验。今天津、涿州、真定、保定等路各有大仓并水次，官粮动以万计，乞敕户部会计各仓，足支来岁夏初官军俸粮外，所余粮米，自今年十一月为始，各委所在州县官按月粜米三千石，每石五钱，麦减一钱，豆减一钱五分，凡有籴者，止于二石，至来年三月止。粮少者许于附近粮多之仓多粜，以补其数。凡劝借搬运接济者，不在其数。候麦熟米贱，即以所粜银布之类，每月准与官军买粮自给。其贫民无所籴者，仍验口减省振济。部议如其请。而每石之价，则视所定者各加一分。制曰可。至是尚书姚夔言：水旱灾伤之余，米价腾贵，既发太仓米粟一百万石振粜，又虑振粜不及于无钱之家，敕有司勘贫难者，设法振济，京城之民可保无虞矣。但在外州县，饥荒尤甚，村落中有四五日不举烟火、困卧待尽者，有食树皮草根及因饥疫病死者，有寡妻只夫卖男女及卖身者，朝廷虽有振济之法，有司奉行未至。且今冬少雪，则来岁无麦，事益难为，乞于顺天、河间、真定、保定四府州县灾伤诸处，遣廉干老成者十数人，敕每人责领二三州县官吏，沿村遍落询审振济，有粮积者，依时照口验放；无粮之处，听于附近仓分设法搬运，候春气和暖，即教民播种麦田，贫者给与牛具种子，凡空闲之地，令其栽种椿、榆、槐、柳、桑、枣诸木，五七年后，便可济用。俟明年麦熟，人得苏醒，果无他虑，奏闻回京，有成效者，量加旌劳。此救荒之一策也。诏从所请。分遣户部郎中桂茂之等十四人往振之。

九年三月，诏：通盐利折税课，以备振济。

从巡抚山东佥都御史牟俸请也。

是月，户科给事中邓山奏曰：北直、山东民饥，相食，其地密迩京畿，须防患生不测。今德州、临清、天津水次三仓①，去岁寄收兑运粮多，宜借拨三十万石。其青、登、莱三府去水次远者，宜借大仓银六万两及泰山香钱以为籴本，相兼振济。部议：水次仓粮虽多，放支有数，请酌量地方里分、人民多寡，开仓支给。不近水次者，运太仓银四万五千两与巡抚牟俸，并令其查德府官钱斟酌给散。泰山香钱，亦听随宜辏用，候丰岁委官督民依数还官。若级寄放京储，则照原收通州脚价，每万石除二百石以补京储亏少之数。从之。

十二年五月，命副都御史原杰抚治荆襄流民。

十二月，置郧阳府设行都司卫所处流民。

十六年八月，申存恤孤老之令。

二十年正月，诏恤大同阵亡士卒。

秋，陕西、山西大旱，饥，人相食，发帑转粟，开纳米事例，振之。

至次年四月，又转漕四十万石，振陕西饥。

《食货志》曰：纳米振济捐纳事例，自宪宗始，生员百石以上入国子监，军民二百五十石为正九品，散官加五十石增二级至正七品止。武宗时，富民纳粟振济千石以上者表其门。九十石至二三百石者授散官，得至从六品。世宗令义民出谷二十石者给冠带，多者授官正七品，至五百石者有司为立坊。

孝宗弘治元年十月，振湖广、四川饥。

二年二月，振四川饥。四年十一月，振南畿饥。五年七月，振南京、

---

① 水次仓，又称为中转仓，主要修建于运河沿途，以备漕粮转输。

浙江、山东饥。十年,振山东、四川水灾。十三年八月,振江西水灾。十四年七月,振两畿、江西、山东、河南水灾。十二月,辽东大饥,振之。十七年正月,振应天饥。十八年九月,武宗已即位,振陕西饥。

二年七月,振畿内水灾。

时既给贫民麦种,又令顺天、河间、永平等府淹死人口之家,量给米二石;漂流房屋头畜之家,给米一石。至十一月,以顺天饥,发粟平粜。

四年十月,河溢,振河南被灾者。

十一年八月,振祥符民被河患者。

六年十一月,振京师流民。

十五年四月,振京师贫民。

七年九月,以水灾,停苏、松诸府所办物料,留关钞、户盐备振。

十二月,振甘、凉被兵军民。

十四年五月,振大同被兵军民。

十四年十一月,分遣侍郎何鉴、大理寺丞吴一贯振恤两畿、山东、河南饥民。

十八年四月,命刑部侍郎何鉴抚辑荆襄流民。

《明会典》:成化十四年,令淮、徐二仓分拨米三万石,临清仓拨四万石,分派附近被灾处所振济。

十五年七月,命各边卫设养济院、漏泽园。

十六年九月,振两畿、浙江、山东、河南、湖广被军民。

武宗正德三年九月,振南京饥。

十一月,振凤阳诸府饥。四年三月,振浙江饥。五年二月,振恤湖广。七年七月,振四川饥。十一年四月,振河南饥。五月,振陕西饥。十五年正月,振淮、扬诸府饥。十六年,世宗即位,振江西灾者,再又振辽东饥。

十月,遣南京工部侍郎毕亨振湖广、河南饥。

六年十一月,遣户部侍郎丛兰、王琼振两畿、河南、山东。八年十二月,南京刑部侍郎邓璋振江西饥。十二年八月,副都御史吴廷举振湖广饥。

十一年八月,赐宛平县被寇者人米二石。

十三年正月,振两畿、山东水灾。给京师流民米,人三斗。

十四年五月，诏：山东、山西、陕西、河南、湖广流民归业者，官给廪食、庐舍、牛种。

世宗嘉靖元年七月，以南畿、浙江、江西、湖广、四川旱，诏抚按官讲求荒政。

十月，振南饥①、湖广、江西、广西灾。至次年，两畿及山东、河南、湖广、江西俱旱灾，户部尚书孙交请留苏、松折兑银、粳白米、两浙盐价、浒墅关钞课、应天缺官薪皂、赎锾并振。并请发太仓银二十万折漕米九十万往振。从之。又是年，令将嘉靖三年分净乐宫库藏查盘节年所积香钱暂支二千两，振济湖广旱灾地方。

十二月，振陕西被寇及山东矿贼流劫者。

至十三年三月，振大同被兵者。二十年十月，吉囊寇山西，命部臣给振被兵郡县。二十一年八月，振山西被兵州县。二十九年九月，振畿内被寇者。

二年二月，振辽东饥。

十一月，振河南饥。三年三月，振淮扬、河南饥。五年二月，振京师饥。

四年闰十二月，振辽东灾。

五年十月，振南畿、浙江灾。六年八月，振湖广水灾。七年九月，振嘉兴、湖州灾。八年，振山西及浙江灾。十二年十一月，振辽东灾。十五年二月，振湖广灾。十七年十二月，振宁夏灾。十九年七月，振江西灾。二十三年，振湖广及江西灾。三十二年八月；振山东灾。三十五年二月，振平阳、延安灾。四月，振陕西灾。四十年九月，振南畿灾。

五年八月，振湖广饥。

凡灾伤处，准将合属预备仓原积谷米杂粮八十二万石、银四万两，并太和山嘉靖四、五年分香钱现在实数，十分内摘取六分，酌量轻重振济。至八年，振襄阳、河南、江西、湖广饥。九年，振京师、山西、延绥饥。十一年，振陕西、山西饥。十二年，振云南、辽东饥。十八年，振辽东饥。二十年，振辽东及畿内、山西饥。二十六年，振成都饥。二十八年，振陕西饥。三十一年，振宣、大饥。三十二年，振陕西、山东饥。三十三年，振畿内饥。三十七年，振辽东饥。三十八年，又振之。三十九年，振

---

① 南饥，应为"南畿"，可见《明史·世宗纪》。

顺天、永平及山西三关饥。四十年，振京师、山东、山西饥。

八年，定振恤之令。

令灾伤地方，凡军民等有能收养小儿者，每名日给米一升；埋尸一躯者，给银四分。邻近州县不得闭籴。又令守巡官查审流民，大口给谷二三斗，各速还原籍。

十年七月，命侍郎叶相振陕西饥。

令支太仓银三十万两往振。又以灾伤重大，令各州县戒谕富室，将所积粟麦照依时价粜与饥民，若每石减价一钱至五百石以上者，给与冠带；一千石以上，表为义门。被灾人民逃出外境者，招集复业，倍与振济银两，官给牛种。隆冬时月，饥民有年七十以上者，添给布一匹。动支官银收买遗弃子女，州县设法收养。若民间有能自收养至二十口以上者，给与冠带。州县各于养济院支预备仓米，设一粥厂，就食者朝暮各一次，至麦熟而止。自后十八年九月，命侍郎王杲振河南饥。三十二年正月，命侍郎吴鹏振淮、徐水灾。三十三年六月，命侍郎陈儒振大同军士。

　　臣等谨按：宋程子云：救饥者，使之免死而已，非欲其丰肥也。赢弱之人，只以稀粥早晚两给，勿使至饱，俟气稍完，然后一给。昔人议荒政者，亦多云唯设粥可以救急。今考《食货志》振粥之法，始自世宗，诚子民之善政也。

二十九年八月，粜振京师。

时发米五万石，每石定价五钱发粜。给事中王德、御史李逢时言：其价犹重，请定为三钱五分，禁富民乘机籴买者。从之。

三十二年十月，河南、山东饥，振之。

时河南、山东岁饥盗起，户部请发临清仓米七万石，以三万石自卫河达卫辉，振河南；以四万石振山东。仍敕抚按发官银数万两，于邻近州县籴粟振民，及立均籴之法，以平时值。从之。

四十五年正月，振畿内饥民。

在京者，出太仓粟，计口给济。在外行抚按就近日振。

穆宗隆庆元年六月，以阴雨，振京师。

雨坏民庐舍，令五城御史以房号钱、巡按御史以赃罚银振之，贫者每户给银五钱，次三钱。谕都御史严加稽察。至神宗万历十五年六月，京师大雨，振恤贫民。三十二年七月，昌平大水，京师大雨，振被水居民。

七年，招抚山东、河南被灾流民。

二年五月，陕西地震，振之。

时令以本省织造羡余银八千八百三十两并预备仓粮相兼振济。

十月，振淮、徐饥。

至六年十二月，神宗已即位，振榆林、延绥饥。

三年七月，遣使振沿河被灾州县。

以河决沛县故也。

八月，振南畿、浙江、山东水灾。

四年九月，陕西水灾，振之有差。

五年十月，振江西火灾。

以南昌、九江、南康、瑞、赣、饶等府火灾，命有司振济如例。六年五月，以辽东铁岭八城火，命振恤之。

神宗万历元年六月，振淮安水灾。

九月，振荆州、承天及济南灾。二年八月，振山西灾。又振淮、扬、徐水灾。四年十月，振徐州及丰、沛、睢宁、金乡、鱼台、单、曹七县水灾。七年七月，振苏、松水灾。九年四月，振山西被灾州县。又振苏、松、淮、凤、徐、宿灾。十一月，振真定、顺德、广平灾。

十二月，振辽东饥。

五年二月，振广西饥。八年十月，振苏、松、常、镇饥。十年，振畿内、太原、平阳、潞安及平、庆、延、临、巩饥。十四年夏，振直隶、河南、陕西及广西浔、柳、平乐；广东琼山等十二县饥。十六年四月，振江北大名、开封诸府饥。十八年四月，振湖广饥。二十一年，振江北、湖广、河南、浙江、山东饥。

二年二月，振四川被寇州县。

十八年十月，振临洮被兵军民。

九年，更定报灾法。

报灾之法，洪武时不拘时限。弘治中，始限夏灾不得过五月终，秋灾不得过九月终。至是年，准地方凡遇灾伤重大州县，官亲诣勘明，巡抚不待勘报速行奏闻。巡按不待部覆即将勘实分数作速具奏，以凭覆请恤。至报灾之期，在腹里仍照旧例，夏灾限五月，秋灾限七月；沿边如延、宁、甘、固、宣、大、蓟、辽各处，夏灾改限七月内。秋灾改限十月内，俱须依期从实奏报。或报时有灾，报后无灾，及报时灾重，报后灾轻；报时灾轻，报后灾重，巡按疏内明白实奏，不得执泥巡抚原疏，致灾民不沾实惠。

十年十月，苏、松大水，振之。

十五年正月，发帑振山西、陕西、河南、山东诸宗室。

七月，江北蝗，江南大水，山西、陕西、河南、山东旱，河决开封，各振济有差。

十七年六月，南畿、浙江大旱，太湖水涸，发帑金八十万振之。十九年，畿内蝗，南畿、浙江大水，振济有差。

二十二年二月，遣使振河南。

时兵科给事中张企程又奏：中原饥馑异常，山东、淮、扬有无碍官银解部者，乞令使臣便宜给发。章下所司。户部以民饥异常，乞就近开给，以佐振惠。从之。

二十三年十一月，湖广灾，振之。

至三十年十月，振江北灾。三十四年三月，真定、顺德、广平、大名灾，振之有差。

二十四年六月，振福建饥。

二十七年十月，振京城饥民。十一月，振饥辅及凤阳等处饥。二十九年二月，振大同、宣府饥，夏，振畿内饥。九年，振贵州饥。三十年四月，振愿天、永平饥。三十二年九月，振畿南六府饥。三十五年八月，振畿内饥。十月，山东旱饥，振之有差。三十六年，振南畿者再，及嘉兴、湖州饥。三十八年四月，振畿内、山东、山西、河南、陕西、福建、四川饥。四十二年二月，振畿内饥。四十三年七月，又振之。十一月，振京师饥民。四十四年春，畿内、山东、河南、淮、徐大饥，振之有差。四十五年三月，振江西饥。四十六年二月，振广东饥。四十七年十月，振京师饥民。

二十七年十二月，振京师就食流民。

四十年三月，振京师流民。

二十九年冬，煮粥济贫民。

从户部奏，节序方严，茕独可悯，自十一月初起至次年正月终止，煮粥济之。

熹宗天启二年正月，振山东流徙辽民。

八月，又命两广总督于辽饷内支银五万两，解给云南，留振辽民。

《实录》：二年二月，户部尚书汪应蛟奏曰：避难辽民，蜂拥入关，不可无拊循之实，不必有发振之名。今奉旨动支银两，就彼给之，恐此声一唱，斗大之城不能容，一金之惠不能厌，应随地安插，或闲田可辟与为受廛之氓，薄技随身，勿失资生之策；八府平粜仓谷，宜免籴以供馆粥①，起解春夏赎银暂停解，以给牛种。大都宁散毋聚，散则不生邪心；宁远毋近，远则无忧意外。帝是其言。

三年春，振山东被兵州灾。

四年七月，振山东饥。

七年正月，振凤阳饥。

庄烈帝崇祯三年正月，瘗城外战士骸。

至十六年七月，发帑瘗五城暴骸。

四年正月，命御史吴甡振延绥饥民。

时发帑十万两振之。

臣等谨按：是时，吴甡上疏，以延绥情状，皆塞上饥军与失伍余卒为之倡，而饥民随之，其中少壮者犹能执刃从贼，而止委十万金于延绥，十九州岛县之间，断不能继，故有劝秦藩助振，括各署公费赎镪，地方大小各僚与本地乡绅富户，一一量力捐助诸议。盖是时流寇已渐炽，而帑藏告匮，左右支吾，终无善策。救民无计，而国本日以拨矣。

七年二月，振登莱饥。

九年三月，振南阳饥。十年三月，振陕西灾。十三年闰正月，振真定及京师、山东饥。三月，振畿内饥。八月，振江北饥。

四月，发帑振陕西、山西饥。

至十三年七月，又发帑振畿内被蝗州县。

十四年二月，命驸马都尉冉再兴等赍帑金振恤河南被难宗室。

十五年十一月，发帑振开封被难宗室。

十五年二月，振山东就抚乱民。

---

① 免籴，按文意当为免粜，即停止出粜，用以煮粥赈济灾民。

钦定续文献通考卷三十三

国用考

蠲贷①

宋宁宗开禧二年六月，蠲泗州租税三年。

时镇江都统制陈孝庆新复泗州，故有是诏。是月，又罢旱伤州军比较租赋一年。

　　臣等谨按：马端临谓宋以仁立国，蠲租已责之事，视前代为过之。而中兴后尤岁不胜书，姑撮其普及诸路与所蠲名目大者录之。今所续以一时善政，不可从略。凡正史所载者，仍备述于后。

三年二月，蠲两淮被兵诸州今年租赋。

十二月，又蠲两淮州军税一年。嘉定元年十二月，又蠲两淮州军二税一年。八年七月，蠲两淮诸州今年秋税并极边五州明年夏税。

四月，蠲湖北、京西诸郡今年租赋。

嘉定元年闰四月，蠲两浙阙雨州县贫民逋赋。

三年三月，又蠲都城及荒歉诸州民间逋负。六年九月，蠲京湖诸州逋负二十八万余缗。八年二月，蠲平江等五郡逋负米。十七年二月，蠲台州逋赋十万余缗。

二年七月，蠲信阳、荆门、汉阳军民赋。至五年十二月，蠲濠州租税一年。八年七月，蠲两淮诸州今年秋税并极边五州贫民夏税。又蠲临安、

----

① 蠲贷，蠲谓免除租税，贷谓借放钱粮，都是古代的社会保障措施。

绍兴二府贫民夏税。又诏职田蠲放如民田，违者罪之。十二年五月，蠲两淮、荆襄、湖北、利州路沿边诸州今年租税。十五年四月，蠲蕲州今年租赋。

七年六月，蠲两浙路诸州赃赏钱。

九年九月，诏两浙江东监司核州县被水最甚者，蠲其租。

> 江东转运副使真德秀奏：乞停阁夏税，蠲放秋苗。疏曰：臣闻乾德二年四月诏，自春徂夏，时雨尚愆，深恐黎民失于播殖，所宜优恤，俾获苏安。一应诸道所催今年夏租，委所在官吏检视民田无见苗者上闻，并与除放。绍兴二十八年八月，诏：今诸路转运速行州县，开具被灾顷亩数目及合放分数以闻。仰唯太祖开造，高宗中兴，二圣一心，皆以保全民命为本，故于灾伤之岁，切切如此。夫以四月而蠲夏税，八月而检秋苗，自常情观之，毋乃太早。盖救灾恤患当在民未甚病之时，若待其饥殍流离然后加惠，则所全寡矣。为民父母，忍使至斯，两朝诏书可为大法。今臣所陈，如蒙圣慈降出三省，早赐施行，其于公私皆有便利，一则征敛既宽，逃亡必少，所在田亩不致抛荒，公家租赋亦免失陷；二则农夫肯行播种，自救其饥，不致大段缺食，全仰官司粜济；三则穷窭之民，粗有生理，何苦轻捐其身以为盗贼，未萌之祸消弭尤多。臣蒙恩畀以漕计，一路休戚之责，在臣庸敢仰干天听。

> 《宋史·袁甫传》曰：甫知徽州，访便民事上之，请蠲减婺源绸绢万七千余匹，茶租、折帛钱万五千余贯，月桩钱六千余贯，请照咸平、绍兴、乾道宽恤指挥受纳徽绢，定每匹十两。

> 又《黄畴若传》曰：嘉定时，畴若知成都府，当征积欠十余万，畴若亟命榜九邑尽蠲之，代输六年布估钱计二十万二千四百缗。又别立库储二十五万三千缗，期于异日接续代输。又籴米十五万石有奇，足广惠仓之储。又减他赋之重者，民力遂宽。

> 又《陈宓传》曰：宓知南康军，岁大祲①，奏蠲其赋十之九。会流民群集，宓就役之筑江堤而给其食。改知南剑州，时大旱疫，蠲逋赋十数万，且弛新输三之一，躬率僚吏，持钱粟药饵，户给之。

---

① 祲，灾异不祥。

理宗宝庆元年十一月，诏：会稽攒宫所在①，税赋尽免折科，山阴县权免三年。

《宋史·汪纲传》曰：纲主管浙江安抚司公事。宝庆三年大水，纲发粟三万八千余斛，钱五万赈之，蠲租六万余石，捐瘠顿苏，无异常岁，越有经总制窠名四十一万，其中二十五则绍兴以来虚额也。前后帅惧负殿②，以修奉攒官之资伪增焉。纲谓：负殿之责小，罔上之罪大，摭其实以闻。诏：免九万五千缗，而宿弊因是著明。

绍定三年二月，诏：汀、赣、吉、建昌蛮獠窃发，经扰州县，复赋税一年。

《宋史·吴昌裔传》曰：昌裔知婺州，婺告旱，减驺从供帐，遣僚佐召邑令周行阡陌，蠲粟八万一千石，钱二十五万缗有奇。

淳祐三年九月，诏：蠲高邮民耕荒田租。

至十年九月，以严州水复民田租。十二年二月，诏：襄郧新复，州县赋税复三年。

《宋史·吴潜传》曰：潜判庆元府，积钱百四十七万三千八百有奇，代民输帛。前后所蠲五百四十九万一千七百有奇。

宝祐二年三月，雪，诏：蠲江淮今年二税。

九月，诏：山阴、萧山、诸暨、会稽四县水，除今年田租。

十二月，以安西堡将士力战解围，居民以资粮助军实，诏：在城人复租税五年。

景定元年三月，诏：全、岳、永、衡、柳、象、瑞、兴国、南康、隆兴、江州、临江、潭州诸县经兵，农民失业，应开庆元年以前二税尽除之。

---

① 攒，不葬掩其柩。攒宫，皇帝、皇后暂殡之所。
② 负殿，指古代官吏考绩名列最下等。

《宋史·牟子才传》曰：理宗时，子才以集英殿修撰知太平州，前政负上供纲及总所纲七十万缗，悉为补之。蠲黄池酒息六十余万贯，三县秋苗畸零万五千余石，夏税畸零绸帛四千五百余匹，丝七百余两，绵一万三千余两，麦二千余石。

三年闰九月，诏：绍兴府火，给贷居民钱今及二载，民贫可悯，悉除勿征。

度宗咸淳六年闰十月，安吉州水，免公田租四万四千八十石。

十一年，嘉兴、华亭两县水，免公田租五万一千石，民田租四千八百一十石。至七年正月，绍兴府诸暨县湖田水，免租二千八百石有奇。八年十月，绍兴府会稽、余姚、上虞、诸暨、萧山五县大水，诏减田租有差。又以秋雨水溢，减钱塘、仁和两县民田租什二，会稽湖田租什三，诸暨湖田租尽除之。九年十二月，沿江制置使所辖四郡夏秋旱涝，免屯田租二十五万石。十年正月，江东沙圩租米以去年水灾诏减十四。

《宋史·常楙传》曰：楙以集英殿修撰知平江，值旱，故事郡守合得缗钱十五万，悉以为民食、军饷，助蠲苗九万，税十三万，版帐十六万。又蠲新苗二万八千，大宽公私之力。飞蝗几及境，疾风飘入太湖。

十年三月，免郡县侵负义仓米七十四万八千余石。

九月，时恭帝已即位。免被水州县今年田租。

恭帝德祐元年二月，放免浙西公田逋米。

三月，免安吉县今年夏田租。有战没者，县令丞恤之。

四月，诏：宜兴、溧阳民兵助战有功，特免今年田租。江阴民被兵，其租亦勿收责。五月，旌德县城守有功，免其民今年田租。六月，免广德军今年田租及诸郡县未纳纲解。七月，诏：饶州被兵，令免今年田租。

九月，免靖州今年田租。

十一月，赐余杭、武康、长兴县民钱，并免今年田租。

辽穆宗应历三年十一月，以南京水，诏：免今岁租。

圣宗统和四年八月，复山西今年租赋。

从室昉、韩德让言，以遭宋兵侵掠故也。十月，又以南院大王留宁言，复南院部民今年租赋。

七年三月，诏：免云州逋赋。

至九年正月，诏：免三京诸道租赋。十年二月，免云州租赋。又给复云州流民五月，朔州流民给复三年。十二年正月，时驻跸满瑰坂。诏复行在五十里内租，蠲宜州赋调。二月，免南京被水户租赋。十四年正月，蠲三京及诸州税赋。十二月，以南京道新定税法太重，减之。十五年正月，免流民税。三月，免南京逋税。十六年四月，罢民输官俸给自内帑。十九年十二月，免南京平州租税。

兴宗重熙十一年十二月，诏蠲预备伐宋诸部租税一年。

至十二年十一月，以上京岁俭，复其民租税。十七年八月，复南京贫户租税。

道宗咸雍四年十月，永清、武清、安次、固安、新城、归义、容城诸县水，复一岁租。

至七年十一月，免南京流民租。八年二月，岁饥，免武安州租税。十一月，免祖州税。九年十一月，时幸阴山，遂如西京。诏行幸之地，免租一年。十年二月，蠲平州复业民租。

太康二年二月，南京路饥，免租税一年。

九月，以南京蝗，免明年租税。至五年十一月，复南京流民差役三年。被火之家免租税一年。六年五月，免平州复业民租赋一年。十二月，免西京流民租赋一年。

大安三年三月，免锦州贫民租一年，上京亦如之。

至四年正月，免上京逋逃及贫户税赋。十月，免百姓所贷官粟。十年四月，除玉田、密云流民租赋一年。十二月，以明年改元，除贫民租赋。

寿隆六年十月，以平州饥，复其租赋一年。

天祚帝乾统九年十一月，诏免今年租税。

金太祖为详衮时，令贫民逋负三年勿征。

时康宗太祖兄也。七年，岁不登，民间多逋负，卖妻子不能偿，康宗与官属会议，太祖在外庭以帛系杖端，麾其众，令曰：今贫者不能自活，卖妻子以偿债，骨肉之爱，人心所同，自今三年勿征，过三年徐图之。众皆听令，闻者感泣。自是远近归心焉。

太宗天会元年十二月，蠲民间贷息。诏：咸州以南，苏复州以北，年谷不登，其应输京军粮免之。

至二年正月，以东京比岁不登，诏减田租市租之半。

熙宗天眷五年十二月，诏免民户残欠租税。

至皇统三年，蠲民税之未足者。

海陵贞元三年十一月，诏明年租税并与放免。

以山陵礼成，故有是诏。

世宗大定二年三月，免南京正隆丁夫贷役钱。

三年三月，以岁歉，诏免去年租税。

又诏曰：朕比以元帅府从宜行事，今闻河南、陕西、山东、北京以东及北边州郡，调发已多，而省部又与他州一例征取赋役，是重扰也，可凭元帅府已取者例蠲除之。至四年二月，免安州今年赋役及保塞县御城、边吴二村，凡扈从人尝止其家者，亦复一年。又以北京粟价踊贵，诏免今年课甲三月。诏免北京岁课段匹一年。五年正月，命有司旱蝗、水溢之处，与免租赋。六年五月，诏云中大同县及警巡院，给复一年。是年，又以河北、山东水，免其租。十月，诏免雄、莫等州今年租。九年二月，以中都等路水，免税。又以曹、单二州被水尤甚，给复一年。十二年正月，以水旱免中都、西京、南京、河北、山东、山西、陕西去年租税。十四年二月，诏免去年被水旱百姓租税。十六年正月，诏免去年被水旱路分租税。十七年三月，诏免河北、山东、陕西、河东、西京、辽东等十路去年被旱蝗租税。十八年正月，免中都、河北、河东、山东、河南、陕西等路前年被灾租税。十九年二月，免去年被水旱民田租税。秋，中都、西京、河北、山东、河东、陕西以水旱伤民田十三万七千七百余顷，诏蠲其租。二十年三月，以中都、西京、河北、山东、河东、陕西路前岁被灾，诏免其租税。二十三年正月，如春水，诏夹道三十里内被役之民与免今年租税，仍给佣值。二十五年二月，放免会宁府今年租税。

二十六年四月，免诸路税。并诏灾伤常加蠲免。

尚书省奏：诸路水旱，拟于军民地土二十一万余顷内免税四十九万余石。从之。诏曰：今之税，考古行之。但遇灾伤，常加蠲免。至二十七年六月，又免中都、河北等路常被河决水灾军民租税。十一月，诏：河水泛溢，农夫被灾者与免差税一年。卫、怀、孟、郑四州塞河劳役，并免今年差。二十九年正月，章宗即位，免本年租税，并自来悬欠系官等钱。

章宗明昌元年十二月，免猎地今年税。

至三年六月，有司言河州灾伤，民乏食，而租税有未输，诏免之。九月，谕尚书省：去岁山东、河北被灾伤处所阁租税及借贷钱粟，若便征之，恐贫民未苏，俟丰收日以分数察征可也。是月，如秋山，免围场经过人户今岁夏秋租税之半。曾当差役者，复一年。五年十二月，免被黄河水灾今年秋税。

泰和四年四月，免旱灾州县徭役及今年夏税。

至五年正月，诏有司：自泰和三年郡县之经行幸民尝供亿者，赐今年租税之半。六年八月，赦唐、邓、颍、蔡、宿、泗六州，免来年租税三分之一。八年六月，以宋请和，诏天下，免河南、山东、陕西等六路今年夏税，河东、河北、大名等五路半之。

卫绍王大安元年十二月，诏：平阳地震人户，三人死者免租税二年，二人及伤者免一年。

宣宗贞祐二年十二月，诏：免逃户租税。

至四年三月，又免陕西逃户租。五月，山东行省仆散安贞言：泗州被灾，道殣相望，所食者草根木皮而已，而邳州戍兵数万，急征重役，悉出三县，官吏酷暴，擅括宿藏，以应一切之命，民皆遁窜。又别遣进纳闲官，以相迫督，皆怙势营私，实到官者才十之一，而徒使国家有厚敛之名，乞革此弊，以安百姓。从之。至兴定元年十一月，帝谓宰臣曰：朕闻百姓流亡，逋赋皆配见户，人何以堪。又添征军需钱太多，亡者讵肯复业。其并议除之。宰臣请命行部官阅实蠲贷已代纳者，给以恩例，或除他役，或减本户杂征四之一，命亟行之。十二月，免逃户复业者差赋。

兴定二年二月，免中京、嵩、汝等州逋赋十六万石。

至三年正月，免单丁民户月输军需钱。四年八月，谕宰臣曰：河南水灾，唐、邓尤甚，其被灾州县，已除其租。余顺成之方，止责正供，和籴杂征并免，仍自今岁九月始，停周岁桑皮故纸，折输流民佃荒田者，如上优免。

《金史·完颜伯嘉传》曰：兴定四年秋，河南大水，伯嘉充宣慰副使，按行京东，奏亳州灾最甚，合免三十万石。三司止奏除十万石，民将重困，诏治三司奏灾不以实罪。

五年八月，命有司除逋户负租，毋征见户。

至十一月，又诏：蠲徐、邳、宿、泗等州逋租。官民有能垦辟闲田，除来年科征。归德、亳、寿、颍停阁逋户租外，仍蠲三之一。逋户田庐，有司募民承业，禁其毁损，以俟来复。

元光元年二月，诏除延安、鄜坊、丹葭、绥德税租。

帝念鄜、延被兵，又延安受围，尝发民粟给军，故诏除税租。仍令有司偿其粟直，不足者许补官。至二年，宰臣奏：去岁正月，京师见粮才六十余万石，今三倍矣。计国用颇足，而民间租税征之不绝，恐贫民无所输而逋亡也。遂以中旨遍谕止之。

哀宗正大四年七月，赐陕西东西两路民今年租。

至八年四月，全免京西路军需钱一年，旱灾州县差税从实减贷。

元太宗十年八月，诏免诸路田租。

时陈时可、高庆民等言诸路旱蝗，故有是诏。仍停旧未输纳者，俟丰岁议之。

十一年七月，以山东诸路灾，免其税粮。

十二年十二月，诏：以官物代民偿回鹘金①。

时以官民贷回鹘金偿官者岁加倍，名羊羔息②，其害为甚。诏：以官物代还，仍命凡假贷岁久，唯子本相侔而止，着为令。

世祖中统元年，量减丝料、包银分数。

至至元元年，诏减明年包银十分之三，全无业者十之七。三年二月，蠲中都今年包银四分之一。十九年，免诸路民户明年包银、俸钞。二十年七月，免两路今岁俸钞。二十二年，免民间包银三年不使带纳俸钞。二十四年，免东京军民丝线包银、俸钞。二十八年，诏：免腹里诸路包银、俸钞。二十九年，免上都、隆兴、平滦、保定、河间五路包银、俸钞。

是年，以各处被灾，验实减免科差。

四年，以秋旱霜灾减大名等路税粮。八年四月，以七年诸路灾蠲今岁丝料，轻重有差。九月，诏：忙安仓失陷米，特免征。二十年，以水旱相仍，免江南税粮十分之二。二十六年，免真定、济宁、东平、大名、汴梁、冠州灾伤田租。二十七年，大都、辽阳被灾，免其包银俸钞。二十八年三月，诏：凡州郡田尝被灾者，悉免其租，不被灾者免十之五。

---

① 回鹘金，元朝时的一种高利贷，因多由有势力的回鹘人经营，故称回鹘金。
② 羊羔息，亦称羊羔儿息，属于高利贷性质，一年就与本金相等。元代开始盛行。

臣等谨按：元《食货志》振恤之名有二：一曰蠲免，谓免其差税，即《周官·大司徒》所谓薄征者也。然蠲免有以恩免者，有以灾免者，为制不同。是年量减丝料、包银等，乃所谓恩免者也。以各处被灾验减科差，乃所谓灾免者也。以后蠲免皆不外此二者。不备分注。

二年，免西京、北京、燕京差发。

至元十六年六月，免四川差税。十九年，减京师民户科差之半。二十五年，免辽阳、武平等处差发。

二月，以真定、大名、河南、陕西、东平、益都、平阳等路，兵兴之际，劳于转输，其差发减轻科取。

至三年，北京等路以兵兴供给繁重，免今岁丝料、包银。

是月，秦蜀行省借民钱给军，以今年赋税偿之。

六月，诏：毋收卫辉、怀孟赋税，以偿其所借刍粟。四年四月，偿河西阿实克振赡所部贫民银三千七百两。至至元五年十月，诏恤沿边诸军其横科差赋，责阿噜官偿之。六年正月，敕前筑都城徙居民三百八十二户，计其直偿之。

免平阳、太原军站户重科租税。

九月，真定路官民所贷官钱，贫不能偿，诏免之。

至九年十一月，蠲实喇鄂托克所负官钱。

十一月，诏免今年赋税。

三年正月，以军兴，人民劳苦，敕停公私逋负毋征。

九月，敕济南官吏，凡军兴民公私逋负权阁毋征。至至元十年五月，诏：负前朝官钱不能偿者毋征。十三年二月，诏谕临安新附府州司县官吏、士民、军卒人等，公私逋欠不得征理。

闰九月，济南民饥，免其赋税。

至元六年二月，开元等路饥，减户赋布二匹。秋，水，减其半。硕达勒达户减青鼠二，其租税被灾者免征。七年五月，东京路饥，兼运粮造船劳役，免今年丝银十之三。二十三年十一月，以涿、易二州良乡、宝坻县饥，免今年租。二十四年闰二月，大都饥，免今岁银俸钞，诸路半征之。六月，北京饥，免丝银租税。八月，沔州饥，免今岁丝银租赋。二十五年二月，辽阳、武平等处饥，除今年租税及岁课貂皮。八月，安西省管内大饥，蠲其田租，仍贷粟振之。九月，甘州饥，免逋税。十一月，巩昌路洊饥，免田赋之半。二十六年，武平路饥，百姓困于盗贼军旅，免其去年田租。五月，辽阳路饥，免往岁未输田租。七月，台、婺二州饥，免今岁田租。八月，抚州路饥，免去年未输田租。十一月，武平路饥，免今岁田租。二十七年四月，以洊饥，免上都、大都、保定、河间、平滦、辽阳今年银俸钞。二十八年五月，以太原及杭州饥，免今岁田租。十月，武平路饥，免今岁田租。

以济南路遭李璮之乱①，军民皆饥，尽除差发。

是年，又以蛮寇攻掠，免三义沽灶户丝料、包银。四年，以西凉民户值珲塔哈阿勒达尔之乱，人民流散，免差税三年。十四年正月，以江南平，百姓疲于供军，免诸路今岁所纳丝银。十六年五月，以泉州兵，减今年租赋之半。二十四年八月，漳州经纳延叛兵蹂践，免其今岁丝银租赋。二十五年十二月，湖颍贼张治围掠泉州，免泉州今年田租。是年，南安等处被寇兵者税粮免征。二十六年八月，郴之宜章县为广东寇所掠，免今岁田租。九月，徽州绩溪县贼未平，免明年田租。二十七年正月，以常宁州民遭群贼之乱，三月，建昌路广昌县经钟明亮之乱，六月，广州增城、韶州、乐昌遭畲贼之乱，八月，以南安、赣、建昌、丰州尝罹钟明亮之乱，并悉免其田租。

四年八月，彰德路及洺、磁二州旱，免彰德今岁田租之半，洺、磁十之六。

十一月，东平、大名等路旱，量减今岁田租。至至元四年，山东、河南北诸路蝗，顺天束鹿县旱，免其租。六年九月，丰州、云内、东胜旱，免其租赋。十月，广平路旱，亦如之。七年三月，益都、登、莱蝗旱，诏减其今年包银之半。五月，大名、东平等路桑蚕皆灾，南京、河南诸路蝗，减今年丝银十之三。七月，山东诸路旱蝗，免军户田租，戍边者给粮。十月，以南京、河南两路旱蝗，减今年差赋十之六。九年二月，以去岁东平及西京等州县旱蝗水潦，免其租赋。十三年，平阳路旱，免今年田租。十六年三月，以保定路旱，减是岁租。七月，又以赵州等处水旱，减今年租。十八年二月，以辽阳、懿、盖、北京、大定诸州旱，免今年租税

---

① 李璮（？—1262），宋元之际潍州（今山东潍坊）人，李全养子，随父投靠蒙古。李全攻扬州败死，李璮继任益都行省长官；中统元年，为江淮大都督。三年后，趁蒙古内乱，起兵反元，接受宋封官号后被元军俘而死。

之半。又平阳路松山县旱，高唐、夏津、武城等县蝻害稼，并免今年租。二十五年，盖州旱，民饥，蠲其租。二十七年，平山、真定、枣强三县旱，免其租。七月，沧州乐陵旱，免其田租。

至元元年四月，免逃户复业者差税三年。

十九年，免诸路逃移户差税。

三年，以东平等处蚕灾，减其丝料。

四年六月，以中都、顺天、东平等处蚕灾，免民户丝料轻重有差。六年，以济南、益都、怀孟、懿州、淄莱、博州、曹州、真定、顺德、河间、济州、东平、恩州、南京等处桑蚕灾伤，量免丝料。

五月，蠲平滦、益都质子户赋税之半。

四年七月，诏伊齐纳新附贫民，从人借贷，困不能偿者，官为偿之。

五年九月，中都路水，免今年田租。

十二月，以中都、济南、益都、淄莱、河间、东平、南京、顺天、顺德、真定、恩州、高唐、济州、北京等处大水，免今年田租。十三年，济宁路及高丽渖州水，免今年田租。十四年十二月，冠州及永年县水，免今年田租。十七年正月，磁州永平县水，给钞贷之。十八年，保定路清苑县水，免今年租。二十三年十一月，平滦、太原、汴梁水旱为灾，免民租。二十四年十二月，浙西诸路水，免今年田租十之二。《食货志》：是年扬州及浙西水，其地税在扬州者全免，浙西减二分。二十五年六月，睢阳霖雨，河溢害稼，又以考城、陈留、通许、杞、太康五县大水及河溢没民田，蠲其租。七月，保定路霖雨害稼，蠲今岁田租。霸、漷二州霖雨害稼，免田租。八月，嘉祥、鱼台、金乡三县霖雨害稼，蠲其租。九月，献、莫二州霖雨害稼，免田租。二十六年二月，绍兴大水，免未输田租。六月，济宁、东平、汴梁、济南、棣州、顺德、平滦、真定霖雨害稼，免田租。七月大都路霖雨害稼，免今年租赋。十二月，平滦大水伤稼，免其租。二十七年正月，无为路大水，免今年田租。二月，晋陵、无锡二县霖雨害稼，五月江阴大水，并免田租。六月，河溢太康，没民田，免其租。怀孟路武陟县、汴梁路祥符县皆大水，蠲田租。又以霖雨，免河间等路丝料之半。七月，江夏水溢害稼，魏县御河溢害稼，八月沁水溢害冀氏民田，广州清远大水，并免其租。二十八年八月，大名之清河、南乐诸县霖雨害稼，婺州水，免田租。九月，景州、河间等县霖雨害稼，免田租。又免大都今岁田租。保定、河间、平滦三路大水，被灾者全免，收成者半之。二十九年五月，龙兴路南昌、新建、进贤三县水，免田租。六月，平江、湖州、常州、镇江、嘉兴、松江、绍兴等路水，免至元二十八年田租。又湖州、平江、嘉兴、镇江、扬州、宁国、太平七路大水，免田租。闰六月，岳州华容县水，九月以平滦路大水且霜，并免田租。三十年十月，平滦水，免田租。

七年五月，减诸路课程十之一。

尚书省言：诸路课程岁银五万锭，恐疲民力，宜减十分之一。从之。

九年五月，敕修筑都城，凡费悉从官给，毋取诸民，并蠲伐木役夫税赋。

十年五月，诏免民代输签军户丝银及伐木夫户赋税。

十一年正月，免诸路军杂赋。十二年三月，又免之。二十年五月，免戍军差税。

六月，免大都、南京两路赋役，以纾民力。

十八年，免诸州路今年税二分。十九年，减京师民户科差之半。二十年五月，免江南税粮三之二。三十年，免大都今岁田赋。

十二年四月，免京畿百姓今岁丝银。

八月，免陕西、北京、西京等路今岁丝银。二十年六月，免大都及平滦路今岁丝料。二十七年，减河间、保定、平滦三路丝线之半。大都全免。二十八年，免大都、上都、隆兴、平滦、大同、太原、河间、保定、武平、辽阳十路丝线。

十二月，免江陵等处今岁田租。

二十一年五月，蠲江南今岁田租十分之二。二十二年，尽免大都军民地税。二十四年，减扬州岁额米十五万石。二十六年，蠲汀、漳二州田租。二十九年，免宝庆路邵阳县田租万三千九百七十三斛。六月，置会同、安定二县，免其田租二年。

十三年四月，免大都医户至元十二年丝银。

十五年三月，以诸路岁比不登，免今年田租、丝银。

二十三年八月，平阳路岁比不登，免贫民税赋。二十六年六月，以禾稼不登，免辽阳差税。

十二月，海州赣榆县雹伤稼，免今年田租。

二十五年十二月，因雨雹，河溢害稼，除民租税。二十七年四月，灵寿、元氏二县大雨雹，六月，棣州厌次、济阳大风雹害稼，十一月，兴、松二州陨霜杀禾，隆兴路陨霜杀禾，并免其田租。二十九年闰六月，辽阳、澧州、广宁、开元等路雹害稼，免田租。

十八年十二月，福州路今年以前租税并免征。

十九年十二月，免巩昌等处积年所欠田租税课。二十年三月，免福建归附后未征苗税。七月，蠲建宁路至元十七年以前未纳苗税。二十一年五月，江南至元十八年以前逋欠未征者尽免之。二十五年七月，以南安、瑞、赣三路连岁盗起，民多失业，免其逋税。二十六年十二月，蠲大名、清丰逋税。二十七年十二月，免大都、平滦、保定、河间自至元二十四年至二十六年逋租。二十八年正月，免江淮贫民至元一二年至二十五年所逋田租及二十六年未输田租。二月，上都太原饥，免至元十二年至二十六年民间所逋田租。

二十年正月，敕于图烈图等富户内贷牛六百头给部尔济苏之贫乏者。

二十六年四月，辽阳省管内饥，贷高丽米六万石以赈之。二十八年十二月，女直部民饥，借高丽粟振给之。

二十四年正月，免唐古卫河西地原籍徭赋。

二十六年五月，泰安等屯田大水，免今岁租。

七月，两淮屯田，雨雹害稼，蠲今岁田租。二十七年二月，芍陂屯田，以霖雨河溢害稼；五月，陕西南市屯田，陨霜杀稼，尚珍署广备等屯大水；七月，终南等屯霖雨害稼，凤翔屯田霖雨害稼，并免其租。十一月，广济署洪济屯大水，免其田租。二十八年九月，以岁荒，免平滦屯田田租。十二月，广济署大昌等屯水，免其田租。二十九年，免屯田租。八月，以广济署屯田，既蝗复水，免今年田租。三十年七月，免云南屯田军逋租万石。八月，营田提举司所辖屯田有为水所没者；十月，广济署水损屯田，并免其租。

二十七年，大同路民多流移，免其田租二万一千五百八石。

二十九年，以京师地震，量减岁课。

正月，以武平地震，全免去年税四千五百三十六锭。

三十一年四月，成宗即位。诏免天下差税有差。

六月，以世祖皇后裕宗谥号播告天下，诏免腹里军、站、匠、船等户税粮。至大德元年，以改元免大都、上都、隆兴民户差三年。二年正月，诏：以老病单弱者免其差税二年。十二月，免内郡赋税。九年二月，免大都、上都、隆兴差税。

又诏：凡系官逋欠，一切蠲免。

至元贞元年五月，诏：自元贞元年五月以前逋欠钱粮者皆罢征。七月，罢追问已原逋欠。大德七年十二月，诏：抚谕顺元诸司，免本年逋税。八年四月，以永平、清、沧、柳林屯田被水，其逋租及民贷食者皆勿征。

六月，诏：免所在本年包银、俸钞。

元贞三年，诏：免腹里包银俸钞。九年二月，免内郡包银、俸钞一年。

又免江淮以南夏税之半。

元贞三年正月，免江南夏税十分之三。大德三年，诏：免江南夏税十分之三。七年六月，以浙西淫雨民饥，免今年夏税。

八月，平滦路迁安等县水，蠲其田租。

十一月，常德、岳、鄂、汉阳四州水，免其田租。元贞元年六月，以近边役烦及水灾，免咸平府民今岁赋税。九月，常德之沅江县水，十二月大都、保定、汴梁、江陵、沔阳、淮安水，并蠲其田租。大德元年三月，归德、徐、邳、汴梁诸县水，免其田租。二年正月，诏：以水旱减郡县田租十分之三，伤甚者尽免之。三年二月，湖广省汉阳、汉川水，免其田租。七月，汴梁等处大雨，河决坏堤防，漂没归德数县禾稼、庐舍，免其田租一年。十月，以汴梁、归德水，免其田租。五年八月，平滦路霖雨，滦、漆、淝、汝河溢，免今年田租。又顺德路水，免其田租。八年六月，汴梁、祥符、开封、陈州霖雨，蠲其田租。七月，以顺德、恩州去岁霖雨，免其田租。八月，以大名、高唐及冀、孟、辉、云内诸州去岁霖雨，免其田租。九年六月潼川霖雨，江溢，漂没民居，敕有司给粮一月，免其田租。七月，扬州之泰兴、江都，淮安之山阳，水，蠲其田租。十年三月，道州营道等处暴雨，江溢山裂，漂荡民庐，复其田租。四月，郑州暴风雨，大雹，蠲今年田租。

十月，诏：今岁所蠲田租，佃民当输田主者，如其数。

江浙行省言：即位之初，诏蠲今岁田租十分之三。然江南与江北异，贫者佃富人之田，岁输其租，今所蠲特及田主，其佃民输租如故，则是恩及富室而不被于贫民也。宜令佃户当输田主者亦如所蠲之数。从之。

成宗元贞元年闰四月，免大都今岁田租。

二年六月，免广西容州等处田租一年。大德三年五月，免山东伊苏岱尔牧地岁输粟之半。四年四月，免大都差税、地租。十一月，免上都、大都、隆兴税粮十分之三，其余免十分之一。七年十二月，以转输军饷劳免思、播二州及潭、衡、辰、沅等路税粮一年，常、澧三分之一。九年二月，免江淮以南租税及佃种官田者均免十分之二。十年闰正月，免大都今年租税。

二年正月，以呼喇珠千户所部屯夫贫乏，免其所输租。

十一月，象食屯禾，免其田租。四年四月，德安旱，免其田租。

十二月，金复州风损禾，太原、开元、河南芍陂旱，蠲田租。

至大德二年，以旱蝗，除扬州、淮安两路税粮。五月，南辉顺德旱，大风损麦，免其田租一年。三年五月，岳、鄂、汉阳、兴国、常、澧、潭、衡、辰、沅、宝庆、常宁、桂阳、茶陵旱，免其酒课、夏税。九月，扬州、淮安旱，十月以淮安、江陵、沔阳、扬、庐、随、黄旱，陇陕蝗，并免其田租。八年六月，益津蝗，蠲其田租。九年五月，以陕西渭南、栎阳诸县去岁旱，蠲其田租。

四年四月，免今年上都、隆兴丝银。

十一月，免上都、大都、隆兴大德五年丝银，税粮十分之三。

五年，诏：各路被灾，重者免差税一年。

六年三月，大都、平滦被灾尤甚，免其差税三年。七年十二月，诏：内郡比岁不登，其民已免差者，并蠲免其田租。

七年二月，尽除内郡饥荒所在差税。

以内郡饥，荆湖、川蜀供给军饷，其差税蠲免各有差。

八年，以平阳、太原地震，免差税三年。

九年四月，大同路地震，除免是年一切租赋、税课、徭役。

十一月，免僧人租。

九年二月，免天下道士赋税。

臣等谨按：《本纪》：自后延祐五年十月，敕僧人除宋旧有及朝廷拨赐土田免租税。天历二年十二月，诏：诸僧寺田自宋、金所有及累朝赐予者，悉除其租。互见田赋考。

九年，又下宽免之令，以恤大都、上都、隆兴、腹里、江淮之民。

十年，逃移民户复业者，免差税三年。

至仁宗延祐元年，流民复业者，免差税三年。英宗至治二年十一月，诏亦如之。

十一年五月，时武宗即位。诏免上都、大都、隆兴差税三年。

其余路分量重轻优免。至至大二年正月，上尊号，诏免腹里、江淮差税三年。又免大都、上都、中都秋税。

是月，云南八番田杨地面免差发一年，其积年逋欠者悉蠲之，逃移复业者免三年。

至至大二年正月，诏免民间差税之负欠者。九月，各处人民饥荒转徙复业者，一切逋欠并行蠲免。仍除差税三年。三年十一月，济宁、东平等路饥，免曾经振恤诸户今岁差税，其未经振恤者，量减其半。

武宗至大元年二月，再免开成路今年赋。

中书省言：陕西开成路前者地震，民力重困，已免赋二年。请再免今年。从之。

六月，江淮大饥，免今年常赋及夏税。

七月，江南江北水旱饥荒，今年差发官税，并行除免。十一月，诏：开宁路及宣德、云州工役供亿浩繁，其赋税除前诏已免三年外，更免一年。二年正月，以上尊号，诏免江淮夏税。九月，三宝努言：冀宁、大同、保定、真定以五台建寺所须，皆直取于民，宜免今年租税。从之。

十一月，诏：免绍兴、庆元、台州、建康、广德田租。

以绍兴被灾尤甚，今岁又旱，凡佃户止输田主十分之四。诸路小稔，审被灾者免之。

臣等谨按：《通鉴》：是年八月，诸路水旱蝗，江淮民采草根树皮为食，而河南、山东有父食其子者。诏：凡遣使振贷之处，差税尽蠲除之。既而省臣言：夏秋之间，巩昌地震，归德暴风，济宁、泰安、真定大水，民居荡析；江浙饥荒之余，疫疠大作，死者相枕藉，父鬻其子，夫离其妻，哭声震野，所不忍闻。盖元代灾伤之岁，莫甚于尔时，故蠲贷亦最广且多也。

三年十月，大都、上都、中都比之他郡供给繁扰，与免至大三年秋税。

其余今岁被灾人户曾经体覆依上蠲免，并免至大二年以前民间负欠差税课程。

四年，免腹里包银及江南夏税之半①。

四月，时仁宗已即位。免大都、上都、隆兴差税三年。

延祐元年，以改元，又免大都、上都差税二年。其余被灾经振者，免一年。二年十一月，以星变，减免各路差税有差。五年三月，免巩昌等处经振济者差税、盐课。六年三月，免大都、上都、兴和、大同今岁租税。

仁宗皇庆元年六月，巩昌、河州等路饥，免常赋二分。

二年二月，免征益都饥民所贷官粮。四月，真定、保定、河间、大宁路饥，并免今年田租十分之三。延祐三年十月，甘州、肃州等路饥，免田租。

延祐元年五月，庐阳、麻阳二县以土贼作耗，蠲其地税赋。

二年，河南归德、南阳、徐、邳、陈、蔡、许州，荆门、襄阳等处水，免民户税粮。

四年二月，曹州水，免今年租。六年十月，济南、滨、棣州、章邱等县水，免其田租。

三月，蠲逋欠税课。

七年，免腹里丝绵十分之五，外郡十分之三。

江淮夏税所免之数与外郡丝绵同。

五月，时英宗已即位。大同云内丰胜诸郡县饥，发粟万三千石贷之。

至治二年二月，辽阳等路饥，免其租。三月，河间、河南、陕西十二郡春旱、秋霖，民饥，免其租之半。七月，淮安路水，民饥，免其租。

十二月，诏：减天下租赋二分，包银五分，免大都、上都、兴和三路差税三年。

以明年改元至治，故有是诏。至至治二年十一月，诏：免陕西明年差税十之三，各处官佃田明年租十之二。江淮创科包银全免之。

英宗至治元年五月，以兴国路去岁旱，免其田租。

六月，临江路旱，免其租。二年五月，免德安府被灾民租。睢、许二州去年水旱，南康路旱，六月，扬州淮安属县旱，并免其租。

六月，滁州霖雨害稼，免其租。

---

① 包银，元朝赋税名目之一，是将各地军阀、贵族任意征收的杂税统而为一的赋税，纳税人以货币缴纳。太宗时始征于真定路，宪宗以后陆续推行到全国各地。按户征收，始征时每户六两，后改为四两。

八月，高邮、兴化、盐城、山阳诸县水，海康、遂溪二县海水溢，坏民田四千余顷，并免其租。二年四月，泾州雨雹，免被灾者租。五月，以淮安路去岁大水，辽阳路陨霜杀禾，安丰属县霖雨伤稼；六月，新平、上蔡二县水；十一月，平江路水，损官民田，并免其租。

二年，诏宽恤军、民、站户三年。

又免临清万户府军民船户差税三年，福建蜑户差税一年。十一月，诏天下：站户贫乏鬻卖妻子者，官赎还之。至泰定帝泰定元年七月，罢广州、福建采珠蜑户为民，仍免差税一年。

四月，南阳府西穰等屯风雹，免其租。

洪泽、芍陂屯田，去年旱蝗，免其租。十二月，免回回人户屯戍河西者银税。

十一月，诏天下：凡差役造作，先科商贾末技富实之家，以优农力。

三年七月，免江淮增科粮。

十二月，泰定帝已即位。诏免鄂托克逋钱。

以次年改元故也。

泰定帝泰定二年闰正月，除江淮创科包银，免被灾地差税一年。

六月，通州三河县大雨，水丈余，潼川府绵江中江水溢城郭，冀宁路汾河溢，蠲其租。

七月，延安、鄜州、绥德、巩昌等处雨雹，睢州河决，并免其租。三年六月，光州水，中山、安喜县雨雹伤稼，十一月，永平路大水，免租。十二月，亳州河溢，坏民田，免其租。

是月，秦州秦安山移，蠲其租。

济南、河间、东昌等九郡蝗，新州路旱，免其租。

七月，般阳、新城县蝗，顺德、汴梁、德安、汝宁诸路旱，并免租。三年五月，庐州郁林旱，十一月，怀庆修武县及沔阳府旱，并免税。四年七月，延安属县旱，免其租税。十月，龙兴路属县旱，免其租。十二月，大都、保定、真定、东平、济南、怀庆诸路旱，免田租之半。

永平屯田丰赡、昌国、济宁①等署雨伤稼，蠲其租。

七月，宗仁卫屯田陨霜杀禾，免其租。三年五月，洪泽屯田旱，扬州路属县财赋官田水，并免其租。六月，大昌屯河决，蠲其租。四年六月，

---

① 济宁，《元史·泰定帝纪》作"济民"。

永兴屯被灾，免其租。

三年，罢江淮以南包银

三月，大都、河间、保定、永平、济南、常德诸路饥，免其田租之半。

四年五月，汴梁属县饥，免其租。十月，卫辉、获嘉等县饥，蠲地丁税。

六月，大宁、庐州、德安、梧州、中庆诸路属县水旱，并蠲其租。

致和元年二月，免河南自实田粮一年，被灾州郡税粮一年。

以改元诏天下故也。

《元史·良吏传》曰：王艮除江西行省左右司员外郎。吉之安福有小吏，诬民欺隐，诡寄田租九千余石。初止八家，前后数十年，株连至千家。至行省数遣官按问，吏已伏其虚诳，而有司喜功生事者，复勒其民报合征粮六百余石。宪司援诏条革去，终莫能止。艮到官，首言是州之粮，比原经理已增一千一百余石，岂复有欺隐诡寄者乎？准宪司所拟可也。行省用艮言，悉蠲之。

文宗天历元年，免诸路差税丝料有差[1]。

二年，免达勒达军站之贫乏者及各路差税有差。十月，免奉元商税、各路灶户杂役。至顺元年，以改元，免诸路差税有差。

又免海北盐课三年。

至顺元年，免海北盐课。

陕西霜旱，免其科差一年。

二年，以关陕旱，免差税三年。九月，以卫辉路旱，免苏门岁输米。十二月，黄州路及恩州旱，并免其租。至顺元年，以河南怀庆旱，其门摊课程及逋欠差税皆免勿征。二年七月，辰州、兴国二路虫伤稼，免今年租。河南、奉化[2]属县蝗，免今年田租。八月，景州自六月至是月不雨，免今年租。

---

① 丝料，元朝的一种赋税。具体规定是："每二户出丝一斤，并随路丝线、颜色输于官；五户出丝一斤，并随路丝线、颜色输于本位。""输于官"是用于国家支出；"输于本位"，是供藩王使用。

② 奉化，《元史·文宗纪》作"奉元"，当是。

二年六月，陕西延安诸屯以旱，免征旧所逋粮。永平屯田府昌国、济宁、丰赡诸署，以蝗及水灾，免今年租。

十月，免永平屯田总管府田租。至顺二年四月，陕西行省言：终南屯田，去年大水损禾稼，诏蠲其租。

七月，以淮安海宁州、盐城、山阳诸县去年水灾，免今年田租。

又盐官州海潮，免其秋粮夏税。至至顺二年五月，以安庆之望江县，淮安之山阳县，常德府桃源州、高邮、宝应等县，去岁皆水灾；六月，扬州泰兴、江都二县去岁雨害稼；七月，德安府去年水，归德府雨伤稼，高邮府去岁水灾，大都、河间、汉阳属县水，冀宁属县雨雹伤稼，庐州去年水，宁夏霜为灾；八月，江浙诸路水潦害稼，澧州、泗州等县去年水。并免今年田租。

十月，以亲祀太庙礼成，诏天下：民间拖欠官钱无可追征者，尽行蠲免。

十二月，诏：经寇盗剽掠州县，免差税一年。

至顺三年四月，免四川行省境内今年租。

又免云南行省田租三年。

顺帝元统二年十月，上皇太后尊号，免天下今年民租之半。

至正三年十月，以郊祀礼成，诏蠲民间田租五分。

至正元年正月，免天下税粮五分。

二年十一月，诏免云南明年差税。三年十月，蠲民间田租五分。十四年七月，诏免大都、上都、兴和三路今年税粮。

四年六月，巩昌陇西县饥，每户贷常平仓粟三斗，俟年丰还官。

十二年十二月，诏：以杭、常、湖、信、广德诸路皆克，复蠲其夏税、秋粮。

十四年十二月，诏：被灾残破之处，蠲租税三年。

十六年，诏：沿海州县为贼所残掠者，免田税三年。二十七年九月，以兵起迤南，百姓供给繁重，其真定、河南、陕西、山东、冀宁等处，免民间今年田租之半。

十七年五月，诏天下：免民今岁税粮之半。

明太祖洪武元年，令水旱处，不拘时限，从实踏勘灾伤，税粮即与蠲免。

是年闰七月，免吴江、广德、太平、宁国、滁、和被灾田租。八月，免镇江租税，并免征民间逋赋。

二年正月，下蠲免诏。

诏：以齐鲁之民，馈粮给军，不惮千里，已免元年田租，遭旱，民未苏，其更赐一年。晋、冀之民被兵燹，困征敛，北平、燕南、河东、山西今年田租，亦与蠲免。凡河南诸郡，西抵潼关，北界大河，南至唐、邓、光、息，今年税粮悉除之。又以应天、太平、镇江、宣城、广德供亿浩穰，去岁蠲租，遇旱，惠不及下，其再免诸郡及无为州今年租税。

三年三月，免南畿、河南、山东、北平、浙东、江西广信、饶州今年田租税。

四年正月，免山西旱灾田租。二月，蠲太平、镇江、宁国田租。五月，免江西、浙江秋粮。八月，免中都、淮、扬及泰、滁、无为田租。十一月，免陕西、河南被灾田租。五年六月，免山东被灾郡县田租。十月，免应天、太平、镇江、宁国、广德田租。六年六月，免北平、河间、河南、开封、延安、汾州被灾田租。

六年七月，苏州府属县民饥，诏以官粮贷之。

计户五万九千五百九十六，籴者减其半直，贷者秋成还官。十五年八月，嘉定县饥，命发官廪米二万八千一百二十石贷之。

七年二月，平阳、太原、汾州、历城、汲县旱蝗，并免租税。

五月，免真定等四十二府州县被灾田租。六月，陕西平凉、延安、靖宁、鄜州雨雹，山西、山东、北平、河南蝗，并蠲田租。八月，蠲河间、广平、顺德、真定租税。八年四月，免彰德、大名、临洮、平凉、河州被灾田租。七月，免应天、太平、宁国、镇江及蕲、黄诸府被灾田租。

九年三月，诏免田租。

诏曰：比年西征炖煌，北伐沙漠，军需甲杖皆资山、陕；又以秦、晋二府宫殿之役，重困吾民，平定以来，闾阎未息，国都始建，土木屡兴，畿辅既极烦劳，外郡疲于转运，今储蓄有余，其淮、扬、安、徽、池五府及山西、陕西、河南、福建、江西、浙江、北平、湖广今年租赋悉免之。七月，蠲苏、松、嘉、湖水灾田租。十年十一月，免河南、陕西、广东、湖广田租。

十一年五月，蠲苏、松、嘉、湖逋赋六十五万有奇。

至十七年八月，蠲河南诸省逋赋。十二月，蠲云南逋赋。

十三年五月，免天下田租。

先是十一年八月，免应天、太平、镇江、宁国、广德诸府州秋粮。十二年五月，蠲北平田租。至是，免天下田租。后至十四年十月，免应天、太平、广德、镇江、宁国田租。十五年四月，免畿内、浙江、江西、河南、山东税粮。十六年五月，免畿内各府田租。六月，免畿内十二州县养马户田租一年，滁州免二年。十七年七月，免畿内今年田租之半。十八年三月，免畿内今年田租。十一月，蠲河南、山东、北平田租。

二十三年三月，诏：发廪贷山东、河南民。

谕户部曰：山东、河南，官有储粟，今当春夏之交，农民艰食之际，即遣人发廪贷之，俟秋成还官。

十一月，免山东被灾田租。

二十四年正月，又免山东田租。七月，免畿内官田租之半。十月，免北平、河间被水田租。二十五年正月，河决阳武，免被水田租。

二十六年四月，命自今凡岁饥，先贷后闻，着为令。

时孝感饥，其令诸以预备仓振贷。帝命行人往给之。谕户部曰：朕常捐内帑之资，付天下耆民籴粟储之，正欲备荒歉以济饥民也。若必待奏请，往返数月，则民之饥死者多矣。乃有是命。

二十七年正月，发天下仓谷贷贫民。

二十八年九月，免畿内、山东秋粮。

二十九年八月，免应天、太平五府田租。

　　臣等谨按：《食货志》：赋税蠲免，有恩蠲，有灾蠲。太祖之训，凡四方水旱，辄免税。丰岁无灾伤，亦择地瘠民贫者优免之。凡岁灾，尽蠲二税，且贷以米。在位三十余年，所蠲租税无数。考《实录》，岁不胜书，今依马端临考，凡普及数处与为数最多者载之。后亦仿此。

三十一年七月，时惠帝已即位。诏蠲逋赋。

惠帝建文元年二月，诏蠲天下荒田租。

四年七月，时成祖已即位，以今年为洪武三十五年。诏山东、北平、河南州县未被兵者与凤阳、淮安、徐、滁、扬三州，蠲租一年。谕天下州县：悉蠲今年田租之半。

十二月，蠲被兵州县明年夏税。

成祖永乐元年五月，河南蝗，免今年夏税。

二年十一月，蠲苏、松、嘉、湖、杭水灾田租。三年正月，免顺天、永平、保定田租二年。三月，免湖广被水田租。九月，蠲苏、松、嘉、湖水灾田租凡三百三十八万石。

臣等谨按：《会典》：永乐二年，诏苏、松等府水淹之处，不系全灾，内有缺食者，照原定借米则例，一口借米一斗，二口至五口二斗，六口至八口三斗，九口至十口以上者四斗，俟秋成抵斗还官。余详《振恤考》。

六年二月，免北京永乐五年以前诸色逋欠。仍自今年为始，免征诸色课程三年。

三月，诏：河南、山东、山西永乐五年以前逋负税粮，及追偿未完盐粮刍豆诸色课程、赃罚悉免征。

八年正月，免去年扬州、淮安、凤阳、陈州水灾田租。

至十年三月，免北京水灾租税。十二年八月，蠲北京州县租。二年十一月，蠲苏、松、杭、嘉、湖水灾田租四十七万九千余石。十三年十二月，蠲顺天、苏州、凤阳、浙江、湖广、河南、山东州县水旱田租。十七年六月，免顺天府去年水灾田租。十九年四月，免去年被灾田租。二十一年五月，免开封、南阳、卫辉、凤阳等府去年水灾田租。

九年十一月，蠲陕西逋赋。

至十年二月，蠲山西、河南逋赋。十三年正月，蠲内外诸宿逋。十四年正月，北京、河南、山东饥，免永乐十二年逋租。十九年四月，蠲十七年以前逋赋。

二十年六月，皇太子免南北直隶、山东、河南郡县水灾粮刍共六十一万有奇。

二十二年五月，皇太子令免广平、顺德、扬州及湖广、河南郡县水灾田租。二十二年八月，仁宗已即位，开封河溢，免税粮。十二月，免被灾税粮。

《食货志》曰：永乐时，天下仓廪蓄积甚丰，至红腐不可食。岁歉，有司往往先发粟振贷，然后以闻。

仁宗洪熙元年四月，诏：免山东及淮、徐夏税及秋粮之半。

帝闻山东及淮、徐民乏食，有司征夏税方急，乃御西角门，诏大学士杨士奇草诏，免今年夏税及秋粮之半。士奇言：上恩至矣！但须户、工二部预闻。帝曰：救民之穷当如救焚拯溺，不可迟疑，有司虑国用不足，必持不决之意，趣命中官具楮笔，令士奇就门楼书诏，帝览毕，即用玺付外行之。顾士奇曰：今可语部臣矣。

宣宗宣德元年七月，免山东夏税。

十二月，免六师所过秋粮。二年八月，免两京、山西、河南州县被灾税粮。十一月，以皇长子生，免天下明年税粮三之一。三年闰四月，免山西旱灾税粮。五月，免北京被灾夏税。六月，免陕西被灾夏税。五年二月，令免逋欠。三月，免山西去岁被灾田租。七年四月，免山西逋赋。秋，免两畿及嘉兴、湖州水灾税粮。八年四月，蠲京省被灾逋租杂课，免今年夏税。是夏，免两京、河南、山东、山西、湖广税粮。七月，免江西水灾税粮。

九年八月，敕两京、湖广、江西、河南巡抚、巡按御史、三司官行视灾伤，蠲秋粮十之四。

十一月，免四川被灾税粮。

十年四月，时英宗初即位。诏免逋欠物料。

内府各监局递年派办物料，工部等衙门一应买办、采办、拖欠、追赔者，悉蠲免。七月，江西巡抚赵新奏：南昌所属连年水旱，人民饥困，已蒙振济。其买办诸色物料一应蠲免，命所司暂停之。

七月，免山西夏税之半。

英宗正统元年十一月，免湖广被灾税粮。

二年四月，免河南被灾田租。五月，免陕西平凉六府旱灾夏税。十一月，河南饥，免税粮。四年七月，免两畿、山东、江西、河南被灾税粮。五年六月，免两畿被灾田粮。十一月，免苏、松、常、镇、嘉、湖水灾税粮。十二月，免南畿、浙江、山东、河南被灾税粮。六年十月，免畿内被灾税粮。十一月，免河南、山东及凤阳等府被灾税粮。七年三月，免陕西屯粮十之五。四月，免山西、河南、山东被灾税粮。九年七月，免河南被灾税粮。八月，免陕西被灾税粮。十年六月，免陕西田租三之二。八月，免湖广旱灾及苏、松、嘉、湖十四府州水灾秋粮。十一年八月，免湖广被灾秋粮。十二年三月，免杭、嘉、湖被灾秋粮。四月，免苏、松、常、镇被灾秋粮。十三年四月，免浙江、江西、湖广被灾秋粮。

三年九月，蠲两畿、湖广通赋。

五年四月，免山西逋赋。九月，蠲云南逋赋。十年二月，免陕西逋赋。

十三年七月，河决大名，没三百余里，遣使蠲振。

十四年九月，时景帝已即位。诏免景泰二年田租十之三。

景帝景泰元年正月，免大名、真定、开封、卫辉被灾税粮。

三月，免畿内夏税。五月，免山西被灾税粮。六月，免山东被灾州县税粮。二年十月，免山西被灾税粮。三年八月，免两畿水灾州县税粮。十一月，免山东及淮徐水灾税粮。十二月，免河南及永平被灾秋粮。四年二月，免江西去年被灾秋粮。十二月，免山东被灾税粮。五年九月，免苏、松、常、扬、杭、嘉、湖漕粮二百余万石。十二月，免南畿、浙江被灾税粮。六年十月，免陕西被灾税粮。十二月，免南畿被灾税粮。七年三月，免云南被灾税粮。冬，免畿内、山东被灾税粮。八年正月，免江西被灾税粮。

二月，命贷粮于大名诸处饥民。

大名、顺德、广平三府饥民，许于临清广积仓关粮食用，俟丰年抵数偿官，从巡抚寺丞李奎请也。

三月，免畿内通赋。

十月，亦如之。七年三月，又蠲畿内、山东逋赋。

英宗天顺元年二月，免南畿被灾秋粮。

四月，免浙江被灾税粮。十一月，免山东被灾夏税。二年十一月，免山东秋粮。三年八月，免湖广被灾秋粮。四年三月，免南畿被灾秋粮。五月，免畿内、浙江被灾秋粮。六月，免湖广被灾税粮。九月，免江西被灾秋粮。五年二月，免山东被灾税粮。三月，免苏、松、常、镇被灾税粮。五月，免河南被灾秋粮。七月，免南畿被灾税粮。六年四月，免河南被灾秋粮。五月，免陕西被灾秋粮。七年七月，免陕西被灾税粮。

八年正月，时宪宗已即位。免明年田租三之一。

宪宗成化元年七月，免天下军卫屯粮十之三。

二年六月，免今年天下屯粮十之三。

四年三月，免湖广被灾秋粮。

六月，免江西被灾秋粮。六年三月，免湖广、山东被灾税粮。七月，免南畿、四川被灾税粮。十月，免畿内、河南、山东被灾税粮。九年四月，尽免山东税粮。九月，免湖广、畿内、山西、南畿、陕西被灾税粮。十年三月，免南畿、湖广被灾秋粮。五月，免山西、陕西被灾秋粮。七月，免江西被灾秋粮。九月，免南畿水灾秋粮。十一月，免河南被灾税粮。十一年五月，免湖广被灾秋粮。十三年，免浙江、山东、河南、江西、福建被灾税粮。十四年三月，免浙江被灾秋粮。四月，免南畿、山东被灾秋粮。十五年五月，免湖广、河南被灾税粮。十二月，免四川、江西被灾税粮。十六年二月，免湖广被灾税粮。是年，免两畿、湖广、河南、山东、云南被灾税粮。十七年二月，免浙江、山西被灾税粮。七月，免南畿被灾秋粮。十八年四月，免山西被灾夏税。五月，免山东、南畿被灾税粮。八月，免河南被灾税粮。十一月，免畿内、陕西、辽东被灾秋粮。十九年三月，免湖广被灾税粮。四月，免河南被灾税粮。二十年六月，免南畿、陕西被灾税粮。十二月，免山西、河南被灾夏税。二十一年二月，免陕西被灾税粮。四月，免南畿、山东被灾税粮。十月，免山东、山西、河南、陕西、四川被灾税粮。二十二年正月，免河南被灾秋粮。二月，免畿南及湖广被灾秋粮。六月，免南畿、陕西被灾税粮。九月，免河南、广东被灾税粮。十二月，免江西、广西被灾税粮。二十三年正月，免陕西、湖广被灾税粮。三月，免山东被灾税粮。四月，免浙江被灾秋粮。六月，免陕西、南畿被灾秋粮。十二月，孝宗已即位，免江西、湖广被灾税粮。

六年八月，谕免征逋赋。

各处军民有先年拖欠税粮、马草、子粒、户口食盐钞锭并派买厨料、果品等物，顺天等八府，自成化五年十二月以前，俱免追征。其南北直隶并各省，自成化四年十二月以前，悉行蠲免。又南北直隶、山东、河南等被灾州县，有拖欠内外衙门坐派采买物件、岁办皮翎、采捕野味等料，自成化四年十二月以前未征者，尽行停免。

臣等谨按：明自二祖仁宣之后，蠲免租税，宪宗时为多。然考《食货志》捐纳事例，亦自帝始。殆蠲免既多，而所费不赀，故不免为苟且之政欤。

孝宗弘治元年十一月，免河南被灾秋粮。

二年三月，免陕西被灾秋粮三分之二。七月，免畿内水灾税粮。三年二月，免河南被灾秋粮。又免南畿、湖广税粮。五年六月，免南畿去年被灾税粮。六年闰五月，免南京被灾秋粮。八月，免顺天被灾夏税。九月，免陕西被灾夏税。七年，免北京、河南、湖广、陕西、山西被灾税粮。八年三月，免湖广被灾税粮。五月，免南畿被灾秋粮。十一月，免直隶被灾秋粮。九年二月，免河南被灾税粮。六月，免江西被灾秋粮。八月，免湖广被灾秋粮。十年，免南畿、山西、陕西被灾税粮。十一年，免山西、陕西、两畿、广东、广西被灾税粮。十二年二月，免山东被灾夏税。四月，免湖广、江西被灾税粮。五月，免南畿被灾秋粮。八月，免河南、南畿被灾夏税。十三年二月，免山西被灾税粮。六月，免江西被灾秋粮。

十四年五月，免大同被兵军民税粮。

是年，免湖广、江西、山西、山东、陕西、河南、畿内被灾税粮。

十五年二月，免河南被灾税粮。五月，免湖广被灾秋粮。十二月，免南畿被灾秋粮。十六年三月，免山西被灾税粮。十一月，免南畿被灾秋粮。十七年二月，免浙江被灾税粮。闰四月，免山东被灾税粮。八月，免南畿被灾夏税。十二月，免湖广被灾秋粮。

《食货志》曰：洪武时，勘灾既实，尽与蠲免。弘治中，始定全灾免七分，自九分灾以下递减。又止免存留，不及起运。后遂为永制。

十八年五月，武宗即位。除弘治十年以前逋赋。

武宗正德元年六月，免陕西被灾税粮。

八年八月，免南畿水灾税粮。十年十二月，免南畿旱灾秋粮。十一年十一月，免湖广被灾税粮。十四年四月，免南畿被灾税粮。十五年八月，免江西税粮。

五年三月，免正德三年逋赋。

至十六年四月，世宗已即位，自正德十五年以前逋赋尽免之。

六年三月，免被寇州县税粮。

七年十月，免河南、江西、浙江被灾寇者税粮。十二月，免两畿、山东、山西、陕西被灾寇者税粮。

世宗嘉靖元年十月，免南畿、湖广、江西、广西被灾税粮有差。

二年六月，以灾伤，免元年天下税粮之半。十一月，免南畿被灾税粮。三年七月，免南畿、河南被灾税粮。五年二月，免山西被灾税粮。七月，免四川被灾税粮。十月，免南畿、浙江被灾税粮、物料。六年四月，免广西被灾税粮。九月，免江西、河南、山西被灾秋粮。七年八月，免河南被灾税粮。八年九月，免两畿、河南被灾税粮。九年八月，免江西被灾税粮。九月，免南畿被灾秋粮。十年二月，免庐、凤、淮、扬被灾秋粮。十一月，免陕西被灾秋粮。十一年二月，免湖广被灾税粮。六月，免畿内被灾秋粮。七月，免南畿被灾夏税。十月，免山东被灾税粮。十二月，免畿内被灾税粮。十二年正月，免浙江、河南被灾税粮。十五年三月，免昌平今年税粮三之二。是年，免山西、山东被灾税粮。十七年九月，免畿内被灾税粮。十一月，免江西被灾税粮。十八年三月，免畿内被灾税粮。又免湖广明年田赋五之二，畿内河南三之一。四月，免湖广被灾税粮。二十年正月，免南畿被灾税粮。七月，免河南、陕西、山东被灾税粮。十一月，免四川被灾税粮。

二十一年八月，免山西被兵州县田租。

至四十一年十一月，免福建被寇者税粮。

是年，免畿内、陕西、河南、福建被灾税粮。

二十二年十二月，免南畿被灾税粮。二十三年九月，免浙江被灾税粮。十月，免河南被灾税粮。二十四年夏，免畿辅、山西、陕西被灾税粮。二十五年八月，免山东被灾税粮。十二月，免河南被灾税粮。二十六年八月，免陕西被灾税粮。二十七年九月，免陕西被灾税粮。二十八年十月，免畿内被灾税粮。二十九年夏，免陕西、河南、江北被灾夏税。九月，免畿内被灾税粮。

三十年，免两畿、河南、江西、辽东、贵州、山东、山西被灾税粮。

三十一年七月，免陕西被灾夏税。十月，免江西被灾税粮。三十二年八月，免山东被灾税粮。三十四年秋，免江北、山东被灾秋粮。闰十一月，免畿内水灾税粮。三十五年九月，免南畿被灾税粮。三十六年冬，免山东、浙江被灾税粮。三十九年，免畿内、山西、山东、湖广、陕西被灾税粮。四十一年十月，免南畿、江西被灾税粮。十一月，免陕西、湖广被灾税粮。四十三年四月，免畿内被灾税粮。

四十五年十二月，时穆宗已即位。诏：免明年天下田赋之半及嘉靖四十三年以前逋赋。

穆宗隆庆元年九月，免襄阳、郧阳被灾秋粮。

十月，免南畿及畿内、河南被灾秋粮。十一月，免江西被灾税粮。三年二月，免陕西被灾秋粮。冬，免两畿、山东、浙江、河南、湖广税粮。

四年七月，免四川被灾税粮。九月，陕西水灾，蠲振有差。免北畿、湖广被灾税粮。

二年二月，谒陵。还，免所过田租有差。

万历八年二月、十一年二月亦如之。

六年五月，免广东用兵诸郡逋赋。

神宗万历三年八月，免淮、扬、凤、徐被水田租。

四年十月，蠲徐州及丰、沛、睢宁、金乡、鱼台、单、曹七县水灾租有差。七年七月，蠲苏、松水灾税粮。九年十一月，免真定、顺德、广平被灾税粮。十年十月，苏、松大水，蠲振有差。是年，免畿内、山西被灾税粮。十一年二月，免临、巩、平、延、庆五府旱灾田租。六月，免山西被灾税粮。十月，河南水灾，蠲振有差。十二年十月，免湖广、山东被灾税粮。十三年四月，以旱，诏蠲天下被灾田租一年。

四年七月，谕户部蠲逋赋有差。

六年二月，免兖、青、登、莱所属逋赋。四月，免湖广、四川逋赋。七年三月，免淮扬逋赋。十年二月，悉免天下积年逋赋。十二年六月，以云南用兵，免税粮及逋赋。二十年七月，免陕西逋赋。

十五年七月，江北蝗，江南大水，山西、陕西、河南、山东旱，河决开封，蠲振有差。

十六年七月，免山东被灾夏税。十八年六月，免畿内被灾夏税。十九年八月，免河南被灾田赋。是年，畿内蝗，南畿、浙江大水，蠲振有差。十月，蠲畿内、浙江、河南被灾诸府租有差。二十二年二月，免河南田租。二十三年十一月，湖广灾，蠲振有差。二十六年九月，免浙江被灾田租。二十七年十一月，免河南被灾田租。

二十九年正月，蠲四川、贵州、湖广、云南加派田租逋赋。

时以播州平故也。

三十三年十一月，免淮、扬被灾田租。

十二月，免河南被灾田租。三十四年三月，真定、顺德、广平、大名灾，蠲振有差。三十五年十月，山东旱饥，蠲振有差。三十六年十二月，免南畿税粮。四十四年春，畿内、山东、河南、淮、徐大饥，蠲振有差。

《食货志》曰：世宗、神宗于民事略矣，而灾荒所至，必赐蠲振，不敢违祖制也。

　　四十八年八月，时光宗已即位。诏：蠲直省被灾租赋。

　　熹宗天启二年二月，免天下带征钱粮二年及北畿加派。

　　六月，给事中刘弘化以盗贼窃发，皆由闾阎困穷，乞自万历十二年起，积逋税粮，悉行蠲免，以苏民困。下部议。至十月，谕户部：东省蠲带与见征年分，久已改正，仍着申明遵行。乃有司官不肯举行德意，甚有奉诏停减依旧混征，以致科派繁杂，见征不完者。着通行饬谕之。

　　庄烈帝崇祯六年四月，免延安、庆阳、平凉新旧辽饷。

　　九年三月，蠲山西被灾州县新旧二饷。十六年六月，诏：免直省残破州县三饷及一切常赋。

　　七年二月，蠲登、莱逋赋。

　　九年五月，免畿内五年以前逋赋。十一月，蠲山东五年以前逋赋。十二年八月，免唐县等四十州县去年田租之半。十三年三月，免河北三府逋赋。十五年正月，悉免天下十二年以前逋赋。

后　记

　　对财经古籍的整理、句读、注释，是一件费时、费力的基础研究工作。本辑从史料收集到出版，经历了一年半的不懈努力。它的完成，不仅需要具有丰富的财经历史理论研究积淀和深厚古代汉语专业功底的专家，还需要一大批甘愿付出辛勤劳动的资料收集、校对人员和编辑——他们是保证本书能够高质量、高水平出版的重要力量！

　　在此我们特别要感谢卢小生主任对本书编辑和出版自始至终的支持！

　　参与本辑编著工作的除王文素、孙翊刚和洪钢外还有中央财经大学2015级博士生龚浩，硕士生赖佳佳、娄丹、江孟楠；2016级博士生宋杉、赵宇、吴瀚、宋樊君、韩飞、孟巍、唐常、黄江玉、李丽珍、李秀梅、李雪敏、彭超、孙欣、张晓蕾，硕士生蒿文鹏、鲁艳；2017级博士生贾洁蕊、何沁芸、郭枫、李沁蔓、丁树、张文皓、韦烨剑、郭晓辉、姜哲、罗庆、蓟红丹、宋翔、陈珊珊、翟义刚、杨乐、千九玲，硕士生徐会敏、齐晨阳、张晶、李雨柔、王鑫。非常感谢他们为本辑出版做出的贡献！

　　我们还要感谢中国财政发展协同创新中心主任李俊生教授和执行主任马海涛教授，他们非常重视财政基础理论的研究，并把财政史研究作为财政基础理论研究不可分割的重要组成部分。非常感谢他们对财政历史研究始终给予的全力支持！

王文素

2017 年 10 月 12 日